四川省繁荣发展哲学社会科学2004年重点课题
重修《四川通史》编委会

名誉主任：
  陶武先 王少雄 黄新初
顾 问：
  杨析综 何郝炬 章玉钧 陈 文 殷建中 贾松青
主 任：
  侯水平 郑晓幸 张邦凯
副 主 任：
  孙成民 罗 鸣 贾大泉 陈世松 罗韵希
委 员：（以姓氏笔画为序）
  王 炎 王 素 王庭科 向宝云 孙成民 吴康零
  张邦凯 李绍明 李敬洵 陈世松 林 向 罗 鸣
  罗开玉 罗韵希 郑晓幸 侯水平 段 渝 胡昭曦
  贾大泉 隗瀛涛 温贤美 解 伟 谭继和

主 编：
  贾大泉 陈世松
副 主 编：
  吴康零

卷一 先秦   段 渝 著
卷二 秦汉三国   罗开玉 著
卷三 两晋南北朝隋唐 李敬洵 著
卷四 五代两宋   贾大泉 主编
卷五 元明   陈世松 主编
卷六 清   吴康零 主编
卷七 民国   贾大泉 主编

主　编　贾大泉　陈世松
副主编　吴康零

本卷主编　贾大泉
撰稿　贾大泉　周原孙

四川通史

卷四 五代两宋

SI CHUAN TONG SHI

四川人民出版社

图书在版编目（CIP）数据

四川通史. 卷四，五代两宋 / 贾大泉，陈世松主编；
贾大泉分册主编. —2版. —成都：四川人民出版社，
2018.12
ISBN 978-7-220-11028-3

Ⅰ.①四… Ⅱ.①贾… ②陈… Ⅲ.①四川－地方史
－五代十国时期②四川－地方史－宋代 Ⅳ.①K297.1

中国版本图书馆CIP数据核字（2018）第232057号

SICHUAN TONGSHI

四川通史（卷四 五代两宋）

贾大泉 主编

责任编辑	吴焕姣 杨雨霏
封面设计	敬人书籍设计
技术设计	杨 潮
责任校对	何秀兰
责任印制	祝 健
部分图片	罗韵希 帅初阳 武 韵
摄影作者	黄晓帆 帅黎明 胡翠兰
出版发行	四川人民出版社（成都市槐树街2号）
网 址	http://www.scpph.com
E-mail	scrmcbs@sina.com
新浪微博	@四川人民出版社
微信公众号	四川人民出版社
发行部业务电话	（028）86259624 86259453
防盗版举报电话	（028）86259624
照 排	四川胜翔数码印务设计有限公司
印 刷	成都东江印务有限公司
成品尺寸	170mm×230mm
印 张	37
字 数	610千
插 页	10
版 次	2018年12月第2版
印 次	2018年12月第1次印刷
书 号	ISBN 978-7-220-11028-3
定 价	1280.00元（全套共七卷）

■版权所有·侵权必究

本书若出现印装质量问题，请与我社发行部联系调换
电话：（028）86259453

彭州磁峰窑宋代陶印拍

成都琉璃厂窑宋代大陶盘

江油窦圌山宋代飞天藏

遂宁广德寺宋塔（济善塔）

大足舒城岩石刻玉皇大帝像

华蓥宋代安丙墓墓壁浮雕

峨眉山万年寺宋代普贤铜像

王建墓（永陵）

眉山三苏祠

崇州陆游祠放翁堂

黄筌《写生珍禽图》(五代)

苏轼《枯木竹石图》(宋)

文同《墨竹图》(宋)

目 录

前　言 ………………………………………………………（1）
第一章　前后蜀时期四川的政治 …………………………（1）
　第一节　前蜀的兴亡 ……………………………………（1）
　　一、前蜀的建立 ………………………………………（1）
　　二、王建图治与王衍亡国 ……………………………（6）
　第二节　后蜀的兴亡 ……………………………………（15）
　　一、孟知祥建后蜀 ……………………………………（15）
　　二、孟昶在四川的统治 ………………………………（18）
　　三、北宋的建立与后蜀的灭亡 ………………………（22）
　第三节　前后蜀的政治军事制度 ………………………（23）
　　一、前后蜀的行政区划 ………………………………（23）
　　二、前后蜀的官制 ……………………………………（25）
　　三、前后蜀的军事制度 ………………………………（26）
　　四、前后蜀的民族关系 ………………………………（26）
第二章　前后蜀时期四川的经济 …………………………（28）
　第一节　农　业 …………………………………………（28）
　　一、粮食生产的发展 …………………………………（28）

二、经济作物的发展 …………………………………………（31）
第二节 手工业 ………………………………………………………（35）
一、纺织业 ……………………………………………………（35）
二、井盐业 ……………………………………………………（36）
三、冶炼工艺 …………………………………………………（37）
四、造纸、印刷 ………………………………………………（38）
第三节 商业 …………………………………………………………（39）
第三章 前后蜀时期四川的文化 ……………………………………（42）
第一节 学校与科举 …………………………………………………（42）
一、学校 ………………………………………………………（42）
二、科举 ………………………………………………………（43）
第二节 科技 …………………………………………………………（44）
一、天文地学 …………………………………………………（44）
二、医药学 ……………………………………………………（44）
三、实用型科学技术 …………………………………………（46）
第三节 文学、经学和史学 …………………………………………（47）
一、词学的繁荣 ………………………………………………（47）
二、诗的成就 …………………………………………………（51）
三、经学的成就 ………………………………………………（54）
四、史学 ………………………………………………………（55）
第四节 绘画和书法 …………………………………………………（56）
一、绘画 ………………………………………………………（56）
二、书法 ………………………………………………………（60）
第五节 音乐、戏剧和石刻艺术 ……………………………………（61）
一、音乐 ………………………………………………………（61）
二、戏剧 ………………………………………………………（63）
三、石刻 ………………………………………………………（64）
第六节 宗教 …………………………………………………………（67）
一、道教 ………………………………………………………（68）
二、佛教 ………………………………………………………（70）

第四章　两宋时期四川的政治军事制度 …………………………（73）
第一节　宋代四川的行政区划 …………………………………（73）
第二节　宋代四川官制 …………………………………………（77）
第三节　宋代四川军事制度 ……………………………………（79）
　　一、正规军 …………………………………………………（80）
　　二、地方军 …………………………………………………（82）
　　三、民兵 ……………………………………………………（83）

第五章　北宋时期四川的政局 ………………………………………（85）
第一节　宋初四川人民的反宋斗争 ……………………………（85）
　　一、全师雄领导的蜀兵反宋斗争 …………………………（85）
　　二、王小波、李顺起义 ……………………………………（87）
　　三、王均兵变 ………………………………………………（93）
　　四、宋初四川人民反宋斗争的意义 ………………………（94）
第二节　北宋中后期的四川政局 ………………………………（96）
　　一、四川社会的稳定 ………………………………………（96）
　　二、熙丰变法在四川 ………………………………………（103）
　　三、熙丰变法与蜀洛朔党争 ………………………………（107）

第六章　南宋时期四川的政局 ………………………………………（113）
第一节　南宋前期四川的抗金战争 ……………………………（114）
　　一、张浚与富平之战 ………………………………………（114）
　　二、四川防区的建立 ………………………………………（117）
　　三、吴玠、吴璘抗金保蜀 …………………………………（121）
　　四、宁宗时期四川政局 ……………………………………（128）
第二节　南宋后期四川的抗蒙（元）战争 ……………………（133）
　　一、蜀边被侵与全蜀遭掠 …………………………………（133）
　　二、余玠治蜀与蒙哥汗征蜀失败 …………………………（138）
　　三、全蜀残破与元朝统一四川 ……………………………（144）

第七章　宋代四川的少数民族 ………………………………………（152）
第一节　僚　人 …………………………………………………（152）
　　一、僚人的融合 ……………………………………………（152）

二、南平僚区的开发 (153)
第二节 黔涪地区的少数民族 (155)
第三节 泸南地区的少数民族 (157)
第四节 叙州、嘉州地区的少数民族 (160)
　一、叙州"三路蛮" (160)
　二、嘉州"虚恨蛮" (161)
第五节 雅州、黎州地区的少数民族 (162)
　一、雅州地区的少数民族 (162)
　二、黎州地区的少数民族 (163)
第六节 威州、茂州地区的少数民族 (166)
第七节 宋朝在四川的民族政策 (168)

第八章　宋代四川人口的迅速增长 (173)
第一节 人口的分布与发展 (173)
第二节 阶层结构和赋役负担 (178)
　一、农村中的阶层结构和赋役负担 (178)
　二、工商业中的阶层结构 (186)

第九章　宋代四川农业的大发展 (191)
第一节 水利灌溉的发展 (191)
第二节 耕作水平和土地利用率的提高 (196)
第三节 粮食和经济作物 (200)
第四节 农业发展的不平衡 (207)

第十章　宋代四川纺织业的发展 (212)
第一节 布纺织业的发展与分布 (212)
第二节 丝织生产的发展与分布 (214)
第三节 蜀锦和成都锦院 (217)
第四节 宋朝在四川的布帛征入 (222)
第五节 从市买到无偿征收布帛 (226)

第十一章　宋代四川茶业经济和茶马贸易的繁荣 (231)
第一节 茶叶的产量和质量 (231)
　一、茶叶产区和产量 (231)

二、四川茶叶的质量 ………………………………………… (234)
第二节　茶叶生产大发展的原因 …………………………………… (235)
一、四川的自然条件适宜茶树的生长 ……………………… (235)
二、山区的开发同劳动人民长期种茶的历史经验相结合，促进了茶叶生产的大发展 …………………………………………………… (236)
三、四川榷茶较东南晚，有利于茶叶生产的发展 ………… (237)
四、四川较东南诸处还有种种促进茶叶生产的社会政治因素 ……… (238)
第三节　茶马贸易制度的建立 ……………………………………… (239)
一、茶马贸易兴起的原因 …………………………………… (239)
二、茶马贸易制度的建立 …………………………………… (243)
第四节　茶马贸易的意义 …………………………………………… (261)

第十二章　宋代四川井盐的发展和盐政 ………………………………… (265)
第一节　井盐生产技术的提高 ……………………………………… (265)
第二节　井盐的分布和产量 ………………………………………… (270)
第三节　井盐的榷禁制度 …………………………………………… (273)
一、官府直接经营 …………………………………………… (275)
二、课民煮盐 ………………………………………………… (276)
三、令民买扑承包盐课 ……………………………………… (277)
四、改官井为民井 …………………………………………… (278)
第四节　赵开盐法 …………………………………………………… (280)
第五节　井盐在经济和政治生活中的地位 ………………………… (282)

第十三章　宋代四川其他手工业的发展 ………………………………… (290)
第一节　酿酒和酒政 ………………………………………………… (290)
一、酿酒业的发达 …………………………………………… (290)
二、酒的产销统制 …………………………………………… (294)
三、酒课与国计民生 ………………………………………… (296)
第二节　制糖业 ……………………………………………………… (298)
第三节　造纸业 ……………………………………………………… (302)
第四节　印刷业 ……………………………………………………… (305)
第五节　陶瓷业 ……………………………………………………… (311)

目录

　第六节　矿冶和铸造 ……………………………………………………（314）

　第七节　造船业 …………………………………………………………（317）

第十四章　宋代四川商业和交通的发展 ………………………………………（320）

　第一节　商业的发展 ……………………………………………………（320）

　　一、商税收入的增长 …………………………………………………（320）

　　二、农村商品交换的发达 ……………………………………………（324）

　　三、城市商业的发展 …………………………………………………（328）

　　四、商业队伍的壮大 …………………………………………………（331）

　第二节　交通运输 ………………………………………………………（333）

　　一、水路交通 …………………………………………………………（333）

　　二、陆路交通 …………………………………………………………（335）

第十五章　铁钱的行使和纸币的产生 …………………………………………（340）

　第一节　铁钱的行使 ……………………………………………………（340）

　第二节　私交子的产生 …………………………………………………（345）

　　一、交子产生的历史渊源和社会条件 ………………………………（345）

　　二、交子在成都产生的原因 …………………………………………（348）

　　三、私交子的产生和夭折 ……………………………………………（349）

　　四、交子产生的历史意义 ……………………………………………（352）

　第三节　官交子 …………………………………………………………（354）

　　一、薛田发行官交子 …………………………………………………（354）

　　二、交子务 ……………………………………………………………（357）

　　三、官交子的票式 ……………………………………………………（359）

　　四、官交子的界分和发行量 …………………………………………（361）

　第四节　钱引和南宋四川纸币 …………………………………………（365）

　　一、钱引的产生 ………………………………………………………（365）

　　二、钱引的界制和发行量 ……………………………………………（366）

　　三、官府稳定钱引币值的措施 ………………………………………（369）

　　四、钱引的崩溃 ………………………………………………………（372）

　第五节　钱引的地位 ……………………………………………………（373）

　　一、钱引是南宋四川的主要货币 ……………………………………（373）

二、钱引是南宋四川财政和军事的重要支柱 …………………… (376)
第十六章 两宋时期四川的赋税与财政 ………………………………… (380)
第一节 赋 税 ……………………………………………………… (381)
一、赋税种类 ……………………………………………………… (381)
二、赋税结构 ……………………………………………………… (384)
三、赋税结构变化的原因和影响 ………………………………… (387)
第二节 财 政 ……………………………………………………… (391)
一、北宋时期四川的财政状况 …………………………………… (391)
二、抗金战争时期四川的财政 …………………………………… (392)
三、宋蒙（元）战争时期的经济衰落和财政破产 ……………… (396)
第十七章 宋代四川学术思想的繁荣 …………………………………… (408)
第一节 陈抟和龙昌期的学术思想 ………………………………… (408)
一、道教思想家陈抟 ……………………………………………… (408)
二、"异端"思想家龙昌期 ………………………………………… (412)
第二节 《易》学和《春秋》学的研究 …………………………… (414)
一、《易》学的研究 ……………………………………………… (414)
二、《春秋》学的研究 …………………………………………… (417)
第三节 包容并蓄的苏氏蜀学 ……………………………………… (420)
一、苏洵的学术思想 ……………………………………………… (421)
二、苏轼、苏辙的学术思想 ……………………………………… (425)
三、《苏氏易传》的哲学思想 …………………………………… (428)
四、理学家对苏氏蜀学的攻击 …………………………………… (430)
五、苏氏蜀学与程朱理学的分歧 ………………………………… (432)
六、苏氏蜀学的地位 ……………………………………………… (436)
第四节 张栻和魏了翁的理学思想 ………………………………… (438)
一、张栻的理学思想 ……………………………………………… (438)
二、魏了翁的学术思想 …………………………………………… (443)
第十八章 西蜀史学 ……………………………………………………… (449)
第一节 史学发展概略 ……………………………………………… (450)
一、撰修国史的成就 ……………………………………………… (450)

二、私修史书的成就 …………………………………………………… (451)
　第二节　著名史学家及其著作 …………………………………………… (452)
　　一、三苏的史学著作 …………………………………………………… (452)
　　二、范祖禹的史学著作 ………………………………………………… (454)
　　三、李焘的史学著作 …………………………………………………… (455)
　　四、王称的史学著作 …………………………………………………… (457)
　　五、李心传的史学著作 ………………………………………………… (457)
　　六、四川其他史家及史学著作 ………………………………………… (458)
　第三节　方　志 …………………………………………………………… (460)
　　一、方志学的成就 ……………………………………………………… (460)
　　二、撰修方志的经验 …………………………………………………… (462)
　第四节　苏洵、范祖禹、张栻的史学观点 ……………………………… (465)
　　一、苏洵的经史相资的史学观 ………………………………………… (465)
　　二、范祖禹的义理史观 ………………………………………………… (466)
　　三、张栻的义利史观 …………………………………………………… (468)
　第五节　西蜀史学的局限性 ……………………………………………… (469)

第十九章　宋代四川文学艺术的繁荣 ……………………………………… (472)
　第一节　古文运动与散文的成就 ………………………………………… (473)
　第二节　诗的繁荣 ………………………………………………………… (478)
　第三节　词的繁荣 ………………………………………………………… (483)
　第四节　绘画的成就 ……………………………………………………… (488)
　　一、释道人物画 ………………………………………………………… (488)
　　二、花鸟画和山水画 …………………………………………………… (490)
　　三、文人画及绘画理论 ………………………………………………… (491)
　　四、画学著作 …………………………………………………………… (494)
　第五节　书法的成就 ……………………………………………………… (495)
　第六节　音乐、舞蹈与戏剧的发展 ……………………………………… (500)
　　一、音乐与舞蹈 ………………………………………………………… (500)
　　二、戏剧 ………………………………………………………………… (502)
　第七节　石刻艺术的繁荣 ………………………………………………… (503)

一、大足佛教石刻 …………………………………………… (503)
二、安岳佛教石刻 …………………………………………… (508)
三、道教石刻 ………………………………………………… (510)

第二十章　两宋时期四川学校和科举的发展 …………………… (513)
第一节　学　校 …………………………………………………… (513)
一、官学 ……………………………………………………… (513)
二、私学 ……………………………………………………… (518)
三、书院 ……………………………………………………… (520)
第二节　科　举 …………………………………………………… (524)

第二十一章　宋代四川科技的发展 ……………………………… (531)
第一节　天文历法与地学 ………………………………………… (531)
一、天文历法 ………………………………………………… (531)
二、地学 ……………………………………………………… (533)
第二节　医药学 …………………………………………………… (534)
一、著名医家 ………………………………………………… (535)
二、主要医药学著作 ………………………………………… (536)
第三节　算学等科技著作和其他科技成就 ……………………… (541)
一、算学 ……………………………………………………… (541)
二、其他科技著作 …………………………………………… (543)
三、铸造和建筑技术 ………………………………………… (544)

第二十二章　两宋时期四川的宗教与民俗 ……………………… (547)
第一节　宗　教 …………………………………………………… (547)
一、道教 ……………………………………………………… (547)
二、佛教 ……………………………………………………… (553)
第二节　风　俗 …………………………………………………… (560)
一、以成都为中心的川西地区居民喜游乐 ………………… (560)
二、巫觋信仰 ………………………………………………… (563)
三、修庙建祠遍及全蜀 ……………………………………… (563)
四、民间俗神信仰成风 ……………………………………… (564)

· 9 ·

目录

大事年表 …………………………………………………………… (567)

后　记 …………………………………………………………… (571)

前　言

五代和两宋时期是四川历史上引以为自豪、令人骄傲的时代，也是灾难深重、令人黯然神伤的时代。

一

这次重修的《四川通史》第四卷，主要加强了对五代和两宋时期政治、经济、文化、军事、民族等问题的分析研究，考其兴衰得失，提高思想性。同时，在经济、文化等方面增加了较多的内容，以便读者对宋代四川高度发达的经济文化有更深刻的了解，增强其学术性。经济方面增加的内容，主要是补充了自己的一些研究成果；文化方面新增加了部分近十年来专家学者的研究成果，在此基础上提出了一些新的见解，供学界同人讨论、批评指正，以把这一时期四川历史研究推向深入。下面对五代和两宋时期四川历史作一概括介绍。

二

唐宋之际是我国封建社会内部大变革、大发展的时期。唐代社会在政治、经济、文化诸方面出现的变革，到宋代基本完成。政治上封建中央集权制度进一步加强，经济上生产力迅速发展和租佃关系普遍推行，思想文化上的空前繁荣和理学的确立，都是这一社会变革的硕果。处于这一伟大社会变革中的五代两宋时期的四川，是当时我国最为发达的地区之一。五代两宋时期，也成为四川发展史上的高潮时期。当时的四川，在很多领域远远走在世界的前列。

五代时期的前蜀和后蜀政权，是当时中国分裂割据的产物，在四川历史上占有特殊的地位。前后蜀政权对四川历史的发展，虽未有突出的贡献，但在当时社会经济遭受严重破坏的局面下，对维持四川社会的稳定起到了重要的作用。五代时期，不少中原士大夫入蜀避难，为四川经济文化的发展作出了突出贡献，在词学和绘画等领域还超过了唐代的水平。这些都为宋代四川社会经济文化的发展创造了有利的条件。

北宋王朝控制四川后，四川雄厚的财力物力，为宋朝统一南方作出了重要贡献。但在北宋早期，中央政府侧重在蜀中掠夺财富，造成社会动荡不安，引起四川人民的反抗。王小波、李顺起义提出"均贫富"的口号，给北宋统治集团深刻的教训，迫使统治者调整治蜀方略，团结任用蜀人，整顿吏治，注意缓和阶级矛盾。从北宋中期开始，四川由乱转治，社会稳定，政治较为清明，经济文化得到了迅速发展，远远超过了盛唐时期的水平。

直到南宋中期，四川社会都较为稳定，它和两浙路是当时全国经济文化最为发达的地区，也是当时世界上经济文化较为发达的地区。

三

宋代四川社会经济的发展，首先表现在人口的迅速增长上。北宋乾德三年（965）平蜀，四川共53万户，到太宗时（976～997）已增至127万户，神宗元丰三年（1080）达到223万户，徽宗崇宁时（1102～1106）为217万户，南宋高宗绍兴三十二年（1162）更达到414万户。在近200年间户数增加了近7倍之多，人口达到1000多万，接近南宋朝总户数的35%，是四川历史上清代中期以前人口最多的时期。宋代四川人口的迅速增长，一方面反映了这一时期社会经济的发展，另一方面也为社会生产提供了丰富的人力资源。

宋代四川的农业，由于水利事业的发展、梯田的开垦、耕作水平和土地利用率的提高，粮食和经济作物生产都得到发展，其农业发展水平仅次于全国农业最发达的两浙地区。农业生产的发展促进了封建社会自给自足的农业经济向半自足的商品经济转化，传统的单一农作物生产向多种农作物生产转化。成都地区成为全国著名的稻米生产基地，每年都有大批稻米运销外地，南宋时期更是川陕驻军粮饷供应之地。

宋代四川无论是布纺织业、丝纺织业还是蜀锦的生产都超过了前代的水平。以成都地区和南充、阆中为中心的区域性纺织基地，成为宋代重要的纺织基地和高级丝织物的主要供应地。特别是蜀锦，以其产量多、品种多、质量好、用途广，成为织锦工艺发展史上的重要里程碑，被称为"宋锦"而留名史册。四川地区除出产一般纺织品满足社会各阶层、各民族的需要外，还为中央政府提供绢帛，以保证河东、陕西驻军衣赐的需要。

宋代四川茶叶生产有了飞跃发展，茶叶产量超过了宋代其他地区的总和，并且依靠茶马贸易解决了宋朝军队的战马来源，在整个国家政治、经济、军事生活中都起到了十分重要的作用。

宋代四川酿酒业的发展同样居于全国的前茅，酒的品种多、产量多、酒税收入也多。四川的酒课收入，在北宋时期占全国酒课收入 16%～20%。南宋绍兴末年，东南及四川酒课 1400 余万缗，而四川酒课在南宋高宗建炎四年（1130）就已达 690 万缗，几乎占全国酒课收入的一半。当时川陕战场军费开支的 1/5 都来自这笔巨大的酒税收入。

宋代四川制糖业的规模，更是居于全国之冠。宋代出产糖霜（冰糖）之地有福广（福州）、四明（宁波）、番禺（广州）、广汉、遂宁五郡，四川居其二，"独遂宁为冠"。遂宁是糖霜生产的发源地，历史悠久，技术先进，规模大，产量多，质量好。其余四郡所产甚微，色浅味薄，居遂宁之下。到南宋时期，遂宁仍是全国重要的糖霜生产基地。

宋代四川井盐生产较唐代有了很大的发展，制盐工艺的改良、盐质的提高、卓筒井的出现、产区的扩大、产量的增加，使井盐基本上自给有余，结束了依赖外地食盐满足群众需要的历史。特别是用"圆刃"冲击顿挫代替锸锹挖掘，以小口井代替大口井，以竹筒代替木石为井壁，以装有牛皮活塞的竹筒汲卤器代替牛皮囊等新工艺技术的应用，是井盐开凿技术的一次伟大革命。这些钻凿工艺技术的发明，使我国成为世界上最早使用冲击式凿井方法的国家。它启迪人类找到了开发储存在地下的资源的方法，是人类地下开采技术的一次深刻的变革，对于后来石油和天然气的开发具有重要的意义。

宋代四川是全国重要的造纸基地。蜀纸具有厚重、坚韧、洁白、耐折叠、耐磨损等优点，是公私簿书、契券、图书最常用的纸张。当时的纸币用纸，因流通关系，磨损厉害，两面都要印制各种复杂的图案和暗记，这类纸几乎为蜀纸所独占。世界上最早的纸币——益州交子就是用蜀纸印制的。南宋时期全国各地的会子、钱引等纸币，亦大都用蜀纸印制，以防伪造。在工艺纸中的"薛涛笺"和"谢公笺"，更是名重一时，流传后世。

宋代四川还是全国三大雕版印制中心之一，官刻、私刻图书都很发达。蜀刻具有版好、字好、墨好、纸好等优点，一直受到后世的称赞，印刷了世界佛教史上第一部佛经总集《开宝藏》，并传入朝鲜、越南、日本等国。在世界出版史上，印刷图书注明出版者，规定"版权所有，不许翻印"的做法，就是由四川书商发明的，并以此在商业竞争中树立信誉，保护商业利益。这些都反映了宋代四川的印刷业在出版史上占有极其重要的地位。

宋代四川的商业也很发达。随着农业、手工业的发展，农村中场镇集市普遍兴起，为城市商业繁荣奠定了物质基础。成都、梓州、遂州、嘉州、叙州、果州、泸州、利州、合州、渝州、夔州等地都是商业贸易都市。成都更是西南大都会和经济贸易中心，索号繁丽，奇物异产，百货汇集，富商大贾，远近云集。蜀锦、绢帛、布匹、茶叶、药材及其他珍奇土产等大批蜀中宝货，陆则肩挑车辇，北出剑门而达西北，水则连樯直进，顺流而下直通东南。大宗的商业贸易十分繁荣。

宋代四川还是纸币的发源地。由于商品经济和大宗贸易的发达，铁钱这种小额而量重的铸币，远远不能适应商品交换的需要，迫切需要大额的、易于流通的纸币这种货币符号来代替铸币的行使；而四川造纸和印刷技术的提高，又为印制图案精美、复杂，别人难于仿造的纸币，提供了物质条件。商业的繁荣，促进了金融存款业的发展，一大批经营金融存款业的富商，在长期从事金融业务中逐渐成为精通货币流通的理论家和实践家，在10世纪末叶发行了世界上最早的纸币——益州交子。它比西方纸币的产生早600余年。用纸币代替铸币作为商品交换的媒介，开创了世界货币史上的伟大革命。随着纸币的产生和行使，宋朝四川政府还创造了一整套纸币发行的管理制度，保证了纸币的币值稳定和正常流通。到南宋时期，东南地区仿照四川交子，发行会子，使纸币在宋朝境内全面流通。而后金朝亦发行纸币，使我国北方也开始了使用纸币的历史。

四

在经济繁荣的同时，宋代四川的文化思想也相当繁荣。宋代是四川历史上人才辈出的时代。两宋四川参加科举考试被录取者高达3992人，唐和五代四川及第者共72人，元代622人，明代为1305人。从绝对数字来看，唐、前后蜀、元、明时期四川科举及第人数的总和，也仅及宋代四川及第人数的一半。士大夫群体不断壮大，为宋代四川文化思想的繁荣奠定了坚实的基础。

在学术思想上，宋初道教思想家陈抟在易学的研究中，借用图式来说明易理，是图书学派的创始人。他的学术思想，既以道家思想为核心，又吸收了儒家的易学观念和佛教的禅定学说，首开宋代融合儒释道三家思想的风气。其后被周敦颐、程颐、程颢等人继承，借用陈抟图书易学的图式、数字来演绎儒学义理，而各出新说。陈抟的学术思想对宋代易学的发展，对整个宋代学术的发展和宋代理学的产生都起着十分重要的作用。

在宋代四川学术思想成就最大、影响最广的是苏洵、苏轼、苏辙三苏父子的"苏氏蜀学"。三苏父子学识渊博，以儒学为宗，兼收并蓄，经世致用，学术造诣极深。苏氏蜀学，主张学术思想的多元化，反对学术思想的一元化，不仅融合儒释道三家学说，而且吸收先秦诸子百家之说，自成体系，独立成派，代表了宋代和四川学术思想的精华。在北宋时期和南宋前期，苏氏蜀学一直在四川居于主流地位，并且在宋代众多学派中，是唯一能与理学长期抗衡的一个学派，在宋代学术思想史上占有十分重要的地位。

继苏氏蜀学之后，在南宋中期以后，四川学术界则是以张栻、魏了翁为代表的理学的发展和繁荣。张栻、魏了翁都是南宋时期全国著名的理学大师。他们不仅对理学发展和理学取得正统地位作出了重要贡献，而且其在学术上的造诣标志着四川学术完成了由苏氏蜀学到理学的转型。

四川是宋代史学最繁荣的地区，被时人称为"西蜀史学"，闻名于世。宋代四川涌现出大批杰出的史学家，他们除参与官方的国史撰修，还编写了大量史学名著，流传于世。例如范祖禹协助司马光编撰史学名著《资治通鉴》，负责唐代部分的修撰。李焘的《续资治通鉴长编》，李心传的《建炎以来系年要录》、《建炎以来朝野杂记》、《旧闻证误》，王称的《东都事略》，彭百川的《太平治迹统类》等等，也都是后人研究宋史必读的史学名著。至于其他的史学著作和方志著作更是数不胜数。在两宋史学特盛，超越汉唐的史学繁荣局面中，蜀中史著之多、方志之富更为特出。在此基础上，蜀中史学家展开了对史学理论的探讨，苏洵提出了经史相资的史学观点，范祖禹的义理史观和张栻的义利史观则把史学理论研究推向了一个新的历史阶段。

在宋代文学艺术的繁荣过程中，四川的文学艺术家更是作出了杰出的贡献。三苏父子都被列入我国文学史上著名的"唐宋八大家"。苏轼是继欧阳修之后，北宋文坛的领袖。他在继承唐代韩愈、宋代欧阳修的古文复兴运动中，从理论上超越摒弃了韩愈、欧阳修的"文""道"论的束缚，提倡文学性的文，语言艺术性的文，主张"文理自然"的创作原则。因而苏轼的文章如万斛泉涌，一泻千里，富于变化，任其自然，曲尽其妙，在艺术上达到了北宋古文运动的最高水平。当时不少杰出的文学家都追随苏轼从事古文创作，形成了著名的"苏门四学士"和苏门"六君子"。① 他们受苏轼的影响，又各具特色，推动了古文运动的繁荣，并为从唐代开始的古文复兴运动画上了辉煌的句号。直到"五四"新文化运动之前，宋代的古文一直是我国散文的代表性文体。

有宋一代，四川诗坛也十分繁荣，在全国占有重要地位。四川诗坛具有广泛的群众基础，能诗者比比皆是，并且产生了一大批极具影响的诗人。如北宋前期的魏野、苏舜卿，中后期的苏轼。特别是苏轼，继承并发展了唐诗的优良传统，将现实主义精神与浪漫主义风格相结合，将诗歌议论化、散文化，其创作具有超迈豪放、锐意创新的特点。苏轼一生，诗歌创作丰富，至今尚存约2700余首，洋洋大观，叹为观止。南宋时期，著名诗人范成大、陆游等都在蜀长期生活，他们也为四川诗歌的繁荣作出了重要贡献。

宋词在我国文学史上占有崇高的地位。苏轼对这种崇高地位的取得，则起到了决定性的作用。苏轼把古文运动的革新精神带到词的创作中，改变了晚唐

---

① "苏门四学士"是指黄庭坚、秦观、张耒、晁补之，"六君子"则再加上陈师道、李荐。

五代的婉约词风，打破了"词为艳科"之名，创立了豪放飘逸的风格，成为词家豪放派的开创者，为宋词的发展开拓了崭新的道路。他的词作，不拘于"闺怨""离恨"之情，而抒写壮烈的情怀。他的描写不只是锤炼优美的词句，而是以"诗句"入词，以"赋句"入词，甚至以"文句"入词，使词体得到大解放。他的词作，使人登高远望，举手高歌，逸怀浩气，超乎尘垢，奔纵放肆，句有尽而意无穷，特别受人称赞。苏词对后世影响甚大，南宋著名词人张孝祥、陆游、辛弃疾、陈亮、刘过、刘克庄诸家，都沿着苏词开辟的路子，取得了很大成就。可以毫不夸张地说，正是苏轼对词的革新创造和他在词学上的伟大成就，以及在苏轼影响下产生的一大批杰出的词人，才使词这种文学体裁在宋代发展到高峰，与唐诗并驾齐名，在我国文学史上才有了"唐诗宋词"之称。

五代和北宋时期，四川的绘画艺术，无论在四川历史上还是全国历史上都处于一个辉煌的时期。四川画坛人才济济，涌现出石恪、高文进、孙知微、勾龙爽等一大批释道人物画师和黄居寀、赵昌等一大批花鸟画和山水画师，其中黄居寀是北宋宫廷画坛的坛主。从北宋初年开始，画院就以黄氏父子的画法作为准绳，"较艺者视黄氏体制为优劣去取"。黄氏画艺垄断宫廷画坛几乎达一个世纪之久，五代时期在画坛上与黄氏齐名的徐熙画派逐渐衰落，甚至连徐熙的孙子徐崇嗣兄弟也只得改变家风，去迎合黄氏画法，才能在京师画院占有一席之地。神宗时期著名画家崔白、崔慤在京师画院任职后，宫廷画院花鸟画的风格和画法才发生变化。

蜀人文同、苏轼在宋代绘画史上作出了最为杰出的贡献。他们不但是当时最为优秀的画家，而且创立文人画派和文人绘画理论，在我国绘画史上揭开了新的一页。宋代以前，绘画是画师的专业，他们绘画的对象主要是释道人物、花鸟山水，崇尚形似。文人画家则有深厚的文化素质，他们认为诗歌、书法、绘画，三者一脉相通。诗不能尽，溢而为书，变而为画，可以把诗歌中抒写不尽的情怀志趣，表现在绘画里，解决文章翰墨所不及的问题。他们在讲究形似的基础上更研究神似，以达到托物言志、借物抒怀的目的。因此，苏轼在绘画理论上，不但主张要画出客体的"常形"，而且要画出客体的"常理"，即事物客体的规律和本质。常形画错了，只是局部性的毛病；常理画错了，则整个作品都报废了。他认为文同把竹子的生、死、曲、瘦、茂以及根、茎、节、芽的发生发展变化的规律都掌握了，懂得了竹子的常理，画出的竹子就能千变万化，各处其当，合乎天造，满足心意。其次，苏轼在绘画的风格上强调"神似"，反对片面追求"形似"。他认为文是无形的画，画是有形的文；画是无声之诗，诗是有声之画。提倡诗情画意，文学与绘画的结合，画里饱含作者的感情。这些绘画理论为绘画艺术的发展开辟了广阔的天地，对文人画家的兴起起到了推动的作用。

我国的石刻艺术，最早兴盛于北方，不少石刻闻名于世。唐以后北方石刻衰落，南方石刻兴起，尤以四川为盛。宋代四川的大足石刻成为我国石刻宝库中的一颗明珠，甚至被学者称为"大足石刻时代"，誉为"唐宋石刻艺术博物馆"。大足石刻具有完整而统一的布局，犹如图文并茂的连环画，这在世界上是独一无二的。它不仅具有高度的艺术价值，而且以它造像众多，范围广泛，成为宋代社会生活和儒释道三种文化互相融合的缩影。它为研究宋代政治史、经济史、宗教史、思想史、艺术史、科技史以及语言文学、风俗民情、社会生活等，都提供了丰富的材料。其整体的文化价值，在我国的石刻艺术史上是罕见的。

在科学技术上，四川在宋代也取得了卓越成就，很多领域都处于世界领先地位。唐慎微在北宋神宗时期编成药物学巨著《证类本草》，该书问世以后，很快就流传到四川以外地区，甚至日本、朝鲜等国，为推动我国和世界药学事业的发展起到了重大作用，是宋代中国药学发展水平处于世界前列的重要标志之一。北宋时期杨子健所著《十产论》，则是我国第一部较详细的妇产科专著，对"异常分娩"的转胎技术操作，作了具体而科学的论述。它比16世纪法国医生阿姆布露·巴累（1517~1590）所创异常胎位转位术领先近500年。秦九韶的数学名著《数书九章》，在世界数学史上更占有崇高地位。美国著名科学家萨尔顿在他的《科学史引论》中说："秦九韶在中华民族中，是他那个时代以至一切时期最伟大的数学家之一。"秦九韶在数学上的成就，再次表明宋代四川的科学技术水平处于当时世界的前列。

五

宋代四川经济的发达和雄厚的经济实力，在南宋时期，对保卫南宋政权的安全起到了极其重要的作用。

北宋灭亡后,南宋政权在宋金边境设立淮东、淮西、湖广和川陕四个防区,抵御金军的进攻。川陕防区一地的军费开支,就相当于淮东、淮西、湖广三个防区的总和。东南三个防区的军费由朝廷负责供应,川陕防区的军费则靠四川当局筹集。当时四川不但保证了川陕战场军费的需要,而且每年还向朝廷上供大量的财物支援南宋的抗金战争。在吴玠、吴璘等著名抗金将领的领导下,四川军民屡次大败金军。从南宋初年到理宗端平元年(1234)金朝灭亡止,长达100年间,金军始终未能攻入四川,南宋前期四川的社会经济、文化仍处于发展态势。

金朝灭亡,宋蒙直接对峙,四川成为最早受到蒙古军队进扰和最早爆发宋蒙战争的地区,战争时间长达半个世纪之久。战争的激烈、频繁、曲折、复杂为历史上所罕见。四川人民为了保卫四川先进的经济和文化,反抗蒙古军队的野蛮屠杀、掠夺,与蒙(元)军队进行了惊天地、泣鬼神的殊死决战。包括四川制置使、知成都府的丁黼、陈隆之在内,大批军民都战死沙场,写下了保家卫国的壮丽诗篇。在全蜀绝大部分土地被蒙军占领之后,四川人民还在各地修筑山城,与蒙军展开寸土必争的拉锯战,抵抗蒙军的进攻。1259年,南宋军队在合川钓鱼城打败了蒙哥汗亲自率领的蒙古大军,打破了蒙古军队不可战胜的神话。蒙哥汗因伤病死军中,蒙古大军亦被迫撤军,暂时放弃了灭亡南宋的计划。这次胜利对延长南宋王朝的统治起到了重要作用。1276年,元军攻入南宋王朝都城,灭亡南宋。之后,直到1279年,元军才全部占领四川。四川是南宋王朝抗蒙(元)战争坚持时间最长的地区和最后的基地,充分反映了四川人民反对侵掠和压迫的威武不能屈的崇高气节。

六

从端平三年(1236)开始,蒙古军队大举侵蜀,破四川府州数十,残其七八。全蜀54州俱陷,独夔州一路,及泸州、果州、合州尚存,四川就此进入灾难深重的年代。蒙古部族是一个经济落后的游牧部族,掠夺财物是蒙古贵族征服各地的主要目的。他们在战争过程中往往采取烧毁城市、杀掠居民的政策。蒙(元)军队的野蛮性、残酷性,为历史上所罕见,高度发展繁荣的宋代四川的经济和文化，遭到毁灭性的破坏。嘉定十六年（1223）四川人口有259万余户，到元至元十九年（1282）只剩下12万户，60年间减少95%以上，真是十不存一。元代四川行省的税粮仅为11万余石，居全国倒数第三位。宋代四川蓬勃发展起来的井盐业，元代仅存盐场12处，盐井95眼，比南宋初期4900余井减少了98%以上。四川在宋代是全国著名纺织中心和产茶中心，而到元代其纺织业与制茶业也一落千丈，退居至无足轻重的地位。四川历史发展在宋元之际进入一个低潮期，甚至是一个倒退期，这不能不令人黯然神伤。

七

如果说每一个民族、每一个国家和地区，都有值得骄傲、引以为自豪的时代，那么宋代在四川历史上就是这样的时代之一。如果说在历史的长河中，有其闪光的盛世年代，也有其暗淡的灾难岁月，那么，五代两宋的四川历史，则盛世与灾难兼而有之。自然，无论盛世年代，还是灾难岁月，都有其客观的历史原因和具体的历史表现。在这本关于五代两宋时期四川历史的书里，我们就是沿着历史留下的踪迹，力图把这一时期的闪光之点、阴暗之处、盛衰原因和表现介绍给读者，从中吸取历史知识，获得历史借鉴。这无疑是一项十分严肃而又非常艰巨的工作。由于作者水平有限，错误和遗漏之处自然难免，尚祈读者指正。

第一章 前后蜀时期四川的政治

五代时期,四川先后建立了两个割据政权——前蜀和后蜀。前蜀(907~925)在王建统治时期,政治尚较清明,国力强盛,其子王衍继位后荒淫失政,为后唐所灭,蜀中归入后唐版图。后唐闵帝应顺元年(934)蜀王孟知祥在蜀中称帝,建立后蜀(934~965)。同年,孟知祥病死,其子孟昶即位,勤政节俭,经济文化得到迅速发展。后期任用佞幸,国力衰弱,于北宋乾德三年(965)为宋朝灭亡。四川前蜀和后蜀两个割据偏安政权,其政治军事制度,多仿效唐代中央王朝,但很不健全。

第一节 前蜀的兴亡

一、前蜀的建立

唐末藩镇割据,最终导致了我国历史再次进入分裂时期——五代十国。907年,朱全忠篡唐,肇中原梁、唐、晋、汉、周五代之始;同年九月,王建在成都称帝,国号"大蜀",史称"前蜀",成为十国之一。

王建(846~918)字光图,许州舞阳人(今河南许昌舞阳)。"少无赖,以屠牛、盗驴、贩私盐为事，里人谓之'贼王八'。后为忠武军卒，稍迁队将"①，开始了他的戎马生涯。

广明元年（880），黄巢农民起义军攻陷长安，僖宗逃亡成都避难。忠武军将鹿晏弘以军八千隶属杨复光攻打黄巢，黄巢败走，杨复光便以其军分为八都，都将千人。王建与鹿晏弘皆为一都头。杨复光死后，中和三年（883），鹿晏弘率领八都往西迎僖宗于蜀。所过剽略，行至兴元（今陕西汉中），驱逐节度使牛丛，自称留后。僖宗即以鹿晏弘为节度使，鹿晏弘则升迁王建等八都头为兴元府属州刺史，其后鹿晏弘拥众东归，攻陷陈（治今河南淮阳）、许（治今河南许昌）等地。中和四年（884），王建与鹿晏弘分道扬镳，与晋晖、韩建、张造、李

图 1-1 王建像

师泰等各率一都，西奔于蜀，投靠流亡成都的唐僖宗。僖宗得之大喜，号"随驾五都"，归十军观军容使宦官田令孜统率，令孜以王建等为养子。中和五年（885），僖宗返回长安，王建随田令孜至京师为神策军将领。光启元年（885），河中王重荣与田令孜争盐池，王重荣召晋兵犯京师，僖宗逃亡凤翔，次年又逃往兴元，王建为清道使，负玉玺以从。行至当涂驿，李昌符焚栈道，王建牵僖宗马，冒烟焰而过。夜宿坡下，僖宗枕王建膝而睡，既醒，感激而泣，解御衣赐建。

这次僖宗逃至兴元，是因田令孜与王重荣争夺盐池而造成的。田令孜害怕僖宗治罪，乃求为西川监军，投靠其弟西川节度使陈敬瑄，杨复恭代为观军容使。王建系田令孜心腹，复恭惧其不附己，乃出五将为郡守，王建为壁州刺史。光启三年（887）三月，王建招合溪洞豪酋，有众八千。出兵攻占阆州（今四川阆中），后又攻占利州（今四川广元），据有利、阆之地，成为四川地区的一股割据势力，"养士爱民以观天下之变"。②

---

① 欧阳修：《新五代史》卷 63《前蜀世家第三》。
② 司马光：《资治通鉴》卷 255。

第一章 前后蜀时期四川的政治

王建利用杨复恭及东川节度使顾彦朗与西川节度使陈敬瑄之间的矛盾，把他扩充实力和地盘的矛头指向陈敬瑄。文德元年（888）三月，王建举兵进攻西川辖地彭州（今四川彭州），陈敬瑄出兵增援，王建被迫解围，纵兵大掠，西川十二州均受其害。同月，僖宗死，昭宗即位。王建利用昭宗对田令孜、陈敬瑄的宿怨，联合东川节度使顾彦朗分别上表朝廷，请求调走陈敬瑄以维护两川安宁，得到朝廷的允许。六月，朝廷任命韦昭度为西川节度使，调陈敬瑄为龙武统军。十月，韦昭度至成都，陈敬瑄拒不受代，拥兵守城。十二月，昭宗以韦昭度统兵十余万为行营招讨使，山南西道节度使杨守亮为副使，东川节度使顾彦朗为行军司马，王建为行营诸军都指挥使，大举讨伐陈敬瑄。王建屡战屡胜，西川所属诸州，相继投降，但陈敬瑄死守成都，三年不克。昭宗大顺二年（891），朝廷以"馈运不继"，决定罢兵，复陈敬瑄官爵，令顾彦朗、王建率众归镇。此时成都已危在旦夕，王建乘机逼韦昭度还朝，独攻成都。八月，陈敬瑄、田令孜相继投降，王建入据成都，自称西川留后。十月，朝廷任命王建为西川节度使。乾宁元年（894），王建攻拔陈敬瑄余部据守的彭州，尽有西川之地，为割据四川奠定了基业。

接着，王建就开始出兵兼并剑南东川和山南西道之地。乾宁二年（895）五月，凤翔节度使兼山南西道节度使李茂贞、邠宁节度使王行瑜、华州节度使韩建领三镇兵入长安。河东李克用以三镇"称兵赴阙，贼害大臣"为由兴兵讨伐，引起一场混战，昭宗出奔石门，为王建的兼并事业提供了绝好的机会。他打着"将兵赴难"①的旗号，军次绵州（今四川绵阳）。十一月从李茂贞手中夺取山南西道的利州；十二月，阆州、蓬州（今四川仪陇）、梁州（今陕西汉中、固城等地）守将投降，截断了东川与山南西道的通道，使东川处于孤立无援的境地。同月，王建借口"东川节度使顾彦晖不发兵赴难，而掠夺辎重，遣泸州刺史马敬儒断峡路，请兴兵讨之"②，集中力量攻克东川。乾宁三年（896）四月，朝廷遣使诣梓州（今四川三台）和解两川，王建虽奉诏还成都，然犹连兵未解。乾宁四年（897）二月，发兵五万再攻东川，并以"假通峡路进奉"为名，攻占

---

① 《资治通鉴》卷260，昭宗乾宁二年九月辛未。
② 《资治通鉴》卷260，昭宗乾宁二年十二月乙酉。顾彦朗死于891年，其弟顾彦晖继任东川节度使。

了泸州、渝州，控制巴蜀水路，使梓州更加孤立。五月，王建亲自将兵五万攻打梓州。六月，两川宣谕使李洵至梓州宣旨和解，王建"指执旗者曰：'战士之情不可夺也！'"① 拒绝罢兵。十月，合州（今重庆合川）、遂州（今四川遂宁）和援助东川的凤翔将领李继溥归降，顾彦晖被围绝望，与宗族将领全部自杀。王建遂克梓州，分兵占昌州（今重庆大足）、普州（今四川安岳）等地，尽有东川之地和山南西道南部地区。朝廷对王建违旨攻打东川，虽曾削官贬为南州刺史，但在他攻占梓州后，又只得复其西川节度使，加平章事、兼中书令，东川官吏一依王建委任。

天复元年（901）冬，宦官韩全诲勾结李茂贞劫持昭宗至凤翔，引起朱全忠带兵入关至凤翔问罪，又为王建占领山南西道北部提供了机会。韩全诲"遣使征兵于王建，朱全忠亦遣使乞师于建"。王建则外修好于全忠，罪责李茂贞，而暗地里又劝李茂贞坚守，许之救援，以武信节度使王宗佶、前东川节度使王宗涤等为扈驾指挥使，将兵五万，"声言迎车驾，其实袭山南诸州"。② 天复二年（902）二月，西川兵至利州，李继忠弃镇奔凤翔。八月，西川兵以"勤王"为名，假道兴元，经过战斗，攻克汉中，山南节度使李继密投降。十月，拔兴州（今陕西略阳）。李茂贞的"山南州镇皆入王建"。③ 王建从886年为壁州刺史、逐鹿四川，到902年占据山南，尽有三川之地，历时16年。

天复四年（904），朱温逼昭宗东迁洛阳，随即杀昭宗立昭宣帝。天祐三年（906），王建在成都立行台，名正言顺割据三川，成为朝廷的全权代表。天祐四年（907）四月，朱温篡唐，改国号"梁"，史称"后梁"，开始了五代时期。九月，王建在成都称帝，国号"大蜀"，次年改元"武成"。

王建能够割据四川称帝，从根本上讲是唐末皇权衰弱、藩镇割据的产物。但王建进入四川之初，他的实力与当时西川、东川和山南的藩镇相比，力量十分弱小。他能在与三川藩镇的角逐中，以弱胜强，以小胜大，乃是由他与三川藩镇的具体条件决定的。在割据三川的藩镇中，以凤翔节度使并有山南的李茂贞势力最大，但山南的政治经济军事重心不在南部四川地区，而在北部陕西汉

---

① 《资治通鉴》卷261，昭宗乾宁四年六月癸亥。
② 《资治通鉴》卷262，昭宗天复元年十二月。
③ 《资治通鉴》卷263，昭宗天复二年十二月。

中地区；李茂贞扩展的目标是向北发展，控制唐朝中央政权，而不是向南发展割据四川。东川的顾彦朗、顾彦晖兄弟，力量较弱，只图保土苟安，缺乏割据四川的足够条件。西川的陈敬瑄占据了四川最好的地盘，兵强财富，具有割据四川最好的物质条件。但他是朝廷控制发展势力的对象，又是东川和山南藩镇仇视打击的目标，势力难于扩张。在三股势力重重矛盾中，王建势力弱小，不为人们所防范，反为各方扶持、拉拢、利用，视为打击异己的依靠对象，为其扩张势力提供了客观条件。而王建在扩展势力中，又逐步创造了割据四川的主观条件。

首先，王建建立了一支以同乡、宗族和养子为核心的武装力量。唐末皇权衰微，强藩割据是一个以干戈定天下的时代。谁拥有强大的武装，谁就能占据地盘，割据一方。王建从弃贼从军之日起，就十分注意发展自己的军事实力。他与同乡张造、晋晖等都头结伙成党，以养子身份投靠田令孜，又收养义子达120余人，连同宗族、同乡，委任为各级军事骨干，不断扩充其军事力量。据学者研究，王建在夺取阆州前已拥有2500人的队伍，在夺取西川后则拥有20万人的队伍。① 这就为其兼并东川和山南创造了军事条件。

其次，王建收编和团结土豪，使外来的军事势力与地方实力派结合，增强了军事实力，巩固了统治基础。封建社会自然经济的封闭性是土豪产生的经济基础，封建社会中央权力衰落、社会动荡是土豪产生的政治温床。土豪在一州一县一地拥有强大的军事、政治、经济实力，并且往往担任地方官吏，控制了地方政权，是一个个分散的小的割据势力，是大的割据势力的统治基础。唐末黄巢起义军未进入四川，土豪势力未受到打击，反而"巴蜀多故，土豪倔起"②，成为左右和支撑割据政权的强大力量。王建在进占阆中之前，就"召募溪洞豪酋"，扩充军队，"有众八千"。③ 他在与陈敬瑄争夺西川的战争中，更为重视团结依靠土豪势力，派假子王宗瑶去西川州县游说土豪归附，委以官职，劝其拿出资粮供给军队，促使土豪纷纷归附。各州刺史相继投降，使陈敬瑄被围成都，孤立无援。他在攻占东川的战争中，与顾彦晖五十余战，围攻梓州三

---

① 参见杨伟立：《前蜀后蜀史》，四川社会科学院出版社1986年版，第42~43页。
② 孙光宪：《北梦琐言》卷4。
③ 《资治通鉴》卷256，僖宗光启三年三月壬辰。

年不克,原因就在于"东川群盗(即土豪——编者注)多据州县",顾彦晖"皆啖以厚利,恃其救援,故坚守不下"。后来,王建接受了蜀州刺史周德权建议,"遣人谕贼帅祸福,来者赏之以官,不服者威之以兵",使顾之所恃,而为王之所用,由是"彦晖益孤",才夺取了梓州,占据了东川。①

再次,王建搜求网罗了一大批士人,建立了一个出谋划策、兴邦定国的智囊团。王建虽目不识丁,但长期的军事政治斗争生涯,使他认识到打天下除了枪杆子外,还必须笔杆子。他曾说:"吾为神策军将时,宿卫禁中,见天子夜召学士出入无间,非相将可及。"② 因此,他进入四川后,雅好儒臣,礼遇有加,网罗了一大批避乱在蜀的士人。这些士人在王建夺取三川的斗争中出谋划策,时而利用矛盾,各个击破;时而蚕食,时而鲸吞;时而拥护朝廷,拉大旗,伐叛逆;时而违抗朝命,强占地盘,造成既成事实,逼迫朝廷正式认可。士人的帮助使王建在与三川节镇的角逐中总是转危为安,以弱胜强,最终得以独吞全川之地。这些士人还协助王建整饬军纪,抑制杀戮,争取民心。如王建入成都后,命张劼为诸部斩砍使兼左右厢都虞侯,把城中趁火打劫的无赖之徒处死,安定了城中秩序。在围攻彭州时,军队缺乏纪律,诸军寨士兵每日出外抢劫,"夺其资财,驱其畜产,分其老弱妇女为奴婢",谓之"淘虏",导致丧失民心,久围不克。王建接受了原是书生的军士王先成的建议,禁止军士出外"淘虏",将抢劫来的男女老少集于营场,许其家人认领,"有敢私匿一人者斩",置招安寨,令民各归田里。于是"民间村落无抄暴之患",逃亡民众纷纷复故业。③ 久围不克的彭州,很快就被攻克。

二、王建图治与王衍亡国

王建戎马一生,"提三尺剑,化为国家",60岁始割据蜀中为帝,深知创业艰难。故即位之后,他严格要求,自称"亲决庶狱,人无枉滥。恭俭畏慎,勤劳慈惠,无一事纵情,无一言伤物"。④ 他孜孜求治,采取一系列措施,充实国力,巩固在蜀中的帝位。

---

① 《资治通鉴》卷261,昭宗乾宁四年七月辛丑。
② 吴任臣:《十国春秋》卷36《前蜀二·本纪》。
③ 《资治通鉴》卷259,昭宗景福元年四月丁酉。
④ 《十国春秋》卷36《前蜀二·本纪》。

一是注意选用才能。王建即位之初,就下诏求贤。"诸州府或有贤良方正,能直言极谏,达于教化,明于吏才,政术精详,军谋宏远,韬光待用,藏器俟时,或智辩过人,或辞华出格,或隐山林之迹,或闻乡里之称,仰所在州府奏闻,当于量材叙用"①。书生王先成,乱世为兵,王建攻彭州不克,献禁"淘虏"、招安百姓策,及彭州平定,就论功行赏,累官夔州刺史。布衣李景,曾上封事数千言,切中机宜,被王建擢为眉山主簿。道士杜光庭博学,善属文,隐居青城山,被王建封蔡国公,赐号广成先生,并委任官职,担任太子元膺之师。僧人贯休,擅长诗画,由荆南入蜀,王建大喜,呼为"得得和尚",留住东禅院,赐赉优渥,署号禅月大师,建龙华道场,令其居住。每当贵戚满坐,常命贯休朗诵所撰讽刺时弊诗,贵幸多怨,而王建称善。他任用文学家韦庄为相,"凡开国号令,刑政礼乐,皆由庄所定"。②不论三教九流,有才者王建皆能用其所长,故史称"是时唐之衣冠之族多避难在蜀,帝礼而用焉,使修举政事,故典章文物有唐之遗风"。③

二是整饬吏治,抑制强暴。王建曾说:"不恃权,不行私,惟至公是守,宰相之事也。"④他在武成改元的诏书中要求各级官吏"革弊从新,去华务实,有利于民者,不得不用,有害于政者,不得不除"。"应是前朝旧制,或有开国新规,制敕之所未该,教化之所未备,或刑法不中,或伦序有乖,则谏臣不可不言,宰执不可不奏"。刺史、县令,"其有徭役不均,刑法不中,乡县凋弊,税赋逋悬,必当分命使臣,大明黜陟。若清廉可奖,课绩有闻,或就转官资,或超加任用"。其远州远县官吏,贪赃枉法,"并许百姓诣阙论诉,不计官职高卑,并正刑名处分"。⑤王建对跟随入蜀功臣武将的不法行为,也能给予严厉制裁。他的义子王宗佶,随从作战,屡立战功,前蜀建立,晋爵为公,任中书令。后因恃功骄恣,多树党友,被罢相之后,阴畜死士,图谋作乱。伙同御史中丞郑骞、卫尉少卿李钢,以是最长义子为由,乞做皇太子,开元帅府,铸判六军印,征戍征发,随意专行。每次入见,辞色悖慢,王建谕之不退,便令卫士杀之,

---

① 《十国春秋》卷36《前蜀二·本纪》。
② 《十国春秋》卷40《前蜀六·列传》。
③ 《十国春秋》卷35《前蜀一·本纪》。
④ 《十国春秋》卷35《前蜀一·本纪》。
⑤ 《十国春秋》卷36《前蜀二·本纪》。

贬其党羽郑骞、李钢，赐死途中。武泰军节度使王宗训，镇守黔州（今重庆彭水），恃恩贪暴，骄纵逾制，不奉诏，辄回成都，多所邀求。王建大怒，亦命卫士杀之。

三是休养生息，恢复和发展生产。武成元年（908），王建称帝就大赦天下，下诏减轻赋税，招辑流亡，采取一系列措施发展生产。几年之内，蜀中经济得到恢复发展，成为南方富庶地区之一。

四是治兵甲，加强军事，巩固边防。王建以骑将起家，十分注意加强军事力量，得蜀之后，于文（今甘肃文县）、黎（今四川汉源）、雅（今四川雅安）、茂（今四川茂县、汶川地区）等州市马，十年之间，不但建立了一支强大的步兵队伍，而且建立了一支强大的骑兵队伍。天复元年（901）四月，王建尚未称帝时，梁王朱全忠派王殷通好报聘，宴饮之间，王殷说："蜀甲兵诚多，但乏马耳。"王建立即集诸州马，大阅于星宿山，官马八千，私马四千，队伍整齐，王殷叹服。① 王建称帝以后，更加强军队建设，扩充兵力。他在位期间，在北面击退了岐王李茂贞对汉中的进犯，并攻占阶（今甘肃武都）、成（今甘肃成县）、秦（今甘肃天水）、凤（今陕西凤县）四州之地，扩张了领土。在东面打败了荆南的进攻，徙镇江军于夔州（今重庆奉节），加强东部防线。在西南面，斩暗通长和政权的黎州蛮刘昌嗣、郝玄鉴、杨师泰等碉金堡三王，毁碉金堡，并打败长和国对黎州的进犯，俘斩数万，使长和国不复犯边。

五是在对外关系上审时度势，不穷兵黩武。前蜀一直与割据中原的朱梁政权保持友好关系。为了避免与朱梁政权发生直接冲突，当割据关陇的岐王李茂贞被朱温击败，势力衰微之际，诸将请攻取凤翔，王建采纳冯涓意见，把李茂贞作为蜀之屏蔽，而与李茂贞修好。对荆南政权，在打败其对夔州的进犯后，有人劝乘夏秋水涨，决峡堰以灌江陵。王建采纳毛文锡不以邻国之民为敌的意见，予以制止。对长和政权，王建亦采取克制态度，在大渡河大败其部族之后，王宗范欲作浮梁渡河乘胜进攻之时，王建即召王宗范停止进攻，还兵成都。王建对边防用兵，没有轻率冒进，消耗国力，对巩固在蜀中的统治是有利的。

但是，以王建为首的前蜀统治集团，从总体上讲是一个相当平庸的统治集团。山中无老虎，猴子称霸王，只是由于唐末藩镇混战，蜀中节镇庸碌，这个

---

① 《十国春秋》卷35《前蜀一·本纪》。

统治集团才得以独霸三川,称帝一方。王建本人既无匡一天下之才,亦无统一全国之志。他手下的文臣武将,虽不乏才能骁勇之士,但无宏谋大略之人。控制前蜀政权的核心势力是以王建为首的用宗族、同乡、义子组成的素质不佳的唐末骄兵悍将集团。唐末衣冠士族和豪族势力在前蜀政权中均不居主要地位,而地方豪族更只图维护其自身的地方势力。因此,这个统治集团闭关自守称帝一方,巩固既得利益,而无开拓锐进之意,志在守成,不求进取。在这种状况之下,唐末政治腐朽、争权夺利、骄兵悍将、胡作非为等积弊在王建统治集团中得以继续滋长,其表现有以下几方面:

首先是为防范下属篡位,杀害奇才异能的功臣武将。王建为了巩固帝位,对奇才异能之士十分猜忌,甚至不惜将其置之死地。史称他"多忌好杀,诸将有功名者,多因事诛之"。① 功臣华洪(王宗涤)在夺取蜀中的重大战役中,战功显赫,有勇略,得将士心。他在为王建攻下兴元,兵入汉中,被唐昭宗下诏任为山南西道节度使后,却遭到王建的疑忌。王建借华洪在成都建府门,绘以朱丹,称为"画红楼"之事,以"画红"与华洪谐音居心叵测而缢杀之。成都为之罢市,涕泣如丧亲戚。② 勇将刘知俊,自梁投岐王,又自岐投蜀,王建忌其才,对左右曰:"吾老且将死,非尔辈所能制。"竟将刘"斩之东市"。③ 猜忌迫害有才之士,造成忠者亡、奸者存、良者退、莠者进,加速了王建统治集团腐朽没落的进程。

其次是官吏贪污腐化。在跟随王建征战的成员中,相当一部分出身贫贱,他们舍生忘死的目的就是夺取财富,享受荣华富贵。王建在攻克成都前,就用金帛子女鼓舞部下说:"成都城中繁盛如锦,一朝得克,玉帛子女,恣汝曹所取,节度使与汝曹迭日为之耳。"④ 因此,王建在称帝后,就不能不考虑随从征战的官吏将领们贪图富贵的欲求。他也打击官将的横行不法,但重点放在打击官将侵犯皇帝权力,对部属聚敛财富、掠人子女则放任自流。王建时代,贪暴之风就相当厉害,官将巧取豪夺、暴虐百姓的劣迹屡见不鲜。集王王宗翰好蓄妓妾,后庭珠翠常百余人,性残虐齐啬。任剌州时,部民史氏有肥沃庄田,便

---

① 《十国春秋》卷35《前蜀一·本纪》。
② 《十国春秋》卷39《前蜀五·列传》。
③ 《十国春秋》卷36《前蜀二·本纪》。
④ 《资治通鉴》卷258。

杀而取之。① 王宗黯为宁江节度使，每逢生日，部下属县，皆率醵财货为贺礼。② 王建本人也陶醉于太平享乐生活。即位之初，即下诏改堂宇厅舍为宫殿，美其名曰："帝君之居，上应辰象，朝贡臻集，华夏会同。宫阙殿阁、台省府事之弘壮，须分名号，以美观瞻……至于厨厩之标题，仓库之曹列，并宜从革，用永维新。"③ 他一意追求帝王的生活享受，地方官员投其所好，屡言出现嘉瑞，而王建大加褒赏，更助长统治集团享乐腐化之风。

第三是统治集团内部矛盾加剧，嬖臣、宦官执政。王建在位时期，统治阶级集团内部斗争一直就未停止，先是养子王宗佶开国后任中书令，恃功专权，公开向王建要权，要当太子，总六军，专征伐，养死士，谋作乱，被王建处死。王建为了保住帝位，对百官多不信任，他任命舞童出生的嬖臣唐道袭为枢密使，参预机密，传达王命。唐恃宠骄纵，甚至诬告太子元膺作乱，征兵入宿卫，激起元膺率兵攻杀道袭，王建又派兵平乱，使太子被卫士所杀，酿成宫廷内部流血冲突。而王建不问青红皂白，反追废太子为庶人，赠唐道袭太师，谥忠壮。此后王建唯宦官、佞臣是信，形成宦官、佞臣擅权局面。元膺死后，他本欲立最有才能的信王宗杰为太子，但徐贤妃支使宦官唐文扆贿赂宰相张格合谋，立郑王宗衍为嗣。从此唐文扆久典禁兵，飞扬跋扈，与宰相张格结为死党，打击迫害忠良，贬判枢密院事毛文锡为茂州司马，并没其家。朝中事无大小，皆文扆决定。天光元年（918），晚年得疾的王建发现王衍不能守业，怀疑德才兼备、屡陈时政的信王宗杰暴死，系为人所害。同年五月，王建病危，召大臣入寝殿，遗诏："太子若不堪大业……王氏子弟，诸公可择而辅也。"并制止了唐文扆发动政变的阴谋，贬文扆为眉州（今四川眉山）刺史。但为时已晚，受命辅政皆宦官、佞臣、奸邪之辈。或云王建疑信王暴死，王衍母徐妃与张格阴使尚食时进鸩烧饼，王建于六月中毒而逝，另立续嗣的打算彻底失败。④ 仍由王衍继位，史称"后主"。

王建从907年称帝，至918年去世，在位12年，死后葬于成都西郊，史称

---

① 《十国春秋》卷6《吴六·列传》。
② 《北梦琐言》逸文卷1。
③ 《十国春秋》卷35《前蜀一·本纪》。
④ 《十国春秋》卷36《前蜀二·本纪》。

第一章　前后蜀时期四川的政治

图1-2　王建墓（永陵）

"永陵"。①

王衍是王建十一子中的幼子，宠妃徐氏所生。他是历史上著名的荒淫君主。童年即能属文，小有才思，尤酷好靡丽之辞，曾集艳体诗二百篇，号为《烟花集》。他自作《宫词》说："辉辉赤赤浮五云，宣华池上月华新；月华如水浸宫殿，有酒不醉真痴人。"② 在《醉妆词》又说："者〔这〕边走，那边走，只是寻花柳。那边走，者〔这〕边走，莫厌金杯酒。"③ 饮酒赋诗，宴乐游玩，唱歌跳舞，寻花问柳，是他生活的全部内容。但是，"金樽美酒千人血，玉盘佳肴万人膏"。王衍要过"莫厌金杯酒""有酒不醉真痴人"的生活，注定是要亡国败家灭身的。

王衍继位时，前蜀已处于政治腐败，宦官、佞臣专权的境地。加之王衍继位，是"衍母专宠，大臣表里叶谋，遂得嗣立"。他袭位之后，"不能委任忠贤，

---

① 1942年，王建墓被发掘。新中国成立后，王建墓被定为全国重点文物保护单位，并建立永陵博物馆，供人们参观，成为成都市内重要的历史文化景点。

② 《词苑丛谈》。

③ 张唐英：《蜀梼杌》上。

躬决刑政。惟宫宛是务,惟宴游是好,惟俭巧是近,惟声色是尚",更是形成"阉宦执政于外,母后司晨于内"的局面。① 他不思委任贤臣,革旧更新,反趁王建已死,自己身为一国之君,无人管束,更加放肆,荒淫无度,不理朝政。国家大事,悉委宦官佞臣。王建义子王宗弼被任命为太师兼中书令,宦官宋光嗣被任命为枢密使,王廷绍、欧阳晃、李用铬、宋光葆、宋承蕴、田鲁寿等被任命为将军及军使,狎客韩昭、潘在迎、严旭等皆担任了要职,致使朝中皆奸邪之人,君子退身,阉人执政。摧挫英雄,有功者皆贬,纳贿者得进。时人称王衍当国的朝中政治是:衣朱紫者皆盗贼之辈,在郡县者皆虎狼之人,奸佞当朝,贪淫若市。官僚断性命于戏玩之间,戮仇雠于枢机之下,断国章为戏判,用三军为儿戏。政治黑暗达于极点。史载:

  太后、太妃各出敕令卖官。自刺史以下,每一官阙,必数人并争,而入钱多者得之。
  帝不亲政事,内外迁除皆出王宗弼。宗弼纳贿多私,上下怨怨……
  枢密使宋光嗣等专断国事,恣行威虐,务徇主之欲,以盗国权。宰相王锴、庾传素各保持宠禄,无敢正视……
  韩昭为吏部侍郎,判三铨。昭受贿徇私,选人诣鼓院挝鼓上诉,又为嘲语曰:"嘉、眉、邛、蜀,侍郎骨肉。导江、青城,侍郎亲情。果、阆二州,侍郎自留。巴、蓬、集、壁,侍郎不惜。"帝闻言召问,昭对曰:"此皆太后、太妃、国舅之戚,非臣之亲。"帝默然。②

王衍丝毫不像一个管理国政的帝王,却是一个对国政一窍不通、一概不问,而又身居帝位的十足的市井浪荡小人。他对政治腐败默然不问,却整天忙于寻欢作乐、巡游外地、觅求美女三件事。他治理国家毫无本事,令人吃惊;吃喝玩乐,别出心裁,又令人瞠目结舌。

王衍寻欢作乐的花样繁多,远非常人所能虑及。试举几例:一、他常与太后、太妃、贵臣饮宴,亲自执板打拍唱艳靡歌曲,毫无礼仪,嫔御杂坐,乌履

---

① 《蜀梼杌》上。
② 《十国春秋》卷37《前蜀三·本纪》。

第一章 前后蜀时期四川的政治

交错，放荡不羁，酣饮达旦。二、他创制了二十轮的大车，取名"流星辇"，用骏马牵着东游西逛，耀武扬威。三、他用锦缎作屏障围成球场，在里面击球，常常将球击至街市而不知。四、他在室内经常种植各种香花，昼夜香气满屋，日久生厌，又改种些皂角破坏香气。五、他用各种丝织品垒成假山，谓之"缯山"，上面建宫殿楼阁，又另造两个彩亭在假山前面，摆满各种锅盘碗盏，令御厨用食料烹煮其间，自己在彩楼上观看，号曰"当面厨"。他常乐饮"缯山"之上，逾旬不下，又在"缯山"上修渠直通宫内，以便乘船夜归。每次由"缯山"下乘船回宫，都令宫女秉烛炬千余，照映得水面如画。六、他在宣华苑内延袤十里，建重光、太清、延昌、会真等殿，清和、迎仙等宫，降真、蓬莱、丹霞、怡神等亭。飞鸾之阁、瑞兽之门、土木之功，穷极奢巧。常同陪伴他的狎客、妇人，嬉戏其中，为长夜之饮。七、他游浣花溪，龙舟彩舫，十里绵亘，自百花潭至万里桥，游人仕女，珠翠夹岸。他用韩昭、潘在迎、顾在询为狎客，陪侍游宴，毫无帝王体统，或为艳歌相唱和，嬉笑调情，谈嘲谑戏，粗俗放荡，日以为常。八、他在宫内造村坊市肆，令宫嫔穿青衫，悬帘卖食，男女杂沓，交易而退，自己则与妃嫔辄为笑乐……

王衍还常到外地游乐。乾德二年（920）八月，他离开成都外游，被金甲，冠珠帽，执戈矢而行，旌旗戈甲，连亘百余里不绝，宫女20人从行。百姓望之谓为灌口妖神。至汉州（今四川广汉），驻西湖，与宫人泛舟奏乐，饮宴弥日。经过武定军（今陕西洋县）等地于十二月至利州，再浮江而下到阆州。龙舟画舸，照耀江水。拉船的人皆衣锦绣，所在供亿，人不堪命。于次年正月才返成都，长达六月之久。咸康元年（925），王衍又游青城山，宫人皆穿云霞之衣，望之犹若神仙。他自制《甘州曲》，令宫人唱之。遍游青城、彭州、汉州诸山而归。

王衍强占美女淫乐，逼死人命，更是残毒至极。他即位才四月，就下诏选良家女20余人备后宫。宦官严旭强取士民女子入宫，就升任蓬州刺史。他游阆州，看见州民何康的女儿长得漂亮，将嫁给别人，就想强占据为己有，逼得其未婚夫恸哭而死。他夺占军使王承纲之女，承纲请求释放，惹得他大怒，流放承纲于茂州。其女剪发赎父罪，他不许，逼得其女自杀。总之，他见美女，不论何人，必得之而罢休，逼死人命，在所不惜。

王衍荒淫失政，对人民的疾苦，国家的存亡，漠不关心。乾德四年（922），从五月至九月天旱不雨，赤地千里，"所在盗起"①，前蜀王朝危机四伏，摇摇欲坠，他无所动心。乾德五年（923），后唐庄宗李存勖灭朱梁，兵力强盛，于次年四月派李严来蜀探听虚实，公开讲明后唐有统一天下之意。宣徽北苑使宋光葆建议"选将练兵，屯戍边鄙，积糗粮，治战舰以待之"。②他置若罔闻。李严回到洛阳，向庄宗说，王衍"童騃荒纵，昵比小人，用事之臣王宗弼、宋光嗣等，谄谀专恣，贿货无厌，大兵一临，瓦解土崩，可翘足而待"。唐王深以为然，遂坚定攻取两川之计。③咸康元年（925）九月，后唐太子魏王继岌为都统，郭崇韬为都招讨制置等使，将兵六万伐蜀。同月，天雄军节度使、宦官王承休言秦州多美女，请王衍东游秦州。加之承休妻严氏有姿色，曾与王衍私通，王衍便欲重温旧情，锐意东游秦州，众臣极谏皆不听。王衍在至秦州的途中，后唐军队已攻占了武威（今陕西凤县西北），凤、兴、文、扶（今四川南坪）四州降唐。行至利州，见败卒奔还，始信唐兵之来，才放弃了到秦州掠美女和幽会严氏的打算，急忙逃回成都，留王宗弼将大军守利州。此时前蜀将领，各自为己打算，纷纷降唐，以求保全性命。十一月，王宗弼驰回成都，囚王衍与太后、诸王，收玺、绶、内库金帛，作为投降的礼物。唐兵至成都，王衍率百官投降。立国18年的前蜀王朝就此灭亡。后唐灭蜀前后共七十天。次年三月，王衍在押解赴洛阳途中，连同宗族被杀于长安的秦川驿，时年28岁。王衍在位七年，荒淫亡国，身首异地，咎由自取。王衍亡国，再次证明了腐败必然亡国的客观历史规律。故《十国春秋》的作者、清人吴任臣感慨地说：

> 予作《前蜀后主纪》，而深有感于兴亡之际焉。夫庄宗非司马文王之比，继岌、崇韬非会、艾俦也。且是时唐仅得天下之半，强藩割据，经略未遑。假后主勤修政事，辑睦邻封，啖以货财，结以情好，尚可迁延国祚，更待真主。奈何阉人秉钧于外朝，母后司晨于闱内，嬉游山川，宣淫郡国；秦川之变，骈首非辜。自古蜀亡未有如王氏祸之烈者也。可不哀哉。④

---

① 《十国春秋》卷37《前蜀三·本纪》。
② 《十国春秋》卷37《前蜀三·本纪》。
③ 《十国春秋》卷37《前蜀三·本纪》。
④ 《十国春秋》卷37《前蜀三·本纪》。

第二节 后蜀的兴亡

一、孟知祥建后蜀

925年，后唐灭前蜀，任命孟知祥为西川节度副大使，董璋为东川节度副大使，四川归于后唐统治共八年。934年，孟知祥据有两川，在成都称帝，国号"蜀"，史称"后蜀"，四川再次建立割据政权。

孟知祥（874～934），邢州（今河北邢台）龙岗人。叔父孟迁在唐末据有邢、洺（今河北永年）、磁（今河北磁县）三州，为晋王李克用俘虏，仍留守泽潞（今山西泽潞）。汴兵攻晋，孟迁以泽潞降梁。知祥父独留事晋。李克用镇太原，重知祥有才，以其弟克让女妻之，累迁亲卫军使。李存勖嗣晋王位，以知祥为中门使。在李存勖与梁太祖朱温的长期战争中，知祥参谋应变，事无留滞，深得李存勖信任。但他见中门使多以罪诛，乃举郭崇韬代己，遂补马步军都虞侯。923年，李存勖灭梁，建立后唐，是为庄宗，以太原为北京，用孟知祥为太原尹、北京留守。孟知祥与后唐庄宗有郎舅之亲，又是朝廷功臣和郭崇韬的恩人，郭崇韬受命伐蜀时，就向庄宗建议：臣等平蜀，陛下择帅守以西川，无如孟知祥者。故平蜀之后，庄宗立即任命孟知祥为成都尹、西川节度副大使，并任命与郭崇韬同时伐蜀、参与军机大事的行营右厢马步军都虞侯董璋为东川节度副大使。

西川节度使的任命，标志着后唐在四川的统治确立。平蜀战争结束后，魏王继岌和郭崇韬将班师回洛阳，但由于后唐军队在平蜀后抢劫财物，掳掠人口，引起蜀人反抗，一些前蜀官吏也乘机反叛，蜀中局势尚不稳定。郭崇韬在新任西川节度使孟知祥尚未到任前便令将士分路招讨，未能班师回洛阳，引起庄宗的猜疑，派宦官向延嗣入蜀劳军，探听动静。崇韬素嫉宦官，早就引起魏王继岌的监军宦官李从袭的切齿痛恨，必欲除之而后快。向延嗣至蜀，李从袭便与之同谋加害，回洛阳后便"言蜀之宝皆入崇韬，且诬其有异志，将危魏王。庄宗怒，遣宦官马彦珪至蜀，视崇韬去就，彦珪以告刘皇后。刘皇后教彦珪矫诏魏王杀之"。① 同光四年（926）正月，马彦珪到成都的第二天，郭崇韬被害族诛。孟知祥至成都，郭崇韬已死，时诸将多惶恐不安，知祥承制宣慰，人心稍定。

郭崇韬被害成为后唐统治危机爆发的催化剂和由盛而衰的转折点，并为孟知祥割据四川提供了条件。

郭崇韬一案还使崇韬的岳父、庄宗之弟李存义株连遇害。太师、尚书令、西平王朱友谦亦被宦官诬陷与郭同党族诛，诸子中三个节度使，六七个刺史和部将七人无一得免。后唐大肆枉杀功臣，在统治集团内部和诸军将士中引起强烈的义愤和恐惧。功臣见疑，自危不安。同光四年（926）正月，魏王继岌班师回朝，先锋将李绍琛以旧主朱友谦于后唐有功，冤遭族诛，行至剑州（今四川剑阁），发动兵变，回师西川，破汉州，自称西川节度、三川制置等使，招谕蜀人，众至五万。这次兵变被孟知祥遣李仁罕会同任圆、董璋等将兵击败，杀李绍琛，择良吏，除横赋，安集流散，下宽大之令，与民更始，遣将分讨，蜀中才安定下来。同年二月，贝州（今河北清河）兵变，庄宗养子李嗣源率兵征讨。行至魏州（今河北冀县），发生兵变，拥立李嗣源为帝，称明宗，改元天成。同年四月，庄宗在洛阳为乱兵所杀，继岌自杀。后唐皇室易主，内部分裂，孟知祥遂阴有王蜀之志。他表面上与后唐保持君臣关系，暗地里进行蜀中称帝的准备。

首先，扩充军队，加强实力。孟知祥到成都后立即扩充军队七万余人，分成成都境内外。并置水军，分成临江各州，练习水战，以备夔峡。又在天成二年（927）冬天创筑羊马城，加强成都防御。

第二，控制财赋。明宗即位后，任圆自蜀入朝为相，兼判三司，素知后唐军队入成都所得钱500余万缗，给军之后，尚余200万。天成元年（926）十月，后唐以国库不足，任命赵季良为官告国信使兼三川都制置转运使，督蜀犒军余钱送京师。孟知祥拒不奉诏，仅发库金10万送京师，并称："州县租税，以赡十万大军，决不可得。"② 天成四年（929），后唐明宗以有事于南郊，责令知祥助礼钱100万缗。知祥觉唐谋困己，拒不肯出。

---

① 《新五代史》卷24《郭崇韬传》。
② 《资治通鉴》卷275，明宗天成元年十月庚子。

第三，控制官吏的任命。天成元年（926），孟知祥扣留后唐信使兼三川都制置转运使赵季良不遣，并使赵为他的谋主。同年十月，后唐又以李严为西川监军。次年正月，李严至成都即被孟知祥所杀。天成三年（928），后唐徙赵季良为果州（今四川南充）团练使，以何瓒为西川节度使副使。何瓒与明宗有旧，知祥不愿他做自己的副手，拒不服从，逼使后唐任命赵季良留任西川节度副使。天成四年（929），他更奏请"支属刺史，乞臣本道自署"①，不许后唐染指西川官吏的任免。

第四，联合东川共同拒唐。孟知祥拒不服从后唐诏令的行为，使后唐大臣益知其必反。天成四年（929）五月，枢密使安重诲听言事者的计策，委任亲信分守两川管内诸州，且每除守将都以精兵为牙队，多者两三千，少者不下五百，以备缓急。十月，又以夏鲁奇为武信军（治今陕西洋县）节度使；割果、阆州置保宁军，以李仁炬为节度使；以武虔裕为绵州刺史；还派夏鲁奇治遂州城隍，缮修甲兵，企图用武力加强对蜀中的控制。但这一措施损害了东川的利益。东川节度使董璋以自己的辖地被割十分恐惧，便主动联合孟知祥拒唐。知祥立即许以其女嫁董璋子，支持董璋反唐。长兴元年（930）九月，董璋首先举兵反唐，攻破阆州，杀李仁炬。后唐为了镇压董璋的反叛，便任命孟知祥为西南面供馈使，企图离间孟、董关系，派石敬瑭为东川行营都招讨使，夏鲁奇为副使，率军入川，破剑门，占剑州。孟知祥深知董璋被灭则唇亡齿寒、自身难保，便急派赵廷隐将兵万人进驻剑州，在剑门大破唐军。长兴元年正月，石敬瑭以粮运不继，烧营北撤，宣告讨伐两川战争的彻底失败。在这次反唐战争中，孟知祥遣将攻占了泸州、渝州、涪州、忠州（今重庆忠县）、万州、夔州、黔州等长江沿岸州县，进一步扩大了他的势力。

第五，后发制人，并吞东川。"知祥本与璋不协，未尝通问"②，他们二人都有割据蜀中的野心。他们的联合，仅仅是为了共同拒唐。后唐在讨伐两川战争中又用杀害董璋留在北方的家属，优待孟知祥留居北方家属的手段离间东西川之间的关系，撒下破坏联盟的种子。在讨伐两川战争失败后，后唐把讨伐战争的责任推在安重诲身上，杀安重诲，又于长兴二年（931）遣西川进奏官苏

---

① 薛居正：《旧五代史》卷40《明宗纪第六》。
② 《十国春秋》卷48《后蜀一·本纪》。

愿、东川军将刘澄各归本镇，并谕意两川重修和好。知祥为了应付后唐，邀董璋同谢朝廷，董璋就以"孟公家属皆存，而我子孙独见杀，何谢为"①拒绝采取联合行动，宣告联合的破裂和敌对情绪的加深。孟知祥为了在对东川的斗争中取得道义上的主动，便三番五次以"不奉表谢唐，恐复致讨"为由，劝董璋共同遣使入谢朝廷，把不服从后唐统治的罪名加在董璋身上，并使董璋怀疑自己被知祥出卖，诱使其首先发动对西川的战争。果然，董璋大上其当，于长兴三年（932）率兵大举进攻成都，至汉州被知祥打败，退回梓州被部将所杀。知祥遂尽有东川之地。长兴四年（933），后唐加封孟知祥为蜀王，十一月，后唐明宗死，十二月，闵帝即位。

应顺元年（934）正月，孟知祥在成都称帝，国号"蜀"，史称"后蜀"，改元"明德"。二月，明宗养子李从珂从凤翔起兵反唐，闵帝派禁军会六镇大军征讨，兵溃，后唐山南西道节度使张虔钊降蜀，后蜀又得山南兴州、洋州（今陕西洋县）等地。四月，李从珂入洛阳即帝位，史称末帝。七月，知祥病死，子孟昶即位。

二、孟昶在四川的统治

孟昶（918～965），孟知祥第三子，即位时年仅16岁。其母李氏"累从征伐，备历艰难，性尚慈俭，居恒戒后主固福寿为务"。②孟昶本人亦以王衍荒淫亡国为戒，颇遵母命。他爱好文学，凡为文，本于理，反对轻薄浮淫之辞。初袭位，颇勤政事，生活上亦注意节俭。他虽无非凡之才，但主观上力图把蜀中治好，以免重陷王衍覆辙。为此，他主要采取了以下措施：

一是惩治专横旧臣。孟昶即位之初，"将相大臣皆知祥故人……及其事昶，益骄蹇，多逾法度，务广第宅，夺人良田，发其坟墓"。③部将李仁罕自恃宿卫有功，专横跋扈，求判六军，孟昶即位数日，就因其入朝，密令武士执而杀之，族其家，暴其罪。是时，昭武军（治今广元）节度使李肇入朝，托言脚疾，扶杖不拜，既闻仁罕被诛，遂释杖而拜。孟昶勒令致仕，徙邛州（今四川邛崃），

---

① 《十国春秋》卷48《后蜀一·本纪》。
② 《十国春秋》卷50《后蜀三·列传》。
③ 《新五代史》卷64《后蜀世家第四》。

永不起用。张业是李仁罕的外甥,仁罕被诛时,方典禁军,昶惧其反,及用为相,后又加司马兼判度支。而张业不自潜迹,强市人田宅,藏匿亡命,又于私第置狱关押负债者,或历年致死,蜀人大怨。广政十一年(948),孟昶俟其入朝,执而杀之,下诏暴罪,籍其家。此外,专权贪纵、多为不法的枢密使王处回,久居大镇、积金帛巨万、穷极奢侈的赵廷隐,亦相续罢政。至是"故将大臣殆尽"。① 孟昶与旧臣的斗争历时15年。

二是整饬吏治。后蜀节度使,多由将相兼领。他们或以他职留居成都,委僚佐知留后,专务聚敛,政事不治,赋税不均,民无所诉。孟昶于广政四年(941)罢免一些武将遥领节度使的职务,任命大臣知节度使事,使其亲自到任视事。接着又著《官箴》,颁之郡县:

> 朕念赤子,旰食宵衣,托之令长,抚养安绥。政在三异,道在七丝,驱鸡为理,留犊为规。宽猛得所,风俗可移,无令侵削,无使疮痍。下民易虐,上天难欺。赋舆是切,军国是资。朕之爵赏,固不逾时。尔俸尔禄,民膏民脂。为民父母,罔不仁慈,勉尔为戒,体朕深思。②

孟昶的《官箴》后被宋太祖摘其中四句为《戒石铭》,令郡县刻石置公堂座前。其后从宋到清,历代州县衙门多刻"下民易虐,上天难欺,尔俸尔禄,民膏民脂"四句,以为做官主政之戒。

对贪官污吏,孟昶亦能坚决惩治。眉州刺史申贵,贪鄙残虐,聚敛财货,阴使州吏诬陷老百姓为贼,索求贿赂,民不堪其苦。他公然指着狱门说:"此吾家钱穴。"被告发后,贬为维州(今四川理县)司户,至犀浦,赐死,"死之日,民皆相贺"。③ 孟昶鉴于张业、王处回执政,多事壅敝,乃于广政十一年(948)置"匦函",后改为"献纳函",以通下情。次年,又置"吏部三铨、礼部贡举"④,选拔官员,改善吏治。

三是劝农恤刑、肇兴文教。孟昶即位之初,即颁劝农桑诏书,称"刺史县

---

① 《新五代史》卷64《后蜀世家第四》。
② 《蜀梼杌》下。
③ 《十国春秋》卷49《后蜀二·本纪》。
④ 《新五代史》卷64《后蜀世家第四》。

令,其务出入阡陌,劳来三农,望杏敦耕,瞻蒲劝穑。春鹅始啭,便具笼筐,蟋蟀载吟,即鸣机杼"①,组织百姓发展农桑纺织事业。每决死刑,多所怜减。并刻石经,兴学校。在孟昶统治时期,蜀中的经济文化都得到发展,史称"是时蜀中久安,斗米三钱,国都子弟不识菽麦之苗,金币充实,弦管歌诵盈于闾巷,合筵社会昼夜相接"。②在五代十国时期,蜀中的经济文化在全国都处于领先地位。

但是,孟昶长于深宫之中,在当时奢靡之风盛行的习染下,中年以后"稍以侈靡为乐,常命一梭织成锦被,凡三幅帛,上镂二穴,名曰鸳衾。又以芙蓉花遍染缯为帐幔,名曰芙蓉帐。至溺器皆以七宝装之。每腊日,内官各献罗体圈金花树,所费不赀"。③达官贵人,竞相效法,贪污腐化,穷极奢侈,粉饰太平,居安不思危,导致"扰民犯天意,聚财损君道"。④因内政外交失策,在强敌入侵下,后蜀政权土崩瓦解,终为北宋所灭。

在内政方面,孟昶罢免了一批功臣宿将之后,却不能任贤选能,反而任用一批庸碌之辈和嫉贤害能的小人。如出身小沙弥的王昭远,因给事左右而颇见亲狎,虽大言无实,却当上了位尊权重的枢密使,"军事机务一以委之,府库金帛,恣之所取"。⑤伊审征是孟知祥妹崇华公主的儿子,少与孟昶相亲狎,事无大小,一以谘之,与王昭远俱掌机务。韩保贞、赵崇韬皆素不知兵,而总管内外兵权。孟昶的母亲就曾告诫他:"先帝在并州捍契丹、入蜀定两川,诸将非有大功,无得主兵,故士卒畏服。今王昭远出自厮养,伊审征、韩保贞、赵崇韬皆膏粱乳臭子,素不习兵,徒以旧恩置于人上。平时谁敢言者,仓卒遇疆场有事,安能御大敌乎?"⑥但孟昶不能从,致使后蜀后期政治日益腐败。翰林学士范禹偁好聚财,三次掌贡举。"贿厚者登高科,面评其直,无有愧色。举子冯赞尧,故布衣交也,家贫,窘于赀,终不放登第。"⑦宰相李昊历事前、后蜀,位兼将相,秉利权,资货岁入无算,奢侈尤甚,后堂伎妾曳罗绮数百人。

---

① 《十国春秋》卷49《后蜀二·本纪》。
② 《十国春秋》卷49《后蜀二·本纪》。
③ 《十国春秋》卷49《后蜀二·本纪》。
④ 《十国春秋》卷49《后蜀二·本纪》。
⑤ 《十国春秋》卷49《后蜀二·本纪》。
⑥ 《十国春秋》卷50《后蜀三·列传》。
⑦ 《十国春秋》卷53《后蜀六·列传》。

在对外关系上，孟昶根本不懂军事，却好大喜功，不审度国力，量力而行，保境安民，反而轻率出兵关中，徒损国力，无功而还。广政十年（947）正月，契丹兵灭晋，晋雄武节度使（治秦州）何重建以秦（今甘肃成纪）、阶、成三州归蜀，四月，晋凤州防御使石奉頵以凤州来降。于是后蜀尽有秦、凤、阶、成之地，悉复前蜀疆土。六月，刘知远建后汉。十月，后晋的晋昌节度使（治今陕西长安）赵匡赞因曾投降契丹，疑不为后汉所容，遣使来降，请自终南山路（即子午谷）出兵应援。孟昶不顾自己的实力，欣然应允北伐关中。十二月，孟昶一面招降曾投降契丹的凤翔节度使侯益，一面大举出兵，以后晋降将山南西道节度使张虔钊为北面行营招讨安抚使，何重建为副使，韩保贞为都虞侯，共将兵五万北伐，虔钊出散关（即大散关，在今陕西宝鸡西南大散岭上），重建出陇州（今陕西乾阳），逼侯益以凤翔降。另以李廷珪将兵两万出子午谷到长安，支援赵匡赞。但赵、侯二人反复无常，见后蜀力弱不可依恃，于次年正月转而降后汉。李廷珪将兵至长安，闻变引归，在子午谷被汉将王景崇大败逃回。张虔钊至宝鸡，侯益坚壁以拒，虔钊势孤宵遁，又被王景崇追至散关，大败而归。六月，后汉凤翔巡检使王景崇为侯益所毁请降。孟昶不接受刚刚对关中用兵失败的教训，八月改凤翔为岐阳军，以王景崇为节度使。九月派兵援王景崇，被后汉军队败于散关。十月又派山南道节度使安思谦将兵救凤翔，宰相毋昭裔上疏切谏不听。安思谦兵至宝鸡，粮运不继，退保凤州，寻归兴元。十二月再命安思谦引兵出兴元进屯散关救王景崇，无功而还。广政十二年（949），后汉攻凤翔，景崇兵败自焚。

孟昶两次出兵关中，加重了北边人民的负担。广政十四年（951），郭威建立后周以后，后蜀的国政日益衰微。954年，周世宗即位，"秦、凤人户怨蜀之苛政，相次诣阙，乞举兵收复旧地"。[①] 959年，后周派兵伐蜀，五月王景出兵自散关攻秦州。九月后周打败了后蜀李廷珪、高彦俦的援兵，秦州守将雄武节度使韩继勋奔还成都，观察判官赵玭举城以降。接着成、阶二州亦降。十一月，后周陷凤州，俘威武节度使王环。于是秦、凤、阶、成之地复入于周。北边战略要地丧失，后蜀的安全更无保障。孟昶遣使至后周请和被拒，只好"聚刍粟于剑门、白帝，为守御之备。募兵既多，用度不足，始铸铁钱，榷境内铁器，

---

① 薛居正：《旧五代史》卷115《世宗纪二》。

以专其利"。① 后蜀政权已岌岌可危。

三、北宋的建立与后蜀的灭亡

960年初，后周禁军最高将领赵匡胤发动"陈桥兵变"，夺取政权，在开封建立宋朝，史称北宋。宋朝建立后，宋太祖积极推行统一全国的事业。当时中国的政治形势是：北方有强大的辽朝，太原有北汉政权；南方有南唐、吴越、后蜀、南汉、荆南和湖南的周行逢，泉州、漳州的留从效等割据政权。针对这种形势，赵匡胤制定了"先南后北"、"先易后难"的战略和策略，集中兵力先统一南方较弱的几个割据政权，利用南方富庶的经济，统一全国。在南方各国中，后蜀又属经济最发达的地区，府库之入，无一丝一粒入于中原，财政富裕。中原地区则五代以来，兵连祸结，帑廪虚竭。故在"先南后北"的总战略中，又制定"先取西川，次及荆、广、江南，则国用富饶矣"②的方针。963年，宋军灭掉长江中游的荆南和湖南两个割据政权，造成了从水陆两路攻取四川的有利形势。接着，赵匡胤派张晖为凤州团练使，专门探听后蜀的内部虚实，并绘制蜀中地图，制定进军路线，为灭蜀作好周密准备。

广政二十七年（964）十月，靠阿谀逢迎而掌握后蜀军政大权的王昭远，素无勋业，朝野不服，便怂恿孟昶联络北汉夹攻宋朝，妄图夺取关右之地，提高自己声望，以塞时论。十一月，宋朝以后蜀联合北汉攻宋为借口，派兵六万分道伐蜀。一路由王全斌、王仁赡率兵取兴州，败蜀兵七千人，获军粮四十余万石。越三泉，到嘉川，直达广元一带，孟昶派王昭远率兵应战，三战三败，退保剑门，接着宋军破剑门、据剑州，王昭远被擒。另一路由刘光义、曹彬率兵，从归州（今湖北秭归）沿长江西进，攻占了夔州。次年正月，宋师继续深入，后蜀老将石奉頵建议聚兵坚守以敝敌。孟昶叹曰："吾父子以丰衣美食养士四十年，一旦遇敌，不能为吾东向放一箭，今虽欲坚壁，谁肯为吾效死耶？"十三日，王全斌军次魏城，孟昶"上表请降"，建国30年的后蜀灭亡。宋兵遂入成都，刘光义亦连克万、施、开、忠、遂等州引兵来会，后蜀全境为宋所有。北宋自兴师至灭蜀，凡66日。

---

① 《十国春秋》卷49《后蜀二·本纪》。
② 李攸：《宋朝事实》卷1。

孟昶亡国与王衍亡国不同。王衍荒淫失政，是腐败亡国的典型。孟昶前期治国，清正廉明，国泰民安，后期居安不思危，"稍以侈靡为乐"，用非其人，导致官场贪污腐败，坐致沦丧。这是廉政国安，腐败国亡，历代王朝兴亡客观历史规律表现的典型。

人民的眼睛是雪亮的，历史是公正的。由于孟昶在建国初还为蜀中百姓做了些好事，故其亡国之后，蜀人思之。史称，孟昶与太后妃嫔及官属由成都沿江而下至开封朝宋，国人沿途哭送，至犍为别去。同年五月，孟昶至开封暴卒，终年47岁。孟昶死，其母李氏不哭，以酒酹地祝："汝不能死社稷，苟生以取羞。吾所以忍死者，以汝在也。吾今何用生为？"不食而死。①

第三节　前后蜀的政治军事制度

一、前后蜀的行政区划

前蜀的疆域，在十国的疆域中，仅次于南唐和吴越，居第三位。它辖有今四川大部、陕西南部、甘肃东部及湖北西部一隅，其界西接吐蕃，南邻大长和国，东接荆南，北邻后梁。东北边界因其邻国势力消长，曾有变化。唐时旧有大渡河以南嶲州之地，尽为南诏所有；岷江上游、邛崃山脉以西的川西高原，除茂州、维州、扶州外，亦为吐蕃所据；唐之羁縻州县，更无开拓。其行政区划，州县之名，率循唐制，无所更变，新增者少。唯废除唐之道和都督府，以州、县直隶中央，并于形势要冲增置军，为节度州。计有56州254县。在今川渝地区者有44州222县，今陕西地区有5州20县，今甘肃地区有4州10县，今湖北地区有3州2县。泸南地区还保留了唐时的羁縻州县。

---

① 《十国春秋》卷50《后蜀三·列传》。

第一章 前后蜀时期四川的政治

表1-1 前蜀行政区划*

州名（今地名）	辖县数	州名（今地名）	辖县数
益州［成都府］（四川成都）	10	彭州（四川彭州）	4
汉州（四川广汉）	5	灌州（四川都江堰）	
蜀州（四川崇州）	5	黎州（四川汉源）	2
绵州（四川绵阳）	8	雅州（四川雅安）	5
眉州（四川眉山）	5	维州（四川理县）	2
嘉州（四川乐山）	7	茂州（四川茂县）	4
剑州（四川剑阁）	9	龙州（四川平武）	2
梓州［武德军］（四川三台）	8	黔州（重庆彭水）	6
遂州［武信军］（四川遂宁）	5	夔州［镇江军］（重庆奉节）	3
果州（四川南充）	5	忠州（重庆忠县）	5
阆州（四川阆中）	9	万州（重庆万州）	2
普州（四川安岳）	6	利州［昭武军］（四川广元）	5
陵州（四川仁寿）	5	开州（重庆开县）	3
资州（四川资中）	8	通州（四川达州）	9
荣州（四川荣县）	6	涪州［武秦军］（重庆涪陵）	5
简州（四川简阳）	3	渝州（重庆）	5
邛州［永平军］（四川邛崃）	7	泸州（四川泸州）	5
合州（重庆合川）	6	兴元府（陕西汉中）	5
昌州（重庆大足）	3	洋州［武定军］（陕西洋县）	4
巴州（四川巴中）	9	金州（陕西安康）	5
蓬州（四川仪陇）	7	凤州［武兴军］（陕西凤县）	4
集州（四川南江）	4	兴州（陕西略阳）	2
壁州（四川通江）	5	秦州［天雄军］（甘肃秦安）	5
渠州（四川渠县）	5	成州（甘肃成县）	2
戎州（四川宜宾）	5	阶州（甘肃武都）	2
安州（四川云阳）		文州（甘肃文县）	1
扶州（四川九寨沟）		施州（湖北恩施）	2

续表

州名（今地名）	辖县数	州名（今地名）	辖县数
归州（湖北秭归）		峡州（湖北宜昌）	

＊前后蜀的州县建置正史缺载。上列州名和县数系综合《新五代史职方考》和《十国春秋地理表》的记载，其中"扶州"据《资治通鉴》卷273后唐庄宗同光三年（925）十月，前蜀"王承捷以凤、兴、文、扶四州迎降"。

后蜀的行政区划，悉依前蜀。唯其疆域较之前蜀略减少。在四川境内撤销了安州、灌州，丧失了扶州，陕西境内丧失了金州，湖北境内的归州、峡州又为南平所有。广政十年（947）得秦、阶、成、凤四州，广政十八年（955）复被后周夺去。余存46州悉无变更，即在今川渝境内有41州，湖北境内有1州，陕西境内有3州，甘肃境内有1州。故北宋平蜀，得州46。

二、前后蜀的官制

前蜀和后蜀作为一个独立政权，它的官制多沿袭唐朝。麻雀虽小，肝胆俱全，偏安割据朝廷，设官置署，一仿唐代中央王朝。

在中央朝廷，皇帝之下，设太师、太傅、太保，谓之三师；设少师、少傅、少保，谓之三孤；设太尉、司徒、司空，谓之三公，以处大臣位高望重者。设宰相，佐天子，总百官，治万事。以尚书省长官左、右仆射，门下省长官侍中、侍郎，中书省长官中书令、侍郎为同平章事，担任宰相之职。中书省决策，门下省审议，尚书省执行，三省同为最高政务机构。三省长官共同负责中央政务。中书省秉承皇帝旨意，掌握机要，发布政令。除中书令、侍郎外，设有知制诰、右散骑常侍、右谏议大夫、右补阙、文思殿大学士、阁门使、秘书监等官职。门下省是审议政令和监察、谏议、封驳的机构，除侍中、侍郎外，设有左散骑常侍、左谏议大夫、给事中、左补阙、翰林学士承旨等职。尚书省是中央执行政务的中心，辖吏、户、礼、兵、刑、工六部，各部设尚书、侍郎、员外郎等官职。其他如御史台、司天监、内侍监、将作监、尚食使、客省使、弘文馆、崇文馆、史馆撰修、国子监、医官等中央王朝的官署和官员几乎应有尽有。军政大权则由内枢密使、枢密使、副使、宣徽南院使、宣徽北院使主管。然而，前后蜀时期，官与职已经分离，有的官员往往徒有虚名，而不实掌职权。朝中的军政大权实际上掌握在担任实职的宰相、枢密使、宣徽使和主管财政、人事的官员及皇帝的亲信手中。

在地方官制中，前后蜀废除了唐代节度使统辖属州的制度，实行中央直辖州、州辖县，并增置节度军州。京城成都，置成都尹为京城最高长官。节度军州，设节度使、留后、副使、判官等官职。各州设刺史、别驾、录事、司马、司户、参军等官职，各县设令、丞、主簿、尉等官职，总理州县政务。

三、前后蜀的军事制度

前蜀和后蜀都是以干戈取天下的军人割据政权，然而在军事制度上却建树很少。这些军人集团夺取政权后，主要是仿效历代的中央王朝的一些军事制度。中央统兵之职，有判六军诸卫、六军副使，下辖将军、指挥使、都指挥使、军使、将军等武将统领军队。出军作战，则设诸路行营都统、行营制置使、行营招讨使、行营都统、行营马步都部署军虞侯或都招讨、招讨等职带兵作战。驻屯地方的军队一般由节度使、团练使主管。此外，皇帝有专门的亲军，兵械优于他军，负责皇帝的安全保卫；并设京城内外马步都指挥使，负责京师的卫戍事宜。

四、前后蜀的民族关系

前后蜀时期，与周边的少数民族基本上保持友好关系。唯在黎州以南今凉山地区的"东蛮"，在唐朝是与吐蕃、南诏地方政权争夺的战场，诸部落常依违其间。唐咸通年间（860~874），南诏攻占了大渡河南之地，"东蛮"尽为南诏统治。唐昭宗天复二年（902），郑买嗣篡南诏，建立大长和国。前蜀永平四年（914），大长和国进犯黎州，为前蜀击败，遂遣使通好。后唐明宗天成三年（928）赵善政为王，废郑氏大长和国建立大天兴国，不久杨干贞废赵善政建立大义宁国。后蜀明德四年（937），段思平尽逐杨氏，建立大理国，结束了南诏灭亡后政局不稳的局面。从郑氏、赵氏、杨氏到段氏的大理国，都以大渡河为其北界，"东蛮"部落都受其统治，基本不与中原相通，但亦有受后唐封号的。

在今雅安西北的甘孜地区，自古以来居住着众多的羌人族属部落。唐代吐蕃兴起，势力不断向东发展。这些羌人部落力量分散，被吐蕃征服，受其统治。唐末，吐蕃王朝瓦解，种族分散，大者数千家，小者百十家，无复统一。吐蕃王朝在今甘、青、川、滇等地的统治政权即告崩溃。

威、茂二州均在岷江上游。岷江上游自古就是羌人居住的地方。唐代吐蕃势力扩大，进入这一地区，不少部族接受吐蕃统治。唐德宗贞元九年（793），他们脱离吐蕃役属，向西川节度使韦皋纳土内附。韦皋把他们安置在维、保、霸等州。五代十国时期，岷江上游（今阿坝藏族羌族自治州一带）仍由吐蕃据有，唐所设置的羁縻州未能全部恢复，前后蜀政权只对归附的羌族维持统治。前蜀设茂州，领有汶山、汶川、石泉、通化四县；设威州，领有保宁、小封二县，管辖仅及茂汶以南、理县以东地区。前蜀对这一地区的统治无所建树。永平二年（912）维州羌曾发生反叛，被前蜀平定。后蜀对这一地区的统治亦无所作为，名为正州，实则羁縻统治。

第二章 前后蜀时期四川的经济

唐末五代,是一个由统一走向分裂、由和平走向战乱、由繁荣走向衰退的时代,整个社会经济受到严重的破坏。在这种情况下,前后蜀时期四川的社会经济也不能不受到严重的影响。但在五代长达半个世纪的时期内,四川内部政权更迭不如中原频繁,战争破坏比中原较轻;四川外部吐蕃、南诏势力衰落,无力再对四川进行侵扰,周边出现了安宁的环境。四川易守难攻的地理环境,还不断吸引中原人民入蜀避难。前后蜀统治者为了巩固政权的需要,也比较重视发展生产,这些都为前后蜀时期四川人民从事社会生产提供了一定条件。因此,在五代时期,四川社会经济不像北方中原地区那般衰退严重,在某些方面反而还有所发展。

第一节 农 业

一、粮食生产的发展

唐末藩镇在蜀中的混战和王建夺取四川的战争,使蜀中的社会生产特别是农业生产受到严重的破坏。战争造成"饿殍狼藉,死者相继",军民乏食。唐昭宗大顺二年(891),王建围成都,城内"易子而食"。王建攻占成都后,只得分遣士卒就食诸州，解决军食。乾宁元年（894），王建围彭州，久攻不克，城中缺食，"斗米五千，第二年斗米十千，第三年粮尽，百姓递相食"。① 天复四年（904）大旱，"褒、渠之境赤地数千里，民有相食者。山中竹无巨细，皆放花结实，民采之舂米而食，赖以存活"。② 面对农业生产严重破坏、军民普遍乏粮的局面，王建在尚未称帝时，接受了谋士冯涓的建议，不向北扩张，攻占李茂贞凤翔之地，而同李茂贞和好，结为婚姻，把凤翔作为隔绝中原朱梁政权与蜀中的屏障，实行"无事则务农训兵，保固疆场"的休兵息民政策。③ 908 年，王建称帝，大赦天下，更采取一系列恢复农业生产的措施：一是将流配在外服刑的典吏百姓，释罪放归；二是对公事关联、逃离在外不敢还乡的军人百姓，听任回家，不再追究干扰；三是将当年夏税每贯减征 200 文；四是军人百姓侵占官中钱物被没收房屋庄田者，除已有人收买经营外，其主人及妻儿尚在无处营生者，无偿发还，令其耕种，输纳赋税；五是州县一律按朝廷校订的量器受纳赋税，不得加一升一合，官吏敢辄征估计，允许百姓到朝廷论诉，不计官职高卑，均依法处分。前蜀武成三年（910），王建下诏劝农桑，更明确表示"爰念蒸民久罹干戈之苦，而不暇力于农桑之业"，要学习刘备入蜀，"闭关养民，十年而后举兵"的治蜀方略。他命令"郡守县令务在惠绥，无侵无扰，使我赤子乐于南亩，而有《豳风·七月》之咏"。④ 在王建的倡导下，前蜀的一些官吏亦较注意恢复发展农业生产。王宗寿在攻下果州（今四川南充）后，安辑离散；东川节度使徐延琼在管内鼓励军民发展生产；晋晖在涪州（今重庆涪陵）招流亡归田里。

前蜀灭亡后，孟知祥于同光三年（925）入成都任后唐成都尹、剑南西川节度副大使，就立即"除横赋，安集流散，下宽大之令，与民更始"⑤，以恢复发展生产。后蜀政权建立后，更特别注意发展农业。孟昶在位前期，尤注意"劝农恤刑"。他在《劝农诏》中指示刺史县令，务必深入田间，组织农民，搞好生产。后蜀山南节度使武漳在褒中，以"营田为急务"，兴修水利，"溉田数千顷，

---

① 勾延庆：《锦里耆旧传》。
② 《十国春秋》卷 35《前蜀一·本纪》。
③ 《十国春秋》卷 36《前蜀二·本纪》。
④ 《十国春秋》卷 36《前蜀二·本纪》。
⑤ 《十国春秋》卷 48《后蜀二·本纪》。

人受其利"。①

由于前后蜀政权都采取了一些发展生产的措施，特别是有了和平安定的环境，加上蜀中具有发展农业的优越条件和广大农民的辛勤劳动，五代时期四川的农业生产得到迅速的恢复，并有了较大的发展。这主要表现在：

一是抗御自然灾害的能力增强。史载：前蜀乾德四年（922），"自五月不雨，至九月林木皆枯，千里赤地，所在盗起"②，也未见有流民和人相食的记载。后蜀明德元年（934）四月，地震③；明德二年（935）七月，"阆州大雨雹如鸡子，鸟雀皆死，暴风飘船下民屋"；明德三年（936）三月，地震；广政元年（938），八月大水，十月"地震，屋柱皆摇，凡三日"；广政二年（939）六月，"地震，洶洶有声"；广政三年（940），五月地震，十月"地震，从西北来，声如暴风急雨之状"；广政五年（942），正月地震，十月地震，"摧民居数百"。④即从934～942年长达9年的时间中，蜀中自然灾害接连不断，但四川仍然没有出现唐末战争年代"饿殍狼藉，死者相继"，农民流离失所和米价猛涨的情况。这显然是农业生产发展，整个社会抵御自然灾害能力增强的缘故。

二是粮食储备丰裕。在前蜀时，官库已是"仓库充溢"⑤，出现了"五谷丰稔"⑥，"民黎乐康，蜀人富而喜邀"⑦的局面。当时的后唐使臣李严来到成都，耳闻目睹，感到蜀中出现了"人物富庶"的景象。后蜀时，从广政六年到九年（943～946），连年风调雨顺，农业大丰收，粮食储备更为丰裕。北宋乾德二年（964）伐蜀，仅在兴州（今陕西略阳）就缴获军粮40万余石；取兴元西县，又缴获后蜀军粮30余万斛；入利州（今四川广元），又缴获后蜀军粮80万斛。⑧足见蜀中粮食丰裕。这与唐末蜀中藩镇混战，各地均无军粮储存，占领城池之后只得分遣军士就食各地的情况形成了鲜明的对比。

三是米价极贱。粮食生产的增加使米价降低。后唐天成四年（929），孟知

---

① 路振：《九国志》卷7《武璋传》。
② 《十国春秋》卷37《前蜀三·本纪》。
③ 《锦里耆旧传》卷7。
④ 《十国春秋》卷49《后蜀二·本纪》。
⑤ 《五国故事》上。
⑥ 《十国春秋》卷36《前蜀二·本纪》。
⑦ 《十国春秋》卷37《前蜀三·本纪》。
⑧ 《续资治通鉴长编》（下简称《长编》）卷6，乾德二年。

祥在成都尚未称帝时，蜀中"大饥，米斗钱四百文"。① 在平常年份蜀中米价自然更低。《蜀梼杌》记后蜀广政十三年（950），"蜀中久安，赋役俱省"，"府库之积，无一丝一粒入中原"，致使"米斗三钱，城中之人子弟不识稻麦之苗，以笋芋俱生于林木之上，盖未尝出至郊外"。这些记载中反映的"米斗三钱"，不及894年彭州被围时"斗米五千""十千"的千分之一，仅为929年蜀中大饥时"斗米四百文"的百余分之一，甚至比唐代贞观盛世"米斗不过三四钱"还低。这正是五代时期四川农业发展、粮食十分丰裕的反映。

二、经济作物的发展

五代时期，四川粮食生产的发展，为农业经济作物的发展奠定了物质基础。在众多经济作物中，尤以桑、麻、茶叶、花卉的生产种植最为突出。

前后蜀统治者在发展农业生产时，都把农桑并提。官府和百姓都十分重视种桑植麻，缫丝织布。据《五国故事》记载，蜀中每三月为蚕市，王建登楼看见蚕市上卖桑叶的人很多，就对在场的官僚说："条桑甚多，倘税之，必获厚利。"这件事情反映出前蜀时期，四川的种桑养蚕事业，已经突破了传统的一家一户自种自养的小规模的种桑养蚕的框框，开始了较大规模的商品化的种桑养蚕活动。当时，不但成都有蚕市，而且蜀中其他地方也有蚕市，说明整个四川地区种桑养蚕的事业都十分兴旺发达。这为五代时期四川绢帛丝织业的发展奠定了基础。

五代时期，我国尚未开始种植棉花，麻仍然是织布的主要原料。当时彭州是著名的种麻地区，那里土地宜麻，农民治田绩麻，常将麻出卖，买粮为生，种麻成为当地农民生活来源。据《新唐书·地理志》和《太平寰宇记》记载，五代时期，成都府、彭州、利州、巴州、汉州、邛州、阆州、果州、遂州、剑州、荣州、昌州和夔州、涪州、黔州、开州等地都是出产麻织物的产麻之地。

五代时期，四川的茶叶生产更较唐代有较大的发展。据曾任前后蜀中枢大员的毛文锡所著《茶谱》记载：蜀中产茶地区较多。彭州产茶之地有蒲村、堋口、灌口，眉州（今四川眉山）产茶之地有洪雅、昌阖、丹棱，蜀州（今四川崇州）产茶之地有晋原、洞口、横源、味江、青城，雅州（今四川雅安）产茶

---

① 《十国春秋》卷48《后蜀一·本纪》。

第二章 前后蜀时期四川的经济

之地有百丈、名山，邛州（今四川邛崃）产茶之地有临溪、思安、火井。此外，泸州、渠州（今四川渠县）和涪州、渝州（今重庆）等地都出产茶叶。当然，《茶谱》所记五代四川的产茶地区，只是当时产茶较多的部分地区。受历史条件的种种限制，作者不可能普查当时的茶叶产地，把全部产茶地区逐一记载下来，必然有所遗漏。

当时，四川最负盛名的名茶仍然首推雅州名山的蒙顶茶。蒙顶山雨量多，云雾厚，日照短，适合茶树喜阴好湿的特点。这里生长的茶树，芽叶厚实丰满，含茶素和叶绿素多，所产茶叶，质优品良。人们传说，蒙顶上的中顶茶，在春分时节，俟雷鸣之时，并手采摘，三日而止。若

图 2-1 今日蒙顶山茶园

获一两，用本地水煎服，即能祛宿疾；得二两饮后，就能不生百病；得三两饮后，就能脱胎换骨，返老还童；得四两饮后，就能成神仙。因此，人们把蒙顶茶当做除病祛疾、益寿延年、返老还童、羽化成仙的灵丹妙药。蒙顶出产的研膏茶、压膏露芽、不压膏露芽都是当时名茶。蜀州横源出产的茶，皆取其嫩芽制造，其芽似雀舌、鸟嘴、麦颗。又有芽叶相抱似片甲的早春黄茶和叶嫩薄如蝉翼的蝉翼茶，都是最上等的散茶。此外，邛州的早春，火前、火后茶，涪州的宾化茶，泸州的泸茶，渠江薄片，彭州、眉州的饼茶，都享有盛名。

当时，四川某些地区的茶叶生产已向专业化、商品化方向发展，成为当地农民的主要经济作物和谋生的主要来源。在一些地方还出现了专门种植茶树的茶园和经营茶叶生产的茶园主。这些茶园主有的是封建官僚，有的是封建富豪。《宋史·毋守素传》记载后蜀户部员外郎、知制诰、工部侍郎、云安监榷盐使毋守素，就拥有经营茶叶生产的茶园。北宋平蜀，毋守素入朝，为了讨好新主，便"籍其蜀中庄产、茶园以献"，还得到"诏赐钱三百万以充其直，仍赐第于京

城"的奖励。①

五代时期，四川的茶叶经济已成为国家财政收入的重要来源。唐末四川的茶利收入在官府财政收入中就占有很重要的地位。"西川富强，只因北路商旅，托其茶利，赡彼军储"。② 茶利弥补了四川地区巨大的军费开支。前后蜀统治者都把垄断茶利作为国家的重要财政手段。前蜀与秦王（李茂贞）和亲，"许之茶布……秦王大喜，率强丁及驴马，悉遣人入蜀搬役。其来也，载青盐、紫草，蜀得其厚利焉；其去也，载白布、黄茶，秦得粗货矣"。③ 把四川的茶叶运往陕西，换取四川地区所需要的食盐，对安定人民生活、巩固统治起到了重要作用。后蜀政权更是竞相垄断茶利，实行榷茶。"孟氏据有蜀土，国用偏狭，始立榷茶之法。"④ 直到后蜀灭亡，北宋才在四川废除榷茶法。

五代时期，四川的花卉种植相当兴盛。经济的发展，社会的安定，封建帝王和官僚贵族要追求享受，广大人民需要美化生活，这些都促进了花卉种植的发展。前蜀后蜀的皇宫都修建了许多园苑，种植各种奇花异木。后蜀孟昶在位时，更耽情于苑囿。奇花异卉，盛极一时。诸王、功臣以下，则竞相仿效，各置林亭，异果名花，充溢其间。王建第七子鲁王宗鼎，在王衍即位后，见其荒淫失政，亲王典兵，必有祸乱，乃固辞官职，经营书舍，植松竹自娱，不问政治，过悠闲的贵族生活。官僚文士韦庄，专门为自己修建了花林坊。仕前后蜀50年，位兼将相的李昊，还将名花散给僚友，并送"兴平酥"，嘱其"俟花凋谢，以牛酥煎食之，谓之花酥"。⑤ 在君臣一致热心倡导之下，当时成都浣花溪旁，皆修建亭榭，沿岸种植各种名花异卉，馥郁十里，一眼望去若临神仙之境。适应社会喜爱花卉的需要，买卖花卉已成为每年春季蚕市交易的重要内容。

五代时期，蜀中各种花卉中，尤以栀子、牡丹、海棠、芙蓉，最为时人所重。

栀子是常绿灌木，春夏开白花，香气浓烈，可供观赏，夏秋结果，生青黄熟，可做黄色染料，亦可入药。在栀子花中有一种异种，花为红色六瓣，生长

---

① 《宋史》卷479《西蜀孟氏世家》。
② 《桂苑笔耕集》卷2《请进幸江淮表》。
③ 何光远：《戒鉴录》卷4《得夫地》。
④ 苏辙：《栾城集》卷36《论蜀茶五害状》。
⑤ 《十国春秋》卷52《后蜀五·列传》。

第二章 前后蜀时期四川的经济

在青城山，尤为名贵。前蜀王衍将其植于芳林园，常召集百官在园中观赏红栀子花。后蜀时，青城山老翁又进贡红栀子三粒，孟昶将其种植在芳林苑，成树开红花，清香如梅，就宴请百官观赏。广政末年，青城山道士申天师又进红栀子两粒，其花红色六瓣，香气袭人，孟昶十分爱重，"令图写于团扇，绣于衣服，或以绢索鹅毛作首饰，号曰红栀子花"。① 后蜀皇帝还有专种栀子花的栀子园，嘉王仁操常陪孟昶射猎于栀子园中。

图 2-2　栀子花

牡丹是我国著名的观赏植物，初夏开花。孟昶在宣华苑广植牡丹，名曰"牡丹苑"。广政五年（942）三月，孟昶宴群臣于牡丹苑。苑内"牡丹花凡双开者十，黄者白者三，红白相间者四。又有深红、浅红、深紫、淡黄、浅紫、金黄、洁白、正晕、倒晕、金含棱、银含棱、旁枝、副搏、合欢、重台，每朵至五十叶，面径七八寸；复有檀心如墨者，香闻至五十步"。② 令群官饱享眼福，纷纷赋诗赞赏。

海棠是春季开花的观赏乔木。唐时裴廷裕《蜀中登第答李博六韵》有"蜀柳笼堤烟蠢蠢，海棠当户燕双飞"之句，反映了海棠在唐代已在蜀中广为种植。五代时期，后蜀"燕王宫海棠之盛为成都第一"。③

芙蓉是一种秋季开花的灌木。孟昶令成都城上遍种木芙蓉，秋间盛开，四十里蔚若尽铺锦绣，高下相照，十分漂

图 2-3　成都市花——芙蓉花

---

① 《十国春秋》卷 57《后蜀十・列传》。
② 《十国春秋》卷 49《后蜀二・本纪》。
③ 《十国春秋》卷 58《后蜀三・列传》。

亮。他对群臣说：自古以蜀为锦城，今天有了满城盛开似锦的芙蓉花，才真正是一个锦城。从此，成都有"芙蓉城"之称，简称"蓉城"或"蓉"，芙蓉花成为成都的市花。

第二节 手工业

四川的手工业，在唐代已经十分发达。"罗锦之丽"和"伎巧百工之富"，已闻名天下。① 唐文宗大和三年（829），南诏入侵成都，掳掠子女、工伎数万而还，此后又有唐末蜀中战乱，四川的手工业受到相当大的破坏。五代时期，四川的手工业得到恢复与发展。

一、纺织业

四川历来是全国重要的织造中心之一，纺织业素称发达。在纺织业中主要是麻织物和丝织物两种。

麻织物是麻纤维织成的布。唐代四川大麻种植相当广泛，除了长江流域的部分少数民族地区无种植之外，几乎遍及四川盆地。苎麻主要分布在剑南道境内。成都平原则是麻的传统产区，种植最为精良，所出产的"蜀麻"也最为优良。成都地区也是四川的麻纺织中心，出现了大批的新产品，如纻布、高杼布、白纻布、锡布、纻麻布、弥牟布、僚麻布等等。唐代四川麻织物的原料产地和生产布局，在五代仍然没有变化，但在产量、质量上有所提高。唐昭宗天复三年（903），王建一次就贡"茶、布十万"。② 接着，前蜀武成三年（910），王建又一次就给盘踞在陇右的李茂贞"丝、茶、布、帛七万"。③ 以后王建又用茶、布与李茂贞进行大规模的互市。后蜀时期，麻纺织业得到进一步发展。后蜀灭亡时，府库就积存了大量麻布，被运往京师。五代时期四川麻纺织的发展，为宋代成都地区成为全国重要麻布产地奠定了基础。

---

① 卢求：《成都记序》，《全蜀艺文志》卷 30。
② 《蜀梼杌》上。
③ 《资治通鉴》卷 267，后梁太祖开平四年。

第二章 前后蜀时期四川的经济

丝织物是用蚕丝做原料的织物，主要织品是绢、纱、绫、罗、锦。绢和纱的织造比较容易，产地较广。绫、罗、锦是提花丝品，技术难，产地相对较少，主要在西川和东川地区，而成都则是四川各类丝织品的织造中心。五代时期，四川的丝织业在唐代的基础上得到继续发展。后唐灭前蜀前，庄宗就希望用马与前蜀市易"锦绮珍玩"。① 王衍曾以缯彩数万段结为彩楼山。他泛舟阆州（今四川阆中），舟子皆衣锦绣。前蜀灭亡时，仅府库库存就有"纹锦、绫、罗五十万匹"。② 后蜀的丝织业更为发达，是全国重要的丝织中心。蜀锦的织工多，技术好，产量大。孟昶曾令以一梭织成锦被，名曰"鸳衾"。这种锦幅宽约五尺，中间无缝，比织窄锦的技术难度大。当时蜀中贵门和富豪除衣锦绣之外，每年游浣花溪，也要"华轩彩舫"。后蜀灭亡时，府库积存的丝织物比前蜀更多。北宋把孟蜀府库的"轻货纹縠"，自京师至两川设传置，发卒担运，每 40 卒为一纲，号曰"日进"。经过几年时间，才把孟氏所积存的各种物资运归内府。③ 宋朝还选拔蜀中技术优良的织锦工数百人到开封，充实京师绫锦院。

二、井盐业

五代时期，四川井盐仍然沿袭中唐以后的生产布局。四川盆地中部丘陵地区，是四川最重要的井盐产地，盐井数量最多，分布最广；长江三峡的峡内诸州，盐井业发展迅速，成为另一个重要产盐区；地处四川盆地西部的西川，本是四川最早生产井盐的地区，由于盐卤资源埋藏较深，开采困难，井盐数量一直有限，始终不能自给。所以，孟知祥占有西川尚未称帝前，常与占据东川的董璋争夺盐利。董璋"诱商旅贩东川盐入西川，知祥患之，乃于汉州置三场"，重征之。"岁得钱七万缗，商旅自是不复之东川"。④ 接着，孟知祥又向后唐"累表请割云安等十三盐监隶西川，以盐直赡宁江屯兵"。⑤

五代四川盐井数量史记缺载。据《新唐书·食货志》载，唐代四川有盐井 639 井，《宋史·食货志》载，宋初四川有盐井 632 井，二者相差无几。这说明

---

① 《资治通鉴》卷 273，后唐庄宗同光二年。
② 《蜀鉴》卷 7。
③ 杨仲良：《续资治通鉴长编纪事本末》（下简称《长编纪事本末》）卷 12。
④ 《十国春秋》卷 48《后蜀一·本纪》。
⑤ 《资治通鉴》卷 277，后唐明宗长兴元年。

从唐到宋初,四川的盐井数目相当稳定,五代时期四川的盐井数目与唐代相比没有大的变化。

由于盐井开凿难度大,产量低,成本高,四川历来仰食海盐和山西池盐。中唐以后,确定行盐地界,规定四川主要食用井盐,迫使四川加速发展井盐生产,以解决食盐供应。

五代时期,四川的食盐仍然不能全部满足自身的需要,前蜀还用茶、布与陇右李茂贞换取食盐,所以前蜀后蜀政权对井盐生产都较为重视,在中央户部设置主管盐政的官员,在产盐较大地区置监设官,开发井盐生产。夔州(今重庆奉节)在唐宪宗时期只有3监,到前蜀时已发展到13监。当然,由于技术落后,或因盐井坍塌,淡水浸淫,或因盐卤浓度太低,煎盐不成,个别盐井亦会报废,导致盐井产量减少。如陵州(今四川仁寿)陵井,井深54丈,"伪蜀置监,岁炼盐八十万斤。广政二十三年(960),井口摧圮,毒气上如烟雾,炼匠缒入者皆死,后井益塞,民艰食盐"①,至宋初始修复。

三、冶炼工艺

在唐代,四川的百工技艺就闻名天下。割据蜀中称帝的前后蜀统治者,为享受帝王生活,都建立手工作院。工匠于院中制作金银工艺,供皇帝和官僚的生活需要。王建墓随葬物品中就有制作精美的金银器,如银盒、银刀鞘、镜奁、金银胎漆碟等。其中金银胎漆碟为五瓣形,圆底,圈足。胎分二层,内层为银,外层为铅。碟外层表面髹漆,碟内不髹漆,故银胎露于外。银胎上用极薄金皮一层,将花纹刻于银胎之上,空白处将金皮镂空,使银胎与金花相映。碟内底飞舞双凤,而以卷草纹为地。底边和口沿刻莲瓣,并用分瓣纹将其分为五瓣,每瓣之中刻花草纹,空白处则刻极细的圆圈纹,工艺水平极高。②后蜀孟昶的溺器都用七宝装饰,并令内官献"罗体圈金花树"。在民间则有专门制作金银首饰的工匠,他们大多世代相传,工艺特高。

前后蜀冶炼工艺水平还反映在钱币的制造上。前后蜀政权铸造的铜钱,数量多,质量好。前蜀王建父子六次铸钱,铸有"永平元宝""通正元宝""天汉

---

① 《长编》卷8,乾德五年四月戊子。
② 冯汉骥:《前蜀王建墓发掘报告》,第46页。

元宝""天光元宝""乾德元宝""咸康元宝"六种钱币。后唐灭蜀时,大肆搜刮蜀中铜钱币,掠走铜钱 192 万缗①,大将郭崇韬搜刮铜钱 100 万缗。② 后唐军队班师之时,孟知祥率成都富人及王氏故臣家,得钱 600 万缗犒军,其余者尚有 200 万。③ 于此可见,前蜀铸钱数量之多。特别是后蜀广政二十五年(962),因屯戍既广,调度不足,铸造的铁钱,"铸之精工与铜钱相类",往往铜钱铁钱相混杂而莫能辨别。④

图 2-4 前蜀钱币

四、造纸、印刷

四川在唐代就是全国主要的产纸地区。四川生产的黄、白麻纸,是朝廷指定的官方用纸;四川生产的楮纸,"凡公私簿书、契券、图籍文牒,皆取给于是"⑤;四川生产的彩色蜀笺(即薛涛笺),更是风靡全国,文人极为珍爱。五代时期四川造纸业继续发展,成都仍然是四川的造纸中心,除继续生产唐代即已在四川出产的各种纸张外,还创造出新的"霞光笺"。这种霞光笺颜色深红,用胭脂染色,最为靡丽。王衍曾赐金堂县令张蠙霞光笺 500 幅。⑥ 当时四川的造纸工艺还传入江南。南唐主喜爱蜀纸,派人"求纸工于蜀","既得纸工,使行境内,而六合之水与蜀同",在此设置"纸务",仿造蜀纸。⑦ 著名的澄心堂纸

---

① 《蜀鉴》卷 7。
② 《资治通鉴》卷 274。
③ 《新五代史》卷 64。
④ 《十国春秋》卷 49《后蜀二·本纪》。
⑤ 费著:《笺纸谱》,《全蜀艺文志》卷 56。
⑥ 费著:《笺纸谱》。
⑦ 陈师道:《后山丛谈》。

就是在蜀工的指导下创造出来的"细薄光润，为一时之甲"① 的名贵纸张。

唐末，四川已是全国主要的印刷中心，民间大量雕印农书、历书、医书、字帖和各种各样的佛、道书籍。五代中原战乱，衣冠之家多避乱在蜀，大批图籍流入四川。而文人荟萃，诗词又极盛；佛道盛行，寺观林立，高僧名道辈出，信徒众多，都促进了民间印刷业的发展。前蜀武成二年（909），任知玄自出俸钱，雇佣良工，开雕印行杜光庭《道德经广义》30 卷，使人持诵。后蜀宰相毋昭裔更是大规模刊印书籍。他贫贱时常向人借《文选》，其人有难色，于是发愤"异日若贵，当版以镂之，遗学者"。他任后蜀宰相后，便"出私财百万营学馆，且请刻版印'九经'，蜀主从之，由是蜀中文学复盛"。又"令门人勾中正、孙逢吉书《文选》、《初学记》、《白氏六帖》，刻版行之"。② 这就使四川的印刷业进入广泛雕印图籍的新阶段，为宋代四川印刷业的鼎盛奠定了基础。

第三节 商 业

五代时期四川的商业，由于受到割据地域的限制，对外贸易稍逊于唐。对内贸易由于农业手工业的发展，加之无一丝一粒入于中原王朝，内部物资充裕，则仍然维持着唐代的繁荣局面。

五代时期，四川城市商业相当繁荣。与唐代一样，五代时期四川各州、县城市，一般都有专门的商业市区。商业不发达的城市，一般只有一个市；商业发达的城市，则有几个市。成都是蜀地商业最发达的城市，其他如梓州、阆州、夔州、绵州、遂州、彭州的商业也较为发达。在成都就设有东市、西市、南市、北市。这些称为"市"的商业地区既有坐商店铺，也有行商摊贩，出售各种生活生产用品。有的市因其长期主要出售一种商品，就逐渐发展成为诸如米市、炭市等专业性的商品集市。此外，还有诸如药市、蚕市等定期集市。

药市专门出售药材。梓州（今四川三台）药市时间是每年九月九日。成都药市地点在城南玉局观，除九月九日外，五月亦有观街药市。药市规模很大，

---

① 苏易简：《文房四谱》卷 4《纸谱》。
② 《资治通鉴》卷 291，后周太祖广顺三年五月；《十国春秋》卷 25《后蜀五·列传》。

是药材集散的中心,各地药商云集。

蚕市是出售花木蚕器和农具的集市。开市时间是三月三日,有时长达两三月之久。成都蚕市的规模最大,其他如彭州、导江县、汉州、金堂县和什邡、绵竹、德阳交界的蚕女塚等地每年也要举行蚕市。

成都还有冬月的七宝市。七宝市是出售金银珠宝装饰品和锦绮珍玩、高档手工业品的集市。

城市商业的繁荣,吸引了不少王公贵族和官僚参加商业贸易。前蜀太后太妃就在"通都大邑起邸店,以夺民利"。① 邸是存放货物的堆栈,店是出售货物的店铺。开邸店的都是资财百万、能垄断物资的大富豪,故称"与民夺利"。又如后唐东川节度使董璋,也在西川的蜀州"置邸回易"。② 后蜀节度使韩保贞屯守巫峡,还用战舰装载"贸易之货"。③ 眉州司马卢敬芝则是"以货殖为业"。④

在农村商品经济发达的地区,主要通过定期集市进行商品交换。吴处原《青箱杂记》记"蜀有痎市,而间日一集"。所谓"痎市",乃蜀中俗以疟疾冷热发歇比喻间日而集的集市。传说蜀中间日而集的"痎市"是蜀汉时期诸葛亮所创。它不仅延续到唐宋时期,就是到了近现代也仍然存在,即今日之赶集。除了定期集市之外,农村出产茶盐之地和交通要道商品经济发达的地区,还有"草市"。据文献记载,梓州盐亭县有雍江草市⑤,阆州有茂贤草市。⑥ 这些位于州城、县城以外的草市,是有固定的店铺的商业场镇,基本上每天开门营业。草市是当地农民、手工业者和商人进行物资交易的中心。政府往往在草市设镇寨,派遣官吏主持镇务,征收商税。

前后蜀时期,四川同中原及周边地区的商业贸易也未间断。前蜀王建就用蜀布与黄茶同陇右李茂贞进行大规模的互市。后蜀也一直与中原保持密切的贸易关系。后周是"听边吏通商"⑦ 于蜀,鼓励发展双方的贸易。

四川同长江下游的商业贸易则更为频繁。蜀中的各种物资通过长江水运东

---

① 《新五代史》卷63《前蜀世家第三》。
② 《九国志》卷6《潘在迎传》。
③ 《舆地纪胜》卷146。
④ 《北梦琐言》逸文卷1《韦承皋修黄白术》。
⑤ 《十国春秋》卷49《后蜀二·本纪》。
⑥ 《北梦琐言》卷12。
⑦ 《十国春秋》卷49《后蜀二·本纪》。

南。割据荆南的高氏政权"东通于吴,西通于蜀,皆利其供军财货"。① 当时大批画家寓居于蜀,蜀中绘画空前繁荣,荆湖淮浙等地的江南商人还专门入蜀重金收购张玄、杜敬安、阮惟德等人的名画至东南出售。而蜀中商人则派大批船队到长江中下游采购物资入蜀。当时蜀中就有"江货场",专门出售江货。蜀中市场上出售的香药(即海药)就是海外经岭南、南汉、荆楚由长江转输而来。前蜀王衍的昭仪李舜弦,祖籍波斯,世代经营香药。她的兄弟李四郎仍以"鬻香药为业"②。《清异录》记王衍用香料造假山:"沉香为山阜,蔷薇水、苏合油为江池,芩藿、丁香为林树,薰陆为城郭,黄紫檀为屋宇,白檀为人物,方园一丈三尺,城门小牌曰灵芳园。"使用香药之多,令人咋舌。由于外地输入蜀中海药极多,梓州人李珣还专门著《海药本草》一书,介绍这些外来的海药。

当时,蜀地与周边民族地区的商业贸易亦十分密切。前蜀王建在"文、黎、维、茂等州,多市蕃马",十年之间,"得官马八千,私马四千"。③ 两蜀政权还在邛州生产一种"番饼茶",长期供应西番和党项羌。唐代就已存在的由西域至成都、岭南至成都、云南至成都的贸易通道也未中断,蜀中的珍奇异货和香药就是经由这些通道从海外输入的。

---

① 《旧五代史》卷133《高从诲传》。
② 《茅亭客话》卷2《李四郎》。
③ 《十国春秋》卷35《前蜀一·本纪》。

第三章 前后蜀时期四川的文化

五代时期，由于战乱，经济萧条，文化事业也随之衰落。但四川地区相对安定，中原衣冠士人纷纷流寓四川，并受到前后蜀政权的保护。西蜀和南唐成为当时全国的文化中心，词学和绘画更得到空前发展。

第一节 学校与科举

一、学校

唐末和前蜀时期，四川的文教事业和其他地区一样，遭到了极其严重的破坏。前蜀皇帝王建在即位的改元敕书中，提倡振兴四川的文教事业，但并未收到什么实效，蜀中文教事业仍然十分萧条。

后蜀时，文教事业渐次复苏，有了新的气象。后蜀孟氏，在五代十国统治者中，是比较重视文化教育的。宋人吕陶就说："五代之乱，疆宇割裂，孟氏苟有剑南，百度草创，犹能取《易》《诗》《书》《春秋》《周礼》，记刻于石，以资学者。"① 孟氏凡草创制度，皆沿袭唐制。"绍兴庙学，遂勒石书《九经》，又作

---

① 吕陶：《净德集》卷14《府学经史阁落成记》。

都内二县学馆，置师弟子讲习，以儒远人"。① 其中华阳县学建于广政年间，是"孟氏之大学"②，即后蜀的最高学府。在这些官学里，设置有教授之类的学官，他们都是有相当文化修养的学者，如"精于经术"的刘玙，在广政十年（947）被补为石室教授。后蜀也有一些官僚，对蜀中文教事业颇为热心，如宰相毋昭裔便是如此。广政七年（944），毋昭裔令人将雍都旧本《九经》刻成石经，贮于成都学宫，便于儒者学习。广政十六年（953），他又捐献私财百万营建学校，发展教育事业。宋代四川的官学，正是在此基础上才有了巨大的发展，并呈现出前所未有的繁荣。

在前后蜀时期，四川的私学有一定的发展。如唐末入蜀的刘孟温，便在成都传授儒学，其子刘玙也以传授儒学为业。处士李谌以学识渊博而设馆聚徒，教授四十余年，以束脩维持生活。

二、科举

在前蜀政权统治四川的短短二十来年历史里，除前蜀末年举行制科取士外，科举制度几乎废绝。史载，前蜀乾德三年（921），诏置贤良方正、博通经史、明达吏治、洞识兵机、沉滞丘园等五科，并令黄衣选人、白衣选人投策就试，由吏部考核。前蜀虽设制科考试，但应者甚少，被录取者更是凤毛麟角。唯有成都白衣选人蒲禹卿因对策切直，在乾德四年（922）被录取，擢为右补阙。事实上，前蜀的制科考试，不过是徒有虚名而已。后蜀时期，四川的科举业有所发展。后蜀广政十二年（949），置礼部贡举，恢复科举考试。这次科举考试，至少设立了进士和明经两科。简州（今四川简阳）人王归便是这次的状元，袁廓、卞震、勾中正等人以进士及第，裴庄、王著等人则以明经及第。时人杨九龄撰《蜀桂堂编事》，记载了"广政举试事，载诗赋、策题及知贡举、登科人姓氏"。③

---

① 《锦里耆旧传》卷5。
② 张行成：《华阳县学记》，《宋代蜀文辑存》卷49，龙门书店1971年影印本。
③ 《十国春秋》卷56《杨九龄传》。

第二节 科 技

一、天文地学

前蜀建立后,设置司天机构,于武成二年(909)颁布了《永昌历》。《永昌历》是由前蜀司天监胡秀林制定的。胡秀林在制定《永昌历》不久,又著《正象历经》一卷。这是一部关于历法理论的著作,"后人咸取法焉"。① 胡秀林的天文历学水平较高,时人称之为"推步之妙,天下一人"。

后蜀统治时期,仍然设置司天监机构,但未见颁布新历法。后蜀时,有胡韫者,史称其"精天官之学"。② 明德初年(934),胡韫担任后蜀司天监的职务。

前后蜀时,四川地学不甚发达,地学著述犹如凤毛麟角,唯韦庄著有《峡程记》一卷、《蜀程记》一卷,均已失传,现仅存片断。

二、医药学

前后蜀时期,四川名医有僧人智广和虞洮。前蜀僧人智广,俗姓崔氏,初居雅州开元寺,史称其善救病。智广医术高明,蜀主王建在乾宁二年(895)把他请到成都宝历寺,专为人治病。据说,当时"病者竞来,日有数千百人"。时人称之为"圣僧"。③ 虞洮为后蜀时名医。长兴初年,东川节度使董璋患渴疾,久治无效,于是派人到西川求医,孟知祥派虞洮前往为其治病。④ 此外,后蜀主孟昶,也是一位医药爱好者,素好药方,其母因病屡治无效,他检点医书,自拟药方,其母服之竟愈。其后臣僚有疾,亦常为诊治,多能获效,为医官所服,一时颇有医名。

在药物学方面,前蜀李珣,后蜀韩保升、杜光庭都取得相当的成就。

李珣字德润,梓州(今四川三台)人,前蜀昭仪李舜弦之兄。据说,李珣

---

① 《十国春秋》卷45《胡秀林传》。
② 《十国春秋》卷57《胡韫传》。
③ 《十国春秋》卷47《僧智广传》。
④ 《十国春秋》卷57《虞洮传》。

的祖先是波斯人，大约在隋朝时来华定居。唐安史之乱后，李珣的父亲随僖宗入蜀，全家迁居四川梓州。李珣家长期经营香药（即海药），他从小便受到家庭的影响，具备丰富的海药知识。在此基础上，他撰写了名著《海药本草》。《海药本草》又名《南海药谱》，原书早在南宋时散失，赖宋人唐慎微《证类本草》征引才得以保存部分内容。据统计，现散见于《证类本草》和《本草纲目》的药品有120多种。这些药品，有的是从海外传入的，有的则是从海外移植于我国南方的。李珣撰写《海药本草》，极为认真严肃，所参考的典籍不下几十种。为了编写这部著作，他曾经乘船东下，经巫峡，过洞庭，到广州，从医生、药工中搜集了大量资料，对这些海药的产地、生长形状、药性、功能及鉴别真伪和炮制方法都一一作了明确的解释。与此同时，他还介绍了不少国外的医药知识。如在"槟榔"项下写道："秦医云，槟榔二枚，一生一熟，捣末，酒煎服之，善治膀胱诸气也。"为其后中医利用槟榔利气消水提供了依据。此外，像丁香、肉豆蔻、降真香、阿魏等药，虽在秦汉时已引入我国，但因记述简略，使用还不十分广泛。自李珣《海药本草》补充这些药物的有关资料后，才逐渐为医药界广泛使用。《海药本草》的问世，丰富了我国药物学的内容，有利于我国传统药物学的发展，对临床医学实践也有重要意义。

杜光庭是唐末五代著名的道教思想家，随唐僖宗入蜀，归隐青城山近30年。著作甚丰，主要是道教著作。其中《玉函经》一卷是继晋代王叔和《脉经》之后的一部论述脉理的著作。由于《脉经》文理深奥，一般临床医生难于理解和掌握。《玉函经》全书用七言韵律编为"生死歌诀"上、中、下三篇，重点阐述脉与证的关系及脉象的生理、病理情况。《四库全书总目》说"书中辞简义深，黎民寿注亦多发明"。《玉函经》问世后，因其简明扼要，文字朴实，易学易记，深受医界喜爱，获得历代医家好评。清光绪七年（1881）徐沛重刻本严荣序中云：光庭此书，"宣医门之奥窔，参脉理之玄微。七字歌成，生死即明于指下；三卷编就，阴阳已判于胸中，言虽简而意则赅，义本深而理甚明。此固济世之奇书，抑亦活人之要本也"。《玉函经》原刻本已难寻觅，现在流传的是宋代紫虚真人崔彦引述古医籍，并结合自己见解的注释本。①

韩保升，潞州长子人，后蜀太尉韩保贞之弟，著名的药物学家。广政时，

---

① 参见赵立勋主编：《四川中医药史话》，电子科技大学出版社1993年版，第61页。

官至翰林学士。史称其"博洽无所不窥，尤详于名物之学"。①唐初以来，药物学界一直沿用《唐本草》。后蜀主孟昶素好药方，他见《唐本草》已经不适应医药学发展的需要，乃命韩保升主持编修新的药典。在编修过程中，韩保升特别注意四方面的工作：其一，"详察品名"，即对每味药品的名称、产地、形状、特征、性味、功能都详细核实，确保每味药品的准确。其二，"增补注释"，即对每味药品重新进行准确的注释。其三，"别为图经"，即除对每味药物以文字诠释外，又图画药物的形状。其四，"增益"，即把自唐以来医药学的新成果编入药典。药典成后，后蜀主十分重视，亲自为药典作序，颁布刊行，定名为《重广英公本草》，后世称之为《蜀本草》，全书共20卷。特别值得称道的是，韩保升对前人本草中的药物配伍关系进行了较为详细的研究。他在《本经序例》中称，《本经》载药"凡三百六十五种，单行者七十一种，相须者十三种，相征者九十种，相畏者七十八种，相恶者六十种，相反者十八种，相杀者三十六种。凡此七情，合和视之"。后世所说的"十八反"即源于《蜀本草》中的统计数字。②

《蜀本草》是北宋政府修订《嘉祐补注神农本草》和《重修政和证类本草》的主要蓝本之一。《蜀本草》早已失传，赖《重修政和证类本草》保存了部分内容，计释药275条，处方35个。明代李时珍对《蜀本草》评价很高，认为《蜀本草》"其图说药物形状，颇详于陶苏也"。③"陶"就是指陶弘景，"苏"指苏敬，他们都是前代著名的药物学家。

三、实用型科学技术

前后蜀时，四川也有一些学者对实用型科学技术进行研究和总结，撰写了一些科技著作。如前蜀的毛文锡撰有《茶谱》，后蜀的孙光宪撰有《蚕书》，冯鉴撰有《续事始》，彭晓有《周易参同契通真义》（也作《周易参同契分章通真义》）等著作。其中，尤以彭晓对古代的炼丹术所作贡献最为突出。

彭晓，字秀川，自号通一子，五代后蜀永康军人，曾任后蜀朝散郎、祠部

---

① 《十国春秋》卷56《韩保升传》。
② 参见《四川中医药史话》，第101页。
③ 李时珍：《本草纲目》卷1《序例上》。

员外郎等官职。彭晓善修炼养生之道，对我国古代炼丹术很有研究，而炼丹术是我国古老的原始化学。彭晓对《周易参同契》重新进行了注释，撰写了《周易参同契通真义》3卷、《周易参同契鼎器歌明镜图》1卷。《周易参同契》由我国东汉魏伯阳编写，是世界上最早的一部炼丹术著作。但由于其文字深奥隐晦，表面上又蒙有一层神秘的色彩，故历来注释此书者，都把它作为易数阴阳之说。彭晓确认它是古代炼丹的"丹经"，明确指出："参同契者，参，杂也，同，通也，契，合也，谓与诸丹经理通而契合也。"①彭晓注《周易参同契》，把它分为90章，以应"火候九转"（炼丹全过程的九阶段）。

彭晓通过自己的实践，对一些物质的化学变化及性质作了比较正确的解释。例如，他指出铅、胡粉、金砂、水银的氧化与还原，都是自然现象。他在《周易参同契》第33章注中说："胡粉，制墨铅而成，若投火中，却归铅体；冰雪自水汽而结，若以汤沃，还化为水；金砂、水银皆一体之物，以金为母，还产砂贡……盖种类相生，终始相因，自然之道也。"又如，他对汞、铅加热的化学反应也有正确的认识。《周易参同契》第72章说："河上姹女，灵而最神，得火则飞，不见埃尘，鬼隐龙匿，真知所存，将欲制之，黄芽为根。"彭晓注云："河上姹女者，真汞也，见火则飞腾，如鬼隐龙潜，莫知所往。或拟制之，须得黄芽为母，养育而成也。黄芽即真铅也。"

彭晓注《周易参同契》，提出了许多正确的见解，在《周易参同契》诸多注本中，彭晓的注本影响最大，在社会上流行最广。直到今天，彭晓的著述仍然是我们研究中国古代化学的宝贵资料。

第三节　文学、经学和史学

一、词学的繁荣

前后蜀时期，四川文学比较发达，最能代表当时文学成就的是词。词是唐代兴起的一种新文体，由乐府和唐代近体诗变化而来，故人们称之"诗余"、

---

① 彭晓：《周易参同契通真义·后序》。

"长短句",又由于词是用于配曲后演唱的,所以又称之为"曲子词",或"今曲子"。词最早产生于民间,后来,文人也加入了词的创作队伍。其中,唐代蜀中大诗人李白的《菩萨蛮》和《忆秦娥》"开了文人词的先河"。[①] 唐末,文人填词之风呈现出蓬勃发展的趋势。到了五代,填词的风气更为兴盛,并由中原推广到四川等地。

由于当时蜀中社会秩序相对安定,而蜀中帝王王衍之流,又穷奢极侈,流连声色,附庸风雅,专事享乐,因而不少北方文人,跋涉千里,咸来蜀中。他们带来晚唐文人词,逢迎讴颂,竞创新声,迎合统治集团腐朽、放浪生活的需要。于是在蜀中呈现君臣唱和,怠于政事,朝野恬嬉,以相娱乐的景象。雅正之作,日趋减少,浓丽小词,蔚为大观,四川成为五代词坛繁荣的地区之一,并形成了词学发展史上有名的"花间派"。

"花间派"是由后蜀赵崇祚所编《花间集》而得名。《花间集》序的作者是成都人欧阳炯,前蜀时为中书舍人,后蜀时累官翰林学士,善于写小词。他作的《花间集序》阐述了他及同时代人对词体特性的共同认识,强调词是一种文娱性的文体,不像诗文那样要求社会政治功利,而是通过描写男女缠绵的感情生活,使歌者和听者得到休息和愉悦。该文确认了词和诗的特征,是词学史上对"词为艳科"的总结。"花间派"对后世戏剧的发展起到了积极作用。直到北宋中期苏轼的词体革新,词才从专写艳情发展到描写广阔的社会人生,抒发政治抱负。

《花间集》共收18家词作,除温庭筠、皇甫松与和凝外,其他如韦庄、薛昭蕴、牛峤、张泌、毛文锡、牛希济、李珣等15人,或是蜀人,或仕于蜀。花间派的词作,大都是用艳丽的词句描写男女艳情、女子生活,婉约绮丽是其风格。欧阳炯的《浣溪沙》,顾敻的《荷叶杯》《甘州子》,张泌的《浣溪沙》诸作品,最能反映"花间派"的特点。张泌《浣溪沙》云:

晚逐香车入凤城,东风斜揭绣帘轻,慢回娇眼笑盈盈。消息未通何计是?便须伴醉且随行,依稀闻道太狂生。

[①] 李谊辑校:《历代蜀词全辑》,重庆出版社1994年版,第2页。

顾夐《甘州子》云:

　　一炉龙麝锦帷旁,屏掩映,烛荧煌。禁楼刁斗夜初长,罗荐绣鸳鸯。山枕上,私语口脂香。

诸如此类的作品,《花间集》中比比皆是。
"花间派"词作中有少数作品是反映社会现实、抒发爱国情感、描写山川景物的佳作。如鹿虔扆有反映亡国之痛的《临江仙》,其词云:

　　金锁重门荒苑静,绮窗愁对秋空。翠华一去寂无踪。玉楼歌吹,声断已随风。烟月不知人事改,夜阑还照深宫。藕花相向野塘中。暗伤亡国,清露泣香红。

这首词比李煜著名的悲痛亡国之作《虞美人》早了半个世纪。
"花间派"作品中也有如毛文锡《甘州遍》、牛峤《定西番》等反映悲苦凄凉的边塞战争生活的。毛文锡《甘州遍》:

　　秋风紧,平碛雁行低。阵云齐。萧萧飒飒,边声四起,愁闻戍角与征鼙。青冢北,黑山西。沙飞聚散无定,往往路人迷。铁衣冷,战马血沾蹄,破蕃奚。凤凰诏下,步步蹑丹梯。

花间词人作品中,还有一些是描写山水田园的。如李珣的《渔歌子》4首、《南乡子》10首以及欧阳炯的《南乡子》8首。毛文锡的《巫山一段云》是难得的佳作,其词云:

　　雨霁巫山上,云轻映碧天。远风吹散又相连,十二晚峰前。暗湿啼猿树,高笼过客船。朝朝暮暮楚江边,几度降神仙?

该词生动自然,意境深远,让人遐想无穷。
在前蜀词人中,最有成就的是韦庄。韦庄字端己,长安杜陵(今陕西西安)

人，生于唐文宗开成元年（836），卒于前蜀高祖王建武成三年（910），终年75岁。他生活在唐王朝走向衰亡的政治大动乱时期，朝廷内有朋党之争、宦官专权，外有藩镇割据，社会动荡，民不聊生。尽管如此，韦庄仍有志于功名，企图在乱世施展才能，但却屡试不中，直到59岁才中进士，任校书郎。901年韦庄入蜀，为王建幕僚，任掌书记。907年唐亡后，他协助王建称帝，先后任左散骑常侍、判中书门下事、吏部侍郎同平章事等职，并制定了前蜀开国制度、号令、刑政、礼乐。

韦庄是五代时期著名的词人，与花间派创始人温庭筠齐名，人称"温韦"。他的词从内容上看，仍然以描写女人相思为主。但他善于运用清新明白的语言和白描的手法，又能灌注自己的真实情感，形成了与温庭筠完全不同的风格。温、韦风格不同之处在于温词"密"，韦词"疏"；温词"隐"，韦词"显"；温词"浓"，韦词"淡"。夏承焘先生认为："就韦词整个风格看，应该说他的创作最大特征，是把当时文人词带回到民间抒情的道路上来，又对民间抒情词给以艺术的加工和提高。"[①] 现略举几首韦庄词，以见其风格。

  人人尽说江南好，游人只合江南老。春水碧如天，画船听雨眠。垆边人似月，皓腕凝双雪。未老莫还乡，还乡须断肠。（《菩萨蛮》）
  别来半岁音书绝，一寸离肠千万结。难相见，易相别。又是玉楼花似雪。暗相思，无处说。惆怅夜来烟月。想到此时情切，泪沾红袖黦。（《应天长》）

在五代四川词坛上，值得一提的还有前蜀花蕊夫人徐氏，她幼能文，尤长于宫词，著有《宫词百首》，述前蜀宫廷生活，洋洋洒洒两千八百言，以自然、生动、清新、纤巧的艺术手法，表现了蜀宫宫人对宫廷奢华的物质生活的贪恋以及沉迷于宫廷娱乐的心理，颇具艺术特色。《宫词百首》自北宋中期由崇文院内传布以来，统治集团中帝王、后妃、贵族等都以宫词为范本而进行模拟，在形成宫词传统的过程中起到了重要作用。《续湘山野录》记载，徐氏《宫词》在

---

① 夏承焘：《韦庄词校注》，中国社会科学出版社1981年版。

北宋中叶"盛行于时"。《苕溪渔隐丛话》说："花蕊又别有逸诗六十六篇。"①由此看，徐氏是位多产作家。

二、诗的成就

前后蜀时期，四川诗坛不及词坛繁荣，不过是承晚唐余波，未能取得注目的成就。但是，当时好作诗的文人却不少。据清人李调元《全五代诗》统计，前后蜀四川留下名姓的诗人便有90余人。其中贯休、韦庄、冯涓等人，在当时诗坛上占有重要地位。

贯休（823~912），字德隐，婺州兰溪（今浙江兰溪）人，俗姓姜。贯休是一位著名的学问僧。他多才多艺，擅长诗歌、书画，在士大夫间以诗闻名。贯休曾以诗投吴越王钱镠，不为钱氏所喜，又投奔荆南高季昌，因"感时政，作《酷吏辞》，复被疏远"。②天复中，贯休入蜀，以诗为王建所赏识，留住龙华禅院。王建称帝后，赐号禅月大师，有诗集《宝月集》《西岳集》和《禅月集》。贯休诗内容庞杂，既有歌颂王氏政权的，也有揭露、讽刺社会弊病的。如他投奔王建时所献诗句有"河北江东处处灾，惟闻全蜀少尘埃"。王建即位，又献诗《尧铭》《舜颂》赞美。同时，贯休也用诗歌无情揭露时弊，如在荆南所作《酷吏词》，便对军阀的黑暗统治进行了无情的批判，对劳动人民的痛苦生活寄予了深切的同情。对统治阶级的腐朽生活，贯休也以诗歌劝谏，他的《公子行》便是一例：

锦衣鲜华手擎鹘，闲行气貌多轻忽。稼穑艰难皆不知，五帝三皇是何物？

据《十国春秋·前蜀》13载，这首诗是王建询问贯休近作时，贯休当面咏诵的。当时贵戚满座，贯休有意嘲讽他们无所事事，斗鸡走狗之外别无他能，既不知稼穑之艰难、民生之疾苦，更不知三皇五帝是什么东西。敢于当面揭露贵族子弟锦衣纨绔、浮浪闲游的行径，显示了贯休的胆量。而他的《行路难》

---

① 李调元：《全五代诗》卷60。
② 《十国春秋》卷47《贯休传》。

则揭露了封建官僚"口谈羲轩与周孔,履行不及屠沽人"的丑恶面目。

在五代诗坛上,韦庄也颇有名气,他一生中,"凡著歌诗文章数十通"①,到其弟为他编《浣花集》时,其诗尚存千余首,流传至今的还有300余首。韦诗从内容上看,多描写个人生活。但另一方面,韦诗中也有少许反映社会现实、同情下层劳苦人民的佳作。其长诗《秦妇吟》,长达238句,1666字,对唐朝官军腐败、骚扰百姓的罪行作了深刻的揭露,是一幅晚唐的历史画卷和现实主义佳作。其中有"内库烧为锦绣灰,天街踏尽公卿骨"的名句,被时人称为"秦妇吟秀才"。他的《伤灼灼》,为"贫且老,殂落于成都酒市中"②的蜀丽人灼灼而作,表现了作者对下层妇女的同情。他的《悯耕者》中有"如今暴骨多于土,犹点乡兵作戍兵",则是对五代军阀战争有力的控诉。韦诗在写作技巧上,多本杜甫。如"静极却嫌流水闹,闲多翻笑野云忙",即本于杜诗"水流心不竞,云在意俱迟"。史称韦庄临终之岁,日诵杜诗。其诗集《浣花集》,亦是取杜甫所居浣花溪之义。韦诗具有对仗工整、用典贴切、清丽飘逸、平易近人、忠于事实、变化多端、语言朴直、沉郁冷峻、委婉朴实的艺术特色。但韦诗历来不甚被人重视,因而评论也不多,唯清人翁方纲认为,韦诗"胜于咸通十哲多矣"。③今人也有推崇韦庄不但是"颇负盛名的词家",而且是"唐宋五代成就突出的诗人"。④总之,不管人们怎样评说,韦庄在五代诗坛上占有重要一席是毫无疑问的。

前后蜀时期都是武将专权,政治腐败,讽刺诗的创作十分活跃。如王建为蜀王时,"赋役日增,转运烦苛,百姓穷困,无敢言者",冯涓就趁王建生辰献上《生日歌》:

> 百姓富,军食足。百姓足,军民欢。争那生灵饥且寒,吾王有术应不难。但令一斗征一斗,自然百姓富于官。

---

① 韦蔼:《浣花集·序》。
② 《全五代诗》卷44。
③ 翁方纲:《石州诗话》卷3。"咸通十哲"是晚唐文坛的一个作家群体,指张蠙、张乔、许棠、喻坦之、刘燕、任涛、吴宰、周繇、郑谷、李栖远、温宪、李昌符,谓之"十哲",实为十二人。
④ 李谊:《韦庄集校注·前言》,四川社会科学院出版社1986年版。

王建听了不但没生气，反而说："如卿忠谠，寡人王业何忧？"还赐黄金十斤加以表扬，并立即减少赋役。而冯涓的《险竿歌》，则以咏险竿儿（玩高竿的杂技演员）为题，讽刺那些削尖脑袋往上爬的官僚，"常将险艺悦君目，终日贪心媚君禄"，并警告他们会走到"上得欲下下不得"的时候。

后蜀时的张立，性朴直无忌讳，亦喜写讽刺诗。如前所述，孟昶在成都罗城遍植芙蓉，张立就曾写诗讽刺：

四十里城花发时，锦囊高下照坤维。虽妆蜀国三秋色，难入《豳风·七月》诗。

到了广政末年，朝政已乱，他又作诗规讽：

去年今日到成都，城上芙蓉锦绣舒。今日重来旧游处，此花憔悴不如初。

这两首诗，有胆有识，后被蜀人称为"诗谏"。①

另外，前后蜀还有一些比较著名的诗人，如前蜀翰林学士王仁裕，"平生作诗满万首，蜀人呼曰'诗窑子'"。② 张蠙，幼年便能写诗，是所谓"咸通十哲"之一。史载前蜀太后对张蠙诗颇欣赏，"令写所业诗以进，蠙以二百首献"。翰林学士牛希济，也以诗词擅名。天成初，后唐明宗召亡蜀旧臣赋诗，唯牛希济诗最佳。③ 后蜀丹棱可朋，"有诗千余篇，号《玉垒集》"。④

前后蜀帝王亦多喜好诗歌，连目不知书的王建也不例外，据说王建有《赠别唐太师道袭》诗。前蜀后主王衍，尤喜好艳体诗，他"集艳体诗二百篇，号曰《烟花集》"。⑤后蜀主孟昶，据说也能诗，有《避暑摩诃池上作》一首，收入《全五代诗》。

---

① 《十国春秋》卷 56《张立传》。
② 《十国春秋》卷 44《王仁裕传》。
③ 《全五代诗》卷 40。
④ 《全五代诗》卷 60。
⑤ 《十国春秋》卷 37《前蜀三·本纪》。

五代时期，蜀中女子在文坛上也占有一席之地。《全五代诗》记载，四川留有名姓的女诗人女词人便有十来位，她们多是帝王和达官贵人的妻妾。如王建妻妾二徐能诗，至今仍留有诗十余首。王衍昭仪李舜弦，"酷有词藻，所著《蜀宫应制》诗、《随驾》诗、《钓鱼不得》诗诸篇，多为文人赏鉴"。①临邛黄崇嘏，曾为前蜀司户参军，能诗词，有诗两首传于世。

三、经学的成就

前后蜀时期，官府比较注意四川的文教建设，因而源远流长的经学在蜀得以保存和流传。前蜀开国后，中央建立了国子监，其后，又修建文思殿，收购图书，差派名儒专门管理，还尊崇孔子，修整各地孔庙。在前蜀乾德年间，设制科取士，其中之一便是"博通经史科"。这些措施，对经学在蜀地保存和流传，都有一定作用。在前蜀政权的官僚中，也有一些人对经学颇有研究。如左谏议大夫许寂，就是一位"泛览经史，穷三式，尤明《易》象"的学者。②在民间，也有一些学者在私学中传授儒学，如唐末入蜀的刘孟温，便在成都传授儒学。

后蜀时期，孟蜀政权更为注意经学的保存和传播。首先，在国子监设立"经学博士"，如孙逢吉就曾任后蜀国子《毛诗》博士。其次，将儒家经典镌刻于石。广政年间，宰相毋昭裔以雍都旧本《九经》（即开成石经）为蓝本，书写上石，史称"孟蜀石经"。石经从广政七年（944）开刻，历时八年而成，用石几千块。孟蜀石经是由当时著名的书家书丹。据载，《孝经》《论语》《尔雅》，由张德钊书，《周易》由杨钧、孙逢吉书，《尚书》由周德正书，《周礼》由孙逢吉书，《毛诗》《礼记》《仪礼》由张绍文书，《左传》未记书写者。孟蜀石经不仅镌刻了经文的正文，而且加刻了注文，据宋人赵希弁记载，《石经春秋》的"经注并序三十四万五千八百四十四字"，《石经周礼》"经注一十六万三千一百单三字"，其他儒经也加了注文。③经文加注是孟蜀石经的一大特色。孟蜀石经的镌刻，并置之于学堂，这有利于儒家经典的学习与传播，是古代四川文化史上的一件大事，对当时和后世都产生了不小的影响。因而，宋人对孟蜀石经给

---

① 《十国春秋》卷38《昭仪李氏传》。
② 《旧五代史》卷71《许寂传》。
③ 赵希弁：《读书附志》卷上，载《郡斋读书志》。

予了相当的评价。宋吕陶认为，蜀学之盛冠天下而垂于无穷者，有三点原因，其一便是石经的镌刻。①

孟蜀石经完成后，又由官府主持刊印了《九经》。司马光记载，蜀相毋昭裔在营建学馆之后，又"请刻板印《九经》，蜀主从之"。②

孟蜀政权还举行过科举考试，设有明经科。明经科的设置，对士子学习儒经、传播经学有一定促进作用。

另外，后蜀的公私学校也教授经学。如后蜀诸王侍读刘保义以治《尚书》《左传》闻名，其讲授也以经学为主。处士刘湛设馆聚徒，讲授《诗》《书》《易》《礼》《春秋》，传授经学40余年。

后蜀时，四川学者除教授经学外，还撰写了多部经学著作，如冯继先撰有《春秋名号归一图》，将《左传》人物的字、号、爵、谥系于人名之下，有利于学者学习《春秋》和《左传》。毋昭裔撰《尔雅音略》，帮助后学正确读音。此外，还有蒲乾贯的《易轨》、张道古的《易题》、塞尊品的《左传引帖新义》、杨九龄的《河洛春秋》等经学著作。

在五代十国中，后蜀国主在保存和传播经学方面较为突出。史称五代诸国中，"惟吴蜀二主有文学，然李昪不过作小词，工画竹而已，孟昶乃表彰《五经》，纂集《本草》，布功于经学矣"。③这为宋代四川经学的发展和繁荣，提供了条件。

四、史学

前后蜀封建朝廷十分重视修史工作，前后蜀均设有史馆编撰《实录》和《国史》。前蜀永平二年（912），下诏令平章事张格等编修开国以来实录。后蜀李昊以宰相监修国史，主持撰写了《前蜀史》，又撰《后蜀高宗实录》30卷、《后蜀主实录》80卷，但以上史书均不传。

前后蜀时期，由于朝代时间短、政局不稳定等因素，史学的发展受到限制。其中史学家李昊、毛文锡、何光远、杨九龄等，虽为史学园地增添了一些成果，

---

① 吕陶：《府学经史阁落成记》，《净德集》卷14。
② 《资治通鉴》卷291。
③ 陈梦雷、蒋廷锡等：《古今图书集成·方舆汇编职方典》第584卷。

但其著作均已亡佚,因此,他们在史学上的影响不大。

第四节 绘画和书法

一、绘画

唐代以前,四川绘画艺术在中国绘画史上未能取得显著的成就。到了唐末,"唐二帝播越,及诸侯作镇之秋,是时画艺之杰者,游从而来,故其标格模楷,无处不有",致使"益都多名画,富视他郡"。① 其后,两蜀皇帝都比较重视绘画,尊崇画家,设立了画院等机构,聚集了不少名画家。"蜀多画工,而盛于王、孟僭伪之时。盖其割据一方,耽玩图画以自娱,故工聚焉。"② 四川画坛出现了前所未有的繁荣。据宋人统计,五代名画家92人,其中30人在蜀,占了总数的三分之一。四川地区画家云集,成为当时全国两大绘画艺术中心之一。

唐末五代,四川佛道二教盛行,寺观林立,为了适应这种社会需要,画家们多从事释道人物画的创作。著名的释道人物画家有赵德齐、高道兴、张素卿、房从真、贯休、李文才、阮知海、张玫、杜龇龟、蒲师训、高从遇等人。其中尤以赵德齐、张素卿和贯休最为杰出。

赵德齐,画家赵温奇之子,其家三代居蜀,皆以画名。赵德齐尤擅长释道人物画,宋人黄休复将他列为画家妙格上品。光天年间,王建建生祠,令赵德齐和高道兴联手画"西平王仪仗、旗纛旌麾、车辂法物及朝真殿上皇姑帝戚、后妃嫔御百堵"。③ 王建死后,赵德齐又与高道兴同画"陵庙鬼神人马及车辂仪仗、宫寝嫔御一百余堵"。④ 另外,在成都大慈寺的许多禅院里,赵德齐还画了不少佛像。

张素卿,道士,简州人,前蜀著名的画家。黄休复将他列为妙格上品。他自幼好画,成才后惟画道门尊像。他绘画技巧熟练,作画敏捷,下笔如神,自

---

① 李畋:《益州名画录·序》。
② 周復俊:《蜀名画记》,《全蜀艺文志》卷42。
③ 黄休复:《益州名画录》卷上。
④ 《益州名画录》卷上。

始及终，更无改正。张素卿名重当时，王建修青城山丈人观，专门请他在真君殿上画五岳、四渎、十二溪女、山林、溪沼、林木、诸神及岳渎曹吏。其画活灵活现，上殿观画者，无不惊惧。此外，他还在简州开元观画了董仲舒、严君平等十二仙君像。除了壁画外，他还有《老子过流沙图》《五岳朝真图》等十几幅作品流传于世。

贯休主要从事释道人物画的创作，他画的罗汉"胡貌梵相，曲尽其态"①，与当时流行的形象不同，"状貌古野，殊不类世间所传，丰颐蹙额，深目大鼻，或巨颡槁项，黝然若夷獠异类，见者莫不骇瞩"。②

前后蜀时期，人物肖像画也很流行。这方面的著名画家有阮知诲、张玫、宋艺等人。

阮知诲，成都人，攻画仕女及写真。他曾在成都大慈寺为王衍、孟知祥画肖像，也曾深入内宫为孟氏福庆公主、玉清公主画肖像。张玫，成都人，"尤精于写貌及画妇人，铅华姿态，绰有余妍"。③ 人们将他与盛唐著名人物画家张萱相提并论。张玫还著有《自汉至唐治蜀君臣像》3卷。前蜀宋艺，擅长人物写真，曾任前蜀的翰林写貌待诏。他曾在成都大慈寺画了唐代21个皇帝的容貌。

前后蜀时期，四川的花鸟画在唐代的基础上，有了进一步的发展和创新。在绘画领域，涌现了不少著名的花鸟画画家，如滕昌祐、刁光胤、黄筌父子、孔嵩等。

滕昌祐，字胜华，生卒年不详，殁时八十有五。其先吴人，随唐僖宗入蜀，遂为蜀人。他"不婚不仕，书画是好，情性高洁，不肯趋时"。④ 昌祐长于画花鸟及蝉蝶等动物，并无师承。他在所居处种植竹石杞菊，奇花异草，通过对自然界的观察，写生逐步得到提高。昌祐作画，具有唐人风格，所画蝉、蝶、草，手法与唐代陆杲、刘褒相类，称为"点画"。他画折枝花，下笔轻利，用色鲜妍，与唐代边鸾手法相似。滕昌祐有《蝉蝶图》《生菜图》《折枝花图》《折枝果子图》等作品传世。

刁光胤，雍京（今陕西西安）人，天福间入蜀。光胤擅长画湖石、花竹、

---

① 《益州名画录》卷下。
② 《宣和画谱》卷3。
③ 《益州名画录》卷中。
④ 《益州名画录》卷下。

猫兔、鸟雀。他曾在成都大慈寺画《四时雀竹》，在三学院画《花雀》两堵。刁光胤在蜀很有名望，据说他入蜀后，"前辈有画花雀者，顿减价矣"。① 光胤在蜀三十年，勤于耕作，"笔不暂暇，非病不休，非老不息"②。

在前后蜀花鸟画家中，黄筌的成就最大。黄筌（约903~965），成都人，自幼便有绘画灵感。他曾向刁光胤学画竹石花鸟，向孙位学画龙水松石墨竹，向李升学画山水竹树。他兼收并蓄，融会贯通，继往开来，敢于创新，不蹈陈迹，善于写生，自成一家，是五代时期画坛群英中的佼佼者。他17岁时，与其师同事王衍，后又事孟知祥及孟昶。他曾主管后蜀画院事务，深得蜀帝看重。他的作品曾被后蜀统治者作为与其他政权交聘的礼物。965年，后蜀灭亡，随孟昶入开封，当年病死。

宋代郭若虚《图画见闻志》卷2说黄筌"善画花竹翎毛，兼工佛道人物，山川龙水，全该六法，远过三师"。所谓六法，是指南齐谢赫所著《古画名录》中总结的绘画创作的六条准则："一曰气韵生动，二曰骨法用笔，三曰应物写形，四曰随类傅彩，五曰经营位置，六曰传模移写。"而要掌握绘画六法是非常不容易的。如唐代张彦远所撰《历代名画记》就认为只有吴道子一个人称得上是"六法俱全"。黄筌同吴道子一样，在绘画上兼备六法，所以无论是在当时或后代，对他绘画的艺术成就评价都是很高的。

黄筌画艺全面，选题广泛，是一个绘画多面手。他曾为后蜀袁后画像，甚为传神。他又善于画山水，孟昶时，与其子合画《青城山图》《峨眉山图》《春山图》《秋山图》，作为礼物送给南唐。后蜀翰林学士徐光溥，专门写《秋山图歌》称赞《秋山图》这幅画。黄筌以画花鸟画最为著名，他经常描绘珍禽、瑞鸟、奇花、怪石等物。广政七年（944），江南送给西蜀生鹤数只，孟昶命黄筌绘于偏殿，有唳天（举首张喙而鸣）、警露（回首引颈上望）、啄苔（低头啄地上苔藓）、舞风（乘风振翼而舞）、梳翎（转颈梳其翎羽）、顾步（前行回首下顾）等姿态。该图画面栩栩如生，往往招来生鹤立于其侧。孟昶对这幅画非常欣赏，因此将此殿改名为"六鹤殿"。先前蜀地推崇薛稷的鹤，当黄筌六鹤问世之后，薛稷名声大减，贵族豪家竞相请黄筌画鹤。广政十六年（953），新建八

---

① 《益州名画录》卷中。
② 《益州名画录》卷中。

卦殿，又命黄筌画四时花竹兔雉鸟雀。据说，当年有人献白鹰于此殿，白鹰竟误认画雉为生雉，"连连掣臂"。黄筌画雉鸟以假乱真，一时传为美谈。后蜀翰林学士欧阳炯撰写了《蜀八卦殿壁画奇记》来记述此事，文中欧阳氏称黄筌为"当代奇笔"。①

五代时期，在中国画坛花鸟画领域内，有所谓"徐黄异体"之说。"徐"指江南的画家徐熙，"黄"指西蜀的黄筌。具体而言，则有"黄家富贵，徐家野逸"之说，形象地反映了黄、徐二家的不同风格。所谓"黄家富贵"，是指黄筌作画时，先用淡墨勾勒轮廓，再傅以浓艳色彩，有浓厚的宫廷画味道。而徐熙作画，水墨淡彩，故称"野逸"。黄徐二人的不同画风，形成了五代花鸟画的两大流派，他们都对北宋花鸟画产生了很深的影响，其中又以黄筌的影响最大。

据《宣和画谱》记载，到北宋末，宋廷还藏有黄筌画卷349幅，可见其毕生创作之丰富。可惜，现今只有《写生珍禽图》传世。该图画有禽鸟、昆虫、龟等二十余种动物。这是一幅习作范本，结构上虽无章法可言，但每一局部都造型准确，形象逼真，色彩明丽。

图 3-1 黄筌《写生珍禽图》（今藏于台北故宫博物院）

黄筌绘画上的成就，是由于他能够兼收并蓄，集诸家之善，继往开来，敢于创新，不蹈陈迹，善于写生，形成自己的艺术风格。他在绘画艺术上的成就，

---

① 《益州名画录》卷上。

不仅集五代宫廷绘画之大成，而且承前启后，对宋代画坛也产生了重要影响。特别是他的工笔勾勒画法，更为后世画家承袭。现代画家张大千等人，还从黄筌画法中吸收了大量营养，加以发挥创新，而成为国画大师。黄筌对中国绘画艺术的发展起了很大的积极作用，在我国的绘画史上占有重要地位。

值得一提的是，在五代两蜀画坛上，还出了一些以少数民族生活为题材的画家，著名的有房从真、周行通、赵忠义等人。前蜀房从真，画有《羌人移居图》，他的学生受其影响，也以"番马""番汉人物"的题材进行创作。后蜀赵忠义，画有番汉服饰的图画，他还在成都大慈寺正面北墙画有《西域记》壁画。当时最擅长以少数民族生活题材作画的是周行通，他攻画"番汉戎服、器械氈帐、鹰犬羊雁之类，及川原放牧，尽得其妍"。① 他的作品有《李陵送苏武图》《射雕图》《阴山七骑图》。因为周行通擅画少数民族生活画，故时人戏称他为"周胡"。

此外，当时蜀中还有一些画路较宽的多面手画家，如天福年间由雍京入蜀的赵德玄。他的画题材广泛，无所偏擅，触类皆长，佛像鬼神、车马人物、屋木山水，无所不画。史称其"独步川中，标名大手"②，在蜀中画坛上颇有名气。更加难得的是，赵德玄将梁、隋、唐名画百本带入四川。这些稀世之宝流入四川，对四川绘画业的发展是一个有力的推动。

五代四川画坛人才济济，这不仅给当时四川画坛带来了繁荣，也为北宋中原绘画艺术的复兴，准备了人才，为宋代四川地区绘画艺术的发展奠定了基础，创造了条件。

二、书法

五代十国时期的书法，承晚唐余风，主要书家都受颜真卿的影响。在前后蜀统治下的四川，书法界虽无名家大笔，但擅书者却也不乏其人，著名的有如下一些。

韦庄，"当时以作字名于世"。③ 宋人推崇他所作的书帖，认为他有"行书

---

① 《益州名画录》卷中。
② 《益州名画录》卷中。
③ 《宣和书谱》卷11。

法"。到北宋末,御府尚藏其《借书帖》《借乐章帖》《米团帖》,皆为行书。

冯侃,《墨池编》称其能书,得二王法。①

黄居宝,画家黄筌之子,以八分书知名。

贯休,擅长书法,篆、隶、草、行,众体皆妙。因为他俗姓姜,故时人称他的字为"姜体"。诸书之中,"草书益胜"。② 他喜欢写《千文》,世上多传其《千文》写本。贯休的草书,时人比之于唐代大书法家怀素。贯休的弟子昙域,工小篆,学李阳冰书。

滕昌祐,前蜀著名的画家。昌祐也善书,能自成一家,时人呼为"滕书"。成都大慈寺的文殊阁、普贤阁、肖相院、方丈院、多利心院、药师院《天花瑞像》数额,皆出自滕昌祐的手笔。

释梦归,工草书。后蜀时,画家景焕在成都应天寺作壁画《西部天王及部从》,翰林学士欧阳炯作长歌赞美,梦归书之于壁,时人称之为"三绝"。

此外,"孟蜀石经"的书丹人张德钊、杨钧、孙逢吉、周德正、张绍文等人,都以书法见长。

临邛女诗人黄崇嘏,史称其"善琴弈,妙书画"③,也属擅书法者。前蜀李夫人,也是"善属文,尤工书画"。④ 封建社会,妇女有文化者不多见,而擅长书法者更少,黄、李二人,乃属凤毛麟角。

第五节　音乐、戏剧和石刻艺术

一、音乐

在中国封建社会里,音乐大体分为两大类,即雅乐和俗乐。雅乐大约产生于西周初期,它主要用于帝王祀天地、祖先及朝贺、宴会等重大活动。它的音乐"中正和平",歌词"典雅纯正",故称雅乐。正如《隋书》上所说:"其用之

---

① 祝嘉:《书学史》第11章,成都古籍书店1984年版。
② 《宣和书谱》卷19。
③ 《书学史》第11章。
④ 《书学史》第11章。

也，动天地，感鬼神，格祖考，谐邦国。"① 因此，雅乐为历代封建帝王所专有。五代时期，统治四川的前后蜀政权，也建立了一整套雅乐制度，循例制礼作乐，歌功颂德。武成元年（908），王建建立前蜀，就成立了雅乐班子，举行了郊祀天地的仪式。后来，又多次行祀南郊、祀黄帝、祀地祇、祀昊天上帝等大型活动。后蜀政权也建立了雅乐制度，设置太常卿，主管雅乐。据《宋史》记载，宋乾德四年（966），"遣拾遗孙吉取成都孟昶伪宫悬至京师，太常官属阅视，考其乐器，不协音律，命毁弃之"。② 看来，前后蜀这些偏霸之君，祀天地使用的雅乐乐器，并未达到乐舞的最高典范水平，都不合规格，"不协音律"，只不过玩玩封建帝王的派头而已。

和雅乐相对的俗乐，是民间音乐的泛称。宫廷中使用的俗乐，则称为"燕乐"。俗乐可以为上至帝王、下至庶民百姓的社会各阶层服务，因而具有广阔发展的强大生命力。俗乐大致包括唱曲子、奏乐和跳舞几种形式。当时十分流行的宴乐，便是俗乐的综合性演出。前后蜀统治集团大都喜好声色，讲究享受，为了满足这一需要，朝廷设置了专管音乐舞蹈的教坊使，并在教坊中蓄养了众多的乐工舞伎，经常在宫中举行宴乐。甚至帝王死后，也不愿放弃这种享乐生活。王建墓中的24幅乐伎图，生动反映了当时宫廷宴乐情况。在这24幅乐伎图中，描绘的人物大多是器乐演奏者，她们所用乐器有正鼓、齐鼓、和鼓、笛、大觱篥、拍板、羯鼓、鞉鼓、篪、排箫、筝、吹叶、笙等几十种乐器。冯汉骥先生认为，"从它的乐器的性质看，这一部乐队无疑是属于燕乐系统的，特别是中国化了的龟兹乐系统，但其中掺杂有清乐系统的乐器"③，即兼有少数民族和汉族的民间音乐，可以说这是古代"交响乐队"。

歌咏是俗乐的重要内容之一。当时的歌词，被称之为曲子词，歌词是在乐曲伴奏下由歌伎演唱，用于侑酒助兴。前后蜀时，倚声填词非常流行。后蜀赵崇祚编有《花间集》，共收有500首曲子词，其中大部分是前后蜀四川词人的作品，这可以反映当时蜀中歌咏的盛况。蜀中唱曲子的发达，与最高统治者和官僚士大夫集团的提倡爱好密切相关。史称前蜀后主王衍就十分喜爱倚声填词，

---

① 魏徵：《隋书》卷13《音乐》。
② 《宋史》卷126《乐志》。
③ 冯汉骥：《前蜀王建墓内石刻伎乐考》，《四川大学学报》1957年第1期。

他曾作有《月华如水》《甘州词》《水调》《银汉》等艳词，供乐工歌唱。其内容是以描写男女恋情为主，反映了统治阶级纵情声色的荒淫生活。

舞蹈也是俗乐的重要组成部分。前后蜀时期，四川舞蹈大体沿袭唐制，有"健舞"和"软舞"两类。"健舞"的特点是动作快速，"软舞"的特点是柔婉抒情。在王建墓中，有二舞伎石雕，她们舞姿翩跹，轻盈柔软，可能就是属于软舞。前蜀王衍时，宫中蓄养了众多的舞伎，曾表演过大型舞蹈《折红莲队舞》，参加演出的舞伎多达200余人。后蜀宫中也蓄养了为数不少的舞伎，这些舞伎中还有所谓"舞头"之类的人物。宫中舞伎除了为帝王演出外，每日还要在宫中排练。前蜀花蕊夫人徐氏《宫词》中有这样的记载："舞头皆著画罗衣，唱得新翻御制词，每日内庭闻教队，乐声飞上到龙墀。""蜀锦地衣呈队舞，教头先出拜君王。"① 这些诗句真实地反映了前蜀宫廷舞队的情况。王氏宫中除舞伎外，宫女中也有许多擅歌舞者。《宫词》记载，"偏出六宫歌舞奏，嫦娥初到月虚轮"②，道出了中秋节王氏六宫尽出参加歌舞的情景。

两蜀俗乐在官僚士大夫及市民中也甚为流行，据《十国春秋》记载，当时蜀中"国都子弟不识菽麦之苗，金币充实，弦管歌诵盈于闾巷，合筵社会昼夜相接"。③ 每年春夏，成都居民多游观花院及锦浦，所到之处，无不歌乐掀天，可见俗乐在民间亦广泛流行。

二、戏剧

戏剧在隋唐时已经存在，它被包括在"散乐"之中。所谓"散乐"，也称为"百戏"，包括各种杂技和戏剧。两蜀时期，表演和观看戏剧是人们娱乐活动的内容之一。据记载，前蜀时有位姓王的俳优，力大无比，"每遇府中飨军宴客，先呈百戏，王生腰背一船，船中载十二人，舞《河传》一曲，略无困乏"。④ 王氏的演出，是杂技与歌舞相结合的形式。后蜀时，蜀地艺人改编古曲《麦秀两歧》，配以新词，编成新的歌舞剧。演出时，堂前摆着割麦的农具，演员装扮成几十个穷人，穿着破烂的衣服，拖男带女，拿着筐子、笼子，一面表演拾麦，

---

① 彭定求：《全唐诗》花蕊夫人条。
② 《全唐诗》花蕊夫人条。
③ 《十国春秋》卷49《后蜀·本纪》。
④ 《北梦琐言》逸文卷2。

一面歌唱；唱的声音十分悲惨，唱的内容是自述困苦的生活。《麦秀两歧》新编在四川的演出，表现了作者对广大劳动人民的深切同情，对统治阶级的残酷剥削进行了深刻的揭露，在我国古代戏剧史上，有着重大的进步意义。

在前蜀帝王宫中，还养有专门演戏的优伶，他们多在帝王宴会或出游时提供娱乐服务，演出参军戏、歌舞戏、猴戏等等。后蜀广政元年（938），"优人以前后主为戏"①，这大概是前代便已流行的参军戏。广政十五年（952），后蜀主大宴群臣，"教坊优人作灌口神队二龙战斗之像"。② 这场戏，演员众多，当属于"百戏"之列。戏中情节，显系灌口二郎神率天兵天将收伏二龙，并穿插二龙互斗情节，今川剧中尚有《拿孽龙》一戏，可见其影响之深远。

三、石刻

前后蜀时期的石刻，以宗教题材为主，其中又以佛教题材为多数，它主要分布在简阳、资中、富顺、安岳、乐至、广元和重庆大足等地。

安岳华严洞的石刻，堪称五代石刻艺术的丰碑。华严洞的石刻佛像共159尊，造像完美令人叹为观止。洞的正中坐着华严三圣像：中间禅坐毗卢遮那佛；左边的文殊右腿弯曲，左腿轻踏莲蕊；右邻的普贤左腿弯曲，右腿轻置莲蕊之上。对称感极强，突出了毗卢遮那佛在佛界的中心位置。三圣像两边禅坐着各五尊弟子像，弟子坐姿别致，或两腿皆盘，或单腿相对而盘，用以掩蔽坐台；其面相各异，肌肤丰润，极为生动。弟子坐像上端壁岩上精妙地刻有连环画式的十组图画，描述佛行化的故事，并以琼楼玉宇、奇花异草、甘露珠河、缥缈云彩等祥物，烘托出西方极乐世界的富丽堂皇，以劝导世人皈依佛法。

此外，距安岳县城3公里的大云山麓千佛寨是一个由东向西呈狭长形的天然岩寨，周长约700米，有150处佛龛，3016尊刻像分布于南北两岩。这些刻像始于唐，终于宋，延续达400年。其中北岩刻像大都挺肚束腰、衣褶飘逸、璎珞著身，显示了五代的造像特征。第95号龛的《药师经变相》最具特色。经变相就是佛经的形象化。龛中禅坐药师佛，两侧刻有八大菩萨，周围巧妙地刻了斗殴、诉讼、爬杆、耍蛇、乐伎、杂耍等市井风情图。

① 《十国春秋》卷49《后蜀·本纪》。
② 《十国春秋》卷49《后蜀·本纪》。

图 3-2 安岳华严洞华严三圣像

大足从唐代至明清几百年建造的 5 万余尊石刻造像中，前后蜀时期建造的，现有 110 余龛，它们绝大多数集中在北山佛湾。其中五代作品约占佛湾造像的四分之一。其龛窟较小，风化严重。"释迦佛龛"宝盖华丽精美，飞天轻盈飘舞。"千手观音龛"观音侧立一婆娑仙，白髯瘦身，手执长杖，颇似波斯人像，是大足石刻中唯一的外国人形象。主像千手观音，端坐于金刚座上，观音共刻有 40 只手，还刻有侍者、小佛及饿鬼像。"药师佛龛"药师居中，共刻有大小佛像及侍者像 70 余尊，供养人像九身，左右为日光、月光二菩萨，下立十二药叉，壁间有天乐、飞天等，场面十分热闹。值得注意的是，在北山佛湾造像中，还出现了几处十六罗汉像，这是四川现存的较早的十六罗汉石刻像。

两蜀时期，除宗教内容的石刻而外，还有不少反映世俗生活的石刻。这些世俗石刻集中反映在墓葬石刻中，其中以王建墓（永陵）中反映帝王生活内容的石刻最具代表性。永陵是一座典型的地上陵，分前、中、后三室。中室是存放棺床的地方。棺床的东、西、南三面均有石刻。第一组石刻是抬扶棺座的十二力士举棺半身圆雕像。十二力士头戴盔或冠，身着铠甲，束革带，个个作扶抬状，肘和手腕粗硕雄健，筋肉怒张，将全身力量集中在手腕之上，面部表情无一雷同。同时运用夸张的手法，通过力士的口鼻眼眉的奇特造型，将其剽悍勇

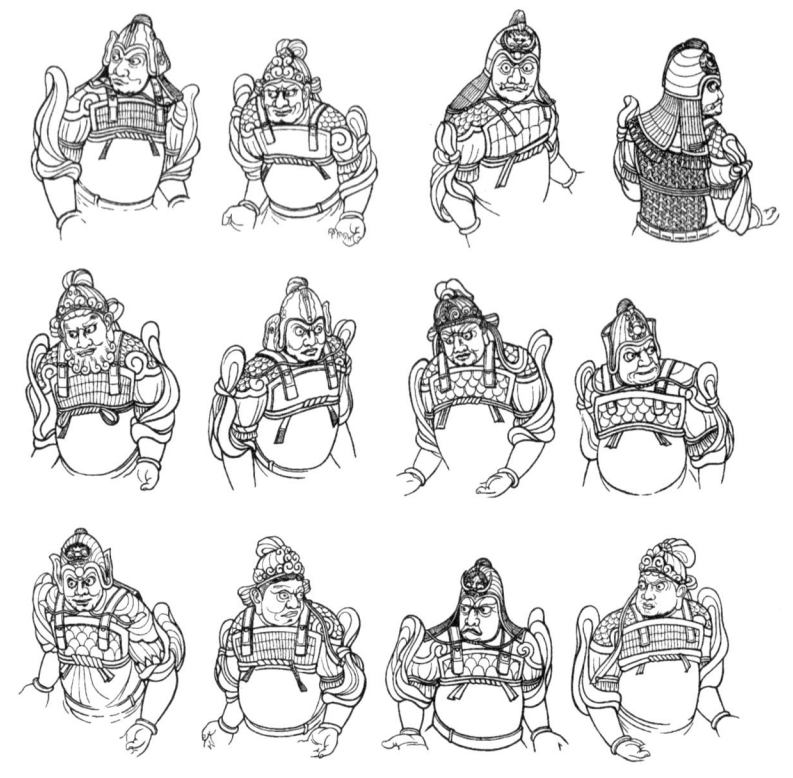

图3-3 王建墓石棺浮雕十二神像图

武、齐心合力的神态刻画得淋漓尽致。第二组石刻是石棺床四周的二十四躯乐舞伎雕。其中舞伎二躯,乐伎二十二躯。所有乐伎都盛装高髻,席地而坐,分别操有琵琶、筝、排箫等乐器,正在进行演奏。从她们各不相同的姿态动作、手指的运动和微妙的精神上,人们似乎可以感受到各种乐器的音响特色和曲调的优美。弹琴者俯首侧耳,似在倾听弦音;击鼓者紧扣节拍,鼓槌翻飞;吹笛者仰首鼓腮,两目凝神;棺座前的一对舞伎,似乎正随着音乐翩翩起舞。这组石刻乐舞伎,个个身材丰盈,面貌圆润,具有唐代美女韵致。石刻乐队乐器共20种、23件,既有笙、箫、笛、筝等华夏传统乐器,又有边疆少数民族的羯鼓、腰鼓、吹叶以及国外传来的筚篥等乐器,是晚唐五代宫廷燕乐中的坐部伎。总之,王建墓中石棺床浮雕伎乐,刻画真切美好而动人,在中国古代雕塑中,是不可多得的精品。

图 3-4 永陵乐伎石刻像

1971年，成都磨盘山地区发掘孟知祥墓，墓床为须弥座，底座下为仰莲，上为覆莲。座底前后各雕有裸身、卷发、圆脸、鼓眼的力士五人。力士双手放置膝上，表现出用力负重的形象，作跪地负棺之状，力士头上脚下各刻一圈云气纹。该文物具有较高的艺术价值。

五代石刻中的一些碑文，也具有重要的史料价值。如刻于广政二十二年（959）的《则天皇后武氏新庙记碑》，就记录了利州（今四川广元）白沙里田地买卖价格，是目前所知记录后蜀田价的唯一实物资料（其碑现存广元市皇泽寺文物管理所内）。大足北山韦君靖像及碑，较为详细地记载了韦君靖的生平事迹和唐末四川的政治、社会状况，尤其是唐末东川形势，是研究前蜀历史特别是王建崛起的重要史料。

第六节 宗　教

五代时期，四川的道教和佛教都得到进一步发展，寺院道观林立，信徒众多，宗教学说更加充实，宗教内容更加完备而丰富多彩。

第三章 前后蜀时期四川的文化

一、道教

（一）道教的发展

我国的道教，从东汉创立，经过二百多年的流传和演变，到魏晋南北朝时期，已由民间性质的宗教逐渐转化为官方所需要的宗教。到唐代，老子被尊为唐宗室的"圣祖"，成为唐朝的护国神，唐政府采取一系列崇道政策，使道教得到空前的发展。

前后蜀时期，割据蜀中的帝王，为了制造皇权神授的舆论和利用道教祈福禳灾法术来"佐国济民"，欺骗群众，安定社会，对道教也采取崇信和扶持的态度。同时，朝野各界对道教也抱有极大兴趣。尤其是前蜀时期，统治者不遗余力地提倡，道观的规模、道士的数量、道书的编著和流传都超过了唐时四川地区，而且还出现了一批著名的教派学者。

前蜀后主王衍，于乾德五年（923）受道箓于宣华苑，又将唐道袭宅改建为上清宫，塑王子晋像。为了表示对道教信仰的虔诚，又塑王建和自己的像侍立左右。王衍在宫中举行宴会，都让"妃嫔皆戴金莲花冠，衣道士服"。① 王衍祷青城山，侍从宫女，皆穿云霞之衣。乾德五年（923），司天监言国有大灾，王衍便诏玉局观置道场，以答天变。由于前蜀帝王笃信道教，著名道士杜光庭深得王建的宠信，官至金紫光禄大夫、谏议大夫，封为蔡国公，赐号"广成先生"，王衍时又被封为传真天师、崇真馆大学士。后蜀皇帝孟昶也笃信道教，其道号为"玉宵子"，他还多次召见道士问以长生之术。

唐末五代，社会动乱，士大夫做官无望，不少人隐遁山林，潜行修道。这些儒者都兼读道书，或从道教教义中寻求治国安民之术；或隐于市廛，以其方术助善除恶，扶弱济贫；或从道教学说中吸取学术思想。出家的著名道士一般都不追求修炼成仙，而是研究道家治国安民之术。五代宋初四川著名道士陈抟就关注经世治国的研究，他"读经史百家之言，一见成诵，悉无遗忘"。②

（二）道家诸派

道教信仰中的神仙体系纷繁复杂，随时代的变迁，神仙体系也随之变化。

---

① 《十国春秋》卷37《前蜀三·本纪》。
② 《宋史》卷457《陈抟传》。关于陈抟的学术思想将在宋代部分专门论述，此处从略。

前后蜀时期，道派中的炼养派和道法派在四川都很盛行。

道法诸派是以符箓祈禳祓袚求消灾却祸，以呼风唤雨、治病除瘟、度亡济死为职事。从汉魏以来，一直是道教的主流，因而颇受朝野人士的欢迎。

炼养派在五代发生了重大变化，依靠服食炼养以求长生成仙的外丹说逐渐衰落，而以玄深哲理为依据，以人身精气神为"药物"的内丹成仙说乘势而起，并成为炼养术中的显学。因此五代时期，四川的道教内丹派也比较活跃，出现了一些全国知名的内丹大师，其他地区的内丹大师也纷纷来蜀学法传法，有关内丹的著述也纷纷问世，形成了前所未有的繁荣场面。

前蜀时，隐士范德昭读《周易参同契》而悟丹道，著作《通宗论》《契真刊谬论》《金液还丹论》等书，流传于世。后蜀时，永康军人彭晓善修炼养生之道，将《周易参同契》分为上中下3卷共90章，详加注释，题名为《周易参同契分章通真义》。他又担心该书文理深奥、不易理解，复撰《明镜图诀》一篇，加以说明。彭晓还撰有《还丹内象金钥匙》一书。彭晓在其著述中阐述了一些有关内丹的理论，顺应了内丹说兴起的潮流，对内丹说的传播也起了推动作用。

外丹派在五代时期虽已日益衰落，但仍在四川继续流传。如五代时四川大邑县有道人简栖与钱高二术士筑坛营炉，炼丹绝顶。

道家除了从事道法及炼养外，还进行诸如看相算命、卖符货丹、看病售药之类的活动。如前蜀道士张素卿所画道像："作十二真君像，各写其卖卜、货丹、书符、导引之意。"①

（三）道教思想家杜光庭

杜光庭，字宾至（一云字圣宾），自号东瀛子，处州缙云人，生卒年不详。他喜读经、史，学问渊博，诗、文、书法皆称精妙。唐懿宗咸通中，应举不第，其后出家，成为南岳天台派高道应夷节的弟子。应夷节是陶弘景第七代弟子，杜为第八代。杜光庭既得到了茅山派的上清大法及护身符，又向其师学得龙虎山天师道的正一、紫虚、都功等法箓。再加之他熟读道家经典，因而深知天师道和茅山派双方的秘诀。唐末，杜光庭随僖宗入蜀，前蜀建立后，被前蜀王衍封为传真天师。后解官隐居青城山，整理道法派的著作。他鉴于道法科教自汉天师及陆修静撰集以来，岁月绵邈，几乎废坠，于是考订真伪，条例始末，将

---

① 《益州名画录》卷上。

茅山道与天师道两派的斋醮仪式分门别类，整理成《道门科范大全集》。所谓斋醮，就是道教设坛祭祷，供斋醮神，借以求福免灾的一种仪式。其法设坛摆供、焚香、化符、念咒、上章、诵经、赞颂，并配以灯和音乐等程式，以祭告神灵。此外，他还撰书30余种，对道教经典、思想源流、历史发展、神仙怪异、洞天福地、道门科范、斋醮科仪都有系统的论述。杜光庭是道教斋醮科仪的集大成者，他所制定的道门科范，至今仍为道教所沿用。

图3—5 青城山建福宫（其内供有杜光庭像）

杜光庭生平著述甚多，仅收入《道藏》的就有20余种。有学者考证，杜光庭存世著作至今尚有30种，佚著24种。[①] 他是道教中影响较大的学者。他对道家经典著作《道德经》的研究，是对历代道教学者的研究总结，在道教思想发展史上，有着承前启后的作用。

二、佛教

五代后周显德二年（955），周世宗毅然排佛，沉重打击了中国北方的佛教。

---

① 参见张亚平：《前后蜀道家著述总录》，载《前后蜀的历史与文化》，巴蜀书社1994年版。

而地处西南在前后蜀统治下的四川,佛教则受到政府的保护。

前蜀时,王建设立"两街僧箓"等职位,由僧人任职,管理四川僧侣。另外,前后蜀皇帝为了满足其宗教上的精神需要和表示对佛教的重视,还设置了待诏僧。名僧贯休深得王建宠信,"累加龙楼待诏,明因辨果功德大师、翔麟殿引驾内供奉、经律论道门选练教授、三教元逸大师、守两川僧箓大师,食邑三千户,赐紫大沙门"①,又赐号"禅月大师"。

王建曾为贯休建龙华禅院。后蜀枢密使王处回还出私帑将自己在成都的私宅建成崇真禅院,弘扬佛教。由于官方的保护和群众的支持,前后蜀时期四川佛教得到进一步的发展,成为寺院林立、人数最多的宗教。当时僧侣们四处游学成为一种风尚,一些外地和外籍僧侣也慕名入蜀讲学或留学。前蜀光天年间,西域番僧满多三藏来游峨眉山。后蜀广政年间,西域番僧来朝。外地名僧来蜀讲学,大大促进了四川佛教的发展。

隋唐是中国佛教的黄金时代,宗派鼎立,百家争鸣,一派繁荣。进入五代,这种繁荣局面一去不返,唯禅宗势力和影响最大。但在前后蜀时期,密宗仍然盛行。

密宗或称瑜伽密教,也称真言宗,唐开元初传入中国,形成宗派。密宗在唐代是比较流行的,但因会昌法难和五代变乱,汉地密宗几乎绝迹。而在四川,从唐末至两宋,密宗仍在许多地方传播。据有关史籍和宋立《唐柳本尊传》碑记载,四川

图3-6 大足宝顶石刻 柳本尊像

---

① 《十国春秋》卷47《前蜀十三·列传》。

第三章 前后蜀时期四川的文化

密宗教主柳本尊生于嘉州（今四川乐山），他专持大轮五部咒，经数年修持而道成。时值广明大乱之后，"厉鬼横行"，民不聊生，柳本尊于光启二年（886）"盟于佛"，建立道场，"誓救苦恼众生"。此后柳本尊往返于武阳、峨眉、成都、金堂、广汉弥牟等地传教，并在各地创建密宗寺院，建立了以弥牟为中心的密教宗派。经柳本尊等人的苦心经营，密教得以光大，当时"四方道俗，云集座下，授其法者益众"。西川节度使王建曾召见柳本尊，并赐其寺院名"大轮院"。天复七年（907），柳本尊圆寂，被四川密教奉为"瑜伽部总持王"。前后蜀时，柳本尊的弟子袁承贵、杨直京等人继续在四川传播密教。前蜀主曾赐密教首领为银青光禄大夫检校太子太傅、内殿侍等职。后蜀时，赐名位如故，又赐杨直京紫绶金鱼，俾领主持事。

第四章 两宋时期四川的政治军事制度

宋朝统一四川后，在四川地区的行政区划、政治军事制度，都依照宋朝的地方政权组织机构设置，并极为完整和严密。

第一节 宋代四川的行政区划

960 年，后周大将赵匡胤代周称帝，建立宋朝。在此后 20 年中，北宋按照先南后北的战略方针相继攻灭各个小国，结束了五代十国的分裂局面，再次完成了中原与长江流域的统一。但北宋完成的统一是局部的统一，与北宋同时并存的还有辽、西夏、大理等地方政权以及吐蕃诸部。1127 年，金人占领开封，宋室南迁，建立南宋，淮河以北又为金朝占据。南宋疆域比北宋更为缩小并面临蒙古部族的崛起。

宋朝的地方行政区划，实行路、州（府、军、监）、县（监）三级建置。路相当于唐的道，本是监察区，逐步演变为一级政权机构。府多设于政治、经济、军事重地，地位略高于州；军与州平级，主要设于军事重地；监多设于矿产资源丰富之地，兼管当地民政，与州同级。故府、州、军、监为同一级政区。县为府、州下属行政单位，州管辖的监亦与县平级。北宋太宗至道三年（997）把全国分为 15 路，仁宗天圣年间（1023～1032）分为 18 路，神宗元丰年间

第四章 两宋时期四川的政治军事制度

（1078~1085）分为23路，徽宗宣和年间（1119~1125）分为26路。南宋时，北方一些路陷没于金朝，只余15路。

965年，北宋灭蜀，四川地区入归宋朝版图。宋朝在四川的统治范围，基本上仍沿晚唐之旧。大渡河以南今西昌凉山地区，为继南诏的大理国所有；甘孜、泸南和阿坝、川东一些少数民族地区，则实行羁縻统治。在四川内地的行政区划，则实行宋朝路、州（府、军、监）、县（监）三级建制。宋太祖乾德三年（965）平蜀，置西川路。开宝四年（971），分置峡西路，其后又合并为川峡路。真宗咸平四年（1001），把川峡路改为益州路[①]、梓州路[②]、利州路、夔州路，简称"川峡四路"。至此宋代四川四路的建置就固定下来。南宋时期，曾一度将利州路分为东、西二路，但属时分时合，嘉定三年（1210）合为一路后，就一直保持利州路的建置。

据《宋史·地理志》载，宋代川峡四路的行政区划如下表：

表4-1 宋代川峡四路行政区划

路名	州 名	辖县数	州 名	辖县数	州 名	辖县数
成都府	成都府（益州）（四川成都）	9	眉州（四川眉山）	4	崇庆府（蜀州）（四川崇州）	4
	彭州（四川彭州）	3	绵州（四川绵阳）	5	汉州（四川广汉）	4
	嘉定府（嘉州）（四川乐山）	5	邛州（四川邛崃）	6	简州（四川简阳）	2
	黎州（四川汉源）	1	雅州（四川雅安）	5	茂州（四川茂县、汶川）	1
	威州（四川理县）	2	永康军（四川都江堰）	2	仙井监（陵州、隆州）（四川仁寿）	4
	石泉军（四川安县）	3				

---

① 仁宗嘉祐四年（1059）改为成都府路。
② 徽宗重和元年（1118）改为潼川府路。

第四章 两宋时期四川的政治军事制度

续表

路名	州名	辖县数	州名	辖县数	州名	辖县数
潼川府	潼川府（梓州）（四川三台）	10	遂宁府（遂州）（四川遂宁）	5	顺庆府（果州）（四川南充）	3
潼川府	资州（四川资中）	4	普州（四川安岳）	3	昌州（重庆大足）	3
潼川府	叙州（戎州）（四川宜宾）	4	泸州（四川泸州）	3	长宁军（四川长宁）	1
潼川府	合州（重庆合川）	4	荣州（四川荣县）	4	渠州（四川渠县）	3
潼川府	怀安军（四川金堂）	2	广安军（宁西军）（四川广安）	3	富顺监（四川富顺）	
利州	兴元府（陕西汉中）	4	利州（四川广元）	4	洋州（陕西洋县）	3
利州	阆州（四川阆中）	7	隆庆府（剑州）（四川剑阁）	6	巴州（四川巴中）	5
利州	文州（甘肃文县）	1	沔州（兴州）（陕西略阳）	2	蓬州（四川仪陇）	6
利州	政州（龙州）（四川江油）	2	大安军（陕西宁强）	1	金州（陕西安康）	6
利州	阶州（甘肃武都）	2	同庆府（成州）（甘肃成县）	2	西和州（甘肃西和）	3
利州	凤州（陕西凤县）	3	天水军（秦州）（甘肃天水）	1		
夔州	夔州（重庆奉节）	2	绍庆府（黔州）（重庆彭水）	2	达州（通州）（四川达州）	6
夔州	万州（重庆万州）	2	开州（重庆开县）	2	云安军（重庆云阳）	1
夔州	涪州（重庆涪陵）	3	重庆府（恭州、渝州）（重庆市区）	3	大宁监（重庆巫溪）	1
夔州	梁山军（重庆梁平）	1	南平军（重庆綦江）		思州（贵州务川）	3
夔州	施州（湖北恩施）	2	珍州（贵州正安）	2		
夔州	播州（贵州遵义）	1	咸淳府（忠州）（重庆忠县）	5		

以上计64州，208县。成都府路16州60县，潼川府路15州52县，利州路17州58县，夔州路16州38县。其中利州路有6州19县在今陕西省境内，5州9县在今甘肃省境内；夔州路有1州2县在今湖北省境内，3州6县在今贵州省境内。在今川渝境内实为49州172县。另黎州领羁縻州54，大部分在今凉

第四章 两宋时期四川的政治军事制度

山州地区；雅州领羁縻州 44，大部分在甘孜州地区；茂州领羁縻州 10，威州领羁縻州 2，均在今阿坝州地区；叙州领羁縻州 30，在今宜宾市南部地区；泸州领羁縻州 18，在今泸州市南部地区；绍庆府领羁縻州 49（南宋为 56），在今贵州省。

这四路的自然条件差别较大，自然资源的开发利用也不平衡。

成都府路地处川西平原，土地肥沃，又有都江堰灌溉之利，旱涝保收，自古号称天府之国。这里稻麦布帛，蚕桑丝织，驰名天下，瓜果蔬菜，四季成熟，铜铁盐井，散布其境。涪江、岷江、沱江、青衣江、大渡河穿流其间，有舟楫之利，交通方便。北出剑门而达陕西，东通夔门而至荆襄，南至叙泸而入滇黔，西出黎雅而达云南。水陆交通四通八达。这些优越的自然条件使成都府路成为四川经济最发达的地区，土沃民殷，物产丰富，自秦汉以来，迄至南宋，赋税皆为天下最。历代封建帝王都把成都地区视为统一中原和割据四川的经济基地。

梓州路地处川中南，大部分为唐代东川之地，多为丘陵间平原。其中川中平原，土地肥沃，是发展农桑的好地方。境内井盐之利多于西川数倍。又有嘉陵江、涪江、渠江、长江横贯其间，水陆交通方便。因此，梓州路在四川是除成都府路外，自然条件最好和经济最发达的地区。

利州路在四川境内的北面，有大巴山、米仓山，海拔多在 1000 米至 2000 米之间，天气寒冷，土地贫瘠，崇山峻岭，交通不便，天梯石栈，百步九折，有金牛、米仓二道与陕西相连，有"蜀道之难，难于上青天"之称。然而川北丘陵地区，土地肥沃，宜于农业生产，并且处于川陕的交通孔道，为其经济的发展提供了有利条件。

夔州路位于重庆市和川东的山区和丘陵，长江自南而东流绕其境。夔门为重庆东部咽喉，入蜀水路，兵家必争。然而东部山区，土地硗瘠，不产稻谷，唯种豆麦。地区荒远，山路险绝，交通不便，唐代朝臣得罪，多贬于此。在宋代，它仍然是四川地区自然条件较差和经济最落后的地方。故蜀谚曰："益、梓、利、夔，最下，忠、涪、恭、万尤卑。"[①]

南宋后期，由于蒙古军队的进攻，利州路所辖陕、甘地区渐为蒙古所占，四川内地州县亦常遭蒙古军队抄掠。为了抗蒙（元）战争的需要，宋朝政府曾

---

① 《吴船录》卷下。

将四川的一些州城治所迁至新筑的依山凭河的山城。这些新迁的州城治地，坚守时间一般都在 10 年以上，有的长达 30 多年，入元以后才离开山城，大都陆续迁回原来治地。

自北宋设置川峡四路，简称四川，"四川"之名即见于记载。唐代"剑南三川"之名已演变为"四川"。南宋初期正式设置四川都转运使或四川总领所，统领川峡四路财政；设四川宣抚使、四川安抚使统领川峡四路军政，"四川"作为一个地区的名称就正式确定了下来。①

第二节　宋代四川官制

宋朝地方政区按路、州（府、军、监）、县（监）三级建置，地方官制亦按三级设置。

路一级设有转运司（漕司）、提点刑狱司（宪司）、提举常平司（仓司）、安抚司（帅司）四个机构。四个机构分割一路事权，互不统率，互相牵制，分别对中央负责。由于府、州、军、监直属中央，路级政权监察、行政兼而有之，还不是一级完全独立的政区。

转运司　掌经度一路财赋，总一路利权。它是路级政区设置最早的机构，自分路而治，州郡直隶中央，转运司就对一路边防、盗贼、刑讼、钱谷、按察等兵民之事，无所不统。其后宪司、仓司、帅司相继设置，转运司的事权才逐步分割和削减，主要专总一路财赋。转运司的长官有转运使、副使、判官，皆随资之深浅而委任。属官有主管文字、干办官、文臣准备遣差、武臣准备遣差等。

提点刑狱司　掌察一路狱讼而评其曲直，及举刺官吏之事。北宋真宗景德四年（1007）始置，其后又兼治坑冶、劝农、茶盐等事。长官为提点刑狱公事，文臣为正，武臣为副。属官有检法官、干办官等。

提举常平司　掌一路常平、义仓、市易、坊场、河渡、水利之政，岁视其丰歉，而为之敛散，并举刺官吏。熙宁三年（1070）始置，元祐初罢，并其职

---

① 一些著作和社会上流传的说法称四川得名于其境内有四条大江，误。

第四章 两宋时期四川的政治军事制度

于提刑司，绍圣初复置。长官为提举常平司干办公事，属官有干办官等。

安抚司 掌一路兵民之政，置于沿边军事重镇，以知州兼安抚使。北宋时期四川只设泸南沿边安抚司，由泸州守臣兼泸南沿边安抚使。南宋时期各路相继置安抚司，委文臣一员充安抚使以治民事，武臣一员充都总管以治兵。利州东、西路安抚使则由统兵武将都统制兼安抚使。

府、州、军、监的行政长官是知府、知州、知军、知监，掌总理郡政、宣布条教、劝课农桑、赋役、钱谷、狱讼等兵民及属县之事。并置通判为之副贰，监督分割知府、知州、知军、知监事权。凡府、州、军、监公事并须长官与通判同议连书，方许行下。其属官有录事参军，掌州院庶务，纠察诸曹稽违；户曹参军，掌户籍、赋役、仓库受纳；司法参军，握议法断刑；司理参军，掌讼狱勘鞫之事。北宋庆历以后，建立府、州、军、监学校的地方，并置教授以导诸生。

县级政权一般依户口多少分八等，长官称知县或县令，总一县民政，有戍兵的县则兼兵马都监或监押。其次有县尉，每县一员，掌教阅弓手，戢盗，不置主簿的县尉兼主簿事；县丞，置于繁剧大县，为县令之副；主簿，千户以上县设置，掌出纳官物，销注簿书，凡不置县丞的县，由主簿兼县丞事。

宋朝在四川地区，除按路、州（府、军、监）、县（监）三级政区建制置官设署之外，还根据四川特殊的政治、军事、经济情况，设立了一些不属于上述三级行政区划的地方官僚机构。

都大提举茶马司 掌榷茶买马之事，始置于熙宁七年（1074），在四川榷茶，在熙秦地区买马。凡买茶场及买马场官员，皆许自辟。买茶买马事宜，则与产茶买马州、县的知州、通判共同辟置。产茶州县的通判许茶马司辟置。茶马司所行职务，他司皆不得预闻，是独立于地方行政长官的榷茶买马机构。茶马司的长官为主管茶马、同提举茶马、都大提举茶马，皆考其资历授之，属官有干办公事、准备差使等官员。

宣抚司 掌宣布威灵、抚绥边境及统护将帅、督视军旅之事。川陕宣抚司始置于南宋建炎三年（1129），张浚为川陕宣抚处置使。它是南宋时期川陕战区的最高军政机构，统管战区军民之政，有便宜处置之权。陕西地区丧失，绍兴和议之后，正式更名为四川宣抚司。宣抚司在统一四川军民财力、领导四川抗金战争方面发挥了重要作用。嘉定元年（1208）罢置宣抚司。十二年至十四年

(1219～1221)曾一度复置罢置。其后宣抚司裁撤，事权归四川制置司。宣抚司的长官有宣抚使、副使、宣抚判官，其中宣抚使由具有二府（枢密使和宰相）的官资充任。属官有参谋官、参议官、主管机宜、干办公事等官员。

四川制置司　掌节制四川地区御前军马、官员升改放散、类省试举人、铨量郡守、举辟边县守贰，职权略同宣抚司，唯财计、茶马不预。始置于南宋绍兴五年（1135）。它是南宋四川地区的最高军政机关。南宋前期由成都府知府兼四川制置使，南宋后期蒙（元）军队占领成都后，制置司移治重庆，由重庆知府兼四川制置使。长官有制置使、副使，属官有参谋、参议、主管机宜、书写文字、干办公事、准备将领、差遣使等官员。

四川总领所　掌措置移运、应办诸军钱粮，岁较诸州所纳之盈亏，上报朝廷而为之赏罚。始置于南宋建炎三年（1129）张浚出使川陕，用赵开总领四川财赋。其后曾改名为四川都转运司。绍兴十一年（1141），宋金和议后，在南宋境内建立淮东、淮西、湖广三总领所。十五年（1145）复置四川总领，专制利源和筹办诸军钱粮。长官为总领四川财赋，属宫有干办公事、准备差遣、主管文字等，直属机构有分差粮料院、审计院、大军仓库、拨发船运官、赎药库、籴买场。

南宋时期四川宣抚司、制置司、总领所等机构的设置，集中了全川的军民财力，对领导四川军民抗金、抗蒙（元）战争起了重大作用。而且它还把川峡四路组合为一个行政地区，为元代建立四川行省奠定了基础。

第三节　宋代四川军事制度

宋朝的军队大致分为三类：一、正规军（中央军），皇帝的卫兵，守京师，备征戍，曰禁军；二、地方军，诸州镇兵，分给役使，曰厢军；三、民兵，选于户籍或应募，使之团结训练，以为所在防守，曰乡兵。其中禁军的老弱者淘汰为厢军，厢军之强壮者亦能升入禁军，乡兵之武艺精练者亦有被招刺为禁军或厢军。军政的最高机关是枢密院，统兵的最高机关是三衙——殿前都指挥司、侍卫亲军马军都指挥司、侍卫亲军步军都指挥司。枢密院有发兵之权而无握兵之重，三衙有握兵之重而无发兵之权，形成兵权分立的枢密院—三衙统兵体制。

第四章 两宋时期四川的政治军事制度

北宋军队的编制，一般是 100 人为一都，五都（500 人）为一指挥，五指挥（2500 人）为一军，十军（25000 人）为一厢。都一级的统兵官，马军是军使和副兵马使，步兵是都头和副都头。指挥一级的统兵官是指挥使和副指挥使。军一级的统兵官是军都指挥使和副都指挥使、都虞侯。厢一级的统兵官是厢都指挥使。

一、正规军

北宋禁军的任务是"守京师，备征戍"。从宋太祖开始就在禁军中建立了屯驻和更戍制度，"使京师之兵足以制诸路，则天下无乱；合诸道之兵以当京师，则无内变"。内外相制，无偏重之患。① 凡屯驻和更戍地方的禁军，设部署（后改为总管）、钤辖、都监、监押为统兵官。都部署是出征作战的大帅，往往临时委任。部署是路一级的将帅。钤辖是路一级的统兵官，官高资深充都钤辖，官卑资浅充钤辖。都监是路、府、州、军、监、县、镇、城砦的将帅，其中资浅者为监押。自部署至监押，虽有尊卑之别，有时并无严格的隶属关系。他们统率部队来川渝驻泊、更戍，三年一换，期满调离，时称"东兵"。据记载，北宋宣和年间来川渝戍守的东兵共 12010 人，分戍于夔州、成都、泸州、剑门关、利州、文州、蓬州、恭州、阆州、龙州等地。北宋灭亡，这些东兵各无归所，直到绍兴二十六年（1156）尚留居川渝。② 东兵屯戍期间有关边防、训练之政由统兵的武将总管、钤辖、都监等共议。"事涉本城，并屯驻在城兵马，即知州、都监、监押同领"。③ 宋朝还任用文臣为安抚使、经略使统率驻屯地区的武将和禁军。在成都，则由守臣为都钤辖；在泸州，则知州兼安抚使、兵马钤辖。有的县令也兼兵马都监和监押等职，分割武将事权，驾驭武将，防止军人叛变。

南宋初期，宋朝在川渝的正规军是由北宋末年陕西地区的禁军组建的。它归属川陕宣抚司统辖而由武将统领。吴玠于绍兴元年（1131）在和尚原打败金将兀术统率的金军主力后，升任节度使，其后又任宣抚司都统制，而成为川陕驻军统帅，时称"吴家军"。绍兴五年（1135），宋朝将吴玠军定名为右护军。

---

① 《曲洧旧闻》卷 90。
② 李心传：《建炎以来系年要录》（下简称《系年要录》）卷 173，绍兴二十六年七月丁未。
③ 《宋史》卷 196《兵志》。

绍兴九年（1139）吴玠病死，文臣胡世将主持川陕宣抚司，将川陕驻军分别划归吴璘、杨政、郭浩三大将统率。吴璘任右护军都统制守兴州，杨政为川陕宣抚司都统制屯兴元，郭浩为枢密院都统制守金州，目的在于分散统兵之权，便于朝廷和宣抚司文臣驾驭统兵武将。当时川陕大军共约9万～10万人，三大将中吴璘兵力最多，杨政次之，郭浩军力最少。绍兴十一年（1141）以后，南宋朝廷集中兵权，将各地大军改为御前诸军。驻屯兴州、兴元、金州三大将随之分别担任兴州、兴元、金州御前诸军都统制。宁宗开禧北伐，兴州都统制吴曦叛变被平息后，兴州改名沔州，分沔州都统司为沔州都统司和利州副都统司。从此川渝三大军改编为四支大军，分别由四都统制统率。

都统制的编制，在绍兴末年以后，下设军、将两级。军一级的统兵官有统制、同统制、副统制、统领、同统领、副统领等。将一级的统兵官有正将、副将和准备将，其下还有训练官、部将、队将、押队、押头、旗头之类的军官和军吏。每个都统制统率的兵力相差甚大，如兴州都统制常有五六万人，兴元都统制有二万余人，金州都统制只一万余人。各军的兵力亦不相等，有的军多达七八千人，有的则只三四千人。在宋金对峙期间，四都统制的兵力，主要驻屯于川陕抗金前线。宋蒙战争开始以后，蒙军队攻入四川内地，汉中地区丧失，四都统制的兵员皆移守四川内郡。余玠在淳祐二年（1242）任四川安抚制置使后，移金戎司于大获（今苍溪县东南）以护蜀口，移沔戎司于青居（今南充市南），移兴戎司于合川钓鱼城，共备内水，移利戎司于云顶（今成都市金堂县云顶山）以备外水。①

四都统制都要受宣抚司、制置司的领导，担任宣抚使和制置使的文臣削弱了都统制的大部指挥权。有的宣抚使还创立宣抚司的直属部队，设立宣抚司帐前都统制。有的制置使则创置新军。如范成大任四川制置使，教阅成都府禁兵一千人，改建为飞山军。胡元质任四川制置使，又选拔川渝各地禁卒，驻防成都，称雄边军。四川制置使赵汝愚又先后招兵七百人，设成都府义勇军。南宋后期，四戎司的兵力在宋蒙（元）战争中损伤殆尽，各路、州、府又大量增创新军，设置都统，成为正规军的主力，原四都统制的兵力只居正规军的一部分。

---

① 《宋史》卷416《余玠传》。

二、地方军

厢军是地方军。主要任务是供杂役，所以厢军又是杂役军。北宋川渝最早的厢军由后蜀降卒组建。北宋平蜀，将后蜀军中强壮者拣选至京师为禁军，战斗力不强留守川渝者即为厢军。其后厢军的来源，一是招募，二是禁军老弱降而为厢军，三是罪犯刺配从军（即牢城军）。厢军服役的范围很广，如牢城军用于修城池，作院军用于制造武器，桥道军用于修筑桥梁。其他如榷酤、水陆运输、邮传、牧马、堤防等力役，以及维持地方治安任务，均由厢军担任。它名义上内总于侍卫司，实际上是受守臣节制的诸州镇兵。

厢军的编制有军、指挥和都三级，故"一军之额，有分隶数州者，或一州之管兼屯数州者"。① 各种番号的厢军一般以指挥为单位，分驻各州，"置都监，监押以领之，岁时简练焉。下州及军监但有牢城兵，则军校之职，随宜裁置，其诸州都监，监押止得典司军旅，及逐捕寇贼，不许关预州郡事"。②

北宋平蜀后，命蜀部诸州各置克宁兵500人。③《宋史·兵志》记载，北宋元丰以前有厢军"凡一百一十指挥，二万三千四百人"。除克宁厢军外，尚有桥道、桥阁、防河、牢城、开远、水军、静江、怀远、广塞、威棹、怀信、顺化、本城、武宁等番号的厢军，分布于部分州郡。

南宋时期，御前诸军成为正规军，原各州的禁军就变成为非正规军。"今禁兵但供斯役，大抵如昔之厢军。将官虽在，亦无职事，但以武臣遣差而已。"④ 禁军、厢军和土兵都成为地方兵。南宋时"四川厢兵二万九百七十二人，禁军二万七千九百九十二人，土兵一千八百六十六人"。其中禁军仍要担负维持当地社会治安的任务，有的还要分戍沿边城砦。绍兴三十二年（1162），还拣选5573人，谓之"威强将兵"，由吴璘调4000人往仙人关捍御，事平复罢。⑤

---

① 《宋史》卷189《兵志》。
② 《通考》卷156。
③ 《长编》卷6，乾德三年九月壬申。
④ 李心传：《建炎以来朝野杂记》（下简称《朝野杂记》）甲集卷18《御前诸军》。
⑤ 《朝野杂记》甲集卷18《四川厢禁军民兵数》。

三、民兵

乡兵属于民兵性质，选自户籍，或土民应募，在所训练，以为防守。宋代川渝乡兵都带有地方性，主要设置沿边地区，保卫边境安宁。它的名目很多，各地的名称不尽相同，其待遇也有差别，人数也有多少之分。在夔州路叫义军、土丁、壮丁，在泸州、长宁军、叙州叫"夷义军"、"白力子弟"、胜兵，在嘉州、雅州、黎州、茂州、威州叫土丁，在龙州叫弓箭手。义军由少数民族组成，土丁由沿边汉民充当。他们受州县巡检使和城、寨、堡官的指挥领导，阅习武艺，分隶寨、堡，定期轮戍，协助官军维持治安。

夔州路的义军、土丁、壮丁，由溪洞投归的少数民族和沿边州县汉族税户充当。他们的职责是分隶边砦，"遇蛮入寇，遣使讨袭，官军但据险策应之"。其中少数民族义军有正副指挥使、兵马使、都头、寨将、把截将等官职。他们的待遇是"职级以上，冬赐锦袍，月给食盐、米麦、铁钱；其次紫绫锦袍，月给盐米；其次月给米盐而已"。一般的义军、土丁，则免家业钱300缗，减少其对国家的负担。派往外地防戍，则支给钱米。① 南宋时期，夔州路除恭、涪、忠、万四州外，每州有义军多达数千人，土丁的人数尚不在其内。②

泸州、叙州、长宁军等地由少数民族组成的"夷义军"，每郡多至四五千人。元丰时，戎、泸二州"邑〔夷〕义军之籍至二万六百三人"③，均由本部首领充当义军长官，得世袭，岁给盐绢，冬夏犒设。④ 土丁则始置于北宋大中祥符二年（1009），时江安少数民族叛宋，官府以北兵不谙山川道路，因点集乡丁，名曰"白力子弟"，给兵器使为向导，其后官府镇压少数民族反叛，又令其随军或把守官砦，日给粮米以酬其劳。胜兵则由沿边汉民充当，分番赴寨守御，随禁军教阅，官府将城、寨所管公田令其耕种，免其力役，作为负担兵役的报酬。⑤

嘉州的土丁由寨将的佃户充当。官府初无赏赐之费，到南宋嘉定六年

---

① 《宋史》卷191《兵志》。
② 《朝野杂记》甲集卷18《夔路义军》。
③ 《朝野杂记》甲集卷18，乙集卷17。
④ 《舆地纪胜》卷163、卷166。
⑤ 《宋会要·方域》19之21，《舆地纪胜》卷166。

(1213) 后，始籍土丁之健壮者 2000 人，按月给廪，防守诸寨，岁赏金 24000 缗。①

黎州、雅州土丁由沿边农民充当。南宋淳熙九年（1182）后，黎、雅土丁共 5000 余人，官给口食，教之武事，名曰"雄边义军"。东南边防邛部川，西南边防吐蕃、青羌，正西边防五部落。其中点集戍守之丁月给 3500 钱，居守之丁月给 1000 钱。②

威州、茂州土丁各 300 人。威州月给米 3 斗，茂州土丁则由州城居民和佃耕羌人田地的汉民充当，无月给之费。每逢教阅，土丁皆借羌人衣甲器械为用，事毕复归，徒具虚名。③

龙州的寨子弓箭手，由有物力的税户充当。共 1600 余人，分成各寨，一月一替，月给钱 1000。④

义军、土丁，熟悉山川道路，矫健骁勇，是宋朝防御少数民族反叛的重要武装力量。北宋徽宗的诏书就公开承认"四川自讨荡晏州，并绵、茂作过蕃部，开斥疆土，建置城砦，接连蕃界，全借土兵以备战守"。⑤特别是少数民族义军，每次战斗必为先锋，"蛮人畏之"。⑥其中，"施、黔比近蛮，子弟精悍，用木弩药箭，战斗趫捷，朝廷尝团结为忠义胜军。其后泸州、渑井、石泉蛮叛，皆获其用"。⑦

南宋时期为了抗金战争的需要，绍兴初年还在利州路的兴元地区籍良家子弟为义士，免家业钱 300 缗，协助官军抗金。这些义士由县令为军正，县尉副之，有时多达 2 万余人。他们在抗金战争中起了非常重要的作用。富平之战后，宋朝在汉中地区兵卒单寡，幸赖义士 1 万余人，才使宋军"军势大振"。绍兴三十一年（1161）大散关之战，义士在官军之前，"勇健善战，亦屡有功"。⑧

---

① 《朝野杂记》乙集卷 20。
② 《朝野杂记》甲集卷 18《黎雅土丁・嘉定威茂土丁》。
③ 《朝野杂记》甲集卷 18《黎雅土丁・嘉定威茂土丁》。
④ 《朝野杂记》甲集卷 18《龙州寨子弓箭手》。
⑤ 《宋会要・兵》1 之 12～13。
⑥ 《舆地纪胜》卷 163。
⑦ 《宋史》卷 496《蛮夷》。
⑧ 《朝野杂记》甲集卷 18《利路义士忠义》。

第五章 北宋时期四川的政局

北宋平蜀，川渝归于宋朝版图，成为宋朝统一南方的财源基地。故其前期侧重从蜀中征敛财物，忽略团结蜀人，造成社会动荡不安。中期以后，宋朝调整了治蜀方略，整顿吏治，廉政肃贪，大量任用蜀人，蜀人成为北宋朝廷一支重要的政治力量，活跃于政治舞台。蜀中社会安定，人才辈出，出现了由乱而治的政治局面。

第一节 宋初四川人民的反宋斗争

一、全师雄领导的蜀兵反宋斗争

后蜀政权在五代十国中还是一个社会较为安定，经济文化继续发展的割据政权。"西川本自一国"①，北宋灭蜀，改朝换代、江山易主给这个地区各阶层群众带来极大的震动。尤其是北宋平蜀后，采取了在经济上将蜀中府库财物尽送京师，政治上令后蜀皇帝孟昶和后蜀中央及地方官员皆挈族归朝，军事上诏发蜀兵赴阙的三大措施，更使蜀中各阶层群众特别是后蜀统治势力惶恐不安。

---

① 《长编》卷36，太宗淳化五年八月丁酉。

加上北宋军队平蜀之后杀人劫货，终于导致了全师雄领导的蜀兵反宋，开始了四川人民的反宋斗争。

北宋初期的军队，是一支保留了五代时期骄兵悍将恶习的军队。平蜀之后，军中将士以胜利者、征服者自居。诸将恃功骄恣，"日夜宴饮，不恤军务，纵部下掠子女，夺财货，蜀人苦之"①，甚至有军校在街市持刀抢劫商人财物，或割民妻乳而杀之者。北宋军队的横行不法激起蜀民群起反抗。平蜀的次月，即北宋乾德三年（965）二月，梓州（今四川三台）后蜀军校上官进就"啸聚亡命千余众，劫村民数万，夜攻州城"，被新任知州冯瓒镇压下去。三月，宋朝诏发蜀兵赴阙，并优给路费。但王全斌等将领擅自克扣蜀兵由蜀地至开封的粮饷和路费，又纵部曲侵扰，致使蜀兵愤怨思乱。他们行至绵州（今四川绵阳），便"劫属县以叛"。②时值后蜀文州刺史全师雄，遵命带领家属赴京师拜谒新朝皇上，路过绵州见蜀兵叛宋，弃家匿藏民舍，被蜀兵搜得推以为帅，众至10余万，号"兴国军"。王全斌遣马军都监朱光绪将兵招抚。光绪尽灭师雄之族，纳其爱女，夺其财物。"师雄怒，复无归志。"率众攻克彭州，成都所属十县皆起兵响应。于是全师雄自称"兴蜀大王"，署节帅20余人，分据要害。王全斌遣崔彦进、高彦晖分路进讨，为师雄所败，彦晖战死。又遣张廷翰等进讨，同样大败而还，退保成都。全师雄乘胜分兵绵、汉，断剑阁，沿江置寨，声言欲攻成都。自是邛、蜀、眉、陵、简、雅、嘉、东川、果、遂、渝、合、资、昌、普、戎、荣17州及成都属县皆起兵反宋，邮传不通者月余。王全斌等平蜀将领十分恐惧，见成都城内后蜀降兵尚有近3万人未遣赴京师，虑其响应师雄反宋，便诱至夹城中，连其老弱疾病全部杀害，更加激起蜀中群众的反抗。其后刘光义、曹彬相继败全师雄于新繁、郫县，师雄退走灌口寨。师雄同党吕翰也在嘉州（今四川乐山）为宋军所败，退守雅州（今四川雅安）。乾德四年（966年）正月，宋朝以客省使丁德裕为西川都巡检使率兵入蜀协助宋军平叛，然反宋烽火仍遍布蜀中各地。正月，阆州（今四川阆中）农民攻逼州城。二月，渝州（今重庆）杜承褒率领民众围攻州城，判官卞震受伤逃遁，反宋军入据州城。六月，王全斌败师雄于灌口寨，师雄退走金堂。八月，宋军攻克雅州，吕翰走黎州（今四

---

① 《长编》卷6，乾德二年正月丁酉。
② 《长编》卷6，乾德三年三月。

川汉源）为部下所杀，其他各地反宋军队相继被宋军镇压下去。其后全师雄病死金堂，余部推谢行本为帅占据铜山，被宋军擒获，为时一年有余的全师雄领导的蜀兵反宋斗争才全部镇压下去。宋军在镇压蜀兵反宋战争中前后杀戮近10万人之多，导致蜀中民众的积怨和仇恨，成为宋初四川社会动荡不安的重要因素。

二、王小波、李顺起义

全师雄领导的蜀兵反宋斗争被镇压下去后，蜀中各种势力与宋朝的矛盾并未化解。

宋朝为了进行统一战争，把四川作为重要财源基地。史载："孟氏割据，府库益以充溢，及王师取之，其重货铜布，即载自三峡而下，储于江陵，调发舟船，转运京师；轻货纹縠，即自京师至两川设传置，发卒负担，每四十卒所荷为一纲，号为'日进'。不数年，孟氏所储之诸物，悉归于内府矣。"① 从此，宋朝"储积充羡"，"乃于讲武殿后别为内库，以贮金帛，号曰'封桩库'"。②其后，宋朝为了在蜀中搜刮财物部送京师，对一些重要商品实行专卖，在蜀中各州置"博买务""市买院""织造院"等机构，禁止民间私市布帛，垄断匹帛、丝绵、绸缎的产销，并榷盐酤酒，禁民私酿，增收曲钱，与民争利，严重损害了各阶层群众的经济利益。

更为严重的是，宋朝把蜀中铜钱、金银装发赴京，致使蜀中铜钱竭乏，物价飞涨。史载，后蜀广政中始铸铁钱，"每铁钱一千兼以铜钱四百。凡银一两直钱千七百，绢一匹直钱千二百，而铁工精好殆与铜钱等"。入宋以后大量滥铸铁钱，"益买金银装发，颇失制裁，物价增长，寻又禁铜钱入川界"，致使铁钱贬值，"铁钱十乃直铜钱一"。太平兴国四年（979）始开其禁，令民输租及榷利，每铁钱十纳铜钱一。时铜钱已竭，民甚苦之。商贾争以铜钱入川界，与民互市。每铜钱一，得铁钱十又四。宋朝人为地将铜钱运出川界，造成铁钱大幅度贬值，金融混乱，百姓遭殃，人心不安。于是官府决定用铁钱收购四川境内少数民族的铜，复铸铜钱，民输租当纳钱者，十分中只输一分铜钱，其余许输银及绢暂

---

① 《长编纪事本末》卷13《李顺之变》。
② 《长编》卷6，乾德三年三月。

第五章 北宋时期四川的政局

代，以后每年递增一分，十年乃全纳铜钱。但铜难得，复铸铜钱成为泡影。而地方官又乘机将自己"月俸所得铜市与民，厚取其直，于是增及三分。民萧然益苦之，或剜剔佛像，毁器用，盗发古冢，才得铜钱四、五，坐罪者甚众"①，更加引起四川人民的强烈不满。

四川的封建官僚和地主阶级，在唐末未受到农民起义的打击；在黄巢起义过程中，唐僖宗带领大批官僚贵族逃到蜀中；五代割据混战中，中原许多"衣冠士族"又逃到蜀中避难，并得到蜀中政权的庇护和优待；四川原来的土豪势力，在前后蜀时期更是外来军事统治势力的依靠对象和统治基础，而得到不断发展。文献记载，"西川四路乡村，民多大姓，一姓所有客户，动是三、五百家"。②峡路诸州，"巴、庸民以财力相君，每富人家役属至数千户"。③夔州（今重庆奉节）"自来多兼并之家，至有数万客户者"。④但是，北宋平蜀，后蜀皇帝及中央和地方官属均被押解或调离至京师另行安置。孟昶死因不明，太后绝食而卒。留在蜀中亡国臣民，有如丧家之犬，惶恐终日。"时蜀新破，其达官争弃田宅以入觐。"⑤官僚地主为了保全身家性命，被迫将其财产土地，或贿赂平蜀将领，或捐献官府和寺院，争取立功表现。其中曾任孟蜀节度使的田钦全，捐赠布施给成都正法院的土地就达一万亩以上。⑥蜀中的官僚地主在政治上、经济上所受到的打击，使他们在很长时期对北宋王朝不满，心怀离异。《邵氏闻见录》记孟昶治蜀有恩，国人哭送，至犍为别去，因号"蜀王滩"。并云孟昶舟过省州湖，一宫嫔有孕，昶出走时祝曰：若生子，孟氏尚存也。后果生子。这些俚语传闻，反映了蜀中封建势力对孟蜀王朝思恋之情。加上宋朝派往蜀中的官员大多"颇尚苛察，民有犯法者，虽细罪不能容，又禁民游宴行乐"，更引起封建士大夫的不满。他们不乐仕进，不求功名，淡于利禄，与宋朝离异，使宋朝在四川丧失了士人阶层的强力支持，成为宋初四川政治不稳定的重要因素。

蜀中广大农民，在北宋平蜀以后，实际处境也未得到改善。宋朝在平蜀以

---

① 《长编》卷23，太平兴国七年八月戊寅。
② 《宋会要·食货》4之28。
③ 《宋会要·刑法》2之5。
④ 《宋会要·兵》2之11。
⑤ 苏洵：《族谱后录下篇》，《嘉祐集》卷13。
⑥ 杨天惠：《正法院常住田记》，《成都文类》卷39。

后，虽下诏免除了一些苛政，但官府"博买"商品的增多和扩大，又给他们套上了新的枷锁。特别是旧的生产关系丝毫没有触动，他们仍然过着十分困苦的生活。北宋初期，川峡地区客户（即佃户）的比例是全国最高的。据《太平寰宇记》的记载统计，在今川渝境内成都府路客户占总户数的30%，梓州路占47%，利州路占50%，夔州路占74%。在盆地丘陵和四周山区的某些州县，客户占总户数的比例高达80%～90%以上。① 尤其是岷江流域、长江南岸和川东北山区客户比例特大的州县，还存在一些比佃户地位更低的"旁户"。这些"旁户素役属〈于〉豪民，皆相承数世"②，并"使之如奴隶"。③他们不同于一般佃户，毫无独立人格身份，并且还负担本来应由地主承担的"粮庸调敛"，所受的压迫剥削比一般佃农更为沉重，这在全国其他地区是少有的。因此，川峡地区的农民，在官僚和封建地主的双重压迫下，每遇水旱灾荒，就得离乡背井，逃荒觅生，以至"饿殍相望"。④

川峡地区各阶层群众与宋朝矛盾的长期积累，使蜀人"于其心有所不可得忍，然后聚而为盗贼，散而为大乱"。⑤ 淳化二年（991）任诱为首的起义军攻打昌州（今重庆大足）、合州（今重庆合川）。三年（992），荣州（今四川荣县）、戎州（今四川宜宾）、资州（今四川资中）、富顺监一带又相继发生人民起义。⑥ 淳化四年（993），即北宋平蜀28年后，终于爆发了遍及川渝的王小波、李顺领导的农民起义。

王小波、李顺是永康军青城县（今都江堰市）味江人。味江是青城东侧的一条小河。李顺是王小波的妻弟。北宋永康军，位于四川盆地西北山区，是客户特多地区之一，此地还有一些是"旁户"，他们输租纳税之后，生活极其困苦。这里是四川的汉"夷"交界区，青城山的西北就是今阿坝藏族羌族自治州境。宋朝在永康军设关置寨，驻军把守，禁止汉族与少数民族私相贸易，甚至封山塞路，断绝往来。青城山、味江河一带，自唐以来就是著名的茶叶产地。

---

① 详见贾大泉著：《宋代四川经济述论》，四川社会科学院出版社1985年版，第22～26页。
② 《宋会要·刑法》2之6。
③ 《宋史》卷304《刘师道传》。
④ 《宋大诏令集》卷22《瘗剑南峡道遗骸诏》。
⑤ 苏辙：《栾城应诏集》卷5《蜀论》。
⑥ 《宋史》卷308《卢斌传》。

第五章 北宋时期四川的政局

这里的农民大都种植茶树，以出卖茶叶为生。有的农民既种茶又贩茶，既是茶农又是茶贩。北宋初期，统治者对东南地区的茶叶生产实行禁榷，由官府专买专卖，而在川峡地区则"听民自卖"，没有禁榷，但规定茶叶买卖不得出境，不得卖与少数民族，只能卖给官府和内地商人，在汉族地区销售，少数民族购买茶叶必须向官府购买。茶农或茶贩将茶叶卖给少数民族，即属私茶，按贩卖私茶定罪，将受到没收茶叶、茶园，罚款，判刑，流放甚至杀头等等处罚。少数民族，特别是阿坝牧区的少数民族，肉食乳饮，一日不可无茶，把茶叶贩卖给少数民族就能获利数倍，而这类交易却被官府垄断。青城山一带的贫苦茶农、茶贩，在官府和封建地主的双重剥削下，就只能但求侥幸，冒法犯禁，贩卖私茶，以图活命。因而这一带禁止私茶与贩卖私茶的斗争一直相当激烈，使得永康军成为北宋初期社会矛盾特别尖锐和最不稳定的地区之一。

王小波、李顺起义的直接导因是"贩茶失职"。苏辙说："大盗王小波、李顺等贩茶失职，穷为剽窃。凶焰一扇，西蜀之民肝脑涂地。"[①] 即指二人贩卖私茶，违法失职，穷困无路，铤而走险，揭竿而起。

宋太宗淳化四年（993）二月的一天，王小波聚集了一百多贫苦农民。他告诉这些在苦海中挣扎的农民："吾疾贫富不均，今为汝均之。"[②] 号召大家揭竿而起，用武装斗争实现"均贫富"的目标。这一号召引发了贫苦大众积郁已久的愤怒，反映了贫苦大众的迫切愿望，得到群众的热烈拥护，"旁户鸠集"[③]，"贫者多来附"。[④]

农民起义军首先攻克了青城县，然后转战邛、蜀二州所属各县。彭山县令齐元振，恣横贪暴，"与民为仇，受赇得金，多寄民家"，是老百姓深恶痛绝的大贪官。王小波派兵袭杀，把他剥削得来的"金帛"，散发给贫民，并开腔破肚，装满钱币，暴尸示众，惩其诛求无厌。于是大快人心，归之者众，其势"愈炽"。[⑤] 同年十二月，起义军进攻蜀州江源县（治今崇州市江源乡），王小波受伤牺牲，起义军推李顺为领袖，继续战斗。

---

① 苏辙：《栾城集》卷36《论蜀茶五害状》。
② 《长编纪事本末》卷13《李顺之变》。
③ 《长编纪事本末》卷13《李顺之变》。
④ 《宋史》卷304《刘师道传》。
⑤ 《长编纪事本末》卷13《李顺之变》。

李顺领导起义军后,继续把矛头指向贪官污吏,并进一步实施"均贫富"的纲领。起义军所到之处,"悉召乡里富人大姓,令具其家所有财粟,据其生齿足用之外,一切调发,大赈贫乏,录用才能,存抚良善,号令严明,所至一无所犯。时值东西两川天旱大饥,吏失救恤,纷扰流离日多,旬日之间,归之者数万人。所向州县,开门延纳,传檄所至,无复完垒"。① 在李顺领导下,起义军攻克了江源,接着攻克蜀州,杀监军王亮及官吏十余人,又陷邛州,杀知州桑仲保、通判王从式、巡检使郭允能及诸僚吏。起义队伍扩大到数万人,乘机攻克永康军和双流、新津、温江、郫县、彭州、汉州(今四川广汉),包围成都。

淳化五年(994)正月,起义军攻克成都,众至数十万。知成都府吴元载、转运使樊知古逃奔梓州。李顺自称大蜀王,改元"应运",建立大蜀政权,设置军政机构,任命了中书令、枢密使、军帅、知州、刺史等官员。还铸铜钱"应运元宝"和铁钱"应运通宝",并在起义军的面部刺上"应运雄军"四字,以表示这个政权应乎天理,顺乎民心。

大蜀政权派遣起义军队四出攻打州县。北抵剑关,东至夔峡,南达嘉州的大部分州县都被起义军控制。然而,这毕竟是一支靠人多取胜的军队,是一支缺乏政治斗争、军事斗争经验和严密组织的军队,勇则有余,谋则不足,胜则易聚,败则易散。当起义军在同年二月攻克剑州(今四川剑阁),北攻剑关被宋朝成都监军宿翰、剑门都监上官正击败之后,就再未集中兵力继续进攻,也未毁掉栈道以切断宋朝援军入蜀的道路,而是坐待宋朝军队的到来,造成战略上的严重失误。

大蜀政权控制剑南、两川,使关右震动,北宋朝廷极为忧恐。宋太宗急令地方官员加紧镇压,并在同年正月命心腹宦官王继恩为两川招安使,率领禁军由陕西入蜀。二月,又令雷有终增派一支官军由峡路入蜀,统归王继恩指挥。他们"剿抚兼施",于四月越剑关、占剑州,五月攻占绵州,进逼成都。十余万农民军虽英勇抵抗,但终归失败,李顺及许多首领部卒共三万余人被官军残酷

---

① 《挥麈录·后录》卷5,《梦溪笔谈》卷15记载亦同。

杀害。①

成都被宋军攻占后，郭门十里外仍为起义军所控制，王继恩率领的宋军只得龟缩城内，不敢出击。起义军继续坚持战斗，把宋军围困在成都城内。其中张余领导的一支农民起义部队，乘官军孤立无援，沿长江而下，连克嘉、戎、泸、渝、涪、忠、万、开八州，发展到十万余人。但整个起义军队已是群龙无首，各自为战，四处游击，没有统一的战略部署和统一的指挥，更没有组织过对成都的任何反攻或是在其他地方另辟战略基地，积蓄力量，重建政权。

随着由峡入蜀的雷有终抵达成都和同年九月宋朝名臣、新任知益州②张咏到任，局势发生了有利于宋军的转变。张咏见被围成都的三万余宋军军粮缺乏而无半月之食，若由陕西课民运粮饷军，道路不绝，也远水难救近火。咏访知盐价素高，而廪有余积，乃降盐价，听民以米易盐。于是民争趋之，未逾月，得米数十万斛，可供二年军食。"军士欢言：'前所给米，皆杂糠土，不可食；今一一精好，此翁真善国事者。'咏闻而喜曰：'吾令可行矣。'"③

图 5-1　张咏像

解决军粮供应之后，张咏立即召集王继恩、上官正等统兵将领，令其出城讨伐盘踞成都附近州县的农民起义军，并嘱军校曰："尔曹蒙国厚恩，无以塞责，此行当直抵寇垒，平荡丑类，若劳师旷日，即此地还为尔死矣。"④于是诸将乃出城讨伐，斩获甚众，扭转了成都被困局面。面对诸将诛杀被俘起义军的要求，张咏不允，"悉令归业"，并说"前日李顺胁民为贼，今日咏与公化贼为民，有何不可哉？"⑤借此分化了农民起义队伍。两川招安使宦官王继恩统领军队，"每出入，前后奏音乐，又令骑兵执博局棋枰自随，威振郡县。仆使辈用事恣

---

① 关于李顺的下落，诸书记载不一。《长编》等记成都被官军攻占后，李顺被俘斩。《梦溪笔谈》《挥麈录》等书则记宋军攻占成都后，李顺化装逃走，30年后在广州为官府捕杀。
② 因李顺起义，宋朝于淳化五年五月降成都府为益州。
③ 《长编》卷36，淳化五年九月。
④ 韩琦：《张忠定公神道碑》，《安阳集》卷50。
⑤ 《长编》卷36，淳化五年十月。

横，纵所部剽掠子女金帛，军士亦无斗志，余贼进伏山谷间，州县有复陷者"。① 张咏鉴于王继恩御军无方，其下恃功暴横，"恐军还日或有意外之变，乃密奏请遣心腹近臣可以弹压主帅者，亟来分屯师旅"。同年十二月，太宗遣近臣张鉴、冯守规赴蜀，"鉴与咏即遣部戍卒出境。继恩麾下使臣亦多遣东还"。②

在张咏的运筹下，宋军主动出击，相继击破各处起义军，平定蜀中各州县。至道二年（996）二月，张余在嘉州兵败被杀。五月，李顺余部王鸬鹚自称"邛南王"，聚众攻邛、蜀二州，被官军镇压。在中国历史上第一次明确地提出"均贫富"口号的王小波、李顺起义，历时三年多，终归失败。

三、王均兵变

益州钤辖符昭寿，因其父符彦卿太祖时位至太师、凤翔节度使，其女又是太宗懿德皇后，便仗其贵家子弟，在蜀中为非作歹：一是"日事游宴，简倨自恣，常纱帽素氅衣，偃息后圃，不理戎务，有所裁决，即令家人传道"。二是"多集锦工就廨舍织纤丽绮帛，每有所须，取给于市，余半岁方给其直，又令部曲私邀取之"。三是"广籴黍稻，未及成熟者亦取之，悉贮寺观中，久之损败，即勒道释偿之"。四是"纵其下凌忽军校"，弄得天怒人怨。时值王小波、李顺起义被镇压不久，"人心汹汹，知州牛冕缓弛无政，昭寿又不能御军，人皆怨愤。神武卒赵延顺等八人谋欲害昭寿，未敢发"。③ 延至咸平三年（1000）正月，赵延顺率众发动兵变，杀符昭寿，拥都虞侯王均为帅，占据成都。知州牛冕、转运使张适逃往汉州，后又逃往东川。其后，知州牛冕被削籍流儋州，转运使张适削籍授连州参军。

王均占据成都后，建立大蜀政权，"改元化顺，设官置署，设贡举，以神卫小校张锴为谋主"。④ 王均随即率众攻陷汉州，进攻绵州不克，直趋剑州，兵败退保成都，闭城自固。宋真宗立即派户部使雷有终率八千步骑入蜀讨伐。咸平三年二月，雷有终兵至成都攻城，为王均所败，直到十月始攻克成都。曾任大

---

① 《宋史》卷466《王继恩传》。
② 《长编》卷36。
③ 《宋史》卷251《符昭寿传》。
④ 《长编》卷46，咸平三年正月己卯。

蜀官吏的数百人悉遭焚杀，时谓"冤酷"。王均率余部逃至富顺，兵败自杀。至此，历经太祖、太宗、真宗三朝的北宋初期四川人民反宋武装斗争才告结束。

四、宋初四川人民反宋斗争的意义

宋初四川人民的反宋武装斗争，从北宋平蜀的965年上官进和全师雄领导的蜀兵起义开始，到1000年王均兵变结束，历时30多年。这30多年中，包括士兵、农民和各阶层群众在内的反宋武装斗争共20起之多。其中全师雄蜀兵反宋，王小波、李顺起义和王均兵变，都曾置官设署，建立政权。尤其是全师雄领导的蜀兵反宋斗争和王小波、李顺起义更是席卷全川。四川人民的反宋斗争规模之大，延续时间之长，远非其他地区可比，加之又发生在北宋王朝刚刚建立和全国反宋武装斗争相对缓和之时，它给北宋统治阶级留下深刻教训，对四川和全国的影响也相当深远。

（一）全师雄领导的蜀兵反宋武装斗争，促使宋王朝惩治贪官污吏，整顿吏治，禁止部将在统一战争中残杀人民、掠夺财物

全师雄领导的蜀兵反宋斗争，发生在北宋王朝进行统一战争、削平各个割据政权的初期。它是由平蜀将领虐待蜀兵、克扣军饷、杀害降卒所引起的。在蜀兵反宋斗争中，四川人民一方面配合蜀兵反击宋军的暴虐残杀，另一方面向宋朝统治者控告王全斌、王仁瞻、崔彦进等"破蜀时豪夺子女玉帛，及擅发府库，隐没财物诸不法事"，迫使赵匡胤在乾德五年（967）召诸将还朝，审查王全斌、王仁瞻、崔彦进等"克削兵士装钱，杀降致寇"之罪，查获"凡所取受隐没，共为钱六十四万四千八百余贯，而蜀宫珍宝及外府他藏不著籍者，又不与焉"，并"令御史台集百官于朝堂，议全斌等罪"。赎货杀降的王全斌、崔彦进、王仁瞻等都被贬官降职，赃物发还原主。清廉谨饬、不自矜伐、囊中唯图书衣衾的平蜀大将曹彬，独居佛寺蔬食、拒绝收受孟蜀降臣贿赂的随军转运使沈义伦，都得到晋升和奖励。① 从此以后，宋朝更加注重整顿吏治，严惩赃吏成为宋初施政的一大特点。特别是在削平各个割据政权的过程中，更是严禁诸将杀降掳掠。史书记载："自王全斌平蜀多杀人，上每恨之。"宋朝自平蜀以后，讨南汉，平江南，征北汉，吴越纳土，都未再像平蜀那样以征服者自居，肆意

---

① 《长编》卷8，乾德五年正月辛丑。

杀戮人民，掠夺财物，这是蜀兵反抗，用血的代价教训赵宋统治集团改弦更张的结果。

（二）王小波、李顺领导的农民起义，使我国的农民战争进入一个新的历史阶段，对推动宋代社会的发展和后代农民革命的发展，都产生了深远的影响

在中国农民战争史的发展过程中，王小波、李顺起义第一次明确提出"均贫富"的口号，表明农民革命不仅要求人身平等，而且要求经济平均，开始触及封建地主土地所有制。因而"均贫富"口号的提出，把农民革命推进到新的历史阶段。

王小波、李顺起义被镇压后，宋朝统治者害怕农民反抗，就把宋太祖制定的养兵政策改为荒年募兵的制度，一遇荒年凶岁，就招募饥民为兵。这种政策虽然造成冗兵冗费，但也使饥民免于流徙、死亡，保护了社会劳动力，避免了前代经常出现的流民和流民起义所引起的社会动荡，有利于社会安定和经济发展。

这次起义使四川地区的封建地主阶级，特别是唐末五代残余的豪族势力受到沉重打击。许多恶霸地主被农民起义军镇压，广大农民砸烂了他们的庄园，捣毁了他们的宅第，没收了他们的财产。经过这次农民起义的打击，四川大地主的势力被极大地削弱，大土地所有制的发展受到抑制。在这次起义的影响下，其后的两百多年间宋代四川官僚地主高度集中土地的现象都不严重。当北宋末年南宋初期东南地区皇亲国戚、文武官僚、地主商人掀起土地兼并浪潮，收租几十万石的大地主不断涌现时，四川的大地主土地所有制也不发达。

这次起义也给四川地区的官府以沉重的惩罚和教训。不少州县的贪官暴吏葬身于农民起义的革命烈火中。宋太宗也被迫下诏"罪己"，承认"亲民之官，不以和惠为政，管榷之吏，惟用刻削为功"，表示要"改弦更张，永鉴前弊"。① 至神宗朝，王安石推行市易法，宋朝大臣冯京和神宗皇帝还因"曩时西川榷买实物，致王小波之乱"② 而忧心忡忡。这次起义被镇压下去之后，"川陕〔峡〕选官多惮行"③，不愿到四川做官。四川的地方官再也不敢像从前那样肆无忌

---

① 《宋大诏令集》卷 187《蜀盗平罪己诏》。
② 《宋会要辑稿·食货》55 之 34。
③ 《宋史》卷 307《凌策传》。

第五章 北宋时期四川的政局

惮，胡作非为。

（三）宋初四川人民的反宋武装斗争还从客观上促使四川地主阶级和北宋中央王朝之间的关系发生转变

北宋朝廷认识到要巩固在四川的统治，必须依靠和团结四川的地方势力。宋太宗还"下诏州县，责任乡豪……得肃静寇盗、民庶安堵者，并以其豪补州县职以劝之"①，改变了宋初排斥、歧视四川地主阶级和知识分子的政策，开始注意联合和启用四川的地主阶级和知识分子，共同治理四川。四川的地主阶级和知识分子经过这次农民起义的打击，也认识到只有依靠北宋王朝才能保障自己的利益，改变了不乐仕进的态度，积极地入仕做官。宋代成为四川历史上人才辈出的时代。同时，朝廷也重视选拔较为廉洁的官员入蜀主政，任用了一批治蜀有方的官员。从宋初以后，四川一直未爆发大规模的反宋武装斗争，出现了社会安定和经济繁荣的局面。

第二节 北宋中后期的四川政局

一、四川社会的稳定

经过宋初 30 年蜀中人民不断的反宋武装斗争，宋朝统治者日益认识到"赋税不均，刑法不明，吏暴于上，民怨于下，武备日废而不知讲，盗贼日发而不知禁"，才造成"野夫攘臂以取州邑，其易如卷席"。甲午年间王小波、李顺起义，"非蜀之罪，非岁之罪，乃官政欺懦、经制败坏之罪"。② 鉴于"蜀之四隅，绵亘数千里，土腴物衍，资货以蕃，财力贡赋，率四海三之一"，又"北倚剑阁，险绝天下，东连种僚，蟠聚固深，西南皆蛮诏，自古犷强"③，是宋朝西南的边防重地，蜀地安则西南安，蜀地危则西南危。因此，在王小波、李顺起义和王均兵变后，太宗、真宗、仁宗三朝都十分重视经制四川，调整治蜀政策，

---

① 《宋会要·刑法》2 之 5。
② 张俞：《送张安道赴成都序》，《成都文类》卷 22。
③ 吕陶：《新建备武堂记》，《成都文类》卷 27。

采取一系列措施保证四川社会的稳定。

（一）选贤任能，肃清吏治

宋初朝廷对四川的官吏委任不当，不得其人，政治败坏，是宋初四川动乱的重要原因。王小波、李顺起义爆发后，淳化五年（994）九月，宋太宗即选择政绩卓著的张咏知益州。咏至成都，鼓舞士气，整顿军纪，以盐易米，解决军食，督师进讨，分化瓦解，化贼为民，使王小波、李顺起义得以迅速平定。此后，宋朝十分重视守蜀官员的任命，凡不能治蜀的官员均坚决调离。咸平四年（1001）十月，知益州宋太初与钤辖杨怀忠不协，临事矛盾，真宗即以马知节知益州，调宋太初知秦州（今甘肃天水）。① 咸平五年（1002）八月，益州路转运使张巽与知益州马知节迭相论奏，不能共事。真宗又调张巽为陕西路转运使，而以黄观权益州路转运使，令知节兼转运使，如有大事与黄观同议。② 工部侍郎董俨，贪躁无行，急于进用，玩阴谋施诡计，谋知益州，反被真宗责授山南东道行军司马，不署州事。咸平六年（1003），马知节在平定王均兵变之后，虽"戢兵抚俗，甚著威惠。然嫉恶太过，兵民有犯，多徙配他境，人颇怨惧"。真宗又徙马知节知延州，以"张咏前在蜀为政肃明，勤于安集，远民便之"，命张咏再知益州。"民闻咏再至，皆鼓舞自庆"，使真宗"无西顾之忧"。③ 张咏见"蜀地素狭，游手者众。事宁之后，生齿日繁，稍遇水旱，则民必艰食。时米斗值钱三十六，乃按诸邑田税，使如其价，岁折米六万斛"。至每年春天青黄不接、米价上涨之时，"籍城中细民，计口给券"，按原估之价粜之，并奏为永制。故韩琦后来说："逮今七十余年，虽时有灾馑，米甚贵，而益民无馁色者，公之赐也。"④ 张咏审理案件，"率尔署决，莫不允当。蜀中喜事者，论次其词，总为《诫民集》，镂板传市"。其任满之日，益州将吏民庶，皆"举留"之。⑤ 故史称"张咏治蜀"。其后，知益州任中正在蜀亦有善政，"吏民列状愿借留"。⑥薛奎知益州，临事恃重明决。程琳知益州，体察民情，治蜀有方。韩亿在仁宗

---

① 《长编》卷49，咸平四年十月己亥。
② 《长编》卷52，咸平五年八月癸酉。
③ 《长编》卷54，咸平六年四月辛巳。
④ 韩琦：《张忠定公神道碑》，《安阳集》卷50。
⑤ 《长编》卷61，景德二年八月丙戌。
⑥ 《长编》卷73，大中祥符三年五月甲午。

第五章 北宋时期四川的政局

天圣元年（1023）知益州，"故事岁官出粟六万石粜贫民。亿至会大旱，令先期倍数出粟予民，又疏九升江口溉田数千顷"。①蒋堂则在成都孔庙中"广其舍为学宫，选属官以教诸生，士人翕然"。②田况皇祐时在蜀二年，"拊循教诲"，"蜀人尤爱之，以继张咏"。③

宋朝还常派遣朝廷大员入蜀巡视，明察暗访，省官吏之贤愚，奖贤惩劣，肃清吏治。

太宗至道年间，遣使采访川峡诸州府贰之能否，发现官吏多不堪其任，唯知夔州袁逢吉等七名州官称职，皆赐诏书奖谕。④真宗咸平四年（1001），又遣使分往川峡诸州，察官吏之能否，并召西川转运使马亮询问蜀事。得知马亮在平定王均兵变后，反对诛杀，救活千余人，又出廪米减价救济饥民。时值参加王均兵变的98人被械送京师，枢密院欲尽诛杀，亮又言："愚民胁从者众，此特百分之一二尔，余皆窜伏山林。若不贷此，反侧之人闻风疑惧，一唱再起，是灭一均生一均也。"真宗省悟，"悉宥之"⑤，并倍加赞赏马亮才识，加直史馆以资奖励，复遣还成都任职。夔州路转运使丁谓安抚沿边少数民族，卓著成效，亦被真宗下诏褒奖。其后丁谓调京师，提拔为三司使，主管全国财政。天禧元年（1017），眉州（今四川眉山）豪族孙延世伪造田契，夺族人田产，久不能辨。后经知九陇县章频查清纯系伪造，知华阳县黄梦松复核证实，二人均被提升为监察御史。⑥天禧四年（1020），吕夷简巡察蜀中，奏有政绩官员都被朝廷下诏褒奖和记其姓名，以备任满还朝选拔提升。⑦

对枉法失职官员，宋廷则严加惩处。咸平五年（1002），知荣州褚德臻、判官郑蒙，共盗官银。德臻杖死，蒙流配。大中祥符七年（1014），眉州通判黄莹，眉山县尉高用，受贿鬻狱，均被除名发配他州服役。宋朝对派遣入蜀巡视的失职官员亦同样给予惩处。大中祥符三年（1010），利州路走马承受张仲文回朝奏报，知彭州皇甫载不堪其任，经查明不实，仲文被责降官一资。宋朝还规

---

① 《长编》卷109，天圣元年十月癸卯。
② 《长编》卷153，庆历四年十二月甲辰。
③ 《长编》卷169，皇祐二年十一月戊戌。
④ 《长编》卷39，至道二年四月。
⑤ 《长编》卷48，咸平四年正月己亥。
⑥ 《长编》卷90，天禧元年六月庚辰。
⑦ 《长编》卷96，天禧四年七月庚戌。

定，曾犯赃罪降职派往川峡的幕职官员，逐处转运使应常加纠察，再犯赃罪者永不叙用。^① 并令益、利、梓、夔四路转运使、提点刑狱、钤辖等文武官员，"察所部官吏，弛慢贪虐"^②和"贪滥苛刻、庸懦疾病以害民妨务"^③者，上报朝廷，严加处理，违者受罚。明道元年（1032），知嘉州张约受贿，杖脊配连州，益州路转运使高觊坐失察举，即被贬官。^④ 天圣二年（1024），知梓州王世昌昏耄不治，转运使江仲甫失于察举，亦被责降知州。^⑤

上述措施，使"川峡令录多得良吏"^⑥，吏治有所改善，官民矛盾有所缓和。

（二）安抚百姓，缓和阶级矛盾

宋朝统治者在平定王均兵变后，吸取了过去滥杀无辜的教训和张咏"化贼为民"的经验，对参加兵变的人员，除首要者或杀或配隶出境外，对一般成员均能从宽处置。咸平四年（1001）正月，真宗"诏益州军民因贼乱杀伤、劫盗"，"悉许其自新"，除官吏外，皆释不问。^⑦ 咸平六年（1003），宋朝又对参加李顺起义和王均兵变的一般成员投归官府者，发给公凭，遣散释放。仁宗天圣四年（1026），又规定西川罪犯配隶他州，老疾得释，悉听遣还原籍。这些措施在一定程度上缓和了川峡地区社会矛盾。

与此同时，宋朝统治者亦较注意体察民情，安抚百姓。咸平三年（1000）十月，王均兵变刚刚平定，真宗即命翰林学士王钦若、知制诰梁灏等为西川、峡路安抚使，率领一批官员入蜀"观省风俗"，"宣布德泽"，减死罪以下囚犯，"使远方知朕勤恤之意"。^⑧ 咸平四年（1001），从王钦若之请，减免东川水灾地区的田赋和陵州（今四川仁寿）逋欠的盐课三万多斤。^⑨ 宋朝统治者还对四川某些过重的赋税作了减免，对受灾群众施以赈济，使民众不致流离失所，走投

---

① 《长编》卷94，天禧三年九月乙丑。
② 《长编》卷165，庆历八年八月戊寅。
③ 《长编》卷174，皇祐五年正月庚戌。
④ 《长编》卷101，明道元年正月己丑。
⑤ 《长编》卷102，天圣二年六月乙丑。
⑥ 《长编》卷85，大中祥符八年冬十月丙戌。
⑦ 《长编》卷48，咸平四年正月甲申。
⑧ 《长编》卷47，咸平三年十月丙寅。
⑨ 《长编》卷49，咸平四年六月丁巳。

第五章 北宋时期四川的政局

无路,铤而走险。例如:景德三年(1006),免简州(今四川简阳)居民修造屋舍所输竹木税钱,"每岁四百三十余贯"。① 景德四年(1007),发还没收逋欠盐课井户的房屋。大中祥符四年(1011),下令赈济剑、利、集、壁、巴等州饥民。② 六年(1013),令益、利两路转运使和所属长吏"倍加存抚"③ 本地灾民。九年(1016),果州(今四川南充)水灾,令减当年秋税十分之三。④ 天禧四年(1020),利州路天旱,令转运司赈贷贫民,益、梓两路物价踊贵,真宗即命知制诰吕夷简等入蜀赈恤。夷简所到之处,劳问官吏将校,取囚犯从轻决遣,酬奖富民出谷救饥,并令逐处招募饥民充本城诸军,维持了社会的安定。⑤ 仁宗明道二年(1033),又遣使体量安抚两川饥民,免梓、遂、资、普四等以下户今秋田税之半,三等以上户十之三;果、合、渠三州四等以下户十之二。⑥ 景祐元年(1034),又免益州路灾伤州军夏税。⑦ 皇祐五年(1053),蜀中本来相安无事,朝廷恐次年"甲午",再有变故,特遣盐铁判官燕度往陵、渠等州定夺盐井利害,预为防范王小波、李顺起义的重演。⑧ 入蜀的官员还注意尊重川峡地区的民风民俗,与民同乐,消除隔阂,融洽官民关系。

这些安抚百姓的措施,缓和了阶级矛盾,防微杜渐,稳定了蜀中政局。

(三)团结依靠士大夫,巩固统治基础

封建时代的士大夫是封建地主阶级的政治代表,是封建王朝的统治支柱。北宋平蜀后,入蜀主政的宋朝官员,作为外来的统治势力,必须与地方的统治势力结合起来,才能巩固在这一地区的统治。从王小波、李顺起义爆发,张咏第一次入蜀主政开始,北宋朝廷和入蜀主政的官员就认识到必须重视、团结蜀中的士大夫来维持宋朝在四川的统治。史载:"初,蜀士向知学,而不乐仕宦。咏察郡人张及、李畋、张逵者皆有学行,为乡里所称,遂敦勉就举,而三人者

---

① 《长编》卷62,景德三年三月戊辰。
② 《长编》卷76,大中祥符四年六月甲子。
③ 《长编》卷80,大中祥符六年正月辛丑。
④ 《长编》卷88,大中祥符九年十一月癸丑。
⑤ 《长编》卷95,天禧四年正月丙寅、三月乙亥。
⑥ 《长编》卷113,明道二年十一月辛未。
⑦ 《长编》卷114,景祐元年二月丙申。
⑧ 《长编》卷175,皇祐五年八月戊申。

悉登科。士由是知劝。"①后三人皆荐于朝，俱为员外郎。此后，北宋朝廷还采取了一些优待政策，鼓励蜀中士大夫出仕做官，为北宋朝廷服务。大中祥符三年（1010），"诏益州举人，自今荐送定名额外，特解送三人，以其远方多学者，故优之"。②天禧四年（1020），又规定川峡地区诸州，"自今依先定条制解合格举人外，更有艺业可取者悉取荐送"③，不受名额限制。直到仁宗天圣二年（1024），因各地荐送举人过多，才重新规定按额举送。同时，地方官员也大力提拔人才，支持蜀人入仕。张逸知青神县，兴学校教生徒，后邑人陈希亮、陈庸、陈谕、杨异等都相继登科。④天圣初年，薛奎知成都，见范镇有才学，便馆于府舍与子弟讲学，任满载与俱归京师，提拔奖掖。其后范镇官至翰林学士兼侍读。蒋堂在庆历初年帅蜀，亦延士人入学，亲视其文，对年方十三的吕陶倍加推奖，其后吕陶亦为宋代名臣。仁宗以后，蜀中士大夫入仕者与日俱增，不但改善了中央与四川地方势力的关系，而且使蜀中士大夫成为宋朝统治全国的重要力量。

宋朝在鼓励蜀中士大夫入仕的同时，还逐步解除了蜀人不准在蜀中做官的禁令，以便依靠熟悉本地情况的蜀人来统治蜀中的臣民。天禧四年（1020），北宋朝廷规定，官吏中川峡人有科名历任无赃罪经举荐者，三任内许一任去本贯三百里外守官。其年老致仕退休者，"亦听还乡"。⑤天圣五年（1027），宋廷令益州路转运使、提点刑狱举熟悉当地情况的本路官为西川维、茂、黎三州知州。⑥六年（1028），又在雅州以本路知县人为知州。⑦天圣八年（1030），宋朝正式允许蜀人在本地做官。"集贤校理彭乘以亲在蜀，恳求便官，诏乘知普州。蜀人得乡郡，自彭始"。这种依靠蜀人治理蜀事的政策，收到很好的效果。他们爱家乡，知乡音，熟乡情，勤政安民，使宋朝在四川的统治更为巩固。例如彭乘知普州，"普鲜知学者，乘为兴学，召其子弟为生员教育之，俗遂变"。⑧

---

① 《宋史》卷293《张咏传》。
② 《长编》卷83，大中祥符七年七月庚子。
③ 《长编》卷95，天禧四年三月癸酉。
④ 《长编》卷102，《宋史》卷298《陈希亮传》。
⑤ 《长编》卷95，天禧四年三月庚午。
⑥ 《长编》卷105，天圣五年六月丁丑。
⑦ 《长编》卷106，天圣六年二月丁亥。
⑧ 《长编》卷109，天圣八年正月辛巳。

（四）改善和加强国家机器，巩固统治地位

王均兵变后，宋朝鉴于蜀中地势辽阔，远离朝廷，缓急难于应援，于咸平四年（1001）将四川分为益、梓、利、夔四路，别置官属，以强化在四川的统治机器。同时在五千户以上的大县，并置县尉和主簿，小县仍以县尉兼主簿。并以知益州宋太初为川峡四路都转运使，协调统一四路政事。景德元年（1004），又规定"川峡四路兵甲贼盗事，内益、利两路令西川钤辖司提举，夔、梓两路令峡路钤辖司提举。其逐州都监但主本州兵甲盗贼事"。① 其后，在戎、泸、资、荣诸州及富顺监等汉"夷"杂居、社会易于动荡的地区，又增置都巡检使一员，协助本路钤辖应付突发事变。② 这样，在紧急危难之际，既能分区独立应付，又能统一指挥，相互应援，大大增强了宋朝在蜀中的应变能力。同时，从仁宗时期开始，宋朝还在蜀中州县修筑城池，以增强防御能力，改变宋初四川州县无城防可守的状况。

从真宗开始，宋朝还加强了对戍守四川东兵的控制和管理。戍守四川的东兵（即禁军）是宋朝统治四川的主要军事力量，但常常成为反抗朝廷的武装力量。宋初四川的动乱，不少就是这些戍兵发动的兵变。为了去害兴利，消除兵变，安定四川，景德元年（1004），宋朝改变戍兵将校戍守川峡五至七年才能代换的制度，规定川峡诸州戍兵及权管将校均以二年为限，以防止东兵将校在蜀日久，与地方势力勾结，盘根错节，滋生变故。③ 景德四年（1007），又规定蜀中节度州及冲要兵多处的监押，用侍禁以上充任，使其秩高威重，属下不敢无礼为非。④ 对于戍兵，宋朝也竭力防范。景德三年（1006），宋朝认为入蜀戍卒，遣年老则缓急误事，发精锐则险远之地难于防辖，便以陕西有资产家业的振武乡兵代禁兵更戍川峡，使其家有妻儿父母之虑，在蜀不敢行叛宋之为。⑤ 同时，宋朝又改善戍兵的待遇，令川峡逐处州军，修建廨宇屋舍，供巡检士兵居住，改变戍兵分泊道途的状况。⑥ 每遇戍兵出征作战，朝廷还不时给予额外

---

① 《长编》卷58，景德元年十月壬寅。
② 《长编》卷83，大中祥符七年十一月戊戌。
③ 《长编》卷56，景德元年正月。
④ 《长编》卷67，景德四年十二月己亥。
⑤ 《长编》卷64，景德三年十一月庚戌。
⑥ 《长编》卷57，景德八年八月庚辰。

赏赐，以示奖励。

经过太宗、真宗、仁宗三朝的不断经营，四川的政局发生了根本性的变化。当李顺起义60年后，万口一舌，讹传甲午之岁，蜀必再乱。张俞在《送张安道赴成都序》一文中就指出今之蜀中政局与宋初迥异：政治上，"赋无横敛，刑无滥罚，政无暴，民无党"。老百姓"力于农则岁丰，工于业则财羡。惟安和是恃，惟嬉游是图，甚者以至饥寒而竟逸乐。俛绳以赏罚而驱之于盗，不忍为也"。军事上，"士兵之籍于郡者，大率柔而多畏，冗而不足用。暖衣饱食，务完其生，以保其妻孥。一夫大呼而觊其从，不能为也。东兵之来戍〔戎〕者，以为休息地。至则约其服食，贷人以缗钱，而享倍称之息。加之法制素定，悉所凛畏，一有小过刑而归之，谓其有衅不敢为也"。总之，"观于时则大异，验于政则甚和，审于民则自安，度于兵则无状"，甲午再乱之说"诚诞矣"。① 仁宗害怕甲午蜀再乱，遣燕度入蜀预为之防，燕度"至蜀察其民俗，还奏曰：'今甲午必无事。'已而果然"。② 动乱不休的四川终于稳定了下来。

蜀中政治由乱而治是宋代四川人才辈出的根本原因，是宋代四川经济、文化、科技发达，居于全国前列的根本原因，是四川能在南宋长期独立坚持西线抗金、抗蒙战争的根本原因，也是宋代成为四川历代发展高潮之一的根本原因。

二、熙丰变法在四川

北宋王朝在"庆历新政"失败后，阶级矛盾和民族矛盾日益严重。在统治集团面临危机的情况下，士大夫要求改革的呼声日益高涨，王安石、司马光和蜀人苏辙、苏轼等都提出了涉及政治、经济、军事等各方面的改革主张。宋神宗即位，立志革新，熙宁元年（1068）召王安石入京，次年二月委任其为参知政事，主持变法。史称"熙（宁）（元）丰变法"，或"王安石变法"。这次变法前后历时16年，以富国强兵为宗旨，大刀阔斧，气势磅礴，5年之内颁布了均输法、青苗法、农田水利法、保甲法、募役法、市易法、方田均税法、免役法、将兵法等新法，成就很大，但执行中的偏差和问题也不少。它把每一个官僚士大夫都卷入其中。有的坚决拥护，有的坚决反对，有的则赞成、反对皆有之，

---

① 《宋代蜀文辑存》卷1。
② 《长编》卷175，皇祐五年八月戊申。

第五章 北宋时期四川的政局

还有的要求对新法作变动修改，有的看风使舵、投机钻营、趋炎附势、反复无常。变法从一开始就在官僚士大夫中引起政见分歧，长期影响北宋政治格局。随着仁宗以后蜀中士大夫在中央或四川做官的人数增多及其政治地位的提高，他们不但参与四川地区新法实施，而且还在中央参与变法的争论，最后演变为洛蜀朔党争。这使新法在四川的实施受到影响，各种变法措施的贯彻执行极不平衡。

熙宁二年（1069）九月，宋朝颁布青苗法，遣使分赴各地令农民在青黄不接之际向官府借钱，取息2分或3分，借以限制高利贷的剥削，增加国家利息收入。时任翰林学士兼侍读知通进银台司的蜀人范镇反对王安石改常平为青苗，称："常平之法，起于汉盛时，视谷贵贱发敛，以便农末，最为近古，不可改。而青苗行于唐之衰世，不足法。"① 同时由于川峡四路乡村"民多大姓，一姓所有客户动是三五百家"，这些大姓自然不会借贷青苗钱；而客户衣食仰赖大姓，"于主户处借贷既不可免"，亦不会再向官府借钱纳息增加一重负担。② 因而青苗法的贯彻在四川遇到很大阻力。知成都府蜀人陆诜就说："川峡四路与内地异，刀耕火种，民常不足，至种芋充饥。今省税科折已重，蜀民轻佻，不为积蓄，请罢四路使者。"当时利州路不请青苗钱，王安石派人诘责利州路转运判官蜀人鲜于侁不发放青苗钱，侁以"青苗之法，愿取则与，民自不愿，岂能强之"，把使者顶了回去。其后朝廷率"罢三路之使，独置成都府提举官一员"，只在成都府路推行青苗法。③

熙宁三年（1070）颁布保甲法，随后推行各地，把百姓按保甲编制起来，训练甲丁，代替部分军队，稳定社会秩序。到熙宁九年（1076），川峡四路已编入保甲组织的有1736461人。详见下表：

表5-1 熙宁九年（1076）川峡四路保甲人数统计

路名	合计	乡村路	草市镇
成都府路	310552人	301621人	8931人
梓州路	219335人	207239人	12116人

---

① 《宋史》卷337《范镇传》。
② 《宋会要·食货》4之28。
③ 参见《长编》卷214，《宋史》卷332《陆诜传》、卷344《鲜于侁传》。

续表

路名	合计	乡村路	草市镇
利州路	115382 人	111206 人	2176 人
夔州路	91172 人	85831 人	5341 人

熙宁五年（1072）九月，知成都府赵抃向神宗当面进言，称其多次入蜀，深知蜀人情况，"保甲教兵，必惊扰失人心"。故蜀地之保甲在编排之后一直没有教阅。到元丰三年（1080）才规定，梓、夔、利三路保甲，令监司提举官岁分州县按阅。① 实际上，蜀中保甲的军事意义不大，在军事上起作用的是义勇和乡兵。

熙宁四年（1071）正月，行募役法（免役法），将原来按户等充当州县差役的方式，改为由州县官府出钱雇役。原负担差役的民户按户等交纳役钱，原来不承担差役的民户交助役钱。另加征十分之二，称免役宽剩钱，备灾年之用。当时成都府路的转运使臣欲统一一路役钱，羡乏相补。新繁县主簿、蜀人程之邵根据役法精神，主张以一邑之力供一邑之役，反对以此邑助他邑，得到使臣的赞成，被辟为属官，主持役法的实施，卓有成效。后朝廷派员巡视得知"役法初行，成都路最详，之邵力也"，将其提拔至京师为三司磨勘官。② 在利州路，转运使李瑜定一岁役钱 40 万，转运判官蜀人鲜于侁以利州路民贫地瘠为由，认为 20 万足矣。二人争议不决，各具利害上奏于朝廷。神宗采纳了鲜于侁的意见，令各路仿行。时蜀人御史邓绾亦以李瑜"务聚敛，积宽余"，建议朝廷"宜加重黜"。结果李瑜罢职，鲜于侁升为转运副使。③ 据史籍记载，熙宁九年（1076），川峡四路一岁收支免役钱的情况为：

表 5-2　熙宁九年（1076）川峡四路收支免役钱统计

地方	收入	支出	应在	见在
成都府路	66009 贯	431945 贯	52733 贯	369232 贯
梓州路	340066 贯	231245 贯	38560 贯	234782 贯

---

① 见《宋会要·兵》2 之 14、17，《长编》卷 238。
② 《宋史》卷 353《程之邵传》。
③ 《宋史》卷 344《鲜于侁传》，卷 329《邓绾传》。

续表

地方	收入	支出	应在	见在
利州路	420975 贯	173402 贯	14079 贯	246899 贯
夔州路	228936 贯	177918 贯	4128 贯	201925 贯
共计	1650926 贯	1014510 贯	109500 贯	1061838 贯①

由此可见，熙宁九年（1076）川峡四路应收 1650926 贯，应支 1014510 贯，结余免役钱 65 万余贯，实际存余 106 万余贯。这说明免役法并未减轻农民的差役负担，反而加重了对农民的剥削，增加了国家财政收入。免役钱积剩过多，主要是不断加征造成的。如利州路原经神宗核准一岁为 20 万贯，后就增加到 42 万贯。免役宽剩钱征收过多引起蜀中官员的反对。吕陶在熙宁十年（1077）指出：彭州自熙宁六年（1073）实施役法，至今四年，本州四县已有宽剩钱四万八千余贯，今岁又需科一万余贯，以成都一路计之，无虑五六十万贯。他建议特免数年，或逐年限制宽剩钱不得超过十分之一，以宽民力，但未得到朝廷采纳。②

熙宁五年（1072）三月颁市易法。六年（1073）赐夔州路转运使度僧牒五百，变卖作为市易本钱，在黔州（今重庆彭水）置市易务。③ 同年十二月令蜀人蒲宗闵等与成都府路转运司相度于成都置市易务。七年（1074）正月，神宗与大臣商讨在成都置市易务，大臣冯京以淳化年间在成都置博买务致王小波之乱，甚以为忧，使神宗举棋难定。由于王安石坚持，乃增派蜀人李杞与蒲宗闵共主其事，于二月在成都置市易务。四月罢市易务，置茶场司经营买茶，运至熙、河博马。至此，成都的市易演变为榷茶博马。其后李杞、刘佐又于彭、汉二州岁市官布各 10 万匹、易解盐 10 万席入蜀贩卖，而禁商贩，因无利可获，不久废罢。八年（1075），李杞以疾去职，蒲宗闵令榷蜀茶，随买随卖，取息十分之三，剥削茶农，致彭州茶园户哄闹官堂。熙宁十年（1077），蜀人知彭州吕陶、知蜀州吴师孟、侍御史尹周和利州路转运使张宗谔、判官张升卿均纷纷上书反对榷茶，奏劾李杞、刘佐、蒲宗闵等苟希进用，致茶农受害。朝廷乃调蜀

---

① 《宋会要·食货》65 之 19。
② 《宋史》卷 177《食货志》。
③ 《宋史》卷 186《食货志》。

人李稷主管榷茶事宜，刘佐以措置乖方，调知彭州。反对榷茶的吕陶撤职，令转运司劾罪；尹周调湖北路刑狱；张宗谔、张升卿各降两官停职。主张榷禁的李稷、李杞、蒲宗闵等都得到提拔、晋升和奖励。至此，神宗之世无人再敢非议榷茶之事。

其他如均输法系颁行东南六路，免行法主要推行于京师，方田均税法主要行于开封府界、京东、陕西、河北、河东五路，将兵法则行于西北和东南各路成兵，均与川峡无关。农田水利法在四川无所争议，具体执行情况史载不详。朝廷在川峡地区推行的新法，一般都是得到贯彻实施的。其中蜀人在蜀中为官者，支持新法的都得到朝廷的支持和提拔，反对者则受到处罚；而针对新法的修改措施，又使新法更为适合蜀中的具体情况。故新法的推行，在蜀中未引起社会的动荡。

三、熙丰变法与蜀洛朔党争

在四川历史上，蜀人在朝廷做官者代代有人。但如北宋中期蜀人在朝廷做官人数多、能影响政局，被时人称为"蜀党"者，则亘古所无。而由熙丰变法引起的政争和学术之争，最后形成的蜀洛朔党争，不仅决定了蜀人在朝做官者的政治生涯，而且也决定了北宋王朝的命运。

熙丰变法时期，蜀中士大夫在中央做官者大都不赞成王安石"取天下之财，以供天下之费"，而主张节流，去冗费，省财用，安万民，对新法持保留和反对态度，与其他不赞成新法的人一道被贬斥出朝，任职地方。翰林学士、御史中丞、绵竹人杨绘，反对王安石青苗法，陈十害，被罢职除知亳州。翰林学士兼侍读、成都人范镇认为青苗法是"残民之术"，并指斥王安石用喜怒为赏罚，受到以户部侍郎致仕的处罚，所得恩典悉不与。成都人李大临任知制诰，纠察在京刑狱，因言青苗法不便，被除知汝州。眉山人苏辙在变法期间，曾主持变法机构的三司条例司，议论与王安石、吕惠卿多相抵牾，得罪王安石，被贬斥州县任属官。苏轼则因王安石素恶其议论异己，政见不合，累遭排斥，从判官诰院，调权开封府推官，困之以事，无暇议论新法。然苏轼决断精敏，声闻益远，并上书力言王安石新法之弊，便又使之通判杭州，知密州、徐州等地。他虽政绩卓著，终以李定等人诬陷他作诗讪谤朝政，逮捕入狱，贬黄州安置，终神宗之世不得其用。唯"笑骂从汝，好官我自为之"的双流人邓绾，在熙宁六年

(1073)通判宁州,上书言神宗得伊、吕之佐,作青苗、免役等法,民莫不歌舞圣泽,愿勿移于浮议而坚行之,取悦王安石,被王安石荐于神宗,迁侍御史知杂事、判司农寺。"时常平、水利、免役、保甲之政,皆出司农,故安石藉绾以威众。"后神宗发觉

图 5-2　东坡徐州像(藏于眉山三苏纪念馆)

其"赋性奸回,论事荐人,不循分寸,斥知虢州"。① 到元丰时期,几乎无一蜀中士大夫在朝廷职任要津。

元丰八年(1085)三月,宋神宗死,幼子哲宗即位,时年10岁,由英宗皇后高氏以太皇太后身份处理军国大事。高太后本来就反对新法,她一执政就任用在反对新法官员中素有声望的司马光为宰相,主持废除新法。次年改年号为元祐,史称"元祐更化"。从元丰八年(1085)到元祐二年(1087),原来不赞成新法而被贬斥地方的旧臣纷纷被召回朝廷。元丰八年(1085)十月,蜀人苏辙回朝为右司谏,范祖禹为右正言。同年苏轼入朝为礼部郎中,次年升中书舍人、翰林学士。元祐元年(1086)蜀人范百禄为中书舍人,二年(1087)蜀人吕陶为御史中丞,唯蜀人范镇以年老累召回朝拒辞不就。一时之间蜀人又纷纷任职朝廷,而变法派的蔡确、章惇、吕惠卿、曾布等则被列为王安石的亲党,先后被贬官出守地方。

在司马光废除新法的过程中,元祐臣僚中只有刘挚、王岩叟、刘安世等人赞同完全废除新法。而苏辙、苏轼、吕陶不主张废除免役法,主张除弊就利,择其便民者而行之。然朝中执政者执意偏颇,以全部恢复旧法为快,到元祐元年(1086)九月司马光病死时,新法已大都废除。

司马光死后,81岁的老臣文彦博和69岁的吕公著为宰相,元祐诸臣中因人事倾轧和学术政见主张分歧而分化为几个小团体。崇政殿说书程颐以师道自

---

① 《宋史》卷329《邓绾传》。

居，对哲宗正色训诫，又主张恢复古礼。苏轼认为他不近人情，每加讥讽，程、苏二人由此尖锐对立，形成党争。程颐及其门人贾易、朱光庭为首称为洛党，苏轼、吕陶、苏辙为首称为蜀党，刘挚、梁焘、王岩叟、刘安世为首称为朔党，而辅之者众。唯秦人吕大防、蜀人范祖禹无党。三党相互攻击，而一些见风使舵、投机附势之徒，则游离其间，推波助澜，反复无常，以求晋升，更使党争形成一场徇私报复的混战。

元祐二年（1087）在洛党贾易的不断攻击下，蜀党左司谏吕陶请求补外出任京西转运副使。翰林学士苏轼亦受诬陷。贾易还弹劾吕陶党附苏轼兄弟，语侵大臣文彦博、范纯仁。结果引得高太后大怒，贬贾易知怀州，接着程颐罢经筵，权同管勾西京国子监，洛党势力暂时受挫。元祐三年（1088），吕公著年老辞职，吕大防和范纯仁任宰相。蜀党首领苏轼任职翰林，常以语言文章规切时政，引起被他称为"聚敛小人"的赵挺之和王觌的不断攻击，知不见容于朝，于元祐四年（1089）出知杭州。其后洛党、朔党又交相攻陷，洛党、朔党首领都被贬斥出朝。同年蜀党苏轼再次入朝任吏部尚书，后改翰林学士承旨。洛党贾易又上疏攻击诬陷苏轼，御史中丞、朔党赵君锡随之附和。苏轼再请外出颍州。元祐七年（1092），苏轼复为兵部尚书兼侍读，寻改礼部兼端明殿、翰林侍读两学士，苏辙为尚书右丞、门下侍郎，范百禄为翰林学士、中书侍郎，范祖禹为礼部侍郎兼侍读，其后吕陶亦为中书舍人。于是御史黄庆基上疏攻击范百禄，并以"洛党虽衰，川党复盛"为由，请罢范百禄以离其党。黄庆基三状攻击苏轼，董敦逸四状诬陷苏辙，引起吕大防和高太后的不满，二人均被罢职出知地方。党争内讧的结果，使政局日益混乱，为熙丰变法旧臣重新上台创造了条件。

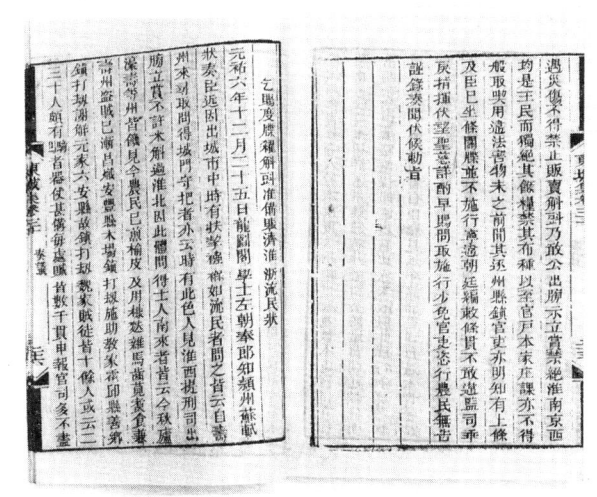

图5-3 苏轼元祐六年所上奏议

第五章 北宋时期四川的政局

元祐八年（1093），苏轼被迫出知定州。九月，高太后病死，宋哲宗亲政。哲宗早就对高太后不满，并有志继述神宗新法，改元祐九年为绍圣元年（1094）。接着吕大防罢相知永兴军，苏辙罢知汝州，范祖禹知陕州，苏轼落职知英州，吕陶知陈州。四月，章惇为相，熙丰时的变法派重新上台，蔡京为户部尚书。这些人不忘"元祐之时"，旧恨新仇，在恢复熙丰新法的旗号下，对元祐大臣中反对新法者和中间派都予以打击迫害。当时监察御史蜀人常安民就向哲宗进言：元祐进言者，以熙宁、元丰之政为非，而当时为是；今日以元祐之政为非，而熙宁、元丰为是。这些都是偏论。望哲宗公听并观，无问新旧惟归于当。并言大臣为绍述之说，皆借以报复私怨。他还不为章惇所收买，章疏前后数十百上，力折其奸。时蔡京之恶常隐，人多不识，他却向哲宗进言：蔡京奸足以惑众，辩足以饰非，巧足以移动人主之视听，力足以颠倒天下之是非。内结宦寺，外连台谏，合党缔交，以图柄任。如不早逐退，他日将悔之不及。他这些深识远见都不被哲宗采用，反得罪章惇、蔡京，以党附苏轼之罪贬谪监滁州酒税。①哲宗还下令追贬司马光、吕公著，并将吕大防、刘挚、苏辙等人流放岭南，韩维等30人或贬官或夺恩，或居住安置。洛党、蜀党、朔党，无一得免。其中蜀人苏辙责授化州别驾，雷州（今广东海康）安置。苏轼责授琼州别驾，昌化军（今海南省儋县）安置，范祖禹宾州（今广西宾阳）安置，吕陶衡州（今湖南衡阳）居住。唯新津人张商英在元祐时谀佞诸臣希求进用，而未得逞，积憾元祐臣僚。哲宗亲政后，党附章惇、蔡京，力攻元祐诸臣，被召入朝为谏官。双流人蹇序辰迁中书舍人同修国史，与徐铎将元祐诸臣所言所行事状，取会编类，人为一本，分置三省、枢密院，以示天下后世之大戒。"由是缙绅之祸，无一得脱者。"史称："流毒元祐名臣，忠义之士，为之一空，驯致靖康之祸，可胜叹哉。"②

元符三年（1100）正月，哲宗病死无子，神宗皇后向氏决策立神宗十一子赵佶为徽宗，向太后"权同处分军国事"，任用韩忠彦和曾布为相。章惇、蔡京、蔡卞被先后贬斥出朝。次年改元"建中靖国"，元祐、绍圣之政兼而用之，追复部分元祐党人，蜀人常安民、任伯雨等复入居台谏。元符三年（1100）七

---

① 《宋史》卷346《常安民传》。
② 《宋史》卷329《传论》。

月，徽宗亲政之后，听从曾布绍述之说，决定恢复新法，改年号为崇宁。崇宁元年（1102）五月，韩忠彦罢相，蔡京勾结宦官重返朝廷，取代曾布，打着推行新法旗号，残酷压迫党人。至此，党人和反对新法成为不赦之罪，官不问政绩优劣，人不问忠直奸邪，只要被戴上党人和反对新法的帽子，就被打入十八层地狱。反之，窃取了拥护新法和反对党人的桂冠，就能鸡犬升天。拥护新法，惩治党人，成为蔡京、童贯等人盗窃国柄、残害忠良、打击政敌的尚方宝剑。蔡京首先将司马光、文彦博、苏轼、苏辙、程颐等120人定为元祐奸党，又将元符末年向太后执政时主张维持新法或恢复旧法的臣僚分为正、邪两类。此后，重定元祐和元符末党人合为一籍，共309人，刻石文德殿门，颁行全国，称"元祐党籍碑"。其中有蜀人范百禄、苏辙、苏轼、范祖禹、鲜于侁、吕陶、常安民、张庭坚、任伯雨和党附蔡京、章惇，后与蔡京意见不合的张商英。趋炎附势、反复无常、进于元丰、显于元祐、迁于绍圣，被天下目为"杨三变"的杨畏，也未得免，同样被列入党籍。被列入党籍的官员，重者被编管，责降到

元祐党籍碑（局部）

图 5-4 元祐党籍碑

远地，轻者赋闲或谪降，非经特许，不得内徙，他们的子弟也受到种种限制。大观四年（1110）蔡京罢相，蜀人张商英入朝为相一年，蔡京复位后就被贬斥出朝，从此蜀人在北宋朝廷政治舞台上几乎完全消失，朝中大权全部落入蔡京一伙手中。

洛蜀朔党争，由学术、政见之争发展成为个人私怨之争。绍圣指元祐为党、崇宁指元符为党，而蔡京、张商英等人又互指为党，他们以党争为纲，始以党败人，终以党败国。蜀洛朔三党，个个俱伤。蔡京、童贯、王黼、梁师成之流，利用党争和推行新法，窃取国柄，在宋徽宗20多年统治中的大部分时间里，掌握全部军政大权，使北宋王朝极度腐朽，导致了北宋最终被金朝灭亡的结局。

北宋王朝是当时世界上经济最发达、文化最繁荣、科技最先进的泱泱大国。无论人力、物力、财力，北宋都远远超过了金朝，金朝唯一优势是政治清明。金朝战胜北宋，并非先进战胜落后，而是清明战胜腐败。落后就要挨打，固然是历史上较为普遍的现象；然而腐败必定挨打，则是一条带普遍性的历史定律。上述史实表明，北宋绝非落后挨打亡国，实因极度腐败而亡国。

第六章 南宋时期四川的政局

宋钦宗靖康二年（1127），金朝灭亡北宋。五月，康王赵构即位于南京应天府（今河南商丘），改元"建炎"，是为宋高宗。建炎三年（1129）宋高宗逃往杭州，升杭州为临安府，重建宋朝，史称南宋。

金军灭亡北宋后，曾多次挥师南下，企图灭亡刚刚建立起来的南宋王朝。建炎二年（1128），金兵基本上占领了淮河以南、长江以北地区。建炎三年（1129）冬，金军主帅宗弼率大军渡江，席卷了江南广大地区。宋高宗逃到海上才避免了被俘的厄运。由于南宋军队的不断袭击，建炎四年（1130），金军在大肆掳掠后北撤，并于七月立刘豫为"齐帝"，稳定它在中原的统治，暂时放弃了再次渡江武力消灭南宋的打算，南宋王朝才逐渐站稳了脚跟。

四川地区在南宋初年不处于抗金前线，未受到金军的侵扰。建炎四年（1130），张浚发动富平之战失败，陕西尽失，从此四川成为抗金前线。为了保乡土卫国家，四川军民建立了川陕防区，独挑南宋西线抗金重担，在西起甘肃天水、东至陕西汉中一带筑起了一道钢铁长城，多次打败了金军的进攻，保卫了四川社会的安宁，使四川的社会经济文化在南宋前期得以继续发展。迄至金朝灭亡，金军未能进入四川地区。

南宋后期，蒙古贵族灭金，四川又处于抗蒙（元）前线，独挑南宋王朝西线抗蒙（元）重担。在强大的蒙古部族军队的进攻面前，蜀道天险丧失，蒙（元）军队攻入四川，四川从此蒙受长期战乱之苦。在极其艰难的环境下，四川

第六章 南宋时期四川的政局

人民坚持抗蒙（元）战争长达半个世纪之久，四川成为南宋最后的抗元基地，直到1279年才被元军全部占领。但饱受战祸的四川地区，已是人口锐减，经济文化毁灭殆尽，社会残破不堪。

第一节 南宋前期四川的抗金战争

一、张浚与富平之战

张浚（1097～1164）字德远，四川绵竹人。政和八年进士及第，曾任州县小官。靖康元年（1126），以尚书右丞何㮚荐为太常寺主簿。建炎元年（1127）五月，高宗即位南京，张浚任枢密院编修官，改虞部员外郎。黄潜善称其有政绩，提升为殿中侍御史。张浚任职后，党附奸臣黄潜善、汪伯彦，首论名臣李纲，纲在位75日被劾罢相。时太学生陈东、布衣欧阳澈为救李纲，被汪、黄处死。建炎三年（1129）三月五日，苗傅、刘正彦在杭州以反对汪、黄误国为名发动兵变，诛杀内侍，废高宗，立三岁皇太子赵敷即位，改元明受，隆祐太后垂帘听政。时张浚以御营使司参赞军事节制诸路军马驻守平江。三月八日，张浚

图6-1 张浚像

闻变，联络吕颐浩、刘光世、韩世宗、张俊诸路军马起兵勤王。四月三日，平定苗、刘，高宗的皇帝宝座失而复得。由此张浚声名大振并深得高宗宠信，升任枢密使，成为执政大臣。

张浚既任枢密之职，建言"中兴当自关陕始"。五月，张浚自请经营川陕，以图中原，被任命为川陕处置使，委以便宜处置军民财政。七月，张浚离行在（杭州）。十月，治兵兴元（今陕西汉中），设官置署。十二月，拜曲端为武威大将军，宣抚置司都统制，实施他经营川陕、恢复中原的宏图规划。

南宋初年，陕西地区不是金军进攻的主要战线，又有北宋王朝长期屯驻防御西夏的重兵把守。建炎二年至三年，金军南下江南时，虽曾偏师攻陕，一度

占领了长安（今陕西西安）、陕州（今河南三门峡）、华州（今陕西华县）、陇州（今甘肃陇县）、秦州（今甘肃天水）和延安府（今陕西延安）等地，但在陕西军民的打击下，随后相继东撤。张浚到汉中后，建炎四年（1130）正月，金军再次攻陕，娄室围陕州急，曲端不肯出兵为援，陕州陷落。三月娄室长驱入潼关。曲端遣吴玠拒之于彭原店（今甘肃庆阳西南），自拥兵邠州（今陕西彬县）为援。吴玠先胜后败，金军乘势焚邠州，曲端退屯泾州（今甘肃泾川北），金兵亦退还河东。直到此时，金军虽数次入陕，但均未得手，陕西基本为宋军所有，陕西宋军实力亦未受损。

但是，张浚错误估计形势，以为金军冬季必将再次出兵东南，便在没有充分准备的情况下决意从陕西出兵以捣其虚。金军得到消息，从淮西抽宗弼率2万人入陕与娄室会合。八月，张浚与曲端议兵不合，罢其都统制，继又于万州（今重庆万州）安置，并令吴玠收复永兴军（今陕西西安），赵哲收复鄜、延诸郡。军事上的短暂胜利冲昏了张浚的头脑。九月，张浚闻宗弼将至，决意立即向金发动进攻。他调集永兴军路吴玠、环庆路赵哲、熙河路刘锡、秦凤路孙渥、泾原路刘锜五路经略使共40万人，7万匹马，以刘锡为统帅，"又贷民赋五年，金钱粮帛之运，不绝于道。浚亲往邠州督战"。宋军行至耀州富平县（今陕西富平），激战半日，被娄室3000骑兵打得全军大溃。"金人得胜不追，所获军资不可计"。[1]

富平之战是南宋王朝第一次对金军发动的战略反攻。这次反攻是无能的统帅在错误的时间、错误的地点发动的。它的惨败是必然的，张浚本是一个志大才疏、刚愎自用、昧于军事的文人。早在他西行之时，宋高宗就告诫他三年而后用师进取。当他"议出师分挠其势，士大夫多以为不可。朝散郎通判叙州眉山王赏献养威、持重二策，浚弗用"。[2] 部将曲端、吴玠、刘子羽、王庶、郭浩、杨晟等皆力言不可。特别是文武双全、长于兵略、陕西军民皆恃为命[3]、倚之如"万里长城"[4] 的曲端更向张浚指出：平原广野，便于冲突，金人新造之势，我军未曾习战，难与争锋。虽合五路之兵，然将帅移易，士不素练，兵

---

① 《系年要录》卷37，建炎四年九月癸丑。
② 《系年要录》卷36，建炎四年八月癸未。
③ 周密：《齐东野语》卷15《曲壮闵本末》。
④ 《鹤林玉露》卷1《曲端》。

将未曾相识，战则必败。当今之计，宜训兵秣马，保疆而已。精练士卒，案兵据险，徐出偏师，使敌人春不得耕秋不得获，取粮河东，一两年必自困弊，因而乘之，一举可灭。① 但张浚不听，并明知金军最畏惧曲端的军事才略，仍将曲端撤职，而继续打着曲端旗帜以恐吓敌人。当张浚发秦亭，见兵马俱集，心中大喜，认为自此便可以径入幽燕，并问曲端的看法如何，曲端再次告诉他必败。张浚对此非常反感，进一步逼迫说"浚若不败若何"？曲端乃索纸笔写下"如不败，当伏军法"的军令状。但张浚仍执迷不悟，一意孤行，说"浚若不胜，当复以头与将军"②，坚持发动战略决战。大战之前，虽"三尺之童，皆知不可"③，但"浚既定议出师，幕客将士皆心知其非，而口不敢言，唯诺相应合"。④ 即自宋军行至富平，金军已屯下邽县（今陕西渭南县北），相去80里，而娄室尚在绥德军（今陕西绥德），距富平极远，将士均请乘势击之。张浚仍曰不可，而"约日会战，金人不报，书凡数往，洛索（即娄室）乃自绥德军来，移军与官军对垒。亲率数十骑，登山以望我军曰：'人虽多，壁垒不固，千疮万孔，极易破耳。'浚犹遣使约战，金人许之，至期辄不出兵，日以为常。浚以洛索为怯，曰'吾破敌必矣'"。⑤ 当时宋军阵地无险可守，利于敌骑冲突。"诸路乡民运刍粟者，络绎未已。至军，则每州县自为小寨，以车马相卫，相连不绝。"军民杂处，混乱不堪。娄室乃选三千骑，"径赴乡民小寨。乡民奔乱不止，践寨而入，诸军惊乱，遂薄我军，（刘）锜身先士卒御之，自辰至未，胜负未分。敌更薄环庆军，他路军无与援者。会（赵）哲擅离所部，将士望见尘起，惊遁，军遂大溃"，加速了宋军的惨败。⑥

富平之败，完全是张浚不懂军事而又不听正确意见，一意孤行造成的。同年十月，张浚在邠州召集诸将，把战争失败完全归罪于赵哲先走而斩哲，"军士为之丧气"。张浚随即令诸将各归本路歇泊，"令方脱口，诸路之兵已行，俄顷皆尽。浚率帐下退保秦州"。⑦ 其后张浚非但不实现自己与曲端许下的"若不

---

① 《系年要录》卷36，建炎四年八月癸未。
② 《系年要录》卷36，建炎四年八月癸未。
③ 徐梦莘：《三朝北盟会编》（下简称《会编》）炎兴下帙42。
④ 《系年要录》卷37，建炎四年九月癸丑。
⑤ 《系年要录》卷37，建炎四年九月癸丑。
⑥ 《系年要录》卷37，建炎四年九月癸丑。
⑦ 《系年要录》卷38，建炎四年十月庚午。

胜，当复以头与将军"的诺言，毫无自责之心，反而畏曲端得众心，借谗言为一己之利，诬杀曲端，制造了南宋第一次杀害抗金大将的冤案。这也是南宋初年仅次于杀岳飞的一大冤案，为其政治生涯留下可悲的污点。曲端冤死，在川陕军民中引起极大的震动。未死之前，"蜀人多上书为端讼冤"①，已死之后，"远近土民，闻端之死，无不怅怏，有数日食不能下者"。② "关中将士人民无复归意"。③ "军士皆流涕怅恨，多叛去者。"④ 在金军的进攻下，张浚不思组织残兵，协调诸将，挽救败局，只顾保全自己性命，弃军又从秦州逃兴州（今陕西略阳），再逃阆州（今四川阆中），致陕西五路尽失。张浚之败断送了陕西形势之地，断送了北宋王朝长期集中在陕西的全国最主要的军事力量。它不仅使中原无恢复之期，南宋偏安之局彻底形成，而且坐困四川，把四川推至抗金前线，独撑西线战场抗金抗蒙重担，给四川人民带来极大的负担和灾难。⑤

二、四川防区的建立

富平之败后张浚逃亡四川内地，由于川陕军民的坚决抵抗，金军被阻截在西起甘肃天水，东迄陕西汉中、安康的防线上，不能越过汉中进入四川。这使得张浚能够在丧失陕西之后，退而采取防御政策，着手建立四川防区，并且任命刘子羽、吴玠、赵开等为防区官员。史称"子羽慷慨有才略，开善理财，而玠每战辄胜。西北遗民，归附日众，故关陕虽失，而全蜀按堵，且以形势牵制

---

① 《系年要录》卷42，绍兴二年二月庚寅。
② 《会编》炎兴下帙47。
③ 《会编》炎兴下帙79。
④ 《齐东野语》卷15《曲壮闵本末》。
⑤ 对张浚的评价，从宋至今，一直存在两种完全不同的观点。褒之者，誉之为抗金英雄，倚之如长城，称之为人豪，比之为诸葛。身兼文武之才，心传圣贤之绝学。出将入相，捐躯许国，中兴以来一人而已。贬之者，谓张浚有中兴之心，无中兴之才。侈言诞计，专权误国。无分毫之功，有丘山之过。宋之不能中兴，由张浚之逐李纲，杀曲端，引秦桧，杀岳飞也。（参见杨德泉：《张浚事迹述评》，载《宋史研究论文集》，河南人民出版社1984年版。）考之张浚生平事迹，确无显著政绩可言，更无战功可记。往往是成事不足，败事有余。领兵北伐，三战三败：一是建炎四年（1130）富平之败，绍兴四年（1134）以丧师失地被罢官福州居住。二是绍兴七年（1137），张浚措置两淮军事失当，导致郦琼以所部四万人叛降刘豫，由是罢相，贬谪25年。三是孝宗即位，于隆兴元年（1163）任张浚为枢密使都督建康等路军马，张浚不顾臣僚反对，令诸将出师北伐，酿成符离之败。二年（1164）四月因是解职结束他的政治生涯。这年八月张浚病逝，年68岁。《宋史·张浚传》记张浚得疾后，手书付二子曰："吾尝相国，不能恢复中原，雪祖宗之耻。即死，不当葬我先人墓左，葬我衡山下足矣。"看来张浚死前尚有自知之明，带着无脸见家乡父老的遗憾离开人世。

第六章 南宋时期四川的政局

东南,江、淮亦赖以安"。①

四川防区是在川峡四路的基础上设官置署,集中川峡四路的兵民、财力、物力,以陕西汉中一带为前线,以四川为后方,防御金兵由陕入蜀,顺流而下,窥取东南。四川防区由直接指挥抗金战争的川陕宣抚司、负责军民之政的四川制置司、负责战争经费的四川总领所三大机构组成战时体系,负责防区的抗金战争。

四川宣抚司　最初全称为川陕宣抚处置司,曾治兴元、阆州、利州、兴州、河池等地。其长官宣抚使有便宜黜陟之权,直接统领诸将,指挥抗金战争,始置于建炎三年(1129)张浚为宣抚处置使时。绍兴三年(1133)九月正式命名川陕宣抚使。绍兴十一年(1141)宋金和议,次年又改为四川宣抚使。随着宋金战事平息,淳熙二年(1175)罢置,事权归四川制置司。开禧二年(1206),韩侂胄欲北伐,复置四川宣抚使。吴曦叛变失败后,嘉定二年(1209)复罢。嘉定十二年(1219)为抗御金军南侵又置宣抚司,不久即罢。

绍兴四年(1134)张浚因富平之败罢职。次年,宣抚副使王似、卢法原分陕蜀之地责于诸将。自秦、凤至洋州,由利州路制置兼都统制吴玠主之,屯仙人关(今甘肃徽县东南);自金、房至巴、达,由都统制王彦主之,屯达州;自文、龙至威、茂,由刘锜主之,屯巴西;自洮、岷至阶、成,由统制熙秦兵马关师古主之,屯武都。始建四川防区分区防守之制。绍兴十一年(1141)宋金和议,次年,宋金正式划定东部以淮水中流为界,西部以大散关(今陕西宝鸡西南)为界。南宋答应把陕西商州(今陕西商县)以及和尚原(今陕西宝鸡西南)、方山原(今陕西宝鸡西)划给金朝。宋朝在仙人关外只存阶(今甘肃武都)、成(今甘肃成县)、岷(今甘肃西和县西,又即西和州)、凤(今陕西凤县东)四州。于是宣抚司将其所统军队屯驻沿流十七郡②,分隶三大将,设置三都统司,屯驻三重镇:兴州都统司吴璘部5万人,兴元都统司杨政部2万人,金州都统司郭浩部1万人。③关外及沿边各处由三都统制司每年春秋遣兵更戍,并置烽火162烽,早晚传达平安。绍兴十四年(1144)九月,四川宣抚副使郑

---

① 《宋史》卷361《张浚传》。
② 即兴、成、阶、凤、文、龙、绵、剑、潼、金、洋、利、阆、西和州、大安军、兴元府、房州。
③ 金州、房州不属四川四路政区,但在军事上属四川防区统辖。

刚中分利州路为东西两路。兴元府、利、阆、洋、巴、剑州、大安军七郡为利州东路，治兴元府，杨政为安抚使；兴、阶、成、西和、文、龙、凤七州为利州西路，治兴州，吴璘为安抚使；郭浩为金、房、开、达州安抚使，仍然实行三都统制屯兵三重镇的分区防守制。

三都统制司防御的重点始终是以"三关为门户，五州为藩篱"。① 三关是指沔州（即兴州）所管的仙人关和七方关（今甘肃徽县与陕西略阳之间），兴元府所管的武休关（今陕西留坝南）。其中以仙人关最为重要。五州是指仙人关外的阶、成、岷、凤和天水军（今甘肃天水西南）②，即在三关驻守重兵使敌军不能越过秦岭而达汉中和四川内地；在关外五州驻守重兵，进则出关、陇，退则保卫三关。三关五州是四川防线的战略要地，四川宣抚司统率的军队绝大部分都驻防在这些地方。因此，三都统制司统率的军队以兴州都统制司最多，兴元都统制司次之，金州都统制司最少。乾道三年（1167）蜀边诸军98000人中，兴州都统司有6万人，兴元都统司有27000人，金州都统司只11000人。

四川宣抚使司的设置对统一指挥、协调四川防区抗金战争发挥了重要作用。继张浚之后历任四川宣抚使的除吴玠、吴璘之外，胡世将、虞允文等人也在四川抗金战争中作出了重要贡献。

胡世将，常州晋陵人（今江苏常州市），绍兴八年（1138）为四川安抚制置使，时宣抚使吴玠以无军粮，奏请踵至。世将约吴玠会于利州，改"蜀之饷运溯嘉陵江千余里，半年始达"，为"转般摺运之法，军储稍充，公私便之"。九年（1139），吴玠卒于仙人关，胡世将继任川陕宣抚副使。时宋金议和，金朝归还陕西河南地，朝廷分军移屯秦、鄜、延诸道，胡世将遂移司河池（今甘肃徽县），深入前线，节制诸将，领导抗金战争。绍兴十年（1140），金兵陷同州，入长安，诸路震动，蜀兵声援几绝。世将"乃遣大将吴璘、田晟出凤翔，郭浩出奉天，杨政由赤谷归河池。不数日，璘捷于石壁及扶风，金人逡巡不敢度陇，分屯之军得全师而还"。③ 绍兴十一年（1141），胡世将命吴璘、杨政、郭浩三大将并出，全面反击，至同年十月，"吴璘复秦州，捷剡湾；（杨）政下陇州

---

① 《宋史》卷449《高稼传》。
② 天水军是从成州分划出来的，故宋人有时把关外五州称为关外四州。
③ 《宋史》卷370《胡世将传》。

(今陕西陇县），破岐下诸屯；郭浩取华（今陕西华县）、虢（今河南灵宝东）二州，入陕府，有破竹之势。世将亦遣〈使〉要约陕西、河东忠义首领数十，愿为内应"。眼看陕西恢复在望，而"金人约会于朝"，朝廷下令班师，"秦、晋之人殊惜之"①。绍兴十二年（1142）三月，胡世将卒于仙人关，同年宋金划界，胡世将领导川陕军民收复的大片土地，连同他死前力争保存的和尚原、方山原两处川蜀紧要门户亦被宋朝拱手奉献金朝。

虞允文，四川隆州仁寿人，南宋抗金名臣，曾于绍兴三十一年（1161）在采石、瓜州大败金主亮，使南宋朝廷转危为安，江南人民免遭涂炭。绍兴三十二年（1162），他为四川宣谕使，至蜀与大将吴璘商议经略中原，再次取得川陕抗金战争的重大胜利。乾道三年（1167）四川宣抚使吴璘卒，虞允文再次入蜀，继任四川宣抚使。从乾道三年（1167）至五年（1169）任职期间，他组织和团结陕西汉中等地义士民兵，寓兵于农，配合官军作战；淘汰老弱冗兵万余人，每年节省军费开支400万贯，减轻了四川人民的军费负担；同时积极主张经营陕西，退以保四川，进以取中原。乾道八年（1172），他再次为四川宣抚使，经营川陕，恢复中原，壮志未酬，即于次年病逝。

四川制置司　治成都。它正式创置于绍兴五年（1135）十月席益为成都、潼川府、夔州、利州路安抚制置大使兼知成都府，序位在宣抚副使之上，逐州兵马并隶大使司，如边防紧切大事，即命宣抚司处置，其调拨隶都督府。② 它是川陕战区最高军政机关，"掌节制御前军马，官员升改、放散，类省试举人，铨量郡守，举辟边州守贰，其权略视宣抚司，惟财计茶马不与"。③ 它的设置对集中四川地区军民财力，稳定四川政局，支援抗金前线和保证抗金战争的胜利起了重要作用。不少历任四川制置使的官员在治理四川和抗金战争方面亦作出了重要贡献。例如：张焘于绍兴九年（1139）为四川制置使，"在蜀四年，戢贪吏，薄租赋；抚雅州蕃部，西边不惊。岁旱则发粟，民不得饥；暇则修学校，与诸生讲论"。④ 李璆在绍兴十八年至二十一年（1148～1151）任四川制置使，"治蜀之政多可纪"。他修复眉州三江堰，灌田百万顷，"间遭岁饥，民徙，发仓

---

① 《要录》卷142，绍兴十一年十月。
② 《要录》卷94，绍兴五年十月乙卯。
③ 李心传：《朝野杂记》甲集卷11《制置使》。
④ 《宋史》卷382《张焘传》。

振活,无虑百万家"。① 王刚中在绍兴二十八年至三十二年(1158~1162)任四川制置使期间,深入前线与吴璘一起指挥抗金战争,并改善吏治,修水利,兴学校。"比去,蜀父老遮道,有追送数百里者。"② 其他如汪应辰在乾道元年至四年(1165~1168)为四川制置使,范成大在淳熙元年至三年(1174~1176)为四川制置使,政绩卓著,为稳定四川,支援抗金战争起了重要作用。

四川总领财赋 治利州。始置于建炎三年(1129)张浚为宣抚处置使,以赵开为随军转运使,专一总领四川财赋。绍兴六年(1136)改为四川都转运使,十五年(1145)复置四川总领。当时宋朝在淮东、淮西、湖广、四川四个防区驻屯军队,并设置四个总领所供应军需。四川总领财赋的职责一是征收四川四路赋税,二是供应川陕战区的全部军费。故《建炎以来朝野杂记》载:"东南三总领皆仰给朝廷科拨,独四川总领专制利源,即有军兴朝廷亦不问。故赵应祥权盐酒,而王瞻叔括白契,以佐军需云。"南宋初年四川总领财赋赵开及其后继者都以加收赋税来筹集川陕抗金经费。据李心传说:"自建炎军兴,赵应祥权盐酒之课,折绢布之估,科激赏之费,倍籴本之输,商贾农民,征率殆尽。"③ 因此,军兴以前四川财赋一岁总入仅1599万缗,到绍兴八年(1138)负担川陕军费支出就达4000万缗。④ 这笔军费相当于淮东、淮西、湖广三个防区总和。"三总领所支,仅当四川一年之数。"⑤ 正是四川人民提供了如此巨大的战争经费,并千里迢迢、忍受牺牲,将各种战争物资和兵源运至川陕前线,才从物资上保证了抗金战争的胜利。

总之,四川防区的建立,动员和组织了四川军民财力,保障了川陕抗金战争的顺利进行,四川人民对抗金战争的支援,则是川陕抗金战争胜利的根本保证。

三、吴玠、吴璘抗金保蜀

在南宋川陕抗金战争中,涌现出一批英勇善战的爱国将领,为保卫四川先

---

① 《宋史》卷377《李璆传》。
② 《宋史》卷386《王刚中传》。
③ 《朝野杂记》甲集卷17《四川总领所二事》。
④ 贾大泉:《宋代四川经济述论》,四川社会科学院出版社1985年版,第253页。
⑤ 《朝野杂记》甲集卷17《淮东西湖广总领所》。

第六章 南宋时期四川的政局

进的社会生产力和人民的生命财富作出了杰出贡献。吴玠吴璘兄弟二人就是其中最杰出的人物。

吴玠（1093~1139），顺德军陇干（今甘肃静宁）人，自幼从军，抗击西夏，屡立战功。建炎二年（1128），金兵略秦雍，大败金兵于青溪岭，权泾原路兵马都监兼知怀德军（今宁夏固原县西北）。建炎三年（1129），张浚巡抚关陕，惜其才，授宣抚司统制。建炎四年（1130）破金兵于彭原店（今甘肃庆阳西南），后因失援而败，擢秦凤路副总管兼知凤翔府。

富平之败后，张浚置陕西于度外，带领亲兵千余人溃逃至阆中，退守川东。在张浚溃逃之后，宋军无人统领，能否守住蜀道天险，确保四川安全，已难预料。

吴玠在宋军一溃千里的逆境中，自行采取了大胆而勇敢的战略决策，不肯退入四川。他招集散亡数千人，保大散关东面的和尚原（今陕西宝鸡西南），屏蔽四川。"坚壁重兵，下瞰雍甸"，使金军惧袭其后，不敢入蜀。①

吴玠扼守和尚原是以弱卒抗强敌，加之与朝廷音讯隔绝，兵单食匮，将士家被沦陷，人无固志，甚至有谋劫吴玠降敌者，形势十分险恶。吴玠乃召诸将血盟为誓，勉以忠义，使将士感泣，皆愿为用。凤翔府一带的人民见吴玠誓死抗敌，亦每夜偷输军粮相助，吴玠偿以银帛，输者益众。金人为了断绝吴玠军粮，伏兵渭河邀杀，且令伍保连坐，民冒禁如故。在民众的支援下，经过艰苦的努力，吴玠才稳定军心，振作了士气，摆脱了困境。

绍兴元年（1131）三月，金军开始进攻和尚原，被宋军击败。五月，金兵数万分两路进攻和尚原，又被宋军击败。时娄室在富平之战后死去，宗弼接管了陕西战场，他对金军两战两败感到气愤和耻辱，决心不惜代价攻破和尚原进入四川。十月，他集中数万（一说为十几万）② 的绝对优势兵力，渡过渭河，自宝鸡连营三十里向和尚原发动大规模进攻。一场堪称宋金交战以来最为惊心动魄的激战就此展开，其战争的残酷性、壮烈性，为宋金战争以来前所未有。据宋人记载，金军作战时"被重铠，登山攻陷，每一人前，辄二人拥其后，前

---

① 《会编》卷196《吴武安公功绩记》。
② 《要录》卷48，绍兴元年十月乙亥，《会编》卷196《吴武安公功绩记》，《宋史》卷366《吴玠传》，《宋会要·兵》14之22~23。

者死,后被其甲以进;又死,则又代之如初。其为必取之计盖如此"。① 其"用兵之法,戈为前行,号曰'硬军',人马皆全甲,刀棓自副,弓矢在后,非在五十步内不射。弓力不过七斗,箭镞至六七寸,形如凿,入不可出。人摧不过百枚。其法:什、伍、佰皆有长,伍长击柝,什长执旗,佰长挟鼓。千人则旗帜、金鼓悉备。伍长战死,四人皆斩;什长战死,伍长皆斩;佰长战死,什长皆斩"。② 其作战组织之严密,命令之严酷,连吴玠也认为"盖自昔用兵所未尝见"。③

当时吴玠只有数千兵力,在人数、士气和作战经验上,金军都占据了优势。但金军最大的优势是骑兵,在和尚原的山地形势中,无法发挥其威力。吴玠审时度势,认为"金人弓矢,不若中国之劲利,中国士卒,不及金人之坚耐",便"常以长技洞重甲于数百步之外,则其冲突固不能相及",使金无法与宋军接触相搏,"于是选据形便,出锐卒更迭挠之,与之为无穷,使不得休暇,以沮其坚忍之势"。④ 当金军败势已露,准备退走之际,吴玠又埋其伏兵,乘胜追击。其

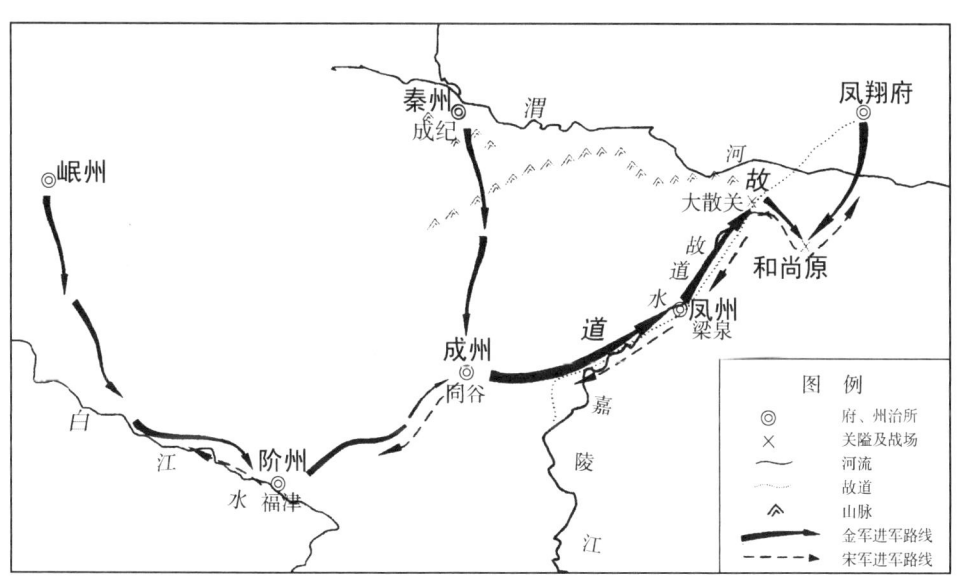

图 6-2　1131 年宋金和尚原之战示意图

---

① 《会编》卷 185《刘子羽墓志》。
② 赵彦卫:《云麓漫抄》卷 6 引《请盟录》。
③ 《宋史》卷 366《吴玠传》。
④ 《宋史》卷 366《吴玠传》。

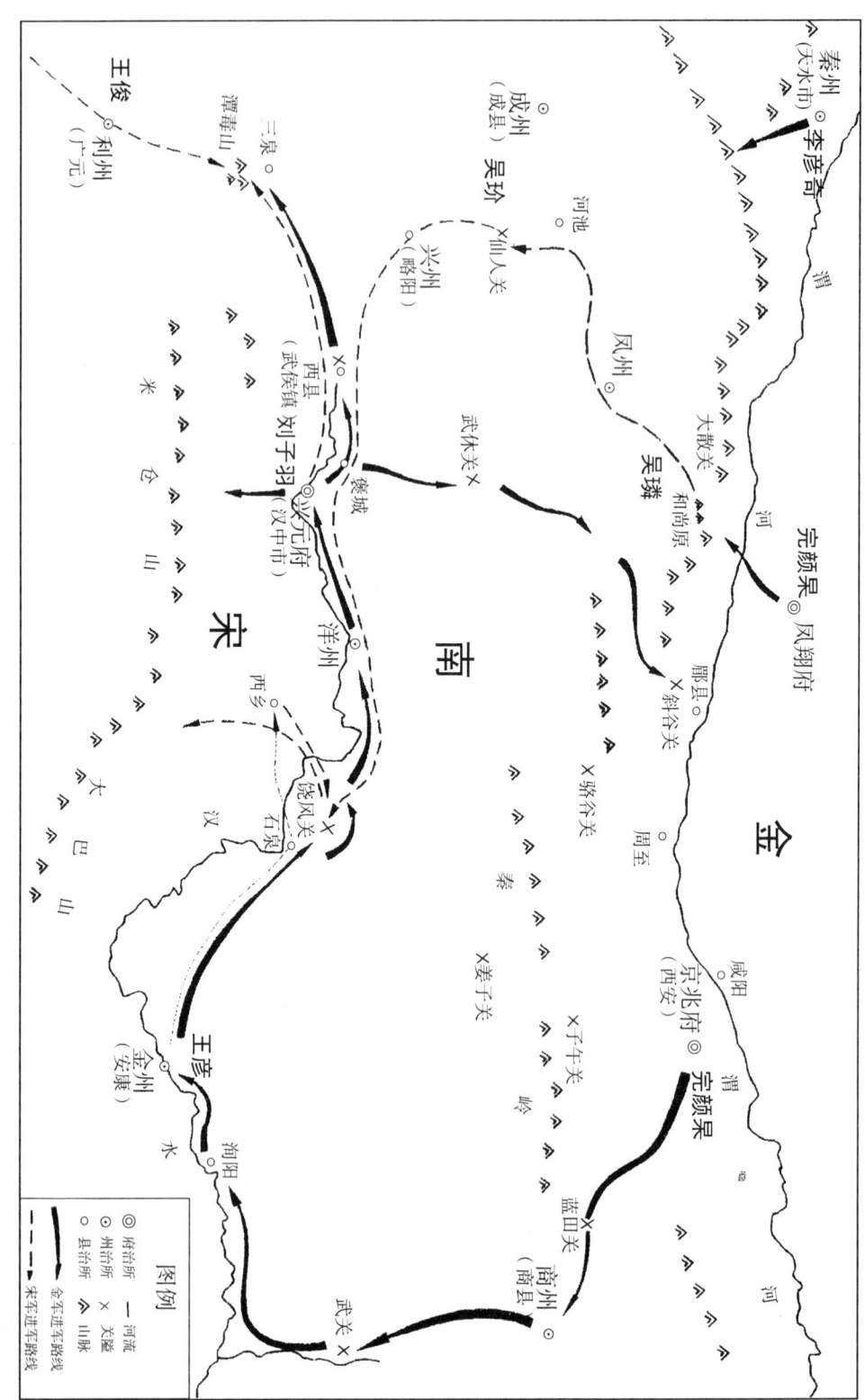

图6-3 1132~1133年宋金饶风关、潭毒山之战示意图

临阵之际，卓越的指挥艺术发挥尽致。经过十月十日到十二日3天激战，宗弼全军陷没，尸填坑谷者20余里。宗弼身中两箭逃走，宋军获铠甲数万计。金军"自入中原，其败衄未尝如此也"。①

宗弼败回北方后，金朝命撒离喝为陕西经略使，与伪齐四川招抚使刘夔于绍兴二年（1132）底合兵攻蜀。这次金军避免对和尚原的正面攻击，自长安出兵，破商州（今陕西商县）。绍兴三年（1133）正月，金军又破金州，进逼洋州（今陕西洋县）。宋知兴元府刘子羽派兵防守饶风关（今陕西洋县东），并向吴玠告急。吴玠即率数千人自河池一昼夜驰300里奔赴饶风关，激战六天后宋军失守。金军乘胜占洋州，进入兴元，直达三泉县东的金牛镇（今陕西宁强北），四川为之大震。刘子羽利用潭毒山（位于今陕西宁强境）筑垒固守，坚壁清野。吴玠则退屯仙人关，声言绕出其后，邀其归路。金军虽胜，但死伤过半，又野无所获，只能杀马而食，被迫退兵。"玠急遣兵邀于武休关，掩击其后军，堕涧死者以千计，尽弃辎重去"。②川陕战局又转危为安。

绍兴三年（1133）冬，金朝再次派宗弼挥师入蜀。时吴玠自和尚原大捷后，虑和尚原距川蜀地远，粮运不继，难以持久，已在今陕西凤县与略阳交界处的仙人关修筑山寨，号"杀金坪"，将其作为第二道防线。面对金军的优势兵力，吴玠命吴璘放弃和尚原，集中万余人防守仙人关。十一月，金军占领和尚原。

宗弼夺据和尚原后又与撒离喝、刘夔等自元帅以下尽室而来，示无返意，率10万余众于绍兴四年（1134）二月二十一日进抵仙人关下，扎营40余所，开始了宋金战争史上最为著名的仙人关大战。二十七日金军向吴玠、吴璘军发动猛烈进攻，经过30余战，占领了仙人关第一隘。吴璘率部死守第二隘。至三十日，宋军打退金兵，冲入金营，杀死金军官兵不知其数。三月二日，宗弼被迫撤军，回到凤翔。接着宋军于四月收复秦、凤、陇等州。金军遭到这次惨败后，再也不敢大举进攻川蜀了。

仙人关大捷是宋金战争的转折点，它表明金军对宋军压倒性的优势已不复存在，南宋已经可以同金军抗衡。金军自建炎四年（1130）开始集中精锐兵力

---

① 见《要录》卷48，绍兴元年十月乙亥，《会编》卷196《吴武安公功绩记》，《宋史》卷366《吴玠传》，《宋会要·兵》14之22～23。
② 《宋史》卷366《吴玠传》。

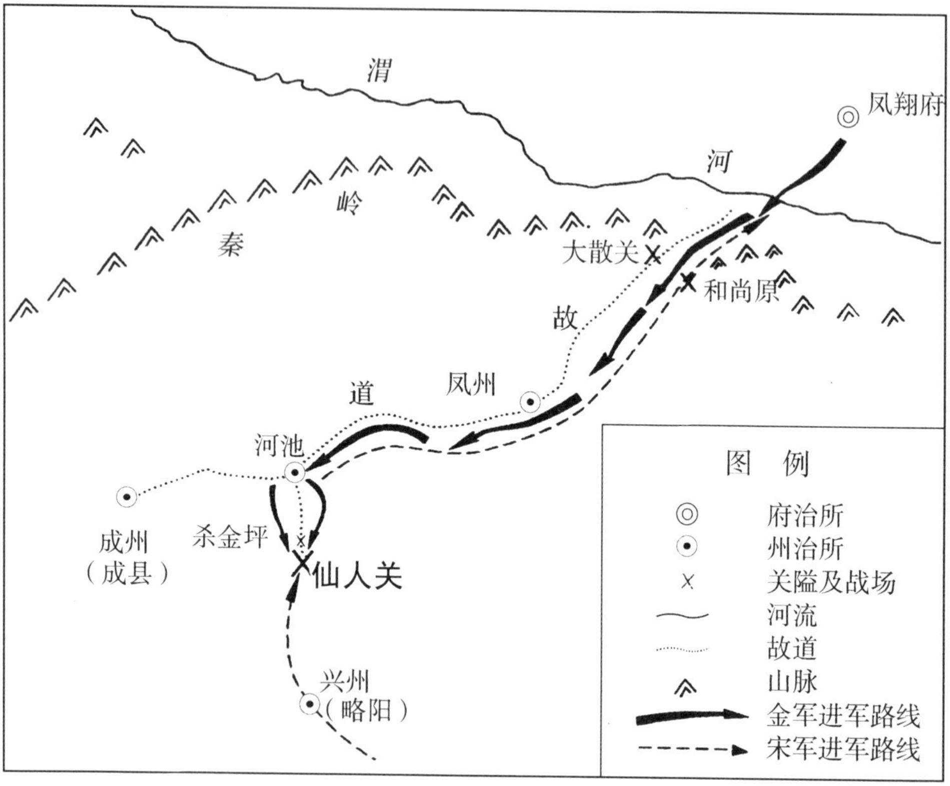

第六章 南宋时期四川的政局

图 6-4　1134 年宋金人关之战示意图

猛攻宋军西线的军事行动至此彻底破产，"自是不妄动"。① 川陕战场得到巩固，并为牵制金军，声援宋军东部、中部战场和巩固南宋政权起了重要作用。

吴玠在仙人关之战后，任川陕宣抚副使，全面负责川陕战场。为节约军费，他汰冗员，节浮费，兴屯田，劝诱军民于梁、洋营田，年收 20 万石，以省馈饷，并令守将治褒城废堰。民知灌溉可恃，归业者数万家。绍兴九年（1139），吴玠任四川宣抚使，同年卒于仙人关，年 47。吴玠英年早逝，无疑是南宋抗金事业的巨大损失。

自建炎四年（1130）富平之战，陕西丧失，到绍兴四年（1134）三月仙人关大战，川陕战场是宋金交战的主要战场。和尚原与仙人关，是强悍的金军自

---

① 《宋史》卷 366《吴玠传》。

灭辽破宋以来所遭受的两次惨败。通过这两次大捷，吴玠不仅保卫了川陕，而且独撑了半壁江山，成为南宋第一个因抗金战功而晋升节度使的将帅，其战功和声威最初尚在岳飞之上。故有学者认为"在南宋初的抗金名将中，吴玠的军事成就仅次于岳飞，而在他人之上"。①

吴璘（1102～1167），吴玠弟，少好骑射，从玠攻战，积功至阁门宣赞舍人。绍兴初与兄玠在和尚原、仙人关合力击败金军进犯。绍兴九年（1139），迁秦凤路经略安抚使，知秦州。时宋金议和，金许还河南、陕西地。十年（1140），金人败盟，撒离喝入长安，趋凤翔，宋陕西诸军陷在敌后。时吴玠已卒，宋朝命吴璘节制陕西诸军，大败金军于扶风县。十一年（1141）九月又大败金军3万人于剡家湾，复秦州及陕西诸郡。后朝议主和，下令班师，宋金划界，陕西之地复为金朝所得。绍兴十四年（1144），为利州西路安抚使，负责川陕战场西线防务。治军经武，常如敌至。绍兴三十一年（1161），金主亮败盟南侵。一路由海道向临安，一路由蔡州（今河南汝南）南进，一路从凤翔取大散关，亮自出寿春取淮南。宋朝命吴璘为四川宣抚使，全面主持川陕战场。他扼守大散关，击退金军，并遣部将转战陕西各地，至绍兴三十二年（1162）收复秦凤、熙河、永兴所属16州军，声势大振。因朝廷主和，下诏班师，新复州军旋被金人所取。守蜀20余年，乾道三年（1167）卒，威名仅亚于吴玠。

吴玠、吴璘能够带领宋军取得保卫川蜀的伟大胜利，成为抗金名将，首先是他们具有高尚的民族气节和爱国品质，在国家民族生死存亡之际，立志保卫边疆。其次是善于继承古代的优秀军事遗产，"善读史，凡往事可师者，录置座右"，"用兵本孙、吴，务远略，不求小近利"，故而能作出正确的战略决策。当宋军一溃千里之际，他们能大智大勇扼守和尚原和仙人关等战略要地，击败金军，使金军不能进入川蜀。第三是他们能在战争中学习战争，摸索出以步兵制胜金军骑兵的战略战术。即：一、设置要塞，纵深防御，利用地形，层层设防，杀伤来犯之敌；二、扬长避短，制敌之长。根据金有骑兵、坚忍、重甲、弓矢四个长处，"以分队制其骑兵；以番休迭战制其坚忍；制其重甲，则劲弓强弩；制其弓矢，则以近克远，以强制弱"。吴璘还创造出对付金军骑兵的"叠阵法"。据《宋史·吴璘传》记载，叠阵法是"每战，以长枪居前，坐不得起；次最强

---

① 王曾瑜：《和尚原和仙人关之战评述》，《西南师范学院学报》（哲社版）1983年第2期。

弓,次强弩,跪膝以俟;次神臂弓。约贼相搏至百步内,则神臂先发;七十步,强弓并发;次阵如之,凡阵,以拒马为限,铁钩相连,俟其伤则更代之,遇更代则以鼓为节。骑,两翼以蔽于前,阵成而骑退,谓之'叠阵'"。吴璘运用叠阵法,于剡家湾大败金军。第四,他们都具备优秀将领的素质,每战能身先士卒,"御下严而有恩,虚心询受,虽身为大将,卒伍至下者得以情达,故士乐为之死。选用将佐,视劳能为高下先后,不以亲故、权贵挠之"。①

四、宁宗时期四川政局

川陕抗金战争的胜利,保卫了四川社会的安宁。绍兴和议后,川陕战事平息,军费开支减少2665万缗②,四川主政者就不断蠲免因战争而增加的各种赋税③,使民力恢复,经济发展,社会稳定。

但宁宗即位后,宋朝中央统治集团内部斗争激烈,政治日益腐败。先是韩侂胄擅权,对内制造"庆元党禁",打击政敌;对外发动"开禧北伐",失败被杀。后是史弥远长期专权,结党营私,统治阶级更加奢侈腐朽。因而宁宗时期,四川社会动荡不安,历任四川制置使皆昏庸徇私,蜀中吏治,腐败无遗,各种社会矛盾日益尖锐,金兵南侵和兵变都相继发生。

(一) 吴曦叛宋

吴璘死后,其子吴挺继续负责川陕西线防务。孝宗淳熙元年(1174),吴挺为兴州都统制,四年(1177)知兴州、利州西路安抚使,至光宗绍熙四年(1193)卒。在任期间,备边有方,全蜀得安。但吴氏三世袭兵柄,号为"吴家军",引起宋廷和蜀帅的猜疑和不满,多言吴氏世掌西兵,非国家之利。早在淳熙九年至十二年(1182~1185)留正为四川制置使时,就谋去吴氏兵权,未果而止。绍熙三年(1192),丘崈被任命为四川制置使,亦以吴氏世掌兵权为虑,陛辞入奏,又建议吴挺死后,其兵权不可付其子。次年,吴挺死,乃"别差兴州守臣,并利州西路帅司归兴元,以杀其权。挺长子曦勿令奔丧","遂革世将之患"。④吴璘诸孙大都调离四川任职,这引起了吴曦对宋朝的不满。从这个意

---

① 本段引文均见《宋史》卷366《吴玠传》《吴璘传》。
② 《朝野杂记》甲集卷17《四川总领所二事》。
③ 详见贾大泉:《宋代四川经济述论》,第254~256页。
④ 《宋史》卷398《丘崈传》。

义上讲，吴曦叛宋在一定程度上是宋朝守内虚外、防范武将的错误政策造成的。

吴氏家族在川陕的兵权被削夺后，吴曦被留在东南，任建康军马都统制，后又巴结韩侂胄，调京师临安任殿前副都指挥使。他以其祖父世守西蜀，为国藩屏，而身留京师，不得如志，乃贿赂陈自强通款于权臣韩侂胄，图谋帅蜀。会韩侂胄欲开边北伐以转移内部矛盾，希望吴曦统率吴氏部将助己，乃于嘉泰元年（1201）命吴曦为兴州都统制，知兴州，复领吴氏旧部，为其叛宋创造了条件。吴曦到任后，潜罢副都统制王大节，兵权悉归于曦。

此时，金章宗又加速招降吴曦，亲笔写下策反吴曦的诏书，指出"威略震主者身危，功盖天下者不赏，自古如此，非止于今"，并以岳飞被害为例，诱劝吴曦叛宋，同时许诺只要吴曦在宋金之间保持中立，"则全蜀之地，卿所素有，当加封册"，加强其叛宋决心。①

开禧二年（1206），韩侂胄在没有做好充分准备的情况下，决意发动对金的北伐战争，史称"开禧北伐"。三月，宋廷任命程松为四川宣抚使，吴曦为宣抚副使，兼陕西、河东路招讨使，并许节制按劾总领四川财赋司，使财赋之权又归于曦。接着，命程松统军3万开赴汉中，吴曦统兵6万进屯河池（今甘肃徽县）。四月，吴曦暗中遣人至金军，密约献关外阶（今甘肃武都东）、成（今甘肃成县）、和（今甘肃西和西）、凤（今陕西凤县西北）四州于金，求封"蜀王"。五月，宋廷下诏宣告北伐，韩侂胄日夜盼望吴曦出兵，曦阴为持重，按兵河池不进，侂胄尚不警惕有无异志。宣抚使程松与吴曦相会，吴曦傲慢无礼，甚至调取其护卫亲兵而去。知大安军安丙与程松言曦必误国，松亦毫不省悟。六月，金朝遣使密许吴曦为"蜀王"，令其按兵闭境，金无西蜀之忧，全蜀之地，为曦所有，若能顺流而下，助为犄角，则旌麾所指，尽以相付。于是吴曦暗中破坏部将抗金，下令后撤，进而焚河池，退屯青野原（今甘肃徽县南）。再弃大散关，退屯兴州之蜀口。十二月，金使至蜀口，封吴曦为"蜀王"，曦遂还兴州。开禧三年（1207）正月，吴曦自称"蜀王"，引金兵入凤州，以关外四州献金朝。随即在兴州治行宫，置百官，遣董镇至成都治宫殿欲徙之，传檄成都、潼川、利州、夔州四路，议行削发左衽之令，称臣于金。并将所统7万及程松军3万，分隶十统帅，又遣将戍万州，控夔峡，声言约金夹攻襄阳。

---

① 《金史》卷98《完颜纲传》。

第六章 南宋时期四川的政局

吴曦叛变，使韩侂胄不知所措，甚至欲以四川之地封于吴曦。在四川内部更是人心大震，混乱不堪，蜀中大官没有一人敢于公开举旗反对。早在开禧二年（1206）十二月，四川宣抚使程松得知吴曦叛变，就急忙逃离汉中，越过米仓山至阆中，沿嘉陵江至重庆，兼程出峡，离开四川。开禧三年（1207）二月，宋朝任命知成都府杨辅为四川制置使，许以便宜从事，平息叛乱，蜀中士大夫和青城山道人安世通亦多劝杨辅举义旗讨伐吴曦。辅以不习兵事，内郡无兵为由，迁延不发，待至吴曦命其知遂州，遂以印授通判，弃成都而去。一时之间，群龙无首，人心惶惶，川蜀是否能为宋有，难以逆料。

但是，吴曦丧失民族气节，叛宋降金，也使得众叛亲离，遭到他的部将和四川人民的强烈反对。他的伯母、叔母昼夜号哭，骂不绝口，族子吴僎为兴元都统，亦甚不平。吴曦召用权知大安军杨震仲，杨拒不从命，饮药而死。召随军转运使安丙为丞相长史，权行都省事，安丙称疾不赴。吴曦欲收用蜀士以系民心，也遭到这些人的抵制。陈咸自髡其发，史次秦自瞽其目，王翌、家拱辰皆不受命，杨修年、詹久中、家大酉、李道传、邓性甫、杨泰之悉弃官去，薛九龄谋举义兵。这时，监兴州合江仓杨巨源联络吴曦部将张林、朱邦宁和义士朱福等密谋讨伐吴曦，兴州中军正将李好义与其兄李好古和李贵等数十人也在策划诛杀吴曦。两股力量通过眉州人程梦锡取得联络，决定推安丙为主事，矫诏杀曦。二月，李好义等74人闯入吴曦的伪宫，杨巨源自称奉使，持"诏"乘马，宣读"诏书"诛曦，千余卫士闻有"诏书"，皆弃械而去，吴曦及其党羽皆被诛杀。至是军民拜舞，声动天地，市不易肆。吴曦叛变称王仅47天就被平定。

吴曦叛变平定后，宋廷命杨辅为四川宣抚使，安丙为副使，杨巨源参赞军事，李好义为中军统制。杨巨源、李好义乘吴曦被诛、军民抗金情绪高涨之势，迅速收复关外四州，军声大振。杨、李欲乘胜收复秦陇，却为安丙所忌，加以阻挠。安丙为了夺其功而杀其人，于开禧三年（1207）四月，令杨巨源杀死统制孙忠锐。六月，安丙重用吴曦的旧将王喜，遣其心腹刘昌国至西和毒死李好义。接着他亲自出马，诬陷正在与金兵作战的杨巨源谋反，将其下狱害死。至是"忠义之士为之扼腕，闻者流涕"，"人情汹汹"①，安丙也为自己的历史写下

---

① 《宋史》卷402《杨巨源传》。

了极不光彩的一页。嘉定二年（1209）八月，宋廷将宣抚司并归制置司后，反任命双手沾满平叛义士和抗金功臣鲜血的安丙为四川制置大使。

吴曦叛变加速了开禧北伐的失败，使四川地区濒于沦入金朝统治的危境。四川军民自发地平息了这次叛变，才保卫了四川的安全。这次叛变的发生，从外部原因讲是金朝对吴曦的诱降，从内部原因讲是宋朝四川统治集团文臣和武将矛盾加深以及南宋朝廷和四川的主政者昏庸无才、纵虎为害造成的。它是南宋政治腐败，统治集团内部矛盾的产物。四川军民平息了这次叛乱之后，宋廷和四川的主政者又赏罚颠倒，有功者被害，无功者得进，政治腐败，天怒人怨。从此川陕抗战形势，一蹶不振。由"吴家军"建立的固若金汤的川陕防线，随着"吴家军"的革除和吴曦的叛宋，已名存实亡了。

（二）金军南掠汉中

吴曦叛变平定和开禧北伐失败后，宋宁宗嘉定元年（1208）宋金重新议和，川陕战争也停止。但"沿边关隘悉为金毁"，"军民莫知死所"，关外"四州兵后，民不聊生"。① 安丙夺功杀人，又使军队内部矛盾加深。嘉定三年（1209）沔州（即兴州，今陕西略阳）统制张林作乱，事觉，贷死除名，广南羁管。四年（1211）沔州将刘世雄等谋据仙人原作乱，伏诛。川陕战场的防御实力大大削弱。

宋金和议后不久，金朝受到蒙古部族的军事进攻，迁都南京开封（今河南开封），苟延残喘。嘉定十年（1217），金宣宗决定分兵南侵，扩张领土，补偿对蒙古战争的损失。宋金再次开战。在四川战场，十二月，金军破天水军（今甘肃天水南），迫黄牛堡（今陕西宝鸡西南）。宋军统制刘雄弃大散关遁。十一年（1218）一至四月，金军焚大散关，破阜郊堡（今甘肃天水南），宋军死者5万人。利州统制王逸率官军和忠义民兵10万，收复大散关和阜郊堡，继攻秦州，但沔州都统刘昌祖下令退师，招致宋军大败。刘昌祖等在金军面前相继焚弃西和、成州、阶州而逃，致使金军连破关外数州，前后获粮9万斛，钱数十万贯，军资不可胜计。十二年（1219）正月，金军破凤州，夷其城，宋兴元都统吴政战死黄牛堡。金军乘胜南下破武休关（今陕西留坝南），进陷兴元，破洋州和大安军，横扫整个汉中地区。四川制置使董居谊遁逃。沔州都统张威在大

---

① 《宋史》卷402《安丙传》。

安军邀击金军,歼其精锐3000人,迫使金军退兵,但汉中一带已残破不堪,民不聊生。

嘉定十二年(1219)正月,宋廷以四川制置使董居谊黩货,所致辄败,召赴行在,命聂子述为四川制置使。四月安丙又再命为四川宣抚使。十三年(1220),安丙联合西夏夹攻金军。西夏兵攻巩州(今甘肃陇西)不下,退兵。安丙部署各军分路北伐,也师出无功而还。十七年(1224),金哀宗即位,在蒙古部族军事进攻面前,金朝改变两面作战策略,放弃伐宋,结束了宋金战争。然而这时蒙古部族军事进攻已达陕西,在金军残兵败将面前一败涂地的川陕宋军,面临着强大的蒙古部族军事进攻的更严峻局面。

(三)四川内地少数民族不断反叛

由于吏治的腐败,宁宗时期,四川内部的民族关系也十分紧张,少数民族不断反叛。在雅州地区的少数民族,从孝宗乾道六年(1170)至宁宗嘉定十三年(1220)经常向沿边地区进攻。黎州地区的少数民族,继孝宗时期不断反叛之后,青羌奴儿结部从孝宗乾道九年(1173)开始反宋,到宁宗嘉定元年(1208)归附,叛乱长达30余年之久。弥羌畜卜部从嘉定元年(1208)反宋,至嘉定七年(1214)归降,达7年之久。嘉定府地区少数民族,则有嘉定四年(1211)马湖部的"辛未利店之变"和嘉定六年(1213)虚恨部的"癸酉虚恨之变"。此外,龙州蕃部在庆元二年(1196)和嘉泰元年至四年(1201~1204)都曾向当地政府发动进攻。少数民族的叛乱和反抗,使四川内地沿边战争连年不止,人民遭到掳掠和杀伤,官兵死亡不计其数,经济遭到严重破坏。

(四)士兵叛变不断发生

由于军政的腐败,宁宗时期四川地区军队士兵叛变相继发生。绍熙三年(1192)七月,泸州骑射卒张信等作乱,杀其帅臣张孝芳。嘉定十二年(1219)三月,兴元军士权兴等作乱,犯巴州,守臣秦季槱弃城去。同年闰三月,兴元军士张福、莫简因官吏克扣军饷,领导"红巾队"起义。四月入利州,四川制置使聂子述遁,杀总领财赋杨九鼎。继掠阆州、果州。五月,张福进攻遂宁府,潼川府路转运判官、权府事程遇孙弃城逃,张福乘胜攻入遂宁府,焚其城。六月,张福屯兵普州之茗山。五个月间,张福从陕西汉中发难进入川中北富庶地区,犹入无人之境,四川大震。直到同年五月,四川宣抚司从川陕前线抽调沔州都统张威入川剿捕,经过三个月的战斗,张福于六月请降,七月被杀。"张威捕贼众一千三百余人诛之,莫简自杀,红巾贼悉平。"① 此外,由于少数民族的反叛,沿边地区长年战争,又激起沿边土丁和驻军的叛乱。宋朝四川政府与少数民族联系最为频繁的黎州地区,在孝宗时期就先后发生了1180年的"庚子沈黎西兵之变"和1181~1182年的"辛丑沈黎土丁之变"。

南宋宁宗时期,川陕前线抗金的失利和蒙古部族军队攻入陕西,吴曦叛变和少数民族及士兵的反叛,使得四川面临外部蒙古部族军队强敌压境,内部社会动荡、危机四伏的局面。

第二节 南宋后期四川的抗蒙(元)战争

一、蜀边被侵与全蜀遭掠

(一)蜀边被侵

宋金对峙百余年,到13世纪20年代,双方势力都趋于衰败。这时,我国北方草原的蒙古部族迅速兴起。宋宁宗开禧二年(1206年),蒙古部族首领铁木真(成吉思汗)建立蒙古汗国。在整个13世纪里,蒙古贵族通过频繁的、大规模的战争,征服了欧亚广大地区。在我国境内先后灭掉西夏、金朝和南宋政权,并在1271年忽必烈汗(元世祖)时,改国号为"元",史称元朝。蒙(元)同南宋的战争长达52年(1227~1279),四川地区是双方争夺的重点,又是最早受到蒙古军队侵扰和最早爆发宋蒙战争的地区,战争时间长、战斗频繁、激烈而又曲折、复杂。

宋宁宗嘉定十五年(1222)十月,蒙古太师、国王木华黎率大军攻金朝凤翔(今陕西凤翔),即遣蒙古不花南越秦岭之牛岭关,徇宋利州路的凤州而还,引发了宋蒙之间的第一次武力交锋。②

理宗宝庆三年(1227)二月,成吉思汗遣游击偏师以取金、夏为名,突入南宋管辖的利州路,攻克阶州。三月,包围西和州,并在阶州东部之皋兰城大

---

① 《宋史》卷40《宁宗四》。
② 《元史》卷119《木华黎传》。

败宋军。四川制置使郑损闻讯惊慌失措，下令放弃阶、凤、成、和、天水五州军，退保三关，固守内郡，致使蒙古军遍掠五州，进而南下破文州石靴关，掳掠数月之久，关外钱粮为之一空。至七月成吉思汗病死清水，蒙古军北撤。

宝庆三年（1227）蒙古灭西夏后，占有河中、关陇之地，对金朝形成西、北两面包围。1229年窝阔台即蒙古汗位。绍定四年（1231）窝阔台汗遵照成吉思汗"假道于宋"① 攻金的遗旨，派拖雷强行借道汉中伐金，再次侵入四川地区，引起了宋蒙战争正式爆发前最大的武装冲突。

四川制置使桂如渊在蒙古军武力威胁与"假道灭金"的托词面前，放弃军事戒备，委曲求全，下令"诸将毋得擅出兵沮和好"，命令"汉中趣办牛羊酒以犒鞑师"，并把西和、天水一线的宋军撤到七方关。② 桂如渊自撤藩篱，蒙古军很快攻破五州，直抵三关。至九月，武休、仙人、七方三关全部为蒙古军所占，兴元、洋州等城被屠。接着拖雷再次遣速不罕入宋境向四川当局提出假道、合兵伐金的要求。被蒙古军武力屠杀所激怒的四川军民，在十月十七日于青野原诱杀了速不罕。③ 拖雷遂以此为借口，分兵两路，一路强行假道，长驱入汉中，一路进袭四川，以图报复。

强行"假道"汉中伐金的蒙古军继续威胁桂如渊：大军压境，"君不得不吾假也"。④ 终于迫使桂如渊输粮饷军之外，派兵作先导，带领拖雷的蒙古军出饶风关，由金州沿汉水东进，抵达邓州，进逼开封。进袭四川的蒙古偏师，则破沔州，取大安军，渡嘉陵江，进破葭萌，陷阆州，"略地至西水县（今四川南部县西北），破寨百四十而还"⑤，然后北撤至汉中与拖雷军会合伐金。身为四川制置使的桂如渊，在蒙古军长驱入川、险情未达之时，早已偕家属，乘巨舰逃奔三峡，直到听说蒙古军北撤，他才"舟次合阳（今重庆合川）"⑥，使得"三川震动"。⑦

这次蒙古军"假道"伐金，攻破了四川地区的凤州、沔州、褒城、大安、

---

① 《元史》卷1《太祖纪》。
② 魏了翁：《郭公墓志铭》，《鹤山集》卷82。
③ 《昭忠录·张宜》。
④ 元明善：《雍古神道碑铭》，《永乐大典》卷10889。
⑤ 参见《宋史》卷41《理宗纪》，《续资治通鉴》卷165。
⑥ 李鸣复：《策全蜀安危疏》，《宋代蜀文辑存》卷71。
⑦ 《宋史》卷415《程公许传》。

兴元、洋州、金州、西和、同庆、河池、文州、利州、阆州等城池，四川总领财赋所贮存在关内外的70余仓粮食皆遭劫掠焚毁，屏障四川门户的五州三关相继破坏，反抗蒙古军队侵掠的军民多被杀害，蜀边的防御实力大大削弱。

（二）全蜀遭掠

理宗绍定六年（1233），蒙古军队包围金朝都城南京开封，金哀宗逃到蔡州（今河南汝南），蒙古约宋朝出兵夹击。七月，宋将孟珙出兵与蒙古军队联合包围蔡州。端平元年（1234）正月，宋军与蒙古军攻破蔡州，金朝灭亡。根据宋蒙联合灭金"约以陈（今河南淮阳）、蔡为界"①的协议，南宋在灭金作战中占领的泗（今江苏盱眙）、宿（今安徽宿州）、涟（今江苏涟水）、海（今江苏连云港西南）、亳（今安徽亳州）、蔡、息（今河南息县）、唐（今河南唐河）、邓（今河南邓县）诸郡归宋所有，双方不约而同均从河南战区撤出自己的军队。六月，南宋朝廷企图利用金朝灭亡之机，率军进驻原北宋三京，即东京开封府、西京河南府（今河南洛阳）、南京应天府（今河南商丘）。三城已被蒙古兵掳掠一空，宋军乏食，蒙古兵反攻洛阳，宋军溃败。宋廷收复三京之举，以丧师近3万告终。

金朝灭亡，宋、蒙失去缓冲地带，双方之间的战事不可避免。南宋收复三京之举，正好为蒙古帝国进攻南宋提供借口。窝阔台汗在诸王大会上说："先皇帝肇开大业，垂四十年。今中原、西夏、高丽、回鹘诸国皆已臣附，惟东南一隅，尚阻声教。朕欲躬行天讨。"② 1235年，蒙古军队"一军西征，一军侵宋，一军伐高丽"③，揭开了宋蒙战争的序幕。这次蒙古军队侵宋，兵分三路：西路由窝阔台次子阔端率兵攻四川，中路由皇子阔出（曲出）统兵攻荆襄，东路由口温不花统兵攻两淮。自此，四川、荆襄、两淮成为宋蒙（元）战争的三大战场。

这时的四川边防，经过吴曦叛变、金兵大举侵入汉中和蒙古军队两次侵扰，正处在"关隘疏鲁，旧来备御去处未暇尽修，而损之又损"④，防御空虚的时候，加上军政腐败，主帅无能，在蒙古军队大举入侵下，宋军连遭惨败，导致

---

① 《宋史》卷474《贾似道传》。
② 《元史》卷119《塔思传》。
③ 《多桑蒙古史》上册，第197页。
④ 魏了翁：《黄制置壬辰书》，《鹤山集》卷37。

全蜀残破。

理宗端平二年（1235），阔端由凤州入河池，关外五州相继攻破，进逼沔州。知沔州高稼坚决反对放弃西陲用兵的门户沔州而退守内郡，四川制置使赵彦呐却独自撤走。九月，沔州陷，高稼战死。蒙古军复围赵彦呐于青野原，幸被宋将曹友闻率军救出。接着曹友闻在阳平关凭险坚守，"蹀血十余里"①，方才打退蒙古军。十月，阔端大军进至巩昌石门城下，招降金朝残部汪世显，命他随军南征四川。汪世显素以"秦巩之豪"著称，"统郡县数十，胜兵数万"②，结交回回、西夏十八族，对四川边备和入蜀道路了如指掌，更增加了蒙古军进攻四川的实力。

端平三年（1236）八月，阔端以塔海为元帅，汪世显为先锋，率蒙古、西夏、女真、吐蕃等各族军队，号称50万，大举入蜀。蒙古军由大散关入凤州，攻武休关，入兴元，进取大安。曹友闻率宋主力在阳平关设伏，与蒙古军作殊死决战，宋军寡不敌众，曹友闻战死，全军皆殁。阳平关失守，通向四川内郡的门户彻底被蒙古军打开。接着，阔端率蒙古军主力沿金牛道，经利州大举入蜀；另一路偏师由穆哥率领，出阴平郡，两军约定到成都会合。当阔端率军南下进攻四川内郡时，四川制置使赵彦呐早率诸司退至夔门（今重庆奉节），使得"成都隔绝"③，成为一座孤城。十月，成都破陷，四川制置使兼知成都府丁黼战死。蒙古军继又分兵四出，深入各地抄掠。这一年，蒙古军"凡破四川府州数十，残其七、八"④，使全蜀"五十四州俱陷破，独夔州一路，及泸、果、合数州仅存"。⑤

这次蒙古军攻入四川内郡，使四川疮痍满目，残破不堪。首先是人口大量死亡。"蜀人受祸惨甚，死伤殆尽，千百不存一二"。⑥"（宋将）贺靖权成都，录城中骸骨一百四十万，城外者不计"。⑦蒙古军屠杀造成了西川地区人口锐减，"十丧七八"。生者也四处逃散。其次是田畴普遍荒芜。"昔之通都大邑，今

---

① 《宋史》卷449《曹友闻传》。
② 虞集：《汪氏勋德录序》，《元文类》卷35。
③ 《宋史》卷450《李宗勉传》。
④ 姚燧：《兴元行省夹谷公神道碑》，《元文类》卷62。
⑤ 《宋季三朝政要》卷1。
⑥ 虞集：《史氏程夫人墓志》，《道园学古录》卷20。
⑦ 袁桷：《史母程氏传》，《清容集》卷34。

第六章 南宋时期四川的政局

为瓦砾之场；昔之沃壤奥区，今为膏血之野。"① 再次是四川财政危机加深。四川地区官府积存钱粮毁于兵火，"公府之财帛空"；豪家富室的金帛窖藏，席卷焚弃，"私室之民力空"。此后四川不得不仰给朝廷拨荆湖米数十万石饷师，以支撑蜀中政局。自此，四川最富裕的川西地区残破，政治、经济、军事中心东移，只能依靠川东一带的贫困地区来支撑抗蒙（元）战争。

由于这时蒙古帝国主要精力集中于西征，没有制定灭宋的方略，对宋战争只是掠夺战争，收残破敌国之效。因此，阔端攻破成都之后，留下都元帅塔海继续在蜀骚扰，自率主力离开四川，返回河西。不久蒙古军全面退出蜀境，只在蜀边的兴元和沔州之石门、阶州之西水，各派5000人戍守，将其作为进攻四川的战略基地。新任四川宣抚使李埴在疮残之余，以绥抚为急，招集流民复业，终于使蜀中局面渐次恢复。

但是，蒙古军队虽不打算占有四川土地，亦不允许四川成为南宋的后方基地，因而轮番对四川进行抄掠和破坏。嘉熙元年（1237）春，塔海指挥汪世显率军攻破遂州，资州、普州及嘉定府皆被蹂躏。六月，塔海率部出凤州，取南宋陕南孤立据点金州，沿大巴山小道，谋窥川东开、达二州，进逼瞿塘（今奉节东），一度远抵巫山之界。由于宋军拥有水军优势，蒙古军才无法向长江南岸和中下游推进。嘉熙二年（1238）冬，塔海又指挥蒙古军由葭萌攻取阆州、资州等地，进入西川，攻克邛崃、碉门，直抵黎、雅，远抵大渡河边的木波国界。嘉熙三年（1239）秋，塔海和秃雪（又作秃薛）率领号称80万的蒙古军进攻川东地区，破开州、万州、夔州，经夔峡，抵巫山，过长江，破施州（今湖北恩施），大有问津长江中流之意。幸亏镇守湖北的孟珙调兵援蜀，塔海才于嘉熙四年（1240）春由涪州过江，退出四川。

蒙古军队的抄掠迫使南宋调整和加强四川防务。嘉熙四年（1240）二月，南宋朝廷命镇守湖北的孟珙为四川宣抚使，兼知夔州，移驻夔州，利用长江中游的军力支援四川的防务。在四川内部，四川制置使陈隆之坐镇西川，修筑成都、汉州等旧城。四川制置副使彭大雅驻守重庆府，筑重庆府城，并在合州（今重庆合川）钓鱼山筑寨，屏障重庆。宋军把重庆作为保蜀根本，西御川西，东蔽夔峡，以防御蒙古军队占有巴蜀后顺流而下直达东南。

---

① 吴昌裔：《论救蜀四事疏》，《宋代蜀文辑存》卷84。

蒙古军队自然不能坐视南宋加强四川防务。淳祐元年（1241）十月，塔海、秃雪又率军攻蜀，掠城至成都。四川制置使陈隆之坚壁固守，城破被俘。蒙古军将其押赴汉州招降宋将，不屈被害。接着蒙古军攻破汉州、嘉定、泸州、叙州等20城，宋军"阵亡者众"。自此西川残破，四川战局更为严峻，南宋被迫将四川首府自成都迁往重庆，支撑四川的抗蒙战争。

二、余玠治蜀与蒙哥汗征蜀失败

（一）余玠治蜀

全蜀残破迫使南宋统治集团采取措施加强四川防务。宋理宗针对宋蒙战争爆发后，四川主帅"委寄非人"、用人不当的错误，于淳祐二年（1242）底任命自告奋勇"手挈全蜀还本朝"[①]的余玠为四川安抚制置使兼知重庆府，主持四川防务。从淳祐元年（1241）十一月窝阔台病死，到淳祐十一年（1251）蒙哥汗即位的10年间，正值蒙古帝国数易其主，法度不一，内部纷争不断，加之主力西征，无暇全力攻宋，蒙宋之间局势相对缓和，这为余玠治蜀创造了有利的客观环境。

淳祐三年（1243）春，余玠于重庆设立帅府。在彭大雅奠定城池的基础上，进一步加强重庆城防的建设，正式将四川首府由成都迁往重庆，作为指挥全蜀抗战新的军政大本营。余玠仿效诸葛亮治蜀的办法，"集众思，广忠益"，在全川范围内张榜招贤。凡有应召而至者，皆"不厌礼接"；凡"言有可用"者，即"随其才而任之"。在余玠开诚布公、礼贤下士精神的感召下，四川军民"人心感悦，欢声若雷"[②]，争赴重庆献计献策，为其治蜀奠定了广泛的群众基础。

余玠治蜀的措施主要有以下几方面：

整饬军政 余玠针对四川军事、政治腐败的积弊，对四川的官僚机构进行了适当的整顿，在用人制度和奖惩制度方面作了必要的改革。他整顿吏治，健全官僚机构，遴选守宰，唯才是用，把因战祸或缺或散的地方官僚机构健全起来。他对在抗蒙战争中殉难死节的将士和地方官吏进行褒奖抚恤，对抗御蒙古军队的有功将士和官吏进行奖赏提拔，严肃纲纪，惩治贪污，使蜀中军政吏治

---

① 《宋史》卷416《余玠传》。
② 阳枋：《上宣谕余樵隐书》《字溪集》卷1。

得到改善。

恢复被战争破坏的蜀中经济 余玠在遭受严重破坏的成都平原组织军屯；在容易被敌军侵扰的地区，派兵保护，官给牛、种，募民营田；在不易被敌军进攻的夔峡等川东山区劝课农桑，努力恢复农业生产，同时努力发展商业以通蜀货。这些措施使得蜀中经济得到一定程度的恢复，为四川坚持抗蒙战争提供了物质条件。

改变防御战略，建立山城防御体系 余玠在总结前期抗蒙战争经验教训的基础上，采纳了播州（今贵州遵义市）冉琎、冉璞兄弟提出的围绕合州钓鱼山筑城布防的山城防御战略方案，在四川沿江修筑山城20座。所筑山城可考者有青居城（南充市西南）、大获城（苍溪县南）、云顶城（金堂县南）、天生城（重庆市万州区南）、铁牛城（安岳县城北）、云山城（蓬安县东南）、紫云城（犍为县东南）、平梁城（巴中县西）、小宁城（巴中县东）、得汉城（通江县东）、大良平（广安市东北）、登高山城（宜宾市东南）、神臂城（合江县西北）、赤牛城（梁平县西）、白帝城（重庆奉节县东）等。这些山城，"皆因山为垒，棋布星分，为诸郡治所，屯兵聚粮为必守计"。① 把防御阵地和州府治所搬至山城，借助水势，增加山险，能够发挥地理优势，扬长避短，以步制骑。同时，余玠调整防线，把四川制置司统率的四大都统制

图6—5 钓鱼城大门

---

① 《宋史》卷416《余玠传》。

第六章 南宋时期四川的政局

司的军队,重新部署在新筑的山城战略要地上。原驻沔州的军队,驻屯青居城,防备嘉陵江;原驻兴元的军队,驻屯钓鱼城(今合川县东),防备嘉陵江;原驻金州的军队,驻屯大获城,防备蜀口钓鱼城;原驻利州的军队,驻屯云顶城,防备沱江和岷江。四支军队层层设防,确保四川南部的安全。

余玠在蜀十年(1243~1253),治蜀有方。"任都统张实治军旅,安抚王惟忠治财赋,监簿朱文炳接宾客,皆有常度。至于修学养士,轻徭以宽民力,薄征以通商贾。蜀既富实,乃罢京湖之饷;边关无警,又撤东南之戍。自宝庆以来,蜀阃未有能及之者。"① 据记载,淳祐三年(1243),蒙古军队再次攻蜀,余玠组织四川军民与蒙古军"大小三十六战,多有劳效"。② 淳祐六年(1246),余玠又组织四川军民打败蒙古军队的四路进犯。淳祐十年(1250),余玠还率军北伐,与蒙古总帅汪德臣大战于兴元、文州等地。宝祐元年(1253),余玠又调集军队粉碎了蒙古军队对嘉定的围攻。宋理宗也承认:"余玠任四蜀安危之寄,著八年经理之功,敌不近边,岁则大稔。"③ 但是,余玠治蜀处处以国家民族利益为重,损害了南宋腐朽官僚集团的利益,理宗听信宰相谢方叔等权奸的谗言,在宝祐元年(1253)六月,下诏以余晦接替余玠职事,解除其兵权,召他回朝。余玠听到这个消息"愈不自安",饮恨而卒。④ 蜀人悲之。然而余玠所创立的山城防御体制和任用的将佐,却在日后的抗蒙战争中起了重要作用。

(二)蒙哥汗征蜀失败

淳祐十一年(1251),蒙哥即汗位。他在粉碎了宗室的叛乱阴谋,巩固了统治地位后,决心灭亡宋朝。蒙哥采用谋士姚燧的建议,改变"岁加兵淮蜀,军将惟利剽杀,子女玉帛,悉归其家,城无居民,野皆榛莽"的做法,实行将"春去秋来之兵,分屯要地,寇至则战,寇去则耕,积谷高廪,边备既实,俟时大举,则宋可平"⑤的策略,在与宋邻境的地区戍兵屯田。1256年前,蒙哥的战略重心是西征和灭大理、高丽,灭宋战争还处于准备阶段。

蒙哥伐宋战争的主攻方向仍然是四川地区。1252年,蒙哥汗命汪德臣在沔

---

① 《宋史》卷416《余玠传》。
② 《宋史纪事本末》卷94《余玠守蜀》。
③ 《宋史全文》卷34,淳祐十年六月。
④ 《宋史》卷416《余玠传》。
⑤ 《牧庵集》卷15《中枢左丞姚文献公神道碑》。

州筑城，作为取蜀之计。同年又派忽必烈征大理，为迂回包抄灭宋之策。1253年，忽必烈从今甘肃迭部县达拉分兵三路越过蜀边，进入云南灭掉大理。1254年，忽必烈班师北返，留兀良合台戍守大理，完成了从南面迂回包抄入蜀灭宋的战略部署。

理宗宝祐二年（1254）正月，蒙古军汪德臣又在利州筑城，且耕且守，使蜀土不可再复。五月，蒙古军汪德臣、帖哥火鲁在紫金山（今盐亭县北）大败新任蜀帅余晦的数万宋军。六月，进袭合川、广安，被宋守将王坚、曹世雄击退。另一支蒙古军围困嘉定五旬之久，亦被守将余兴击退。六月，宋朝将资浅望轻、未谙西事、指挥无能、战事屡败的余晦撤职，任命蒲择之权四川置制司事，李曾伯为四川宣抚使兼荆湖制置大使，进司夔路，加强四川防务。十二月，宋军收复剑门苦竹隘，迫使蒙古军从剑州撤退。

1255年秋至1256年春，驻戍利州和汉中的蒙古军与驻屯大理的兀良合台部又南北夹击攻入四川。兀良合台部"出乌蛮、趋泸江（即金沙江）"，进入叙州，沿长江至重庆地区与从北方南下的两支蒙古军相会，幸被宋军堵截，才被迫分别由原路撤退。南宋朝廷经过这次蒙古军队南北夹击攻蜀的教训，从1256年开始加强长江以南的防务，对临近云南的泸、叙沿边的吕告、阿永诸部，专门"差人赍物抚犒"，并以"银万两，使思、播，结约罗鬼为援"①，在沿边少数民族的协助下防御蒙古军队由云南入蜀。宝祐四年（1256）六月，宋朝任命朱禩孙知泸州兼潼川路安抚使，任责泸、叙边防。当年及次年，又派吕文德入播州措置关防，枢密院编修官吕逢年入蜀"趣办关隘、屯栅、粮饷，相度黄平、思、播诸处险要缓急事宜，具工役以闻"。②经过上述措置，南宋在四川长江以南的今兴文县建筑了凌霄城，南川县建筑了龙岩城，思州修三隘，播州修关隘，施州筑倚子山城，黄平、清浪、沅溪建屯，组成了一道防御云南的新防线。

1256年，蒙哥汗举行诸王百官会议，商定了大举灭宋之计，并决定亲自出征，进攻四川。

宝祐五年（1257）初，驻守利州的蒙古军再次攻占了剑州的苦竹隘。宋理宗下诏调荆湖兵应援。四月，蒲择之调蜀中宋军和荆湖援兵往剑门，经过两个

---

① 李曾伯：《回宣谕并问救蜀楮缴密奏》，《可斋续稿后》卷3。
② 《宋史》卷44《理宗纪四》。

月的战斗，收复了苦竹隘和剑门诸寨。随后乘胜北上进取利州，欲拔除汪德臣部的据点。因粮运不济，不克而返。同年秋，蒙哥汗命纽璘将兵万人入蜀略地，经利州、阆州、梁山军而至夔门。另一支由刘黑马率领的蒙古军则乘虚占领宋朝早已废弃的成都城，筑城以守，初步确立对成都的统治。

宝祐五年（1257）春，宋朝命蒲择之率领驻蜀诸军进取成都。正当宋军包围成都之时，蒙古军纽璘部从川东，汪德臣部从利州入援。蒙古军大败宋军，突破包围，乘胜攻取宋朝成都府治云顶山城。于是"成都、彭、汉、怀、绵等州"被蒙古军平定，"威、茂诸蕃"亦相继归附蒙古。① 从此，宋军退出西川，成都府南迁至嘉定，蒙古军巩固了在川西平原的统治。

四月，蒙哥汗自六盘山领兵4万，号称10万，分路入蜀。蒙哥汗自将主力出大散关至汉中，经利州沿嘉陵江取蜀。又派万户字里叉由沔州沿嘉陵江南进为主力扫清道路；命诸王莫哥从洋州出发，越米仓山，捣巴州，沿渠江而进；留守成都的纽璘率部抢渡马湖江，沿长江东下，奔袭重庆，从侧翼进攻川东，为其声援。

同年秋，在成都的蒙古纽璘部由资州渡沱江而南进抵叙州，遭到南宋守将、都统张实的阻拦。双方在江上激战，宋军溃败，张实被俘。蒲择之率部阻截，一触即溃。蒙古军遂突破泸州神臂城，直奔重庆，沿江而下。诸王莫哥及史天泽部则于年底攻占巴州后，沿渠江而达合州。

蒙哥由大散关进入汉中后，于九月沿金牛道向利州进发。十月，蒙哥在利州任命利州守将汪德臣为前锋将，随军征蜀。接着，挥师攻苦竹隘。宋将杨立据险固守，巷战牺牲。蒙古军遂取苦竹隘，沿嘉陵江东下，拔潼川府治长宁山寨（今剑阁县东南、苍溪县西北）。宋守将王佐不屈战死。十一月，蒙哥率军进攻阆州大获城，宋守将杨大渊降。十二月，进抵蓬州运山城，招降宋守将张大悦。随即移师南充市南的青居城，宋裨将刘渊杀都统段元鉴出降。位于广安县东北的宋大良城守将蒲元圭也挈城出降。于是蒙古军挥师东下，被阻于合州钓鱼城，与宋军展开了军事史上著名的"钓鱼城之战"。

面对蒙哥大举入蜀，围攻钓鱼城，宋廷以余兴为四川制置副使、知嘉定府兼成都安抚副使，又令四川制置使蒲择之以重兵攻重庆，企图通过捣虚牵制战

---

① 《元史》卷129《纽璘传》。

略，以解合州之围，但没有成功。同时，命荆湖制置使马光祖移司峡州，命六郡镇抚向士璧移司绍庆府（今重庆彭水），抽调长江中游宋军应援四川。马光祖不待奏请，招兵万人，捐银万两以募壮士，命将提兵援蜀。向士璧不俟朝命，进师归州，捐资百万以供军费。① 开庆元年（1259）三月，宋廷又以吕文德为四川制置副使兼知重庆府。五月，吕文德率舟师援蜀，在涪州蔺市与蒙古军纽璘部相遇，经过激烈战斗，冲破蒙古军的层层封锁，于六月初率兵进入重庆。接着，吕文德溯嘉陵江而上救援合州，在合州南被蒙古军史天泽部击败，只得退守重庆。

被蒙古军队围攻的钓鱼城，位于合州东南嘉陵江、渠江、涪江交汇之冲。其东南北三面临江，皆峭壁悬崖，陡然阻绝。城高二十仞，有城门八，城内有天池、水池、泉水，大旱不竭，易守难攻。② 其城控扼三江，既可阻止蒙古军长驱而下，以蔽重庆，又可连接渠江，组成一道封锁开、达、夔峡道路的防线。自 1240 年彭大雅筑钓鱼山寨，1224 年余玠筑钓鱼山城，这里就是四川的重要军事重地。1254 年，王坚任合州守将，又大规模修城设防，驻守重兵防御蒙古军队。开庆元年（1259）二月至五月，蒙哥亲自督师攻城，均被守将王坚击退。六月，蒙古军先锋汪德臣攻城，被宋军击伤死去。接着，蒙哥亦受伤，于七月死于军中。于是战局骤变，蒙古军被迫撤军，除留驻四川的汪氏部队和纽璘外，都相继返回六盘山。四川的战争缓和下来。至此，钓鱼城战役结束，蒙哥汗取蜀以失败告终。

蒙哥汗取蜀灭宋失败，除四川军民奋勇抵抗之外，亦有其自身战略失误。1258 年，蒙哥自六盘山入大散关，游显就向蒙哥进谏说："巴蜀水则江流悍急，陆则陟降山巘，舟车皆不可施……六军出此，恐非万全之策。不若取道关东夷途，直临江汉。"③ 但蒙哥以"朕业至此，势无回轸"为由④，拒绝了游显的建议。1259 年初，蒙哥汗召开前线军事会议，商讨伐宋方略，亦有部将进言"南土瘴疠，宜北还，所获人民，委吏治之"。术速忽里还进言说："川蜀之地，三分我有其二，所未附者，巴江以下数十州而已。地削势弱，兵粮皆仰给东南，

---

① 参见《宋史全文》卷 36，《宋史》卷 44《理宗纪四》。
② 万历《合州志》卷 1《钓鱼城记》。
③ 姚燧：《荣禄大夫江淮等处行中书省平章政事游公神道碑》，《牧庵集》卷 22。
④ 《蒙兀儿史记》卷 133《游显传》。

故死守以抗我师。蜀地岩险,重庆、合川又其藩屏,皆新筑之城,依险为固,今顿兵坚城之下,未见其利。曷若城二城之间,选锐卒五万,命宿将守之,与成都旧兵相出入,不时扰之,以牵制其援师。然后我师乘新集之锐,用降人为向导,水陆东下,破忠、涪、万、夔诸小郡,平其城,俘其民。俟冬水涸,瞿塘三峡不日可下,出荆楚,与鄂州渡江诸军合势,如此则东南之事一举可定。其上流重庆、合州孤立无援,不降即走矣。"①但诸将好胜心切,蒙哥未采纳这一远见卓识的计谋,而在天时、地利尽失的态势下与宋军在钓鱼城下开展长期的战略决战,铸成了身亡丧师的结局。

钓鱼城抗蒙战争的胜利,对延长南宋王朝的统治时间起了重要作用。由于蒙哥汗在钓鱼城战役身亡,蒙古军队原订的会师鄂州后顺流东下直趋临安的计划破产。忽必烈、兀良合台闻蒙哥汗死,亦相继北撤。南宋王朝面临的灭国之祸被解除。正如明人邹智所说:"向使无钓鱼城,则无蜀久矣。无蜀,则无江南久矣。宋之宗社,岂待崖山而后亡哉!"②

三、全蜀残破与元朝统一四川

(一)十年拉锯战

景定元年(1260)三月,忽必烈在开平召开忽里台大会即汗位。同年四月,其弟阿里不哥也在漠北召开忽里台大会即汗位,据有漠北之地。蒙古帝国开始了长达四年的争位战争。在忽必烈平定内乱、巩固统治、建立元朝前,蒙古军队无力全面地大规模地向南宋发动进攻,宋蒙战争处于相对缓和状态。

在四川地区,忽必烈把蒙哥汗征蜀留驻的军队,主要分屯于成都和青居山(今南充市南)。蒙古帝国在成都设有成都经略司,派都元帅纽璘、百家奴镇守,刘黑马兼任经略使。其主要任务是抚定西川,防止嘉定、泸州方向的宋军进攻,并以成都为基地,继续扩展在川西、川南的统治地盘。在青居城设立东川帅府,命都元帅钦察与汪惟正戍守。其主要任务是以青居为基地,监视合州、重庆宋军溯嘉陵江来袭,并绕过钓鱼城、渠江,向开、达、夔一线扩展。1262年,忽必烈又在潼川设立帅府,派宋朝降将刘整和成都经略司的刘元礼戍守,巩固其

---

① 《元史》卷129《来阿八赤传》。
② 万历《合州志》卷1《跋钓鱼城志后》。

在川中的统治。这样，蒙古军队就大体上占有嘉定、合川以北，渠江以西的四川广大地区，并建立起统治这些地区的军政机构。宋朝在四川则只控制了川南、川东的岷江、嘉陵江、渠江、长江防线一带地区。于是蒙古军队以成都、青居等地为基地，宋朝军队以嘉定、泸州、重庆、钓鱼城等地为基地，双方展开了扩展占领区与收复失地的拉锯战争。

这时，蒙古军队对四川的战争，改变了唯利剽掠的做法，实行屯田积粮，恃险筑寨，依靠降将步步为营，进逼宋军，占领全川的战略战术。四川宋军则依然是依靠旧有山城，并修筑新的山城，层层设防，与蒙古军队相周旋。

宋军以嘉定为基地，从1260至1266年多次向成都的蒙古军队发动进攻，但均被蒙古军队打败，未能达到收复成都的目的。

蒙古军队则以成都为基地，从1262至1268年亦多次向宋军发动进攻，亦未能攻克嘉定，只是取得了眉、简二城，控制了阻扼宋军进攻成都的道路和攻拔了嘉定城外的小寨。

在泸州战场，宋军迁治神臂城，守将刘整，因四川制置使余兴和策应大使吕文德图谋加害，于1262年以泸州15郡30万户投降蒙古成都守将，泸州遂为蒙古军占领。宋廷急命余兴进讨，兵败撤职。宋廷又任吕文德兼四川宣抚使，再次领军进讨。1262年初，刘整兵败，"徙泸州军民于成都、潼川"①。吕文德收复泸州，"所隶之州惟泸、叙、长宁、富顺"，其余州郡悉为蒙古据有。其后在1267年、1269年、1270年，蒙古军三次从水上发动进攻，均被宋军打退，未能攻克泸州。

在川东战场，驻守青居的蒙古军队和驻屯合川钓鱼城的宋军，都曾多次向对方发动进攻，均进展不大，胜负未分。唯蒙古军杨大渊（原降蒙哥的宋阆州守将）部于1262年击败宋军，突破宋军的渠江防线，进取开、达、夔三州，在今开县、达县间进筑蟠龙山城。1263年，青居帅府参议张廷瑞又在今广安县北渠江滨筑虎啸城，并于1263年和1264年两次击败了由四川制置使夏贵统率的数万宋军的围攻，从而拦腰截断了合州钓鱼城与大良城（今广安县东北）的联系。不久，蒙古军又攻占了大良城，宋得汉城（今通江县东北）守将以城降蒙古。1264年，蒙古军队又攻开州，威胁夔州。宋廷乃派合州知州张珏等率军与

---

① 《咸淳遗事》卷下。

蒙古军激战，相继于1266年底和1267年春收复了大良城和开州。

通过在四川的拉锯战争，蒙古军队又蚕食了宋朝在四川的一些领土。到1268年，四川原来的六十余州，"止有二十余州。所谓二十余州者，又皆荒残，或一州而存一县，或一县而存一乡"。① 唯沿江一线几座山城，特别是钓鱼城尚相当坚固，支撑着宋朝在四川的统治。

（二）全蜀残破

从1234年蒙古军队攻入四川，到1270年蒙古军队占领四川三分之二以上境土，四川内郡经历了三十余年的战争。由于蒙古部族社会的落后，蒙古贵族嗜于掠夺，使这场战争的掠夺性、破坏性尤为严重。正如恩格斯所说："每一次由比较野蛮的民族所进行的征服，不言而喻都阻碍了经济的发展，摧毁了大批的生产力。"② 蒙古贵族的侵蜀战争使全蜀残破，给四川社会经济带来毁灭性破坏。

战争使四川人口锐减。蒙古部族是一个经济落后的游牧部落，掠夺财物是蒙古贵族征服各地的主要目的。因而在征服南宋、进攻四川的战争过程中，"军将惟利剽杀，子女玉帛，悉归其家"③，蒙古军队往往采取烧毁城市、杀掠居民的政策。端平三年（1236）蒙古军队向四川进攻，"屠成都，焚眉州，蹂践邛、蜀、彭、汉、简、池、永康，而西州〔川〕之人十丧七八矣"。④ 蒙古军队攻破成都，怕"民心不归"，纵火烧杀，使"城中百姓无得免者"。⑤ 元朝史官虞集就说，蒙古军进攻汉州，"忿而血洗焚荡，死者十余万家"。进驻眉州的蒙古军为了勒索金银，驱蜀民列地而坐，以白刃相加，有金者免，无金者杀。"蜀人受祸惨甚，死伤殆尽，千百不存一二。"⑥ 元朝另一史官袁桷也说："蜀祸之惨，诚不可言。""蜀民就死，率五十人为一聚，以刀悉刺之。乃积其尸，至暮，疑不死，复刺之。""（宋）贺靖权成都，录城中骸骨一百四十万，城外者不计。"⑦ 这些记载蒙古军队屠杀四川人民的数字或许有些夸大，但蒙古军队肆意杀戮，

---

① 《元一统志（辑本）》卷5。
② 恩格斯：《反杜林论》，《马克思恩格斯选集》第3卷，人民出版社1972年版，第222页。
③ 《元名臣事略》卷8《左丞姚文献公》。
④ 虞集：《史氏程夫人墓志铭》，《道园学古录》卷20。
⑤ 《昭忠录·王翊》。
⑥ 吴昌裔：《论救蜀四事疏》，《宋代蜀文辑存》卷84。
⑦ 袁桷：《史母程氏传》，《清容居士集》卷34。

使"西川之人十丧七八",应该是较为接近真实的。蜀人牟子才就说:"敌自丙申（1236）以来,惟知嗜杀以逞威,逃难之民,值者辄死。父母妻子,骈首就戮。膏血原野,可谓惨矣。"①吴泳曾说,在蒙古军队的杀戮中,蜀中吴氏"宗族死者十人,亲戚死者三十二人"。②《宋史》记淳祐元年（1241）冬,蒙古军攻普州,知州何叔丁、判官杨仁举,"两家二十余人死于难"。成都被围,四川制置使陈隆之"举家数百口皆死"。③阳枋也说:"蜀之辛卯（1231）以来,士夫军民死于兵者不知几百千万。远者未暇论,姑自近者言之。辛丑（1241）西川之祸,殆不忍言。汉、嘉之屯,阵亡者众；江阳失险,泸、叙以往,穷幽极远,搜杀不遗,僵尸蒙野,良为寒心。"因此,他向余玠建议要"吊死恤孤","严责州县,多方掩埋",行"兴灭断绝、抚孤慈幼之仁政,于以系民心,于以收军心,于以回天地鬼神之心"。④蒙古军队肆意杀戮蜀民的行为,直到忽必烈即位才有所收敛。在此之前,蒙古军队运蒙哥汗灵柩北归,遇人就杀,沿途竟杀了两万多人。⑤所以,每经战祸之后,宋廷总是要下诏令四川州县收埋遗骸。

蒙古军队除残酷屠杀蜀民之外,还大量掳掠四川百姓到陕西等地为奴。在元代,陕西地区的"岐、雍民家皆蜀俘,百十为曹,相煽亡归"。同州有"川蜀之士奴于人者","奴民势家潘君（潘仲良）及民十余家云,皆其父祖俘自蜀中"。⑥

除蒙古军队屠杀掳掠之外,蜀中溃兵败将又趁战乱之机,掳掠抢杀,使不少蜀民死于非命。宋朝在四川的贪官暴吏,在大兵乱离之后,又横征暴敛,大刮国难钱,大发国难财,使不少蜀民流离失所。因此,经战乱劫后余生的四川人民,有的携老小入山避敌,或逃亡到少数民族地区,或顺流东下而至江陵。

这样,经过近半个世纪的战乱杀戮,逃散迁徙,四川人口锐减。嘉定十六年（1223）川峡四路有259万户,到元朝统一后的至元十九年（1282）就只剩下12万户。

---

① 吴泳:《知宁国府乞祠状》,《鹤林集》卷24。
② 牟子才:《论救蜀急著六事疏》,《宋代蜀文辑存》卷87。
③ 《宋史》卷449《陈隆之传》。
④ 阳枋:《上宣谕余樵隐书》,《字溪集》卷1。
⑤ 《马可孛罗游记》,张星烺译,燕京大学图书馆1929年发行,第108页。
⑥ 姚燧:《程公神道碑》,《牧庵集》卷24；《安西路同州儒学正潘君阡表》,《牧庵集》卷27。

第六章 南宋时期四川的政局

战争使四川满目荒凉，经济破坏。在蒙哥汗征蜀时期，蒙古军队所经之处，已是"无房掠以为资，无俘获以备役"。① 在忽必烈放弃不拓疆土、惟利剽杀、抄掠即去的政策，决定长期占领四川之后，蒙古军队在四川最富庶的川西、川中地区，也只能遍布屯田，寓兵于农，以解决军食。

在宋军控制地区，主要依靠山城结寨自保，组织军民屯田营田来勉强维持农业生产。山城是放弃平川沃土，挈家筑寨，耕战自保，以备兵祸的攻防之地。它驻屯有军队，成为战时府州治所，既解决抗蒙战争中的坚壁清野，又安置了部分百姓，为他们的居住和生计提供了起码的条件。史料记载，余玠筑钓鱼城后，"城中之民，春则出屯田野，以耕以耘，秋则收粮运薪，以战以守"。② 张珏经营钓鱼城，"外以兵护耕，内教民垦田积粟，未再期，公私兼足"。③ 这里的"公私兼足"，实际是残兵残民失掉平川富庶之地后，衣食无着，耕战自守，苟延性命的生动写照。宋末残存的州县多在川东夔峡经济最为落后的地区。那里山高天宇窄，耕地绝少，是刀耕火种之地。在川西、川中、川北富庶地区丧失和残破之后，夔峡地区的农业生产反而成为宋末四川的经济命脉，正反映了当时经济残破的严重性和现存经济的脆弱性。

随着人口锐减，农业破产，宋代四川蓬勃发展起来的井盐业、茶业、酒业、纺织业、商业等，也一落千丈，全面崩溃，从而引起宋末四川财政的彻底破产。

长期战争，还使宋朝四川军队面临崩溃的局面。宋朝部署在四川战场的军队，在宋金战争时期约十万人，后来裁减到九万人，吴曦叛变后，又裁减到七万人。到余玠任四川制置使时，"总而计之，不满五万人之数"。④ 为了抵御蒙古军队，宋廷不得不招募大量的"忠义"民兵来协助官军抗战。经过蒙古征蜀和忽必烈即位后的十年拉锯战，宋朝军队只困守几座山城，其人数显然已大大减少。这些士兵的生活非常困难，战斗力极弱。"茅檐苇屋暑蒸寒冻而兵寨穷，蛀麦糙米沙杂水拌而兵食穷，破缯败絮襟捉肘见而兵衣穷。平时口眷无以为生，脱或临阵而责其效死，难矣。"⑤ 所以蒙古军入蜀以后，四川的宋臣总是请求朝

---

① 《元史》卷157《郝经传》。
② 《钓鱼城记》。
③ 《宋史》卷451《张珏传》。
④ 吴昌裔：《论蜀变四事状》，《宋代蜀文辑存》卷84。
⑤ 牟子才：《论救蜀急著六事疏》，《宋代蜀文辑存》卷87。

廷增兵入蜀，宋朝为了确保四川的安全，在军力可能的情况下，也经常采取临时性的紧急军事援助。并常将荆湖与四川划归一个防区，由荆湖帅臣兼任四川防守任务，以荆湖兵力支援四川的抗蒙战争。但随着南宋王朝军事力量的衰落，军队数量的减少，南宋增兵入蜀，也是杯水车薪，无济于事。

经济、财政、军事上的崩溃还造成了人心的瓦解。蒙古军队的掠夺战争和民族压迫，曾促使四川人民高度发扬保家卫国的民族精神。官则坚贞不屈，以身殉职，民则"捐财以助边，荷担以供饷"①，涌现出曹友闻、丁黼、陈隆之、余玠、王坚、张珏等一大批爱国将领和成千上万浴血奋战、誓死不降的军民。在宋遗民所写的《昭忠录》中，被列为宋廷死节将领凡130人，其中蜀中将领56人，占43%。元人刘麟瑞著《昭忠逸咏》，收录宋末仗义死节之士凡50人，其中与蜀事有关者15人，占30%。这种高度的爱国主义的民族精神是四川抗蒙战争的基石，但是由于南宋朝廷的腐朽，抗战将领不能伸其志，欲其行。加之溃兵败卒掠子女，掳财物；贪官污吏横征暴敛，"其患甚于外寇"，导致人心大失。特别是忽必烈即位后，敕令部将不得大肆掳掠，加强同汉族地主分子的联合，大量招降和任用降将，更使四川民心瓦解。总之，在元朝建立前夕，全蜀已经残破，经济、财政、军事、民心已经全面崩溃，四川的抗蒙战争已处在无兵、无财、无民的境地。

（三）元朝统一四川

1271年，忽必烈正式建立元朝，下令伐宋。此前忽必烈已接受了南宋降将刘整的建议，将军事主攻方向由四川转移至襄阳和樊城，并完成了对襄、樊的包围。元军为集中兵力保证襄樊战役的胜利，还从四川抽调兵力，故对四川只采取牵制战略而未开展大规模的军事行动，元军在四川的军事力量显得薄弱。1272年冬，宋知嘉定府、四川都统昝万寿还率军奔袭成都，进至成都东郊而还。1274年，元军占领襄、樊之后，忽必烈下诏水陆大举攻宋，并令元军攻取东、西两川。1275年，元军相继占领了嘉定、泸州、叙州等沿江城寨，分五路包围重庆。合州守将张珏拒绝元军招降，继续坚持抵抗。1276年元军进入临安，南宋灭亡。文天祥、陆秀夫拥戴益王赵昰、广王赵昺流亡广东，继续抗战。张珏再次拒绝元军招降，并遣军收复泸州，解围进入重庆，就任四川制置使。

---

① 吴昌裔：《论三边防秋状》，《宋代蜀文辑存》卷85。

第六章 南宋时期四川的政局

张珏领导渝、泸、合、涪、万等城军民继续为宋坚守,并派兵寻访昰、昺下落,积极在钓鱼城营建宫殿,以图在四川重建宋朝。元军更换将帅,增派兵力,于1277年攻陷泸州。1278年初,元朝集结重兵再攻重庆,宋军势穷,张珏拒绝投降,部将开门纳元军入城。张珏巷战失利,乘船东下,被元军俘获,拒绝降元后遭杀害。接着,元军相继招降宋将,攻拔了川东的城寨。南宋祥兴二年(1279)一月,合州守将王立降元,元朝彻底平定四川诸城,统一了四川。

从1227年蒙古军队攻掠蜀中边郡,到1279年四川被元朝军队全部占领,四川抗蒙(元)战争长达52年。即便从1234年蒙古军队进入四川内郡算起,到1279年四川为元朝统一,四川的抗蒙(元)战争也长达45年,近半个世纪之久。这在四川的兴亡史上是绝无仅有的。四川成为南宋抗蒙(元)战争最久和最后的基地,有主客观两方面的原因。

从主观方面讲,首先,四川军民的抗蒙(元)战争是一场反对民族压迫、掠夺的正义战争,因而四川军民能发扬高度的爱国主义精神,万众一心,不怕牺牲,前仆后继,反对蒙古军队野蛮的杀掠。在抵抗战争中,四川军民创造了适合抗御蒙古军队的山城防御战略战术,寸土必争,寸土必守,使蒙古军队不能轻易占领四川。

其次,当时的四川,是南宋政权的一部分,南宋政权的长期存在及其在政治上、军事上、经济上对四川军民的应援,对四川军民长期坚持抗蒙(元)战争起了极其重要的作用。在四川兴亡史上,秦灭巴蜀、东汉取蜀、后唐平蜀和北宋灭蜀,时间之所以短,蒙古取蜀时间之所以长,其重要原因就在于:前者的蜀是一个割据的独立政权,一旦它的政治军事中枢被摧毁,整个四川便土崩瓦解;后者的蜀是南宋中央政权之下的组成部分,地方政府的政治军事中枢被摧毁后,却能在中央政府的扶持下,死而复生。因此,尽管有蒙古军队端平年间大举入蜀,"凡破四川州府数十,残其七八",1238年进扰西川,1239年进掠川东,直抵夔峡,1241年破成都、汉州、嘉定、泸州等20城,制造"西川亡祸"等战事,宋军仍能渐次收复失地。在1251年蒙古军队驻屯西川,蒙哥汗大举征蜀占领四川大部分土地之后,宋军仍能依靠四川东部贫瘠地区继续抗战。直到南宋政权灭亡之后,才结束了四川的抗蒙(元)战争。

从蒙古方面讲,蒙古军队征蜀,受蒙古帝国军队征服世界战略计划和蒙古贵族内部争夺汗位的影响和制约,以及南宋政权对四川抗战支援的制约。从

1227年蒙古军队开始进攻四川到1256年的30年间，蒙古帝国军队主要作战计划是西征，不能集中兵力攻宋，根本没有长期占领四川，进而灭亡南宋的计划。1257～1259年，蒙哥汗大举伐宋，亲自率军入蜀，因战略错误和四川军民英勇抵抗，蒙哥死于军中，忽必烈回师北上争夺汗位。蒙古伐蜀灭宋战争以失败告终。从1260年忽必烈即位到1273年的十多年间，因忙于平定内乱和灭宋战略进攻重点转至荆襄战场，亦无灭蜀计划，四川战场又处于胶着状态。蒙古帝国的分裂和元朝的建立，改变了整个宋蒙（元）战局。元朝统治集团不再受征服世界战略和内部争夺汗位的牵制和影响，得以集中精力伐宋。宋元战争成了中国封建社会王朝更替的战争。社会、经济、文化先进而政治、军事腐败的南宋政权，受到元军的全力进攻，它的灭亡已不可避免。只是由于元军主攻方向是直取临安灭亡宋朝，才使得四川地区在南宋灭亡之后被纳入元朝统治。

在我国历史上，南方的农耕民族常受北方游牧民族的军事威胁。汉代的匈奴、唐代的突厥，其军力不谓不强，却被汉、唐王朝所败，其根本原因在于汉、唐王朝处于盛世，政治较为清明，军力强大。南宋之所以被蒙（元）灭亡，其根本原因不在于蒙古军队强大，而在于南宋朝廷执行守内虚外的国策和政治的极端腐败。它再次证明了腐败必定亡国，是我国反复出现的一种历史现象。

第七章 宋代四川的少数民族

两宋时期,原住四川的少数民族迁徙变动不大,仍然主要分布于四川盆地沿边地区。"自黔、恭以西,至涪、泸、嘉、叙,自阶又折而东,南至威、茂、黎、雅,被边十余郡,绵亘数千里,刚夷恶僚,殆千万计。"① 五代两蜀政权,无力对民族地区进行开拓,宋朝则实行"恃文教而略武卫",划地为界,弃不毛之地,以防御为主的政策。在冲突与友好并存的历史进程中,各民族之间的关系更为密切,少数民族与中央王朝的政治经济文化联系进一步加强,民族地区的社会经济文化有了进一步的发展。

第一节 僚 人

一、僚人的融合

僚人是古代西南地区以及岭南一些民族的称谓,名目繁多,习俗也颇不相同。秦汉时期,僚人是夜郎国的主要民族。魏晋时期,僚人大批入蜀,分散各地,与汉人和当地少数民族杂处。在长期的交往中,僚人逐渐与汉人和其他少

---

① 《宋史》卷 496《蛮夷四》。

数民族自然融合，这一过程到南宋时期大致完成。

五代和北宋时期，四川一些地区尚有不少的僚人。据《太平寰宇记》记载：简州（今四川简阳）、资州（今四川资中）的僚人，"言语与夏不同，嫁娶但鼓笛而已，遭丧乃以竿悬布，置其门庭，殡于别所，至其体骸燥，以木函盛置山穴"。黔州（今重庆彭水）"多是蛮僚"，杂居山洞，"其性犷悍，其风淫祀，礼法之道，故不知之"。忠州（今重庆忠县）"夷僚颇类黔中"。荣州（今四川荣县）"夏人少，蛮僚多，男不冠栉，女衣斑布，姓名颠倒，不知礼法"。富顺监西隅的赖牛、赖易两镇，则是"土僚"的聚落。① 昌州（今重庆大足）"无夏风，有僚风，悉住丛青，悬虚构屋，号'阁栏'。男则蓬头跣足，女则椎髻穿耳。以生处山水为姓名，以杀为能事，父母丧不立几筵"。泸州夷僚"与汉不同，性多犷戾，而又好淫祠。巢居山谷，因险凭高，著斑布，击铜鼓，弄鞘刀，男则露髻跣足，女则椎髻横裙，夫亡妇不归家，葬之崖穴。刻木为契，刺血为信，衔冤则累代相酬〔仇〕，乏用则鬻卖男女"。在戎州（今四川宜宾），"蛮僚之类，不识文字，不知礼教，言语不通，嗜欲不同，椎髻跣足，凿齿穿耳，衣绯衣、羊皮、莎草，以鬼神为征验，以杀伤为戏笑，少壮为上，衰老为下，男女无别，山岗是居"。"城之内外，棘〔棜〕夷葛僚，又动以万计，与汉人杂处。"渝州（今重庆）"蛮界乡村有僚户"，"山谷中有狼猺乡，俗构屋高树，谓之'阁栏'。不解丝竹，唯坎〔击〕铜鼓，视木叶以别四时。父子同讳，夫妻共名，祭鬼以祈福"。② 其他如嘉州（今四川乐山）、邛州（今四川邛崃）、雅州（今四川雅安）、南平军（今重庆綦江）等地均有僚人的记载。但到南宋时期，四川内郡的僚人已基本上被自然融合，有关僚人的记载寥寥无几。如戎州城内外的僚人在北宋徽宗时期经济文化、风俗习惯都与汉人没有多大差异，受州人因"车书同，声教一"之请，宋朝乃更名叙州。沿边尚未融合的僚人，以后或成为仡佬族的先民，或被其他民族融合。

二、南平僚区的开发

在宋代，今重庆市綦江、南川和贵州桐梓县等地是僚人最为集中的地区。

---

① 《舆地纪胜》卷167。
② 引文均见《太平寰宇记》。

第七章 宋代四川的少数民族

"渝州蛮者，古板楯七姓蛮，唐南平僚也。其地西南接乌蛮、昆明、哥蛮、大小播州，部族数十居之。"① 他们逐渐与汉族融合，汉化程度高，被称为"熟夷"。其首领李光吉、王衮、梁承秀三族，各有众数千家，独霸一方，对当地人民实行封建农奴制统治，并经常侵夺土地，掳掠汉户，胁迫汉人充当客户，与宋朝为敌，使宋朝政府难于容忍。熙宁三年（1070），夔州路转运使孙固等人，决定兴师讨伐，"复宾化寨，平荡三族。以其地赋民，凡得租三万五千石，丝绵一万六千两，以宾化寨为隆化县，隶涪州；建荣懿、扶欢两寨"②，由宋朝直接管辖。接着在熙宁八年（1075），又派兵控制邻近隆化县的铜佛坝（今綦江县赶水），建南平军，辖南川（今綦江县）、隆化二县。大观二年（1108），木攀族首领赵泰、播州夷族杨光荣各以地内属，建溱（今重庆市万盛区）、播（今贵州桐梓）二州。宣和三年（1121）废溱、播二州，以其地属南平军。至此，今綦江、南川、桐梓三县之地均归南平军，由宋朝直接管辖。③

南平军的建立，结束了各部族首领独霸一方、割据称雄、相互仇杀掠夺的局面，有利于经济的发展。而割据势力的消除，又废除了豪强农奴主强迫农民"纳身"的农奴制生产关系，"以其地赋民"，解放了社会生产力。伴随宋朝封建政权的巩固而迁入的大批汉人，又带来了先进的生产技术和科学文化，加速了这一地区的开发。

农业是南平军地区的主要经济部门，"南川县地皆膏腴"④，适于农业生产，少数民族都建有谷库，储藏稻米。大批汉人迁来从事农业生产，更促进了农业生产的发展。熙宁建邑之初，就有任氏兄弟五人，自蜀中前来开荒种地，安家落户，故名五弟坝。⑤ 到南宋时期，南平军地区农业发展水平，特别是水稻生产，已与蜀中内地不相上下。在这一时期，该地区的手工业也相当发达。綦江地区产铁，宋朝在南平军建广惠监，铸造铁钱。熙宁时岁铸 4 万贯，元丰二年（1079）达 6 万贯。⑥ 纺织业是这一地区最主要的家庭手工业，蚕桑丝织业相当

---

① 《宋史》卷 496《蛮夷四》。
② 《宋史》卷 496《蛮夷四》。
③ 南平军的建置过程及管辖区域，系综合《宋史·地理志》《宋史》卷 496《蛮夷四》《宋会要·蛮夷》5 之 35、《宋会要·方域》7、《遵义府志》等书记载。
④ 《舆地纪胜》卷 180。
⑤ 民国《南川县志·古迹》，今南川县陈家场木地坝即宋代五弟坝旧址。
⑥ 民国《南川县志·古迹》。

发达，所出产的绢是贡品。茶叶生产也有相当规模。宾化茶叶制于早春，是当时蜀中名贵茶叶之一。畜牧业也是南平军重要的经济部门。该地是四川出产马匹的地区之一，宋朝在南平军开设市马场，每年买马50匹以上。两宋时期，南平军地区的商业也较为发达。熙宁十年（1077），宋朝在南平军设商税务三个，征收商税3447贯。经济的发展也促进了文化事业的发展。南平进士胡璞，曾作《经采石渡》诗，被苏东坡赞赏称颂。郭囊氏世家南平而传《易学》。① 楼堂馆亭和寺院建筑亦蓬勃兴起，有来远堂、绥静堂、见溪堂、朝爽堂、江山堂、云山堂、飞云楼、塞乐园、四敦堂、万壑堂、万山亭、报恩寺、青莲院等馆堂胜地②，"颇多石刻，宾佐之盛，号剧治焉"。③ 所以宋人说，南平军"自唐宾服，开拓为郡，今衣冠宫室，一皆中国。四民迭居，冠婚相袭，耕桑被野，化为中华"。④ 它是宋代四川少数民族地区经济文化发展最为迅速的地区。

第二节　黔涪地区的少数民族

两宋时期，黔州、涪州（今重庆涪陵）、夔州（今重庆奉节）沿边至贵州境内一带的少数民族统称"西南夷部"。"其地东北直黔、涪，西北接嘉、叙，东连荆楚，南出宜、桂。"这一地区的少数民族俗椎髻，左衽，或编发，随畜牧迁徙无常，无城郭，散居村落，喜险阻，善战斗，刻木为契。劫盗者，偿其主三倍；杀人者，出牛马三十头与其家以赎死。疾病无医药，但击铜鼓、铜锣等以祀神。部族共一姓，虽有君长，而风俗略同。宋初以来，这一带有龙蕃、方蕃、张蕃、石蕃、罗蕃最著名，号"五姓蕃"。此外还有程氏、韦氏二姓较大，皆比附五姓，合称"西南七蕃"。这七部自为其国，每三两百户为一州，州有长，国王所居，有城郭，无壁垒，官府唯短垣。⑤

五代王建、孟知祥据蜀时期，"西南七蕃"不与中原相通。宋初以来，"皆

---

① 民国《南川县志》。
② 《舆地纪胜》180。
③ 民国《綦江县志》。
④ 《舆地纪胜》180。
⑤ 均见《宋史》卷496《蛮夷四》。

常奉职贡，受爵命"，尤以龙氏于诸姓最大，与宋朝的关系更为密切。宋朝授予各部首领以蕃落使、将军、郎将等官职，这些部族首领经常派遣庞大使团往返万里到京师汴梁贡奉方物。如熙宁六年（1073），"龙蕃、罗蕃、方蕃、石蕃八百九十人入觐，贡丹砂、毡、马。其后比岁继来，龙蕃众至四百人，往返万里，神宗悯其勤，诏五姓蕃五岁一贡，人有数，无辄增加，以息公私之扰"。①

宋朝对"西南七蕃"在政治上实行羁縻统治，在黔州设羁縻州49个（南宋为56个，大部在今贵州境内），由各部少数民族首领统治本部，宋朝不干涉其内部事务。同时还团结溪洞投归的少数民族组成义军、土丁，"遇蛮入寇，遣使讨袭，官军但据险策应"。这些少数民族义军不但维护了沿边的安宁，而且成为宋朝政府镇压和讨伐蜀中其他地区少数民族反叛的重要军事力量。在经济上，宋朝对朝贡使臣都优于赏赐，并在沿边开展蕃汉贸易，特别是针对"蛮人数扰边"本无他求，"唯欲盐耳"的现实，在沿边开展以盐易粟的商业贸易，既满足了少数民族的食盐需要，又解决了沿边城寨的军需。因此，终两宋之世，"西南七蕃"一直与宋朝保持友好的臣属关系。

"西南七蕃"的经济较为落后，农业是其主要经济部门。"尚耕种亦有五谷，多种稻。"②虽耕作粗放，然土广人稀，粮食生产基本能自给，并有余粮与宋朝交换食盐。畜牧、狩猎、采集和家庭手工业是这些少数民族的重要经济部门。"峒民无地习耕稼，射麋捕虎连昼夜"③，"以木弩射麋鹿充食"④等记载表明，狩猎业在其经济生活中占有重要地位。马、麝香、虎皮、犀角、黄连、黄脂、蜡烛、水银、朱砂、花席、花幕、白布、斑布，是当地少数民族出产的土特产品。这些物品既是各部族到宋朝京师朝贡的贡品，又是同汉人进行交换的商品。

此外，夔州地区还有"施州蛮"，生活在今湖北和贵州境内，被称为"熟夷"。真宗咸平年间，"施州蛮"曾进犯宋境，宋朝"以盐与之，且许其以粟转易"，"自是不为边患"。熙宁年间，首领田氏内附，与宋朝保持友好关系。

---

① 《宋会要·蕃夷》5之12。
② 《宋会要·蕃夷》5之12。
③ 陆游：《剑南诗稿》卷3。
④ 《宋会要·蕃夷》5之12。

第三节 泸南地区的少数民族

泸南地区的少数民族分布于今泸州和宜宾市南部及滇、黔边境一带。唐王朝在这一地区开拓"生僚",置羁縻州,隶泸州都督府,宋代称之为"泸夷"、"泸州部"、"泸州蛮"。史载泸州管下溪洞、巩州、定州、高州、奉州、淯州、宋州、纳州、晏州、投附州、长宁州,皆唐以来和宋朝所赐州额,被称为"羁縻十州五囤蛮"。①两宋之时,这一地区除原有的僚人诸部,如"都掌""罗始党""晏夷"等外,还包括北宋中期势力逐渐增强的"乌蛮"部落。其中居住在宋朝直辖沿边,汉化程度较高的被称为"熟夷",其余被称为"生夷"。

"都掌"始见于唐代开发"山僚",为羁縻纳州属县之一。元丰年间"都掌"曾协助宋朝镇压"乌蛮"乞弟反叛。其后宋朝在当地组织"夷义军","都掌"十九族,"因为八指挥",为顺化义军。② 政和年间又助宋攻"晏夷"卜漏,势力逐渐强大。

"罗始党"又名"罗始兜",是宋代活动于泸南(今四川兴文县东北)僚人族属的少数民族部落。"罗始党"本为村落名称,周围有良田万顷,是"泸夷"的主要农业区。元丰七年(1084),宋朝政府在"泸夷"地区组织义军,"罗始党"八指挥以"归化义军"为名,北宋政和年间曾助宋镇压"晏夷"卜漏,实力得以保存。

"晏夷"是居住在今兴文、长宁、珙县一带,从事农耕的僚人部族。宋代四川著名的盐井监——淯井监就位于"晏夷"分布区的腹地。"淯井牢盆之利,汉夷争之"③,宋朝政府与这一带的少数民族时常发生武装冲突。大中祥符六年(1013),晏州(今四川兴文)多刚县夷人斗望率众击劫淯井监,江安知县被害,民皆惊走戎州。转运使寇瑊发兵讨伐,由江安沿溪入合滩,至生南界地区,在斗满村、罗固募村、斗行村上屏风山的三次战争中,"夺资粮五千石,枪刀、什

---

① 《宋会要·蕃夷》5之21。
② 《长编》卷351,元丰七年二月己丑。
③ 蒲果:《忠祐祠记》,嘉庆《四川通志》卷35。

器万数,焚罗固募、斗引等三十余村,庵舍三千区"。其后又于罗个颓、罗能、落运等村及龙峨山"烧舍千区及积谷累万"。七年(1014),斗望再次来斗,为宋军大败,乃率及诸村首领赴淯井监自陈,"愿贷死,永不寇盗边境"。① 皇祐元年(1049)二月,晏州夷众万余人复围淯井监,水陆不通者甚久,为宋朝知益州田况发兵击退。熙宁六年(1073),"六姓夷"再次攻劫淯井监,次年为熊本平定,于是晏州"山前后、长宁等十八姓及武都夷皆内附"。② 元丰八年(1085),宋朝平定"乌蛮"乞弟之后,将长宁管下山前后九州少数民族组成"夷义军",称"怀化义军"。③ 政和五年(1115),"晏夷"卜漏叛宋,为赵遹讨平,拓地千里,筑五城,自此以后"晏夷"与宋朝的武装冲突方告平息。④

"乌蛮"是彝族的先民,北宋中期成为泸南地区最为强盛的部族。庆历二年(1042),北宋王朝应"乌蛮"王子得盖请求,以其所居之地复建姚州(今贵州大方)羁縻州,命得盖为刺史,"长夷落"。⑤ 得盖死,其子窃号"罗氏鬼主"。"鬼主"死,子仆射继任。但到仆射时,浸弱不能号令诸族。这时出现了两个势力强大的"乌蛮"部族首领。一个是晏子,居住在长宁、宁远以南;一个是斧望个恕,居住在纳溪、江安以东。长宁的淯井监和纳溪、江安是宋朝直辖的汉"夷"杂居地,当地少数民族被称为"熟夷"。"晏子距汉地绝近,犹有淯井之阻。斧望个恕近纳溪,以舟下泸不过半日。二酋浸强大,控劫晏州山外六姓及纳溪二十四姓生夷。夷弱小,皆相与供其宝。"⑥ 熙宁七年(1074)熊本平定"晏夷"之后,对"乌蛮"实行羁縻政策,以个恕知归来州,仆夜知姚州,个恕之子乞弟、晏子之子沙取禄路并为把截将、西南夷部巡检。⑦

个恕于元丰二年(1079)死后,子乞弟袭归来州刺史。三年,乞弟反宋。四年,宋朝发兵讨伐,深入归来州境平荡其地,彻底打垮乞弟势力,以归来州赐罗氏鬼主。"自是泸夷震慑,不复为边患。"⑧ 乞弟死后,其子阿永在政和年间

---

① 《宋史》卷496《蛮夷四》。
② 《宋史》卷496《蛮夷四》。
③ 《长编》卷350,元丰八年十二月己丑。
④ 《宋会要·蕃夷》5之37。
⑤ 《宋史》卷496《蛮夷四》。
⑥ 《宋史》卷496《蛮夷四》。
⑦ 《宋史》卷496《蛮夷四》。
⑧ 《宋史》卷496《蛮夷四》。

第七章 宋代四川的少数民族

修复了与宋朝的关系，被封为"夷界都大巡检使"，其后裔遂以"阿永"为号。

晏子之子沙取禄路死后，其子鳖弊承袭其位。政和五年（1115）助宋讨"晏夷"卜漏，授"西南夷界都大巡检"，其后裔称"鳖弊部"。又晏子四世孙名吕告者，助宋镇压卜漏，被封为"武略郎、西南蕃部都大巡检使"，其后裔遂以"吕告"为号。南宋末年吕告曾助宋抵御蒙古军队。

随着对泸南少数民族战争的胜利，宋朝逐步加强了对这一地区的控制和开发。熙宁八年（1075），长宁地区"夷人"首领得个祥献长宁、晏、奉、高（今四川高县）、薛（今四川珙县）等十州，隶属淯井监。元丰年间，宋朝平定乞弟，更巩固了对这一地区的控制。政和四年（1114），宋朝建长宁军管辖这一地区，并且在今兴文、珙县、长宁、江安、纳溪、泸州、合江、叙永以及贵州的赤水、习水等交通要道建立城、堡、寨，驻兵防守。同时，又编排少数民族为"夷义军"，协助官军防守。到神宗元丰时期，戎、泸二州"夷义军"达三万余人，南宋时期沿边各郡"夷义军"多至四五千人①，从而巩固了宋朝对泸南广大地区的统治。

泸南地区的少数民族农业相当发达。这一带土热多雨，稻粟皆再熟，唯刀耕火种，耕作落后。宋朝在与泸南少数民族的作战中，每次都缴获不少资粮积谷。宋朝在这一地区实行直辖统治后，用封建制取代原有的制度。对少数民族义军，官给土地，免其租赋，战争时期还给钱粮，作为承担兵役的报酬，同时招募蕃汉人民佃种官田，给为永业，收取比内地更低的实物地租。这些措施，有力地促进了泸南地区的经济发展。在手工业方面，少数民族制作的"泸茶"是当时四川的名茶之一，纺织的斑布、葛布也相当有名。苏轼曾得淯井监夷人所卖蛮弓衣，织有梅圣俞《春雪诗》②，反映了当地少数民族纺织工艺具有相当水平。宋朝在泸南少数民族地区不实行酒禁，不征收酒税，促进了该地区酿酒业的进一步发展，故有"极边酒茗弛禁，是以人乐其生"③之称。当地少数民族还普遍掌握了井盐生产技术，开凿小井生产食盐。此外，该地区的冶炼业，如制铜、制铁工艺和武器制造都有相当水平，高寒的乌蒙山区和大娄山地区是宋

---

① 《朝野杂记》乙集卷17《泸州长宁军胜兵夷义军》。
② 《舆地纪胜》卷166。
③ 《舆地纪胜》卷166。

代四川产马较多的地区之一。

在纳溪、江安、长宁、兴文等地汉"夷"杂居区，随着经济的发展，宋朝政府原先为了军事需要而在这一带建立的众多城、寨、堡，先后发展成为乡村商品交换的集市。其中纳溪寨升为纳溪县，安夷寨升为安夷县，成为当地的政治经济中心。

宋代泸南少数民族地区的文化事业也得到迅速发展。现今纳溪、江安、长宁、兴文的县城和县学都始建于宋代，特别是长宁地区"在唐以前未免荒陋，迨宋始有登科者"，"政和以来，儒风渐盛，家诗户书，号为礼义之邦"。①

第四节　叙州、嘉州地区的少数民族

两宋时期，叙州（今四川宜宾）地区的少数民族主要是"马湖蛮"、"南广蛮"和石门蕃部，合称"叙州三路蛮"。嘉州地区的少数民族主要是"虚恨蛮"。

一、叙州"三路蛮"

"马湖蛮"又称"董蛮"，在今屏山、雷波、马边一带，为唐羁縻驯、骋、浪、商四州之地。史载"马湖蛮"为"昆明之别种"，是当地彝族或西迁的西蕃（今藏族）先民。首领董氏，自称"马湖三十七部落都王子"。马湖部的胡盐、黎溪、平夷、夷都、什葛、蒲闰、荒村七村，"多沃壤，宜耕稼，其民披毡椎髻，而比房皆复瓦，如华人之居，饮食种艺，多与华同"。② 其农业发展水平，已与汉族没有多大区别。马湖境内出产木材，当时不少汉族百姓还自带粮食，深入马湖境内伐木锯板，充当佣工。那里的木材"板之大者，径六尺、七尺，厚尺许。若为舟航楼观之用，则可长三数丈。蛮自载至叙州江口与汉人互市"。③ 马湖部还常经过东蛮、虚恨西至青羌、弥羌诸部贩马到叙州互市。宋初，首领董春惜贡马，宋朝则在马湖地区设四个羁縻州实行羁縻统治。其地北

---

① 嘉庆《长宁县志》。
② 《朝野杂记》乙集卷20《辛未利店之变》。
③ 《朝野杂记》乙集卷20《辛未利店之变》。

近犍为之沐川、赖因寨，常与宋朝发生争端。北宋治平年间，其地赖因被占，岁给绢200匹以偿其税。南宋嘉定辛未年（1211），马湖部率夷都部"索税"，大掠宋朝利店等寨，是谓"辛未利店之变"。两宋时期，宋朝在叙州、嘉州邻界马湖地区设置城寨，防御马湖部扰边。

"南广蛮"在今宜宾、泸州以南地区，属于僚人部族。大观三年（1109），"有夷酋罗永顺、杨光荣、李世恭等各以地内属"①，建滋、纯、祥三州，后废三州，在宣和三年（1121）置庆符县。宋朝对"纳土归化"的少数民族，大都令其充当义军子弟，兵农合一。宋朝还规定，"夷人田地"，"不许与汉人私相交易"，"不许汉人侵买夷人田地"，官府要"常加抚恤，勿令失所"，这些措施促进了这一地区农业的发展。②

石门蕃部为"乌蛮"部族，在今云南昭通地区，唐代曲、播等十二州之地，"俗椎髻，披毡，佩刀，居必栏棚，不喜耕稼，多畜牧。其人精悍善战斗，自马湖、南广诸族皆畏之。"③ 宋朝在这一地区设置羁縻州，进行羁縻统治。

"叙州三路蛮"同叙州汉族人民有密切的贸易关系。太宗太平兴国年间，宋朝就正式在戎州设置市马场，与石门、马湖部开展互市。随着少数民族将马匹、木板、邛竹杖及土特产品贩至叙州进行贸易的数量增多，宋朝还在叙州设立"抽税场"，置场征税，并以通晓其语的郡吏为"蛮判官"，充当蕃汉贸易的中介人和管理人。由于少数民族与汉人言语不通，故唯"蛮判官"之言是听。在交易中如遇不公，严重损害他们的利益，"则亦能群讼于郡庭而易之"。

二、嘉州"虚恨蛮"

"虚恨蛮"是宋代活动于大渡河南峨边一带的少数民族部落。虚恨为"乌蛮之别种"，或认为是彝族的先民，或认为是西蕃的先民。虚恨居高山之后，其语以高为虚，以后为恨，故名。宋初，虚恨被称为"蕞尔虚恨"，势力不大，与宋朝的关系融洽。熙宁十年（1077），峨眉县杨佐等数十人，应成都府路招募，从峨眉县往姚州买马，曾经虚恨地方。他在《买马记》里记载："峨眉县西十里有

---

① 《宋史》卷496《蛮夷四》。
② 《宋会要·蕃夷》5之101。
③ 《宋史》卷496《蛮夷四》。

铜山寨，与西南生蕃相接，户不满千，俗呼为小道虚恨。"然而"虚恨蛮"善战斗，破"小路蛮"，并其地，南宋时已号"最强"，有地方三百里，强落数十。北宋天禧以后至南宋期间，虚恨与宋朝时常发生冲突。政和年间，宋边将始岁以茶盐等物犒赠其酋，求得安宁。南宋时，虚恨部叛服不常。绍兴三十二年（1162），虚恨部众袭宋边寨，大败宋军，掳掠千余人。嘉泰二年（1202），其都王崖烈索要犒物不足引起争执，相互攻杀不已。嘉定六年（癸酉年，1213）虚恨攻掠峨眉中镇寨，宋朝请邛部川部居中调停，次年十月虚恨方退去，称为"癸酉虚恨之变"。虚恨部多次要求到嘉州地区互市，宋朝为自身安全，均予拒绝，并在与虚恨部接壤的交通要道建立堡寨，加以防守，严禁入境，故虚恨部只得常附邛部川部，到黎州汉地进行贸易活动，这也使其受汉族的影响和与汉族的经济交往都较少。

第五节　雅州、黎州地区的少数民族

两宋时期，雅州（今四川雅安）西北地区的少数民族称为"西山野川路蛮"，黎州（今四川汉源）西南的少数民族称为"黎州诸蛮"。

一、雅州地区的少数民族

宋代雅州西北的天全、卢山和邛崃山以西的泸定、小金等地的少数民族称为"野川路诸部"。史载："雅州西山野川路蛮者，亦西南夷之别种也，距州三百里，有部落四十六，唐以来皆为羁縻州。太平兴国三年（978），首领马令膜等十四人以名马、犛牛、虎豹皮、麝脐来贡，并上唐朝敕书告身凡七通，咸赐以冠带，其首领悉授官以遣之。绍圣二年（1095），以碉门寨蛮部王元寿袭怀化司戈云。"① 宋朝对这一地区的部族仍沿唐制，在雅州设置羁縻州44个，仅仅维持羁縻统治，并在碉门（今天全）、灵关（今芦山境）驻兵防守。"西山野川路部"同宋朝虽名为羁縻，而交往常常中断。

西山野川路诸部大多以畜牧业为主业，狩猎是重要的副业。他们向宋朝进

---

①《宋史》卷496《蛮夷四》。

贡的物品包括名马、牦牛、虎豹皮、麝香等珍贵畜产品，并将马、珠犀、水银、麝香贩运至雅州与汉族进行商业贸易。毗邻汉区的部族，则依靠农业定居生活。与碉门一水相隔，隶属荥经县俟贤乡的"沙平夷人"，每年"岁输米百二十斛于碉门"。①"左须夷人"还曾潜入荥经县苦蕎坝居住，开创平路，栽种麦苗茶苗，据险隘、筑碉囤、修战棚、畜刀箭。他们完全掌握了种植稻、麦、茶树，修建房屋的技术，与当地汉人没有多大区别。宋朝在雅州和碉门设置市马场，他们"时至碉门互市"，以至"蜀之富商大贾皆辐辏焉"，碉门成为宋代蕃汉贸易的重要集市。②南宋时期，西山野川路蛮诸部常进犯碉门，与宋朝发生武装冲突。

二、黎州地区的少数民族

黎州以南今凉山州地区，古为邛、筰民族居住之地。唐代东泸水（雅砻江）以东称"东蛮"，以西称"西蛮"。"西蛮"以"白蛮"为主，主要居住在今云南境内。"东蛮"以"乌蛮"为主，主要指勿邓、风琶、两林三部落，活动于今凉山州一带。

北宋平蜀后，宋太祖鉴于"黎州控制云南极边，在唐为患尤甚"③，故"弃越嶲不毛之地，画大渡河为界"④，放弃了对这一地区的经营，于黎州驻兵防守，并设羁縻州54个，只维持羁縻统治。故宋时大渡河以南诸部，仍受大理控制，亦屡受宋朝封号。

《宋史》卷496记载，"黎州诸蛮"共十二部，即："山后两林蛮"，在州南7日程；"邛部川蛮"（"勿邓蛮"），在州东南12日程；"风琶蛮"，在州南1100里；"保塞蛮"，在州西南300里；"三王蛮"（"部落蛮"），在州西100里；"西箐蛮"（弥羌部落），在州西300里；"净浪蛮"，在州南150里；"白蛮"，在州东南100里；"乌蒙蛮"，在州东南1000里；"阿宗蛮"，在州西南2日程。这十二部中，"凡风琶、两林、邛部皆谓之'东蛮'"，是最强大的部族，"其余小蛮

---

① 《朝野杂记》乙集卷20《丙寅沙平之变》。
② 《朝野杂记》乙集卷20《丙寅沙平之变》。
③ 《宋会要·蕃夷》5之58~59。
④ 据《系年要录》卷171，绍兴二十六年正月辛未记，知黎州唐和说："自太祖皇帝即位之初，指舆地图弃越嶲不毛之地，画大渡河为界，边民不识兵革，垂二百年。"另《宋史》卷353记宇文常亦有同样看法。

第七章 宋代四川的少数民族

各分隶焉"。① "东蛮"诸部族属不一，或认为是今凉山州彝族的先民，或认为是后世分布于此地的西蕃（今属藏族），或认为彝族为多，藏族次之。

"两林蛮"是唐宋时期活动于今喜德一带的"东蛮"三部之一。五代后唐天成元年（926），"两林百蛮"都鬼主李卑晚遣使朝贡，被后唐封为宁远将军。宋开宝二年（969）以后，两林部常遣百余人的庞大使团贡名马、犀、象、婆罗毡等物，换取赏赐并接受封号。宋朝曾封其首领为将军、大将军，长期与其保持密切关系。两林部地虽狭而势力强，被诸部推为长，号"都大鬼主"。开宝六年（973），"两林蛮"曾率兵进犯邛部川部，为宋朝调停，令各守封疆，勿相侵犯。南宋嘉定九年（1216），"两林蛮"被云南大理政权攻灭。

"风琶蛮"是唐宋时活动于今德昌一带的"东蛮"部族。宋咸平元年（998）、景德三年（1006），风琶蛮王曩娑遣使乌柏入贡马匹、犀角、象牙和纺织品，曩娑及使团数十人受封号，赐予丰厚。其后与宋朝保持友好关系。

邛部川部在唐宋时活动于越嶲等地，与黎州邻境，是"东蛮"中最大的部落，位当大渡河南的交通要道，故被称做"大路蛮"。五代时，邛部川部与"两林蛮"首领同时接受后唐封号。宋代"邛部于诸蛮中最骄悍狡谲，招集蕃汉亡命，侵攘他种，闭其道以专利"②，几乎支配了大渡河以南地区。开宝二年（969），邛部入贡，四年（971），邛部川部鬼主阿伏助宋平定黎州兵士哗变，受赐封。其后，长期与宋王朝保持着密切关系，成为宋朝在西南一藩篱。邛部常派庞大使团入贡马匹、犀、象牙、羚羊、牦牛、莎罗毯、金银饰品，并在黎州等地以土特产与汉人进行交易。宋朝对"邛部川蛮"的赏赐尤厚，封爵尤高。咸平二年（999），宋朝赐印以"大渡河南山前、后都鬼主"为文，以别于其他鬼主、大鬼主部落首领称号。南宋嘉定九年（1216），云南大理政权利用邛部内部矛盾，攻取了邛部等"东蛮"，其地后为仲牟由（彝族传说中的始祖）之裔所占据。

宋时"部落蛮"有郝、赵、王、刘、杨五族，称"五部落蛮"，族中无君长，唯老宿之言是听，往来汉地，能华言，熟悉情况，"故比诸蕃尤奸黠"。③

---

① 《宋史》卷496《蛮夷四》。
② 《宋史》卷496《蛮夷四》。
③ 参见《朝野杂记》乙集19《庚子五部落之变》，《宋史》卷496《蛮夷四》。

南宋淳熙七年（庚子年，1180），五部落举兵反宋，逼近黎州，史称"庚子五部落之变"。宋朝调大军讨伐，始被迫请降，献马300匹，求内附，宋朝许通互市，而却其所献马。

弥羌部落有青羌、弥羌等部，活动于黎州西300里大渡河南，史称吐蕃青羌、弥羌。近人认为，"虽名为羌，实际上还不属羌族范围"。① 自南宋乾道九年（1173）起，青羌奴儿结侵扰黎州边境达十余年之久，至淳熙十二年（1185）为四川制置使留正设计擒杀。嘉定元年（1208），弥羌蓄卜由恶水渡河，进犯黎州，得到青羌的支持，屡败宋军，宋朝调兵遣将讨伐。至嘉定八年（1215），蓄卜始降。②

"保寨蛮"活动于黎州西南300里今冕宁县境。开宝六年（973），"保寨蛮"70余人自大渡河来归，其后时常到黎州出售善马。其他如"浮浪蛮、白蛮、乌蒙蛮、阿宗蛮，则其地各有所服属云"。③

宋代黎州诸部在唐代经营的基础上，农业较为发达，大渡河外皆是良田，加上诸部落掳掠汉人为奴和灾荒年间汉人流亡其境，带来了先进的生产经验和技术。宋时"汉人过河耕种其地，及其秋成十归其一，谓之蕃租。土丁之耕蕃田者十有七八"。④ 汉地租佃制的传入，使沿边地区的农业进一步发展。经济作物中的红椒（花椒），是这一地区的特产，产量多，质量好，既是贡品，也是与汉人交易的重要商品。但由于少数民族主要从事畜牧业，加之境内山高岭峻，土地贫瘠，不出五谷，农业在整个经济生活中不占主导地位，粮食生产还不能达到自给的水平。每遇灾荒饥岁，各部常入汉地寇掠。宋朝为平息边事，"时时馈米以济其饥，蛮人德之"。⑤

畜牧业是黎州诸部的主要生产部门，黎州也是宋代四川畜牧业最为发达的地区之一。黎州诸部的邛部川和两林部，或三年，或五年，或七年，就要到京师朝贡，朝贡的队伍多达几十人至几百人，每次都携带大批马匹、牦牛、犛牛、青牛、羚羊、封羊、大角羊、犀、象等境内外的牲畜和土产，并经常到黎州卖

---

① 冉光荣等：《羌族史》，四川民族出版社1985年版，第215页。
② 《宋史》卷496《蛮夷四》。
③ 《宋史》卷496《蛮夷四》。
④ 《宋会要·蕃夷》5之53。
⑤ 《宋史》卷496《蛮夷四》。

马。"凡云蜀马者,唯沈黎所市为多"①,有时一年多达 4000 匹以上。元符二年(1099)曾市马 5280 匹。② 黎州是宋朝官府在四川买马最多之地,每年买马数量都占四川境内买马总数的二分之一以上。

宋朝为防止黎州诸部进犯,在黎州设互市之法,开展蕃汉贸易,给予优待,羁縻诸部。在蕃汉贸易中占主导地位的是茶马贸易,宋朝"不借马之为用,故驽骀下乘,一切许之入中"③,以保证诸部衣食来源,不致因饥寒而入境掳掠。在这种思想的指导下,黎州所市之马都是身材矮下的"羁縻马"而非战马,然而买马的价格却比甘肃各地的马价高出一倍以上。同时,朝廷在沿边建置安静等 14 寨,派驻官军,并组织土丁数千人,严加防守。对诸部侵犯边寨,宋朝也只派兵遣将,打退进攻,严禁杀戮,也不穷追深讨,目的在于恩威并施,招抚而已。这种政策,虽然基本上维持了边境安宁,但对大渡河南的开拓则无建树。

第六节　威州、茂州地区的少数民族

宋代称羌人为"蛮",居威州者称"威州蛮",居茂州者称"茂州蛮"。

宋代威州(本唐维州)在今理县薛城,辖保宁(今理县薛城)、通化(今理县通化),领羁縻保(理县西北)、霸(今黑水县)二州。宋初威州居住的主要是羌族,汉税户仅 54 户,蕃税户达 900 户,蕃客户达 5694 户。④ 所领羁縻保州、霸州汉人更少,在唐代就由羌人首领董氏世有其地,宋时称为"威州保、霸蛮"。宋朝继续维持董氏的世袭地位,任命董氏为保、霸二州刺史,并"岁赐紫绫锦袍",实行羁縻统治。董氏亦"善抚蛮夷",与宋朝保持友好关系。政和三年(1113),知成都府庞恭孙建议置官吏,开拓保、霸二州。于是在董舜咨保州地建祺州,授舜咨刺史;董彦博霸州地建亨州,授彦博团练使。其后董舜咨迁观察使,董彦博迁节度使。宋朝对二州颇为优待,对董舜咨、董彦博在成都给居第、田 12 顷,并每年拨给二州经费,包括钱 12100 缗、米麦 14700 石、绢

---

① 《宋史》卷 198《兵志》。
② 《宋会要·职官》43 之 80。
③ 《宋会要·兵》23 之 3。
④ 《太平寰宇记》卷 78。

2850匹及绸布、绫锦、茶盐、银等。宣和三年（1121），为节省经费，二州皆省为寨，隶威州。①

宋代茂州（治今茂县凤仪镇），辖汶山（治今茂县凤仪镇）、汶川（治今汶川县威州镇）两县，领羁縻盖、涂、静、当、直、时、飞、宕、恭等九州。② 宋初茂州有主户273户，客户50户，部落户829户。③ "州居群蛮之中，地不过数十里"，仍然是羌人部族占绝对多数。所领羁縻州皆羌人部族，族自推一人为州将，以族法治理其众，不向宋朝输纳赋税，唯州将常到茂州官府受约束。宋初茂州无城墙，唯植鹿角自固，四周部族常乘夜入城掳掠民家人畜货卖。茂州官吏只得令民户出钱，遣州将前去赎回，与之讲和为誓，居民不堪其苦。熙宁八年（1075），知州范百常应居民请求，始筑城自固，改变了旧无城墙的状况。但"蛮以侵其地，率众掩至"，围攻州城，并封锁了茂州南面由鸡宗关通往永康军（今四川都江堰）和茂州北面陇东道通往绵州（今四川绵阳）的道路。范百常据守孤城70日，募人间道至成都求援，又书木牌数百投江中顺流而下，通报军情告急，史称"水电报"。宋朝得到军警，调陕西兵增援，"入恭州、宕州，诛杀颇众，蛮乃降"。④ 政和五年（1115）直州将郄永寿、汤延俊、董承有等各以其地内附，宋朝建寿宁军、延宁军。宣和三年（1121），皆废为寨。

威、茂地区在宋朝的直接统治下，社会经济得到发展。宋初这一地区还相当落后，羌人每相盟誓，皆杀奴取信。北宋神宗时，知成都府赵抃使用牲畜代人，才改变了杀奴盟誓的陋习。⑤ 熙宁时，成都府官冯京"给稼器，饷粮食，使之归。夷人喜，争出犬豕割血受盟，愿世世为汉藩"。⑥ 随着汉地的农业生产技术被推广给羌族人民，"渐渍声教，耕作者多"。⑦ 从茂州通往石泉（今川北）的陇东路，土地肥美，适宜农耕，这里的羌族人民以耕稼孳蓄为生，五谷六畜禽兽草木无不备有，与内郡所产无异，农业相当发达。

---

① 《宋史》卷496《蛮夷四》。
② 此据《宋史》卷496《蛮夷四》，《宋史》卷89《地理志》记领羁縻州十，与此略有出入。
③ 《太平寰宇记》卷78。
④ 参见《宋史》卷496《蛮夷四》，《太平治迹统类》卷17《神宗城茂州城》。
⑤ 《宋史》卷316《赵抃传》。
⑥ 《宋史》卷317《冯京传》。
⑦ 《舆地纪胜》卷149。

第七章　宋代四川的少数民族

羌族人民"岩居涧饮，悉复故处"①，好弓马，以勇悍相高，畜牧业较为发达。牲畜种类有马、牛、羊、豕等，其中牦牛重千斤。故其人衣羊皮，豹岭以西皆织毛毯盖屋。狩猎和采集是羌族人民的副业。麝香、五味子、马升麻、雪蛆、羌活、当归、大黄、朴硝是当地著名的珍贵药材和土产，其中麝香、羌活、当归还是贡品。

羌族人民的建筑技术独特而精湛，碉楼、索桥等更是著称于世。碉楼一般建筑在沿河谷高山或半坡有耕地和水源的地方，结合山坡地形，利用有限的平坦面积，分台筑室，节省土石方量；下级开门，以梯上下，货藏于上，人居其中，畜养于下，经济实用，便于生产和自卫。高二三丈者谓之"邛笼"，十余丈者谓之"碉"。同时，羌族人民还吸取汉族人民的建筑技艺，在汶川以东建筑板屋、土屋，不筑碉巢。索桥是羌族人民的传统建筑技术，岷江上游架设的无数索桥，都凝结着羌族人民的血汗和智慧。同时，由于羌族地区多冰寒，盛夏凝冰不消，羌族的贫穷者，冬则避寒入成都当佣工求衣食，夏则避暑返回原住地，为开发汉区作出了贡献。

羌族人民还长于商业贸易。他们将牲畜和土特产品运至茂州和永康军等地同汉族人民交易。宋朝则在茂州和永康军设置市马场，与羌族人民进行茶马贸易。茂州羌族人民还远赴千里以外的木昔园贩运货物到汉地售卖取利，熙河蕃僧也有到茂州铁豹岭下立旗市马，创建佛寺。在岷江上游各部族不属宋朝直接管辖的情况下，威、茂羌族人民为岷江上游各族和西北吐蕃同四川汉区人民的经济文化交流作出了贡献。

第七节　宋朝在四川的民族政策

四川自古以来居住着众多的少数民族。四川各民族都有悠久的历史和文化，对中华文明作出了自己的贡献。在漫长的阶级社会里，少数民族和汉族之间，各少数民族之间，既有经济文化上的友好交流，也发生过互相对抗仇杀的战争。因此，四川历史上的民族关系，一直是影响四川社会安定和社会发展的重要因

---

① 范镇：《送冯枢密还朝诗序》，《宋代蜀文辑存》卷9。

素。宋朝消极地总结了历史经验，放弃了对四川少数民族地区的积极经营，"恃文教而略武卫"，划地为界，弃不毛之地，执行以防御为主的政策。在这种政策的指导下，宋朝对四川地区的少数民族，在政治上树其酋长，封官赐爵，实行羁縻统治；在军事上镇压少数民族的武装反抗，筑寨自守，建立土兵义军，加强防御，封山育林，设险拒敌；在经济上开展蕃汉贸易，维系友好关系，以保持四川的社会安定。

（一）树其酋长，封官赐爵，实行羁縻统治

宋朝对设置羁縻州的少数民族，基本上是划地为界，不实行直接统治。当时，这些少数民族大多尚处于奴隶制和农奴制的社会发展阶段。他们的语言、风俗、习惯和生活方式都与汉族不同，居住地区多有高山大河与汉地隔绝。虽然从秦汉以来一直受中央王朝的统治，但在内部社会生活中，常常处于独立的地位，只是向中央王朝称臣纳贡、接受羁縻统治而已。宋朝建立后，他们的首领也主动遣使称臣纳贡，接受宋朝的封官赐爵，并利用宋朝封赐的官爵，建立对本部族的合法统治权力。而宋朝则利用封官赐爵，建立羁縻州，维持对这些地区松散的政治统治。当时宋朝在今四川境内建立的羁縻州都是由各部少数民族首领统治本部，宋朝不干涉其内部事务，对各部之间的相互攻杀，也不发兵干涉，听其自然，最多诏谕调停而已。

熙宁年间，宋神宗曾"用兵以威四夷"；"崇宁以来，开边拓土之议复炽"。受此影响，四川地区的某些少数民族，亦曾主动纳土归附，改某些羁縻州为宋朝直辖州县。但在"宣和中，议者以为招致熟蕃，接武请吏，竭金帛、缯絮以啖其欲，捐高爵、厚俸以侈其心。开辟荒芜，草创城邑，张皇事势，侥幸赏恩。入版图者存虚名，充府库者亡实利。不毛之地，既不可耕；狼子野心，顽冥莫革。建筑之后，西南夷獠交寇，而溪峒子蛮亦复跳梁。士卒死于干戈，官吏没于王事，肝脑涂地，往往有之。以此知纳土之议，非徒无益，而又害之所由生也"。① 于是羁縻地区建置的大部分州县亦相继废置，或改为城、寨、堡等军事据点，设防驻军，维持社会安定和"蕃汉"安宁。

（二）军事上镇压少数民族的武装反抗

如遇因宋朝官吏压迫少数民族而引起的民族起义和少数民族首领掠夺汉族

---

① 《宋史》卷493《蛮夷一》。

第七章 宋代四川的少数民族

财物而引起的武装冲突和战争，宋朝则出兵镇压。这种战争一般可分为两种情况：一是宋朝出兵讨伐，深入少数民族境内，开疆拓土，扩展自己的统治势力；二是单纯的防御，打退少数民族的进攻，保境安民。

宋朝在四川深入少数民族地区，出兵讨伐，开疆拓土的战争，主要是神宗时期用兵"南平僚"和"泸夷"，均以宋朝的胜利宣告结束。

宋朝同茂州、龙州（今四川平武）、雅州、黎州、嘉州等地少数民族之间的武装冲突，则只采取单纯的防御战争，仅仅打退这些少数民族的进攻而已。这些战争往往是互有胜负，给少数民族和汉族人民都带来灾难和损失。但由于宋朝未予穷追深讨，并且严禁杀戮，恩威相加，以招抚为目的，故战争的规模不大，破坏的程度也不太严重。

（三）筑寨自保

由于宋朝对四川少数民族是实行防御为主的政策，因而对筑寨自守尤为重视。据《宋史·地理志》、《宋史·蛮夷传》、《宋会要·方域》、《建炎以来朝野杂记》等文献记载，宋朝为了防御四川少数民族进攻，总计在连接川渝的少数民族地区设置了4城、135寨（包括废置的18寨）、23堡。① 这些城、寨、堡都建筑于险要控扼之处，并设置将官，派驻官军保卫沿边安宁。

此外，封山育林，设险拒敌，也是宋朝防御少数民族的重要措施。宋朝在河北就设塘淀、植榆柳以捍契丹戎马。在四川则针对"蛮夷部族繁伙"的局面，认为"夷种相错，广袤绵延，动数千里，筑城戍兵，岂能尽防？独有养其林木，使之增长蕃茂，幽晦杳冥，隔离天日，毒蛇猛兽，窟宅其间。彼虽非人，讵敢抵冒送死"。② 因此，宋朝规定，四川沿边州郡连接少数民族地区的私小道路，一切禁闭，多栽林木，"断绝往来"。③ 在"文、龙、威、茂、嘉、叙、恭、涪、施、黔，连接蕃夷"的州郡，"各于其间，建立封堠，谓之禁山"。并且颁布法令，规定：禁山林木不准"民间请佃、砍伐、贩卖。仍专委县尉躬亲以时巡历，待其考满，递取邻封保明实迹，方许交替"。④ 有些地方还特别规定"附近官山

---

① 这些城、寨、堡建置地点，请参见贾大泉：《宋朝在四川的民族政策》，载《宋史研究论文集》，浙江人民出版社1978年版。
② 《宋会要·方域》12之8。
③ 《宋会要·兵》29之42。
④ 《宋会要·兵》29之41。

人户,结为保甲,更相觉察,重立罪赏"。① 这种封山隔绝政策,虽然在防御少数民族进犯上收到了一定的效果,但阻绝了少数民族与汉族的交通往来,不利于各族人民的经济文化交流。

(四) 开展蕃汉贸易

"设互市之法,本以羁縻远人"②,是宋朝在四川促进民族友好,对少数民族维持羁縻统治的重要内容。宋朝曾先后在夔州、南平军、泸州、长宁军、叙州、茂州、永康军、雅州、黎州和碉门寨、灵关寨等地开设蕃汉互市,其中宋朝在泸州、长宁军曾设市马场,专供少数民族卖马。嘉州的中镇寨也曾一度设置市马场,后因惧怕少数民族熟悉经由嘉州而达成都的道路而予关闭。宋朝为了安抚少数民族,在蕃汉贸易中,给予少数民族种种优待,从而促进了少数民族地区经济的发展。

蕃汉贸易虽是汉族与少数民族互通有无的经济交流,但由于它是宋朝羁縻政策的重要组成部分,是为羁縻政策服务的,就与一般的商业贸易不同,具有浓厚的政治色彩。

首先,蕃汉贸易交易的商品,主要是依少数民族的需要而确定的,在夔州路和泸南、叙州等地,少数民族缺乏食盐和纺织品,就主要用马匹、牲畜、木材、土产与宋朝交换食盐和绢帛。在黎州、雅州和茂州、威州等地的少数民族,肉食乳饮,缺乏茶叶,蕃汉贸易就以茶马贸易为主,少数民族用马匹和其他畜产品交换宋朝的茶叶、绢帛、粮食等物。

其次,蕃汉贸易的部分产品交换是用朝贡和回赐的方式进行的。例如黎州诸部的邛部川和"两林蛮",或三年,或五年,或七年,就有几十人至几百人的朝贡队伍携带大批的马匹、牦牛等畜产品到京师朝贡。在夔州路的施、黔地区的少数民族,每次到京师朝贡和通商互市的队伍达三四百人,甚至千人以上。而朝廷所赐例物,往往是倍酬其值,"所得亡虑数倍"。③

第三,四川的蕃汉贸易,宋朝在经济上给予了少数民族很多优惠待遇。特别是在蕃汉贸易中占最主要地位的茶马贸易,宋朝对少数民族的优待更为突出,

---

① 《宋会要·方域》12 之 8。
② 《宋会要·兵》23 之 3。
③ 《系年要录》卷 64,绍兴三年四月戊申。

其内容将在《茶业经济和茶马贸易的繁荣》一章中述及。

宋朝对四川少数民族主要实行防御政策,而非积极进取开拓的政策,是由于它一直受到西北的西夏,北方的契丹(辽)、金朝的进攻和威胁,国力衰弱,因而无力在四川少数民族地区有大的作为。这种防御政策,从促进历史发展的意义来讲,是不利于加速四川和西南各民族地区的开发和经济文化发展的。但在当时的历史条件下,宋朝对四川地区少数民族的政策,对维持各族友好,保证四川社会安定,避免南北两面受敌,维护四川地区的安全,还是起了一定作用的。它所采取的防御措施,避免了长期的大规模的战争破坏,对四川社会经济的发展起了一定的积极作用;为了保证四川的安全,宋朝对南平军和泸南地区所采取的有限的进取政策,也使这些地区的社会经济文化得到了迅速的发展。

第八章 宋代四川人口的迅速增长

古代的劳动生产,主要是体力劳动的生产。人丁兴旺,历来是古代农业社会经济繁荣的重要标志。宋代四川的人口,在两宋时期均占宋朝人口的20%以上。这一时期是19世纪初期以前四川历史上人口最多的一个时期。人口的高速增长,造就了宋代四川经济的高度繁荣。

第一节 人口的分布与发展

在我国古代,人口的升降起伏,受自然和社会政治因素的制约和影响。风调雨顺的气候条件和较为安定的社会环境,总能促进社会经济的发展和人口的增长。反之,天灾人祸,瘟疫流行,特别是剥削阶级的压迫剥削和统治者之间的残酷战争,则使社会经济严重破坏,人口大量消亡。自然与社会政治因素的共同作用,形成了经济的繁荣与衰退、人口的增长与下降周期。我国古代的人口数量,就是在这种循环往复的周期性变化中,不断升降起伏、波动曲折地发展起来的。

宋代以前,我国人口以汉、唐为盛。唐天宝十四年(755)有8914708户,52909309口,接近两汉最高人口数。唐末五代,封建地主阶级残酷镇压农民起义和军阀统治,长期内战,又使我国人口进入一个大幅度减少的时期。北宋统

第八章 宋代四川人口的迅速增长

一中原和南方，接管的户数不过330万户，加上《辽史·地理志》记载北方有57万余户，西夏在10至11世纪有29万户①，总计宋辽夏共416万余户。两百多年间，全国户数较唐天宝时期下降一半以上。在此期间，四川所受战争破坏虽比中原地区轻，并有中原人民不断入蜀避难，但全国范围的长期战乱和蜀中割据政权的横征暴敛，政治黑暗，使得四川人民无以为生，人口大幅度下降。北宋乾德三年（965）平蜀，宋朝政府在四川直接管辖的地区，包括湖北施州、甘肃文州和陕西兴元府、洋州、兴州等地在内，才只有534029户。②

北宋王朝的建立，结束了中原和南方的分裂割据混战局面，创造了和平安定的政治环境，社会经济和人口都得到迅速发展。全国户数从宋初的330多万户，到太宗太平兴国五年至端拱二年（980~989）间，已达6499145户③，几乎增加了一倍。与此同时，川峡四路人口在北宋平蜀时的53万余户的基础上，增加也很快。为有助于了解北宋至南宋中期四川各州户口变化情况，现把太宗、神宗、高宗、宁宗四个时期川峡四路户数变化列表于后，以观其宋代四川人口变化的特点。

表8-1　北宋和南宋中期以前川峡四路户数比较表

时间	四路总户数	成都府路	%	潼川府路	%	利州路	%	夔州路	%
太宗（977~984）	1295141	594465	45.9	347423	26.8	212971	16.4	140282	10.8
元丰三年（1080）	2207974	864403	39.1	478171	21.6	611039	27.7	225061	10.1
绍兴三十二年（1162）	4143439	2580000	62.2	805364	19.4	371097	8.9	386978	9.3
嘉定十六年（1223）	2590098	1139796	44.0	841129	32.5	401874	15.5	207999	7.2

从中我们可以看出宋代四川人口增长有如下特点：

一、川峡四路的人口，从北宋平蜀的乾德三年（965）的53万户，到太平兴国时达到了129万户，增加了1倍以上；到神宗元丰三年（1080）达到了220

---

① 西夏户数见葛金芳《宋辽夏金经济研析》，武汉出版社1991年版，第123页。
② 此系《宋史·地理志》所载数字。
③ 此系《中国历代户口田地田赋统计》甲表35的统计数。

万户，增加了3倍以上；到南宋绍兴三十二年（1162）达到了414万户，增加了6倍以上，这一时期成为宋代四川历史上人口最多的时期；到宁宗嘉定十六年（1223），由于"开禧北伐"，开禧三年（1207）"吴曦叛宋"，川陕防线崩溃，金军南掠汉中，以及四川内部的兵变和少数民族的反宋战乱不断发生，川峡四路户数较绍兴末年有所减少，但仍维持在259万余户，比宋初亦增加了近4倍。嘉定十六年后，四川的户数宋代文献没有记载。从理宗宝庆三年（1227）开始，蒙（元）军队入侵四川，在长达半个世纪的野蛮掠夺屠杀中，四川人口急剧减少，到元朝统一四川时，四川的人口已是十不存一，至元十九年（1282）只剩下12万户。

二、川峡四路人口的分布是极不平衡的。成都府路地处川西平原，土地肥沃，又有都江堰灌溉之利，旱涝保收，自古号称"天府之国"。这里稻麦布帛，蚕桑丝织，驰名天下，瓜果蔬菜，四季成熟，铜铁盐井，散布其境。涪江、岷江、沱江、青衣江、大渡河穿流其间，有舟楫之利，交通方便。北出剑门而达陕西，东通夔门而至荆襄，南至叙泸而入滇黔，西出黎雅而达云南，水陆交通四通八达。这些优越的自然条件使成都府路经济最为发达，成为川峡四路人口最为集中的地区，占川峡四路总人口的40%以上。其次是潼川府路，地处川中南，大部分为唐代东川之地，多为丘陵间平原。其中川中平原是发展农桑的好地方。境内井盐之利多于西川数倍。又有嘉陵江、涪江、渠江、长江横贯其间，水陆交通方便，是除成都府路外，自然条件较好，人口较为集中的地区，约占川峡四路总人口的20%以上。再次是利州路，包括今四川北部和陕西汉中以及甘肃天水等地，有大巴山、米仓山和秦岭横贯其间，天寒地冷，土地贫瘠，崇山峻岭，交通不便，自古就有"蜀道之难，难于上青天"之称。然而川北丘陵地区，土地肥沃，宜于农业生产。特别是汉中平原，汉水贯流其中，又有灌溉之利，农业生产相当发达。因此，利州路的人口亦较为集中，在川峡四路中居第三位，占四路总人口的20%左右。夔州路位于川东的山区和丘陵，长江自南而东，流绕其境。夔门为四川东部咽喉，兵家必争。然而东部山区，土地硗瘠，稻谷不多，唯豆麦是种。地区荒远，山路险绝，交通不便，自然条件较差，成为川峡四路人口最少的地区，人口数约占四路总人口的10%左右。总之，宋代四川人口的分布以平原最多，丘陵地区次之，山区最少。这种情况在人口最多的成都府亦然。黎州（今四川汉源）在太宗时期仅519户，茂州（今四川茂县）

第八章 宋代四川人口的迅速增长

在元丰时期亦只有500多户。

三、绍兴三十二年（1162）和嘉定十六年（1223）川峡四路每户的平均口数不到3口，明显存在户多口少的现象。而《文献通考》（简称《通考》）卷11记载，绍兴三十二年天下主客户共11375733户、19229008口，嘉定十六年全国主客户共12670801户、28320085口，平均每户不足两口，比川陕地区每户平均数更低。宋代户口统计中户多口少的现象，在中国历代封建社会也是一种仅有的现象。这一特殊现象在宋代就引起人们的注意和怀疑。南宋人李心传就说："西汉户口至盛之时，率以十户为四十八口有奇；东汉户口率以十户为五十二口……唐人户口至盛之时，率以十户为五十八口有奇……自本朝元丰至绍兴户口，率以十户为二十一口。以一家止于两口，则无是理。"①

同样，马端临在《通考》卷11中记述了宋代户口之后，也特别指出"以史传考之，则古之户口之盛，无如崇宁、大观之间。然观当时诸人所言，则版籍殊欠核实，所记似难凭，览者详之"，特别提醒人们注意宋代户多口少这一现象。从文献记载归纳起来，造成宋代史册所载每户只有2人左右的原因，一是老百姓为了逃避赋役而隐瞒了人口，即李心传所说："盖诡名子户漏口者众也。然今浙中户口，率以十户为十五口有奇；蜀中户口，率以十户为三十口弱。蜀中生齿非盛于东南，意者蜀中无丁赋，故漏口少尔。"② 二是官方统计户账的目的在于掌握二十为丁，六十为老的男子，以便征发赋役，未把每户全部男女老幼的口数登记上去，即马端临在《文献通考·户口考》中所记："乾德元年，令诸州岁奏，男夫二十为丁，六十为老，女口不预。"但是，宋代人口统计的原则，史册中没有明文记载。因而造成每户平均只有两口，甚至某些地区每户不足两口的真实原因，也就难于全部弄清。然一家止于两口，是不足凭信的，隐瞒每户口数的情况是肯定存在的。

我国封建社会男耕女织的小农经济，社会生产是按一家一户独立经营的。历代的家庭大体上都是每户5口左右。在当时人们的生产能力还低的条件下，每个家庭少于这个人数，是难于进行物质生产和养老育幼、维持人类本身的再生产的。宋代封建王朝就曾多次下令禁止四川地区民有父母而别籍异财分居。

---

① 《朝野杂记》甲集卷17《本朝视汉唐户多丁少之弊》。
② 《朝野杂记》甲集卷17《本朝视汉唐户多丁少之弊》。

法令规定,"川、陕诸州,察民有父母在而别籍异财者,其罪死。"① 以此来维护社会基本生产单位有足够的人力财力,保证封建生产的继续进行。同时,宋朝在四川的官吏估计四川每户的实际人口时,也是认为"大率户为五口"。② 总之,宋代实际人口,并不是如史册所载每户只有2口左右,而只能按平均每户5口左右来推算求得,才较为接近真实。按照这一数据去推算,川峡四路绍兴三十二年有414万户,则人口已达2000万以上;嘉定十六年有259万户,则应有人口1250万口以上。嘉定时期利州路的今陕西汉中、甘肃天水等地历经长期战争,人口锐减,这时的川峡四路的人口主要分布在川渝两地。因此,我们认为在南宋中期,蒙古军队未侵入四川以前,四川已有1000万以上人口,应是真实可信的。

四川历史上的人口,清乾隆五十六年(1791)时为948万,嘉庆十七年(1812)时达到2143万人③,而南宋时期四川人口超过了1000万。这个数字应是19世纪初期以前四川历史上人口的最高纪录。众多的人口和天府之国的自然条件,为宋代四川经济的发展奠定了坚实的基础。

与此同时,宋代四川人口在全国也占相当比重,详见下表。

表8-2 川峡四路户数与宋朝总户数的比较

年 代	宋朝户数	川峡四路户数	川峡四路占宋朝户数百分比
宋 初	309万④	53万	17.1%
太平兴国	649万⑤	129万	12.0%
元丰三年	1673万⑥	223万	13.3%
绍兴三十二年	1158万⑦	414万	35.8%
嘉定十六年	1265万⑧	259万	20.4%

从表8-2中可以看出,在北宋时期,川峡四路的户数约占宋朝总户数的

---

① 《长编》卷10,开宝二年八月丁亥。
② 《宋会要·食货》24之10。
③ 谢忠梁:《二千年间四川人口概况》,《四川大学学报》1978年第3期。
④ 见《通考》卷11。
⑤ 据《太平寰宇记》统计。
⑥ 据袁震《宋代户口》一文统计数,《历史研究》1957年第3期。
⑦ 据袁震《宋代户口》一文统计数,《历史研究》1957年第3期。
⑧ 见《通考》卷11。

第八章 宋代四川人口的迅速增长

15%。南宋时期由于宋朝的疆域缩小，两淮地区受战争的破坏人口锐减，而四川内地则未受战争的破坏，加之土地肥沃，无兵革之扰，成为居官者的乐土，中原以及甘肃、陕西等地的人民纷纷逃入四川。在蒙（元）军队侵入四川内地以前，四川的户数占南宋总户数的20%以上。宋代四川人口的迅速增长及其在宋朝辖区人口中的巨大比重，从一个侧面反映了四川地区经济的迅速发展和在全国社会经济中占有的重要地位。

第二节 阶层结构和赋役负担

一、农村中的阶层结构和赋役负担

宋朝为了清查人口和土地，以便征收赋税，规定各州县要编造"版籍"。每逢闰年各州要向中央呈报"闰年图"。"闰年图"包括地图、户口数、垦田数、税版数。中央政府根据这些数字定出各州、县税额，并将户口和税收的增减，作为考核地方官政绩的标准。

宋代户籍统计中将农村编户明确分为主户和客户。乡村按有无土地来划分主、客户。主户是指占有土地并因此要向政府纳税的人户，又叫税户；客户是指失去土地因而佃耕别人土地的佃户。除了主、客户的划分外，还有官户和形势户。官户是做官的人户，形势户一般是指州县衙门中当吏人和乡、里当里正、户长、耆长等有势力的地主。他们往往拖欠赋税，政府专立形势版簿，由州的通判负责催督他们纳税。四川地区形势户的版簿大约是在开宝四年（971）开始建立的。①

虽然绝大部分主户都不是地主，但主户与客户的划分，把有土地的人户和无土地的佃农截然分开，这就在一定程度上反映了农村中的土地占有状况和阶级关系。根据《太平寰宇记》记载太宗时期和《元丰九域志》记载神宗元丰三年（1080）四川各州主、客户数字统计，其客户在总户数中所占的比例为：

成都府路客户占总户数的比例，太宗时期为30%，神宗元丰三年为28%；

---

① 《长编》卷12，开宝四年正月辛亥。

梓州路太宗时为47%，神宗元丰三年为48%；利州路太宗时为59%，神宗元丰三年为51%；夔州路太宗时为74%，神宗元丰三年为72%。可见，从太宗太平兴国初年到神宗元丰三年的一百年间，客户在总户数中的比例变化不大。其间经过席卷全川的王小波、李顺农民起义对四川地主阶级的沉重打击，土地关系也未得到多大的调整。只是成都府路、利州路、夔州路客户在总户数中的比例略有下降，梓州路还有所上升。而随着人口的增长，总户数的增加，无地佃农的客户绝对数量也是在不断增加的。

客户在总户数中所占的比例，以夔州路最多，利州路次之，梓州路再次之，成都府路最少。

此外，汉州（今四川广汉）、雅州（今四川雅安）、茂州（今四川茂县）、荣州（今四川荣县）、果州（今四川南充）、富顺监、泸州、利州（今四川广元）、龙州（今四川江油）、达州、万州、云安军（今重庆云阳）、黔州（今重庆彭水）、涪州（今重庆涪陵）等十四州，元丰时期客户在总户数中所占的比例又比太宗时期有所增加。这些数字表明，客户在总户数中的比重，总的趋势是丘陵地区比平原地区为多，山区又比丘陵地区为多；越是自然条件差，贫穷落后的地方，大土地所有制就越发达，贫苦佃农就越多。

《太平寰宇记》和《元丰九域志》两书的户籍数字，是官方统计资料，不一定十分准确。与《元丰九域志》主编王存同时的蜀人吕陶就曾指出："成都府界……昔为十县，县之主户各二三万家，而客户数倍焉。"① 按吕陶的说法，则客户在总户数中所占的比例，比官方统计资料更多。

宋代主户所拥有的财产也多少不等，他们不属于一个阶级。"所谓主户者，又有等差之辨。税额所占至百十千，数千者，主户也；而百钱、十钱之所占者，亦为主户。"② 所以宋朝把主户分为五等，并一般地把一、二等户称为上户，三等户称为中户，四、五等户称为下户。

宋代一至五等户占有土地的数量，一般说来，一等户大约有土地三顷以上，二等户约有土地一顷至三顷，三等户有土地百亩左右，四等户有土地几十亩，五等户只有一二十亩，甚至只有一两亩土地。上户是地主，一等户是大地主；

---

① 《净德集》卷4《奉使回奏十事状》。
② 吕南公：《与张户曹论处置保甲书》，《灌园集》卷14。

下户是贫苦农民，大部分是半自耕农，也有一部分是自耕农；中户有的是小地主，有的是富裕的自耕农。至于官户和形势户，则是地主阶级的当权派。大致说来，一、二等户的地主阶级不到总户数的10%，大地主更是少数。在客户众多的地区，地主在总户中所占的比重更小。

地主剥削佃农的主要方式是征收实物地租，收租方式主要是租佃分成制。一般是佃农每年被迫将收获的五成或五成以上交给地主。地主为了多征地租，往往直接指挥和监督佃农生产。苏洵就说，四川的"富民之家，地大业广，阡陌连接，募召浮客，分耕其中，鞭笞驱役，视如奴仆，安坐四顾，指挥于其间。而役属之民，夏为之耨，秋为之获，无有一人违其节制以嬉。而田之所入，已得其半，耕者得其半。有田者一人，而耕者十人。是以田主日累其半以至于富强，耕者日食其半以至于穷饥而无告"。①

四川佃农约占总户数40%左右。他们一般是一户五口，一户有一个主要劳动力，能佃耕的土地有限，收获的粮食亦有限。再将其收获物的二分之一交给地主，必然是终年辛勤劳动，不得一饱，更谈不上添置农具，购买耕牛，扩大再生产。在这种情况下，客户当中能够积蓄一些钱财，购买几亩土地，上升为主户的只是极少数。前面列举太宗太平兴国初年到神宗元丰三年的一百年间，四川客户在总户数中的比例下降极小，就是客户能够转变成主户的数量极少的反映。绝大多数的客户在地主的残酷剥削和压迫下，过着饥寒交迫的困苦生活。有的客户一遭天灾人祸，就要卖妻鬻子，或四处逃亡，或充当雇工，这样又为农业和手工业生产提供了一批雇佣劳动者。在农业生产领域，茶叶生产中的雇工劳动最为普遍，无论是业主或佃种的茶园，一般都是靠雇农来经营的。这些雇农没有固定的职业和收入，其生活境况比佃农更苦。

总的说来，宋代四川地主和佃农的地位、状况，同全国基本上是相同的，但也有地区自身的特点。

就地主来讲，由于唐末农民大起义部队没有进入四川，四川的地主阶级得以逃脱农民起义的打击；在黄巢起义过程中，唐僖宗又带领大批皇室贵族逃到蜀中；五代割据混战时期，中原许多"衣冠士族"又到蜀中避难，并得到蜀中政权的庇护和优待；再加上四川的土著地主，就使得宋初四川的大地主所有制

---

① 《嘉祐集》卷5《田制》。

极为盛行，在某些地区特别是山区，大地主所有制相当发达。文献记载："西川四路乡村，民多大姓，一姓所有客户，动是三五百家。"① 峡路诸州，"巴、庸民以财力相君，每富人家役属至数千户"。② 夔州（今重庆奉节）"自来多兼并之家，至有数百客户者"。③ 所以，宋初四川的大地主特别是官僚地主较多。但是，北宋平蜀，后蜀皇帝及大臣均被押赴开封。为了保全身家性命，他们纷纷将土地捐献，以求立功赎罪。如曾任孟蜀节度使的田钦全，捐赠布施给成都正法院的土地就达一万亩以上。④ 这次政权的更迭，使后蜀官僚大地主的势力有所削弱，并且抑制了宋代四川官僚地主势力的发展。苏洵《嘉祐集》卷13《族谱后录下篇》记载说："时蜀新破，其达官争弃其田宅以入觐，吾父独不肯取。曰：'恐累吾子。'终其身田不满二顷，屋弊陋不葺也。"其后，王小波、李顺起义，又给了四川地主阶级以沉重的打击，使原有的土地所有权发生了转移。故北宋中期以后，四川官僚地主大量兼并土地的现象并不严重。当北宋末年和南宋时期，东南地区皇亲国戚、文武臣僚、地主商人掀起土地兼并浪潮，收租几十万石的大地主不断涌现时，四川的大土地所有制并没有太大发展。总体上看，四川的官僚地主占田并不太多。至于汉族和少数民族杂居的夔州路某些地区，大土地所有制较为普遍，以及嘉州峨眉县中镇寨的马氏岁收租四千余石的现象⑤，则是特殊情况，另当别论。

就佃农来讲，宋代四川客户比例不但高于全国的平均数，而且在嘉州（今四川乐山）以下的岷江流域和戎州（今四川宜宾）以下的长江南岸，以及川中丘陵、川东北山区一带，客户比例特大的各州，还存在一些比佃客地位更低的"旁户"。这些旁户"素役属（于）豪民，皆相承数世"⑥，"使之如奴隶"。⑦ 他们不同于一般的佃户，对豪族大地主有世袭的依附关系，毫无独立人格身份，并且还负担本来应由地主承担的"租庸调敛"，这在全国其他地方是少见的。正因为他们所受的压迫和剥削比一般佃农更为沉重，所以北宋太宗淳化年间"旁

---

① 《宋会要·食货》4 之 28。
② 《宋会要·刑法》2 之 5。
③ 《宋会要·兵》2 之 11。
④ 杨天惠：《正法院常住田记》，《成都文类》卷 39。
⑤ 《宋史全文》卷 30，嘉定七年。
⑥ 《宋会要·刑法》2 之 6。
⑦ 《宋史》卷 304《刘师道传》。

户鸠集"①，纷纷参加王小波、李顺领导的农民起义。南宋时期，夔州路地广人稀的山区，占田多者需人耕种，仍然存在"富室之家诱客户举室迁去"的现象。这些地区客户的地位并没有得到多大的改善。他们仍然紧紧束缚于土地之上，受豪族地主役使不能自由离去。甚至客户死亡，其妻女亦不能自由改嫁，所以宁宗开禧元年（1205），夔州路转运判官范荪建议："乞将皇祐官庄客户逃移之法校定：凡为客户者，许役其身，毋及其家属；凡典卖田宅，听其离业，毋就租以充客户；凡贷钱，止凭文约交还，毋抑勒以为地客；凡客户身故、其妻改嫁者，听其自便，女听其自嫁。庶使深山穷谷之民，得安生理。"②可见终宋之世，这些地区的佃农的地位仍然没有得到多大改善。

四川的下户和中户，在主户中占的比例最大。他们绝大部分是半自耕农，要受地主的剥削，只有小部分是自耕农和富裕农民。因为他们是税户，就要同地主一样向宋朝政府缴纳赋税和承担各种差役或夫役。

就赋税而言，宋代四川主户中的下户农民，依法要按亩缴纳两税。③此外还要缴纳头子钱、义仓税、勘合钱、牛革税，以及承担附加的和买、和籴、预借等赋税负担。这些正税和附加税，还只是赋税的一部分而非全部，并且只是收税的法定税额。在实际征收时，官府还用支移、折变等办法来加重剥削。

支移是把秋税移此输彼，移近输远，把丰收地区送到歉收地区交纳，或送至军队屯戍地区交纳，以有余补不足。特别是南宋时期，由四川调民夫运军粮至陕西，不少民夫倾家荡产，甚至死于道路，同时还令百姓输脚米钱，给人民增加了沉重的负担。仅乾道五年（1169）三月，蠲成都府路民户岁输对籴米脚钱，即达3万缗之多。④绍熙二年（1191），潼川府属郪县、涪城、中江、安泰、盐亭等五县税米送隆庆府官仓收纳，近者200里，远者500里，皆担负而去，以致人户重困。⑤总之，南宋时期，四川地区的支移，成为比正税更重的负担。

折变是官府对夏税规定的现钱和布帛等物品，不按市价而任意科折，或以

---

① 《宋史》卷304《刘师道传》。
② 《宋史》卷173《食货志》。
③ 宋代按亩征收的土地税，每年夏秋征收一次，故叫两税，又叫"夏税秋苗"。秋苗是秋收后征收粮食，夏税收钱，或折纳绢䌷、绵布、麦等实物。
④ 《宋史》卷34《孝宗本纪》。
⑤ 《宋会要·食货》68之14~15。

钱折绢，或以绢折钱，随意抬高和压低价格，使交税者遭受沉重的压榨。例如宋初规定四川税钱 300 折 1 匹绢，草 10 围，计钱 20。到宣和三年（1121）就规定不许纳绢，必须每匹折草 150 围，每围草折钱 150 文，以致"税钱三百输至二十三千"。这种纳税方式"既以绢折钱，又以钱折麦。以绢较钱，钱倍于绢；以钱较麦，麦倍于钱。展转增加，民无所诉"，"破产者众"。① 遂州（今四川遂宁）诸县，北宋康定年间立法，杂税钱 1110 文折 1 匹绸。南宋绍兴五年（1135），潼川府路随军转运使规定 600 文折一匹绢，但不许缴纳正色，必须每匹按估价 7500 文缴纳，比正税高出 10 倍以上。② 总之，官吏"贪应办之赏，矜措置之能，悉将祖宗两税旧法折科，辄肆改易，反复纽折，取数务多。折科一改，遂为永例"，成为比正税更重的"蜀民之大患"，致使老百姓"弃业逃移"。③

上面这些只是下户的"法定"赋税负担。州县衙门的官吏和乡村的里胥还倚仗权势，对下户的敲诈勒索等额外负担还要多得多。宋人朱熹就说："古者刻削之法，本朝皆备。"在这样的情况下，广大乡村下户的经济状况比佃农也就好不了多少。

就差役和夫役而言，根据户等的不同，又有服役的区别。差役是地主对国家的职役，夫役是农民对国家的劳役。法令规定官户有免役特权，不负担职役和差役。只是在熙宁以后改差役为免役法，官户才负担部分役钱。职役由主户中一、二、三等户充当。一般说来，一等户的大地主要负担"衙前"职役，替官府保管和押送官物；二等户的地主主要充当里正、户长、乡书手，代替官府催督赋税；三等户主要充担耆长、弓手、壮丁，为官府逐捕"盗贼"。夫役则主要由主户中的四、五等户和佃农充担，主要承担修河、土木营建和运输官物等劳役。实行免役法后，本应由上户出的役钱，由于地主同官府通同作弊，其中一部分也转嫁到下户身上。

更重要的是，宋朝乡村中主户户等的高下，并不完全是依土地的多少来划分的，有时也是根据各户财产的多少来划分的。决定户等的财产标准，又不整

---

① 《宋史》卷 173《食货志》。
② 《系年要录》卷 93，绍兴五年九月壬午。
③ 《系年要录》卷 107，绍兴六年十二月戊申。

齐划一，而是五花八门，各行其是，往往是"随其风俗，各有不同。或以税钱贯佰，或以地之顷亩，或以家之积财，或以田之受种，立为五等"。①

所谓以税钱定户等，就是用两税中的夏税钱定户等。北宋时期成都府、梓州路和利州路的蓬州（今四川仪陇）、阆州（今四川阆中）等地就是用税钱划分户等的。

所谓按顷亩定户等，就是按土地的多少定户等。四川地区纯粹依土地多少定户等的地区很少。

所谓以积财定户等，就是按家业钱定户等。家业钱包括"田亩物力"和"浮财物力"两个部分。"田亩物力"是按土地肥瘠定价折钱，"浮财物力"是将庐舍、农具、家具、牲畜定价折钱。到南宋时期，四川各地基本上都是按家业钱划分户等的。

所谓以种子定户等，就是按播种种子的升、斗、石划分户等。北宋时富顺监、昌州（今重庆大足）、合州（今重庆合川）就是以播种种子的多少定户等的。

这种划分户等的财产标准不一，加上地主与官吏狼狈为奸，隐瞒田产家业而降低户等，下户农民往往被多估家业而提高户等，从而造成"就其五等而言颇有不均。盖有税钱一贯，或占田一顷，或积钱一千贯，或受种一十石为第一等；而积钱至于十贯者，占田至于十顷，积钱至于万贯，受种至于百石，亦为第一等"②的局面。由于宋代赋役制度中，田赋按土地征收，差役和免役按户等服役和收钱，和买、和籴常常依户等摊派，支移、折变又依户等的高下往往有输送远近之别，折价有贵贱之分。因此，只要被划入同一户等中，不论财产多少，不论是地主还是农民，都要负担除二税以外的同等赋役。北宋时阆州和蓬州用税钱定户等摊派免役钱，"上户家业多而税钱少，下户家业少而税钱多，至第一第二等户输钱少于第四第五等"③，就是明证。

因此，农民的经济地位十分脆弱，一遇天灾人祸，只好向地主借债，或被迫把自己的土地卖给地主。但地主不接受这些土地应负担的税额，失去土地的

---

① 《宋会要·食货》13之24。
② 《宋会要·食货》13之24。
③ 《宋会要·食货》65之22。

下户，在政府户籍中仍然保留税户名称，仍然要缴纳赋税，这叫做"产去税存"。南宋时四川有田无税、有税无田的现象相当严重。绍兴晚期曾在四川实行经界法，清理土地，平均二税，但在执行过程中，增税者反对，减税者赞成，"而形势户之不愿者为多。盖诡名挟户，非下户所为"①。豪绅与官吏通同作弊，经界的结果，仍然是业多者或税轻，业少者或税重，闹得经界半途而废，终不果行。

总之，在农业生产中，地主和农民是两大对抗的阶级。占总户数90％以上的佃农和主户中的半自耕农和自耕农是农业劳动者，他们的辛勤劳动推动了宋代四川农业生产的发展，为地主和官府提供了大量的地租和赋税。在地主和官府的双重压迫剥削下，他们过着吃不饱、穿不暖的贫困生活。农民阶级同地主阶级的矛盾是不可调和的。宋代四川农民为了生存和从事正常的农业生产，曾经爆发了多次武装起义，并提出了具有划时代意义的"均贫富"的口号，给地主阶级以沉重打击，在一定程度上调整了生产关系，促进了农业生产的发展。

在宋代四川农业生产关系中还有一种特殊情况，就是由于社会政治、经济发展的不平衡，在少数民族和"夷汉"杂居区，还存在奴隶制和农奴制。这些地区有的是宋朝的羁縻统治地，与宋朝直辖的汉族地区的阶级关系有所不同。

宋代四川盆地周边的泸南、马湖、黎南等地居住着众多的少数民族。他们"无城郭，散居村落"。②各部势力消长，区域大小虽不相同，但都处于奴隶制阶段。奴隶主首领称为"大鬼主"、"鬼主"。他们接受宋朝的封赐，用"夷法"统治本族人民，"不以中国之法治之"。③各部奴隶主贵族喜险阻，善战斗，大肆掳掠、侵扰他种，以杀伤为戏，相互之间经常招诱、抢劫奴隶和财物，并侵扰汉区，抢劫财物，掠人为奴。例如绍兴八年（1138）今峨边县境内的"虚恨蛮"举族入寇，"转掠（嘉州）忠镇寨十二村民殆尽"。④淳熙七年（1180）黎州"五部落"侵州界175里，劫掠18村，土丁被俘211人。⑤这些被俘的汉人，除部分赎回和逃归外，大部分成为奴隶。奴隶主还有转卖和杀戮奴隶的权利。

---

① 《系年要录》卷174，绍兴二十六年九月戊辰。
② 《宋史》卷496《蛮夷四》。
③ 范镇：《送冯枢密还朝诗序》，《宋代蜀文辑存》卷9。
④ 《系年要录》卷124，绍兴八年十二月。
⑤ 《朝野杂记》乙集卷19《庚子五部落之变》。

每当奴隶被他人杀害，奴隶主就索取"骨价"，事件即告平息。"劫盗者，偿其主三倍；杀人者，出牛马三十头与其家以赎死"。① 杀人不偿命而偿财，奴隶价格按牲口计算。

生活在接近汉族地区和"汉夷"杂居地的"熟夷"，既受宋朝封建政府又受当地少数民族奴隶主的统治剥削，被称为"两属税户"。在汉族封建制度的影响下，这些地区的奴隶制已开始向封建制转化，农业生产者身份也开始由奴隶转变为农民，封建的租佃制逐渐地施行起来。这种情况在宋朝统治势力加强的泸南、叙南等地最为明显。而南平军"熟夷"掳掠汉民和土地，通过强迫汉人纳身，充当客户建立的农奴制，则是宋朝政府武力平荡这一地区后转化为封建租佃制的。

二、工商业中的阶层结构

随着我国封建社会经济的发展，非农业人口的增加，在宋代户籍统计中，第一次有了城镇坊郭户的划分。城郭户是州、府、县城和市镇居民，以有无财产来划分主、客户，主户又以财产多少划分为十等。坊郭户列入专门户籍，表明手工业和商业有了飞速发展。

手工业中的阶层结构，一般为作坊主、手工业工人和手工业者。

手工作坊有官营手工作坊和私营手工作坊两种。

官营手工作坊是由官府经营的。四川官营手工作坊主要分布于纺织、井盐、矿冶、铸钱业中。这些作坊规模较大，由政府委派专门的官员管理、监督，征发士兵和民间工匠、百姓充当工人，原料由政府供给，工人没有任何生产资料，每月领取固定的钱米廪给。产品的数量、质量和原料的消耗，都有一定的标准。作坊内部有一定的分工，工人在监官和工头指挥下生产。例如成都锦院，就有挽综工、机织工、炼染工、纺绎工；印刷纸币的交子务，有监官、掌典、贴书、印匠、铸匠、杂役；生产钱引纸张的抄纸坊，有抄匠、杂役等内部分工。这些分工促进了生产的发展。但是官营手工作坊在生产性质上纯属满足封建政府需要的封建性生产。作坊的工人虽然能领到一定的钱米、冬衣等廪给，甚至每年还有几天假日，但他们中的大多数是由官府强迫差派和招募的，其中有的还是

---

① 《宋史》卷496《蛮夷四》。

担任工役的士兵和罪犯,某些被差派的百姓还要自备劳动工具为官府提供无偿劳动,因而他们的身份还带有工役和役夫性质。官营手工作坊虽然是实行工值制度,但保留了封建徭役性质。手工作坊的官吏和工头经常对工人杖打责骂,并克扣其工值。在官吏和工头的残酷压迫和剥削下,工人境况十分恶劣,常用怠工、逃亡以示反抗。

私营手工作坊是私人经营的商品生产部门。作坊主雇佣工人,付给工值,把生产的产品投入市场,攫取利润。利润的一部分作为税课缴给政府,其余部分归作坊所有。作坊主为追求更多的利润而不断增加产品数量,提高产品质量,有利于社会经济的发展。

四川的私营手工作坊主要分布于制盐、制糖、纺织、印刷、造纸、陶瓷和矿冶等部门。某些作坊必须把产品的一部分(如纺织品、糖霜等)交给政府作为赋税;有些产品是国家的垄断物资(如盐、铜、铁等),则由政府规定价格全部或部分收买。只有非政府垄断的物资,才能在市场上自由出售。这种对私营手工作坊实行严格管制,征收高额课税,甚至垄断产品销售的做法,严重阻碍了私营手工作坊的发展。

宋代四川私营手工作坊中阶级关系的显著特点是雇佣劳动较为发达。作坊主拥有较雄厚的资金,他们当中许多人是有势力的人户,即所谓豪者、富室和有力之家。作坊主雇佣几人至几十人的手工业工人,作坊内部已有简单协作。受雇的工人则没有任何生产资料,他们在作坊主和工头的指挥、监督下劳动,除领取工值以外就没有任何权利。但他们对作坊主没有人身依附关系,可以自由离去。例如文同在《乞差京朝官知井研县事》的奏状中谈到陵州(今四川仁寿)的井盐作坊的工人时就说:

> 访闻豪者一家至有一二十井,其次亦不减七、八……每一家须役工匠四五十人至三二十人者。此人皆是他州别县浮浪无根著之徒,抵罪逋逃,变易名姓,尽来就此佣身赁力。平居无事,则俯伏低折与主人营作;一不如意,则递相扇诱,群党哗噪,算索工值,偃蹇求去;聚墟落,入镇市,饮博奸盗,靡所不至;已复又投一处,习以为业。切缘井户各须借人驱使,

虽知其如此横猾,实亦无术可制,但务姑息,滋其狡暴。①

这种雇佣工人进行商品生产的手工作坊的出现,是对封建自然经济的巨大冲击。

宋代四川私营手工作坊中,有一部分尚未完全从农业中分离出来。这些作坊主既经营农业又经营手工业。自己生产原料,自己加工产品,然后将其产品在市场上出售,在某种程度上手工业还是农业的副业。这种手工作坊在井盐业、制糖业、制茶业中都有。它的规模较小,雇佣的工人有限,往往是季节性的。王灼《糖霜谱》记载遂宁的糖霜户,大部分就没有同农业脱离。他们自种甘蔗,自己制成糖霜出卖。如果做不成糖霜,就做成砂糖出卖,"犹取善价"。当然也可能有一些糖霜户脱离了农业,《糖霜谱》中谈到白水镇一带虽多蔗田,但有的蔗农不能成霜,而是岁压糖水卖给别人。那些收买糖水制作糖霜的人户,就可能同农业分离了。

手工作坊的工人绝大部分是破产的农民或变易姓名的逃亡"罪犯"。他们在封建制度的压迫剥削下,流离失所,被迫充当雇佣工人,为封建政府和作坊主创造了大量的物质财富,却只能得到微薄的工值,并经常有被解雇的可能。他们逃离了地主压迫剥削的火坑,又跳进了作坊主压迫剥削的深渊,生活同样毫无保障。手工业工人同作坊主之间的矛盾是非常尖锐的。

在城市和乡村还有相当数量的小手工业者。他们是手艺人和小商品生产者,有简单的生产工具。有的制造产品在市场出卖,有的接受别人的加工订货,有的靠出卖劳动力换取微薄的报酬。政府为了加强对手工业者的控制和剥削,还把工匠按行业编制起来。官府生产官物和兴建工程,就按名籍征发工匠服役或来料加工产品,而官府所给报酬极少,工匠甚至无法养家糊口。成都织锦工匠和机户为官府加工织造蜀锦,质量要求苛刻,工期紧迫,主办官员又从中克扣工值,导致机户常常破产不能偿。独立手工业者地位低微,他们连在自己制造的器物上注明自己的姓,作为商标,以昭信誉,都要遭到责难和禁止。阆中墨工蒲大韶,得墨法于黄山谷,所制极精,为东南士大夫所喜用,曾被内侍进呈皇帝。皇帝见墨上题有"锦屏蒲舜美",因问何人。内侍回答说是"蜀墨工蒲大

---

① 文同:《丹渊集》卷34。

韶之字"，即被皇帝掷于地，并说"一墨工而敢妄作名字，可罪也"。遂不复用。自是墨上印记只言姓名。其后"大韶死，子知微传其法，与同郡史威皆著名。夔帅韩球，令造数千（《墨史》注'千'作'十'）斤，愆期不能就，遣人逮之，舟复江中，二工皆死"。①

总之，手工业劳动者同农民一样，用他们的辛勤劳动，创造了物质财富，推动社会的进步，也同农民一样，遭受封建剥削，过着牛马不如的生活，甚至有倾家荡产的危险。

作为农民家庭副业的家庭手工业，在手工业中占有很重要的地位。农村纺织业中，家庭手工业最为普遍。北宋兴起的井盐业中的卓筒小井，绝大部分也属于家庭手工业。家庭手工业是为自己的消费而生产，但并不排除有一定的商品存在。从事纺织业生产的农民为了换取某些自己不能生产的必不可少的生产资料和消费资料，就不能不出卖一些家庭手工业产品。当然，这与专为市场生产的小商品生产者出卖产品的性质有所不同。但是这些农户出卖产品的次数越来越多，数量越来越大，最后甚至把生产的目的转向市场，这时他们就具有了小商品生产的性质。但是，宋代实物赋税制度阻碍了家庭手工业同农业的分离。宋代在四川征收的各类纺织品，很多都是收获原料的农民对原料加工后作为赋税和官府的"和买"品交纳给政府的。因而农村家庭手工业的产品，除生产者消费而外，很大部分都是作为赋税交纳给官府，在市场上出卖的商品并不多，且要缴纳商税，遭受剥削。甚至夔州路织罗为生的山谷之民，还要籍其姓名，掠其所织罗投税于官。至于作为赋税交纳给官府的产品，则要受到官吏无理的挑剔克剥。蜀人文同在《织妇怨》诗中，就描写了一个农妇"掷梭两手倦，踏茧双足骈，三日不住织，一匹才可剪"，费了很大工夫织成一匹"皆言边幅好，自爱经纬密"的好绢，但拿到衙门去交税，验收的监官无理挑剔，盖上油墨印记，把它退回。只得"父母抱归舍，抛向中门下，相看各无语，泪迸若倾泻。质钱解衣服，买丝添上轴，不敢辄下机，连宵停火烛。当须了租赋，岂暇恤襦裤？前知寒切骨，甘心肩骭露"。但即使这样，还是"里胥踞门限，叫骂嗔纳晚"，以至诗人最后哀叹道："安得织妇心，变作监官眼。"②

---

① 《夷坚甲志》卷16《蒲大韶墨》。
② 《丹渊集》卷3。

在商业中有大商人、高利贷者、中小商人、小贩和负责运输货物的雇佣工人。

宋代四川的大商人财力雄厚,家资万贯,是当地有势力的豪商巨贾,同大地主一样的兼并之家。他们有的经营交子铺,公然发行纸币,是蜚声全国的"豪民";有的经营大宗的茶叶和蜀锦绢帛贸易;有的勾结官府,从官府购买食盐,然后转手高价出售。经营药材、粮食和其他商业贸易的大商人也很多。这些大商人雇佣工人为其肩挑背驮,搬运货物。运输货物的工人则受商人的残酷剥削,并随时面临被解雇的危险,生活毫无保障。陆游《入蜀记》载:嘉州船主赵青,曾经招募嘉州人王百一为驾船的招头,后来赵青在江陵的沙市改用程小八为招头,"百一失职怏怏,又不决去",落到"发狂赴水"的悲惨境地。

中小商人中,有的是行商,有的是坐贾。他们往来各地,贩运货物,或置铺城市、乡镇,坐家住卖。其中有的人还雇佣仆人,收带徒弟以供役使。

小贩是贩夫贩妇,本小利微,资金周转不灵,常受大商人的剥削,加上官府对商品的统制和专卖,活动范围受到限制,常常蚀本破产。他们的经济地位同贫苦农民相似,并因其往来各地,联系群众,见多识广,而常常成为农民革命的发动者和组织者。王小波就是因"贩茶失职",揭竿而起,发动和领导了北宋初期四川农民大起义的。

商业劳动者通过他们的劳动,使产品得以交流,并促进了商品经济的发展。他们虽未直接生产物质财富,但他们的活动是社会需要的。他们同农业、手工业劳动者一样,为宋代四川社会经济的发展作出了贡献。

此外,在宋代,出家的僧侣和道士是不需要承担赋役的,但他们必须向官府购买"度牒",才能取得出家人的合法身份,政府以此来弥补编民为僧所造成的财政损失和控制僧尼的人数。宋朝度牒的价格在南宋嘉定元年(1208)为"每道一千二百缗"[①],宋朝政府常在财政困难的时候靠出卖度牒来解决财政困难。

---

① 《建炎以来朝野杂记》乙集卷16《四川收兑九十界钱引本末》。

第九章 宋代四川农业的大发展

宋代四川农业较前代有所发展，主要表现在水利灌溉事业的发展，农业生产的进步，粮食和经济作物品种及产量的增加等方面。但这种发展又是不平衡的。

第一节 水利灌溉的发展

水利是农业的命脉，农业的发展同水利工程的兴建关系极大。宋代四川水利灌溉事业主要是利用前代的水利工程，同时也新建和扩建了一些小型水利工程设施。据《宋会要·食货》61记载，熙宁三年至九年（1070～1076）天下各路水利田数中，成都府路有水利田29处，288387亩；梓州路有水利田11处，90177亩；利州路1处，3130亩[①]；夔州路274处，85466亩。除成都府路大型的都江堰水利灌溉工程外，其余丘陵和山区都是些小型的水库水塘，灌溉面积有限，绝大部分农田还是处于靠天吃饭的状况。

---

① 利州路包括陕西汉中地区。汉代萧何所建汉中山河堰是全国著名的水利灌溉工程。《宋史·河渠志》记南宋乾道四年（1168）山河堰灌南郑褒城田23万余亩。这里记载利州水利田共3130亩，可能不包括汉中水利田数。

第九章 宋代四川农业的大发展

图 9-1 都江堰宝瓶口今貌

两千多年前在岷江上修建的都江堰渠首工程，是由鱼嘴分水堤、飞沙堰溢洪道、宝瓶口三项水利工程组成的。鱼嘴把岷江分割成内江和外江，外江是岷江正流，内江是灌溉渠首，飞沙堰调节内江水量，宝瓶口是内江引水的咽喉。在宝瓶口下再修建无数的灌溉渠道渠网，把滔滔江水引向广阔灌区。在宋代，都江堰水利工程的灌溉水系已有三大流、十四支流和九个堰，受灌区域包括灌县、彭县、崇庆、广汉、郫县、新都、新繁、金堂、成都、华阳等川西平原的广阔地区。《宋史》卷95《河渠志》记载说：

> 皂江支流迤北曰都江口，置大堰，疏北流为三：曰外应，溉永康之导江、成都之新繁，而达于怀安之金堂；东北曰三石洞，溉导江与彭之九陇、崇宁、濛阳，而达于汉之雒；东南曰马骑，溉导江与彭之崇宁，成都之郫、温江、新都、新繁、成都、华阳。三流而下，派别分支，不可悉纪，其大者十有四：自外应而分，曰保堂、曰仓门；自三石洞曰将军桥、曰灌田、曰雒源；自马骑曰石址、曰跂龛、曰道溪、曰东穴、曰投龙、曰北、曰樽下、曰玉徙。而石渠之水，则自离堆别而东，与上下马骑、乾溪合。凡为堰九：曰李光、曰膺村、曰百丈、曰石门、曰广济、曰颜上、曰弱水、曰济、曰导，皆以堤摄北流，注之东而防其决。

· 192 ·

但是，每年夏水涨潦，滔滔洪水，奔流直下，都会冲毁都江堰渠首堤岸，必须清除河床沉沙积石，才能保证水利工程的安全。都江堰的维修管理情况，宋代以前文献没有记载，直到宋代才有"岁修"制度的记载。《宋史·河渠志》载：

> 离堆之趾，旧镵石为水则，则盈一尺，至十而止。水及六则，流始足用，过则从侍郎堰减水河泄而归于江。岁作侍郎堰，必以竹为绳，自北引而南，准水则第四以为高下之度。江道既分，水复湍暴，沙石填委，多成滩碛。岁暮水落，筑堤壅水上流，春正月则役工浚治，谓之"穿淘"。

这种岁修，就是每年冬天枯水和农闲季节，用竹笼石为大堤，拦断内外江河口，清除河床沉积沙石及修整鱼嘴堤岸，并在分水鱼嘴以下的内江侧修侍郎堰（相当于今飞沙堰）。侍郎堰的高度不超过水则第四尺，以保证枯水季节内江河水全部流经宝瓶口，泻向灌区渠网；洪水期间内江进水量超过了灌区用水，又能从侍郎堰溢洪道自行溢出，复归外江正流，避免发生灌区水患。

岁修制度的建立，是都江堰水利灌溉工程史上的一大进步。宋朝对岁修工程要求严格，必须由州县长官亲自组织领导，并规定了奖惩办法。"岁计修堰之费，敷调于民。""差宪臣提举，守臣提督，通判提辖，县各置籍。"对所属灌溉区域，"凡堰高下、阔狭、浅深，以至灌溉顷亩，夫役工料及监临官吏，皆注于籍。岁终计效，赏如格"。如果"检计修作不能如式，以致决坏者，罚亦如之"。这些严格的制度，保证了都江堰水利灌溉工程正常运行，收到了"置堰灌溉，旱则引灌，涝则疏导，故无水旱"的效果。① 宋代以后，岁修制度就一直延续下来。

宋朝对水利建设的重视，有力地推进了水利灌溉事业的发展。据文献记载，宋代四川维修和扩建的水利工程还有：

北宋开宝年间，成都守臣刘熙古在成都扩建唐朝高骈修的縻枣堰。蜀人为

---

① 《宋史》卷95《河渠志》。

第九章 宋代四川农业的大发展

此建"刘公祠"来纪念他。① 同时，刘熙古还重修九里堤②，蜀人名曰"刘公堤"，以示缅怀。③

神宗熙宁七年（1074），蜀州（今四川崇州）守臣黎希声在天旱饥荒之时，以工代赈，组织饥民3000余人修蜀州新堰，"凡灌田三万九千亩"，5000余家农民享受到灌溉之利。④

北宋中期，怀安军（今四川金堂）三江堰灌渠被豪猾侵种达40年之久，常琪奉命察治，"归所侵田，而复其堰，灌润之利，凡四千顷"。⑤

徽宗时期，张唐英在崇庆县捐金筑堰，灌田数十顷。⑥

南宋高宗绍兴十五年（1145），眉州守臣勾龙庭实修复通济堰。通济堰建于汉代建安年间，灌眉山、彭山、新津三县田34万余亩，其后坏于开元，又坏于建炎，"陇亩弥望，尽为荒野"。勾龙庭实贷诸司钱6万缗，躬身其役，"更从江中创造，横截大江二百八十余丈，与下流小筒堰一百十有九，于是前日荒野，尽为沃壤"，"邦人为立祠，岁时祀之"。⑦

绍兴十七年至二十一年（1147~1151），李璆为四川安抚制置使，"三江有堰，可以下灌眉田百万顷，久废弗修，田莱以荒。璆率部刺史合力修复，竟受其利，眉人感之，绘像祠于堰所"。⑧

绍兴末年，王刚中任四川制置使兼知成都府，"成都万岁池广袤十里，溉三乡田，岁久淤淀，刚中集三乡夫共疏之，累土为防，上植榆柳，表以石柱，州人指曰：'王公之甘棠也'"。⑨

孝宗乾道四年（1168），彭州、九陇等3县10余堰计70余里，因岁久失修，水利略尽，九陇知县梁介"躬行堰所，部勒丁夫，修治坚密，水脉流通，田亩霑之，溉及旁县"。⑩

---

① 何涉：《縻枣堰刘公祠堂记》，《宋代蜀文辑存》卷11。
② 九里堤在成都西北，堤长九里，故老相传为诸葛亮所筑，以捍水势。
③ 嘉庆《四川通志》卷23，《舆地志·堤堰》。
④ 吕陶：《蜀州新堰记》，《净德集》卷14。
⑤ 《净德集》卷22《朝请大夫知邛州常君墓志铭》。
⑥ 民国《崇庆县志》。
⑦ 《系年要录》卷154，绍兴十五年十二月。
⑧ 《宋史》卷377《李璆传》。
⑨ 《宋史》卷386《王刚中传》。
⑩ 《宋会要·食货》8之38~39。

宁宗嘉定年间，魏了翁修复眉州蟇颐堰。蟇颐堰在眉州东7里，唐开元中益州刺史章仇因蟇颐山筑堤，障蜀江水，分东、中、西三大堰，大小筒口百余道，灌眉山、青神田72000亩有奇。嘉定年间，魏了翁守眉，又备武阳（彭山）石垒堤，"其利尤溥"。①

在没有水利灌溉的丘陵和山区，农户则用水塘和水库等潴水地灌溉稻田。潴水地是天荒公地。绍兴年间四川推行经界法，豪猾游手勾结州县官吏，请佃承买，泄其水为耕种之地，独擅其利，使附近的稻田无水，岁失播种。绍兴二十八年（1158），知涪州程敦书还为此上书朝廷，请求禁止承买、请佃潴水地，已请佃、承买的立即收回。这个建议得到了朝廷同意，从而保护了丘陵和山区的水利灌溉设置。②

除水利灌溉工程而外，宋代四川还修建了一些防止水患的工程。例如北宋治平二年（1065），中江县令廖子孟修中江新堤，以防水患。③绍圣初年王觌知成都府，"江水贯城中为渠，岁久湮塞，积苦霖潦而多水灾，觌疏治复故。民德之，号'王公渠'"。④南宋淳熙二至三年（1175～1176），王勋在梓州修建"王公堤"以防水患。⑤这些防洪工程保障了人民生命财产的安全，因而主办官员也一直得到人民的崇敬和缅怀。

由于地方官员个人品质的不同，也有主管水利工程的官吏利用兴修水利，苛敛民财，以饱私囊。例如按照规定，每年修堰的费用，"执役之夫日费米，人二升，菜薪之钱二十"，"皆取给田主。而奸民豪姓，往往靳啬侥幸苟免不肯供役。或曰：汝负吾租，当为我出力"，把修堰费用转嫁到佃农身上。而役夫队长与黠吏又贪污克扣役夫的钱米，致所调役夫，"多逃匿不充数"。⑥这就造成"工作之人，并缘为奸，滨江之民，困于骚动"⑦，以致朝廷规定"如敢妄有检计，大为工费，所剩坐赃论，入己准自盗法，许人告"。⑧然而，在封建社会是

---

① 嘉庆《四川通志》卷23，并见《鹤山先生大全集》卷40《眉州新修蟇颐堰记》。
② 《宋会要·食货》7之54。
③ 文同：《梓潼中江新堤记》，《全蜀艺文志》卷33中。
④ 《宋史》卷344《王觌传》。
⑤ 嘉庆《四川通志》卷23。
⑥ 任渊：《双流昭烈庙碑阴记》，《成都文类》卷46。
⑦ 《宋史》卷95《河渠志》。
⑧ 《宋史》卷95《河渠志》。

无法根除贪官污吏的。这些规定，实际上形同空文。

第二节 耕作水平和土地利用率的提高

宋代四川农业除注意发展水利灌溉事业外，对于耕作技术的改进和土地的利用亦非常重视。

宋朝在四川的地方官员，对农业耕作技术的改进相当重视。天禧四年（1020），利州路转运使李昉就建议朝廷将《四时纂要》、《齐民要术》等农书雕版印付诸路，以提高农民的耕种和栽培技术，并得到朝廷的批准。① 州县的地方官员每年还发布《劝农文》，劝谕和指导农民搞好农业生产。地方官员对农业的重视和提倡，对农业的发展起了促进作用。

四川农民为了发展农业，特别重视饲养耕牛。为了促进耕牛的养殖，宋初废除了四川地区牛死牛革全部归官的弊政，以鼓励农民饲养耕牛。地方官员每逢农户牛生二犊，都要当做吉祥喜事呈报朝廷。据《宋史》卷67《五行志》记载统计，从乾德三年到天禧五年（965~1021）的56年中，全国牛生二犊共116起，其中四川达86起之多，占总数的74％以上。这反映四川的耕牛饲养技术在全国都处于领先地位。文献记载，宋朝其他农耕地区，经常都有缺乏耕牛的记载，而四川独无。南宋绍兴五年（1135），宋朝在荆南屯田，还从四川买牛1700头，授官兵耕种，营田850顷。② 绍兴七年（1137），京西帅臣薛弼措置荆襄营田，"又市蜀牛三千头"。③ 在现代机械化农业出现以前，牛耕作为主要耕作方法，是发展农业的主要动力，特别是发展粮食高产作物水稻生产的先进方法。宋代四川耕牛养殖业的发展，是保证和促进农业生产发展的重要因素。

四川农民非常重视农时和田间管理，作物的施肥及精耕细作已达到相当水平。文献记载，川西平原和川中丘陵地区的农业生产都处于全国的先进行列。据南宋洋州（今陕西洋县）知州宋莘说，陕西汉中洋州的土地条件和气候条件

---

① 《宋会要·食货》1之190。
② 《宋史》卷368《王彦传》。
③ 《系年要录》卷108，绍兴七年三月庚寅。

都与蜀中无异，但洋州有的地区尚未实行一年种植稻麦两季，"稻田尚有荒而不治"，"留以种麦"。耕种上是"洋民麦田一耕便布种，坐待来岁之收，稻田一耕便立苗"。村民尚循旧习而不施肥，亦不知修建厕所，男女如厕，积其粪秽"以肥其田"。他们与四川农民相比，不但耕种技艺落后，而且有勤惰之异。① 所以蜀人高斯得在南宋时还特别把四川农业生产经验向江南东路的宁国府（今安徽宣城）推广。他在《宁国府劝农文》中说：

> 太守，蜀人也，起田中，知农事为详，试为父老言治田之事。方春耕作将兴，父老集子弟而教之曰："田事起矣，一年之命，系于此时。其毋饮博，毋讼诈，毋嬉游，毋争斗，一意于耕。"父兄之教既先，子弟之听复谨，莫不尽力以布种。四月草生，同阡陌之人，通力合作，耘而去之。置漏以定其期，击鼓以为之节。怠者有罚，趋者有赏。及至盛夏，烈日如火，田水如汤，薅耨之苦尤甚，农之就功尤力。人事勤谨如此，故其熟也常倍。②

由于耕作水平的提高，所以宋代四川农民不但在种植粮食作物方面颇有心得，而且在种植经济作物方面也积累了丰富经验。遂宁农民对甘蔗的种植，从育种到栽培，从栽培到田间管理，从选择肥料到施肥的方法和季节，从保护土质到提高土壤的温度，都积累了一整套科学的耕作经验。王灼《糖霜谱》记载说：

> 蔗有四色：曰杜蔗、曰西蔗、曰芳蔗（《本草》所谓荻蔗也）、曰红蔗（《本草》所谓昆仑蔗也）。红蔗止堪生啖；芳蔗可作沙糖；西蔗可作霜，色浅土，人不甚贵；杜蔗紫嫩，味极厚，专用作霜。藏种法择取短者（芽生节间，短则节密而多芽），掘坑深二尺，阔狭从便，断去尾，倒立坑中，土盖之（不倒则雨水入夹叶，久必坏）。凡蔗田，十一月后，深耕耙搂，燥土纵横，摩劳令熟。如开渠，阔尺余，深尺五，两旁立土垒。上元后，二月

---

① 陈显远：《洋县南宋劝农文碑简介》，《农史研究》1983年第1期。
② 《耻堂存稿》卷5。

第九章 宋代四川农业的大发展

初，区种行布，相傀灰薄盖之，又盖土不过二寸。清明及端午前后两次以猪牛粪细和灰薄盖之。盖土常使露芽。六月半，再使溷粪，余用前法。草不厌数耘，土不厌数添，但常使露芽。候高成丛，用大锄翻垄，上土尽盖，十月收刈。凡蔗田最困地力，不可杂他种，而今为蔗田者，明年改种五谷，以休地力。有余田者，至为改种三年。

同样，彰明县的赤水、廉水、会昌、昌明等四乡农民，对种植附子亦积累了相当丰富的经验。杨天惠《彰明附子记》载：

凡上农夫，岁以善田代处，前期辄空田，一再耕之，莳荞麦若巢麇，其中比苗稍壮，并根叶耪覆土下，复耕如初，乃布种。每亩用牛十耦，用粪五十斛。七寸为垄，五尺为畛，终亩为畛二十，为垄千二百。垄从畛，衡深亦如之。又以其余为沟为涂，春阳坟盈，丁壮毕出，疏整畛垄，以需风雨。风雨时过，辄振拂而骈持之。既又挽草为援，以御烜日。其用工力，比它田十倍。然其岁获亦倍称，或过之。①

经济作物的种植比粮食作物的种植技术更为复杂，要求更高，宋代四川农民对种植经济作物积累了如此丰富的经验，反映了当时整个农业耕作水平是相当高的。

宋代四川农民对土地开发利用的最大成就是增加复种面积，开垦荒地和修建梯田。

《宋史·地理志》载：四川"地狭而腴，民勤耕作，无寸土之旷，岁三、四收"，就是指四川农民在同一块土地上进行复种，既种麦又种稻，既种粮食又种蔬菜和水果，提高土地的利用率，每年有三四次收成。所以《舆地纪胜》在记载四川各地风俗时，反复指出四川农民是"务农力作，田里垦辟"，"民勤而力穑，不趣末作，不事燕游"。一些外地到四川做官的官员也称赞四川农民是"民勤过四方，寸土不容隙"。②

---

① 《宋代蜀文辑存》卷26。
② 田况：《八月大慈寺前蚕市》诗《全蜀艺文志》卷17。

第九章　宋代四川农业的大发展

宋代四川农民在充分利用平原和丘陵地区土地的同时，还积极开垦山区和边远地区的土地。五代时期，剑利之间、绵汉之间，以及嘉、陵、彭、蜀等州近山镇县还是"暴兽成群，农家不敢放牧及出门采樵"，荒地很多。到宋代由于农民开荒种地，这些地方的虎豹"悉皆屏迹"。①在北宋初期，南平军（今重庆綦江）和泸南等边远地区还相当荒凉，随着大批汉人移入开荒种地，这些地方的农业生产得到飞跃发展。

宋代四川农民对土地开发利用最大的功绩是在丘陵山区建造了大量的梯田，把山坡改造成为耕地。

我国梯田是从宋代才开始普遍发展起来的。梯田建立在山坡上，田面随山坡的斜度，筑成阶埂，层层而上，呈不等高的梯层式，种植禾谷，即范成大《骖鸾录》所说，"岭坂上皆禾田，层层而上至顶，名'梯田'"②，又称为"层田"、"塝田"、"山田"。

梯田的开垦是非常艰巨的。首先要清除杂草，用锋利的刀斧把树木全部砍除。这叫做"刀耕"。然后进行"火种"，烧掉杂草和害虫细菌，并增加钾质肥料。梯田的垦成很不容易，要"火耨刀耕六七年"③，才能把土地变成熟土，以后还要进行成形、筑塍、耕耘等治地工作。"成形"是依山势高下，分成有层次的阶梯状土地。"筑塍"是在每个阶梯状土地边缘筑成阶埂，以保持水土。"耕耘"一类是烧荒完毕，不待耕犁，便即播种，跟着锄土覆盖的粗放农业；一类是梯田经垦辟后，再进行耕犁、施肥、耙地的精耕细作式农业。

梯田的兴建是人类进一步利用和改造自然的伟大标志。它克服了山坡地难于耕种的困难，对增加生产和保持水土起了很大作用。梯田把荒坡地改造成为耕地，不但能种植旱地的麦、粟等农作物，而且在有水源的地方还能蓄水种植水稻，成为专种水稻的水田。宋人陈敷《农书》说："若高田，视其水所会归之处，量其所用而凿为坡塘。约十亩田即损二三亩以潴蓄水……可力致其常稔。"说的就是利用水塘在上的人工蓄水进行灌溉，种植水稻。宋人叶适珪《海录碎事》卷17记载宋代四川梯田种植水稻的情况："果州、合州等处无平田，农人

---

① 《茅亭客话》卷1《虎盗屏迹》。
② 梁家勉：《中国梯田出现及其发展》，《农史研究》1983年第1期。
③ 杜甫：《自瀼西荆扉且移居东屯茅屋》诗。

第九章 宋代四川农业的大发展

于山陇起伏间为防,潴雨水,用植粳糯稻,谓之'赠田',俗名'雷鸣田'。盖言待雷鸣而后有水也。戎州亦有之。"范成大在万州、梁平、垫江所写的诗句"山骨鳞皴火种难,山下流泉却宜稻"、"人间只见秧田润,唤作蟠龙洞里泉"、"旧雨云招新雨至,高田水入下田鸣",都反映了只要有水源灌溉的梯田,就能种植水稻。① 至于没有堤堰陂塘之利的雷鸣田,由于田埂本身就能蓄水,同样能种植水稻。只不过因其没有水源保证,"五日不雨枯,十日不雨槁,丰年常少,而凶年常多"②,收成没有保证而已。总之,梯田的大量兴建和梯田潴水种植水稻,使得四川的丘陵和山区的土地得到进一步的开发利用。

第三节 粮食和经济作物

水利的兴建,耕作水平和土地利用率的提高,使四川地区粮食和经济作物的生产都得到发展。当时不但农业发达的川西地区,就是农业落后的夔州地区,农民都根据地理条件,种植各种农作物。范成大《夔州竹枝歌九首》诗中描写夔州农作物的种植状况就曾指出:在适于种植水稻的地方是"东屯平田粳米软",在适宜种植杂粮的山地是"百衲畲田青间红,粟茎成穗豆成丛",在适宜种植水果的地方是"榴花满山红似火,荔枝天凉未肯红。新城果园连瀼西,枇杷压枝杏子肥"。此外,还有农民"背上儿眠上山去,采桑已闲当采茶"。③ 从这些描述中不难看出,在宋代四川地区,粮食和经济作物都得到广泛种植。现将宋代四川的粮食和经济作物简述于后。

粮食作物主要是水稻、麦、黍和众多的豆类,以及供食用的蔬菜。

水稻是最主要的粮食作物,分粳稻和糯稻两种,主要产于四川盆地的平原和丘陵地区。成都平原是全川的水稻种植中心。这里水旱从人,土质肥沃,适宜水稻生长,是全国著名的水稻生产区之一。广阔的丘陵地区由于梯田的兴建,耕牛的增多,水稻种植也相当普遍。陆游《岳池农家》诗"春深农家耕未足,

---

① 范成大:《范石湖集·诗集》卷 16。
② 度正:《巴川社仓记》,《全蜀艺文志》卷 34 下。
③ 《范石湖集·诗集》卷 16。

原头叱叱两黄犊;泥融无块水初浑,雨细有痕秧正绿"①,就是有水源的丘陵和山区水稻种植情况的反映。在气温较高的长江流域,地暖早熟,很多地方普遍种植早稻和中稻。在重庆涪陵等地,每年五月半早稻即熟,便可食新,直到七、八月水稻才收割完毕。因而"民食稻鱼,凶年不忧,俗不愁苦"。②广安军的广惠仓贮备荒年救济米即达3万石③,川中嘉陵江流域的丘陵地区也成为生产水稻的基地。

麦是另一种主要粮食作物。麦分小麦、大麦和燕麦。平原地区一般都种植小麦和水稻两季作物。不能种植水稻的丘陵和山区,小麦和大麦就是主要的粮食作物。川东三峡土石不分之处,还有种植燕麦的悠久历史,春夏之间,黄遍山谷,民赖以充食。

粟也是宋代四川重要的粮食作物。南宋范成大诗《遂宁府始见平川喜成短歌》中就说:"原田坦若看掌上,沙路净如行镜中。芋区粟垄润含雨,楮林竹径凉生风。"④川东长江流域粟的种植相当普遍,在唐代还是主要的粮食作物。白居易《南宾郡斋即事寄杨万州》诗中写道:"山上巴子城,山下巴江水。中有穷独人,强名为刺史。时时穷自哂,刺史岂如是?仓粟喂家人,黄缣裹妻子。"自注云:"忠州刺史以下,悉以畲田(烧草木而耕谓之'畲田'),粟给禄食,以黄绢支给充俸,自古相传,风俗如是。"⑤当地居民还用粟酿酒,谓之"粟酒"。

豆类作物中的豌豆、蚕豆在四川普遍种植。人们除食用豌豆豆粒外,还把豆叶作为蔬菜。陆游说:"豌豆之不实者,其叶名'巢菜',蜀以为蔬。蚕豆又名'佛豆',因得种于羌戎,故又名'胡豆'"。宋祁《益州方物略》云:"佛豆粒大而坚,农夫不甚种,唯圃中莳之,以盐渍食,小儿所嗜。"黄山谷《戎州答李任道谢分豆粥》诗云:"豆粥能驱晚瘴寒,与公同味更同餐,安知天上养贤鼎,且作山中煮菜看。"⑥

蔬菜的品种更为繁多,一年四季均有出产,现今食用的蔬菜在宋代四川已

---

① 《剑南诗稿》卷3。
② 《舆地纪胜》卷174。
③ 《舆地纪胜》卷165。
④ 《范石湖集·诗集》卷16。
⑤ 《白氏长庆集》卷11。
⑥ 见《蜀中广记》卷64。

第九章 宋代四川农业的大发展

基本有种植,其中蜀芋的种植十分普遍,并用作粮食和家畜饲料。故四川自古就有"大饥不饥,蜀有蹲鸱"的谚语。"蹲鸱"就是大芋头,因状似蹲鸱鸟而得名。文献记载,宋代蜀芋的种类很多,以赤鹩芋为最贵,头形长而圆,但子不繁衍,成熟后保存在田里不致腐坏,可用终岁。蛮芋则十分美观,圆形而子蕃,种植的人很多,故诗人多所吟咏。如苏东坡的"朝行犀浦催收芋",范蜀公的"白岩霜重红梨晓,银砾(犀浦一村名)烟深紫芋秋"。百果芋则魁大子繁衍,是一亩能收百斛的高产作物,农民多种植做副食品和喂猪的饲料。① 藕也遍布于蜀中各地,《吴船录》记载眉州遍种荷花,特别是城中的荷花特盛,处处有池塘,他郡种荷者皆买种于眉。魔芋则产于渝、泸、威、茂等地。红椒(花椒)是黎州(今四川汉源)的特产和贡品。梁山军(今重庆梁平)的高都山中,"地黄壤而腴,民以种姜为业,衣食取给"②,出现了专种生姜的"专业户"。此外,扁豆、大豆、葱、韭菜、甜瓜、冬瓜、茄子、苋菜等也是农民常年种植的蔬菜。

蔬菜作为粮食作物的补充,扩大了食物来源,保证了人们的食物需要。

在经济作物生产中,蚕桑和茶叶生产是最主要的两个部门,我们将作专章论述,甘蔗生产将在《制糖业》一节中介绍。这里仅就《太平寰宇记》、《元丰九域志》、《宋史·地理志》、《宋会要》、《舆地纪胜》、《政和本草》和《蜀中广记》等书记载的宋代四川的水果、药材和花卉作物作些介绍。

水果以荔枝、柑橘、梨最为有名。

荔枝果肉新鲜时呈半透明凝脂状,多汁,味甘美,有芳香,既可生食,又可制干为多种加工品,是水果中的珍品。文同《谢任泸州师中寄荔枝》诗说,他得到从泸南寄来的荔枝,消息传开,"童稚瞥闻之,群来立如阵。竟言此佳果,生眼不识认。相煎求拆观,颗颗红且润"。大家争而食之,"众手攫之去,争夺递追趁。贪多乃为得,廉耻曾不〈论〉。喧闹俄顷闻,咀嚼一时尽。空余皮与核,狼藉入煨烬"。③ 从这些描述中可见荔枝确实是深受人们喜爱的上等果品。

宋代四川荔枝产于岷江流域的眉州(今四川眉山)、嘉州(今四川乐山),

---

① 见《蜀中广记》卷64。
② 《舆地纪胜》卷179。
③ 《丹渊集》卷4。

长江流域的戎州（今四川宜宾）、泸州、涪州（今重庆涪陵）、夔州（今重庆奉节）、云安军（今重庆云阳）和嘉陵江流域的合州（今重庆合川）等地，其中泸、叙之品为上，涪州次之，合州又次之。这些地区都有种植荔枝的悠久历史。唐代涪州妃子园的荔枝更是有名的贡品，以驿马递载七日夜至长安专供杨贵妃享用，而名传史册。戎州、泸州地区在宋代以前，就是"多以荔枝为业，园植万株，岁收百五十斛"。① 宋人黄庭坚有诗云："王公权家荔枝绿，廖致平家绿荔枝。"诗中的王氏、廖氏就是世世代代专门以种植荔枝为业的巨族富豪。②戎、泸等地的荔枝生产在宋代已远远超过了涪州的发展水平。

柑橘是蜀中普遍栽植的重要土产，宋代以梓州（今四川三台）、果州（今四川南充）、开州（今重庆开县）等地出产最多。果州地区每到秋冬之季，呈现"霜后秋香千树橘，果山仙果透天香，处处圆金树树黄"的景象。所产柑橘除在四川销售外，还作为贡品送至京师供皇室享用。邵伯温《观进黄柑》诗云："果州多黄柑，初比橘柚贱。一朝贡神州，妙极天下选。使者谨其时，顿首乃敢遣。"③ 夔州也盛产柑橘，有"黄柑亦自香，一株三百颗"④之称。

梨以果州、普州（今四川安岳）、广安军出产为多。广安军梨的品种很多，食而有渣者为下，入口即化者为上。普州崇龛镇出产的崇龛梨，传说为宋初著名道教思想家陈抟所种，亦特别有名。巫山的大溪也"出美梨，大如升"。⑤

杏产于普州、怀安军（今四川金堂）、泸州、绵州（今四川绵阳）、夔州、万州等地。龙安杏子是绵州八子之一。万州"土人卖杏，皆先剔其核，取仁以为药"。⑥

此外，怀安军的石榴，利州（今四川广元）、梓州（今四川三台）、夔州的枇杷和蜀中的绿葡萄、樱桃、核桃、李子，都是著名的特产。宋代以前四川缺枣，宋太祖还专门赐平蜀将士枣。宋初陈抟在普州铁山种枣，其后铁山枣亦为普州特产。

---

① 《蜀中广记》卷63。
② 《舆地纪胜》卷164。
③ 《舆地纪胜》卷156。
④ 王十朋：《梅溪王先生文集·后集》卷13。
⑤ 陆游：《入蜀记》卷6。
⑥ 《范石湖集·诗集》卷16《万州》。

中药材也是农村的主要经济作物。四川是著名的药材生产基地,品种多,产量大。现将宋代四川出产的主要药材及其产地介绍如下:

川芎　四川各地均有出产,成都九月药市,"芎与大黄如积,香溢于廛"。①

大黄　四川各地均有出产,以果州、泸州、茂州(今四川茂汶)所产为多。

巴豆　产于嘉州、眉州、戎州等地,眉州巴豆为贡品。

巴戟天　四川各地均产,以剑州(今四川剑阁)、果州、夔州、忠州(今重庆忠县)、巴州(今四川巴中)出产最多,剑州所产为贡品。

羌活　产于茂州、威州(今四川理县)等地,威州所产为贡品。

常山(蜀漆)　产于渠州(今四川渠县)等地。

金樱子　产于四川各地。

续随子　产于四川各地,陵州(今四川仁寿)续随子为贡品。

续断　产于彭州、邛州等地。

五味子　产于茂州、西川等地。

车前子　四川各地均有野生,以渠州、开州所产为多,开州所产为贡品。

枸杞　各地均有野生,以灌县青城山溪中生长为多。

药子　产于巴州、渝州、达州、合州、万州、梁山军、仙井监(今四川仁寿)等地,巴州、合州、万州和梁山军、仙井监所产为贡品。

黄檗　产于夔州、云安军、合州等地。

天门冬　产于忠州、普州、果州等地,普州、果州所产为贡品。

麦门冬　产于忠州等地。

当归　产于威州、茂州、阆州(今四川阆中)等地,威州所产为贡品。

升麻　产于彭州、茂州、雅州、戎州等地。

黄连　产于荣州(今四川荣县)、雅州(今四川雅安)、渠州、忠州、利州等地。

金毛狗脊　产于嘉州等地。

山豆根　四川各地均产,以巴州、忠州、万州、果州为佳,巴州所产为贡品。

红花　产于邛州(今四川邛崃)、蜀州、嘉州等地,嘉州所产为贡品。

---

① 宋祁:《益部方物记》。

紫草　产于蜀州、嘉州等地。

牡丹皮　产于合州、渝州、广安军等地，合州、渝州所产为贡品。

石菖蒲　产于雅州等地。

仙鹤草（龙芽草）　产于永康军（今四川都江堰）等地，为贡品。

葛根　产于嘉州、邛州、遂州（今四川遂宁）、渝州、龙州（今四川江油）、陵州、普州、叙州（今四川宜宾）、泸州、富顺监等地，叙州、泸州、普州、富顺监所产为贡品。

半夏　产于戎州等地。

羚羊角　产于龙州，为贡品。

麝香　产于茂州、威州和松潘等地，以及益州（今四川成都）、利州山中。

厚朴　产于四川山谷。

淫羊藿　产于永康军等地。

贝母　四川各地均产。

黄芪　产于川西各地。

天麻　产于利州等地。

何首乌　产于四川各地。

图 9-2　彰明附子

四川出产的附子（天雄）驰名全国，主产于梓州、龙州、汉州（今四川广汉）、绵州等地，龙州附子为贡品。绵州彰明县是宋朝专门种植附子的基地。杨天惠《彰明附子记》记载：彰明县的赤水、廉水、会昌、昌明四乡 52000 亩田地中，种植附子之田十居其二，合四乡之产，得附子 16 万斤以上。彰明附子行销全国，各地商人纷纷入蜀争购，"陕辅之贾才市其下者，闽浙之贾才市其中者，其上品则皆士大夫求之，盖贵人金多喜奇，故非得大者不厌"。①

除上述药材之外，仅《政和本草》记载蜀中的各种中药材就达 180 种，其中绘制成图的药物近 70 种之多。

---

① 《宋代蜀文辑存》卷 26。

第九章 宋代四川农业的大发展

丰富的药材资源，满足了当地农民治病的需要，药材生产也成为农村副业的重要组成部分，增加了农民的经济收入。故宋代药市普遍兴起，四川所产药材行销全国各地。

随着宋代四川社会经济的发展，花卉种植由官宦富豪人家和寺观圣地逐渐向县镇民间普及，并且出现了相对稳定，积累了一定栽植经验的种植户，花卉作物商品化，成为农业中的一项经济作物。月季花、锦带花、梅花、菊花、海棠、芙蓉、木兰、茉莉、锦被堆花、婆罗花、牡丹花等等，遍种于四川各地，其中天彭牡丹花就多达百种以上。据陆游《天彭牡丹谱》记载，彭州"曩时永宁院有僧，种花最盛，俗谓之'牡丹院'。春时，赏花者多集于此。其后花稍衰，人亦不复至。崇宁中，州民宋氏、张氏、蔡氏，宣和中，石子滩杨氏，皆曾买洛中新花以归。自是洛花散于人间，花户始盛，皆以接花为业。大家好事者，皆竭其力以养花，而天彭之花，遂冠两川"。北宋时期，四川花户就从数千里远的洛阳买花到蜀中种植，反映了当时蜀中花卉种植的专业化、商品化已达到很高水平。《天彭牡丹谱》还记载，南宋时期彭州"三井李氏、刘村毋氏、城中苏氏、城西李氏花特盛，又有余力治亭馆，以故最得名。至花户连畛相望，莫得其姓氏也"。同时，花户对牡丹的选种、育苗、嫁接、整治、管理等种植技艺也已具有相当水平。"大抵花户多种花子，以观其变"。"栽培剔治，各有其法，谓之'弄花'，其俗有'弄花一年，看花十日'之语"。花户还对重要的种植技艺严守秘密，以牟专利。牡丹中的"双头红者，并蒂骈萼，色尤鲜明，出于花户宋氏。始秘不传，有谢主簿者，始得其种，今花户往往有之。然养之得地，则岁岁皆双，不尔，则间年矣。此花之绝异者也"。[①] 花卉种植技艺的提高和花卉作物的发展，从一个侧面反映了农业耕作水平的提高和农业经济作物的发展。

总之，作为粮食作物的补充，宋代四川种类繁多的经济作物，反映出宋代四川农村正经历着从自给自足的经济向半自足的商品经济转化，从传统的单一农作物生产向多种农作物生产转化的过程。这是宋代农业较以前发达的一个有力证据。

---

① 《渭南文集》卷42。

第四节　农业发展的不平衡

宋代四川的农业虽较前发展，但这种发展又是很不平衡的。成都平原是全国农业最为发达的地区之一，川中的丘陵地区次之，山区特别是长江以南的山区又是全国农业最为落后的地区之一。以当时川峡四路的行政区划而论，成都府路农业最为发达，潼川府路次之，利州路又次之，夔州路最为落后。

成都地区自秦汉以来就被称为"天府之国"，农业十分发达。这些地区的农民除有丰富的农业生产经验和勤于耕作之外，还有团结互助、共同搞好农业生产的优良传统。苏轼在《眉州远景楼记》中说，他家乡的风俗是"岁二月农事始作，四月初吉谷稚而草壮，耘者毕出，数十百人为曹。立表下漏鸣鼓以致众。择其徒为众所畏信者二人，一人掌鼓，一人掌漏，进退作止，惟二人之听。鼓之而不至，至而不力，皆有罚。量田计功，终事而会之。田多而丁少，则出钱以偿众。七月既望，谷藏而草衰，则仆鼓决漏，取罚金以偿众之钱，买羊豕酒醴以祀田祖。作乐饮食，醉饱而去，岁以为常"。① 这种互助合作保证了农业生产的共同发展，使成都地区的农业在全国一直处于先进行列。苏轼称成都地区的农业是"千人耕种万人食"②，虽掺杂着他对故乡怀恋之情，不可尽信，但也在一定程度上反映了成都地区农业的发展水平。苏州人范成大亲临蜀境，目睹其情之后，说成都一带的水利灌溉，粮食作物的生产情况和自然条件"似江浙间"，"极似江南"，应是较为公允的。③ 而蜀人高斯得认为"浙人治田比蜀中尤精"。④ 成都地区的农业生产仅次于全国农业最发达的两浙地区更是可信的。在宋代，成都地区是全国著名的稻米生产基地，每年都有大批稻米运销外地，南宋时期成都平原更是川陕驻军粮饷供应之地。

川中广阔丘陵地区，由于土地的开发利用，梯田的兴建，人民勤于耕作，农业生产也相当发达，因而川中地区也是重要的粮食基地。就是盆地沿边的梁

---

① 《东坡集》卷32。
② 《东坡集》卷1《和子由蚕市》诗。
③ 范成大：《吴船录》。
④ 高斯得：《宁国府劝农文》，《耻堂存稿》卷5。

山军地区亦"间有稻田"①,"稻田蕃庑,常多丰年"。②南宋时期,嘉陵江流域的粮食,常用木船溯江而上,运至陕西供应驻军。

盆地边沿和少数民族地区则处于刀耕火种的粗放农业阶段。泸州是"地无桑麻,每岁畲田,刀耕火种"③,叙州是"山农旦烧畲",合江是"蛮风吹雨瘴江肥,短草荒山鸟不飞",恭州是"草山硗确强田畴,村落熙然粟豆秋",农业生产都不发达。④范成大《劳畲耕·并序》中记载夔峡地区农业耕作的情况说:

> 畲田,峡中刀耕火种之地也。春初斫山,众木尽蹶。至当种时,伺有雨候,则前一夕火之,藉其灰以粪。明日雨作,乘热土下种,即苗盛倍收。无雨反是。山多硗确,地力薄,则一再斫烧始可艺。春种麦豆,作饼饵以度夏;秋则粟熟矣。官输甚微;巫山民以收粟三百斛为率,财用三四斛了二税,食三物以终年,虽平生不识粳稻,而未尝苦饥。⑤

由于自然条件差和耕作技术落后,当地农民虽然能填满肚皮,但一生吃不上一碗米饭,只能吃麦、豆、粟三物以度终年,过着"峡农生甚艰,斫畲大山巅,赤埴无土膏,三刀财一田"⑥的穷苦生活。

至于土地的开发利用,各地也很不平衡。在成都平原已达到"无寸土之旷"的程度,盆地中部丘陵地区的土地也普遍得到开发利用,而盆地四周的山区和少数民族地区则因生产水平低下,土旷民稀,土地没有得到充分开发,存在大量未开垦的土地。现将元丰元年(1078)宋代官方统计的川峡四路官民田地合计亩数与各路的土地面积进行比较,就可看出各地土地利用率相差很远。

---

① 《范石湖集·诗集》卷16。
② 《舆地纪胜》卷179。
③ 《舆地纪胜》卷167。
④ 以上引文均见《范石湖集·诗集》卷19。
⑤ 《范石湖集·诗集》卷16。
⑥ 《范石湖集·诗集》卷16《劳畲耕》。

表 9-1　元丰元年（1078）川峡四路土地面积和耕地面积比较表①

路 别	土地面积（平方公里）	耕地面积（亩）	每平方公里耕地亩数
成都府路	54818	21612776	394
梓州路	55092	缺	缺
利州路	79516	1228089	16
夔州路	107310	244720	2

当然，上表所记载的川峡四路土地面积和耕地面积的数据，由于当时历史条件的限制，肯定不够准确，但从文献记载的各地农业生产状况和下面将要叙及的各路二税收入差距可以看出，上表还是相对准确地反映了宋代川峡四路土地开发利用状况的。

就宋代全国的土地开发利用状况而论，宋代元丰初年每平方公里内的平均耕地面积为184亩，两浙路为296亩②，而成都府路高达394亩，大大超过了全国平均数，比两浙路多出近100亩。单就成都府路而言，说它"无寸土之旷"是不算夸张的。在成都附近，因"蜀地膏腴，亩千金，无闲田以葬"，绍圣初王觌知成都府，只得"索侵耕官地，表为墓田"。③ 至于夔州路和利州路则远远低于总平均数，甚至不如广南东路，仅仅高于广南西路。④ 特别是夔州路每平方公里内平均耕地只有2亩，其耕地面积之少确实有如"残星挂远山"。成都府路每平方公里内平均耕地面积分别是利州路的24倍，夔州路的197倍，差距之大实在惊人。

在农业生产和土地开发利用不平衡的同时，川峡四路二税收入也是悬殊极大。一般说来，宋代二税税率是亩产什一而税。但因各地税额并不完全一致，

---

① 据《中国历代户口田地田赋统计》甲表40。
② 据《中书备对》所载诸路数字合计，元丰年间总耕地面积为46100多万亩，而其时土地总面积约250万平方公里，每平方公里内平均耕地面积为184亩，据同书记载，两浙路耕地面积为3630多万亩，而其时土地面积约12.2万多平方公里，每平方公里内平均耕地面积为298亩。
③ 《宋史》卷344《王觌传》。
④ 据《中书备对》记载广南东路耕地面积为310多万亩，而其时土地面积为17万多平方公里，每平方公里内平均耕地面积为18亩。广南西路耕地面积为5.5万多亩，而其时土地面积约23.8万多平方公里，每平方公里内平均耕地面积为0.2亩。

特别是二税的附加税更是各地轻重不一；加之宋朝政府的二税收入，是把价值不同的物品简单相加，不作分类统计，故而无法根据二税收入来推测粮食产量。不过，作为乡村中最基本的土地税，二税收入的多寡毕竟或多或少反映了各地农业生产水平的高低。现将《通考》卷4《田赋四》记载北宋元丰初年川峡四路二税现催额数列表于下，以资考察各地农业发展情况。

表9-2 元丰初年川峡四路二税现催额（贯、石、匹、斤、两）

路别	夏税	秋税	合计	所占总额的百分比
成都府路	75800	850932	926732	36.1%
梓州路	238983	593204	854187	32.4%
利州路	186724	478582	665306	26.0%
夔州路	74209	66873	141182	5.5%
川峡四路总计	575716	1989591	2565307	100%

从上表可看出，成都府路二税收入是夔州路的6倍多，梓州路二税收入也是夔州路的近6倍。夔州路二税收入甚少，故有记载称"夔峡之间，土狭民贫，面皆菜色，衣不蔽体，非江浙、荆湖诸路之比"。① 陆游诗句"峡中天下最穷处，万州萧条谁肯顾"②，并非文学性的渲染。

造成农业发展不平衡的原因是多方面的。从地理环境讲，各地条件有优劣之分，在川峡四路，不仅平原、盆地、丘陵、山地、高原，五大地貌色色俱全，而且气候多样，因而农业的发展水平不可能整齐划一。从历史上来看，各地开发有先后之别。成都地区的优越自然条件并非自古使然，而是人们世代开发的结果。秦时兴建都江堰之后，才变水害为水利，"西川沫水之害减，而耕桑之利博矣"。③ 夔州路经济落后，亦与山区开发甚迟关系极大，这里直到唐代还是朝臣得罪，贬职谪居的不毛之地。从人口分布上讲，成都府路人口最多，夔州路最少。人口分布的不平衡，也造成农业和整个经济发展的不平衡。从居民构成上讲，各地居民有民族之别。由于历史上的种种原因，少数民族征服自然能力一般较汉族人民为低，再加上他们往往居住在山区和丘陵等自然条件差的地区，

---

① 王十朋：《夔州论马纲状》，《梅溪王先生文集》卷4。
② 《剑南诗稿》卷3《偶忆万州戏作短歌》。
③ 《宋史》卷95《河渠志》。

第九章 宋代四川农业的大发展

这就造成了少数民族居住区通常落后于汉族居住区的状况。泸州、叙州、富顺监等川南丘陵地带开发较晚，生产落后，便同这一带"夷夏杂居"①，"夏人少，蛮僚多"②，"民俗半夷风，火田租赋薄"③不无关系。土地肥沃，宜于农耕的西昌安宁河谷地区在宋代尚未开发，其主要原因就是这一地区聚居的少数民族不耕稼，过着随牧迁徙无常的游牧生活。从社会发展阶段讲，汉族和少数民族还处于不同的社会阶段。汉族地区早已进入封建地主制，汉夷杂居地区还处于封建领主制，少数民族地区则尚处于奴隶制时代。落后的生产关系的存在，既是宋代经济发展不平衡的表现，也是宋代四川经济发展不平衡的原因。在生产关系落后的地区，每当旧的生产关系为先进的生产关系所代替，就会引起当地生产的迅速发展，缩小与先进地区之间的差距。南平军封建领主制的铲除，泸南地区封建租佃制的推行，都引起了这些地区农业的飞速发展。各地处于不同的社会发展阶段，是宋代四川经济发展的不平衡性表现尤其突出的症结所在。

总之，宋代四川的农业和整个社会经济，既有属于全国先进的地区，也有属于全国"最为贫瘠""最号穷陋"的落后地区，发展很不平衡，不能一概而论。

---

① 《太平寰宇记》卷66。
② 王象之：《舆地纪胜》卷160《荣州》。
③ 《舆地纪胜》卷167。

第十章　宋代四川纺织业的发展

蜀为蚕丛之国，缫丝织缣，绩麻织布，历史悠久。战国时期，四川的纺织业就已相当发达。秦伐巴蜀的原因之一，就是蜀有布帛金银，得之足给军用，依靠四川的物力、财力、人力得以灭楚，灭楚足以并天下。汉代邛竹、蜀布已远销大夏，成都更以盛产色泽鲜丽的蜀锦而获"锦城"美名。汉唐以来，四川一直是全国纺织中心之一。布帛绢绸①蜀锦，驰名天下，运销中外。迨至宋代，川峡四路"土植宜柘，茧丝织文纤丽者穷于天下"②，无论是布纺织业、丝纺织业还是蜀锦的生产，都超过了前代的发展水平。

第一节　布纺织业的发展与分布

宋代四川的布纺织物，既是封建王朝的贡品，又是封建政府的征税对象，成为封建国家的一项重要财政收入。产区广、产量多、品种多，是宋代布纺织业生产的显著特点。

据《新唐书·地理志》记载，在宋属四川辖境的贡布地区，只有成都府、

---

① 同"绸"。
② 《宋史》卷89《地理志》。

汉州、普州、泸州、荣州、洋州、巴州、夔州、开州、涪州、渝州等 11 州。但《太平寰宇记》《元丰九域志》和《宋史·地理志》记载宋代四川贡布和产布地区则有成都府、绵州、汉州、永康军、普州、昌州、戎州、泸州、荣州、广安军、富顺监、阆州、巴州、文州、夔州、黔州、涪州、渝州、云安军等 19 州、军。贡布和产布的地区远比唐代为多。至于布的产量，据《宋会要·食货》64 记载的匹帛"岁总收之数"，仅官府征收的布，成都府路就有 554739 匹，梓州路为 11787 匹，利州路为 585 匹，夔州路为 2478 匹。总计 569589 匹之多。此外，从仁宗天圣以后，宋朝还在成都府路所属产麻六郡岁买官布 70 万匹。熙宁年间李杞主办四川榷茶事务，也在彭、汉二州岁买布各 10 万匹，运往陕西变卖，以助茶利。可见，当时成都地区是四川和全国重要的产布中心。

特别需要指出的是，宋代四川布纺织物的品种特多。文献记载有纻布、白纻布、高杼布、高杼衫缎、火麻布、弥牟布、葛布、"獠布"和斑布等等。依其制作原料，有麻、葛、棉三种，又可分为麻布、葛布和棉布三大类。

麻布即绩麻所织之布。麻分苎麻、大麻（火麻）、黄麻三种。大麻、黄麻多用于做绳索或织粗布之用，苎麻则是织布的好材料。苎麻以其色泽不同又分为青麻和白麻，尤以白麻的纤维柔韧，色泽洁白，富于弹力，是织造夏布的好材料。四川的火麻布为大麻所织，而纻布、白苎布、高杼布、高杼衫缎，均为苎麻所织，质地优良，唐宋以来都列为贡品。至于弥牟布，据《通雅·布帛》说："弥牟，细纻也，弥牟，言细也。"则弥牟布亦为苎麻所织高级细麻布。宋代成都府属新都县的弥牟镇，就是盛产弥牟布的地方。当时成都出产苎麻和麻布很多，城南已有出售麻和麻布的市场，官府每年岁市大量麻布，作上供之用。

葛布是用葛藤纤维所织之布，产于普州、富顺、戎州、泸州等地。《农政全书·农桑广类》记葛布制作方法为夏月葛成，将一丈左右葛藤连根采割后，"即挽成网，紧火煮烂熟，指甲剥看，麻白不粘青，即剥下。长流水边，捶洗净，风干露一宿尤白。安阴处，忌日色，纺之以织"。葛布均为贡品，制作之精，自不待言。

"獠布"、斑布产于阆州、涪州、荣州、泸州、昌州等地。魏收《魏书·獠传》记："獠者，盖南蛮之别种，自汉中达于邛笮川洞之间，所在皆有。种类甚多。散居山谷，略无氏族之别……能为细布，色甚鲜净。"按此，"獠布"应为魏晋时期"獠人"入蜀时传入四川的细布，在宋代仍然继续生产。《农政全书·

第十章 宋代四川纺织业的发展

蚕桑广类》引《异物志》云："木棉之为布曰'斑布'。"元人王祯《木棉图谱叙》说："夫木棉产自海南，诸种艺作之法，骎骎北来，江淮、川蜀既获其利；至南北混一之后，商贩于此（疑为'北'），服被渐广，名曰'吉布'，又曰'棉布'。"所谓"南北混一之后，商贩于此（北）"，即元朝统一中国之后，棉花棉布始流传北方。在元朝统一中国之前，"川蜀既获其利"，表明南宋末期四川可能已经开始生产棉布。若如此，则四川可算是全国较早生产棉布的地区。

我国古代布帛之征，唯丝麻二种，岁输绢及绵，输布即麻；匹妇之贡，唯绢与绵，非蚕乡则贡布麻。所谓布，一般均泛指麻布。宋代四川既有麻布、葛布，可能还有棉布，不愧是当时重要的布纺织业地区。

第二节 丝织生产的发展与分布

唐末五代，中原混战，四川在前蜀、后蜀统治之下，尚堪安定，丝织生产得以继续发展。宋代四川地区丝织生产较之唐和五代又有大进步。

首先是丝织产地较唐代扩大。据《新唐书·地理志》记载，在唐代四川有成都府、蜀州、彭州、绵州、汉州、邛州、简州、梓州、遂州、果州、普州、昌州、荣州、渠州、利州、洋州、阆州、剑州、巴州、蓬州、达州、忠州共22个府、州土贡丝织物。而据《元丰九域志》、《宋史·地理志》和《太平寰宇记》、《宋会要·食货》记载，宋代产丝之地又增加了嘉州、怀安军、广安军、涪州、渝州、云安军、梁山军、南平军等8个州、军。特别是四川东部的夔州路地区，在唐代只有达州、忠州两地土贡丝织物，宋代则发展到达州、忠州、渝州、涪州、云安军、梁山军、南平军等7州、军土贡或出产丝织物。种桑养蚕、缫丝织缣之地较唐代增加了14处，丝织业已经遍布全川。

第二，出现了新的丝织业中心。历代四川的丝织业中心都在成都附近的川西地区，但是，到了宋代，在梓州路的梓州、果州、遂州以及利州路的蓬州、巴州、阆州等川中北地区又兴起了另一个丝织中心。文献记载，北宋王朝匹帛"岁总收之数"中，绢的数量梓州路为381552匹，成都府路为337357匹。各路租税收入的匹帛中，绢的数量梓州路为213396匹，成都府路为63760匹；绸的数量梓州路为19840匹，成都府路为11730匹。① 四川上供给朝廷的34100匹绫中，东川（梓州路）为26300匹，西川（成都府路）为7800匹。② 绍兴三十二年（1162）南宋王朝指令四川"准备礼物使用"的高级丝织物，潼川府路用了30万缗收买青丝樗蒲，成都府路只用了20万缗收买川锦。③ 上述两宋王朝在四川征收的种种丝织物，梓州路都超过了成都府路的数量。此外，宋代成都的丝织生产是"连甍比室，运篦弄杼"④，并设置了成都府锦院；梓州的丝织生产也有"机织户数千家"⑤，亦设立了绫绮场。成都的蜀锦扬名天下，梓州的熟绫和白花绫、遂州的樗绫以及蓬州的棕丝绫、达州的兰绸、阆州的莲绫也相当有名。成都盛行出售蚕农器具的"蚕市"贸易，川中北也普遍流行祈祷蚕事的活动。例如，蓬州"城南开元寺有五如来殿，为一郡之最。元宵灯火最盛，山谷之民毕出。太守为华严会以领略游人者五日，号为蚕丛之胜。蚕事自三月起至九月乃止，谓之'九熟蚕'"。⑥ 在渠州的流江县南30里有一山，每岁正月七日乡人携鼓笛酒食登山娱乐以祈蚕事，故曰"乐山"。⑦ 在巴州是"巴俗元宵三夜，儿童皆唱巴音彻晓，谓之'唤蚕丝'。然其俗又以三月三日晴雨为蚕先兆，谚云：'三月三日晴，树上挂金瓶。'言是蚕熟也。"故彭永《上元诗》云："巴人最重上元时，老稚相携看点诗。行乐归来天向晓，道旁闻得唤蚕丝。"⑧ 如此等等，都反映了宋代梓州路和川中北地区的蚕桑丝织生产已经赶上甚至某些方面超过了成都府路的发展水平，成为四川另一个新兴的丝织中心。

第三，丝织物的品种增多，质量提高。除著名的蜀锦品种增多外，宋代四川的丝织物有绫、罗、绸、缎、纱、绢等各色各样的品种。其中绫就有杂色绫、重莲绫、水波绫、乌头绫、红绫、樗蒲绫、白绫，罗有白熟罗、单丝罗、白花罗、花罗、春罗，纱有花纱、交梭纱等等，称得上是举不胜举、数不胜数。这些丝织物都织造精美，质地优良，令人爱不释手。宋人张邦基撰《墨庄漫录》

---

① 《宋会要·食货》64。
② 《朝野杂记》甲集卷14《四川供绢绸绫锦绮》。
③ 《系年要录》卷147，绍兴十二年冬十月戊寅。
④ 吕大防：《锦官楼记》，《全蜀艺文志》卷34。
⑤ 《宋会要·食货》64之23。
⑥ 《蜀中广记》卷58。
⑦ 《舆地纪胜》卷162。
⑧ 《蜀中广记》卷58。

第十章 宋代四川纺织业的发展

卷2就说："梓州织八丈阔幅绢献宫禁，前世织工所不能为也。"陆游《老学庵笔记》卷2记："遂宁出罗，谓之'越罗'，亦似会稽尼罗而过之。"《蜀典》卷8引宋人程大昌《演繁露》记"今世蜀地织绫，其文有两尾尖削而中间宽广者，既不像花，亦非禽兽，遂名'樗蒲'"。盐亭县出产的鹅溪绢，更为精美。文同曾写诗赞曰："待将一片鹅溪绢，扫取寒梢万丈长。"① 在丝织生产发展的同时，染色工艺水平也有很大的提高。染红色用的红花，染青色用的兰草，染黄色用的栀子、地黄，染紫色用的紫草，染绿色用的艾，染皂褐色用的皂斗等等草染植料，农村都已经普遍种植。丹砂、石青、石黄、石绿、粉锡、铅丹等石染原料，亦已普遍开采和使用。城市里已出现专门出售染料的染铺。在长期实践的基础上，劳动人民还创造出一整套改良蚕丝性能以适应本地染料的染色工艺技术。《能改斋漫录》卷15记载，少卿章岵在四川做官，曾把吴地的罗、湖地的绫带到四川，与川帛一起染红带回京师。经过梅雨季节返潮湿润，吴地的罗、湖地的绫，都已褪变颜色，唯有川帛颜色不变。"后询蜀人之由，乃云：蜀地蓄蚕与他邦异，当其眠将起时，以桑灰喂之，故帛成宜色。然世之重川红，多以为染之良，盖不知由蚕所致也。"

宋代四川丝织物，虽质地优良，但因其产地广，数量多，故价格较全国很多地区为低。北宋真宗时期，青、齐地区每匹绢价为800文，䌷价600文，而四川每匹则约值300文，便宜一倍以上。② 因此，不但官府在四川大量收购绢帛以保证军需，而且大批的官吏和商人也在四川大量贱价收买丝织物，从事匹帛贸易。在四川境内则运销少数民族地区，在四川境外则通过长江水运至荆湖和广南沿海转销海外，或通过川陕陆路运至陕西转销西北各地。由于四川不产银，官府又规定输租纳税必须按一定比例用银折变，就更刺激了不少商人将四川匹帛运往川外变换铤银回川出卖，牟取厚利。宋朝官府为了保证陕西沿边军粮需要，也曾鼓励商人在秦州、渭州等地入中刍粮，于四川领现钱或交子。这样，一方面官府既不消耗京师现钱，又省得陕西沿边州军支拨钱帛而得到军粮；另一方面商人在四川领取现钱或交子，买到罗帛锦绮运到秦州等地销售，增加了

---

① 嘉庆《四川通志》卷74。
② 《朝野杂记》甲集卷14。

边地的商税收入。① 北宋时期西夏元昊遣使到京师请赐物帛，私买禁物，隐漏关税，为了笼络元昊，宋朝还特别"留蜀道缣帛于关中，转致给之"。② 四川绢帛的大量外销，充分证明了四川是宋代重要的丝织生产基地。

第三节　蜀锦和成都锦院

　　蜀锦是用染成多种颜色的蚕丝织成彩色花纹的高级丝织物。蜀锦织造精细，质地坚韧厚重，图案丰富多彩，色调鲜艳，既富民族特色，又具地方风格。它在宋代同定州的缂丝、苏州的苏绣并列为全国著名的三大工艺名产。北宋平蜀，将部分织锦工匠强迫迁至京师创设绫锦院。到真宗时期，绫锦院还有织锦机400余张之多。③ 同时朝廷继续在四川征收锦绫等高级丝织物，供皇室贵戚享用和作赐予文武大臣、诸国首领的赏品，并且专门设置内衣物库，受纳"绫锦院、西川所输锦、鹿胎、绫、罗、绢织成匹缎之物"。④ 文献记载，宋朝每年国库总入的锦绮、鹿胎、透背等高级丝织物共 9615 匹，四川织造的为 1908 匹，占总数的 20％。岁入 147385 匹绫，其中四川织造的为 38770 匹，占总数的 26％。每年上供锦绮、鹿胎、透背共 1010 匹，由四川织造的为 759 匹，占 75％；绫 44906 匹，四川织造的为 14456 匹，占 32％。每年诸路合发紫碧绮 180 匹，锦 1700 匹，全部都由四川供应。⑤ 遇有特殊需要，还随时在四川征发锦绫等高级丝织物。可见，四川是宋朝高级丝织物的主要供应地。

　　宋朝在四川征收的蜀锦等高级丝织物，神宗元丰六年（1083）以前，都是由地方官吏预支蚕丝、红花、工值与匠户织造，限期收纳，或在市场收购。待官府所需足数之后，始许"民间有织卖者勿禁"。⑥ 由于"锦绣纂组，尤费蚕丝"，加之"两川地远，所产虽富，般运实多。收买折科，岂无亏损。织造染

---

① 《宋会要·食货》36。
② 《宋史》卷 286《薛奎传》。
③ 《宋会要·食货》64 之 18。
④ 《宋会要·食货》52 之 23。
⑤ 《宋会要·食货》64。
⑥ 《宋会要·食货》64 之 17。

记,宁不废工。押纲衙前,虽胡酬奖。户下小客,最受辛勤"。① 在比较正直廉洁的内外臣僚的多次请求下,明道二年(1033)仁宗皇帝曾规定:"东、西两川织造上供绫罗透背花纱之类,令今后三分中特令织造一分,其余二分织造紬绢。如民不愿织造者,不得抑勒,别具擘奏闻,及令都进奏院告报上项路分州军,令出榜晓示。"② 但是,蜀锦以其织造精致,稀有珍贵,既是官僚贵族贪婪奢侈的物质需要,又是标榜富贵荣华的精神需要。宫中之人的衣被,皇亲国戚、内外大臣和少数民族首领及国信使臣的赏赐,都日不可缺,因此朝廷对蜀锦的需要总是有增无减。一些到成都任职的官吏,更大刮地皮,违禁勒索匠户织造蜀锦以饱私囊。真宗咸平年间,益州钤辖符昭寿"多集锦工就廨舍织造纤丽绮帛,每有所须,取给于市,余半岁方给其直,又令部曲私邀取之",并且"纵其下凌忽军校",终于激起了王均兵变,贪赃枉法、欺凌百姓的符昭寿落得身首异地,被起义士兵处决的可耻下场。③ 仁宗时期,文彦博在成都做官,织造了一幅织金灯笼锦送给仁宗的宠妃张贵妃。这种织金锦是把黄金捶成薄片,镂切成金丝,或镂金缠在丝线上,成捻金织造而成,价值比一般织锦高得多。张贵妃穿着灯笼锦在皇宫侍宴,金光闪闪,鲜艳夺目,满座皆惊。后来文彦博当了宰相,御使唐介弹劾他是走后门升官的。"守蜀日造间金奇锦,缘阉侍通宫掖,以得执政。"④ 双方闹到仁宗面前,争论不休。仁宗不得已,贬唐介于英州,罢文彦博宰相,知许州,才算把这场风波平息下来。总之,蜀锦工匠被朝廷公家之征,官吏私家之索,弄得"然膏继昼,幼艾竭作,以供四方之服玩",加上官吏对蜀锦质量要求苛刻,工期紧迫,且从中舞弊,克扣原料工直,致使"或苦恶不中程,或辄得私费,急无以偿,则破产而不能赡"⑤,严重影响了蜀锦的生产,当职地方官员亦无法交差。元丰六年(1083)成都府官吕大防只好在府治的东面修建房屋,创办官营上供锦院——成都府锦院,集中生产,统一管理,以保证朝廷对蜀锦的需求。

最初的成都府锦院只有"军匠八十人,织大料细法锦、透背、鹿胎共七百

---

① 《宋会要·食货》64之19。
② 《宋会要·食货》64。
③ 《宋史》卷251《符彦卿传》附《符昭寿传》。
④ 《宋史》卷316《唐介传》。
⑤ 吕大防:《锦官楼记》,《全蜀艺文志》卷34上。

三十余匹。其小料绫绮易造之物一千三百余匹，仍旧俵在民间"。元丰七年（1084）宋神宗又令"添造紧丝等机法一十五色"，成都府差监官一员专门管理锦院，增招军匠至 300 人，"并将小料易造之物一千三百余匹，亦在院织造"。①南宋时期，西北地区丧失，战马来源枯竭，为了用蜀锦与四川境内少数民族交换马匹，解决战马来源，又于建炎三年（1129）建造茶马司锦院，按买马需要织造锦绫被褥，折支黎州（今四川汉源）等处马价。乾道四年（1168）茶马司锦院与成都府锦院合并为一。锦院的规模更大，招募的工匠更多。这些被强迫招募的工匠"虽支工价，尚有亏损，虽定日限，仍更督促；或无故拘留累日，或每匹又出罚钱。岁月为常，殊无休已。细民失业，不胜其劳"②，受着官府的沉重剥削。

成都锦院的建立，使蜀锦生产从家庭个体手工业生产变成官营手工场生产。这种官营手工场使织锦工匠受到严格的监督和剥削。但是，严格的工序，明确的分工和协作，又有利于生产技艺的提高，从而推动蜀锦生产发展到一个新的阶段。

首先，规模宏大的成都锦院的建立，反映了从事蜀锦生产的人数和蜀锦产量都较前增加。据吕大防《锦官楼记》和元人费著《蜀锦谱》记载，早期的成都锦院，就有厂房 127 间，募军匠 500 人，拥有织机 154 张。月用挽综工 164 人，机织工 154 人，炼染工 11 人，纺绎工 110 人。每年用丝 125000 两，染料共 211000 斤。其中生产高级额定上供锦有土贡锦 3 匹，官告锦 400 匹，臣僚袄子锦 87 匹，广西锦 200 匹，总

图 10-1　古代织机复原图

---

① 吕陶：《奉使回奏十事状》，《净德集》卷 4。
② 吕陶：《奉使回奏十事状》，《净德集》卷 4。

计 690 匹，其后蜀锦和茶马司锦院所织蜀锦，其数更多。

其次，蜀锦的品种增加。成都府锦院所织蜀锦有：八答晕锦、盘毬锦、簇四金雕锦、葵花锦、真红锦、青绿云雁锦、入窠狮子锦、大窠马打毬锦、双窠云雁锦、宜男百花锦、青绿锦等 15 种。茶马司锦院所织蜀锦有：绯甲被、七八行锦、绯大被、玛瑙锦、真红大被褥、真红双连椅背、真红单椅背、真红双窠锦、皂大被褥、青大被褥、青绿瑞草云鹤锦、青绿如意牡丹锦、真红宜男百花锦、真红穿花凤锦、真红水林禽锦、真红樱桃锦、真红云花毬锦、鹅黄水林禽锦、紫草缎子锦、真红天马锦、真红飞鱼锦、真红聚八仙锦、真红文金鱼锦、秦州细法真红锦、秦州中法真红锦、秦州粗法真红锦、真红湖州大百花孔雀锦、四色湖州百花孔雀锦、二色湖州大百花孔雀锦等 29 种。两处总计达 44 种，远比唐和五代的品种为多。

第三，蜀锦的工艺质量提高。从上述的蜀锦品种中，我们可以看出宋代蜀锦图案装饰、色彩纹样的题材内容都十分丰富，有的反映天上的飞禽、水中的游鱼、地上的走兽和花木，有的反映各族人民生产生活景象和对美好生活的追求，还有的反映宗教和神话故事。现存宋代的"八答晕锦"是纬三重纹织，缎地，纬浮花，地呈红色，纹色由红、绿、蓝、浅黄等色组成，以几何图形构图为主，锦面由大小两种八瓣形图案和垂直交叉的直条构成，空隙处普填"卐"字花纹。图形花样丰富多彩，美不胜收。张灯结彩、庆祝丰收的"灯笼锦"（又名"天下乐锦"），纹样由几何形图案并列组成，灯旁悬结谷穗，灯的周围隐隐有蜜蜂飞动，隐喻五谷丰登之意。[①] 创于北宋的"落花流水锦"，则是成都的织锦艺人根据唐人"桃花流水杳然去，别有天地非人间"，以及宋人"花落水流红"等诗句，加以艺术概括而创造的。其织纹结构，有缎纹，或斜纹地上显纬花，有平纹正反袋织。其配色，有经纬同色，也有经纬异色。其图案，有的像旭日辉映的水波，漂浮着大朵梅花，川流不息向他方流去；有的织成漩涡婉转，倒卷浪花的形式；有的用无数细碎参差的波纹配上单杂梅花，给人以"深渊绿水涨，无风波自动，落花点水面，月夜照流萤"之感。它在组织、配色、图案上虽不拘泥一定的形式，但始终保持落花与流水这一中心主题，形成自己的独特流派和风格。自宋创始，迄于元、明，在全国锦缎作坊都因袭并发展了这一

---

① 见《蜀锦史话》。

品种、图案，同时为其他工艺美术品种广泛采用，成为南京、苏州、福建、浙江、山东、山西等地闪缎的主要花样之一。几百年来虽然都叫"落花流水锦"，却永远具有新意，为人民群众所喜爱，久销不衰。其品种结构也在纹样的更新中日趋完善，不断得到发展。① 总之，宋代这些色调和图案丰富多彩的蜀锦，提花精确，锦面平整细密，色调淡雅柔和，反映出当时的织锦工艺已经能随心所欲把绘画艺术及画中水墨晕色巧妙地如

图 10-2 宋代蜀锦——鹤灯笼锦

实织出，从而形成了宋代蜀锦特有的风格，为后代织锦工艺所继承和发扬。至于为贵族所织的加织金线的"间金锦"，在元、明、清各代，就更为盛行。

当然，官营成都锦院只是蜀锦生产的一个侧面。除成都府锦院之外，尚有为数甚多的散居民间的织锦工匠从事蜀锦生产。朝廷在四川征收的部分蜀锦仍旧科配民间织造或在民间收买。政和元年（1111）七月四日就有臣僚说："成都泛科民间织造锦鲜等非便，令约束，无使暴吏抑配扰民。"② 绍兴十二年（1142）朝廷亦曾下令成都府路购买川锦"准备礼物使用"。但是，成都锦院的设置毕竟减轻了广大民间织锦匠人供应官府所需蜀锦的负担和压力。他们在完成官府所需蜀锦之后，剩余的蜀锦亦可在市场自由出售，唯钱是卖。这就使享

---

① 见胡玉端：《从"蜀锦"的兴衰看当前丝织品种的发展》，四川省蚕桑丝绸学术讨论会《论文选》。

② 《宋会要·刑法》2之55。

用蜀锦的人日益增多,蜀锦的使用范围扩大。一些富商自蜀贩锦至广南西路的海岸城市钦州"易香至蜀,岁一往返,每博易动数千缗"。① 运销西北各族者,其数更多。在四川境内不但富人享用蜀锦,自从以锦易马之后,"中国织文之工转而衣被椎髻鴃舌之人矣"。② 少数民族人民也能享用珍贵的锦绫衣被。当时成都一年一度的浣花节,官员们还用蜀锦装饰彩舫数十只,从万里桥沿锦江而下,到距城十余里的寺庙游玩。沿江两岸,民间水阁亦用蜀锦装饰得五彩缤纷。特别是人们开始用锦装潢书画碑帖,对促进装裱工艺的发展起了重要作用。

总之,宋代蜀锦以其产量多、品种多、质量好、用途广,而成为织锦工艺发展史上的重要里程碑。故宋代所织之锦,又称为"宋锦",留名史册。

第四节　宋朝在四川的布帛征入

为了明了宋代四川纺织业的发展水平及其在全国所处的地位,我们还必须对宋朝在四川的布帛收入作些考察。

"宋承前代之制,调绢、紬、布、丝绵以供军需,又就所产折科、和市。"其纤丽之物则"供服用及岁时赐与"。③ 四川是宋代重要纺织基地,自然成为朝廷征收布帛的主要地区之一。早在太祖平蜀之初,朝廷就把孟蜀府库匹帛、金银、宝货,设水陆传置,运至京师。当时下蜀辎重,"百里不绝,至京师犹然"。④ 经过几年的运输,孟蜀财物悉归内府,致朝廷储积充实。宋太祖乃于收藏贡赋的左藏库外,别立内库,号曰"封桩库",以储金帛,凡年终剩余之数皆入此库。赵匡胤还对近臣说:"石晋苟利于己,割燕云以赂契丹,使一方之人独限境外。朕甚悯之,欲俟斯库所蓄满三五十万,即遣使与契丹约,苟能归我土地民庶,则当尽此金帛,充其赎直。如曰不可,朕将散滞财,募勇士,俾图攻取耳。"⑤ 可见,从北宋王朝夺取四川之日开始,就把四川作为统一中国和供养

---

① 周去非:《岭外代答》。
② 《蜀锦谱》。
③ 《宋史》卷175《食货志》。
④ 《能改斋漫录》卷13。
⑤ 《长编》卷19。

军队的物资基地。它在四川的统治确立之后,更是通过赋税、折科、市买、和买等手段,大量征收布帛以保证军队士兵和文武官员的衣物供应。现据《宋会要·食货》64 记载宋朝"税租之入"和"凡岁总入",将全国及四川的匹帛收入情况列表于后。

表10-1 每年税租收入匹帛数

种类	全国收入数	四川收入数	四川占全国的百分比	备 注
罗	860 匹			
绝	14301 匹	83 匹	0.6%	原书诸路(府)总计为14291匹,按原书所载夏秋二税相加,实为14301匹,见《中国历代户口田地田赋统计》。
绢	2984333 匹	408246 匹	13.7%	原书为2935586匹,此为实计数,同上。
绝	47861 匹			
䌷	416317 匹	47941 匹	11.5%	原书为415570匹,此为实计数,同上。
布	488119 匹	4576 匹	0.9%	原书为487847匹,此为实计数,同上。
丝绵	9199890 两	1551998 两	16.9%	原书为9115421两,此为实计数,同上。

表10-2 一岁匹帛总收入数

种 类	全国收入数	四川收入数	四川占全国的百分比
锦绮、鹿胎、透背	9615 匹	1898 匹	19.7%
罗	160620 匹	1924 匹	1.2%
绫	147385 匹	38770 匹	26.3%
绢	5382709 匹	938568 匹	17.4%
䌷	2290966 匹	236747 匹	10.3%

续表

种 类	全国收入数	四川收入数	四川占全国的百分比
隔织	111716 匹	1893 匹	1.7%
布	3192765 匹	569589 匹	17.8%
杂色匹帛	56131 匹	9774 匹	17.4%
丝绵等线	13852797 两	3674208 两	26.5%

上述匹帛数字，《宋会要》说，始于乾德五年（967），讫乾道八年（1172）。原文中称四川四路为成都府、梓州、利州、夔州路，梓州路是在徽宗重和元年（1118）升为潼川府路的，则上述匹帛收入应为北宋重和元年以前的数字。其中税租收入之数，即农业田赋夏秋二税所收的匹帛数；一岁总入匹帛数，即包括农业二税和市买、折科、和买等收入的匹帛数。

从上面两表可以看出，除丝绵外，全国租税匹帛收入的 3861791 匹中，四川为 460846 匹，占全国总数的 12%。而据《元丰九域志》所载统计，四川户数 1933162 户也刚好占全国总户数 16471830 户的 12%。四川按户提供给中央王朝夏秋二税的匹帛数量，正好相当于全国按户提供给中央王朝匹帛数量的平均水平。但是，中央王朝一岁总入匹帛的 11351907 匹中，四川则达 1799151 匹，竟占全国总数的 16%，大大超过了全国每户提供给中央王朝匹帛数量的平均水平。至于四川按户提供的丝绵和蜀锦，更是高于全国每户提供的平均水平。这充分说明四川确是宋代纺织中心和官府征收布帛的重要基地之一。

宋朝在四川征收的近 180 万匹布帛、367 万余两丝绵中的一般丝织物，除"应付陕西、河东、京西州军及本路州军衣物支遣外，余有剩数，即上京送纳"。① 其运输办法分为陆运和水运两种。"凡陆路川陕诸州军金帛，自剑门列置递夫，负搭车辇，以至京师，或转支至陕西、河东沿边供军"。② 水运则自嘉州船载至荆南，由荆南改装大船"转般上京，并〔应〕付在京并京西州军衣

---

① 《宋会要·食货》64 之 20。
② 《宋会要·食货》48 之 13。

赐"。① 水运数量初为 100 万匹，真宗时期定为 66 万匹，分十纲漕运。② 加上每年陆运至陕西、河东的布帛数量，估计官府每年从四川调运的布帛一般均在 100 万匹以上。为了保证能安全按期地把四川布帛调运至京西、陕西、河东和京师等地供应军需，宋朝建立了一整套转运制度，派遣士兵和征发民夫，肩挑车辇，挽舟操船；设置驿传递铺，委任文武官员，按程如期押运。同时朝廷还规定了严格的奖惩办法，"益州押匹帛纲赴荆南下卸，别无抛失，每运支官钱十五千，军大将十千文"；但损失了官物，押运使臣和船工水手都要受到处罚并如数赔偿。如果完全抛失了官物，"梢工、水手各断杖一百，配别州军牢城收管。纲官、节级各杖九十，押纲使臣各杖八十"。③ 这些规定虽然保证了转搬任务的完成，但陆路山险，水路滩险，翻车覆船，在所难免。担任搬运的士兵和民夫，往往或跌死山谷，或葬身鱼腹，或抛失官物，破产不能偿。

两宋王朝一直受西北少数民族政权的进攻和威胁，军费开支常居财政开支的十之七八。北宋时期，河北驻军以防契丹，陕西驻军以防西夏，河东驻军兼备契丹和西夏。全国大部分军队都集中于河北、河东、陕西三边之地，全国大部分军费亦耗于三边之军。然自澶渊之盟后，宋辽边境安宁，120 年间河北无事，实际驻军不多，军费开支不大，而宋夏之间则长期争战不已。加之神宗开熙河，徽宗取青唐，陕西地区终北宋之世，几乎战争不息，驻军最多，军费开支最大。陕西、河东"军装、䌷、锦，皆出益、梓、利路"，"岁减西川所上物帛"，陕西、河东就会"军衣不足"。④ 四川除供应川峡四路和京西军衣之外，还负担陕西、河东二边军衣，实际上解决了全国很大部分的军衣需求，为北宋王朝捍卫边境，保卫中原经济文化的发展起了非常重要的作用。正如仁宗时期张俞所说：

> 今夫国之患异于古而有鲸虎之势者有在于戎狄。戎狄之僭暴而有其阴谋者在于幽朔。禁暴伐谋者在于兵，故萃兵悍戎之地在于赵魏秦晋之郊，出财赋以事军旅以克敌为务者在于吴蜀之越。是故非赵魏秦晋则不足以训

---

① 《宋会要·食货》64 之 20。
② 《宋会要·食货》46 之 1。
③ 《宋会要·食货》42 之 14。
④ 《宋会要·食货》64 之 24。

第十章 宋代四川纺织业的发展

兵,非吴楚蜀汉则不足以出赋。赋足兵强然后可以议战,则兵之命悬于吴蜀……蜀蔽秦陇走汾晋,日出财币以给二方之戎卒,故民不动而赋有常……①

北宋王朝在西夏、契丹进攻面前,能够支撑100多年,使其境内免遭战争破坏,人民能够从事正常劳动生产,国家能够征收赋税行使职能,确实是与四川这一物资供应基地的重要贡献分不开的。

宋室南渡,大散关至淮河以北为金朝占有,宋朝设淮西、淮东、湖广、四川四总领所,分四个战区以抵御金兵进攻。淮西总领所一岁费钱700万缗、米70万石,淮东总领所一岁费钱700万缗、米70万石,湖广总领所一岁费钱960万缗、米90万石。"合三总领所支,仅当四川一年之数。"② 为了解决关外驻军军费,南宋初年即截留蜀中上供物帛以充军饷。其中布帛收入用于军费开支的计有"西川布估钱"200万缗③,"西川畸零绢估钱"30万匹,西川每匹折钱10千,东川每匹折钱11千,共300余万缗④,总计500余万缗,占四川总领所绍兴十一年(1141)休兵之初一岁赡军大约费2665万缗的十分之二。⑤ 此外,"两川激赏绢"33万匹、"两川绵估钱"和每年支援湖广总领所纲绢47000匹,绵4005两还不在其内。⑥ 南宋王朝在四川的布帛收入及其在军事上的作用,较之北宋均有过之而无不及。四川军民在整个南宋152年间,能够坚持抗金抗蒙战争,并且成为抗蒙战争的最后基地,与四川包括纺织业在内的整个社会经济发展水平较高是分不开的。

第五节 从市买到无偿征收布帛

如上节所述,宋朝每年在四川征收的约180万匹布帛中,只有近48万匹来

---

① 张俞:《送韩转运赴阙诗序》,《宋代蜀文辑存》卷24。
② 《朝野杂记》甲集卷17。
③ 《宋史》卷174《食货志》。
④ 《朝野杂记》甲集卷14。
⑤ 《朝野杂记》甲集卷17。
⑥ 《朝野杂记》甲集卷14,《系年要录》卷151。

自农业夏秋二税,其余约132万余匹都是通过折科、市买、和买等手段搜刮来的。

折科是在出产布帛的地区,把税收中的一部分实物和税钱折变为布帛。"诸州折科、和市,皆无常数,唯内库所需,则有司下其数供足。"① 四川主要是用盐课折科绢帛。"初,盐课听以五分折银、䌷、绢。"② 即缴纳盐税要用一半的税钱折纳银䌷绢。《宋会要·食货志》64 之 4 记载,四川井盐课利中有绢 120200 匹,䌷 39055 匹,丝绵 71931 两。此外,《宋会要·食货志》19 还记载,熙宁十年(1077)前的酒课收入中,眉州有布 1680 匹,怀安军有布 4420 匹(熙宁十年后为 1420 匹)。总的说来,四川用其他赋税折科的布帛数量并不太多,绝大部分都是用市买、和买等办法征收的。

市买即官府用钱在市场购买布帛。因带有强制征收的性质,故又称"科市"。太宗时期官府法令就规定,"川峡诸州匹帛丝绵䌷布之类,堪备军装者,商人不得市取贩鬻"。有"贾人先所市者,悉送所在官,官以市价偿之。藏匿者置于法"。③ 市买虽按价付值,但因其官府垄断,"任事者竞功利,于常赋外,更置博买务,禁商贾不得私市布帛",损害了商人和广大民众的利益。"蜀地土狭民稠,耕稼不足以给,由是群众起而为乱。"④ 在淳化年间爆发了席卷全川的王小波、李顺起义。

随着军队数量的不断增加,官僚机构的不断膨胀,官府对绢帛的需求量不断增多,农业二税的征调和折科、市买远远不能满足需要,真宗时期又开始和买绢帛。"方春乏绝时,预给库钱贷民,至夏秋令输绢于官。"⑤ 因其先支钱而后输绢,故又称"预买"。四川和买绢帛的具体办法,吕陶在哲宗时的《奉使回奏十事状》中曾说:

臣伏见成都路转运司,逐年下六州军买官布七十万匹,于十一月支钱,至次年六七月收纳,并系上在等税户名下均定收买。因其田亩多寡,而科

---

① 《宋史》卷 175《食货志》。
② 《宋史》卷 183《食货志》。
③ 《宋会要·食货》64 之 17。
④ 《宋朝事实》卷 17。
⑤ 《宋史》卷 175《食货志》。

所卖之数。名虽和买，实则配率。行之已久，习以为常。元丰以前，每匹支钱四百五十文或四百文，不致刻剥，人尚乐输。

这件事情，《建炎以来朝野杂记》甲集卷 14 亦有大致相同的记载：

……始天圣中，薛田帅蜀，于成都府、邛、蜀、彭、汉州、永康军产麻六郡，岁市官布，每匹给钱三百，以起上供及三路纲运。是时价值颇优，民乐与官为市。至熙宁间，物已贵，于是每匹增至四百，然始以等第配率。

总之，和买布帛已不是在市场购买，而是直接在产区向民间税户购买，其后又发展成为按等第配率。它早期的特点一是预支价钱，优其价值；二是按其田税多寡，等第配率。预支价钱，优其价值，使民乐于自愿出卖；按其田亩多寡，等第配率，又排斥了自愿出卖，强制人民必须随田税同时缴纳。这种胡萝卜加大棒的双管齐下的政策，保证了官府对布帛的需要。然而按其田税多寡，等第配率，也就埋下了把和买逐渐演变为无偿征收布帛的种子。

仁宗康定、庆历年间，宋朝与西夏的激烈战争，使北宋的军队扩大到一百多万人，"是时禁兵多戍陕西"，"屯兵四十余万"。① 陕西地区军需布帛数量也相应急剧增加。四川本是陕西军需绢帛的供应地，"自西边用兵，军须䌷绢，多出益、梓、利三路，岁增所输之数"。② 于是官吏乘机隐扣价钱，进行苛敛。《宋史·曹颖叔传》记，庆历年间任陕西路转运使的曹颖叔，见"两川和买绢给陕西兵，而蜀人苦于烦敛，颖叔为岁出本路缗钱五十万，以易军衣之余者，两川之民始无扰焉"。所以宋夏议和，战争结束，军费减少，嘉祐三年（1058）朝廷乃"诏宽三路所输"③绢帛，以减轻四川人民和买的负担。

如果说在仁宗时期，仅仅是某些官吏暗自隐扣和买绢帛价钱，那么，在神宗时期，自王安石秉政，以理财富国为务，言利之臣相机而进，则一些官吏已经公开减价掠夺和买绢帛了。吕陶在《奉使回奏十事状》中记载，自元丰元年

---

① 《宋史》卷 187、190《兵志》。
② 《宋史》卷 175《食货志》。
③ 《宋史》卷 175《食货志》。

(1078)成都府路转运判官王宗望晓谕州县和买官布,减少价钱,损值太过,近年各地所支官布价才 290 文。官府需索太多,地利人力所出有限,老百姓为了完成官定和买布额,只得到市场上去买布纳官,结果把布都买贵了,要五六百文才能买一匹纳官。因此,他请求朝廷下令转运司按布的实际价格,添支价钱和买官布,使"远方农民,蒙被德泽"。但是,随着北宋王朝政治日益腐败,和买也愈来愈成为聚敛的手段。和买数额日益增加,和买地区也由产区扩大到不产丝麻的地区;原支现钱也改支交子、度牒折充,百姓受到更大损失。这些现象,徽宗崇宁五年(1106)三月二十七日的诏书说得非常清楚:

> 访问川峡路和买绢布数目,比元丰倍多。及以交子、度牒充折买价,致细民难以分孼。货卖皆被豪右操权,坐邀厚利,民间颇以为扰。可令川峡逐路转运司严切指挥诸州县,各将元丰年中支俵和买绢布数目,取其间最多者一年立为永额,只依旧所立俵直,以见钱依散。其元丰中不曾支俵州县,乃是不产丝麻瘠薄地分,即不得加额。委提刑、提举司常行点检,如有不实及违法过额抑勒俵散,并具奏闻。其违法官司,当以违制科罪,不以去官赦降原减。①

徽宗这个振振有词的诏令,好像是要解决和买的种种弊端,恢复和买的本来面目,减轻人民的负担。但是,这时北宋王朝已经十分腐朽,吏治已经十分腐败,贪污聚敛、欺凌百姓已几乎成为官吏的唯一职能。尽管诏书年年下,违制和买绢布则一年甚过一年。到宣和六年(1124),四川和买绢布,已经是"官吏欺弊,不支价钱或准折盐钞,有名无实,远民坐困,无所越诉"② 了。至此,和买实质上已经变成无偿掠夺而非按田税等第征收的赋税,只不过还保留和买的名称和形式而已。

宋室南渡以后,大片国土沦丧,防御金、蒙的战争又连年不断,财政开支更为窘迫。四川一隅之地,独当西北防线重任。不时之需,无名之征,更是殆无虚日。四川和买绢帛在北宋末年不支价钱而按田税等第征收实物的基础上,

---

① 《宋会要·食货》38 之 5。
② 《宋会要·食货》38 之 10。

第十章 宋代四川纺织业的发展

更发展成为高价折变现钱，输纳"绢估钱"、"绵估钱"、"布估钱"，使老百姓更蒙受一重赋税剥削。例如上节所谈原在成都府等六郡和买官布70万匹，南宋初年即不支钱，反令每匹折钱3000，为钱200万缗。其后节次减免，至庆元元年（1195）每匹犹纳2000或1700文，为钱130万缗。庆元三年（1197）再次减免，到宁宗时犹纳钱65万缗。① 至于令其按等第输纳以助军费的"两川激赏绢"，虽曾许诺边事宁息，即行罢免，永不为例，但其后并不减免，遂为常赋。尽管和买绢布和"激赏绢"变成无偿掠夺的常赋是非法的，反对之声遍于朝野，但贪婪的统治阶级已经吃进去的东西，再要它吐出来，实属万万不可能。故终宋之世，和买绢布就一直是强加于人民颈上的锁链，再也挣脱不了。

从和买到无偿征收绢布的过程中，我们清楚地看出，自北宋晚期以后，两宋王朝在四川征调的大量布帛，几乎全部都是掠夺而来的。

总之，四川纺织业，历史悠久，举世瞩目。汉唐以来四川地区一直是全国纺织基地之一。迨至宋代，四川社会长期安定，无战争的破坏，为人民的劳动生活和经济的发展，提供了起码的条件，纺织业在前代的基础上，又有长足的发展。布帛绢绅的产地、数量、品种都较前代增多，质量亦较前代提高；蜀锦的品种、数量、质量，更超过前代的发展水平。四川仍然是全国重要的纺织中心之一。它不仅提供了大量的蜀锦和布帛，满足社会各阶级各民族的需要，而且每年为宋朝政府提供100多万匹绢帛和300多万两丝绵，保证了四川、京西和边防重地河东、陕西驻军衣赐需要，对支撑两宋王朝长期防御契丹、西夏、金、蒙古（元）的进攻，保卫中原经济文化的发展和人民生命财产的安全起了重要作用。但是，官府为了满足军需绢布，北宋晚期以后在四川无偿掠夺、征调布帛，则又给四川人民带来了沉重的负担。

---

① 《宋史》卷174《食货志》。

第十一章 宋代四川茶业经济和茶马贸易的繁荣

我国是茶树的原产地,四川又是我国种茶、制茶、饮茶最早的地区之一。宋代四川茶叶生产有了飞跃的发展,茶叶产量超过了宋朝其他地区茶叶产量的总和,并且用茶马贸易解决了宋朝战马来源,在整个国家政治、经济、军事、生活中都占有十分重要的地位。

第一节 茶叶的产量和质量

一、茶叶产区和产量

四川的地理和气候条件都适宜茶树的生长。古代农书《神农本草》就记载四川境内山谷道旁的野生茶树,其叶可以治病。唐代陆羽所著世界上第一部茶书《茶经》写道:"茶者南方之嘉木也,一尺二尺乃至数十尺,其巴山峡川有两人合抱者。"大约在西周时期,巴蜀已发现园庭中有人工栽植的茶树。秦汉时期,巴蜀栽培的茶树逐渐增多,西汉时蜀人扬雄、司马相如皆饮茶。公元前1世纪蜀人王褒《僮约》还记载:"烹茶尽具,酺已盖藏","武阳买茶,杨氏担荷"。武阳县即今四川彭山县,当时已有茶叶市场,说明汉代四川已是全国著名的种茶、制茶和饮茶的地区。魏晋南北朝时期,我国饮茶的人日益增多,四川

第十一章 宋代四川茶业经济和茶马贸易的繁荣

的茶叶生产又有所发展。唐代是我国茶叶生产大发展的时期,四川的茶叶生产也发展得很快。陆羽《茶经》曾把唐朝境内茶叶产地分为山南、淮南、剑南、浙西、浙东、黔中和岭南7个大区,并逐一品评,定其等级。在其品评茶叶等级的31个州中,四川就有彭、绵、眉、邛、雅、泸、蜀、汉等8州,占总数的四分之一。雅州(今四川雅安)蒙山出产的蒙顶茶,当时已是全国名茶之一。李德裕入蜀,得到"蒙饼",视为珍品,并立即亲自动手烧煮。① 成都地区还出现了颇具规模的私人茶园。九陇人张守珪的仙君山茶园,每年都有成百的采茶男女佣工,杂处其中。

图 11-1 位于蒙顶山的茶圣陆羽塑像

宋代四川的产茶地区又较唐代有了很大发展。散见于《太平寰宇记》、《元丰九域志》、《宋史·地理志》、《文献通考》、《舆地纪胜》、《宋会要》等书的零星记载,宋代四川辖境产茶地区已达20州军之多。按当时川峡四路的行政区划,产茶地区的分布有:

成都府路的雅州、蜀州(今四川崇州)、邛州(今四川邛崃)、嘉州(今四川乐山)、眉州、彭州、汉州(今四川广汉)、绵州(今四川绵阳)、简州(今四川简阳)、永康军(今四川都江堰)等10州军;

利州路的利州(今四川广元)、巴州(今四川巴中)等2州;

夔州路的夔州(今重庆奉节)、忠州(今重庆忠县)、达州、南平军(今重庆綦江)等4州军。

其中成都府路产茶地区有10州军,占了四川产茶州军的一半。此外,北宋人范镇《东斋记事》卷4还说:"蜀之产茶凡八处:雅州之蒙顶,蜀州之味江,邛州之火井,嘉州之中峰,彭州之堋口,汉州之杨村,绵州之兽目,利州之罗村。"这8处是产茶最多的地区。除利州的罗村而外,均在成都府路辖区之内。

---

① 嘉庆《四川通志》卷75。

第十一章　宋代四川茶业经济和茶马贸易的繁荣

图 11-2　蒙顶山山门

总之，在宋代成都府路的川西平原四周是当时产茶的中心。

北宋时期四川的产茶量，吕陶在哲宗元祐元年（1086）说："蜀茶岁约三千万斤。"其中元丰七年（1084）产茶 29147000 斤，元丰八年（1085）产茶 29548000 斤。① 南宋时期的产茶量，李心传说："成都府、利州路二十三处茶场，岁产茶二千一百二十万斤。一千六百一十七万系成都府路九州军，凡二十场；四百八十四万系利州路二州三场。"② 这个数字只包括成都府路和利州路，而不包括潼川府路和夔州路的产茶量。如果加上潼川府路和夔州路的产茶量，估计南宋时期四川的全部茶叶产量亦大致接近北宋年产茶 3000 万斤的水平。

我国茶叶全部产自南方，北方不出产茶叶。如果把有关史料记载宋朝辖区淮南、江南、两浙、荆湖、福建等东南地区的产茶量加以统计③，则北宋仁宗嘉祐四年（1059）前东南地区榷茶所收茶叶，按《宋史·食货志》记载统计为 2306 万斤，按《通考》记载统计为 2299 万斤，按《宋会要·食货》29 记载统计为 2280 万斤。南宋绍兴三十二年（1162 年）东南地区的茶叶产量，按《宋

---

① 《净德集》卷 1《乞罢榷名山等三处茶以广德泽亦不阙边备之费状》。
② 《朝野杂记》甲集卷 14《蜀茶》。《宋史·食货志》《宋史·兵志》和《通考》《系年要录》亦有相同记载。
③ 广南产茶极少，并未榷茶，无产量记载，云南属大理政权未归宋朝管辖，两处茶产量未统计在内。

会要·食货》29 记载统计为 1781 万斤，按《朝野杂记》记载统计为 1590 万斤。乾道年间的产茶量，按《宋会要·食货》29 统计为 1764 万斤。把东南与四川的产茶量对比，就可看出，在北宋，四川的产茶量超过东南地区产茶量 23%。在南宋，如果四川的产茶量仍按 3000 万斤计算，则超过东南产茶量 40%；如果只以成都府路、利州路岁产茶 2100 万斤计算，也超过东南地区茶产量 15%。如果以四川产茶量同东南产茶量之和视为宋朝全国茶叶总产量，则北宋时四川产茶量约为全国产茶量的 56%；南宋时期约为 62%，仅成都府、利州二路的产茶量即占全国产茶量的 54%。由此可见，宋代四川特别是成都平原四周地区是当时全国最主要的产茶中心。

二、四川茶叶的质量

虽然宋代四川地区茶叶产量超过东南诸处茶产量的总和，但是，四川的茶叶质量却赶不上东南地区。宋代著名的茶书，如陶穀的《荈茗录》、蔡襄的《茶录》、宋子安的《东溪试茶录》、黄儒的《品茶要录》、宋徽宗的《大观茶论》以及熊蕃的《宣和北苑贡茶录》，大都记东南茶事，首推东南茶叶。东南茶叶的质量特别是福建的茶质已经远远超过了四川的茶质。宋人梅尧臣在《得雷太简自制蒙顶茶》一诗中就说："陆羽旧茶经，一意重蒙顶。比来唯建溪，团片敌汤饼。顾渚及阳羡，又复下越茗。近来江国人，鹰爪夸双井。凡今天下品，非此不览省。蜀荈久无味，声名漫驰骋。"[①]《宋史·食货志》也说，福建茶叶"既蒸而研，编竹为格，置焙室中，最为精洁，他处不能造。有龙、凤、石乳、白乳之类十二等，以充岁贡及邦国之用"。特别是由朝廷在建州（今福建福州）北苑专门制造，岁贡皇帝饮用的北苑龙凤茶，更为精良。其中小团龙凤茶 1 斤 20 饼，每饼值金 2 两，尤为珍贵。然金可有，而茶不可得。"每因南郊致斋，皇帝赐中书、枢密院各一饼，四人分储，以为奇玩，不敢自饮"[②]，更使建茶跃居上品，独占鳌头。

茶叶的等级和优劣，不但取决于制茶技术，还取决于制作茶叶的原料。仅就原料而论，优质茶和细茶是用嫩叶制造的，劣质茶和粗茶是用粗叶制造的。

---

① 《宛陵先生集》卷 55。
② 欧阳修：《归田录》卷 2，并见《宣和北苑茶录》。

据文献记载，宋人把茶树上生长的茶叶区分为小芽、中芽、紫芽、白合、乌蒂等不同等级。所谓小芽，其小如鹰爪，是茶叶中最嫩的芽条。其中把采摘下来的小芽茶，以其芽先次蒸熟，置之水盆中，剔取精英，仅如针小，谓之"水芽"，是小芽中最精者。所谓中芽，古谓之一枪二旗。闽人谓茶芽未展为枪，展则为旗，至二旗则老，则中芽是刚展开的嫩叶。紫芽，叶之紫者。白合，乃芽有两抱而生者。乌蒂，茶之带头是也。宋人认为，凡茶以水芽为上，小芽次之，紫芽、白合、乌蒂，皆所在不取。这些茶叶由于自身的嫩度不同，制作出来的茶叶质量、数量都不同。东南茶叶主要行销汉地，通常是茶芽和刚展开的嫩叶制造的。已经呈现紫色的茶叶，长出二片的茶叶和带蒂的茶叶，一般都不用于制茶，其产量自然较低。四川的茶叶多数是易马茶，主要行销肉食乳饮的少数民族地区，细茶少，粗茶多，对茶叶的嫩度要求不高，其产量自然高。这种用粗叶，甚至老叶制造的茶叶，茶味特浓，煮成茶粥，很受牧民喜爱，专门行销边地，故称"边茶"，直到近代都是如此。所以马端临在评论宋代茶叶质量时说："蜀茶之细者，其品视南方已下。惟广汉之赵坡，合州之水南，峨眉之白芽，雅安之蒙顶，士人亦珍之。然所产甚微，非江、建比也。"①

第二节　茶叶生产大发展的原因

一、四川的自然条件适宜茶树的生长

世界上的主要产茶地，常介于北纬 30°～36°的温带、亚热带和热带印度洋季风影响的区域内。四川地处北纬 26°～34°、东经 97°～100°度之间的温带和亚热带，正是适宜茶树生长的地区。茶树是深根常绿灌木作物，需要土层深肥，营养丰富，有机质较多，浸透作用良好的土地。其生长既要吸收较多的水分，又最忌湿度太大，排水不便；既要较长时间的光合作用，又忌强烈的日光照射。黏土缺乏浸透作用，阻碍空气流通；砂土浸透作用过大，水分不能保持，都不利于茶树生长。强烈的日光照射，茶叶易于枯老；光合作用过强，蒸发量亦多，

---

① 《通考》卷 18《征榷考》。

图 11-3 蒙顶茶山

久旱之下，茶树难于抵抗；连日大雨，排水不便，又使根部被水潦浸透，生理不佳。四川盆地四周绵延的群山，盆地内部起伏的丘陵，大江大河纵横其间，云雾多，湿度大，土地肥沃，是茶树生长的好地方。在这里，丘陵和山地倾斜的土地上，土质肥厚，有丰富的养分，又有排水之利；云雾弥漫，春芽萌芽之时，饱受雾露的滋润；接受日光时间较长，又得收互相调剂之效；即使久旱不雨，茶树笼罩于浓雾之下，亦不致受多大影响；山地光合作用的程度，循序渐进，使茶叶柔嫩状态保持较久，不易枯老；而日光的不直射，又抑制茶叶纤维组织之突长，助其叶体芳香。正是具备了以上的自然条件，所以自古以来，四川的茶叶生产就得地利而相当发达。

二、山区的开发同劳动人民长期种茶的历史经验相结合，促进了茶叶生产的大发展

从秦汉时期四川人民开始人工种植茶树，到唐代茶树的普遍种植，较大规模的私人茶园的出现，劳动人民积累了丰富的种茶经验。随着人口的增多，盆

地平原和浅丘人均农耕土地的减少，土狭民稠，越来越多的劳动人民向深丘和山区进军，开发山区。这些深丘和山区，不适宜粮食作物特别是水稻作物的生长，但却宜于茶树的生长，从而促使更多的农民以种茶为业。吕陶就说："九峰之民多种茶，山山栉比千万家。朝脯伏腊皆仰此，累世凭恃为生涯。"① "自来采茶货卖，以充衣食。"② 因而人多的茶园户，年产有达三五万斤以上。吕陶记载，熙宁十年（1077）四月十七日堋口茶场一天就收买茶6万斤，造成官府无钱继续收买，茶叶积压，导致"十九日有园户五千人"入买茶场殴打官吏。③ 同年，永康军一处，就"积压茶五十六万余斤在务"。④ 从这些情况看来，宋代四川年产百万斤以上的产茶州县是不少的。所以尽管东南地区（不包括两广）在北宋时有43州军，在南宋时有60州军产茶，四川只20州军产茶，但东南地区产茶地广而分散，有一州之产不足千斤者，蜀地则产茶地少而集中，某些州县的产茶量比东南某些州县的产茶量多成百上千倍，故四川茶叶产量还是超过东南诸地的总和。

三、四川榷茶较东南晚，有利于茶叶生产的发展

东南榷茶始于乾德二年（964），弛禁于嘉祐四年（1059），复禁于崇宁元年（1102）；四川榷茶则始于熙宁七年（1074），较东南晚将近一百年，并一直未曾弛禁，形成嘉祐四年前"天下茶皆禁，唯川峡、广南听民自买卖，禁其出境"⑤的局面。当时官府对川茶产销的管理办法，一是征收茶叶生产者即茶园户的农业二税，二是征收茶商的商税和限制出境。吕陶就说："川蜀茶园，本是百姓两税田地，不出五谷，只是种茶，赋税一例折科，役钱一例均出。"⑥《宋会要·食货》29之15记载，未榷茶前，茶叶"税租之数"，利州路夏税37028斤，秋税170斤；夔州路夏税7909团，每团25斤⑦，共197725斤。茶商商税的税钱收入，成都府路岁入30301贯，夔州路18859贯，利州路7597贯，梓州路7270

---

① 《净德集》卷31《以茶寄宋君仪有诗见答和之》。
② 《净德集》卷1《奏具置场买茶旋行出卖远方不便事状》。
③ 《净德集》卷1《奏为官场买茶亏损园户致有词诉喧闹情状》。
④ 《净德集》卷1《奏具置场买茶旋行出卖远方不便事状》。
⑤ 《宋史》卷183《食货志》。
⑥ 《净德集》卷1《奏具置场买茶旋行出卖远方不便事状》。
⑦ 见《宋会要·食货》31之13。

第十一章 宋代四川茶业经济和茶马贸易的繁荣

贯。① 总之,由于官府在未榷茶时把茶地和茶叶当做农地和农产品对待,因而从茶叶中征收的各种赋税也是不多的,这就有利于四川地区茶叶生产的发展。

四、四川较东南诸处还有种种促进茶叶生产的社会政治因素

榷茶以后,官府为保证茶马贸易的需要,对四川茶叶生产不得不给予一定的关注和体恤,故终宋一代,四川地区较少发生茶农茶贩起义。南宋时期,宋金战争之际,四川未受战争破坏,又保证了四川茶叶生产的继续发展。四川还是一个少数民族杂居区,特别是毗邻肉食乳饮,每年都要购买大量茶叶以维持生活所需的吐蕃等少数民族,为四川茶叶提供了广阔的销售市场。这些因素都有利于四川茶叶生产的发展。东南地区发展茶叶生产的条件则有所不同。北宋初期东南地区就实行茶禁,茶叶的买卖全由官府垄断,残酷的剥削压榨使茶农破产,迫使茶贩起义,严重阻碍了茶叶生产的发展。南宋时期宋金战争又使产茶地区受到战火破坏,茶叶生产大幅度下降。特别是东南主要产茶地区之一的淮南地区,北宋时年产茶865万斤②,到南宋绍兴三十二年(1162)就下降到19000余斤③,乾道四年(1168)亦只22000余斤。④ 终南宋一代,东南地区的茶叶产量始终未恢复到北宋时期的水平。此外,东南茶叶的销路,除本地之外,主要行销西北少数民族。南宋时,北方为金朝所占据,金朝因茶叶进口"费国用而资敌国",对饮茶实行严格限制,以减少茶叶进口。金章宗泰和六年(1206)定食茶制,规定七品以上官员许食茶,还不得私卖和赠献;凡储存茶叶者,以斤两定罪。金宣宗元光二年(1223)又因国家财政困难,复定茶禁,规定亲王、公主及现任五品以上官方许饮茶,仍不得私卖和赠送别人,犯者判五年徒刑,告发者赏宝泉一万贯。⑤ 这些规定实际上截断了东南茶叶在北方市场的销路,极其不利于东南地区茶叶生产的发展。

基于以上种种原因,再加四川出产多为粗茶,东南出产多为细茶,所以宋代四川茶叶产量能够超过东南诸地的总和,成为全国产茶量最多的地区。

---

① 《宋会要·食货》29之16。
② 《宋史》卷183《食货志》。
③ 《朝野杂记》甲集卷14《总论东南茶法》。
④ 据《宋会要·食货》29所载淮西路各州产茶量统计。
⑤ 《续文献通考·征榷考》。

第三节 茶马贸易制度的建立

一、茶马贸易兴起的原因

茶马贸易始于唐代。当时中原地区与西北少数民族地区的茶叶贸易还很不发达,买茶卖马只是西北少数民族朝贡官员利用特殊政治地位进行的一种商品交换方式,并未形成茶马贸易制度。但自唐代茶叶传入西北地区以后,茶叶助消化、解油腻的特殊功能,为肉食乳饮的畜牧人民视为神丹妙药。饮茶的好处吸引着广大牧民争相竞求,到宋代已是"夷人不可一日无茶以生"①,上自贵族阶层,下至庶民百姓,皆饮茶成风。因此,少数民族首领每次向宋朝贡献马、牛、羊、驼和各种土产,都渴望得到金银、绢帛、茶叶回赐。契丹、西夏政权每年向宋朝索取的"岁纳"、"岁赐"物资中,也特别要求赐给茶叶。西夏元昊在仁宗庆历年间发动对宋战争,造成"赐遗互市久不通,饮无茶,衣帛贵"②的困境,而茶叶、衣帛的匮乏又成为元昊决定停止战争,同宋议和的原因之一。在议和的过程中,西夏要求岁赐的茶叶也特别多,曾引起宋朝臣僚的激烈争论。后考虑到给予茶叶过多,西夏就会利用它来垄断民族地区的畜产品贸易,不但影响宋朝与西北各族的互市,而且将失掉一个对西北地区的有力控

图11-4 茶马古道

---

① 《续文献通考》卷22。
② 《长编》卷138,庆历二年十二月。

制手段。因此权衡利害，最后决定岁赐茶叶三万斤。与此同时，少数民族的商人也到沿边贩茶，经营买卖茶叶的生意。而在宋朝境内，随着茶叶产量的飞跃增长，宋朝政府为了保证军事和财政的需要，也鼓励豪商巨贾在沿边州郡入纳粮草或在京师缴纳钱物，到东南沿江榷货务领茶抵偿，准其运往西北等沿边少数民族地区出售。这些茶商把茶叶"转至于西北，以致散于夷狄，其利又特厚"。① 这反映了西北等地从事畜牧业的兄弟民族地区已成为宋朝销售茶叶的巨大市场，茶叶已成为中原地区销往西北各地的大宗商品。

在宋代，西北各族人民输入中原的物资主要是马匹。卖马买茶是西北各族人民获得茶叶的主要途径。马性耐寒而畏热，孳生繁殖均受气候土壤的影响。我国良马产于西北高寒草原地区，中原战马历来来自塞北。在统一的幅员辽阔的中央王朝时代，产马之地属于中央政府管辖和羁縻统治，中央政府尚可通过行政手段征发或购买战马。战马来源并不十分缺乏。但在宋、辽、西夏鼎立的分裂时代，北方为辽朝所据，西北为西夏所有。仅有中原之地的北宋政权，战马来源，全部仰赖进口。同时，马以它奔腾疾驰，猛勇顽强，吃苦耐劳，人可乘骑，货可载驮的特性，在科学技术和交通落后的古代，就成为先进的战争工具和交通工具，是决定战争胜负的重要力量。宋朝同契丹、西夏的战争屡遭失败，缺乏骑兵导致军队行动迟缓是一个重要原因。再加之运输线长，补给不继等问题亦需要马匹解决，因此，为了军事和国防上的需要，宋朝特别重视购买西北各族的战马，以保卫国家的安全。

太宗太平兴国六年（981），"诏岁于边郡市马，偿以善价。内属戎人驰马诣阙下者，悉令县次给食以优之"。② 从此，在沿边州郡买马就成为宋朝的定制。真宗时期已在河东地区的府州（今陕西府谷）、岢岚军（今山西岢岚）、秦州（今甘肃天水）、渭州（今甘肃平凉）、泾州（今甘肃泾川北）、原州（今宁夏固原）、仪州（今甘肃华亭）、环州（今甘肃环县）、庆州（今甘肃庆阳）、阶州（今甘肃武都）、文州（今甘肃文县）、镇戎军（今甘肃镇原）、川峡地区的益州（今四川成都）、黎州（今四川汉源）、戎州（今四川宜宾）、茂州（今四川茂县）、雅州（今四川雅安）、夔州（今重庆奉节）、永康军（今四川都江堰）等地

---

① 《文献通考》卷 18《征榷考》。
② 《宋会要·兵》22 之 1。

设买马场,"皆置务,遣官以主之"①,专门办理购买沿边少数民族战马事宜。除市马之外,还建立了招马的制度,"每岁皆给以空名敕书,委沿边长吏差牙校入蕃招买,给路券送至京师,至则估马司定其价"②,并且规定在秦州、渭州、阶州、文州招买吐蕃、回纥马匹,在麟州(今陕西神木)、府州招买党项马匹,在丰州(今陕西府谷北)招买藏牙族马匹,在环州招买白马、鼻家、保家、名市族马匹,在泾州、仪州、延州(今陕西延安)、鄜州(今陕西富县)、火山军(今山西旧县)、保德军(今山西保德)、保安军(今陕西志丹)、唐龙镇、制胜关招买蕃部马匹。③据文献记载,真宗时期,宋朝购买少数民族战马"岁得五千余匹"④,"天圣中,蕃部省马至三万四千九百余匹。嘉祐以前,原、渭、德顺凡三岁市马至万七千一百匹,秦州券马岁至万五千匹"。⑤仁宗景祐三年(1036)规定诸州每年购买沿边少数民族战马总共29585匹之多。⑥市马、招马制度的建立,买马数量的增多,反映了宋朝对战马的需要特别紧迫,马匹已成为沿边少数民族输往中原地区的主要商品。

宋朝买马所需经费,是由"布、帛、茶、他物充其直"。⑦其中主要是用铜钱和绢支付马价,茶叶仅是买马的物资之一。尽管西北少数民族对茶叶的需求量和茶叶输入量已较唐代有了很大增加,宋朝用茶叶支付马价亦不断增多,但在北宋中期以前占主导地位的仍然是以绢易马,用茶易马的制度并未建立起来。然而西北少数民族需要宋朝的茶叶,宋朝又需要西北少数民族的战马,二者之间这种政治、经济利益形成了互相依存的局面。这就必然要改变铜钱、绢帛、茶叶兼行的易马办法,产生以茶易马的制度,才能使双方利益得到协调。

首先,用铜钱买马会给宋朝造成财政困难,并造成铜钱外流,威胁宋朝安全。北宋时期,平均每匹马价约为30贯钱,以每年买马3万匹计,则每年买马费用共需90万贯。而北宋每年铸铜钱数,"天禧末,铸一百五万贯";"至道中,岁铸八十万贯;景德中,增至一百八十三万贯"。此后基本上保持每年铸钱一百

---

① 《宋会要·兵》24之1。
② 《宋会要·兵》24之2。
③ 《宋会要·兵》24之2。
④ 《宋会要·兵》24之1。
⑤ 《宋史》卷198《兵志》。
⑥ 据《宋会要·兵》24之2记景祐三年定各州买马数统计。
⑦ 《宋会要·兵》24之1。

多万贯的规模,只有熙宁时期曾岁铸铜钱"五百六万贯",达到了最高峰。可见,全部用钱币支付买马费用,是宋朝政府根本无法承担的。所以从宋朝建立后,从来就是用铜钱和银、绢、茶等折支马价的。更重要的是,用铜钱买马,一是钱币外流造成钱荒,二是外流钱币被销毁后用来制造兵器,威胁边境安宁;这就会在经济上、军事上带来更大危险。所以在太平兴国八年(983),"有司言戎人得钱,销铸为器,乃以布帛茶及他物易之"①,自此宋朝基本上不用铜钱支付马价。

其次,用绢买马宋朝亦难于负担。宋代的绢价,1匹绢约值1贯,1匹马值30贯,则需30匹绢才能换1匹马。每年买马3万匹,就需90万匹绢;而宋朝中央政府二税收入的䌷绢,太宗、真宗时期每年不足200万匹,全部用绢买马,就要占二税绢䌷收入的近一半。显然,在䌷绢收入少、绢值低、马价高的情况下,用绢换马是宋朝政府无力承担的。所以,自宋朝禁止铜钱出境,不用铜钱买马以后,就一直以绢帛、茶叶、银甚至盐钞等物支付马价。

第三,只有以茶买马才能保证买马经费和战马来源。

宋朝是我国茶叶生产大发展的时期,东南地区年产茶叶2000多万斤,四川地区年产茶叶3000万斤,总计年产茶叶5000万斤以上,远远超过中原地区人民的饮茶需要。用茶易马是舍有余取不足,解决买马经费来源的最好办法。更重要的是,茶叶是西北肉食乳饮的畜牧民族的生活必需品,只有用茶易马才能保证宋朝战马的来源。其时宋朝的实力还未控制到产马地区,契丹、西夏政权又与宋朝对峙,它们为了自身利益,绝不轻易地将战马输入宋朝,以免加强宋朝的军事实力,而危害自身的安全,故宋朝基本上不能从契丹得到战马。宋初虽在河东、陕西等地设置了不少买马场,市马招马,但自西夏"赵德明据有河南,其收市惟麟、府、泾、原、仪、渭、秦、阶、环州、岢岚、火山、保安、保德军",使宋朝的战马来源大为减少。元昊建国,与宋为敌,"其后置场,则又止环、庆、延、渭、原、秦、阶、文州、镇戎军而已"。② 从此西夏战马亦很少流入宋朝,战马来源主要靠今甘肃、青海境内的吐蕃部族,宋朝陷入马源枯竭的困境。在这种情况下,用绢买马,虽然能买到部分战马,但少数民族可用毛皮代布帛御寒,绢帛并非少数民族的急需,所以用绢还不能保证战马的充足

---

① 《宋史》卷198《兵志》。
② 《宋史》卷198《兵志》。

供应。唯有茶叶，是少数民族一日不可缺少之物，以茶易马才能以其所需，换其所有，保证战马来源。

神宗熙宁年间，王韶开熙（今甘肃临洮）、河（今甘肃临夏）。这一地区的吐蕃部族，北与回纥相通，西与青海吐蕃相接，产马乏茶，"颇以善马至边，其所嗜唯茶，而乏茶与之为市"①，故王韶建议运蜀茶至熙、河卖茶买马。当时四川产茶居全国之冠，自销有余，余多价贱。以蜀茶易马，正是舍有余而换不足。于是宋朝乃在四川榷茶，建立都大提举茶马司，主管川、秦地区的茶马贸易事宜。从此，我国的茶马贸易从过去绢帛、金银、钱币相兼的商品交换，发展成为官营的专用茶易马的新的历史时代。

二、茶马贸易制度的建立

神宗熙宁年间对熙河地区的用兵和熙河路的建立是四川榷茶和茶马贸易制度建立的直接导因。熙宁七年（1074）宋朝决定榷禁蜀茶，于熙、秦买马，"始遣三司干当公事李杞入蜀经画买茶，于秦凤、熙河博马"。② 在成都设置都大提举茶马司，总管川、秦榷茶买马之政，榷茶买马兼而领之。既要经营茶叶买卖，保证茶利收入；又要以茶易马，保证战马来源。因而茶马司的职权特大，所行职务，他司皆不得预闻。茶马司的首脑与地方行政长官平起平坐，各司其职。

为了保证茶马贸易制度的实施，茶马司建立后，即在熙秦地区设置买马场，其官吏都由茶马司直接任命和管理。其后逐步停止了河东、陕西等地的买马事务。战马来源从沿边各族，转为"专仰市于熙河、秦凤"③ 地区的吐蕃部族。南宋时期，熙河、陕西地区丧失，宋朝西北买马主要来自秦州买马司所辖的西和州的宕昌寨、阶州的峰贴峡和文州买马场。

官府卖茶场所卖茶叶分为杂卖茶和博马茶两类。杂卖茶由蕃商和当地居民用现钱和货物购买，茶利收入供熙河路经费；博马茶则将茶与马按市价互换。为了鼓励吐蕃等族以马易茶，官府规定博马茶的市价低于杂卖茶的价格，减价以致马多。"马来既众，则售茶亦多。"④ 薄利多销，既保证了战马来源，又做

---

① 《宋史》卷167《职官志》。
② 《宋史》卷184《食货志》。
③ 《宋史》卷198《兵志》。
④ 《宋会要·职官》43之60。

第十一章 宋代四川茶业经济和茶马贸易的繁荣

到茶利增多。同时考虑到"蕃戎嗜名山茶,日不可缺",还特别规定:雅州名山茶专用博马,不得他用,必须待当年买马数足,方许杂卖;严禁把名山茶"与蕃商以杂货贸易,规取厚利",以免"其茶入蕃,即已充足,缘此遂不将马入汉中卖,有害马政"。①

(一)茶马贸易机构

熙宁七年(1074),宋朝在成都设置都大提举成都府路茶场,在秦州设置都大提举熙河路买马司,办理榷茶买马事宜。因榷茶买马本为一事,其后更名为都大提举茶马司。以后茶司、马司虽分合不常,然多由一人主管。茶马司的具体职责是制定榷茶买马的政策法令,经营榷茶卖茶,筹集买马费用,组建买茶、卖茶、买马机构,统管榷茶买马业务。

茶马司所属机构,有四川产茶州县的买茶场。北宋时期,榷茶只施行于成都府路和利州路,梓州路和夔州路仍旧通商。买茶场主要设置在成都府路和利州路境内。《通考》记载"自熙宁七年至元丰八年蜀道茶场四十一"。据《宋会要·食货》、《元丰九域志》、《宋史地理志》等文献考证,可以确知的四川买茶场有24个,其分布见《北宋时期四川买茶场分布表》。

表 11-1　北宋时期四川买茶场分布表

州 名	买茶场名	设置年代	州 名	买茶场名	设置年代
眉 州	丹棱县场	1077 年	嘉 州	洪雅县场	1077 年
蜀 州	永康县场	1074 年		杨村镇场	1077 年
	青城县场	1076 年	邛 州	邛州城场	1005 年
	青城县味江寨场	1076 年		火井县场	1005 年
绵 州	彰明县场	1077 年		大邑县场	1005 年
	龙安县场	1077 年		大邑县思安寨场	1072 年
彭 州	九陇县堋口场	旧有	雅 州	雅州城场	1076 年
	导江县场	1077 年		名山县场	1074 年
	导江县蒲材镇场	1077 年		名山县百丈镇场	1076 年
	九陇县木头场	1077 年		荣经县场	不 详
	永昌县场	不 详		庐山县场	不 详
汉 州	什邡县杨村场	1077 年			
	绵竹县场	不 详			

---

① 《宋会要·职官》43 之 75。

上列8州共24个买茶场，都在成都府路辖区之内。另外，利州路今陕西汉中地区在熙宁七年至八年（1074～1075）间，还设置了兴元府在城场、油麻场，城固县场、洋州在城场、斯多店场、西乡场、文州在城场等7个买茶场。实际上各地买茶场是因时因地之宜，在不断地合并、裁减和增添的，已难知其确切数目。

宋朝在四川设置买茶场的同时，又在熙秦地区设卖茶场和买马场。据《长编》等文献记载，从熙宁七年（1074）到元丰八年（1085），在陕西共设置卖茶场332个，按《宋会要·食货》29记载，可以确知的卖茶场共50个。

表11－2 宋代熙秦地区卖茶场分布表

州 名	县 名	卖茶场名	设置年代	州 名	县 名	卖茶场名	设置年代
秦州		秦州城卖茶场	1075年	陇 州		陇州城卖茶场	1076年
	清水县	百家镇卖茶场	1075年		汧阳县	县城卖茶场	1076年
		铁冶镇卖茶场	1075年	成 州		成州城卖茶场	1076年
	陇城县	安宁寨卖茶场	1075年		同谷县	府城镇卖茶场	1076年
		伏羌城卖茶场	1075年		栗亭县	县城卖茶场	1076年
		甘谷城卖茶场	1075年			渥阳镇卖茶场	1076年
		三阳寨卖茶场	1075年	岷 州		州城卖茶场	1075年
		弓门寨卖茶场	1075年		长道县	县城卖茶场	1075年
		鸡川寨卖茶场	1075年			盐官镇卖茶场	1075年
		陇城寨卖茶场	1075年			宕昌寨卖茶场	1075年
		永宁寨卖茶场	1075年			闾川寨卖茶场	1075年
泾州		泾州城卖茶场	1076年			荔川寨卖茶场	1075年
	灵台县	灵台县县城卖茶场	1076年			谷藏堡卖茶场	1075年
		百里镇卖茶场	1076年		大潭县	县城卖茶场	1075年
	良原县	熙州城卖茶场	1075年	渭 州		州城卖茶场	1076年
熙州		宁河寨卖茶场	1075年		潘原县	县城卖茶场	1076年
		庆平堡卖茶场	1075年		安化县	县城卖茶场	1076年
		渭源堡卖茶场	1075年		平凉县	瓦亭寨卖茶场	1076年
		州城卖茶场	1075年	镇戎军		军城卖茶场	1076年
阶州		故城镇卖茶场	1075年	德顺军		军城卖茶场	1076年
	降利县	峰贴峡寨卖茶场	1075年			静边寨卖茶场	1076年

续表

州 名	县 名	卖茶场名	设置年代	州 名	县 名	卖茶场名	设置年代
通远军		军城卖茶场	1075 年	原 州		冶平寨卖茶场	1076 年
		熟羊寨卖茶场	1075 年			州城卖茶场	1076 年
		盐川寨卖茶场	1075 年	兰 州		定西城卖茶场	1082 年

以上50个卖茶场，除定西城卖茶场为元丰五年（1082）设置的外，其余都是熙宁八年（1075）和熙宁九年（1076）设置的。熙宁十年（1077）以后，则基本上不见设置卖茶场的记载。

卖茶场设置监官和吏人，受茶马司直接领导，并受当地州县长官监辖。卖茶场的主要任务是将四川地区运至的茶叶，按官价出卖，筹集买马经费。茶马司还规定各卖茶场每年出卖茶叶的定额，岁终评比，给予奖惩。凡卖茶场收息二万贯，监官减一年磨勘，提前晋升官阶、官爵；收息不满二万贯，每百贯文支赏钱二贯文，即按盈利抽取百分之二的物质奖励。如果年终评比，亏五厘以上，罚俸半月，公人笞四十；满一分，监官笞二十，干系公人杖六十；每一分，监官公人各加二等；亏损三分不再累进受罚。

宋朝在建立卖茶场的同时，又在熙秦地区设置买马场，收购战马。我们从一些零星的记载中，尚能考察出熙宁八年以后，茶马司在熙秦地区设置的部分买马场，现列表于后。

表 11-3 熙秦地区买马场分布表

买马场名	设置年代	材 料 来 源
秦州永宁寨买马场	熙宁十年（1077）前	《宋会要·职官》43 之 51
熙州买马场	熙宁九年（1076）	《宋会要·兵》22 之 8
通远军买马场	熙宁十年前	《宋会要·职官》43 之 51
熙河宁河寨买马场	熙宁九年	《宋会要·兵》22 之 8
岷州买马场	熙宁十年前	《宋会要·职官》43 之 51
河州买马场	熙宁九年	《宋会要·兵》22 之 8
德顺军买马场	元丰元年（1078）	《宋会要·兵》22 之 9
湟州买马场	崇宁二年（1103）	《宋会要·职官》43 之 78
阶州峰贴峡买马场	南宋初	《宋史》卷 184《食货志》
西和州（岷州）宕昌寨买马场	南宋初	《宋史》卷 184《食货志》

与此同时，宋朝在四川地区也设置买马场，进行茶马贸易，现将四川地区买马场列表于后。

表 11-4　四川地区买马场分布表

买马场名	设置年代	材料来源
威州买马场	熙宁三年（1070）	《长编》卷 259
雅州买马场	熙宁三年	《长编》卷 259
文州买马场	熙宁三年	《长编》卷 259
龙州买马场	熙宁三年	《长编》卷 259
嘉州买马场	熙宁八年（1075）	《长编》卷 259
泸州买马场	熙宁八年	《长编》卷 259
戎州买马场	熙宁八年	《编年纲目备要》
黎州买马场	熙宁八年	《编年纲目备要》
茂州买马场	熙宁八年	《编年纲目备要》
嘉州中镇寨买马场	元丰六年（1083）	《宋史》卷 198《兵志》
雅州灵关镇买马场	元丰六年	《宋史》卷 198《兵志》
南平军买马场	大观初	《宋史》卷 198《兵志》
珍州买马场	南宋初	《宋史》卷 184《食货志》
长宁军买马场	南宋初	《宋史》卷 184《食货志》
永原军买马场	绍兴五年（1135）	《宋会要·职官》43
雅州磜门寨买马场	绍兴二十四年（1154）	《宋史》卷 184《食货志》

四川地区买马场，因其买马不多，而废置无常，只有黎、雅、叙、泸、南平等场才是经常买马之地。

宋朝通过建立茶马司和买茶场、卖茶场、买马场等机构，运用国家机器，保证了官营茶马贸易的顺利进行。

（二）茶马贸易方式

茶马司经营茶马贸易的方式是将四川买茶场榷买的茶叶运至熙河地区的卖茶场出售，并在买马场买马。运输问题通过商运和官运来解决。依靠商人贩运，是"令出产州县出给长引，指定只得于熙、秦州，通远军及永宁寨茶场中卖入官"，并且"先具客人姓名、茶色、数目、起离日月，关报递处上簿，候客人到彼，画时收买。如计程大段过期不到，如令行遣根逐"①，查清茶叶下落，追回所运茶叶。对于官府自行运输，宋朝规定"有茶及般茶郡县，知州、通判、知县皆茶司转运司奏明差注"②，并且在沿途设立水陆茶递铺，把茶叶搬运到凤州（今陕西凤县）然后转运至秦州和熙河出卖。搬运劳力，除强迫招募沿途百姓外，还差成都府路厢兵充当搬茶劳工。其中水运则置"百料船三十只，差操舟士兵六十人，军大将一人管押"。③ 由于川路险阻，搬茶至陕西极难，所差搬茶百姓和士兵，往往死于非命。南宋买马主要在西和州的宕昌寨和阶州的峰贴峡，茶叶的搬运路线则改由兴州转运至兴州的顺政、长峰县，阶州的将利、福津县发往买马场买马。

川茶运往熙、秦出售，利润特厚。"名山茶一驮，榷买载脚，至秦州不满十贯，而卖三十贯，或四十贯"④，纯利高达三倍至四倍。官府为了保证茶马贸易的开展和垄断茶叶专卖的利益，规定少数民族只许于官场买茶，严禁私相交易，并禁止内地商人贩茶到少数民族地区出售，违者除茶货没收外，还要依法判刑。其中，将茶子、茶苗"贩卖与诸色人，致博卖入蕃及买之者，并流三千里；其停藏负载之人，各徒三年，分送五百里外，并不以赦降原免"；属于茶园户者，"将茶园籍没入官"；州县官吏失于察觉，也要受到处分。⑤ 以上措施，目的在于使少数民族地区永远不能种植茶树，只能依赖官府供给茶叶，以马换茶，以利于对少数民族的羁縻统治和保证战马来源。

官府卖茶场所卖茶叶分为博马茶与杂卖茶两类。"博马茶"按市价换马；"杂卖茶"则由蕃商和当地居民用现钱和货物购买，其收入可以购买粮草和其他开支，亦可作买马经费。除用茶与马按价互换外，也有用金银钱帛等物买马，从其买马者所欲。其中茶马互换办法，一般是马以一匹，茶以一驮为单位，按马的骏驽，茶的优劣，分别计算市价。"如马价高，茶价低，即将余数以银、绢及见钱支贴。内银、绢并依逐处在市见卖实价扣折，不得有亏官私。其见钱仍计每匹价值，不得过千分之一。如不愿请银绢等，只愿以余数算请零茶，亦从

---

① 《宋会要·食货》30 之 11~12。
② 《净德集》卷 3《秦为缴连先知彭外日三次论奏榷买川茶不便，并条述令来利害事状》。
③ 《宋会要·食货》30 之 15。
④ 《净德集》卷 3《乞罢榷名山等三处茶以广德泽亦不缺边费状》。
⑤ 《宋会要·食货》31 之 18。

其便。"如马价少，茶价高，"即许贴钱请茶，或合并就整请领，或据钱数算请零茶"。为了招徕少数民族牵马互市，宋朝政府简化手续，给"蕃部"以便利，规定"蕃部牵马赴场，候拣中，据合请茶数，限当日出给关子，赴场请茶，画时支给。所有愿贴请银、绢及见钱等，只就买马场，亦限当日支给。以上如稍稽滞，干系官吏，并从严断"。①但是在实践中经办官员往往利用权势，贪赃枉法，"长吏旁缘为奸，不时归货，以空券给夷人，使待资次，夷人怨恨"②，影响少数民族以马互市的事件仍经常发生。

宋代茶与马的比值，则依供求关系和民族关系等因素而随时调整，增减不定。北宋神宗以后，熙河地区为宋朝管辖，居住在今甘肃、青海境内的吐蕃部族，物产富饶，马羊成群。特别是湟州地区，部族甚众，商贾通行，又当青唐一带蕃马来路。当时马源充裕，故茶贵而马贱。熙、丰时期，1 驮茶，即 100 斤茶③，能换 1 匹马。到崇宁三年（1104），"秦州买四岁至十岁四赤〔尺〕四寸大马一匹，用名山茶一百一十二斤，每斤折价钱七百六十九文"④，崇宁四年（1105），熙、河、兰（今甘肃兰州）、岷等州买马 1 匹，仍为茶 1 驮；买良马 1 匹，亦只需茶 2 驮。南宋时期，马路阻绝，茶与马的比值就变成马贵茶贱了。北宋时，一驮茶易一上驷，陕西诸州岁市马 2 万匹，岁运名山茶 2 万驮。南宋时，陕西地区丧失，马源减少，在西和地区岁市马 2000 匹，即需 2 万驮茶。"宕昌四尺四寸下驷一匹，其价十驮茶。"⑤马价上涨为北宋的十倍。用钱计算，北宋时期陕西马价由每匹三四十贯涨至七八十贯，南宋乾道时期，宕昌寨、峰贴峡的马价已是每匹 200 余贯。⑥为了解决买马经费来源，南宋时期，除秦州茶马司买马用茶外，四川买马已是茶、锦、银、绢兼用。南宋时期，都大茶马司还在成都建立茶马司锦院，按买马需要织造锦绫被褥，折支黎州等处马价。

（三）榷茶收入

榷茶的核心，是保证官府完全垄断茶叶的买卖，攫取高额的垄断利润，从

---

① 《宋会要·职官》43 之 54。
② 《宋史》卷 374《赵开传》。
③ 《栾城集》卷 36《论蜀茶五害状》"又茶递一人，日般茶四驮，计四百余斤"，则一驮茶一百斤。
④ 《宋会要·职官》43 之 80。
⑤ 《皇宋中兴两朝圣政》卷 55。
⑥ 《宋会要·职官》43 之 111。

熙宁七年（1074）四川开始榷茶，确定每年茶课税息30万贯，到同年十一月就增加到40万贯。元丰五年（1082）又增至50万贯，元丰七年（1084）更增至100万贯。① 实际上，茶课税息收入，往往是超过官定岁额的。据文献记载，自熙宁七年到熙宁十年（1077）李杞主管四川茶场公事的四年内，"总入息税钱百二十二万九千余缗"②，平均每年收课税息30余万缗；从元丰元年（1078）到元丰五年（1082）李稷主管四川榷茶的五年内，"除百费外，收获净利四百二十八万余贯"③，平均每年收茶课税息90万贯，大大超过了岁额50万贯之数；元丰六年（1083）陆师闵主管榷茶后，元丰七年（1084）已"增羡至一百六十万缗"④，元丰末茶税息钱已高达"岁献二百万贯之数"⑤；到政和三年（1113），一年之内"川陕收到茶息钱"更高达"三百七十一万一千一百七十二贯"之多。⑥

官买官卖茶叶的巨额收入，对解决国家财政和军费开支起了重要作用。宋朝政府除规定四川茶课税息每年40万缗用于博马，解决战马来源和熙河路购买粮草外，其余款项助转运司经费。元丰二年（1079），又规定每年拨款5万贯资助转运司。⑦ 尽管如此，茶场司结余款项仍然不少。因此，在元丰三年（1080）六月二十四日，又规定茶场司收入除按规定拨给别司外，将"所有金帛，为钱三十万缗"，于"就近经略使所在州封桩"储存。⑧ 同年九月五日又"诏赐茶场司钱三十万缗，付泾原路安抚司，籴买粮草封桩"⑨。元丰五年（1082）二月三日又"诏借拨茶场司钱四十万缗，付秦凤路经略司，市籴粮草"⑩。这样，四川茶叶不仅起到"熙河一路经费所仰"⑪ 的作用，而且也是陕西地区经费开支的重要来源。

---

① 《长编》卷334，元丰六年四月戊申。
② 《长编》卷303，元丰三年四月丙午。
③ 《长编》卷334，元丰六年四月戊申。
④ 《长编》卷334，元丰六年四月戊申。
⑤ 《净德集》卷3《奏为缴连先知彭州日，三次论奏榷买川茶不便，并条述今来利害事状》。
⑥ 《宋会要·职官》43之100。
⑦ 《宋会要·职官》34之52。
⑧ 《宋会要·食货》30之17。
⑨ 《宋会要·食货》39之32。
⑩ 《宋会要·食货》39之33。
⑪ 《宋会要·食货》30之86。

随着茶场司收入的不断增多,茶场司也就财大气粗,茶司"所行职务,他司皆不得预闻"。①主管榷茶的官员更是恩赏备至,名利双收。事权震灼,俨如独立于地方行政长官的国中之王,就是死后,子孙亦备受皇恩,或升官,或赐田,荣及后代。李杞死后,还诏录李杞前劳,而官其子,"录故提举茶场李杞子珏,试将作监主簿"②。李稷死后,亦以治茶五年,"成就茶法之功",诏赐"颍川官田十顷",让子孙世代享福。③

宋朝通过榷茶把天下茶利之财收之于官。官府的茶课、税息是靠专买、专卖的超经济强制垄断,损害茶商、茶农和消费者利益而获得的,这种聚敛政策必然引起人们的反对。

对茶商来说,榷茶以后,商人无法自由经营茶叶买卖,必须到官府按官价购买茶叶,官价茶叶是按收买价格取息二分或三分出卖,今日买10千之茶,明日即以13千的价格卖出。某些地区的茶场监官更是别作名目,取息五分或数倍以上,"如雅州茶每斤三十文者,计一百文卖;二十文者,计三十四文卖;十八文者,计三十二文卖"。④ 在商人卖茶价格不变的情况下,经过官府转手买卖,茶价提高之后,茶商利润中的很大一部分就被官府侵占,甚至使茶商无利可图。如果商人提高卖茶价格,则又侵犯了买家的利益,导致茶叶的销售减少,同样要影响茶商的利润收入。加上榷茶以后,税收控制严格,名目增多,仅每引就要收引钱一分,所过税务又收纳过税六分,赋税也较榷茶前加重,既损害茶商利益,又抑制了商品的流通。

对茶农来说,榷茶以后,茶农所受的损失更为严重。他们深受官府、商人、牙侩的讹诈和渔夺,甚至到无法生存的地步。一是官府收买茶叶,压其斤两,侵其价值。榷茶之前,每斤能卖七八十文之茶,一般只按五十文收买;每袋十八斤之茶,只作十四五斤,甚至十三斤计算。二是支付茶钱或以银推折,每两比市价高估四五百文;或多支交子少用现钱,每千钱又少支五六十文。这又使园户亏损钱帛甚大。三是卖茶时,除正斤外,要加十分之一的耗茶。此外,每贯还收头子钱五文,使园户增加赋税负担。四是茶司每于秋收之际,收籴仓米,

---

① 《宋史》卷184《食货志》
② 《长编》卷303,元丰三年四月丙午。
③ 《长编》卷334,元丰六年四月戊申。
④ 《净德集》卷3《奏为缴连先知彭州日,三次论奏榷买川茶不便,并条述今来利害事状》。

便高估价钱,贷给茶户,谓之"茶本"。如"不愿籴者,例须支俵。假令米一石八百钱,即作一贯文支俵,仍出息二分,计一贯二百文。其买茶每斤八十文,只折四十文,借端刻剥"①,使园户大受其害。五是官府买茶后按增息三分出卖,商人无利可图,拒绝买茶,影响了官府茶利收入。官府为了"招诱客人,货卖其茶,牙子并兴贩客人为见官中息钱,却只于茶园人户茶货上估定,价例低小,每斤卖得一百文以来者,现今只卖得六十至七十文,却将余上价钱,令客人用作官中息钱收买前去"②,而园户"欲变货营生,穷迫之间,事不获已,情愿与客人商议,每斤只收七分实钱,中卖于官,所余三分,留在客人体上,用充买茶之息"③,"或是园户自纳三分息钱,请引外出"④,自行贩卖。故吕陶有见于此,也感慨道,园户"顿减三分价值,行之日久,必见穷困,诚可嗟悯"⑤!六是园户要遭受牙侩的种种剥削。侍御史刘挚在论及牙侩对园户的刻剥时就指出:"今茶司尽榷而市之,大约园户有茶一本,而官市之额,已至数十斤矣。官所给钱,糜耗于公者,名色不一,如预借息钱、验引、头子钱、打角钱、税钱之类,费用常从过半。每岁春,官司预以券给借钱粮,必以牙侩保任之。及输入之日,验引交称,牙侩主之。故其费于牙侩者,又不知几何?则是官于园户,名为平市,而实夺之也。"因此,榷茶之后"园户有逃以免者,有投死以免者,而其害犹及邻伍。欲伐茶则有禁,欲增植则加市。故其俗论谓:地非生茶也,实生祸也"⑥。正因为榷茶严重损害了茶农利益,尽管主办榷茶官员因其茶课税息增加,而受到朝廷奖励,或升官,或晋爵,或赐田,或赏金,富贵荣华接踵而至,但时人则恨之入骨。李稷、李察主办茶政以苛暴著称,故时人"为之语曰:'宁逢黑杀,莫逢稷察'"⑦。

(四)赵开茶法

南宋初年,宋金战争失利,朝廷仓促南奔,中央财政陷于完全破产的境地。西北川陕抗金战场,全靠四川人民支撑。这给四川地方政府增加了极大的财政

---

① 《净德集》卷3《奏为缴连先知彭州日,三次论奏榷买川茶不便,并条述今来利害事状》。
② 《净德集》卷1《奏为官场买茶亏损园户,致有词讼喧闹事状》。
③ 《净德集》卷1《奏为茶园户暗折三分息钱,令客旅纳官充息,乞检会前奏,早赐更改事状》。
④ 《净德集》卷1《奏为官场买茶亏损园户,致有词讼喧闹事状》。
⑤ 《净德集》卷3《奏为缴连先知彭州日,三次论奏榷买川茶不便,并条述今来利害事状》。
⑥ 《忠肃集》卷5《论川蜀茶法疏》。
⑦ 《长编》卷297,元丰二年四月辛酉;《宋史》卷93《李稷传》。

负担和压力。为了开辟财源,筹集军费,当时主管成都府路财政的赵开,决定更改茶法,废除榷茶积弊以增加财政收入。他说:

> 黎州买马,嘉祐岁额才二千一百余。自置司榷茶,岁额四千。且获(护)马兵逾千人,犹不足用,多费衣粮,为一害。嘉祐以银绢博马,价皆有定。今长吏旁缘为奸,不时归货,以空券给夷人,使待资次,夷人怨恨,必生边患,为二害。初置司榷茶,借本钱于转运司五十二万缗,于常平司二十余万缗。自熙宁至今几六十年,旧所借不偿一文,而岁借乃准初数,为三害。榷茶之初,预俵茶户本钱,寻于数外更增和买。或遂抑预依钱充和买,茶户坐是破产,而官买岁增。茶日滥杂,官茶既不堪食,则私贩公行,刑不能禁,为四害。承平时,蜀茶之入秦者十几八九,犹患积压难售。今关、陇悉遭焚荡,仍拘旧额,竟何所用?茶兵官吏坐縻衣粮,未免科配州县,为五害。请依嘉祐故事,尽罢榷茶,仍令转运司买马,即五害并去,而边患不生。如谓榷茶未可遽罢,亦宜并归转运司,痛减额以苏茶户,轻立价以惠茶商,如此则私贩必衰,盗贼消弭,本钱既常在,而息钱自足。①

赵开改变榷茶方式的建议,得到朝廷同意,并被提拔为都大提举川陕茶马事。赵开针对官买官卖茶叶不能赚钱还要蚀本的弊病,对榷茶方式作了以下改变:(1)废除官买官卖的榷茶办法,参酌政和二年(1112)东京都茶务所创条约,印给茶引,令商贾直接与茶户自相贸易。(2)改成都买卖茶场为合同场买引所,仍于合同场置茶市,交易者必由市,引与茶必相随。(3)茶户10或15户共为一保,并籍定茶铺姓名,互察影带贩鬻者。(4)凡买茶引,每斤春为钱70,夏50,旧所输市例、头子钱并依旧;茶所过每斤征一钱,住征一钱半。(5)合同场监官除验引、秤茶、封记、发放外,无得干预茶商、茶户交易事。②

据李心传《建炎以来朝野杂记》甲集卷14《蜀茶》记载:赵开变茶法后,成都府路、利州路共有23处茶场,其中成都府路9州军,有茶场20场;利州路2州3场。绍兴十七年(1147)在夔州路榷茶,绍兴二十四年(1154)又在

---

① 《宋史》卷374《赵开传》。
② 《宋史》卷374《赵开传》。

与夔州路产茶地接界的果（今四川南充）、合（今重庆合川）、渠州（今四川渠县）广安军等置合同场。到庆元元年（1195），川蜀茶场达 34 个。①

赵开榷茶办法的核心是废除官买官卖，革除官商弊病，实行商买商卖。把官买官卖的榷茶制，改为商买商卖的榷茶制；把官府垄断茶叶经营获得利润的办法，改为商人经营征收专卖税的办法。即重私商之禁，以税代利，保证国家财政收入。赵开茶法规定的征收茶引专卖税，每斤春为钱 70，夏为钱 50，再加上市例钱、头子钱、住税、过税，则官府征收的茶引、茶税之高，远远超过茶农出卖茶叶的价格，也超过了官买官卖茶叶的利润收入。这对官府是非常有利的。由于茶税很高，茶叶的销售价格当然不会比官卖低，并未给生产者和购买者带来多少实际利益。然而，茶叶由商人来经营，毕竟革除了官商的弊病，调动了茶商经营茶货的内在经济动力，搞活了茶叶的交换和流通，从而也保证了官府的茶税收入。所以赵开改变茶法后，茶税收入大增，从"建炎三年内，推行祖宗卖引法，措置出卖茶引，至四年终，收到息钱一百七十余万贯"②，赵开亦因此受到朝廷转官的旌赏。

赵开更改茶法时，引税的税率还有一定的限度。当时只规定每百斤茶为一大引，除其十加饶勿算，令商人纳引钱、市利钱共 6 贯 800 文（其中引钱 6 贯 500 文，市利钱 300 文），以当时茶额计算，岁收亦不过钱引 1059000 余缗而止，尚未超过北宋神宗时期的茶课税息收入。应该说，赵开茶法还是较为平稳可取的。它废除了官买官卖这一环节，搞活了茶叶交换的流通渠道，保证了官府的财政收入，又未加重人民的负担，故终南宋之世，赵开建立起来的榷茶制度，一直推行不绝。

赵开的茶法虽保存下来，但其后继者却不断增加茶引税率。绍兴七年（1137），李迨任四川都转运使兼提举成都等路茶事，每大引茶增加到纳钱 8 贯；绍兴八年（1138），张深更加到纳钱 12 贯 500 文；绍兴九年（1139），赵开减为纳钱 9 贯；绍兴十年（1140），冯康国复又增加到纳钱 11 贯。由于当时物价上涨，茶商取息颇厚，绍兴十四年（1144）贾思诚又增加到每大引茶纳钱 12 贯 300 文。于是诸路所收引钱类皆溢额，所收钱引，视建炎增倍，茶司每年收入

---

① 《宋会要·食货》31 之 32。
② 《宋会要·食货》32 之 25~26。

达到 200 万贯，甚至 300 万贯，而买马之数不复加多，人但知茶马司之富甲天下。①

（五）战马和羁縻马

宋代在茶马贸易中所买马匹分为"战马"和"羁縻马"两种。《宋史》卷 198《兵志》记："南渡前，市马分为二：其一曰'战马'，生于西陲，良健可备行阵，今宕昌、峰贴峡、文州所产是也；其二曰'羁縻马'，产西南诸蛮，短小不及格，今黎、叙等五州所产是也。"可见战马是西北所产，可备行军作战，供骑兵使用，以保证军事需要；羁縻马则是为安抚少数民族，在四川购买的马匹，不适合骑兵的需要。

茶马贸易主要是购买甘肃、青海地区吐蕃等族的战马。宋代"秦州接连熙、河州及青唐羌界，乃自古产良马之地。宋朝以茶易马，于秦州置提举茶马司，凡中国战马，皆自此路得之"。②为了鼓励吐蕃等族以马易茶，满足宋朝对战马的需要，官府制定了许多措施。

1. 必须保证博马茶叶的供应。据文献记载，自开始茶马贸易后，四川地区运往熙河地区的茶叶，每年达 4 万驮，即 400 万斤之多，用于支卖和博马。按《宋会要·职官》43，元丰元年（1078）四月七日记载，各博马场所定茶额如下表。

表 11-5 北宋博马场茶额表

博马场名	熙宁九年（1076）	熙宁十年（1077）	元丰元年（1078）
秦 州		支卖茶 5924 驮	支卖茶 6500 驮
熙 州		支卖并博马茶 10379 驮	支卖并博马茶 10900 驮
通远军		支卖并博马茶 6960 驮	支卖并博马茶 7600 驮
秦州永宁寨		支卖并博马茶 7091 驮	支卖并博马茶 7500 驮
岷 州	支卖并博马茶 3946 驮	支卖并博马茶 3386 驮	支卖并博马茶 4000 驮
合 计	3946 驮	33740 驮	36500 驮

这些茶叶都主要用于博马。在保证博马需要之后，才能用茶叶去籴买粮草

---

① 综合《系年要录》卷 148，绍兴十三年二月辛巳；卷 156，绍兴十七年十二月庚戌；卷 167，绍兴二十四年七月壬戌；《朝野杂记》甲集卷 14 及《蜀茶》等文献记载。

② 《忠肃集》卷 8《燕魏杂记》。

和其他军需物资。南宋建炎四年（1130），宋高宗还说："大观、宣和间，茶马司川茶不以博马，唯市珠玉，故马政废阙，武备不修，遂至胡虏乱华，危弱之甚。"绍兴七年（1137），宋高宗听说吴璘军前用川茶博易珠玉红髹之物，又以"艰难之际，战马为急"，下诏晓谕其兄吴玠"以茶博易珠玉、红髹毛缎之物，悉痛禁之"。① 两宋王朝对保证博马茶叶的供应是非常重视的。

2. 规定博马茶的价格低于杂卖茶的价格，以鼓励吐蕃等族以马易茶。如崇宁四年（1105）核定：名山茶博马价为每驮 78 贯 533 文，贴卖价为每驮 81 贯 651 文；瑞金茶博马价每驮 129 贯 413 文，贴卖价 173 贯 348 文；洋州茶博马价 70 贯 542 文，贴卖价 173 贯 348 文；万春茶博马价每驮 87 贯 36 文，贴卖价 173 贯 348 文，有的博马茶价比贴卖茶价低一倍以上。② 这种减价"以致马多"的政策，目的是使"马来既众，则售茶亦多"③，既保证了战马来源，又得到薄利多销、增收茶利的实效。

3. 规定名山茶专用博马，不得他用，必须候年终买马数足，方许杂卖。因为"蕃戎性嗜名山茶，日不可阙"④，用名山茶博马最受少数民族的欢迎。崇宁二年（1103），熙河地区"所管茶数共约四万余驮，数内名山茶约一半以上，依条专用博马，不许出卖"。⑤ 政府还严禁把名山茶"与蕃商以杂货贸易，规取厚利"，以免"其茶入蕃，既以充足，缘此遂不将马入汉中卖，有害马政"。⑥

此外，官府还对四川及熙河地区完成和超额完成博马任务的官员，给予提前晋升的奖励，鼓励其尽忠职守，以期购买更多的战马。

茶马贸易制度建立以后，熙河地区是宋朝战马的主要来源。现将茶马贸易开展后文献记载熙秦地区博买战马数量列表于后。

---

① 《宋会要·兵》22 之 24。
② 《宋会要·职官》43 之 85。
③ 《宋会要·职官》43 之 60。
④ 《宋会要·职官》43 之 75。
⑤ 《宋会要·职官》43 之 78。
⑥ 《宋会要·职官》43 之 75。

表 11-6　北宋熙秦地区茶马贸易购买战马表

时　间	数　量	材料来源
熙宁十年（1077）	实买 15000 匹	《宋会要·职官》43 之 67
元丰元年（1078）	实买 15000 匹	同　　上
元丰二年（1079）	实买 15000 匹	同　　上
元丰三年（1080）	实买 15000 匹	同　　上
元丰四年（1081）	岁额 20000 匹	《宋会要·职官》43 之 68
元丰五年（1082）	实买 14700 余匹	同　　上
元丰六年（1083）	实买 16100 余匹	同　　上
元丰七年（1084）	实买 12000 匹	同　　上
元祐元年（1086）	岁额 18000 匹	《长编》381，元祐元年六月甲寅
元符三年（1100）	实买 10000 匹	《宋史》卷 353《程之邵传》
崇宁四年（1105）	实买 20000 匹	《宋会要·兵》24 之 28
大观二年（1108）	岁额 20000 匹	《宋会要·职官》43 之 92
宣和三年（1121）	实买 22834 匹	《宋会要·职官》43 之 101
宣和五年（1123）	实买 21940 匹	《宋会要·职官》43 之 102

南宋高宗建炎四年（1130），富平战役，宋军大败，金兵占领了陕西地区，熙河地区丧失，战马来源阻绝。到绍兴三年（1133），节制阶州、文州军马吴璘，"始以茶彩致小蕃三十八族，以马来市，西马复通"。① 绍兴四年（1134）统制熙、秦两路军马关师古，以所管军队战马不多，请求支拨川茶，于洮、岷州界博马。南宋始命四川宣抚司支茶博马，恢复了对熙秦地区的茶马贸易。② 然终因熙河、陕西地区丧失，战马主要仰赖秦州茶马司所辖的西和州（今甘肃西和）的宕昌寨、阶州的峰贴峡买马场，用茶博马的数量亦不及北宋之多。

① 《系年要录》卷 66，绍兴三年六月癸丑。
② 《宋会要·职官》43 之 104。

第十一章 宋代四川茶业经济和茶马贸易的繁荣

表 11-7　南宋秦州地区茶马贸易购买战马表

时　　间	数　　量	材料来源
建炎三年（1129）	实买 20000 匹	《宋史》卷 374《赵开传》
绍兴十五年（1145）	实买 3800 匹	《系年要录》卷 154，绍兴十五年十一月癸亥
绍兴二十七年（1157）	实买 4100 匹	《宋会要·职官》43 之 109
乾道元年（1165）	实买 4150 匹	《宋会要·职官》43 之 110
乾道八年（1172）	岁额 近 10000 匹	《宋会要·兵》23 之 9
乾道九年（1173）	岁额 5900 匹	《通考》卷 62，《职官考》
庆元年间（1195～1200）	岁额 6120 匹	《通考》卷 62，《职官考》
嘉泰四年（1204）	岁额 7798 匹	《通考》卷 62，《职官考》

从上表可以看出，自陕西地区丧失后，南宋时期茶马贸易所买战马已由北宋时期每年 15000 匹左右，下降到每年买马 5000 匹左右，而所需茶叶数量则未减，这主要是马源减少，供求关系发生变化，马贵茶贱造成的。

通过茶马贸易所买的战马，在北宋时期均支拨陕西诸军，或京师禁军。南宋时期，除留十分之二支拨川陕驻军，其余战马由陆路经兴元府、襄阳府至汉阳发配东南沿江诸镇和京师三衙。由于山路崎岖险阻，马行于峻岭乱石之间，多伤其蹄，道毙者多。乾道初，吴璘为宣抚使，乃造舟水运，经嘉陵江、长江至鄂州。由于峡江湍险，军士素不谙习水性，一遇滩碛，船破舟覆，人马溺死。于是又驱沿途百姓为之操舟。而所给衣粮，皆遭官吏劫夺，以致所过之处，百姓逃亡，鸡犬一空。不久吴璘死，乃罢水运，复由陆路转运。利、夔两路沿江州郡被害三年，从此方得免除。

茶马贸易中购买羁縻马，早在茶马司建立前便已开始了。四川在黎、雅、嘉、茂、文、龙、益、泸、叙、夔等州和永康、长宁、南平等军的广阔民族地区都先后建立茶马互市的地点。但主要以黎、雅、泸、叙为中心，其余地区因马源有限，而废置不常。同时，四川境内购买羁縻马的买马场，并非全用茶易马。实际上只有黎、雅等地的吐蕃族才用马易茶，其余地区因当地少数民族本身就出产茶叶，他们牵马来卖，主要是换取盐、锦、绢帛、金银和其他生活用品。

第十一章 宋代四川茶业经济和茶马贸易的繁荣

四川境内用茶博买羁縻马，是不求马之为用和马价之廉，但求通过茶马贸易，从经济上安抚少数民族，保持边境安宁。南宋绍兴三十二年（1162），朝廷曾下令禁止买黎州不堪作战的驽马，成都府路转运判官袁抗就上奏，提出异议。他说："朝廷与蛮夷互市，非所以取其利也。今山前后五部落仰此为衣食，一旦失利侵侮，不知费直几马也。臣念蜀久安，不敢奉诏。"寻如旧制。① 因此，黎、叙、南平等地每买马五十匹内，良细马不过三四匹，中等马不上二十匹，余皆下下，不可乘骑。"发以充数，多于途中倒毙"。② 就是这种不堪乘骑的低劣马，宋朝为了执行羁縻政策，也给予特别优惠的价格。例如，北宋崇宁年间在黎州买羁縻马，"四岁至十三岁四赤〔尺〕四寸大马，每匹用名山茶三百五十斤，每斤折价钱三十文；银六两，每两止折一贯二百五十文；绢六匹，每匹只折一贯二百文；絮六张，每张只折五十文；青布一匹，只折五百文。约本处价例，仅是半价支折与卖马蕃部"。而"秦州买四岁至十岁四赤〔尺〕四寸大马匹，用名山茶一百一十二斤，每斤折价钱七百六十九文，比黎州减得茶二百二十八斤，又减省银绢等不少，衮比马价钱只四分之一"。③ 用绢计算，"黎州买马，旧额二千一百二十四匹，一年计用绢二万三千匹。乾道九年（1173），赵彦博以青羌作过，优支马直，始用绢三万四千匹。至淳熙八年，龚总到任，欲买马三千三百八十一匹，将数内不及格尺马一千九百八十八匹升作良细良马，共支绢七万六千余匹，与乾道八年买马相类，而支绢加一倍以上"④，即由最初的每匹马值10匹绢，上涨至16匹绢，再上涨至值22匹绢。

四川境内的茶马贸易作为单纯经济上的优惠政策，并不能完全杜绝边境地区民族间的武装冲突，有时反而使"蕃蛮久恃圣朝宽大，一拂其意，必起纷争，官吏亦惧生事，无敢谁何"。⑤ 因此，宋朝在用茶博买羁縻马的同时，也利用手中的茶叶武器，对愿意臣属并保持友好关系的兄弟民族，就赠茶、卖茶和买马，否则就不赠茶、卖茶和买马，使"蕃夷仰我之心重"⑥，促使其接受羁縻统治。

① 《宋史》卷301《袁抗传》。
② 《宋会要·兵》23之3。
③ 《宋会要·职官》43之80。
④ 《宋会要·兵》23之16。
⑤ 《宋会要·兵》23之3。
⑥ 《鹤林集》卷37。

宋朝博买羁縻马的数量,受西北买马数量的影响。一般说来,当西北战马来源丰裕时,宋朝在四川博买羁縻马的数量就较小;当西北战马来源枯竭时,则积极在四川购买羁縻马,以补战马之不足,故其买马数量较多。以两宋王朝而论,南宋在四川博买羁縻马的数量较北宋为多。现将文献记载的宋朝在四川博买羁縻马的数量列表于后。

表 11-8 宋代四川博买羁縻马数量表①

时　　间	数　　量	备　　注
嘉祐年间（1056~1063）	岁额 2100 匹	黎州买马数。《宋史·赵开传》
熙宁七年（1074）	岁额 4000 匹	黎州买马数。《宋史·赵开传》
元符二年（1099）	实买 5280 匹	黎州买马数。《宋会要·职官》43 之 80
元符三年（1100）	实买 4100 匹	黎州买马数。《宋会要·职官》43 之 80
崇宁三年（1104）	岁额 4000 匹	黎州买马数。《宋会要·职官》43 之 81
绍兴十四年（1144）	岁额 5245 匹	黎、文、叙州,长宁军买马数。《宋会要·职官》43 之 105
绍兴十五年（1145）	岁额 6000 匹	黎、叙、文州,长宁、南平军买马数。《系年要录》卷 154
隆兴元年（1163）	岁额 3000 匹	黎州买马数。《宋会要·职官》43 之 110
乾道二年（1166）	岁额 5696 匹	文、黎、珍、叙州,南平、长宁军买马数。《宋会要·职官》43 之 110
乾道年间（1165~1173）	岁额 6000 匹	川司买马数。《通考》卷 62
庆元年间（1195~1200）	岁额 4896 匹	川司买马数。《通考》卷 62
嘉泰末	岁额 5196 匹	川司买马数。《通考》卷 62

北宋时期四川所买羁縻马,主要供应川峡四路驻军。南宋时期,由于西北博买战马数量大大减少,四川羁縻马已是南宋王朝军队马匹的重要来源,购买羁縻马的数量常常超过秦州购买战马的数量;这时四川的羁縻马除供应川峡四路驻军外,还调拨江上诸军和京师驻军勉作战马使用。

---

① 表中文州所买马匹是战马,因文州属四川茶马司管辖,为统计方便仍列入四川羁縻马数内。

第四节 茶马贸易的意义

两宋王朝所建立的茶马贸易制度,对宋朝军事上保证战马需要,政治上保持同西南、西北吐蕃等族的友好关系和边境安宁,经济上促进汉族同兄弟民族的生产发展,都起了积极作用。

茶马贸易保证了宋朝的战马来源。宋初战马仰赖于河东、陕西、川峡。自西夏政权建立,宋朝战马来源受阻。茶马司建立后,战马专仰熙河、秦凤。北宋王朝经营茶马贸易,每年在熙秦地区买战马 15000 至 20000 匹,在四川买羁縻马 5000 匹左右,赖此以建立一支骑兵部队,保卫国家安全。南宋以后,战马则来自川、秦、广三边。广西买马是南宋马源枯竭后才新辟的面向大理等国的买马场地。买马物资是盐、绢、金、银,不是以茶易马。从南宋高宗时期到孝宗时期,每年买马额为 1500 匹,买马最多的年份亦只能购买到 2000 多匹,大多数的年份并不能完成 1500 匹的定额。孝宗以后,因惧怕大理等国牵马来广西市卖,熟悉了边境道路,有可能危害边防安全,因而基本上停止了广西买马。因此,川、秦地区茶马贸易每年所买战马 10000 匹左右,成为南宋王朝战马的主要来源。总之,宋朝自神宗以后的战马,绝大部分都来自茶马贸易。"蜀茶总入诸蕃市,胡马常从万里来"①,这是时人高度概括的诗句。因此,没有同川、陕、甘、青等地少数民族进行的茶马贸易,也就没有宋朝的战马;没有战马,宋朝就在军事上丧失了同西夏、辽、金、元政权抗衡的力量。这充分表明茶马贸易在宋朝军事防务上的作用是何等重要。

茶马贸易促进了宋朝同四川地区兄弟民族的友好关系。四川茶马贸易和市马贸易遍及黎、雅、嘉、威、茂、文、益、泸、叙、夔等州和南平、长宁、永康等军少数民族的广阔地区。但茶马贸易主要还是以黎、雅为中心。黎州南面有 12 个部落,除以风琶、两林、邛部川东蛮为主体部落外,其余九部落有保塞、三王、弥羌、净浪、白蛮、乌蛮、阿宗等,分别隶属于三部落之下。② 黎

---

① 《能改斋漫录》卷 7 《蜀运茶马利害》。
② 见《宋史》卷 496 《蛮夷四》。

第十一章 宋代四川茶业经济和茶马贸易的繁荣

州是汉、彝、羌、藏族杂居地区和通往大渡河以南及滇中、滇西北的重要交通线，是保卫成都的重要边防要地。唐代南诏曾由此进扰成都，给四川造成灾难性的破坏。宋朝在黎州进行茶马贸易，每年买羁縻马二千至四五千匹，同时又在黎州设羁縻州五十四①，对少数民族首领封官、赐爵和赏赐，确立松散的封建隶属关系，并造大船于大渡河，以济"西南蛮"之朝贡者。因此，黎州边境各兄弟民族经常从黎州至宋朝京城开封朝贡，黎州也就成为民族商业贸易市场。这种以茶马贸易为主的羁縻政策，使黎州地区直到南宋前期基本上保持了边境安定约二百年之久，其中朝贡次数最多的邛部川"素效顺，捍御边陲"②，成为宋朝的一支依靠力量。淳熙年间吐蕃奴儿结扰边，"酋豪梦束畜列率数千人入汉地二百余里，成都大恐……于是邛部川首领崖袜合诸部落，大破吐蕃于汉源，斩梦束畜列首来献，凡十有六日而平"。③ 威、茂、龙州亦是藏、羌民族居住地，也是唐代吐蕃活动地区，宋朝在这一带地区进行茶马贸易，运去大批的茶叶，仅龙州一地在绍圣三年（1096）就运入茶叶"八万九千余斤"，而"引外影带者，不可胜计"④，从而维持了这一地区的民族友好和安宁。有宋一代，四川境内的民族关系较为融洽，是同茶马贸易和实行羁縻政策分不开的。民族关系的融洽，则维持了四川社会的安定，促进了经济的发展，并在局部上保持了宋朝西南边境的安宁，使宋朝从全局上摆脱了两面受敌的威胁，能够腾出手来同西北、东北对峙的政权相抗衡，以维持和巩固自身的统治地位。

茶马贸易加强了宋朝同熙秦地区吐蕃等兄弟民族政治上的友好合作，并使之接受宋朝的统治。自九世纪吐蕃王朝瓦解，直到宋代统一内地，居住在甘肃、青海一带的吐蕃部族，仍然处于分裂割据局面。"族种分散，大者数千家，小者百十家，无复统一矣。自仪、渭、泾、原、环、庆及镇戎、秦州暨于灵、夏皆有之，各有首领，内属者谓之熟户，余谓之生户。"⑤ 其中居住在邈川（今青海乐都）一带的唃厮啰一系的势力最大。这些吐蕃部族，既与西夏相邻又与宋朝相连，是宋夏必争之地。他们的向背，对宋夏力量对比至关重要。宋朝为了争

---

① 见《宋史》卷186《食货志》。
② 《宋史》卷496《蛮夷四》。
③ 《宋史》卷247《赵不息传》。
④ 《宋会要·食货》30之29。
⑤ 《宋史》卷492《吐蕃传》。

取和联络吐蕃以对抗西夏,早在茶马司建立以前,就在秦州等地与吐蕃各部进行茶马等商业贸易。藏族的马匹、畜产品和其土特产品输入内地;汉族人民则优其价值,以茶叶、布帛等大量物资与藏族交换。因此,唃厮啰等吐蕃部族也始终同宋朝保持着友好关系。唃厮啰在天圣中向宋朝"乞官职",宋朝授予他"宁远大将、爱州团练使"的职衔。宝元、康定中,宋朝为了抵制西夏元昊的进攻,曾两次遣使到邈川联络唃厮啰出兵进攻西夏,得到唃厮啰的许诺。康定二年(1041)又授他为"检校太保充保顺、河西等军节度使",令其共同抵御西夏的进攻。在唃厮啰执政的 50 年中,他的使臣频频入贡,接受宋朝的赏赐。治平二年(1065)唃厮啰死后,他的子孙董毡、阿里骨、辖征、陇拶等,世世代代都由宋朝任命官职。王韶经营熙河,更是加强茶马贸易来联络吐蕃部族。熙河路刚建立,熙宁六年(1073)六月宋朝就"徙秦州茶场于熙州,以便新附诸羌市易"。① 熙宁七年(1074)二月又规定熙河路经略司买马"停止折盐钞,其马价止以茶、银、物帛计折偿之"②,这些措施得到吐蕃部族的拥护。当时归顺宋朝,担任"蕃官"的吐蕃部族首领包顺、包诚、赵纯忠等还"诱蕃部贩马入塞",宋朝地方官亦"量给酒会,犒设卖马蕃部"。③ 宋朝经过积极开展茶马贸易,熙宁七年(1074)就收到"熙河路蕃户近已向顺,事多就绪"④的效果。崇宁二年(1103)六月,童贯复湟州(今青海乐都),八月程之邵巡视熙河路,就建议"收复湟州故地,部族甚众,商贾通行。窃谓非茶马无以招集汉蕃人族。盖蕃持茶为命,本州又当青唐一带蕃马来路。乞朝廷指挥,就本州添置茶马场,实为要便"。⑤ 宋朝采纳了程之邵的建议,同年十月就设置湟州茶马司,卖茶买马。总之,吐蕃部族很快接受和承认宋朝在这一地区的统治,并共同抵御西夏的进攻,是同茶马贸易满足了他们基本生活必需品的需要分不开的。

茶马贸易还促进了宋朝汉族地区同西北、西南等兄弟民族地区的经济发展,改善了各族人民的生活。茶马贸易是从事畜牧业的各兄弟民族经济生活中的重要支柱。马有销路,就刺激了畜牧业的发展;茶有来源,又改善了人民的生活。

---

① 《长编》卷 245,熙宁六年六月丁丑。
② 《长编》卷 250,熙宁七年二月己卯。
③ 《宋会要·职官》43 之 78。
④ 《长编》卷 254,熙宁七年六月甲午。
⑤ 《宋会要·职官》43 之 78。

而且，茶马贸易还带动了包括农副业在内的各类商品经济的发展。伴随茶马贸易而来的是包括各种商品的互市通商队伍。其人数在几十、几百甚至两千人以上。他们除牵来马匹之外，还带来各种农副土特产品。这些商品出卖之后，除买回茶叶外，还购买和运回大量的绢、锦、盐、布等生活用品以改善其生活。茶马贸易使从事农业为主的汉族人民，得到马、牛、羊等畜产品和少数民族所特有的土产品，并且刺激了汉族地区茶业和纺织业等的发展，四川茶产量为全国之冠。南宋时期，在茶马贸易的基础上，又开展以蜀锦易马，为蜀锦开辟了广阔市场。宋代四川茶叶和绢锦等纺织业生产特别发达，是同茶马贸易打开茶、绢等商品的销路分不开的。茶马贸易影响特别深远的是它为四川茶叶在从事畜牧业的兄弟民族中开辟了广阔市场，从此川茶生产以边茶为主，并且在制茶工艺上独具一格，为藏族人民所喜爱。宋代以后，川茶一直畅销藏区。从宋代开始的官营茶马贸易也为明、清所继承，成为藏汉各族人民加强经济交流、促进友好关系的纽带。

第十二章　宋代四川井盐的发展和盐政

沈括曾说，宋代"盐之品至多，前史所载，夷狄间自有十余种；中国所出，亦不减数十种。今公私通行者四种：一者末盐，海盐也，河北、京东、淮南、两浙、江南东西、荆湖南北、福建、广南东西十一路食之。其次颗盐，解州盐泽及晋、绛、潞、泽所出，京畿、南京、京西、（陕）西、河东、褒、剑等处食之。又次井盐，凿井取之，益、梓、利、夔四路食之。又次崖盐，生于土崖之间，阶、成、凤等州食之"。①又《宋史·食货志》说："宋自削平诸国，天下盐利皆归县官。官鬻、通商，随州郡所宜，然亦变革不常，而尤重私贩之禁。"川峡四路则"大为监，小为井。盐则官掌，井则土民干鬻，如其数输课，听往旁境贩卖，唯不得出川峡"。这些记载说明，宋代四川井盐的产制不但与煮海煮碱而成的末盐、引池晒制而成的颗盐和取之山崖的崖盐不同，其盐政亦与其他地区有别。

第一节　井盐生产技术的提高

四川井盐，自秦开始，世代相承，盛衰不常，在唐颇兴，于宋尤盛。宋代

---

① 《梦溪笔谈》卷11。

第十二章 宋代四川井盐的发展和盐政

四川井盐生产技术在唐代的基础上,又有了进一步的发展和提高,主要表现在凿井技术的革新、卓筒井的出现、制盐工艺的改良、盐质的提高和产区扩大、产量增加等方面。

宋代的盐井,基本上仍沿前代为大口井,井壁用木石甃砌而成,井径一般宽三五尺至六七尺以上,井底似一大塘,井深八九丈至二三十丈不等,称为大口浅井。其中大井,如陵井监的盐井也有纵广三十尺,深八十余丈的。盐井的开凿是用锸锹等工具直接在井底挖掘泥土,击碎岩石,培砌井壁,使井逐渐加深而成。碰上坚硬的岩石,开凿更为艰苦,一丈可凿一年以上,往往长年累月,投入很多的人力物力始得一井。由于井腔过大,井壁容易坍塌,且很难修复。其取卤方法也极其落后,南宋人胡元质曾记载:"蜀盐取之于井,山谷之民相地凿井,深六七十丈。幸而果得咸泉,然后募工以石甃砌,以牛皮革为囊,数十人牵大绳以汲取之。自子至午,则泉脉渐竭,乃縋人于绳,令下井以手汲取,投之于囊,然后引绳而上,得水入灶,以柴茅煎煮,乃得成盐。"① 这种凿井与汲卤工艺,与前代相比并无多大差别。它需要耗费大量的人力物力,盐工伤残死亡事故也常有发生②,严重限制了盐井的开凿和井盐生产的发展。

在北宋庆历、皇祐年间,四川劳动人民在前代凿井工艺的基础上,创造了新的凿井工艺,开凿了新的卓筒井。③ 这种新型竹筒井用圆刃冲击顿挫代替锸锹挖掘,以小口井代替大口井,以竹筒代替木石为井壁,以装有牛皮活塞的竹筒汲卤器代替牛皮囊。苏轼曾说:"自庆历、皇祐以来,蜀始创筒井。用圆刃凿如碗大。深者数十丈,以巨竹去节,牝牡相衔为井,以隔横入淡水,则咸泉自上。又以竹之差小者,出入井中为桶,无底而窍,其上悬熟皮数寸,出入水中,气自呼吸而启闭之,一筒致水数斗。凡筒井皆用机械,利之所在,人无不知。"④ 这种先进的凿井方法和吸卤方法,节省了大量的人力物力,提高了功效。"大抵深者半载,浅者月余,乃得一井成就"⑤,故私家小户均能开凿。所

---

① 《宋史全文》卷26,淳熙四年。
② 例如《宋会要·食货》23之22记:"泸州县盐井水竭,令人入井视之,下有吼声如雷,火焰突出,被焚死者八人。"
③ 筒井、竹井、竹筒小井,均为卓筒井的别称。
④ 《东坡志林》卷4《筒井用水鞴法》。
⑤ 《天工开物》第5卷《井盐》。

以卓筒井一诞生，就如雨后春笋般发展起来。文同在熙宁年间就说："自庆历以来，始因土人凿地植竹，为之卓筒井，以取咸泉，煮炼盐色。后来其民尽能此法，为者甚众。"井研县的"豪者，一家至有一二十井，其次亦不减七八"。至今县内"已仅及百家"。与井研接壤的嘉州（今四川乐山）和荣县"亦皆有似此卓筒盐井者颇多，相去尽不远，三二十里，连溪接谷，灶居鳞次"。① 文同还说，在陵州，"臣仔细体问得二十三年以前，本州止有官井数处"，"自许人开卓筒之后，部下至今已及数百井"。② 范镇在元丰年间著《东斋记事》中也说卓筒井大率"近年不啻千百井矣"。当然，每处卓筒井的产量极其有限，不如大井之多。"设机抽泉，尽日之力，所得无几。"③ 但因其开凿容易，能够遍地开花，可以作农村的家庭副业，积铢累寸，积少成多，它的兴创和推广，对四川井盐业的发展仍起了相当重要的作用，而且在钻井史上也具有划时代的意义。

图 12-1　位于四川省大英县的卓筒井遗址

《中国井盐科技史》一书对卓筒井的凿井工艺作了很好的解说，书中指出："卓筒井的钻凿方法是采用机械凿井的方法——冲击顿钻凿井法。即使用一种形如旧式舂米的设备，利用杠杆原理，将钻头——圆刃固定于碓头，然后足踏碓梢，带动钻头顿击井底而将岩石破碎。钻头在每顿击一次之后又重新被提起，清理出井底被破碎的岩石，然后又作第二次的顿击，如此循环往复，不断捣碎

---

① 《丹渊集》卷34《奏为乞差京朝官知井研县事》。
② 《丹渊集》卷34《奏为乞免陵州县纳柴状》。
③ 《宋史全文》卷26，淳熙四年。

井底岩石和清除岩屑，使井身得以逐步加深，钻出一个圆形的井眼。"井内被粉碎的岩石用扇泥筒取出。扇泥筒"由小于井径的竹筒做成，筒底悬一块熟牛皮构成单向阀，利用井底泥浆的上张力和筒内泥浆的下压力，巧妙地将岩屑和泥浆提出井口。盐井就是通过钻头与扇泥筒的轮番工作而凿成的"。正如该书作者所指出："卓筒井钻凿工艺技术表明，中国是世界上最早发明冲击式凿井方法的国家，卓筒井的出现，启迪人类找到了开发储存在地下的无穷资源的方法。因此，从这个意义来说，中国古代卓筒井的工艺技术的创造是人类在开发地下资源中的一次最为深刻的变革，这对于后来石油和天然气的开发具有决定性的意义。"①

图12-2 卓筒井制盐工具复原图

宋代四川井盐的盐质，主要取决于地质结构。荣州（今四川荣县）的"荣德之盐色微赤，资官之盐纯黑，又非舟楫所载，惟应灵之盐纯白，而商贾最众"。②富顺监则是"掘地及泉，咸泉逐涌，熬波出素"。③ 素就是白色，故陆游诗云："长筒汲井熬霜雪。"④ 这里说的赤盐、黑盐都是杂质较多的低级盐，白盐才是纯度较高的优质盐，它们都与盐井卤水质量有关。

当然，盐质的好坏还与炼制技术有关。宋代炼制井盐已经掌握了提高卤水浓

---

① 林元雄等著：《中国井盐科技史》，四川科学技术出版社1987年版。
② 《舆地纪胜》卷160《荣州》。
③ 《舆地纪胜》卷167《富顺监》。
④ 《剑南诗稿》卷6《入荣州境》。

图 12-3 卓筒井熬盐卤房

度，加快入锅成盐，节省燃料耗费，浸滤卤水杂质和提高食盐纯度的办法，即将盐井的卤水多次洒淋于煮盐柴薪的灰上，然后将日晒风吹蒸发水分后富含盐分的灰装入坑池，再用盐井的淡卤将其盐质浸滤出来，使盐分中的灰和其他杂质得以沉淀和过滤，以提高卤水咸度，再入锅煮制，加快成盐，节省燃料。[①]故南宋王象之著《舆地纪胜·富顺监景物注》云"支江利济池，传云郭下井用此淋灰，即盐干白而咸"。这种方法在明代仍继续使用，以便做到煮炼的盐质纯白。正德《四川总志》卷25云："水咸而汲即可煮，水淡而泼灰晒土取汁然后可煎。"南宋绍兴中，彭山县瑞应乡还从实践中摸索出用隆（今四川仁寿）、荣诸州煮盐后弃置无用的卤饼（旦巴），拌和眉州之眉、彭、丹棱和嘉州之洪雅等县"石脚井"中含有芒硝等物的卤水兑炼，清除芒硝，然后成盐。这在制盐和化工史上也是极大的贡献。但因技术水平限制，用石脚硝井卤水制盐，严重影响盐质，而受到官府三次禁止。

从汉代开始，四川就在个别地方时断时续地用井火的天然气煮盐。但直到明代，具体记载有火井的地区亦只邛州、蓬溪、富顺三县。宋代四川煮盐仍然用柴薪，民间盐井煮盐柴薪自办，官井柴薪都取之于民；用天然气和煤煮盐尚

[①] 见廖品龙：《历史上井盐产制状况略考》，《井盐史通讯》第8期。

未见之记载。

第二节　井盐的分布和产量

宋代四川井盐产地及其分布状况，以《文献通考·征榷考》（简称《通考》）和《宋史·食货志》记载较为集中，但不全面。现将《通考》、《宋史·食货志》、《宋史·地理志》、《元丰九域志》、《宋会要》、《太平寰宇记》、《舆地纪胜》等文献记载的原四川辖境产盐地区，按宋代四川四路录列于后。

成都府路：陵井监、绵州、邛州、眉州、简州、嘉州、雅州、汉州、巂州（羁縻州），共9州。

潼川府路：资州、遂州、梓州、果州、普州、昌州、泸州、淯井监（长宁军）、富顺监、戎州、荣州、渠州、合州，共13州。

利州路：阆州、蓬州，共2州。

夔州路：夔州、忠州、达州、万州、黔州、开州、云安军、涪州、渝州、大宁监，共10州。

总计可查明的产盐地区为34州、军、监，比《续资治通鉴》卷102记建炎二年（1128）"四川三十州"产盐，尚多4州；比《新唐书·食货志》和《通考》所记唐代四川只有黔、巂、果、阆、开、通、邛、眉、嘉、梓、遂、绵、合、昌、渝、泸、资、荣、陵、简等20州产盐，多了14个州、军。在宋代四川的州级行政区划中，大部分地区都已从事井盐生产了。其中以"陵州之仙井，邛州之蒲江，荣州之公井，大宁、富顺之井监……长宁州之淯井，皆大井"，产盐又最多；其余"隆、荣等十七州则皆卓筒小井而已"，产盐较少。①

宋代四川的井盐产量，文献记载得很不全面，很不精确。现将有据可查的几个时期的盐井数和盐产量分别录表于后。

---

① 《通考》卷16《征榷考》。

表 12-1　宋代四川各路盐井数量和井盐产量表

时期	材料来源	成都府路		梓州路		利州路		夔州路		总计	
		井数	产量（万斤）	井数	产量（万斤）	井数	产量（万斤）	井数	产量（万斤）	井数	产量（万斤）
北宋前期	《通考》	74（不全）	422.6	381	708.9	129	61	20	437.5	604（不全）	1630
	《宋史》	98	422.6	385	708.9	129	61	20	424.4	632	1616
仁宗	《宋史》	137	139.6	413	158.8	143	58.5	35	408.4	728	765.4
神宗	《宋会要》《玉海》	42 42	38.9	425 425	628.8	127 127	61	17 14	178.1	608 608	1216
高宗	《续通考》《系年要录》									4900	6000余 6400
孝宗	《续通考》									2000余	

从以上数据可以看出，井盐产量以梓州路最多，夔州路次之。而四川的人口分布，又以成都府路的人口最多，夔州路的人口最少。这样就形成了成都府路州县，所产盐食常不足；梓、夔等路，产盐多，人食有余的局面。故梓、夔路的食盐多销于成都府路，其食盐价格亦较西川为低。

需要特别指出的是，文献记载北宋时期四川的盐井数和盐产量，都是官府直接经营生产和征课的井数和产量，并不包括大量的私井私盐。北宋时期实际的盐井数和盐产量要比官方记载的数字为多。仁宗和神宗时期井盐产量较宋初减少，只反映了官营盐井经营腐败，产量降低和漏税私盐增多，并非四川实际井盐生产下降。如果按文同所说熙宁时期仅陵州卓筒井就开凿了数百井，范镇说神宗元丰时蜀中近年卓筒井大率不啻千百井，加上官方所统计的 600 余井，估计神宗时期四川的盐井应接近 2000 井左右。如果按元丰七年（1084）王宗望建议在成都府置都盐院，两蜀产盐之地置场，其井尽榷于官，成都府、梓州路即可得盐 6000 余万斤[①]，则元丰时期四川的盐产量应在 6000 万斤以上。南宋绍兴时期四川的 4900 处盐井和 6000 万斤的产量，是赵开尽榷蜀盐，令井户如额煮盐，商人入钱请引贩卖，官府据此而核查和估计的最高产量。由于盐井泉脉盈缩不常，封停不定，故实际盐井数和盐产量偏高，孝宗时期经过推排核实，

---

① 《长编》卷 347，元丰七年七月辛丑。

第十二章 宋代四川井盐的发展和盐政

封闭了大量小井，盐课亦有所减少。

总之，宋代四川井盐的实际产量，并非如上表所反映那样，北宋前期产量多，中期减少，南宋初期又突然猛增，而是从北宋初期到南宋前期都一直向前发展的。井盐产量的不断增长，满足了人口不断增长的需要。

在宋代所划定的食盐销售区中，井盐行销川峡四路，外区食盐禁止入蜀。在整个宋代，除受到官府严厉禁止的少量商贩私盐入蜀外，只是在太宗端拱元年（988）一度允许阶（今甘肃武都）、文（今甘肃文县）州盐入西川以济民用①；在仁宗庆历八年（1048）曾一度规定解盐入蜀亦恣不问；神宗熙宁九年（1076）刘佐入蜀经理茶事，曾每年官运解盐入蜀货卖，未几即罢。② 这几次允许川外食盐入蜀，并非四川发生了严重的盐荒，主要是主办官员禁止东川（梓州路）盐入西川和禁止民间私盐，人为地运解盐入川，高价出售，希求恩赏而造成的。吕陶就说："始嘉祐中，转运司奏请今后更不许卓筒，非为其伪滥也，止以凿井既众，出盐滋多，射破蒲江官井盐价，然已开凿者亦存而不废。至熙宁九年，盐运判官段介又奏请闭塞本路及梓州路卓筒井，一为欲蒲江官卖贵盐，二为欲兴贩大宁盐、解盐入川高价出卖，多取羡息，苟求恩赏。是时梓州路转运司以为年计所赖，固执不可，惟成都路尽行闭塞，煎井之家，由是失业。"③ 这种闭塞民间私井，官运解盐入蜀，造成井户失业，破坏四川井盐生产的祸国殃民行径，在人民的反对下，都为时不长，即告终止。

唐代四川井盐尚不能自给，曾经寓居四川的诗人杜甫描写四川食用东南吴盐说："蜀麻吴盐自古通，万斛之舟行若风。"又说"蜀麻久不来，吴盐拥荆门"。④ 即在唐代，四川还必须用蜀麻去换取吴盐，才能满足自身的食盐需要。宋代则迥然不同。尽管四川人口由宋初的50多万户，增加到南宋前期的400多万户，但井盐生产的发展仍然保证四川在食盐上自给有余。

当然，四川井盐受自然条件的限制，凿井之艰难，更复井与井殊，灶与灶异，远非晒制解盐、煎制海盐所能相比。故宋代四川的盐价远比东南和北方地区为贵，人民一直以食盐为艰。但由于宋代四川井盐生产的长足发展，故而并

---

① 《宋史》卷183、184《食货志》。
② 《宋史》卷183、184《食货志》。
③ 《净德集》卷4《奉使回奏十事》。
④ 《杜诗集》卷13《夔州歌十绝句》和卷12《客居》。

未因人口增多产生食盐供不应求的现象。另一方面，在两宋时期，四川盐价不断上涨。以缺盐的西川地区的实际盐价而论，后蜀每斤盐 160 文，北宋平蜀后，乾德三年（965）减成 100 文，开宝七年（974）又减为 90 文。① 太平兴国二年（977）再减为 70 文，后增为 150 文。② 庆历六年（1046）为 140 文，后增为 220 文。③ 熙宁九年（1076）为 250 文，二斗米才能换一斤盐。④ 元祐元年（1086）为 120 文⑤，绍兴十七年（1147）前为 300 文，后减为 228 文。⑥ 在交通不便的黎州等地，盐价更贵，庆元五年（1199）每斤达到 320 文。⑦ 虽然盐价起伏总的趋势是不断上涨，但考虑到整个物价不断上涨的因素，把盐价上涨同其他物价上涨相比，则盐价和其他物价的交换比率还是不断下降。以四川的绢价为例，真宗咸平时每匹 300 文⑧，仁宗时每匹折价 600~1200 文⑨，神宗时每匹为 850 文⑩，南宋绍兴二十六年（1156）每匹 5000 文。⑪ 绢价从北宋前期到南宋前期上涨了 10 倍以上。如果北宋前期一匹绢能换二三斤盐，到绍兴二十九年（1159）邛州以官盐市民绢，"一绢之直为盐十五斤"⑫，一匹绢已可换 15 斤盐了。实质上宋代四川井盐同其他物品的比价不是上涨而是下跌的，这显然是与宋代四川井盐生产的发展分不开的。

第三节　井盐的榷禁制度

宋承唐和五代旧制，建立了更为严密的食盐专卖制度，在产盐地区一般都

---

① 《宋会要·食货》23 之 18，《长编》卷 6，乾德三年正月丁酉。
② 《宋史》卷 183《食货》。
③ 《宋史》卷 183《食货》。
④ 《宋会要·食货》24 之 11。
⑤ 《长编》卷 369，元祐元年闰二月丙午。
⑥ 《朝野杂记》甲集卷 14《蜀中官盐》。
⑦ 《宋会要·食货》28 之 47。
⑧ 《朝野杂记》甲集卷 14《东南折帛钱》。
⑨ 《宋史》卷 183《食货志》。
⑩ 《宋会要·食货》38 之 21。
⑪ 《系年要录》卷 174，绍兴二十六年八月辛卯。
⑫ 《系年要录》卷 183，绍兴二十九年八月己卯。

第十二章 宋代四川井盐的发展和盐政

设置茶盐制置使管理盐政。盐的生产,一是官制,二是民制官收。官制食盐以解州池盐为主,设解盐制置使,总管解盐事务。官府强迫招募附近农民当畦户,户出夫二人,担任晒盐工人,日给口粮,年给岁钱,按年完成官定的晒盐任务,全部食盐收归官有。民制食盐以东南等地为主,煮盐户称为"亭户"或"灶户",专置户籍。官给煮盐工具和煎盐本钱,免除科配徭役,只以盐货折纳二税。亭户产盐由官府定额,全部按官价收买。超产食盐称为"浮盐",略增价钱收买。这样,全部食盐都归官有,任何人不得私卖。

宋代四川井盐的生产统制则略有不同,不设茶盐制置使,而由各路转运使和州县官兼管。井盐的生产是"大为监,小为井,监则官掌,井则土民干鬻,如数输课,听往旁境贩卖,唯不得出川峡"。即设监的大井为官府直接经营,称为官井官盐;小井由当地人民经营,按照官定数额缴纳课税,允许在四川境内贩卖。

宋代的监是相当于州或县的地方政权和行政区划,设立于工矿特别发达的地区,如铸钱监、盐井监之类。它的辖区较小,而以经营管理工矿生产为主,类似现代工业地区所建立的市和区。宋代四川建立的盐井监有六监。属于州级政权的有三监:益州路的陵井监,北宋时辖仁寿、井研县,南宋时增加贵平、籍县二县①,有盐井28井②;夔州路的大宁监,开宝元年(968)以夔州大昌县盐泉所在地建为监,辖大昌县,有盐井1井③;梓州路的富顺监,本泸州之富义县,乾德四年(966)升为富义监,太平兴国元年(976)改富顺监,辖富顺县,领镇13④,有盐井14井。⑤ 属于县级政权的有三监:夔州路云安军的云安监,有盐井1井;夔州的永安监;梓州路泸州的清井监〔政和五年(1115)建为长宁军〕,有盐井5井。⑥ 此外还有县辖的盐监、盐场,如邛州蒲江县的盐井1监,涪州涪陵县的白马盐场等。⑦

这些设监地区由国家"官掌"的盐井,都是盐泉丰富的大型盐井。盐井的所有权完全归国家所有,盐井坍塌亦由国家修治。如陵井监的陵井,在宋太祖

---

① 《宋史》卷89《地理志》。
② 《通考》卷15《征榷考》。
③ 《宋史》卷89《地理志》。
④ 《宋史》卷89《地理志》。
⑤ 《通考》卷15《征榷考》。
⑥ 《通考》卷15《征榷考》。
⑦ 《元丰九域志》卷8。

乾德时经过修复之后，"初炼日三百斤，稍增日三千六百斤"。① 据《通考》记载统计，北宋前期四川四路共 6 监，604 井，产盐 1600 余万斤。其中 49 井就产盐 598 余万斤，占总产量的 1/3 强；其余 500 多井才产盐 1000 多万斤；而仙井监岁产盐即达 200 余万斤，大宁监岁产盐 250 万斤，宋朝在这些大井地区设监，派官经营井盐生产，就把大部分井盐的产销都直接控制在政府手中了。

官营盐井的经营管理办法并不统一，往往因时因地而异，归纳起来，大致有如下几种类型。

一、官府直接经营

这是由官府设置公人，供应煮盐设备，招募和派遣盐工从事井盐生产的办法。井盐生产者有月给钱米，岁赐冬衣，遇正至、寒食，各给假三日的盐匠、井户、灶户。他们享有雇值，但其身份仍属于"工役"和"役夫"，他们的劳动具有浓厚的封建徭役性质。此外，还有差派的士兵和百姓。其中百姓往往是自备煮盐器物，承担封建徭役的无偿劳动者。这种无偿剥削的扰民行径，必然引起徭役承担者的反抗、怠工，影响井盐生产。因此太宗至道三年（997）规定富顺监"盐井夫所差百姓，自今悉罢，以本城官兵代之。仍月给缗，一切器用以官物充，勿复扰民"。② 煮盐所需柴薪则低价勒索，课民缴纳，其害尤深。文同《丹渊集》卷 34《奏乞免陵州井纳柴状》说：

> 臣自当州，访问得所以为其民之深害，久而不能去者，惟管内仁寿等四县百姓每岁输陵井监煎盐木柴共计三十八万四千二百余束也。当时立法，但以五等人户每税钱上以二文一分科令纳柴一束。故其等高者不下千束，虽下户亦三二十束矣。其柴若常时私下货卖，自可每束直三四十文足钱。官中籴亦以其不易，每束更支盐六两，后来常见其亏损百姓，不复支盐，却改为每束与见钱七文五分。是官中大约破九文已来贴科民下三四十文柴一束矣。其百姓所得者贴钱，悉为出旁引揽之人诸头销使，寻亦随手散尽。又官中科配，尽须要纳干柴……若本家田内所产之少，则须望林回买生湿

---

① 《长编》卷 8，乾德五年四月戊子。
② 《宋会要·食货》23 之 23。

第十二章 宋代四川井盐的发展和盐政

杂木剪截责擎上州赴场送纳。依自来体例，愿以两束折纳一束。是三四十文一束之柴，又只得四文有余矣。加此倍之，则近纳七八十万束生湿柴也。偏州小县，尽是山坡，田土瘠薄，别无他产，而每年于二税送纳匹帛、斛斗并科买红花、紫草，出助役，还青苗之外，又复有此七八十万束木柴之役，比之他州，此方之民实被其苦。

这种依靠官府权力，廉价招募煮盐盐工，低价科配煮盐柴薪的方式，表面上看来可以降低井盐成本，增加官盐在市场上的竞争能力，但实际上这种具有浓厚的封建徭役性质的经营方式，直接损害了生产劳动者的物质利益，不能调动劳动生产者的积极性，加上经营管理的极端腐败，因而造成产量低、质量差、成本高，"多恶杂不可食"。① 而官府为了追求高额利润，又把官盐的销售价格定得过高，更失去了市场的竞争能力。这就决定了官盐的销售，既有市场出售的方式，又有抑配于民的方法，两者兼而用之。例如元祐时期蒲江官井生产的多杂沙土的官盐，每斤120文，而民间小井白盐，其价止七八十文，"官司遂至抑配"，深为民害。②

由于官府直接经营井盐生产和销售产生了以上这些弊病，使得官府同时也要采取其他的经营方式，以保证盐利的收入，减少人民的反抗。

二、课民煮盐

这是官府招募盐匠、井夫直接经营井盐生产，规定课额，发给柴薪或柴薪钱，令民煮盐上缴的经营方式。一方面，超产的食盐可以归井户所有，有利于调动生产者的积极性，提高井盐产量；另一方面，官府课民煮盐的目的不是为了改善井盐生产者的生产和生活条件，而纯粹是为了保证增加国家的盐利收入。因而这种经营方式在执行过程中对生产者的封建剥削比对月给钱米、冬春赐衣的盐匠、井夫的剥削更为厉害。一方面是法定的煮盐木柴或柴薪钱往往被贪官污吏克扣，井盐生产者在承担封建徭役的同时，还要拿钱买柴为官煮盐，以致破产不能如额交盐，而受关押械系之苦。另一方面是官定课额往往超过盐井的

---

① 《朝野杂记》甲集卷14《蜀中官盐》。
② 《宋史》卷183《食货志》。

实际产量,虚额过多,使被课煮盐的井户至破产亦不能如额完纳盐课。例如昌州的七个盐井,实际盐课额只有23060斤,开宝三年(970)又额外增加虚额盐18550斤,使井户破产而流移他部,到太平兴国三年(978)才将虚额盐减免。① 富顺监的盐井,则是"岁久卤薄而课存,主者至破产,或鬻子孙不能偿"。② 荣州的盐井,则是"籍民煎输,多至破产,惟有禄之家得免"。③ 因此,课民煮盐,虽然给官吏带来了财富,但井户破产,盐产量减少,岁课不充,又使得官吏们无法向上级交差。得利于此,贻害于彼,权衡利弊,亦非万全,故官营盐井又产生了第三种经营方式。

三、令民买扑承包盐课

这是为了避免上述两种经营方式的种种弊端,挽救井盐生产,增加收入,而采取的官有民营的经营方式。神宗熙宁四年(1071)文同就建议废除陵井监官府煮盐,召人买扑承包。他的理由是:官自煮盐,课民纳柴,"斯民重困",而"陵井止能供得成都府一路州军公使、军食外,并无略有所获","以备客人入中"。不如仿照"出卖酒坊体例",召人买扑"陵井监,官中自可端然收纳羡利"。他还列举了这样做的好处:(1)"除余利可以沾及买扑人外,依卓筒小井课利,用五分折纳钱绢,官中并无糜费,岁可获一万三千八百余匹绢帛,并见大钱七千二百余贯。"(2)"免得酬与监中主当公人等一十一处场务及监内诸般销费,共一万八百余贯,其余外州军般盐纲后酬奖尚不在其数。"(3)"如此则七八十万束之柴能害于民者尽去,而五六万贯之钱能利于国者尽得矣。"④ 文同的建议当时虽未被采纳,但这种办法随后在淯井监则实行起来。熙宁七年(1074)梓夔路察访熊本就根据泸州进士鲜于之邵的建议,将"淯井盐井,止存两灶官自煮,余咸水尽出卖"。⑤ 到元丰时期,散布梓州路的各地官井,更是普遍推行令人买扑承包的制度。官方在统计盐课收入时也明确指出:"本路州军,

---

① 《宋会要·食货》23之21。
② 《宋史》卷288《任布传》。
③ 《宋史》卷377《王庠传》。
④ 《丹渊集》卷34《奏为乞免陵州井纳柴状》。
⑤ 《宋会要·食货》24之6。

百姓买扑盐井，系认定年额收数，并与年额一般，别无增亏。"①

买扑承包是双方自愿、立标承包的租佃契约关系，在盐额的数量上必须照顾到盐井的实际产盐能力和承佃者的实际利益，从而保护了生产力，调动了井盐生产者的积极性，保证了国家的盐课收入。它对扭转北宋中期以来官井生产下降的局面，促进井盐生产的发展发挥了重要作用，因而在神宗以后就普遍发展起来。

四、改官井为民井

买扑承包盐井虽然有利于保证国家的盐利收入和井盐生产的发展，但是盐井的所有权并不属于生产者，盐井的使用权不固定，处于经常变动之中。井盐生产者只考虑当年的收益，而不考虑对盐井的爱护和井盐资源的长期开发利用。这样就不可避免地存在着种种弊病，既不利于井盐生产的持续发展和稳定国家的盐利收入，又因需要经常召人承包而增加官府事务。因此，随着南宋初期赵开变盐法，对所有民井食盐增收专卖税的尽榷蜀盐办法的施行，北宋后期兴起的买扑盐井就进一步发展成为出卖官井，改官营为民营，改承包盐课为按产量缴纳盐税，以此来保证国家的盐利收入。旧法令人承煎的官井，自军兴后，总领所就"依官田法，召人投买，得钱数十万缗。大使司以为未及价，复卖之，又得钱百万缗"。② 至此，宋代四川的官井，除设监地区的大井尚由官府经营外，其余官井都转为民井民营了。

官营盐井的经营管理，经历了官府直接经营—课民煮盐—令民买扑承包盐课—民有民营的变化，充分反映了忽视井盐生产者物质利益的封建官营盐井，必将被历史淘汰。宋代四川官府不断地把官营盐井生产与生产者的物质利益相结合，改变其经营方式和所有制形式，有利于井盐生产的发展。

官井食盐，无论是直接经营、课民煮盐还是买扑承包的课额，自然全部归官府所有。官府把这些食盐供应给官吏士兵，或转卖给商人和居民，赢利作为国家财政收入。其课民煮盐，买扑承包的额外余盐，以及官井出卖后由民营生产的食盐，则由井户支配出售，国家依法征收盐税。

至于民间众多的私有小井，因不便统一管理，则一直未曾禁榷，允许自行

---

① 《宋会要·食货》23 之 12。
② 《朝野杂记》乙集卷 16《四川总制司争鬻盐井》。

生产。当时官府规定，经呈报批准，许开盐井，缴纳税课；更允许井户封闭盐脉枯竭的旧井，而开新井以补课额。特别是在宋代兴创的卓筒小井，屡遭官府禁不能止，广泛存在于产盐地区的，"自祖宗以来，皆民间自煮之"。① 因而宋代四川井盐史料中，完全没有东南等地灶户煎盐工具由官府供给，生产食盐由官府规定成本价格，超产食盐略增价钱都全部收买的类似记载，而是允许土民经营管理，自由出卖，如数缴纳课税。

民营盐井多数是作为家庭副业经营的，其中部分产品也在市场出售，但只是农业经济的补充，即"土瘠事刀耕，家无终岁蓄，所资盐井利，持易他州粟"。② 另一些民营盐井则属于纯粹的商品生产，完全独立于农业经济。井研县由拥有一二十个盐井，招募三四十名工匠的"豪者"经营的私井，就属于这一类性质。

民营私井生产的食盐质优价廉，在市场上比官营井盐具有更大的竞争力，对官府垄断食盐利润是极大的冲击，因而受到官府的限制和禁止，甚至有官府采取封闭私井的办法来扼杀它。但封建自然经济内部所孕育和发展起来的商品经济，是社会经济发展的产物。利之所在，人之所趋，封建政治权力总是扼杀不了私井的存在，最后还是允许其在缴纳税课的条件下生产和出售井盐。

宋代四川井盐税课，官营盐井则寓税于盐，私营盐井则征收井灶课。由于盐井有大小之别，井泉有盈缩之分，泉咸有浓淡之异，各井产量差异悬殊，每井井灶课的课额，都由官府估定产量而定，各不相同。这种用估产办法确定的井灶课额，往往与盐井的实际产量迥异。有的估产过高，虚额太多，有利于国而有害于民；有的估产偏低，有利于民而有损于国。因此经过几年又重新"推排"，确定每井的产量和课额。但每斤盐究竟要缴纳多少税课，文献资料缺少明确的记载。唯《续资治通鉴长编》卷158，庆历六年（1046）记载的一条井盐资料，尚可寻其税率的蛛丝马迹，兹摘录于后：

> 初，盐课听以五分折银绸绢，盐一斤计钱二十至三十，银一两，绸绢一匹折银九百至一千二百。后尝诏以课利折金帛者，从时估。于是梓州路转运司请增银绸绢之直。下三司议，以为银绸绢直视旧虽增至三千以上，

---

① 《通考》卷16《征榷考》。
② 《舆地纪胜》卷167《富顺监》。

然盐直亦非旧比,鬻于市斤为钱百四十,则于民未尝见其害。

这条史料说明:一、井灶课是按估产的每斤盐计算,缴纳税钱,其中一半税钱纳现钱,另一半税钱折纳银紬绢。二、庆历六年前规定每斤盐纳税钱20~30文,其中一半纳现钱,另一半按900~1200文折纳银一两或绢一匹缴纳。但到庆历六年时,银一两绢一匹的市价已涨至3000文以上,比官定银价高2倍。因此,如果每斤盐征税20文,其中一半纳现钱计10文,另一半计10文买银绢缴纳,需费30文,总计每斤盐实际纳税为40文。依此类推,每斤盐纳税为30文,则实际纳税为60文。三、庆历六年的盐价为140文,需缴纳40~60文的井灶课,则井灶课是盐价的40%左右。人们每吃一斤盐,生产者和消费者需负担40%的盐税。这个税率大致是可靠的。因为元祐时期邛州蒲江官井每斤盐120文,逃避了盐税的民间私井白盐只卖70~80文,比纳税的盐每斤少卖40~50文,纳税后即与官价相同。

民营小井易于掩藏,井盐产量极不稳定,官府井灶课税只能征收到民井生产的部分食盐的盐税,尚有部分无税私盐充斥市场,这是北宋时期未尽榷蜀盐的产物。故太平兴国五年(980)七月西川转运使聂咏言:"蜀民不知盐禁,或买三二两至五七斤,酌情止为供食。自今请十斤以上押赴送阙。从之。"① 朝廷对蜀中私盐的惩处亦较其他地区为轻。这种情况,南宋赵开改变盐法才予改变。

第四节　赵开盐法

随着散处各地官井的民营化和私井的大量出现,官定盐井税课已不能如实地反映盐井产量。南宋初期,赵开主持四川财政,为了解决川陕驻军粮饷,他于绍兴二年(1132)改变盐法,尽榷蜀盐,史称"赵开盐法"。

赵开盐法的主要内容是仿效北宋大观时期东南盐法,置合同场,收引税钱,大抵与茶法相类,而严密过之。其具体办法是:一、诸井皆不立额,唯禁私卖。诸州、县、镇置合同场以招商贩,其盐之斤重,远近皆平准之,使彼此均一而

---

① 《宋会要·食货》23之21。

无相倾夺，贵贱以时而为翕张。二、盐税分为斤输引税钱 25 文，过税钱 7 分，住税钱一钱半，每引再纳提勘钱 60 文，共计每斤约 28 文，由商人缴纳；土产税增添钱约 9 钱 4 分，贴纳钱上等井户每百斤纳千钱、中等户 700 钱、下等户 300 钱，平均按每百斤纳 700 文计，每斤纳 7 文，共计每斤纳 17 文，由井户缴纳。三、盐商必须到合同场缴钱买引后买盐，井户向合同场缴纳土产税后卖盐，盐与引行，以杜绝偷税漏税的无税私盐。①

赵开盐法总计每斤盐收盐税约 45 文左右，其税率比之旧法并不为重。故其后赵开盐法遭到某些人反对时，他曾自辩说，他的盐法只是"措置改修茶、盐、酒已坏之法，不惟广收息钱"，"所榷茶、盐、酒，并系祖宗旧法。置合同场买引及置官盐务，亦系朝廷已常行者。其犯人断罪刑名，未尝辄有删定，但增添告捕赏钱，意欲犯法者少"。② 但由于官府通过合同场秤发、征税而全面控制了井盐的产销数量，完全杜绝了无税私盐。故其税率不加，而盐课收入大大增加。由北宋元丰时益、梓、利三路岁入 80 万缗③，到变法后全蜀盐课增加到 400 万缗之多。

但是，在赵开盐法执行过程中，官府为了增加财政收入，逐渐规定了井户产盐课额，并滥卖盐引，由此引起了种种弊端：一、盐井咸泉盈缩不常，久之井户月额不敷，官府但以虚钞付之，而收其算，令井户缴纳盐税；二、井户必须出卖食盐后才有钱纳税，于是商人乘机敲诈，迫使井户增其斤重出售，每石（100 斤）有增至 160 斤者；三、逃废绝没之井，许人增其额承认税额，有的人利于得井，每界递增课额，更难出售，而引息土产之输无从所出，由是刿缒相寻，公私皆病；四、井户多凿私井，尽量增产、尽量增其斤重以出售，造成产盐多，引外无税盐多，盐价也就随之而跌，影响官营大井食盐价格和销路，对官方不利。为了革除上述弊病，绍熙年间四川总领财赋杨辅对盐法再次进行整顿，"遣官核去虚额，栈闭助〔卓〕筒二千有奇，申严合同场旧法，禁斤重之逾格者，而重私贩之罚"。这样虽减轻了井户的负担，但大量封闭卓筒井，使井盐产量减少，"盐直由是顿昂"，故"井户稍舒，而民始食贵盐矣"。④ 南宋之世，盐与酒始终是四川人民的重害。

---

① 《宋史》183《食货志》，《朝野杂记》甲集卷 14。
② 《系年要录》75，绍兴四年四月庚辰。
③ 据《通考》卷 16。《朝野杂记·蜀盐》记载与此不同，为"蜀盐自祖宗以来……总为八十万缗"。
④ 《朝野杂记》乙集卷 14《蜀盐》。

第十二章 宋代四川井盐的发展和盐政

第五节　井盐在经济和政治生活中的地位

宋人曾经指出，"蜀之所产者茶盐"。① 井盐在宋代四川经济和政治生活中都占有极其重要的地位。

在经济上，井盐生产的发展促进了社会经济的发展。

井盐作为人们生活必需的重要产业部门，它的发展为整个社会创造了巨大的物质财富，为保证人们生活的需要和社会的安定都创造了重要的条件。宋代四川井盐所创造的物质财富，按南宋初年年产 6000 万斤，每斤盐值 2 斗米计算，约相当于 1200 万石米的价值，这对当时只有 1000 余万人口的四川来说，确实是一笔十分可观的财富。这笔巨大的物质财富，既为封建政府提供了巨额的财政收入，也为相当多的人提供了劳动就业的机会和生活来源，特别是为那些"他州别县浮浪无根著"的失业农民和土地贫瘠而又出产井盐地区的贫苦农民解决了生活来源。生产井盐，不但需要井户、盐匠，而且需要砍伐柴薪的农民、贩卖井盐的盐商和搬盐的脚夫。这一大批直接间接从事井盐生产和销售的人们及其家属的生计都与井盐生产息息相关。反之，食盐供应不足，又会在相当大范围内影响人们生产生活的正常进行。因此，井盐生产的盛衰，会在整个社会经济生活中引起连锁反应。无论是出现食盐供应危机或是井盐生产者和经营者的生存危机，都将影响整个社会的安定，破坏经济的发展。宋代四川社会一直较为安定，经济一直向前发展，显然是同井盐业的发展保证了食盐供应和众多劳动群众的生产就业分不开的。

在宋代，井盐生产地区往往是经济发达的地区。陵州（今四川仁寿）产盐，致"家有盐泉之井"，"郡之盐利，冒于西蜀"。②"国家亦殊仰其所利，以赡给诸郡。"③ 富顺监产盐，致"邦赋弥崇，人以是聚，国以是富"，"百姓得其富饶"，商旅辐辏，"奠梁蜀之东，为水陆之会"。④ 大宁监（今重庆巫溪）产盐，

---

① 吴昌裔：《论救蜀四事疏》，《名臣奏议》卷 100。
② 《舆地纪胜》卷 150。
③ 《丹渊集》卷 34《奏为改陵州州名状》。
④ 《舆地纪胜》卷 167。

"一泉之利，足以奔走四方"①，使地处深山绝壁，乱石萦绕，僻在夔峡，土地所产不及他郡的夔州（今重庆奉节），成为川东最富之地。以上是产盐较多的地区。产盐较少的地区，井盐生产也使当地经济繁荣起来。荣州（今四川荣县）产盐，陆游在《晚登横溪阁》诗中说当地是"卖蔬市近还家早，煮井人忙下麦迟"。② 居民亦盐亦农，展现出一派繁荣景象。涪州（今重庆涪陵）武龙县白马津东 30 里，在北宋康定年间发现盐泉，"于忠州迁井灶户十余家，教以煮盐之法，未几有四百余灶，由是两山林木芟荞悉成童山"。③ 昔日的山间穷野，顷成繁华之地。宋朝政府还在白马津设置商税务，岁收商税达 4151 贯之多。④

井盐生产对封建社会内部商品经济的发展更起了重大的推动作用。生产和经营井盐的人们，既是商品生产者，又是商品消费者。他们不耕不织，以盐易衣食。特别是专门从事井盐生产的大宁监等地，"民家子弟，壮则逐鱼盐之利，富有余资，辄以奉祀鬼神，他则不暇知耳"。⑤ "田赋不满六百石，藉商贾以为国"，"吴蜀之货，咸萃于此"。⑥ 当地居民吃的穿的用的全靠外地贩运而来。这就打破了为需要而生产的自给自足的框框，促进了农副产品和地区与地区之间工农业产品的商品交换，加速了商品经济的发展。在生产上也不再局限于自给自足的原则，而是根据市场的需要来决定生产什么和生产多少。哪些产品需要量大，利润高，土地、资金和劳力就往哪里流动和集中。因而宋代四川的富豪和地主，不仅把财富集中于土地和粮食的买卖，而且也投资于井盐的生产。苏轼就说，邛州蒲江县井，乃祥符中民王鸾所开，利入至厚。⑦ 当时蜀中的刘氏宗人等皇亲国戚，也横行于蜀，夺民盐井。泸州大姓王蒙正还想承包泸州的盐课，以独占井盐之利。⑧ 这些豪民经营的盐井，完全是按商品生产的原则进行的，具有资本主义萌芽的色彩，更是对封建自然经济的巨大冲击。

在财政上，井盐课税是国家的重要财源。

---

① 《舆地纪胜》卷 181。
② 《剑南诗稿》卷 6。
③ 《舆地纪胜》卷 174。
④ 《宋会要·食货》16 之 20。
⑤ 《蜀中广记》卷 57。
⑥ 《舆地纪胜》卷 181。
⑦ 《东坡志林》卷 4《筒井用鞴法》。
⑧ 《蜀中广记》卷 66。

第十二章　宋代四川井盐的发展和盐政

自唐大历末年，盐利收 600 余万缗，"天下之赋，盐利居半"①，盐课就成为封建国家重要财赋来源。宋代盐课收入更急剧增加，军国大计都仰赖于盐利收入，盐课成为两宋政权重要的财政支柱。但宋代"财赋之源，煮海之利，实居其半"。②"以蜀、广、浙数路言之，皆不及淮盐额之半"。③ 四川的盐利收入在宋朝中央政府的财政收入中不占重要地位，"自赡一方之用，于大农国计不与焉"。④ 盐利所得专供川峡四路地方各项财政经费开支。

一是属于川峡四路上供朝廷绢帛、金银的经费来源之一。北宋时期四川井盐课利每年绢"十二万二百八匹"，绅"三万九千五十五匹"，丝锦"七万一千九百三十一两"。⑤ 总计绢绅近 16 万匹，占当时蜀中上供的绢的 1/2 以上。⑥ 四川地方政府上供给朝廷的金银，主要是用盐课收入折纳的。因此宋初官府就规定井户输纳盐课或商人买盐，都必须按课额或盐价的五分折纳银绢，二分折金。这种规定给人民带来了很大的灾难。太宗至道三年（997）九月曾下诏盐酒课利"只令送纳见钱，不得更折金银匹帛。如官中阙用，即转运司合收买州、军，依本处见卖时价，置场收买，仍取情愿，不得抑勒及亏价钱"。⑦ 但是，这个诏令并未执行。仁宗康定元年（1040）淮南提点刑狱郭维建议"川峡素不产银，而募人以银易盐，又盐酒场主者亦以银折岁课，故贩者趋京师及陕西市银以归，而官得银复辇置京师，公私劳费。请听入银京师榷货务或陕西并边州、军，给券受盐于川峡，或以折盐酒岁课，愿入钱，二千当银一两"。这个建议虽得到朝廷同意，但终因蜀盐价贵，只行销四川境内，不行销陕西地区，兼之川陕路途遥远险阻，盐商不愿至京师或陕西专程买银入纳，再于川峡领盐出卖，结果是"入银陕西者少"⑧，收效甚微，还是保留盐课折银的规定。夔州路转运使仍"持盐数十万斤，课民易白金"。⑨ 只是在南宋孝宗时期赵不百任夔州路转运判

---

① 《通考》卷 15《征榷考》。
② 《宋会要·食货》27 之 33。
③ 《宋史》卷 182《食货志》。
④ 《通考》卷 16《征榷考》。
⑤ 《宋会要·食货》64 之 4。
⑥ 《朝野杂记》乙集卷 16《四川桩管钱物》载："蜀中上供，正赋之外，惟有三路绢纲三十万匹，布纲七十万匹。"
⑦ 《宋会要·食货》36 之 4。
⑧ 《宋史》卷 183《食货志》。
⑨ 《宋史》卷 426《赵尚宽传》。

官,"民病上供银","乃出钱市羡盐数十万斤,易米得三万余斛,运抵湖北,市银以归,代诸郡纳上供银"。①淳熙六年(1179)夔州路转运判官韩隐将大宁监盐课羡余之钱买金银,发纳总领所和茶马司,免九州民间上供金银,才一度缓和了人民用银折纳盐课的困苦。②

二是川峡四路负担中央和地方军费的重要来源。在宋代,四川驻军的食盐和部分钱帛粮秣都是由盐利开支的。自从丁谓在真宗景德年间任夔州知州,见峡路各处屯兵,调发资粮,甚为扰民,而积盐甚多,乃募商人输粟,按市价以盐抵偿,解决了夔州路地区军粮缺乏的困难,于是相沿为例,将大宁监的盐利收入作为籴本,应付一路军粮。③太宗淳化四年(993)王小波、李顺领导的农民起义席卷全川,京师震动,朝廷抽调大军由陕西入蜀镇压,并由陕西运粮入川以济军食。因其山路险阻,军粮不济,到淳化五年(994)九月,成都屯兵三万,而无半月之食,军心动摇,惊恐不安。知益州张咏"访知民间旧苦盐贵,而私廪尚有余积,乃下盐价,听民得以米易盐。民争趋之,未逾月,得米数十万斛","计军食可支两岁",解决了军粮供应。④宋朝对外战争要四川负担的军需,四川政府也往往用井盐课利筹集。仁宗康定、庆历年间,在防御西夏的战争中,陕西军食不足,就令商人于陕西沿边入中刍粮,以大宁监食盐抵偿。"刍粟虚估高,盐值贱,商贾利之。"后来战争停止,而入中如故。夔州路转运使蒋贲认为入中十余年,虚受夔盐计值20余万缗,而陕西用解州池盐课利已使军储有备,便呈请朝廷废除用蜀盐支付陕西军费的规定。⑤神宗时期王韶经营熙河,熙河驻军的部分粮饷,也曾令商人入纳银钱、粮草,请射大宁监和开、达、忠、万、涪州及云安监(今重庆云阳)盐钞,长达十年之久。⑥南宋时期,川陕前线近10万大军的部分军费,也是用井盐课利解决的。《朝野杂记》甲集卷17记:"四川总领所赡军钱并金帛,以绍兴休兵之初计之,一岁大约岁费二千六百六十五万缗",其中"三百七十五万缗盐课"。井盐课利竟解决了南宋川陕战场

---

① 《宋史》卷247《赵不百传》。
② 《续资治通鉴》卷146。
③ 《宋会要·食货》25之13~14。
④ 《长编》卷36,淳化五年九月。
⑤ 《宋史》卷183《食货志》。
⑥ 《宋会要·食货》24之30。

全部军费的 14%。

此外，宋代地方官员的公使钱、铸钱监的本钱、兴办学校的赡学费、犒设官员的经费和地方三载郊礼、颁赏军校等各项财政开支，也往往取之于井盐课利收入。故蜀中官井和民井盐课，有的直接隶各路转运司，有的直接拨归总领所，作为地方财政部门的经费来源。《宋会要·食货》23 在记载神宗时期卓筒井盐收入时就明确指出："收到钱系应付逐路支用，即不见支使寔名。"

在政治上，井盐是维持四川地区民族关系的重要物质手段。

四川是少数民族聚居区，井盐主要分布在四川盆地汉区并为封建政府控制，盆地四周少数民族的食盐必须仰赖封建政府供应。其中，成都府路黎州（今四川汉源）大渡河以南的少数民族尚可部分食用大理食盐，利州路龙州（今四川江油）等地的少数民族可以通过多种途径食用陕盐，夔州路的施（今湖北恩施）、黔州（今重庆彭水）和潼川府路的叙（今四川宜宾）、泸州等地的少数民族则必须全部食用四川的井盐。因此，在夔州地区和泸南地区，宋朝四川政府同少数民族之间的井盐纠纷，常常是民族矛盾尖锐、干戈不息的重要原因。

在夔州路地区，施、黔等地的少数民族，为了同宋朝政府争夺井盐，在太宗和真宗两朝都经常骚扰边境，杀害官民，迫使宋朝只得屯兵施、黔州加强防御，以防不测。"岁仰他州馈饷，峡民甚苦之"。① 到真宗咸平五年（1002）权知施州寇瑊、巡抚使侯延赏、夔州路转运使丁谓等人呈请真宗同意，决定满足夔州地区少数民族的食盐需要，"诏以盐与之，且许其以粟转易"。② 于是"群蛮感悦"，说："天子济我以盐，我愿输以兵食。"并且相互誓约："自今有入寇者，众杀之。"③ 宋朝官员妥善处理了井盐纠纷，平息了少数民族的骚动。自此以后，夔州路井盐"则并给诸蛮，计所入盐直，岁输缗钱五分，银、绸绢五分。又募人入钱货诸州，即产盐厚处取盐，而施、黔并边诸郡，并募人入米"④，以此解决了军食。后来宋朝政府还在夔州路地区支付井盐，招募当地汉人和少数民族充当义军、土丁、壮丁镇守边寨，对"有为恶蛮人能率属归投者，署其首

---

① 《长编》卷 52，咸平五年七月己亥。
② 《宋史》卷 496《蛮夷四》。
③ 《长编》卷 52，咸平五年七月己亥。
④ 《宋史》卷 183《食货志》。

领职名，月给食盐"①，通过一整套用井盐对少数民族进行羁縻统治的政策来增强民族团结，消除和防御少数民族的进扰。这些由山区的汉人和少数民族组成的土丁、义军，吃苦耐劳，熟悉山区道路，不仅有效地制止了夔州地区的民族冲突，使北宋中期以后，夔州地区无干戈之扰，而且成为宋朝同四川境内其他地区少数民族作战的重要武装力量。"施、黔比近蛮，子弟精悍，用木弩箭药，战斗趫捷，朝廷尝团结为忠义胜军。其后，泸州、淯井、石泉蛮叛，皆获其用。"② 他们在同少数民族作战中的地位和作用从政和中"茂州蛮叛"一事可以看出。蜀人苏元老致成都帅周焘的书中指出："此蛮（指茂州蛮）跳梁山谷间，伺间窃发。彼之所长，我之所短，惟施、黔两州兵可与为敌。若檄数千人，使倍道往赴，贤于官军十万也。"③ 果然，这次茂州少数民族的反叛，正是调发夔州少数民族义军配合官军战斗才平定的。于此可见，井盐对维持夔州地区民族友好和保障四川的安宁都是起了极其重要的作用的。

在泸南地区，井盐对民族关系的影响更为复杂和重要。泸州辖地的"淯井监深在溪洞"④，位于少数民族腹心之地。宋朝政府同泸南少数民族争夺淯井盐利，经常发生武装冲突。"淯井牢盆之利，汉夷争之，乍服乍叛，迄于政和，百二十余年，一方骚扰，国用虚縻"。⑤ 其中规模较大的战争就有：

真宗大中祥符元年至三年（1008～1010），泸州江安县少数民族争夺盐井，发动武装叛乱，杀伤内属户，害巡检任赛。宋朝从陕西、夔州等地抽调官兵3000人，分三路大举深入讨伐，才使参加反叛的少数民族"震慑伏罪"。⑥

大中祥符六年（1013），晏州（今四川兴文）多刚县"夷人"斗望率众劫淯井监，夺盐井，杀官吏，掠资畜，民皆惊扰，走保戎州（今四川宜宾）。梓州路转运使寇瑊急忙赶到富顺监，令诸州巡检会兵江安县，并亲自转赴戎州，尽取公私舟船百余只，载粮草，张旗帜，击铜锣鼓吹，自江而下，合两路兵于江安。寇瑊一面招安近界少数民族，告以大军将至，勿与斗望同恶，并给盐、酒食、

---

① 《长编》卷 76，祥符四年十二月壬寅。
② 《宋史》卷 496《蛮夷四》。
③ 《宋史》卷 339《苏辙传》附《苏元老传》。
④ 《宋会要·番夷》5 之 16。
⑤ 蒲果：《忠祐祠记》，《四川通志》卷 35。
⑥ 《宋史》卷 496《蛮夷四》，《宋会要·番夷》5。

第十二章 宋代四川井盐的发展和盐政

针梳、衣物等，与其立誓共同讨伐斗望；另一方面上报朝廷，指出"夷人尝于三年春烧淯井监，杀吏民，既赦贷其罪，复来寇边……若不讨伐，则戎、泸、资、荣、富顺监诸夷竞起为害矣"。朝廷采纳了他的建议，发陕西兵3000人及昌、泸、富顺白芳子弟6000人，沿淯井溪兴师讨伐。斗望万余众与官军相战十一阵，兵败而降。寇瑊藉降卒之勇悍者千余人，分五部以隶禁军，使守淯井监。又建寨棚，挖城壕，加强防御工事，同时允许少数民族到淯井监市马，按戎州价付给马值，才把这次骚乱镇压下去。①

皇祐元年（1049），"夷众万余人复围淯井监，水陆不通者甚久"。宋朝命知益州田况率梓、夔两路官兵2万人镇压，官兵死亡甚众。经过几个月的战斗，始告平息。②

神宗熙宁六年（1073），晏州山外少数民族"自淯井监入寇"，宋朝命熊本率兵镇压。这次大规模的旷日持久的对"泸夷"的讨伐战争，历时八年，到元丰四年（1081）才最后结束。"自是泸夷震慑，不复为边患"。③从太宗开始，经真宗、仁宗、英宗、神宗五期，历时一个世纪的宋朝同泸南少数民族争夺淯井监的大规模战争，至此才基本结束。

宋朝同泸南少数民族争夺盐井的战争，是宋代四川社会政治生活中的重大事件。战争给四川人民带来了痛苦和灾难，增加了地方政府的财政负担，减少了盐利收入，并且影响了社会的安定，同时还削弱了宋朝在西北抵抗辽、金、夏政权的力量，间接影响了整个宋朝的安危。南宋绍兴五年（1135）知普州喻汝砺就曾指出："自总领司行盐酒之策，失羌夷之和，于是叙州诸羌，攻陷诸寨，官吏歼夷，百姓奔遁。若使金人搏其胸，诸羌犄其背，四川老孺，何所遗死耶？况黎、雅、石泉所在诸羌，山谷联绵，径道秦、陇，倘使金人乘诸羌怀怨之隙，啖以金帛，约以攻我，不知何以御之？"④所以宋朝为了维护它局部和整体的利益，对因井盐纠纷而引起的战争极为重视，在坚决进行军事镇压，防止战争蔓延和扩大的同时，也照顾少数民族对井盐的需要和利益，把井盐作为对少数民族进行羁縻和招抚的物质手段：在泸南开放食盐贸易，促进汉族和少

---

① 《宋史》卷301《寇瑊传》，并见卷496《蛮夷四》，《宋会要·番夷》5。
② 《宋史》卷496《蛮夷四》。
③ 《宋史》卷496《蛮夷四》。
④ 《系年要录》卷94，绍兴五年十月。

数民族的经济交流；向少数民族收买煮盐柴薪，增加他们的经济收入；对担任宋朝官职的少数民族首领，则定期无偿犒设馈赠食盐等物，其中蕃部大巡检使"每年支盐一千斤，彩绢四十匹"。① 地处少数民族地区的淯井监，每年还专门拨出相当数量的井盐，专作犒设少数民族之用。绍兴十六年（1146）淯井监实产盐 419400 斤，内犒设就占了 33600 斤，占产盐数的 8％。② 这种用井盐来优待少数民族的政策，逐步改善了民族关系，到南宋时期，泸南地区就基本上没有发生因争夺盐井而引起的民族矛盾。

在文化上，井盐生产的发展也促进了文化教育事业的发展。

井盐生产推动了当地的经济发展，改善了人们的生活条件，使更多的人能上学读书。同时，盐利收入又为当地政府提供了兴办学校的经费，使这些地区的文化教育事业得以发展。宋人就说：陵州"仙井咸泉所出尤多，而贵人亦尤多。至今显宦名儒，相继不绝"。仙井县的苏易简和绵州（今四川绵阳）盐泉县的何栗，都官至宰辅。夔州地区原为经济落后之域，刀耕火种，迷信鬼神。云安监是"旧传三牛对马岭，不出贵人出盐井，土人用是不以仕进为业，唯货利之从"。③ 随着井盐业和其他商品经济的发展，人民生活得到改善，加之地方官员提倡兴学，到北宋末年，夔州地区已是"业儒者日益于前，登名士版者方兴未艾"④，文化教育事业得到蓬勃发展。

总之，宋代四川井盐生产，在井盐生产者的共同努力下，无论是井盐的产区、井盐的产量，还是井盐的生产技术，都较前代有了长足发展。宋代井盐生产的发展，对满足人口增长的食盐需要，繁荣社会经济，推动商品经济的发展，都起了重要作用。官府通过对井盐的官营、征课、榷禁专卖，征收了大量的盐课，既保证了财政的需要，又利用对井盐的控制垄断，对少数民族进行羁縻统治，从而在政治上、军事上维持了在四川的统治。但是，大量盐课的征收，既掠夺了井盐生产者创造的物质财富，又使广大的食盐消费者受到沉重的剥削，以食盐为艰，盐课之重成为宋代蜀中之害。

---

① 《宋会要·番夷》5 之 39。
② 《朝野杂记》甲集卷 14《蜀中官盐》。
③ 王日犟：《云安监劝学诗序》，《宋代蜀文辑存》卷 64。
④ 《舆地纪胜》卷 181。

第十三章 宋代四川其他手工业的发展

宋代四川农业经济的发展,也推动了酿酒、制糖、造纸、印刷、陶瓷和矿冶、造船等工业部门进入一个新的历史阶段,取得了前所未有的成就。

第一节 酿酒和酒政

酿酒需要粮食,随着农业的发展,宋代四川酿酒业也得到空前发展。官府的酒课收入增多,对酒的专卖也特别严密。

一、酿酒业的发达

四川酿酒有悠久的历史,巴蜀的五加皮酒、剑南的春酒、云安的巴乡酒、郫县的郫筒酒、青城山的乳酒、嘉州的东岩酒等等,都享有盛名。杜少陵《谢严中丞送青城山道士乳酒》诗云:"山瓶乳酒下青云,气味浓香幸见分。鸣鞭走送怜渔父,洗盏开尝对马军。"至今青城乳酒仍为四川名产。苏轼《送张嘉州》诗云:"但愿身为汉嘉守,载酒时作凌云游……笑谈万事真何有,一时付与东岩酒。"宋代四川酿酒的技术和酒质有所提高,酒的品种增多。四川酿酒业的发展,还表现在酿酒数量的增加,酿酒业的兴盛和发达上。

宋代的酒是专卖物品,官府设置酒务,管理酒的酿造、贩卖和课税收入,因而酒务和酒课数量在很大程度上就反映了当时酿酒业的发展状况。《宋会要·食货》19记载了熙宁十年（1077）前和熙宁十年全国各地的酒务和酒课收入数，现列表于后，以观其时四川各地酿酒业的发展状况。

表13-1　熙宁十年前和熙宁十年四川酒务和酒课数

路名	州名	熙宁十年前			熙宁十年		
		酒务数	课额（贯）	其他	酒务数	课额（贯）	其他
成都府路	成都府	28	439779		28	44286	
	眉州	16	72502	布1608匹	16	7266	布1608匹
	蜀州	8	99421		8	13220	
	彭州	8	86383		8	14300	
	绵州	14	118607		14	10902	
	汉州	19	175567		19	17557	
	嘉州	3	92325		3	9282	
	邛州	19	128854		19	13106	
	黎州		无定额				
	雅州	7	9462		7	946	
	茂州		无定额				
	简州	15	42220		15	3922	
	威州		无定额				
	陵井监	20	14223		20	1163	
	永康军	8	19026			废	
	小计	165	1298369	布1608匹	157	135950	布1608匹
梓州路	梓州	18	135288		18	13517	
	遂州	4	99922		4	9454	
	果州	2	102584		2	13090	
	资州	16	39806		16	4561	
	普州	43	24237		43	2454	
	昌州	4	10451		4	1162	
	戎州	3	512			无定额	
	泸州		无定额		不详	6432	
	合州	9	80837		9	8135	
	荣州	6	13449		6	1338	
	渠州	1	24210		1	2454	
	怀安军	12	37093	布4420匹	12	3853	布1420匹
	广安军	3	29104		3	2914	
	富顺监				不详	1027	
	小计	121	597493	布4420匹	118	70391	布1420匹

续表

路名	州名	熙宁十年前			熙宁十年		
		酒务数	课额（贯）	其他	酒务数	课额（贯）	其他
利州路	利州	6	19743		6	买扑 1982	
	阆州	42	101000		42	买扑 9195	
	剑州	3	36962		3	买扑 5730	
	巴州	14	7470		14	买扑 1050	银 126 两
	蓬州	7	13795		7	买扑 1296	
	龙州	3	3742		3	买扑 358	
	剑门关		无定额				
	集州	2	2242			废	
	壁州	3	1109			废	
	兴元府	36	67800			买扑 9360	
	洋州	5	15419			买扑 2610	
	文州	1	6443			买扑 1129	
	兴州	1	18320			买扑 2241	
	三泉县	1	12311			买扑 1597	
	小计	124	306356		75	36548	银 126 两
夔州路	忠州	1	1736			无额	
	万州	1	1347			无额	
	渝州	4	1736			无额	
	大宁监	1	421			无额	
	小计	7	5240			无额	
合计		417	2207458	布 6028 匹	350	242889	布 3028 匹 银 126 两

此外，茂州、威州、黎州、泸州、富顺监、夔州、开州、黔州、云安军、梁山军、施州等地，或因土荒民少，经济落后，或因"汉夷杂居"①，这些地区没有实行酒禁，设置酒务，固定征收酒课。

从四川各地酒务的设置和酒课的收入中，可以看出宋代四川的酿酒业以当

---

① 《宋史》卷 353《蒲卣传》。

时人口最多、经济最富庶的成都府路最为发达。成都府路在熙宁十年前有酒务165务，占四川酒务总数的40%；酒课129万余贯，占四川酒课总数的59%。熙宁十年成都府路有酒务157务，占四川酒务总数的45%；酒课13万余贯，占四川酒课总数的56%。其次为梓州路，熙宁十年前有酒务121务，占四川酒务总数的29%；酒课59万余贯，占四川酒课总数的27%。熙宁十年梓州路有酒务118务，占四川酒务总数的33%；酒课7万贯，占四川酒课总数的29%。再次利州路，熙宁十年前有酒务124务，占四川酒务总数的30%；酒课30万余贯，占四川酒课总数的14%。熙宁十年利州路有酒务75务，占四川酒务总数的21%；酒课3万余贯，占四川酒课总数的15%。经济最为落后的夔州路，熙宁十年前有酒务7务，占四川酒务总数的2%；酒课5000贯，只占四川酒课总数的0.2%。熙宁十年，官府废除夔州路的酒禁，不立课额。这种情况，在南宋亦大体相同。夔州路也曾实行榷酒，但岁收钱只42900余贯。因其收入数少，绍兴二十六年（1156）郑亨仲任宣抚副使时就废除夔州路的酒禁，不征酒课。这说明宋代四川的酿酒业同经济发展的水平是密切联系的。一般来说，经济发达的地区，酿酒业也比较发达；经济落后的地区，酿酒业也比较落后，所能征收到的酒课也不会太多。当然，在不征收酒课的夔州路，亦并非全境的酿酒业都落后，某些地区也相当发达。如夔州一带的粟酒就非常有名，云安的酿酒业也很发达，范成大就说："云安酒浓曲米贱，家家扶得醉人回。"[1] 夔州路不征收酒课，除经济和酿酒业落后外，还有"川峡不榷酒，河北不禁盐"[2] 等政策上的原因。

根据《通考》卷17记载，熙宁十年前全国共设酒务1839个，四川有酒务417个，占全国酒务数的23%。至于四川酒课收入在全国酒课中的比重，据文献记载，宋朝全国的酒课收入，不包括少量的绢帛等实物，熙宁十年前为1506万贯，四川酒课收入为220万贯，占全国酒课的15%。熙宁十年四川酒课24万贯，不足全国酒课的2%。收入与比重降低的原因主要有二：重新定额，减酒课，并将利州路酒务全部买扑承包，改为民营；夔州路废除征课，不立定额。从北宋时期四川在全国所占的土地面积和所占的人口比例较之，熙宁十年前，

---

[1] 《范石湖集·诗集》卷16《夔州·竹枝歌九首》。
[2] 《宋史》卷298《燕肃传》附《燕度传》。

四川酒务的设置和酒课的收入均在全国平均水平之上。这说明北宋时期四川的酿酒业在全国说来还是较为发达的。南宋时期，绍兴末年，"东南及四川酒课一千四百余万缗"。① 建炎中，四川的酒课，合官民之入，总为缗钱140万缗。赵开行隔槽酒法，建炎四年（1130）岁课增至690万余缗。② 孝宗时，"通四川酒额遂至五百余万缗"。③ 宁宗嘉泰二年（1202）前，"今累减之余，犹为缗钱四百一十余万"。④ 这说明南宋时期，四川酒课已占全国酒课收入的28%～49%，酿酒业的发展更是居于全国的前茅。

二、酒的产销统制

酒是专卖品，产销完全由政府统制。为了加强对酒的生产的统制，官府对造酒原料——酒曲的控制极严，除官府造曲售卖外，概不许民间从事酒曲的制造和售卖，即"三京官造曲，听民纳直以取"。⑤ 四川造曲亦是官造官卖。"开宝二年九月诏：西川诸州卖曲价高，可以十分中减放二分"。到太平兴国中，"官置酒酤"，并增长曲价。太平兴国七年（982）八月，"依旧造曲市与民，其益州岁增曲钱六万贯并除之"。⑥ 但是，除未实行酒禁的地区居民可以买曲酿酒外，其余实行酒禁的地区则只有官府特许的酒户才能买曲酿酒。

对酒的产销统制，则分为官酿官卖和民酿民卖两种。

官酿官卖，即从酿造到贩卖都由官府独占。《宋史·食货志》记："宋榷酤之法，诸州城内皆置务酿酒，县、镇、乡、间或许民酿而定其岁课，若有遗利，所在乡请官酤。"即在州城内和酒利较多的县镇乡村都设酒务，由官府酿酒卖酒，所以酿酒业主要是官府经营的。这些酒务都委派官员专管或由当地官员兼管，由政府供给米粮，雇用酒匠或派厢兵充当酿酒工役，规定每年上缴中央和地方的课额。酒利收入超过课额，按增加的多少，给予主管官员一定的奖赏。据《续资治通鉴长编》卷487载，元祐七年（1092）七月苏轼说："酒务监官，

---

① 《朝野杂记》甲集卷14《景祐庆历绍兴盐酒税绢数》。
② 《朝野杂记》甲集卷14《四川酒课》。
③ 《宋史》卷385《葛邲传》。
④ 《朝野杂记》甲集卷14《四川酒课》。按《朝野杂记》甲集成书于嘉泰二年（1202），"今累减之余"，应为嘉泰二年前之数。
⑤ 《宋史》卷185《食货志》。
⑥ 《宋会要·食货》20之3。

年终课利，计所增给二厘；酒务专匠，年终课利，计所增给一厘。"可见其时主要以物质奖赏为主。到南宋时期，奖赏则以缩短官员晋升年限为主。到绍兴二十四年（1154），宋朝还专门制定了四川主管酒务官员依据在任内增加酒课收入减少"磨勘"年限的具体办法。① 这些为增加酒课收入而制定的种种优厚的奖赏办法，虽然增加了官府收入，但助长了酒务监官的百般聚敛，以希求恩赏。

民酿民卖，即规定课额，征收酒户酒税，允许买扑承包的酒户有开坊置铺、酿酒卖酒的专卖权。史料记载，宋代四川地区最早允许民酿民卖的人户，主要是"主持重难事务"的"衙前"。② 这是因为担任衙前职役的富户"主典府库或辇运官物"，事务繁重，责任重大，偶有差错，必须赔偿，以致"往往破产"。③ 故而特许他们缴纳岁课，买扑酒坊，自酿自卖，以示补贴和优待。因此，不许他人"加价划扑"。但这种专许衙前酿酒卖酒的办法，至迟在熙宁九年（1076）前已经修改，不再施行。修改后的买扑酒坊办法是：一、把原来只由衙前买扑承包的酒坊，改为允许"诸色人于课外管认净利钱"，加价划扑，造酒酤卖。二、买扑酒坊自酿自卖的酒户，必须召具保人，如期缴纳酒课；酒户酤卖不行，拖欠酒课，须以家产赔填，或由保人赔纳。三、买扑酒户故作弊端，不纳酒课，隐瞒财物，改姓冒名，置买田土，推委保人赔纳，则于法外刺配，判处徒刑。④ 这些规定把民酿民卖的专卖办法进一步完善起来，目的在于防止逃避酒课，保证增加酒课收入。

南宋建炎三年（1129），赵开为解决川陕驻军的军费，对酒的专卖办法进行改革，行隔槽酒法："自成都始，先罢公使卖供给酒，即旧买扑坊场所置隔槽，设官主之。曲与酿具，官悉就买。听酿户各以米赴官自酿。凡一石米输钱三千，并头子杂用等二十二。其酿之多寡，惟钱是视，不限数也。明年遂遍行

---

① 《宋会要·食货》20 之 20 记，绍兴"二十四年正月三十日诏：四州〔川〕酒务监官，今后四万三（万）贯以上场务，增及一倍，减一年磨勘，二倍减二年磨勘，三倍减三年磨勘，四倍减四年磨勘；二万一万贯以上场务，增及一倍减三季磨勘，二倍减一年半磨勘，三倍减二年磨勘，四倍减三年磨勘；七千贯以上场务，增及一倍升三季名次，二倍减一年磨勘，三倍减一年半磨勘，四倍减二年磨勘；七千贯以下场务，增及一万贯，减一年磨勘，二万贯减二年磨勘，三万贯减三年磨勘，四万贯减四年磨勘"。
② 《宋会要·食货》20 之 6。
③ 《宋史》卷 177《食货志》。
④ 《宋会要·食货》20 之 9。

第十三章 宋代四川其他手工业的发展

四路。"①

赵开隔槽酒法的特点，在于把官府和买扑酒户所垄断独占的酿酒业，扩大为任何人只要纳钱就可经营的酿酒业，以此来刺激酿酒业的发展，保证酒课的增加，并且借此来革除官酿官卖导致的贪污谋私、经营腐败和买扑酒坊逃避酒课等弊病。同时，还扩大禁酒地区，在不征收酒课的夔州路地区也征收酒税。赵开提出的酒的产销专卖办法极其简单，又省去官府筹措米粮、雇用酒匠、酿酒卖酒和召人买扑酒坊、征收酒课的种种事务，只备酿酒工具和酒具，派官管理民户入米纳钱酿酒。于是岁课从原来的140万缗，递增至690余万缗。"凡官隔槽四百所，私坊店不与焉"。②

但是，赵开的隔槽酒法，"行之既久，酿卖亏欠，则责入米之家认定月额，不复核其米，而第取其钱，民始以为病"。绍兴二十六年（1156）知荣州安仁费廷直建议修改赵开酒法，潼川府转运判官王瞻叔亦"独请罢三州（路）官监隔槽二百三十余务，许买扑，省官吏冗食以便民。明年，诏许之"。③ 其后扑买又改为官监，终因赵开隔槽酒法，"盖以纾一时之急，其后行之诸郡，国家赡兵，郡县经费，率取给于此。故虽罢行、增减，不一而足，而其法卒不可废云"。④

三、酒课与国计民生

宋朝征收酒税，往往视财政需要而定其课额的多少。宋初财用充足，故酒税收得少，以后冗官、冗兵、冗费日多，酒课就征收得越来越多。南宋陈止斋就说："国初诸路未尽禁酒，吴、越之禁，自钱氏始。而京西禁，始太平兴国二年。"闽广在南宋尚不征收酒税。就是在实行酒禁的地区，征收酒税的法令、制度也不严密。太宗淳化四年（993）诏令"诸州以茶、盐、酒税课利送纳军资府，于是稍严密矣"。真宗咸平四年（1001）才规定了诸州每年应征的课额，但"藏之州县而已"。庆历二年（1042）"初收增添盐、酒课利钱，岁三十七万四千一百三十余贯上京"，才开始了酒税上供中央。此后更不断增加税率和增加酒价，有熙宁五年（1072）的"熙宁添酒钱"，崇宁二年（1103）和崇宁五年

---

① 李焘：《赵侍制开墓志铭》，《碑传琬琰集·中集》卷32。
② 《朝野杂记》甲集卷14《四川酒课》。
③ 《朝野杂记》甲集卷14《四川酒课》。
④ 《宋史》卷185《食货志》。

(1106)兴办学校的"崇宁赡学添酒钱",政和五年(1115)增添无额上供的"政和添酒钱"。南宋王朝的财政危机严重,更是随时增加酒课,增涨酒价,有建炎四年(1130)的"建炎添酒钱"和绍兴元年(1131)的两次添酒钱。添酒钱的数额愈来愈多,酒价提高的幅度愈来愈大,由北宋时期每升添钱一二文至三四文不等,到南宋时期已是一次每升添钱30至40文以上。北宋时期每次添价都要上报朝廷批准,到南宋时期已是由州郡自行增价。绍兴三年(1133)每升酒"作一百五十文足,以其钱起发"上供。其后绍兴五年(1135)至绍兴九年(1139),以及绍兴十一年(1141)都曾增添酒钱,增涨酒价。所以陈止斋说:"酒政之为民害,至此极矣。"① 这些新添增的酒课,或作州郡经费,或由提刑司保管以备他用,或上供中央,或应付川陕军费。总之,无论中央或地方的经费,相当部分都用增添酒税来解决。

宋代四川的酒课增加情况,与全国大致相同,仍然是北宋较少而南宋特多。故南宋人曾说:"四川财赋利源,大者不过盐酒。"② 但是,在四川的盐、酒税中,都是以酒课收入特多。从四川的全部收入来看,绍兴五年(1135)"四川收钱物,总三千三百四十二万缗",如以建炎四年(1130)酒课690万缗计算,酒税收入占了四川全部财赋收入的1/5。如果按"四川总领所赡军钱并金帛,以绍兴休兵之初计之,一岁大约二千六百六十五万缗,其五百五十六万缗酒课"③ 计算,四川的酒课则占了四川全部军费开支的1/5以上。于此可见,南宋四川的酒税,在四川财政上是占有极其重要的地位的。

这笔庞大的酒税,自然落在四川的百姓身上。当然,酒税并非按人口平均征收,而是按饮酒的多少来征收。表面看来,有钱人饮酒多,纳税就多,穷人饮酒少,纳税就少,似乎是有利于贫者,不利于富者。其实不然。富者每人饮酒数量虽多,但因其人数少,酒的总消费量也少,故其在酒课总额中的纳税比重也小。贫者虽不能享用"斗酒千金"的美酒,但祭祖宗,祀鬼神,男婚女嫁,迎亲送友,生老病死,舒筋骨活血脉,消疲劳治疾病,又不能不饮酒。他们每个人饮酒量虽小,但其人数多,故酒的消费量也多,在酒课总额中的纳税比重

---

① 均见《通考》卷17《征榷考》引陈止斋语。
② 《系年要录》卷156,绍兴十七年六月癸未。
③ 《朝野杂记》甲集卷17《四川总领所》。

大。因此，实际上绝大部分酒税都落在广大的劳动群众身上。特别是夔州路地区供给劳动人员治病医药所需的"万户酒"，南宋时期也曾一度禁榷征税，更是加重对劳苦群众的剥削。此外，大官权臣还可以仗势逃避酒税，小民百姓则只能依法纳税。正如宋人洪拟所说："榷酤之法甚严，犯者籍家财充赏，大官势臣连营列障，公行酤卖则不敢问，是行法止及孤弱者也。"①

沉重的酒税使酿酒户深受其害。早在北宋时期，官府扑买酒坊，令民承包酒课，因其课额过重，就使"大率一县之内，中户以上，因买扑场坊或充壮保而破产拖欠者，十常四五"。②南宋时期的隔槽酒法，听民纳钱入米酿酒出卖，但行之既久，则责入米之家认定月额，不复核其米，第取其钱，"以之妄费，民不堪之"，致"失业者比比皆是"。③宋人张上行在谈到邛州的情况时就说："此郡昔有四利，今有四害：曰茶，曰盐，曰酒，曰铁。他郡或有其一或有其二，而吾邛独全。昔以为利，民竞豪富；今以为害，民皆贫薄矣。"④相反，在经济落后的长宁军，"其极边酒茗弛禁，是以人乐其生"。⑤两相比较，足见酒税过重之害为烈。

第二节　制糖业

宋代四川甘蔗的种植遍布于涪江、沱江流域的遂州（今四川遂宁）、梓州（今四川三台）、汉州（今四川广汉）、资州（今四川资中）等地。这里的制糖业相当发达，是全国的重要产糖基地。糖的种类多，产量多，糖霜（冰糖）在数量和质量上更居全国首位。

宋代四川糖的种类有蜂糖、蔗饧、砂糖、乳糖和冰糖。

蜂糖，当时称为"崖蜜"和"石蜜"。宋应星《天工开物》解释崖蜜为："凡深山崖石上有经数载未割者，其蜜已经自熟。土人以长竿刺取，蜜即流下。

---

① 《宋史》卷381《洪拟传》。
② 《净德集》卷2《奏乞放场坊欠钱状》。
③ 《系年要录》卷106、175。
④ 《蜀中广记》卷56。
⑤ 《舆地纪胜》卷166。

或未经年，而板缘可取者，割炼与家蜜同也。"这种野蜂蜜，采割较难，产量很少，唐代潞、巴、眉、越、虔、永等州略有出产，作为贡品献奉朝廷。《重修政和经史证类备用本草》在"石蜜"条下还专门绘制了《蜀州蜜图》，可见当时四川的蜂蜜产量相对来说是相当可观的。

蔗饧，是用甘蔗汁制成的饧（糖浆）。蔗饧这种浓缩糖浆，因其液态和崖石间的蜂蜜相似，故当时人们又借石蜜为名。其实这种"石蜜"与蜂糖石蜜是两种不同的糖。王灼《糖霜谱》载，遂宁糖霜户制作糖霜，其中"霜全不结，卖糖水自熬沙糖，犹取善价，于本柄亦未甚损也。其得糖（霜）者，水或余半，亦以卖，或自熬沙糖"。这里所说的糖水就是蔗饧。

沙糖，是蔗汁煎制而成，陶弘景（456~536）《名医别录》说："蔗出江东为胜，庐陵亦有好者。广东一种数年生者，皆大如竹，长丈余。取汁为沙糖，甚益人。"宋代遂宁糖霜户亦用糖浆制熬沙糖。沙糖在元代还是珍品，宋代四川生产沙糖，应是制糖业发展的重要标志。

乳糖，是将沙糖溶化，或将蔗汁加热浓缩再加牛乳煎炼，将糖浆炼成膏状，逐渐干燥冷却的原糖、块糖。因其糖浆的液态和崖石间的蜂蜜相似，当时人们也把它称为"石蜜"。唐代孟诜《食疗本草》说："石蜜自蜀中、波斯来者良，东吴亦有，不及两处者，皆煎蔗汁、牛乳，则易细白干。"宋代苏颂《图经本草》说："煎沙糖与牛乳为乳糖，惟川蜀行之。"王灼《糖霜谱》也说："炼糖与乳为石蜜。"所以，唐宋时代，人们把这种沙糖或蔗浆加牛乳和米粉制成的"石蜜"又称为"乳糖"。苏恭《唐本草》就说："石蜜即乳糖也。"宋代《政和本草》也说："石蜜，其实乳糖也。"

宋代四川的乳糖的质量居全国之冠。寇宗大《本草衍义》说："石蜜，川浙者最佳。其味厚，他处皆次之。煎炼以形象物，达京师。至夏月及久阴雨，多自消化。土人先以竹叶及纸包裹，外用石灰埋之，遂可免。"可见，宋代四川已经建立了一整套生产、销售、包装、运输和保管乳糖的方法。

用沙糖或蔗浆加牛乳、米粉煎炼成膏状的乳糖，注入预制印模，逐渐冷却，它的形状视印模形状而成，可以成饼状、块状，也可成人物、兽状。乳糖制成饼状、块状，是为了便于运输；制成人物、兽状，是为了美观以用作馈赠的礼品。宋代以来，乳糖和石蜜之名消失，出现了具有民族传统的片糖。现代四川的薄荷糖块，上海的梨膏糖，就是加了药料的一种石蜜和乳糖。①

冰糖，宋代叫"糖霜"，又名"糖冰"。据王灼《糖霜谱》和王象之《舆地纪胜》记载，唐代大历年间，住在四川遂宁伞山的邹和尚将制造糖霜的技术传授给当地蔗农。据说邹和尚的驴践踏了伞山下黄氏的蔗苗，黄氏要求邹和尚赔偿损失，邹和尚告诉他："汝未知窨蔗糖为霜，利当十倍。吾语汝，塞责可乎？"试之果信，自是流传其法。到宋代，遂宁的糖霜户还画像供祀邹和尚，通泉山上还有纪念他的庙宇。

唐代遂宁的糖霜生产，可能尚未得到普遍推广，产量有限，未能引起社会上的重视而见诸文字记载。宋代遂宁的糖霜生产得到了飞跃发展，食用糖霜的人增多，始记诸文字。苏轼过闰州（今江苏镇江）金山寺送遂宁僧诗："涪江与中泠，共此一味水。冰盘荐琥珀，何似糖霜美。"黄庭坚在戎州（今四川宜宾）作颂《答梓州雍熙长老寄糖霜》诗云："远寄糖霜知有味，胜于崔浩水晶盐。正宗扫地从谁说，我舌犹能及鼻尖。"苏轼和黄庭坚对遂宁糖霜的称颂，成了我国糖霜生产的最早的文字记载。

据王灼《糖霜谱》记载，宋代出产糖霜之地有福唐（今福建福州）、四明（今浙江宁波）、番禺（今广东广州）、广汉、遂宁五郡，四川居其二。"独遂宁为冠"，产量多，质量好。福唐、四明、番禺、广汉"四郡所产甚微，色浅味薄，才比遂宁之最下者"。究其原因，是四地生产糖霜的时间比遂宁晚，糖霜生产的技术和规模赶不上遂宁。

在宋代遂宁涪江东岸小溪县伞山前后的土地种植甘蔗的占4/10，糖霜户占当地户数的3/10。冰霜作坊分布于伞山下的礼佛坝，距山5里的乾溪坝，距山10里的石溪坝，伞山左面的张村（属蓬溪县）、巷口，伞山后南的需池、吴村，涪江西岸凤台镇（属长江县）、法宝院、马鞍山，小溪县的白水镇和土桥，包括遂州所属小溪、蓬溪、长江三县的十余处地方。北宋宣和末年，宰相王黼创应奉司，遂宁常贡外，增加岁进糖霜数千斤。"当时州县，因之大扰，败本业者居半"。② 到南宋初年，遂宁一带的冰糖作坊又恢复到近300家，大的冰糖作坊雇用截削甘蔗的工人即达一二十人。遂宁的冰糖产量相当可观，仍然是全国生产

---

① 参见李治寰：《从制糖史谈石蜜与冰糖》，《历史研究》1981年2期。
② 王灼：《糖霜谱》。

糖霜的最主要的基地。

当时的冰糖是褐色、紫色为上，深琥珀色次之，浅黄色又次之，浅白色为下，和今天用白糖制成的白色冰糖相比，颜色差别很大。冰糖的形状又以"堆垒为假山者为上，团枝次之，瓮鉴（瓮四周所结冰块）次之，小颗块次之，沙脚为下"。

王灼的《糖霜谱》记载了制作糖霜的技术、糖霜的性味和糖霜制作各种食品的方法。从这些记述中，我们知道当时遂宁制作糖霜的方法大致是这样的：

十至十一月将甘蔗剥皮，截成小节圆块，经过多次碾榨，取尽蔗汁。将糖汁入锅煎至"七分熟，权入瓮"，"歇三日（过期则酿）"。经过沉淀去杂质，"再取所寄糖水煎，又候九分熟①，稠如饧（十分大稠，则成沙脚）"，即将糖浆注入表里涂漆的瓮中，插上若干细竹梢，用簸箕盖上，使其结晶成冰糖。

两日后，用手指粘视糖浆，如呈细沙状即为正常。过了春节，糖浆开始结晶，竹梢初如谷穗，渐大如豆，如指，如假山，到五月不复增大。至迟在初伏前，要将瓮中余下的糖水戽出，将竹梢上的结晶块随长短剪去，在烈日下晒干，即成冰糖。其中沿瓮内"四周循环连缀生者，曰'瓮鉴'，颗块层出如崖洞间钟乳"的晶块，不可立即取出，需在瓮内暴晒数日，令干硬后，慢慢用铁铲分作数片取出。

没有结晶的糖水，仍可煎制沙糖。经过多次碾榨的蔗渣，"别入生水重榨，作醋极酸"。

这种冰糖制作法，邹和尚称为"窨制法"。从这种制作冰糖的过程中，我们可以看出当时遂宁的糖霜户在长期的实践中已巧妙地掌握了自然冷却结晶技术。现代的科学知识告诉我们，要使糖水中的糖分子结成大块的冰糖，必须做到两点：一是糖水中要有结晶中心（晶核），二是糖水要缓慢冷却，糖分子才能充分地排列成整齐的晶格而形成大块的冰糖。若迅速冷却又无少数的结晶中心，就只能得到颗粒多而小的沙糖。宋代遂宁糖霜户用表里涂漆的漆瓮盛装煎熬过的糖浆，就是因漆瓮具有较好的保温性能，再覆盖上簸箕，就更能达到使糖浆缓慢冷却的目的。瓮中插入若干竹梢，则是为了在糖浆中形成晶状中心，使糖分子沿着中心结成大的晶体。有"巧营利者，破荻竹，编爲貌灯球状，投糖水瓮

---

① 这里的"七分熟""九分熟"的"熟"字是指糖浆浓度的粗略估计。

中"，使糖分子结成具有艺术形状的冰糖，以谋取比一般冰糖多数倍的利润。这些冷却结晶的原理和工艺过程，一直为我国冰糖生产者所继承。

王灼在《糖霜谱》中指出："甘蔗所在皆植，所植皆善，非异物也。至结蔗为霜，则中国之大，止此五郡，又遂宁专美焉。外以夷狄戎蛮，皆有佳蔗，而糖霜无闻。"唐宋时期四川人民在生产沙糖、蔗饧的基础上，又始创制作冰糖的技术，是对我国和世界制糖工业的伟大贡献。

第三节　造纸业

从汉代我国发明造纸技术，至隋代四川造纸业已相当兴盛。① 唐代益州麻纸畅销全国，"薛涛笺"驰名朝野，四川已成为全国的造纸中心。

宋代的社会经济和科学文化都较唐代有了很大进步，造纸技术也发展到成熟的阶段，专门记述造纸的著作问世②，纸张的产地和品种越来越多，纸的用途越来越广，特别是竹纸的发明和大量生产，标志造纸技术进入了新纪元。竹纸是将竹子的整个茎干经过一系列复杂处理后造出的纸。由利用木本植物的韧皮到利用整个茎干造纸，技术上是一个很大的进步。宋代竹纸产于江浙，数量多，用途广，行销全国，名冠天下。北宋时四川尚未生产竹纸，南宋时竹纸生产也很不发达。③ 但是，四川的麻纸、楮皮纸和各种加工纸，在宋代仍有长足的发展，四川不失为全国重要的造纸基地。

四川的麻纸主要产于成都。成都是全国著名的苎麻和麻布产地，造纸原料丰富。唐代和宋代，成都麻纸都是贡品。北宋蜀人苏易简《文房四谱·纸谱》称，"蜀中多以麻为纸，有'玉屑''屑骨'之号"。但宋代四川麻纸的原料，已经不是完整的苎麻，主要是用织布的废料，"杂以旧布、破履、乱麻为之"。④

---

① 元人费著《笺纸谱》说："双流纸出于广都，每幅方尺许……双流实无有也，而以名，盖隋炀帝始改广都曰'双流'，疑纸名自隋始也。"可见双流在隋就以产纸闻名。
② 北宋蜀人苏易简《文房四谱》中的《纸谱》就是世界上最早的关于纸的专著。
③ 苏易简《文房四谱·纸谱》言："今江浙闻有以嫩竹为纸……"费著《笺纸谱》言："徽纸、池纸、竹纸在蜀，蜀人爱其轻细，亦客贩至成都，每番视川笺价几三倍。范公在镇二年，止用蜀纸，省公帑费甚多。"以上文献资料说明，宋代四川竹纸生产是很不发达的。
④ 费著：《笺纸谱》。

苏轼在《东坡志林》中也说:"川纸取头机余,经不受纬者制作之,故名'布头笺'。此纸名冠天下。"南宋人陈槱也说:"布缕为纸,今蜀笺犹多用之。"① 尽管用料不如以前,但由于技术的提高,纸质仍然优良。长期的生产实践,还使人们发明了水力捣浆造纸,并认识到水中杂质对造纸的不良影响,所以当时纸厂往往靠近清水河流的岸边和山间清泉之处,既保证造纸用水,又利用水力捣浆,大大提高了生产能力。成都城南百花潭、浣花溪,水清异常,造纸最佳。唐代与宋代"以纸为业者家其旁",在"江旁凿臼为碓,上下相接。凡造纸之物,必杵之使烂,涤之使洁,然后随其广狭长短之制以造"。② 当时成都一地从事造纸的作坊达数十百家,是著名的造纸基地。

图13-1 成都城南浣花溪今貌

楮纸主要产于广都(今四川双流)。其制作方法是将剥下的楮皮在水池中沤,通过生物发酵作用,除去果胶,再剥去表皮,用草木灰水碱液蒸煮,再舂捣,漂洗成纸浆造纸。双流楮纸分"假山南"、"假荣"、"冉村"、"竹丝"四种。"广幅无粉者谓之'假山南'";"狭幅有粉者谓之假荣",其制法为用白色淀粉糊刷纸面,再行砑光,以增加纸的白度、平滑度,减少透光度,使纸面紧密,吸墨性好;在冉村制造的叫清水纸;在龙溪乡生产的叫竹丝纸。其中竹丝纸似池纸精美,比假山南、假荣和冉村纸珍贵。楮纸的产量多,"凡公私簿书、契券、

---

① 陈槱:《论纸品》,《负暄野录》卷下。
② 费著:《笺纸谱》。

图籍之牒,皆取给于是"。①

宋代四川加工纸中,除继续生产唐代名噪一时的"薛涛笺"外,还出现了与"薛涛笺"齐名的"谢公笺"。费著《笺纸谱》说:"纸以人得名者,有谢公,有薛涛。所谓谢公者,谢司封景初、师厚。师厚创笺样以便书画,俗因以为名……谢公有十色笺:深红、粉红、杏红、明黄、深青、浅青、深绿、浅绿、铜绿、浅云,即十色也。杨文公亿《谈苑》载韩浦寄弟诗云:'十样蛮笺出益州,寄来新自浣花头。''谢公笺'出于此乎?"谢景初(1019~1081)在成都浣花溪制造的十色书画笺,又比薛涛所制更为丰富多彩。宋人苏易简也说:"蜀人造十色笺,凡十幅为榻,每幅之尾,必以竹夹夹之,和十色水逐榻以染。当染之际,弃置槌埋,堆盈左右,不胜其委顿。逮干,则光彩相宣,不可名也。"②《宋史·地理志》载成都贡笺纸,说明成都笺纸质量好,数量多。

加工纸中水纹纸的品种,也比唐代为多。所谓水纹纸,是指迎光看时显出帘纹以外发亮的线纹和图案的纸,以增加纸的潜在美。它的制作方法,一是在纸帘上用线编成纹理或图案,凸起于帘面,抄纸时此处浆薄,故纹发亮而显于纸上;二是将雕有纹理或图案的木制或其他材料模子,用强力压在纸面上,使纸上隐显纹理,即"逐幅于文版之上砑之,则隐起花木麟鸾,千状万态"③,现在世界各国通用的证券纸和信纸等水纹纸,就是根据这个原理制成的。④唐宋时期四川剑州(今四川剑阁)、雅州(今四川雅安)、万州所产蠲纸,就是一种高级皮料水纹纸⑤。宋代剑州蠲纸还是贡品⑥,其中"鱼子笺"就是历史上著名的砑花水纹纸。这种砑花水纹纸的制作方法,据北宋苏易简《文房四谱》卷4说,是"又以细布先以面浆胶令劲挺",再用雕有纹理图案的模子,用强力向纸面上压,使"隐出其文者,谓之'鱼子笺',又谓之'罗〈纹〉笺'"。费著《笺纸谱》说宋代四川水纹纸的品种很多,"砑则为布纹,为绫绮,为人物花木,为虫鸟,为鼎彝。虽云多变,亦因时之宜"。各类水纹纸千形万态,生趣盎然,别

---

① 费著:《笺纸谱》。
② 苏易简:《文房四谱》卷4《纸谱》。
③ 苏易简:《文房四谱》卷4《纸谱》。
④ 参见潘吉星:《中国造纸技术史稿》,文物出版社1979年版,第84~85页。
⑤ 杨慎《丹铅总录》说:"唐世有蠲笺,一名'衍波笺',盖纸文如水文也。"
⑥ 《元丰九域志》。

具一格，标志着四川古代土法造纸技术又有了新的提高。

"蜀笺体重，一夫之力，仅能荷五百番"①，不如徽纸、池纸轻便，便于运输。这是蜀纸的一大缺点，限制了它的销路。但蜀纸厚重、坚韧、洁白而耐折叠，不易磨损的优点，又非随手便裂的早期竹纸所能代替。因此，无论是唐代或宋代，印刷用纸，特别是对纸质要求高的书画用纸，大部是用麻纸或楮纸。纸币用纸因流通关系，磨损厉害，两面又要印刷各种复杂的图案和暗记，对纸张要求很高，更几乎为蜀纸所独占。世界上最早的纸币——北宋四川交子，就是"制楮为券"，用蜀纸印刷的。以后全国各地的钱引、会子等纸币，亦都用蜀纸印刷。直到南宋时期，东南会子"大抵前之二界，尽用川纸，物料既精，工制不苟，民欲为伪，尚或难之。迨十七界之更印，已杂用川、杜之纸，至十八界则全用杜纸矣。纸既可以自造，价且五倍于前，故昔之为伪者难，今之为伪者易。人心循利，甚于畏法，况利可立致，而刑未即加"，所以当时有臣僚就建议"增添纸料，宽假工程，务极精致"②，以杜绝伪造纸币。总之，尽管四川竹纸生产较江浙落后，但由于麻纸、楮纸生产的发展，四川仍为全国重要的造纸中心之一。四川造纸业的发达，推动了四川科学文化和印刷业的发展。

第四节　印刷业

印刷术是我国四大发明之一，雕版印刷是我国书籍史上的一项革命。我国印刷术的历史源远流长，雕版印刷在唐代已经开始实际应用。雕版印刷书籍，克服了抄写书本的缺点，促进了书籍的大量发行，推动了科学文化的发展。它同造纸、火药、指南针一样，是近代社会发展的前提。

北宋王朝建立后，逐步用文臣代替武将统治天下；唐末农民大起义对门阀贵族的彻底摧毁，又使科举制度广泛向文人开放，刺激了各阶层人士倾心学术，精研文章，崇尚文化和读书入仕的热情；造纸业的发展和唐代雕版事业的兴起，又为宋代雕版印刷奠定了雄厚的物质基础。因而，宋代雕版印刷事业较唐代有

---

① 费著：《笺纸谱》。
② 《宋史》卷181《食货志》。

第十三章 宋代四川其他手工业的发展

了空前发展，成为我国雕版印刷的繁荣时代。毕昇活字印刷术的发明，又开创了印刷技术的伟大革命，尽管当时并未广泛付诸应用，但对后世印刷技术的发展，却发生了深远的影响。

宋代雕版印刷的空前发展，是宋代经济和文化发达的表现。从中央到地方的官府和学校，出现了许多刻书机构；许多团体和个人兴办了以刻书为业的书坊、书肆、书铺。官刻私刻同时并举，在全国形成了庞大的刻书网，整个社会的刻书事业空前繁荣。

从唐末到五代，四川一直是全国的印刷中心，出版雕刊了诸如佛经、咒本、历书和经、史、子、集等许多书籍。蒲津（今山西永济）人毋昭裔少年时向人借《文选》被拒，立志日后得志，一定刻板印书，便利士人。果然，他后来做了后蜀宰相，便在成都叫他的学生勾中正、孙逢吉写《文选》、《初学记》、《白氏六帖》，雇工日夜雕版。同时还开学馆，雕"九经"诸史，四川文学由是大兴，为四川的印刷业奠定了坚实的基础。

宋代四川文人学者需要阅读和出版的书籍很多，加上官府的提倡，致使官刻和私刻图书都非常发达。宋人叶梦得《石林燕语》卷8说："今天下印书，以杭州为上，蜀本次之，福建最下。京师比岁印版，殆不减杭州，但纸不佳。"四川和杭州、福建并列为全国三大雕版印刷中心①，印刷出版事业规模之大，数量之多，远远超过了唐和五代，对当时和后代的科学文化传播都起了很大作用。四川的雕版印刷广布于成都、眉山、什邡、双流、临邛、金堂、泸州、铜梁、潼川、遂宁、绵竹、嘉州、益昌、犍为、忠州、资州、夔州等州县，而以成都、眉山雕版印刷最为繁荣。

宋代四川官刻图书，以雕印《开宝藏》《太平御览》《册府元龟》三部巨著规模最大，影响最深。

北宋平蜀，宋太祖就命孙逢吉到成都收罗后蜀图籍，交付史馆。由于成都印刷技术精良，基础雄厚，北宋王朝就选定了在成都开展宋代第一次规模巨大的官府出版工作。开宝四年（971），宋太祖命张从信到益州监雕《大藏经》。全

---

① 宋代京师开封是北宋的政治经济文化中心，刻印书籍自然很多，但随着北宋灭亡，刻书事业衰落，至今亦无汴梁刻本传世。四川与杭州在唐代就有刻书基础，福建后来居上，故称四川、杭州、福建为宋代三大刻书中心。

藏5048卷，刻板13万块，每版23行，每行17字，历时13年，到太宗太平兴国八年（983）竣工，运至京师陆续印刷，世称《宋开宝刊蜀本大藏经》或简称《开宝藏》《蜀藏》。这是佛教史上第一次开雕《大藏经》，也是我国历史上印行的第一部佛经总集。宋朝政府曾将《开宝藏》赠给西夏、朝鲜、日本、越南等国，对亚洲各国的印刷事业和文化交流起了重要作用。现《开宝藏》已佚，仅有残卷存世。《开宝藏》的雕刻，培养了大批雕印工人，积累了丰富的印刷经验，对推动四川和全国印刷事业的发展起了不可磨灭的作用。

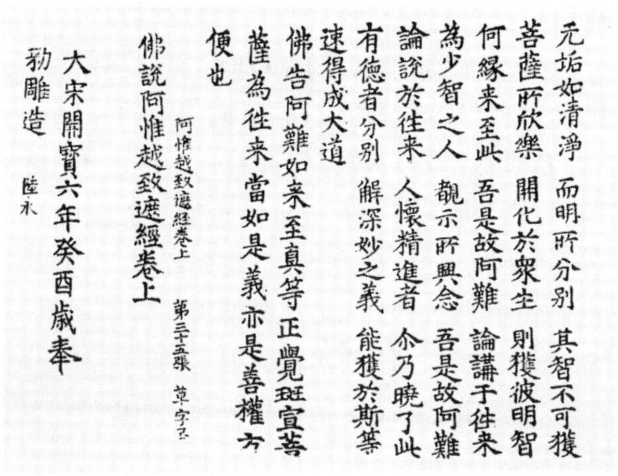

无垢如清淨　而明所分别　其智不可獲
菩薩所欣樂　開化於衆生　則獲彼明智
何緣来至此　吾是故阿難　論講于往来
為少智之人　覩示所興念　吾是故阿難
論說於往来　人懷精進者　尒乃曉了此
有德者分别　解深妙之義　能獲於斯等
速得成大道
佛告阿難如来至真等正覺班宣菩
薩為往来當如是義亦是善權方
便也
阿惟越致遮經卷上　第三十五張　草字号
佛說阿惟越致遮經卷上
大宋開寳六年癸酉歲奉
勑雕造　陸永

图13－2　《开宝藏》残卷书影

《太平御览》是太平兴国二年（977）三月宋太宗命翰林学士李昉、扈蒙等人以群书汇集编纂，供皇帝日夜之览。到太平兴国八年（983）十二月成书，共1000卷，包罗万象，总括群书，记历代之兴亡，分天文、地理、州郡、封建、礼仪、职官、人事、刑法、服用、器物、工艺、时序……凡55部门。南宋宁宗庆元五年（1199），成都府转运判官兼提举学事蒲叔献以蜀中文籍巨细毕备，独缺此书，乃勒工140余人，锓板刊行。现国内无原本，日本尚有残卷3部留世。

《册府元龟》是真宗命王钦若等编修，自景德二年（1005）九月至大中祥符六年（1013）七月，凡8年成书，共31部，总1000卷，其后刊于眉山。半页14行，每行24字，总为9392000字。字体朴厚，极有古风，尚有原刊残卷留世。

此外，四川官府刻书尚有《周易》《华阳国志》《水经注》《三国志》等。而南宋绍兴十四年（1144）眉山漕司刻印的《宋书》100卷、《魏书》114卷、《梁书》56卷、《南齐书》59卷、《北齐书》50卷、《周书》50卷、《陈书》36卷，则是版本学上有名的《眉山七史》，又称《宋蜀刻七史》。这七史书版，历宋经元至明，曾多次修补重印，至今流传，在全国很多大图书馆都藏有此类书的三

第十三章 宋代四川其他手工业的发展

朝本。

宋代凡官刻图书,均设校勘、监雕、印造之职,保证书籍质量。官府刊印书籍,颁之官学,准许士人借阅,并许士人纳纸墨钱自印,或定价出卖。

私刻图书又分为私家、书肆和书坊刻书,简称"坊刻"和"私刻"。私家刻书的目的多是为了保存或传播文化,显名于世。坊刻图书则是为了谋利赚钱,特别是毋昭裔的子孙在宋代以售书致富,更刺激了四川坊刻图书的发展,使私家刻书的风气大开。宋时成都辛氏,临邛韩醇、李叔廑,蒲江魏了翁,眉州苏林,三台刘甲,都是有名的刻书之家。广都(今四川双流)费氏进修院、广都裴宅、西蜀崔氏书舍、眉山程舍人、眉山万卷堂、眉山书隐斋,都是著名的坊刻印书之所。私刻和坊刻,为了维护本身的声誉和商业利益,都既重数量又重质量,专门设置校正、录正、印行等职,分工负责,各司其职。当时雕版刊书之家往往于书的卷首或卷尾注明雕刊印行此书的单位名称,以昭信守。现残存宋蜀刻《新编近时十便良方》10卷,书末就有墨图记云:"万卷堂作十三行大字刊行,庶便检用,请详鉴。"① 开创了印行图书注明出版发行单位的规例。随着私人刻书日益增多,印刷出版事业日益发展,各刻书之家的竞争日益激烈,为了保护自身的信誉和出卖图书的商业利益,他们还呈请官府保护,禁止翻版和另刻。现存《五松阁》仿眉山程舍人刻王称《东都事略》,目录后就有长方牌记:"眉山程舍人宅刊行。已申上司,不许覆版。"②开创了"版权所有,不许翻印"的禁约。

宋代杭州刻本称"浙本"。浙本字体方整,刀法圆润,为宋版中之最佳者。浙江的婺州(今浙江金华)刻书风气很盛,所刻之书,字体瘦劲,别具风格,又称为"婺州本"。福建的建宁府(今福建建瓯)和建阳县所刻之本称"建本"或"闽本"。其中建阳县的麻沙镇多用木质松软的榕树雕版印书,称为"麻沙本"。麻沙本讹误较多,当时即不为世人所重。四川雕印的称"蜀本""川本",其中又有大字本。大字本字大如钱,比一般字体稍大,又称为"蜀大字本"。宋蜀刻本、浙本、建本和其他地区的刊本比较,都有其显著的特点和优点。

---

① 《书林清话》卷6《宋刻书之牌记》。
② 《书林清话》卷2《翻版有禁例始于宋人》。

宋蜀刻本数量多，流传广。"宋时蜀刻甲于天下"①，"吾蜀文集巨细毕备"。②四川是保存和刊印图书最多的地区之一。宋朝政府为了维护其统治利益，既把四川作为查禁雕印、出售违禁图书重点地区③，又把四川作为收集亡佚图书的重点地区。北宋嘉祐求遗书，成都城北郭友直就"上千余卷，皆秘阁所阙者"。④ 北宋灭亡，朝廷图书多所遗失。孝宗淳熙六年（1179）六月，朝廷还因四川"不经兵火，所藏图书最多"，派

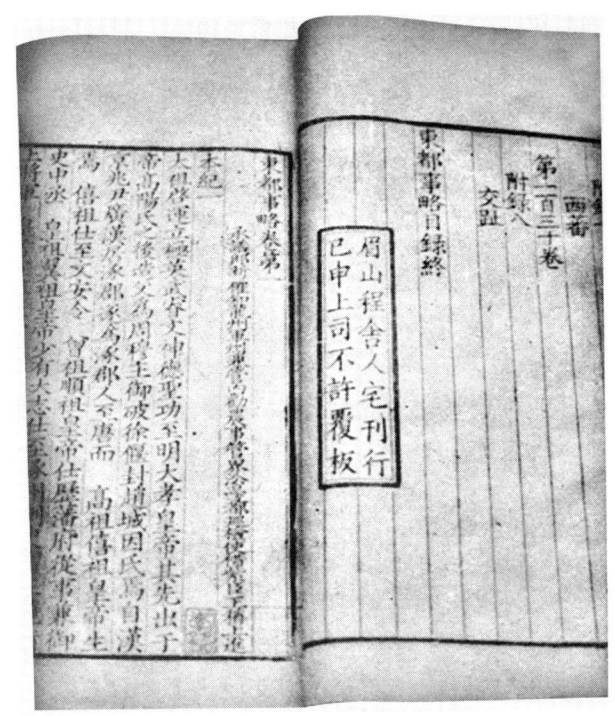

图13-3 宋蜀刻本《东都事略》书影

人到成都"求四川遗书"，以重建和充实国家馆藏图书。⑤ 在宋代和后代，很多图书都是根据宋蜀刻本翻雕刊行，得以继续流传和保存。如北宋大观二年（1108）刊于三台的《大观证类本草》，直到明代，还有人据其校刊重印活字本《大观证类本草》。著名医学家李时珍的《本草纲目》，就是在这本书的基础上扩充增订而成的。

宋蜀刻本，依据古本雕刻，精于校勘，内容可靠。唐以前没有雕印之法，凡书籍皆为写本，辗转抄录，讹误难免，故书籍以原作善本藏书为贵。自唐代

---

① 民国《华阳县志·艺文二》。
② 《太平御览》蜀刻本《蒲叔献跋》。
③ 《宋会要·刑法》2之88、125，在宣和五年七月十三日和绍熙四年六月十九日颁布的查禁雕印、出售违禁图书的命令中，都曾专门命令四川官府查禁、毁版违禁图书。
④ 费著：《氏族谱》，《全蜀艺文志》卷54。
⑤ 《宋史全文》卷26。

和五代雕版印书兴起，学者易于得书，藏本不为人重，日渐亡失。宋时所存前代之书，脱漏讹误不少。宋代士大夫又但求义理，虽喜刻书，而不重校勘，且轻易改书，到南宋初年，错本书已散满天下。宋代四川的刻书家，则往往是著名的藏书家和精通古籍、长于校雠的专家。他们在雕印书籍时，尽量依据原藏善本精心校雠。北宋初年，成都人彭乘就是著名的藏书家和校书家。"聚书万余卷，皆手自刊校，蜀中所传书，多出于乘"。① 南宋蜀刊《太平御览》，经过广都学者李廷允亲自校勘，就校正了 38000 余字。苏轼曾说，"近世人轻以意改书，鄙浅之人，好恶多同，从而和之者众。自予少时，见前辈皆不敢轻改书"②，故蜀写大字本皆善本。叶德辉则更认为"北宋蜀刻诸经之可贵者，贵其源出唐蜀《石经》也……至于《史》《子》，亦以北宋蜀刻为精"。那些"异于唐蜀《石经》及北宋蜀刻"的书，"即蜀宋版精雕，只可为赏玩之资，不足供校雠之用"。③ 所以今天人们十分重视宋刻本，更特别珍视宋蜀刻本，把它作为校勘古代文献的好版本，不是偶然的。

宋蜀刻本还有版好、字好、墨好、纸好等优点。宋代四川雕版多用梨木，纹细质优，既能长期保存，又便于雕刻。前面提到的南宋绍兴十四年（1144）眉州刊行的《宋蜀刻七史》，半页 9 行，每行 18 字，宋以来藏书家称之为"蜀大字本"。元时版印模糊，称之为"九行邋遢本"。元以后曾经修版。明洪武时，将天下书版藏之南京国子监，世称"南监本"。洪武至嘉靖、万历、崇祯时期又累经修补，原版所存不多。至清代顺治、康熙、雍正、乾隆四朝，尚存江宁藩库，还曾用以付印。嘉庆时藩库起火，始被烧毁。从绍兴刻版到嘉庆被烧，刻版保存了几乎 700 年之久。"木板之存于世者，未有久于此者也"。④ 宋时四川雕版写书之人，都是对书法有精湛造诣之人。他们用颜、柳体书写，笔法整齐，字画端楷，肥劲朴厚。加上雕工艺技精良，刀法圆润饱满，字画如写，版式疏朗悦目，镌手于整齐之中寓流动之意。宋蜀刻本用的是墨光如漆的蜀墨。印刷时墨稀而薄，虽经湿燥，亦无湮迹，所以当用洁白而厚的麻纸和楮纸付印，展卷便有惊人之感。蜀本墨香纸润，秀雅古劲，工艺之精，可与当时浙本媲美，

---

① 《宋史》卷 298《彭乘传》。
② 《十驾斋养新录》卷 19《宋椠本》。
③ 《书林清话》卷 6《宋刻书字句不尽同古本》。
④ 《书林清话》卷 6《宋蜀刻七史》。

令人爱不释手。临邛韩醇于孝宗淳熙四年（1177）刊印的《新刊训诂唐昌黎先生文集》40卷、外集10卷、《遗文》1卷和《训诂柳先生集》，就是墨精纸洁，刻印俱佳。近600年后，清高宗观阅此文集，还题云"字画精好，纸墨细润"①，对其倍加赞赏。广都费氏刻印的大字本《资治通鉴》和传世的宋蜀刻《春秋经传集解》也都一直为人们所称誉。宋人叶梦得就认为"蜀本在建本之上"。② 明人胡应麟亦说，"蜀本宋最称善"。③ 留传至今的用白麻纸刊印的蜀刻本《元包经传》④，时近千年，仍字体遒劲，纸洁版新。⑤

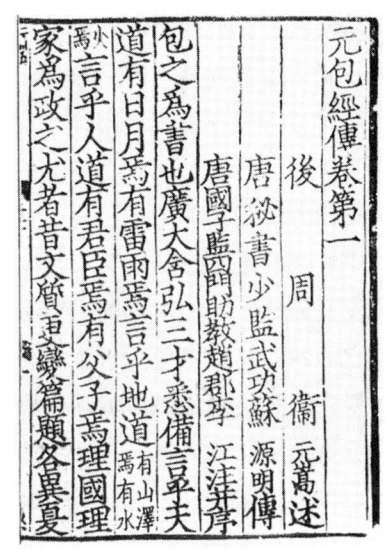

图13-4 蜀刻本《元包经传》书影

此外，北宋初期四川还印刷了世界上最早的纸币——交子。这种纸币，朱墨间错，印有木屋人物，隐秘题号，难于仿造，其印刷技术要求比雕版印书更高。套版印刷纸币，不但是印刷史上的重要里程碑，在货币史上也是一次革命。

两宋时期四川地区蓬勃发展起来的雕版印刷事业，在南宋末年的宋蒙（元）战争中受到极大摧残，四川印刷业一落千丈。蜀刻宋本，十有九佚，留传至今者，寥寥无几。现存蜀刻宋本，已是我国极珍贵的历史文物。

第五节 陶瓷业

宋代是我国瓷业史上的一个繁荣时期。宋代四川瓷业虽不如北方的定、汝、钧、官等窑和南方的龙泉、景德镇等窑的产品著名，但随着唐宋以来四川社会

---

① 《书林清话》卷6《宋刻书纸墨之佳》。
② 《书林清话》卷6《宋刻书纸墨之佳》。
③ 《少室山房笔丛》卷4。
④ 《合川县志》载，《元包经传》北周卫元嵩作，北宋政和元年（1111）什邡令杨辑刻本。
⑤ 《史学情报》1982年第2期，125页。

第十三章 宋代四川其他手工业的发展

经济的发展，宋代四川的陶瓷业也有了长足的发展。窑址星罗棋布，烧造地区扩大，制瓷工艺提高，产品数量、种类增多，成为四川陶瓷史上划时代的阶段。

四川考古发现的古代窑址，唐、宋窑址占四川历史窑址的绝大部分。宋窑分布于川西、川南、川东、川北的广阔地区，而以川西成都地区为最多。它们在历史渊源上和某些工艺特色上是唐代的继承和发展，但又有所创新。它们既有规模较大的手工作坊，又有独家经营的个体小窑。它们的布局集中于经济和交通发达的地区，使附近的城市和集镇成为陶瓷品的集散市场并由此而销往各地。它们的产品有白瓷、青瓷、黑瓷三系，这些产品适应社会生活的变化，既烧制粗瓷制品，满足广大劳动人民的生活需要；又烧制精瓷，满足贵族、官僚、富商大贾装饰居室、陈设观赏的需要。妇女化妆使用的瓷制香粉盒、脂粉盒，帝王、贵族、官僚"斗茶"用的黑瓷茶碗，就是贵族生活需要的产物。

宋代四川制瓷工艺，就窑炉而言，分为馒头窑（马蹄形窑）和阶级窑两种。就生产瓷器的工具而言，有拉坯石质辘轳、研磨釉药的石磨、石臼、铁杆等物。就窑具而言，有各式各样的匣钵、垫饼、垫圈、垫丸、支钉等物。就焙烧方法而言有正烧法，砂垫式重叠仰烧法，支垫式烧法，套烧法，彭县瓷峰窑还有"火表"瓷片测试窑温。就瓷器的品类而言，有碗、盘、盏、碟、茶托、壶、杯、钵、罐、瓶、炉、灯、盒、盆、香炉、缸、砚和各种玩具、文具、明器。每一器物又有多种多样的形式，并用印花、刻花、划花、绘花和多种釉色装饰成各种花卉、纹饰，增添器物光彩，赢得人们喜爱。就陶瓷色彩而言，有白瓷、青瓷、黑瓷三系。

白瓷窑址主要分布于在川西彭县思文、磁峰和灌县玉堂窑等处，以彭县磁峰窑址遗物最为丰富，是四川白瓷艺术的一颗明珠。彭县磁峰窑在彭县西北38公里的磁峰乡。1953年在彭县金口乡出土一件白碗，碗口外部刻有"彭州金城乡窑户牟士良施碗碟壹料永充进盏供献售用祈愿神明卫护合家安泰"33字，明记此碗的烧造地点及窑户姓名。彭县从唐到元称彭州，金城乡即今磁峰旧名。1977年考古工作者在这里进行了试掘，共采集标本一千余件。在窑区出土的泥质八方圆形刻花鸟的轴座，刻有"嘉祐×××月二十二日，谢家使用，赵拚土造，右土西登用"，并有宋代铁钱几十斤。结合试掘地层资料分析，磁峰窑上限为北宋，下限为南宋晚期到元初。磁峰窑场范围四华里，窑灶残迹数量多。窑炉为馒头窑，拉坯为石质辘轳，并用火表测温。器形的种类有碗、杯、碟、盘、盒、香炉、钵、瓶等，都是质坚而轻薄，扣之声音清脆。其器物精者的釉洁白，粗者呈灰白色。装饰的花纹有刻花、划花、印花之分。刻花以双鱼纹最多，刻划并用。印花纹饰以花鸟为主。印花白瓷都用砂柱支烧，碗里中心留有一圈砂粒，显得美中不足。故宫博物院藏品有彭县印花碗数件，碗里印花卉纹饰，是我国古代瓷器中的珍品。

黑瓷产地主要在川北的广元、川东的重庆、巴县等地，而以广元磁窑铺最为著名。磁窑铺在广元县西北约15华里的嘉陵江东岸。整个窑址长约二华里，宽约半华里，是一座民窑，从出土的陶片分析，是唐宋以来的古窑址。器物中唐代风格较少，宋代风格较多。窑炉为阶级窑，煤炭作燃料，一般多用轮制拉坯成型，造型设计比较考究，并有一定的比例法则，厚重稳妥，实用美观。比较精细的器物在上釉之前，先在胎体上饰一层白色化妆土而后挂釉，提高器表的光洁度。适应当时的饮茶风尚，黑釉茶盏是此窑烧制器物中的精品。各种器物的釉色以黑色，黑褐色为主，其次有青灰色、米黄色、黄色、绿色等。其中正黑色，黑如漆，光可鉴人。花纹装饰有窑变兔毫纹、鹧鸪斑纹、玳瑁釉花纹、压印纹、绘花纹等。绘花纹饰有素胎绘花和釉下彩绘两种。素胎绘花多施技于瓶上，有白地绘酱色牡丹花，酱色地绘白色牡丹花，及其他卷叶纹饰。釉下彩绘花有米黄地绘黑花，青灰地绘黑花，绿地绘黑花，又并非单一黑色，而是有深浅浓淡的浸染色调，颇具图画风格。这种把绘画的方法应用到瓷器上，为以后彩绘瓷打下了良好的基础。

青瓷窑多集中于川西地区的邛崃、都江堰、成都等地。邛崃窑是四川负有盛名的古窑。它的时代可能兴于西晋，盛于唐，衰于宋。窑址范围分布广，以邛崃县城南河岸的十方堂最为集中，具有代表性。它的特点是产品极为复杂，有各式餐具、酒器、用具玩具，我国制瓷传统工艺的主要成型方法都曾采用。而且化妆土普遍使用，釉色种类繁多，有深浅、浓淡不同的色彩，可能是采用不同釉料配方所成，也可能是温度不同和火位相异所致。特别是青釉和琉璃混合施于瓷器，是邛窑手工业者开始多色彩釉的创举。都江堰玉堂窑为唐宋瓷窑。出土器物以烧生活用具和青瓷为主，其次也兼烧白瓷。成都东门外琉璃窑则是古代成都附近一个很大的陶瓷手工场。规模大，窑灶多，时期长，产品复杂。约始于晚唐，盛于宋，衰于明。这里既烧陶又烧瓷，传统的制瓷成型工艺都已使用。器物中碗的制作特别精细，碗底多有工匠的标记和商标符号。烧造技术多用大套小的办法,燃料是木柴,并用火表掌握火候。产品种类多,有生活用具、玩具、明器和建筑构件。釉色有单色釉和多色釉两种,单色釉基本上是青、黄、赭三种色。多色釉用绿、黄、褐三色配制,具有唐三彩的效果。

上述制瓷工艺白瓷、黑瓷、青瓷的进步,反映出宋代四川的陶瓷生产在四川陶瓷发展史上占有重要地位。

第六节 矿冶和铸造

宋代四川矿冶很不发达。《宋史·食货志》记载北宋治平年间全国"诸州阬冶总二百七十一"。产金之地6州,11冶;产银之地27州、军、监,84冶;产铅之地10州、军,30冶;产锡之地7州,16冶;产丹砂之地2州,2冶;产水银之地4州,5冶;四川皆无一焉。唯产铜之地12州、军,46冶,梓州(今四川三台)居其一;产铁之地26州、军,77冶,渠(今四川渠县)、合(今重庆合川)、资州(今四川资中)居其三;产朱砂之地3州、监,富顺监居其一。当然,这并不说明四川除上述地区出产铜、铁、朱砂而外,其余地区均无矿产可言,但却说明四川的矿冶在宋朝是无足轻重的。

据《宋史·地理志》、《元丰九域志》、《宋会要·食货》记载,四川产金之地有眉州(今四川眉山)、嘉州(今四川乐山)、雅州(今四川雅安)、简州(今四川简阳)、资州、昌州、利州、龙州、万州等地。此外,《宋史》卷9记乾兴元年(1022)"禁彭州九陇县采金",说明彭亦出产金矿。《舆地纪胜》还记载雅州严道县的金沙镇有"金穴",俗传其地产金,但有毒蛇而不可上。万州城南3里的江中有"黄金岛",屹立江心高数丈,土人淘金于此。石泉军的龙安县有"金山",每年夏季大雨奔注崩颓,则金粒散出,大者如棋子。这里的金矿在崇宁三年(1104)十月确定十分为率,二分官课不支钱,八分支钱收买。大观元年(1107)诏川路坑冶并许人承买,自五月初一日立界,以500贯为额,但其产量不详。① 此外,雅州百丈县的"银山"还出产白银。但总的说来,宋代四川

---

① 《宋史》卷185《食货志》亦记:"宣和元年,石泉军江溪沙碛麸金,许民随金脉淘采,立课额,或以分数取之。"

所产金银不足以自给,宋朝在四川基本上无金银坑冶之入。上贡麸金系象征性的征收,每州不过3~5两,在元丰元年(1078)全国收金10710两中所占比重微乎其微。① 故老百姓都只有购买商人从外地贩运入川的金银以缴官课。商人得利,百姓遭殃,成为四川人民的一大灾难。

产铁之地,梓州通泉县有三铁冶,东关县有一铁冶;资州盘石县有一铁冶;荣州(今四川荣县)资官县、广安军(今四川广安)和泸州、万州等地亦产铁,"益(今四川成都)、利、夔(今重庆奉节)皆即山冶铁"。铸钱的地区,则有嘉州的丰远监、邛州(今四川邛崃)的惠民监、利州的绍兴监、南平军(今重庆綦江)的广惠监和合州、益州、雅州等地的铸钱监。② 万州在熙宁时,亦因铁矿较多,设置过铸钱监。③ 这些地区的铁产量大都失于记载。唯《宋会要·食货》33记载了荣州原额300斤,元丰元年收395斤;资州原额6706斤,元丰元年收7254斤。《宋史·食货志》记南宋绍兴时期利州的"昭化、嘉川县亦有炉,新产铁三十余万斤",为宋代四川产铁最多之地。《宋会要》亦记南宋时,夔州路还新开发铁冶74处,停24处;成都府路兴发27处,停闭16处;利州路兴发4处。④ 可见这一时期四川铁矿的开发基本是发展的,并且已经能够满足本地区的需要。

产铜之地,北宋仅梓州一县。南宋时潼川府兴办19处,停闭2处;利州路兴办2处。潼川府铜山县年产黄铜约6000斤,利州青塗铜场年产铜7000斤。⑤ 总的说来,四川产铜不足以满足铸钱的需要。北宋太宗时期,张谔建言:"旧市夷人铜,斤给铁钱二百,望增加千钱,可以大获,因复铸铜钱,民租当输钱者,许且令输银及绢,俟铜钱多,即渐令输之。"宋廷"诏许市夷人铜,斤止给铁钱五百,然卒难得"。当时宋廷在四川民间征铜,致使"或剜剔佛像,毁器用,盗发古冢,才得铜四、五,坐罪者甚众"。⑥ 最后,在四川征铜的计划只好作罢,铸造铜钱的愿望始终未能实现。

---

① 《宋会要·食货》33之7。
② 见《宋史·地理志》《元丰九域志》《宋会要·食货》《舆地纪胜》。
③ 《宋史》卷185《食货志》。
④ 《宋会要·食货》33之20。
⑤ 《宋会要·食货》33之19~20。
⑥ 《长编》卷23。

第十三章 宋代四川其他手工业的发展

此外，富胜监还出产朱砂①，黔州（今重庆彭水）还出产水银。②（从汉代开始，四川临邛就有火井煮盐的记载，明代《天工开物》还绘制了火井煮盐图，宋代四川天然气是否仍在继续开采利用不得而知。）在考古发掘中，发现彭州磁峰窑、广元磁窑铺等地有用煤炭烧制陶瓷，《宋史·食货志》有"嘉、邛以率买铁、炭为扰"的记载，说明宋代已经开始煤的开采。

宋代四川的铸造业，主要是铸造铁钱、兵器、农具和生活用具。铁钱和兵器由官府制造。南宋时，有成都、潼川、遂宁府和嘉州、邛州、资州作院"日造甲"，阆州作院"日造神臂弓、甲皮毡"。所造兵器堆积如山，军资库里的"马弓、弩弓多至数十万，箭数百万枚"。③ 民间制造的农具和生活用具，则种类繁多。1957年新繁崇义乡宋墓中出土的铁器有釜、铁铲、铁斧等，其中铁斧长13.6厘米，刃宽7.5厘米，厚4.2厘米；中间一方銎，与近代木工使用的斧头相似。④

在铜器的铸造上，官府将四川出产的铜运至饶州（今江西波阳）永平监铸造铜钱。四川民间也用铜制造生活用具。铜镜是四川宋墓中常见的铜器，金堂县焦山宋石室墓中出土的铜镜背上题有"成都龚家青铜照子"，旧存宋镜拓

图13-5 峨眉山万年寺宋代普贤铜像

---

① 《宋史》卷185《食货志》。
② 《宋会要·食货》33之18。
③ 《朝野杂记》甲集卷《四川作院》。
④ 四川博物馆：《四川东山灌渠宋代遗址及古墓清理简报》，《考古》1959年8期。

片中有"成都刘氏"的题字。① 1957 年在新繁崇义乡宋墓中出土了铜锅二件,高 8.5 厘米,口径 21 厘米,圆形直口,深腹圆底,内有斜方格纹,系用熟铜铸成。② 这些铜器反映出宋代四川成都地区铜铸业还是相当发达的。

建造于北宋太宗时期,现存峨眉山圣寿万年寺砖殿内的普贤菩萨铜铸佛像,是我国古代的最大的铜佛像。铜像下为白象莲座,通高 7.4 米,白象高 3.33 米,像身宽 2.3 米,大耳长牙,高 1.42 米,直径 2.6 米。普贤菩萨像高 2.65 米,盘坐于莲座之上。头上双层金冠,直径 1.08 米,总重量约 62 吨。其铸造方法,是在成都分块铸好之后,运到峨眉山组装而成。其庞大的身躯、精美的造型,不仅为佛门空前盛举,也是我国古代金属铸造史上的一大奇迹。③

第七节 造船业

随着水路运输的发达,宋代四川造船业得到进一步的发展。船的种类增多,有作战使用的战船、漕运官物的漕船、接送官吏的驿船、民间运输货物和旅客的商船、装载马匹的马船、专作渡河工具的渡船、官僚贵族游玩的舫舟,以及在滩多水急的河流中行驶的木筏、竹筏等等。当时最大的船只能载 1600 斛。④ 马船的载重量为 500～700 料,可以装载 20～25 匹马,相当于载重 500～700 石粮食。打造一只马船约费物料人工食费 450 贯。⑤ 造船的数量亦相当可观,真宗大中祥符六年(1013)寇瑊为镇压晏州多刚县夷人斗望反叛,在江安县就集中了公私船只百余艘⑥,运输军队和粮秣。南宋孝宗乾道三年(1167)吴璘一次就拨宣抚司"钱七万五千缗付合州造马船二百"⑦,运输战马到荆南。宋代四川造船的地区遍布于各条江河沿岸地区,主要的造船基地有:

嘉州,地处岷江中游和岷江、长江水运的交通枢纽,是宋代四川造船业的

---

① 王家祐:《四川宋墓札记》,《考古》1959 年 8 期。
② 四川博物馆:《四川东山灌渠宋代遗址及古墓清理简报》,《考古》1959 年 8 期。
③ 参见《宋代蜀学研究·峨眉山宋代普贤铜像》。
④ 陆游:《入蜀记》。
⑤ 《朝野杂记》甲集卷 18《纲马水陆运》。
⑥ 《宋史》卷 496《蛮夷四》。
⑦ 《朝野杂记》甲集卷 18《纲马水陆运》。

中心，宋代规定嘉州每年打造官船45艘。① 南宋时还令嘉州打造马船。此地的私人造船业也较发达，陆游就是在江陵乘坐嘉州船户赵青的1600斛大船入蜀的。②

合州，位于渠江、涪江与嘉陵江汇合处，是嘉陵江、长江水运的交通枢纽，宋代四川的另一个造船中心。南宋四川打造的马船，大部分都是由合州打造的。

叙州，地接马湖江。马湖江所产巨木，是造船的好材料。"马湖蛮"常运巨木至叙州出售，从而促进了叙州造船业的发展。③ 范成大《吴船录》记他乘坐的出峡船，就是在叙州打造，"既成溯流泊于嘉，甫毕而被召"，乃由成都乘小舟至嘉州，"登新舰乃治装"而行。南宋官府亦在叙州打造马船。

夔州是四川的水路门户，四川船只通往荆湖的必由之道，造船业亦相当发达，南宋亦在此打造战船。

此外，利州、阆州、眉州、泸州都曾打造马船，黎州在宋初就造船以渡大渡河南少数民族。万州和黔州在南宋时也打造船只。

川江河流的特点是河床窄，弯曲多，流速急，滩碛险，暗礁林立，险滩密布，远非一般河流可比。为了便于在这样的水道航行，四川船只形成了如下特点：一是船身小。船小则灵活，便于在弯曲流急的河道中行驶；二是"底阔而轻"。底阔则吃水浅，自重轻则浮力大，"于上滩为便"。④ 这些特点决定了蜀船只适于川江航行。到长江下游航行，就经受不住大风而有沉溺的危险。同时，在长江下游再用小船运输货物，在经济上也不划算，故蜀船都至荆南而返。凡船载舟运四川至东南的旅客和货物，都在荆南上岸，改换大船，以提高经济效益。相反，不适合川江水道的船只亦不能在川江行驶；不谙悉川江河道的船工亦不能在川江航行。王十朋曾说："蜀江号天下之至险，与其他水路大不相侔。瞿塘、滟滪及诸恶滩密如竹节。巴峡之民，生长于水者以舟楫为家，捎溃撇旋欹桅侧柂于波涛汹涌之间，习知水道之曲折，操舟若神，犹不免时有覆溺之患。"⑤ 因而规定，每一舟入峡数里，后舟方敢续发，"帅司遣卒执一旗次第立

---

① 《宋会要·食货》46之1。
② 陆游：《入蜀记》。
③ 《朝野杂记》乙集卷20《辛未利店之变》。
④ 陆游《入蜀记》。
⑤ 《梅溪王先生集》卷4《再论马纲状》。

之上下，一舟平安，则籨旗以招后船"。① 以免水势怒急，舟船猝然相遇，不可解拆。四川船只操舟需要特别技术，拉船也要特别技术。"三峡束江，断崖绝壁，挽舟者无所置足，攀缘而过如猿猱"②，亦非普通人所胜任。四川人民在长期的实践中，打造出适合川江航行的船只，培养出谙熟川江航道的船工，是对我国造船和水运事业的特殊贡献。

当然，总的说来，四川的造船业虽较前代有所发展，但较东南各地尚属落后，天禧末年，全国造官船2916艘中，四川仅嘉州一处岁造四五艘③，在全国造船业中处于无足轻重的地位；四川船只的载重量与东南内河航行的"万石船"也小得多。这主要是川江的地理条件造成的。

---

① 范成大：《吴船录》。
② 《梅溪王先生集》卷4《再论马纲状》。
③ 《宋会要·食货》46之1。

第十四章 宋代四川商业和交通的发展

随着农业、手工业的发展，社会商品种类和数量增多，宋代四川的商业也有了空前的发展。它集中表现在商税收入的增长，农村商品交换的发达，城市商业的繁荣和商业队伍的壮大等方面。与此相适应，交通运输业也得到较大发展。

第一节 商业的发展

一、商税收入的增长

我国封建社会征收商税，为时已久，但直到宋代才有各地商税收入的具体数字的记载，商税成为国家重要财政收入之一。这表明宋代是我国商业发展的重要历史阶段。

商税的征收是建立在商品交换发展的基础上的。商税的数量在一定程度上反映了商业的发展程度。因此，我们先从商税的收入上来考查宋代四川商业的发展状况。

宋代的商税制度，《宋史》卷186《食货志》曾经记载说：

商税,凡州县皆置务,关镇亦或有之;大则专置官临监,小则令、佐兼领;诸州仍令都监、监押同掌。行者赍货,谓之"过税",每千钱算二十;居者市鬻,谓之"住税",每千钱算三十,大约如此。然无定制,其名物各随地宜而不一焉。行旅赍装,非有货币当算者,无得发箧搜索。凡贩夫贩妇细碎交易,岭南商贾赍生药及民间所织缣帛,非鬻于市者皆勿算。常税名物,令有司件析颁行天下,揭于版,置官署屋壁,俾其遵守。应算货物而辄藏匿,为官司所捕获,没其三分之一,以半畀捕者。贩鬻而不由官路者罪之。有官须者十取其一,谓之"抽税"。

由此说明,宋代商税征收的办法是在州县和某些场镇设商税务,征收行商2%的过税,住商3%的住税。

四川各地商税务的设置和商税数额,以《宋会要·食货》卷16记载熙宁十年前和熙宁十年（1077）的数字最为完整。但是,按《宋会要·食货》记载的熙宁十年前全国各地商税旧额统计,全国其他地区的商税总额只有500多万贯,而川峡四路就有600多万贯,超过了全国其他地区商税的总和。对此,马端临在《文献通考》卷14说,"按天下商税,惟四蜀独重,虽夔、戎间小垒,其数亦倍蓰于内地之壮郡。然《会要》言,四蜀所纳皆铁钱,十才及铜钱之一,则数目虽多,而所取亦未为重。而熙宁十年以后再定之额,他郡皆增于前,而四蜀独减于旧,岂亦以原额偏重之故欤?"他对四川熙宁十年前商税旧额究竟是按铁钱计算还是税额偏重,虽未作出肯定的回答,但只怀疑熙宁十年前商税旧额的可靠性,并不怀疑熙宁十年四川商税的可靠性。

同时,如果把四川熙宁十年的商税额按铁钱十折铜钱一计算,则川峡四路熙宁十年的商税只值铜钱166万余贯,与全国其他地区商税收入共600余万贯相比,只占全国商税总额的20%,又显然不合四川商税收入的实际情况。因此,我们认为,《宋会要》记载熙宁十年川峡四路的商税额可以作为研究四川商税收入的依据。现把《元丰九域志》所载四川各州县数和《宋会要》所载熙宁十年各州县场镇商务商税额统计列表于后,就可看出各地商税收入状况。

第十四章 宋代四川商业和交通的发展

表 14－1 熙宁十年（1077）川峡四路商税务和商税额

路名	州名	县数	商税务数	商税额（贯）	州 商税务数	州 商税额（贯）	县 商税务数	县 商税额（贯）	场镇 商税务数	场镇 商税额（贯）
成都府路	成都府	9	10	171631	1	67508	7	101048	2	3075
	眉州	4	2	38834	1	38422		45520	1	412
	蜀州	5	10	74619	1	18492	4	26431	5	10607
	彭州	5	11	96319	1	30196	1	12650	9	39692
	绵州	8	9	69473	1	54376	7	30216	1	2447
	汉州	4	4	78615	1	48399	3	5828		
	嘉州	5	3	39884	1	32923	1	21446	1	1133
	邛州	6	9	64398	1	37459	5		3	5493
	黎州	1	1	3150	1	3150				
	雅州	4	6	36025	1	13286			5	22739
	简州	2	3	33213	1	30128	2	3085		
	茂州	2	1	147	1	147				
	威州	2		不立额						
	陵井监	2	2	19467	1	16549			1	2918
合计	14州	58	71	725775	13	391035	30	246224	28	88516
利州路	利州	4	4	48938	1	43051	3	5887		
	阆州	7	7	26229	1	25741	6	488		
	剑州	6	7	53043	1	18594	5	26501	1	7948
	巴州	5	6	14973	1	5561	4	9241	1	171
	蓬州	4	4	6809	1	4686	3	2123		
	政州	2	2	19934	1	14527	1	5407		
	兴元府	4	4	82536	1	54967	2	26653	1	1516
	大安军		5	28600	1	28586	2		2	6129
	文州	1	3	15070	1	8634		307	2	2358
	兴州	2	4	35473	1	33115			1	
	洋州	3	5	26922	1	22362	1	1398	3	3162

续表

路名	州名	县数	商税务数	商税额（贯）	州 商税务数	州 商税额（贯）	县 商税务数	县 商税额（贯）	场镇 商税务数	场镇 商税额（贯）
合计	11州	38	49	358527	11	259824	27	78005	11	19026
梓州路	梓州	9	10	64274	1	55078	9	9196		
	遂州	5	2	50147	1	48438			1	1709
	果州	3	1	32478	1	32478				
	资州	4	1	21389	1	21389				
	普州	3	3	18356	1	17864	2	492		
	昌州	3	3	11744	1	11456	2	288		
	戎州	2	3	14210	1	13410	2	800		
	泸州	3	3	21631	1	20501	1	50	1	1080
	合州	5	1	37597	1	37597				
	荣州	4	4	8769	1	7417	3	1352		
	渠州	3	1	15563	1	15563				
	怀安军	2	3	24137	1	21148	1	651	1	2338
	广安军	3	3	18256	1	17554	2	702		
	富顺监		1	7988	1	7988				
合计	14州	49	39	346539	14	327881	22	13531	3	5127
夔州路	夔州	2	2	35442	1	21292	1	14150		
	黔州	2	5	12922	1	10185	1	799	3	1760
	达州	5	5	21385	1	19719	4	1666		
	万州	2	2	17075	1	17062	1	13		
	忠州	4	5	18982	1	14420	4	4562		
	开州	2	2	7368	1	5834			1	1534
	涪州	3	5	34885	1	28385	1	2329	3	4171
	渝州	3	3	39161	1	31615	2	7546		
	云安军	1	2	18537	1	17536	1	701		
	梁山军	1	1	2517	1	2517				
	南平军	2	3	3447	1	1433	2	2014		
	施州	2	6	6002	1	5601	3		2	401
	大宁监	1	1	12939	1	12939				
合计	13州	30	42	230662	13	188538	20	33780	9	7866

第十四章 宋代四川商业和交通的发展

续表

路名	州名	县数	商税务数	商税额（贯）	州		县		场镇	
					商税务数	商税额（贯）	商税务数	商税额（贯）	商税务数	商税额（贯）
四路合计	52 州	175	201	1661503	51	1167278	99	371540	51	122793

上列商税收入，反映了北宋四川商业发展中的许多问题。

第一，熙宁十年四川 52 州，商税额共 166 万余贯；当时全国 311 州，商税额共 804 万余贯。四川的州数占全国州数的 16%，商税额占全国商税额的 21%；全国每个州平均商税额约为 26000 贯，四川各州商税额平均为 32549 贯，超过了全国的平均水平。同时，成都府商税额为 171000 余贯，仅仅低于杭州的 173000 余贯，居全国第二位。这反映出四川在北宋时是商业发达的地区。

第二，四川四路的商税额，以成都府路 14 州岁额 72 万余贯为第一，利州路 11 州岁额 35 万余贯居第二位，梓州路 14 州岁额 34 万余贯为第三，夔州路 13 州税额 23 万余贯为最少。可见，四川四路的商税额基本上同各路经济发展的水平相一致。

第三，四川各地商税额的差距，反映出各地商品经济发展极不平衡。同为州城商税务，成都府税额为 17 万余贯，蜀州（今四川崇州）为 7 万余贯，汉州（今四川广汉）为 7 万余贯，梓州（今四川三台）为 6 万余贯，而黎州（今四川汉源）则只 3000 余贯，茂州（今四川茂县）只 100 余贯；同为场镇税务，彭州濛阳镇为 1 万余贯，涪州（今重庆涪陵）白马津为 4000 余贯，而陵江场和温山场则只 10 贯。不同地区的商税额相差几倍至百倍以上。

第四，地处水陆交通要道的剑州税额为 5 万贯，利州为 4 万贯，渝州、涪州为 3 万贯，均比经济发展水平相同的非交通要道地区为高。这反映出交通要道地区的商品交换和商品流通远比交通落后地区更为发达。

第五，宋代四川在州城和县、场镇都设置商税务。这说明在当时不仅城市商业发达，而且农村的商品交换也蓬勃兴起。

二、农村商品交换的发达

随着宋代四川农村商品经济的发展，商品交换也兴旺起来，并促进了场镇在人口集中、交通方便、商品生产发达地区的兴起。场镇成为农村的商业集市和商品交换中心。现把《元丰九域志》所载元丰初年四川各州场镇数字列表于后。

表14-2 元丰初年四川各州场镇数

成都府路				梓州路				利州路				夔州路			
州名	县数	镇数	场数	州名	县数	镇数	场数	州名	县数	镇数	场数	州名	县数	镇数	场数
成都府	9	19		梓州	9	40		利州	4	8		夔州	2		
眉州	4	12		遂州	5	30		阆州	7	27		黔州	2		
蜀州	5	10	3	果州	3	35		剑州	6	17		达州	5	6	
彭州	4	5	6	资州	4	26		巴州	5	15		忠州	4	37	4
绵州	8	27	2	普州	3	32		蓬州	4	31		万州	2	4	
汉州	4	16	2	昌州	3	38		政州	2	2		开州	2	2	
嘉州	5	17	1	戎州	2	2		兴元府	4	9	1	涪州	3	2	
邛州	6	11	3	泸州	3	5		洋州	3	1		渝州	3	2	1
黎州	1	7		合州	5	45		文州	1	5		云安军	1	23	
雅州	4	4	5	荣州	4	14		兴州	2	2	1	梁山军	1	2	1
茂州	2	1		渠州	3	39		大安军		2		南平军	2		
简州	2	15		怀安军	2	10						大宁监	1	1	
威州	2			广安军	3	29						施州	2		
陵井监	2	14		富顺监		13									
合计	58	158	22	合计	62	358		合计	38	119	2	合计	30	79	6

上表所列四川52州、175县中，共有714镇、30场。① 除成都府的双流县，彭州的濛阳县，茂州的汶山县，威州（今四川理县）的保宁县、通化县，梓州的东关县，戎州（今四川宜宾）的南溪县，泸州的合江县，政州（今四川江油）的清川县，夔州的奉节县、巫山县，忠州的垫江县、丰都县、南宾县，万州的武宁县，开州的开江县，涪州的乐温县、武龙县，梁山军（今重庆梁平）的梁

---

① 这里的场，均为商品生产所在地的茶场或盐场。

山县,南平军(今重庆綦江)的南川县、隆化县等 21 县没有场镇而外,其余 154 个县都有场镇。

宋代县治所在地,一般均无城防设施。万户以上的大县才设县令、县丞、主簿、县尉各一人,千户以上的县设县令、主簿、县尉各一人,四百户以上的县设县令、县尉各一人,再加上几个吏人,不多的居民,"县城"实际上是乡村的一个集镇。一般而言,它既是乡村政治中心,也是乡村商品交换、集市贸易之地。但就商业的繁荣而言,某些县城并不如场镇发达。宋朝在四川 175 个县城中,设置了 85 个商税务,尚有一半以上的县未设置商税务。这些未设税务的县城,商业贸易就不如设置商税务的场镇发达。

熙宁十年(1077),四川 201 个商税场务中,设于县和场镇的有 150 个,占商税场务总数的 75%;缴纳商税额 49 万贯,占商税总额 166 万贯的 30%,这反映出宋代四川不少农村地区的商品交换还是相当发达的。

场镇是乡村的经济中心和商业网点。它的数量以梓州路最多,成都府路次之,利州路再次之,夔州路最少。场镇数量的多少,在一定程度上反映了农村商品交换的发展水平。但是各个场镇的大小,经济的繁荣程度,商业贸易的发展状况又很不同。一般说来,设置商税务、征收商税的场镇,就是经济较为繁荣、商业较为发达的场镇。熙宁十年,宋朝在成都府路 180 个场镇中,设置了 28 个商税场务;在梓州路的 358 个镇中,设置了 3 个商税场务;在利州路的 111 个镇中,设置了 11 个商税场务;在夔州路的 85 个镇中,设置了 9 个商税场务。这表明宋代四川农村中经济较为繁荣,商业较为发达的场镇,主要集中在成都地区。

农村的商品交换主要是在农民之间和商贩与农民之间进行的。交换的数量有限,交换的商品主要是米、面、柴草、薪炭、鹅鸭、药材、油盐、布帛、农具等生活、生产用品。从农民来讲,他们是为了取得自己所不能生产的生活、生产用品才把自己所剩余的产品拿到市场上去交换。这种性质的商品和直接为交换而生产的商品有所不同,还属于带有商品性质的生产。从商贩来讲,他们走乡串镇,把城市和其他地方的产品运往乡村出卖,然后收买农村的剩余产品运往城市或其他乡村出售。他们的商业利润,主要来自运输商品的劳动报酬,与城市中的商人所获的商业利润有所不同。但是,农村商品交换的发展程度,同城市一样,都是取决于经济的发展水平。只有农村经济发展了,农民才有剩余产品出卖，也才有能力交换自己所不能生产的商品。由于四川农村经济发展的不平衡，也就决定了农村商品交换发展程度的不平衡。

经济发达的成都地区，是农村商品交换最发达的地区。以熙宁十年为例，成都府路的县和场镇商税务有58个，占四川县和场镇商税务总数的39%；商税额33万余贯，占四川县和场镇商税额的68%。而其他地区的农村，许多地方虽然兴起了场镇、集市，普遍存在商品交换，但商品经济的发展程度不高，商品交换还处于刚刚兴起的阶段。

地处商品生产地和交通要道的农村场镇，商品交换也相当发达。例如蜀州的味江镇，彭州的导江镇、濛阳镇、蒲村镇、㭎口场、木头场，雅州（今四川雅安）的卢山场、百丈场，都是盛产茶叶的地区；涪州（今重庆涪陵）的白马津，开州（今重庆开县）的封盐场，黔州（今重庆彭水）的盐井镇，则是出产井盐的地区；彭州的西津、南津，雅州（今四川雅安）的平羌津，泸州的绵水场，剑州（今四川剑阁）的剑门关，则是水陆交通枢纽，货物集散之地。特别是剑门关，本是山川重阻、经济落后的地方，因其地处川陕交通孔道，而成为"水陆所凑，货殖所萃"①的都会。这些场镇商税额一般都在1000贯至5000贯之间。而彭州濛阳镇的商税额为10724贯，雅州名山场的商税额为19580贯，剑门关的商税额达7948贯，不但超过了一般场镇的商税额，还远远超过了很多州城的商税额。可见，随着农村商品交换的发展，某些作为政治中心的城市，已不再同时是该地的经济中心，其经济地位已由经济发达的乡村场镇所代替。怀安军（今四川金堂）所辖"县二而镇九。以县而言，金堂为大；以镇而言，古城为富。方谚谓：'军不如县，县不如镇'"。② 嘉州（今四川乐山）的苏稽镇和符文镇也是"两镇市井繁遝类壮县"。③ 这都是乡村商品交换水平超过州县城市的反映。

南宋时期，四川农村的商品经济得到进一步的发展。以泸州为例，北宋熙宁十年，朝廷鉴于戎州、泸州荒远，蕃汉人户难买食用盐茶、农具，准许人户申请兴置草市。一个半世纪以后，据宁宗嘉定末年曹叔远的《江阳谱》统计，

---

① 《舆地纪胜》卷192。
② 《舆地纪胜》卷164。
③ 范成大：《吴船录》卷上。

第十四章 宋代四川商业和交通的发展

泸州有草市镇67个。其中，泸川县22480户，村庄71处，市镇37个，平均约每608户或每2个村有市镇1个；合江县12370户，村庄48处，市镇18个，平均约每687户或每3村有市镇1个；江安县11986户，村寨186处，市镇12个，平均约每999户或每16个村有市镇1个。除江安县蕃寨错落，经济水平较低，市镇稀疏外，泸川、合江二县差不多每一乡，就有一个市镇。①

总之，宋代四川地区农村商品交换的兴起，有利于农村经济的发展和城乡物资交流，并为城市商业的繁荣奠定了坚实的基础。

三、城市商业的发展

宋代四川农村商品经济的发展和集市的兴起，促进了城市商业的发展。这一时期城市商业的发展主要表现在两个方面：一是原有都市的商业更为繁荣，二是大批新的商业城市的崛起。

原有都市商业更为繁荣，主要是指成都府。成都府在战国时期就是全国著名的六大都会之一，在唐代更有"扬一益二"之称。唐人还谓之"人物繁盛，江山之秀，罗锦之丽，管弦歌舞之多，伎巧百工之高，扬不足以侔其半"。② 宋代成都商业的繁荣较唐代有过之而无不及。在宋代成都，象征商业繁荣程度的物资交流集市，无论规模上还是时间跨度上都大大超过了唐代，出现了正月灯市、二月花市、三月蚕市、四月锦市、五月扇市、六月香市、七月七宝市、八月桂市、九月药市、十月酒市、十一月梅市、十二月桃符市等等按月令季节售物的物资交流集市。③ 此外，还有城南麻市和万里桥边的鱼市等等。其中最著名和规模最大的是药市和蚕市。

宋代成都药市一年要举行三次，分别是二月八日、三月九日的"观街药市"和九月九日玉局观的药市，而以重阳节玉局观药市最盛。④ 重阳药市时，"于谯门外至玉局化五门，设肆以货百药，犀麝之类皆堆积。府尹、监司皆武行以阅。

---

① 《永乐大典》卷2217《泸州府·乡都》。各县统计数字，并参考傅宗文：《宋代的草市镇》，《社会科学战线》1982年1期。
② 《全唐文》卷744。
③ 《成都古今记》。
④ 费著：《岁华纪丽谱》，《全蜀艺文志》卷58。

又于五门以下设大尊,容数十斛,买杯构,凡名道人者皆恣饮,如是者五日云"。① 药市出售的"芎与大黄如积,香溢于廛"。② 市上的药材,不仅来自四川盆地,还来自川西高原"黎、雅诸蕃及西和宕昌"③ 等少数民族地区。

宋代成都的蚕市已由"二月望日,鬻花木蚕器"④ 的出售蚕农器具的集市,发展成为百货汇聚的物资交流集市,规模大,市集多,时间长。"正月至三月,州城及属县循环一十五处。"⑤ 田况在《正月五日州南门蚕市》诗中说:"齐民聚百货,贸鬻贵及时。乘此耕桑前,以助农绩资。物品何其多,碎琐皆不遗。编筱列箱筥,饬木柄镃錤。备用诚为急,舍器工曷施。名花蕴天艳,灵药昌寿祺。根萌渐开发,絫载相参差。游人炫识赏,善贾求珍奇。"他在《二十二日圣寿市前蚕市》诗中说,到蚕市卖货的还有"经年储百货,有意享千金"⑥ 的商人。可见,蚕市交易已不限于蚕农之市,而是灵药花木、工商珍奇并备的各行各业的物资交流集市。

宋代成都还把唐末五代兴起的游乐之风,发展成为游乐兼商业贸易的定期集会。费著《岁华纪丽谱》云:

> 成都游赏之盛,甲于西蜀。盖地大物繁,而俗好娱乐。凡太守岁时宴集,骑从杂沓,车服鲜华,倡优鼓吹,出入拥导;四方奇技,幻怪百变,序进于前,以从民乐。岁率有期,谓之故事。及期则士女栉比,轻裘袨服,扶老携幼,阗道嬉游……⑦

所谓"岁率有期"的期数,据费氏所列统计,一岁之中多达 25 次以上,有的宴游聚会还常常延续几天之久。而在成千上万官吏市民定期游乐宴会之地,又招揽了一大批承办官物的商人和小商贩前来从事商业贸易。赵抃记曰:"曩时

---

① 庄绰:《鸡肋篇》卷上。
② 宋祁:《益部方物记》。
③ 张世南:《游宦纪闻》卷 2。
④ 《方舆胜览》。
⑤ 黄休复:《茅亭客话》卷 9《鬻龙骨》。
⑥ 《全蜀艺文志》卷 17。
⑦ 《全蜀艺文志》卷 58。

宴会，皆牙校掌之。盖榷酤之利有余，人乐于为役，公帑岁入，亡虑千万贯有奇。"① 一岁之中，游宴收的榷酤之利就达成千上万贯之多，足见定期游乐之地商业贸易之繁荣，交易数额之庞大。

随着城市商业繁荣，为满足官僚贵族享乐的需要，成都还产生了新兴的园苑花木行业，花市比唐末五代更为繁荣。不少人以种花、卖花为业，并以此致富。成都附近彭州的牡丹品种就有近百种之多。陆游曾说"牡丹在蜀，天彭为第一"。彭州三井的李氏、刘村的毋氏、城中的苏氏、城西的李氏，都是以种花致富、有余力治亭馆而得名于世。成都的官僚贵族还常在彭州高价购求珍奇花木，使"双头红"牡丹初出时一本值三十千，"祥云"牡丹初出亦值七千、八千不等。②

成都是西南地区蜀锦、绢帛、麻布、茶叶、药材、纸张、书籍贸易的最大集散地。蜀中和各地的巨商大贾都集中于成都，大批采购上述商品，运销全国。正是商业贸易的发达，使得成都在宋代成为世界上最早使用纸币的地区。在宋代城市商业普遍发展的背景下，它仍然是全国最重要的商业都会之一。

新的商业城市的崛起，主要表现在宋代四川的州城已不单纯是封建政治的中心，同时也成为经济中心。绝大部分州城都设立商税务，征收商税，就是城市商业普遍发展的反映。在州城商业发展中，尤以下列州城最为突出。

梓州　唐朝肃宗时，分蜀为东、西两川，梓州为东川节度使治所，管辖十邑。其政治地位与西川节度使治所成都相等，但经济上则是"址地瘠薄，民物之产，曾不及西川一大县"，因而是单纯的政治中心。到宋代，梓州则成为四川的大都会。政治上，它是梓州路的治所，"南控泸、叙，西扼绵、茂"；经济上，"江山形胜，水陆之冲，为剑外一都会，与成都相对"。③ 唐代兴起的梓州药市，原为九月一日至八日而散，宋代则增加三日，到十一而罢。④ 熙宁十年（1077），梓州州城所定商税额为 55000 余贯，在四川城市的商税收入中仅次于成都府城。重和元年（1118）升梓州为潼川府。

遂州　地处川中涪江中游，平川沃野，盛产甘蔗和糖霜，是我国最早制作

---

① 《全蜀艺文志》卷 58。
② 《蜀中广记》卷 62。
③ 《舆地纪胜》卷 154。
④ 《蜀中广记》卷 58。

冰糖之地。熙宁十年，遂州的商税额达 48000 余贯。因其商业发达，北宋和南宋时期，梓州（潼川府）路转运司曾一度设治所于此，主办一路财政事宜。政和五年（1115）亦由州升为府。

果州　地处嘉陵江岸，当水陆往来之冲，盛产柑橘、绢帛，每年供应河东、泸南绫绢、丝锦数十万匹，故"其民喜商贾而怠稼事"。政治地位虽亚于潼川府和遂宁府，经济地位则是"士民所聚则过之"，"自号'小益'，不复数潼、遂"。邵伯温《充城好》诗云"充城繁盛冠东川"，"蜀人唤作小成都"。① 熙宁十年（1077），果州城商税额为 32000 贯，已发展为川中北的商业中心。

利州　地处四川北部交通孔道。陆路北达关陕，南过剑门而入两川，水路沿嘉陵江下行至阆州（今四川阆中）、果州而达夔峡，上行而到兴州（今陕西略阳）、凤州（今陕西凤县），实为舟车咽喉之地。故虽"土瘠民贫，城郭庳而居室陋"，但仍发展成剑门关外一大都会，商业贸易相当发达。熙宁十年利州城的商税额为 43000 余贯，仅次于成都、梓州、遂州，居四川州城商税收入的第四位，所以宋代人呼利州"为小益，对成都之为大益也"。②

渝州　地处长江、嘉陵江汇合之处，"二江之商贩，舟楫旁午"。③ 南宋晚期，成都被蒙古军队攻陷，四川制置司迁治渝州，渝州成为全川的政治中心，更促进了渝州商业的发达。

此外，夔州（今重庆奉节）是四川东部的交通孔道和商业贸易的中心；合州（今重庆合川）是涪江、渠江与嘉陵江汇合之处，农副业相当发达，又是重要造船基地；泸州是川南"商贾辐辏，五方杂处"的都市；嘉州当荆、蜀、渝、泸要道，农业和造船业都很发达，是西川物资运往荆南的集结地；戎州（今四川宜宾）、黎州（今四川汉源）、雅州（今四川雅安）则是与少数民族贸易的都市。这些州城的商业在宋代都相当发达，而成为当时新兴的商业城市。

四、商业队伍的壮大

宋代四川地区商业经济的发展，也导致了经营商业的人数增加和商业队伍

---

① 《舆地纪胜》卷 156。果州治所在南充县，在唐大历六年至大历十年（771~775）曾名充州，故果州城亦称充城。
② 《舆地纪胜》卷 184。
③ 《舆地纪胜》卷 175。

第十四章 宋代四川商业和交通的发展

的壮大。主要表现为：

（一）大批自产自销的商品生产者的出现

商品生产的发展，使城乡出现了不少从事商品生产的专业户。他们中有捕鱼、卖鱼的渔户，种花、卖花的花户，种药、采药、卖药的药户，生产和出售井盐的井户，种植和出售水果、蔬菜的农户，出售飞禽走兽的猎户，纺织和出卖绢帛、布匹的机户，生产和出售各种手工业品的独立手工业者。这些人亦农亦商，亦工亦商，靠出售产品去购买原料和生产用品来维持再生产。他们在商品生产过程中是生产者，在出卖和购买商品的过程中又是商人。他们一身而二任，活跃于城乡市场作为专业商业队伍的补充，壮大了商业队伍，促进了商品生产的发展。

（二）专业商人队伍的壮大

茶叶、药材、水果、纺织、井盐、造纸、印刷基地的出现，在一定程度上突破了自然经济的框框，扩大了产区内外商品的交流。大批从事上述商品和粮食贸易的商贩和商人应运而生，他们把粮食和其他生活用品运进产区而把产品运出。当时的盐商"贱市于官，贵粜于民，至有斤获钱数百"。① 茶叶、蜀锦、布帛、药材等各类土产，甚至蜀猕猴皮，都有商人运销全国各地销售。为适应豪商大贾大宗商业贸易的需要，还出现了一批金融商人，从外地把金银运到成都、夔州从事金融交易。在宋代四川，城市中行业的种类较唐代普遍增多，并且建立起行会，以承办官物和维护自身利益。

（三）士大夫和官僚兼营商业者增多

在商业发达的城市，已出现"士农工商，大家经商"的现象。以家法很严著称的成都士大夫中，就有做官以前即经营商业的。② 还有的人是当官而不弃商，做官而又经商，官商合一，利用官吏特权来经商。南宋中期，四川"士大夫之贪黩者，为之巨艘西下，舳舻相衔，捆载客货，安然如山"。他们还利用官僚士大夫的免税特权，出售名分，索取商人重金，影庇商货，致蜀中商人"或自地所揽载至夔门易舟，某月某日某人出蜀，商旅探伺，争为奔趋。为士大夫者从而要索重价，一舟所获，几数千缗。经由场务，曲为复护免税，怀刺纳谒，

---

① 《宋史》卷183《食货志》。
② 《老学庵笔记》卷9。

恳嘱干饶"。这种现象，"往时不过蜀人之赴举者为之，既而蜀士之游宦江湖、召赴中都者，或未免循习。其后东南士大夫仕于蜀者，归途亦多效之。而把挥持节者抑有甚焉"。①

（四）官营商业队伍的膨胀

随着四川商品经济的发展和宋朝官府在四川收购商品数量的激增，太宗时期就在成都设置博买务；神宗时期王安石变法，市易法实行后，四川又设置了市易务；熙宁年间榷茶，又在成都置茶马司。此外，每年的和籴粮草、和买绢帛以及官营盐井、酒务，都使为官府采购和出售商品的人数激增。官营商业队伍的扩大和官营商品数量的增多，反映了商品经济的发展。但由于它利用国家权力，控制了社会最主要的商品的交换，又阻碍了民间商业的发展。

第二节 交通运输

一、水路交通

水路交通中，岷江、嘉陵江和长江一线是当时最繁荣的水运交通路线。

岷江发源于岷山南麓，由北而南流经今茂县、汶川、都江堰、新津、彭山、乐山而至宜宾与长江汇合。岷江在都江堰以上为上游，都江堰至乐山段为中游，乐山以下为下游。它在都江堰至新津、彭山一带分为内外江。内江流入成都平原，河道支岔纷繁，散流为网，既灌溉着号称"天府"的成都平原的万顷良田，又给成都平原以舟楫水运之便。早在宋代以前，沿岷江、长江下行的水道，就是四川与东南商品流通和行人往返的主要交通枢纽。宋代它仍是川西地区商品物资运往川南、川东和荆湖的主要交通线。北宋平蜀，后蜀皇帝孟昶及其臣僚就是由成都经岷江下嘉州（今四川乐山）、戎州（今四川宜宾），经长江下荆湖的水路押赴开封的。后蜀在成都的府库财帛，也主要由这条水道运至开封。其后宋代成都府路上缴给中央的财物，以及"川益诸州金帛及租、市之布"，也是

---

① 《宋会要·食货》18之25。

"分辇负担自嘉州,水连达荆南,自荆南遣吏纲运送京师"。① 作为当时四川最主要的水路线,岷江船运事业空前繁荣。自成都"顺流而下,委输之利,通西蜀之宝货,传南土之泉谷。建帆高挂则越万艘,连樯直进则倐逾千里,为富国之资,助经邦之略"。② 它的运输量,仅官府漕运的布匹一项,宋初每年就达100万匹。至真宗"咸平中,定岁运六十六万匹,分为十纲"③,荆南府在将布匹搬运入城的问题上深感困难。仁宗天圣五年(1027),因从江岸搬运益州布帛入城路程遥远,专门在"沙岸堤内起盖布库",待"益州布纲到岸,只就江岸点检,对交与上京省员",以减轻荆南府搬运益州布匹的繁重任务。④ 由于大批蜀船至荆南,当时荆南还有"蜀人修船处",而"沙市堤上居者,大抵皆蜀人。不然则与蜀人为婚姻者也"。⑤

嘉陵江是川江最大的支流,发源于秦岭山地和岷山,由北而南横贯川中地区至重庆与长江汇合。它以利州(今四川广元)以上为上游,利州至合州(今重庆合川)段为中游,合州至渝州(今重庆)段为下游。而发源于大巴山南麓的渠江,则由巴州(今四川巴中)经渠州(今四川渠县)而达合州与嘉陵江相汇;发源于岷山南麓的涪江,亦经绵州、梓州、遂州而达合州而与嘉陵江相合。这样,嘉陵江就成为四川中部农业区粮食、绢帛运往外地的主要交通线。沿着这条水路下行通荆南,上行可达陕西的凤州等地,还可以经渝州沿长江上行而达泸南。宋代果州(今四川南充)岁输泸南的绫绢、丝绵,元丰年间平定泸南乞弟叛乱的军需物资,相当部分就是由嘉陵江、长江水运至泸南的。⑥ 南宋时期,宋朝还沿这条水路由利州用船载战马至荆南⑦,又将利州、阆州(今四川阆中)等地的军粮逆嘉陵江上行而运至兴州(今陕西略阳)、凤州等地,形成"商贩溯嘉陵而上,马纲顺流而下"⑧ 的繁忙景象。由嘉陵江上行而达陕西的水路是一条十分艰险的水道。滩碛相望,夏苦水涨,冬苦水浅,"漕舟自嘉陵江而

---

① 《宋史》卷175《食货志》。
② 苏德祥:《新修江渎庙记》,《全蜀艺文志》卷37上。
③ 《宋史》卷175《食货志》。
④ 《宋会要·食货》46之15。
⑤ 陆游:《入蜀记》。
⑥ 《宋史》卷433《邵伯温传》,《净德集》卷24《朝散郎费君墓志铭》。
⑦ 《朝野杂记》甲集卷18《纲马水陆运》。
⑧ 《宋会要·兵》23之36。

上，春夏涨而多覆，秋冬涸而多胶"。① 每至秋冬水枯季节，利州以上就难以通航，所谓"嘉陵江水之险，以滩名者殆百。米舟相衔，遇石而碎与汩入者，皆蜀人之脂膏也"。② 绍兴六年（1136）四川安抚制置大使席益就曾建议用船转搬的办法来运送四川调拨关外的军粮，"于上流水涩之时，并运在利、阆近处，春水生后，一运发军前"。③ 虽运输周期较长，但与陆运相比，则是"水运迟而省费，陆运速而劳民"④，仍有其可取之处。所以，北宋时期曾设水陆递铺，自嘉陵江运输茶叶至凤州，再转运到熙秦地区进行茶马贸易；南宋也利用这条水道运送军粮以饷关外驻军。

此外，发源于盆地西北，进入盆地中南部，至泸州与长江汇合的沱江，也是四川盆地的重要水路交通线。地处沱江流域的资州（今四川资中）就有直航巫溪的船只⑤，富顺监更是"水陆之会"的交通码头。而与上述主要江河连接的支流，在能通航的地方，一般均通行船只或木筏，从而构成了宋代四川境内四通八达的水路交通网。

二、陆路交通

成都到长安的川陕干道，在宋代仍然是四川最主要的陆路交通干线。这条道路的商业运输比历史上任何一个时期都更为繁荣。五代时期，川陕干道的利、剑之间，绵、汉之间还是虎豹出入，"商旅聚徒而行，屡有遭博噬者"的一条较荒凉的交通线。到北宋时期，"岁贡纲运，使命商旅，昼夜相继。庐舍骈接，犬豕纵横。虎豹群盗，悉皆屏迹"，它已变成一条十分繁荣的交通干线。⑥

川陕干道以成都为起点，经汉州（今四川广汉）、绵州、剑州（今四川剑阁），过剑门关而达利州，再经过金牛道而达西县、兴元府（今陕西汉中）。由兴元府到长安的道路，唐代以前就有褒斜、子午、傥骆、陈仓四道。这四道中，在宋代以经褒城，过武休关至凤州，再到凤翔的陈仓道最为重要，宋代还经常

---

① 《宋史》卷 378《胡交修传》。
② 何耕：《宋故资政殿学士郑公墓志铭》，《宋代蜀文辑存》卷 59。
③ 《宋会要·食货》47 之 20。
④ 《系年要录》112，绍兴七年四月丁巳。
⑤ 《舆地纪胜》卷 157 记："资水通巫峡，谁家万里船。"
⑥ 《茅亭客话》卷 1《虎盗屏迹》。

第十四章 宋代四川商业和交通的发展

派人维修。但宋代成都至凤州的大驿路,已改为"自金牛入青阳驿至兴州"①、凤州而达凤翔府。金牛驿成为驿路改线的起点,是因为三泉县的"金牛镇有东、北两路,北通陕西、秦凤、熙河、京西诸州以至京师,东通梁、洋(今陕西洋县)"②而达荆襄。兴州成为这条大驿路的必经之地,是因为兴州的东北可至凤州,再经凤翔府而达开封,西北可经河池、两当而到秦州(今甘肃天水)并直通熙河,还可由西而到成州(今甘肃成县)等地;并且兴州与"兴元府界亦有褒斜路,久来使命客旅任便往来"。③北宋平蜀,王全斌率领的宋军就是从凤州出发,越青泥岭取兴州、西县,过三泉而入四川嘉川的。宋

图 14-1　川陕干道中的古栈道今貌

代四川与熙秦吐蕃进行茶马贸易,兴州至秦州的道路更是"官中收买川茶"④、运至熙秦的必经之路。南宋时期,宋朝在阶州(今甘肃武都)、文州(今甘肃文县)等地购买战马亦经青泥岭至金牛驿而达兴元府、金州,再运至荆襄以给沿江诸军。因此,由金牛驿至兴州的驿路就成为宋代四川官府物资运往西北的交通要道,也是四川与西北商业贸易的通渠。

此外,由阆州、巴州而到汉中的米仓道,是四川通往陕西的另一条重要陆路干线。这条干线在南宋时期更是四川出兵陕西的孔道。从阆中经葭萌寨而入

---

① 《宋会要·方域》10 之 3。
② 《宋会要·方域》10 之 3。
③ 《宋会要·方域》10 之 5。
④ 《宋会要·方域》10 之 3。

利州，与成都至陕西的驿路相合，亦是川陕私商往来的大道。① 从万州经梁山、垫江、嶙山、邻水、合州、遂州、飞乌（今四川中江县西南）到成都，则是东南入蜀，乘舟至万州后，改行陆路到成都的主要干线。因溯江入蜀至万州后，"舍舟而徒，不两旬可至成都，行舟即须十旬"②，所以东南入蜀至成都的人一般都是到万州后就改行陆路。北宋平蜀，刘光义、曹彬率领由峡路入蜀的部队即经万州、遂州而至成都。但这条陆路主要是四川东部上行至成都的要道，而成都下行至夔峡荆湖，则一般均取岷江、长江的水道。

出川的道路中，除上述沿嘉陵江上行至陕西，沿长江下行至荆湖的水路，以及由金牛道、米仓道至陕西的陆路外，还有以下这些经过少数民族地区而与境外相接的道路。

（一）由夔州（今重庆奉节）至施州（今湖北恩施），沿清江通往峡州（今湖北宜昌）的长阳，再经宜都至长江，东出江陵的道路，和沿西水流域的高、顺、富、溪四州而到湖南的道路。施州因地当要冲，成为这一地区少数民族到京师朝贡必经之地和汉人进行商业贸易的重要城市。

（二）由达州翻越大巴山至金州（今陕西安康）的道路。这条路山高路险，很少有人通行。南宋嘉熙元年（1237）蒙古都元帅塔海率军侵蜀，就曾自金州越大巴山"谋窥开、达，下瞿塘"。③ 其部下梁秉钧部穿过"开、达、梁山、忠、万等州，远际瞿塘、夔府、巫山之界"。④

（三）由黔州（今重庆彭水）通往贵州的道路。特别是在黔州羁縻地区中，大观二年（1108）建遵义军，大观三年（1109）建珍州（治乐源，今贵州正安东北），政和八年（1118）建恩州（治务川），使这些地区成为宋朝夔州路的直接管辖地，更密切了四川与贵州的交通联系。黔州亦成为贵州少数民族至京师朝贡的要道和与汉族通商的要地。

（四）由南平军（今重庆綦江）到贵州桐梓、遵义等地的道路。北宋熙宁年间设置南平军，桐梓县直接为南平军管辖，更使这条道路的重要性得到加强。

（五）由合江沿赤水河至贵州赤水的入黔道路。宋朝曾在合江至赤水沿线建

---

① 《宋会要·方域》10 之 4。
② 范成大：《吴船录》卷下。
③ 《昭忠录·和彦威》条。
④ 张藻：《梁秉钧碑》，《山右石刻丛编》卷 24。

立九支、遥填、青山、安溪、绥远、仁怀等寨，以防御当地少数民族的进扰。

（六）由纳溪沿永宁河上行，经江门寨至叙永古宋，然后由东路入黔、由南路入滇的路线和由江安沿永宁河上行而到长宁、兴文的入滇路线。宋人曾说："乌蒙之下即吕告蛮，吕告之下即阿永蛮，其地皆与属（疑为'蜀'）之诸郡接。""由吕告可通长宁，由阿永河可通泸水之江门寨，此皆通行往来之路。"①

（七）由叙州（今四川宜宾）沿横江河谷上行通云南盐津、昭通的石门路和由马湖江（金沙江）上行通往屏山、雷波而到云南永善的马湖路。石门路和马湖路是当时石门蕃部和马湖蛮部用舟载运马匹、木材等货物到叙州贩卖，然后运回粮食、绢帛等物品的交通要道。其中马湖路在屏山的新市镇则有北经沐川、犍为到嘉州而入成都的由滇入川要道。宋代曾筑沐川、利店、赖因等寨，屯兵防御马湖蛮部和虚恨蛮部侵扰。

（八）由嘉州峨眉县西铜山寨经中镇寨，越大渡河，至峨边虚恨蛮部而到云南大理的道路。宋人所说"由虚恨可通峨眉县中〈镇〉寨"②即指此路。北宋熙宁六年（1073）陕西沿边少数民族互相誓约不与宋朝贸易，自是蕃马绝迹而不来。次年，朝廷令成都府路募人入大理招诱和买战马。峨眉县进士杨佐应募，就曾假道虚恨而至云南招买蕃马。其后云南蕃人即牵马到铜山寨出卖。"寻以陕西诸蕃就汉境贸易如初，而西南市马之议罢"。嘉州通判郭九龄乃"前视犒劳，且设辞以绐之，谓本路未尝有杨佐也，马竟不留"。③同时宋朝还在铜山寨、中镇寨驻兵设防，禁止虚恨部出入，堵塞了这条道路。

（九）由黎州（今四川汉源）至云南的道路。这条路从黎州南下，过大渡河沿越西河谷逾小相岭，至冕山入深水河谷，由泸沽进入安宁河谷，到西昌以下的德昌、米易而通云南。这一带地区宋代主要为黎州东蛮邛部川部所控制，故宋人说："由邛部川可通黎州大渡河。"④当时大渡河南各少数民族就由这条道路到黎州进行商业贸易并前往京师朝贡。由于从黎州北上经荥经、雅安、名山可至成都，故此路也是云南通往成都的干道。

（十）由雅州（今四川雅安）通往吐蕃的和川路和灵关路。和川路是由雅州

---

① 吴昌裔：《论湖北蜀西具备疏》，《宋代蜀文辑存》卷85。
② 吴昌裔：《论湖北蜀西具备疏》，《宋代蜀文辑存》卷85。
③ 《长编》卷267，熙宁八年八月庚寅。
④ 吴昌裔：《论湖北蜀西具备疏》，《宋代蜀文辑存》卷85。

经天全碉门至甘孜藏族自治州的康定，灵关路由雅州芦山、灵关而到汶川、松潘到阿坝藏族自治州。这两条路均可北上至青海、甘肃而与西域相连。开禧元年（1205）沙平族首领高吟师就曾赴雅州，"请以西域所得铜铸金饰孔雀献于朝，援例求蕃官名目"。[1] 当时吐蕃部族曾沿这两条道路到碉门、雅州与汉族进行茶马贸易。

（十一）由永康军（今四川都江堰）通往茂州（今四川茂县）羌、藏地区的道路。唐和五代时此路叫"西山路"，是四川通往吐蕃的一条干道。宋代亦有熙河僧人到茂州贸易的。这条路在茂州北有经石泉（今四川北川）到绵州的陇东路。

以上十余条经少数民族地区通往四川境外的道路，因宋朝对西南少数民族采取消极防御的封闭政策，在这些道路进入汉区的沿边地区设关置寨，驻兵防守，限制通行。并封山育林，堵塞道路，使得"津截路绝，人无觊觎"。[2] 故这些道路仅为当地少数民族和部分商人往来之道，未能充分发挥作用。

---

[1] 《朝野杂记》乙集卷 20《丙寅沙平之变》。
[2] 李焘：《永康禁山防限宜先禁江状》，《宋代蜀文辑存》卷 74。

第十五章　铁钱的行使和纸币的产生[①]

四川在宋代是一个独立的货币区，其表现有二：一是专用铁钱，二是在10世纪末期，成都诞生了纸币——交子，使我国成为世界上最早使用纸币的国家。在世界货币史上，这是一次伟大的革命。而西方真正带有现代钞票性质的货币，是1661年瑞典斯德哥尔摩银行发行的信用纸币。这种纸币是根据当时的金属货币量发行的，上面有手写的面值和复杂的花纹图案，是铸币的符号和代表，与宋代四川交子的性质相似，但它的出现比宋代四川交子晚了600多年。交子的产生是世界货币史上划时代的事件，也是人类文明史上的大事。

第一节　铁钱的行使

四川产铜较少，西汉末年公孙述据蜀就曾使用铁钱。五代孟蜀时期，四川铜铁钱兼用。北宋平蜀，仍用铁钱，禁铜钱入两川，并将四川境内铜钱起发上供中央，致使四川铜钱更为缺乏，铁钱愈贱。铁钱与铜钱的比值由平蜀时铁钱1100文易铜钱1000文，降至铁钱5000文易铜钱1000文。太平兴国四年（979）规定两税和各种课利，10分中输铜钱1分。时旧钱已竭，民间骚扰，北方商人

[①]　有关宋代四川纸币的详细内容请参阅贾大泉著《宋代四川纸币》，四川人民出版社2001年版。

乘机贩铜钱入蜀，以铜钱一易铁钱十四，致有因铜钱三五文，毁发古冢，剔取神像而犯刑者。朝廷察知，规定百姓缴纳课税，仍旧只纳铁钱，人心乃定。淳化五年（994）宋朝规定两川铜铁钱兼行，铜钱一当铁钱十，民颇便之。① 然而旧的铜钱搜刮殆尽，新的铜钱没有来源，民间行使的还是只有铁钱。

自开宝三年（970）北宋"始令雅州百丈县置监铸铁钱，禁铜钱入川"②，其后益州、眉州亦置铸钱监，咸平四年（1001）又在邛州置惠民监，景德二年（1005）嘉州置丰远监③，庆历年间在合州置铸钱监，熙宁年间在万州置铸钱监，熙宁八年（1075）在南平置广惠监，南宋绍兴十五年（1145）在利州置绍兴监。④ 这些铸钱监都铸造铁钱，但兴废不常，唯邛州的惠民监，嘉州的丰远监，利州的绍兴监为经常铸钱之地。其铸钱数量以北宋景德三年（1006）前益、邛、嘉、眉等州岁铸50万贯为最多，南宋嘉定三年（1210）利州绍兴监、邛州惠民监铸钱30万贯次之。⑤ 其余年份铸钱数额都只有几万、十几万或二十余万贯，有时还几年、十几年间停止铸钱。就每个铸钱监来说，一般也是兴办之初铸钱较多，以后就逐渐减少，甚至停铸。例如南平军广惠监，熙宁八年（1075）兴办之时岁额4万贯，元丰二年（1079）后增加至6万贯，到南宋绍兴二十五年（1155）下降为岁铸5000贯，绍兴三十年（1160）只铸1000贯。⑥ 邛州惠民监在咸平四年（1001）设置时，旧额120622贯，到元丰三年（1080）为73000贯，绍兴三十一年（1161）为30000贯，淳熙十五年（1188）为12500贯。

据文献记载，从北宋元丰八年（1085）起，蜀中每年铸造铁钱不足14万贯。到南宋时期，铁钱的铸造更为减少。"建炎二年（1128）转运司以铸钱数多，难于流转，造引数少，其价益高。奏乞依嘉祐四年（1059）敕文，权罢铸十年，桩留鼓铸本钱，称提引价，不待报遂行"。⑦ 自此四川停止铸造铁钱长达17年之久，直到绍兴十五年（1145）"置利州绍兴监，岁铸钱十万缗以救钱引"，才重新恢复了铁钱的铸造。此后，在绍兴二十二年（1152）又"复嘉之丰

---

① 费著：《钱币谱》，《蜀中广记》卷67。
② 《长编》卷11。
③ 《元丰九域志》。
④ 以上各地置铸钱监情况见《元丰九域志》，《宋史》卷180《食货志》，《舆地纪胜》卷180。
⑤ 《蜀中广记》卷67《钱币谱》。
⑥ 《系年要录》卷169、卷187。
⑦ 见《元丰九域志》，《宋会要·食货》11，《宋史》卷180，《系年要录》卷188。

远、邛之惠民二监，铸小平"。① 当时新置的利州绍兴监和复置的嘉州丰远监、邛州惠民监铸造的铁钱，主要是"称提"引价，稳定钱引币值之用，故其数量亦不多。据《玉海》记：绍兴二十四年（1154）邛州岁铸钱仅3万缗，利州岁铸钱为9万缗。其后邛州停止铸钱，到绍兴三十一年（1161）二月，又"复置惠民监，岁铸钱三万缗，再减利州钱为六万缗，大小各半"。② 到孝宗时期，四川铁钱铸造数进一步减少。"淳熙十五年（1188），四川饷臣言：诸州行使两界钱引，全籍铁钱称提，止有利州绍兴监岁铸折三钱三万四千五百贯有奇，邛州惠民监岁铸折三钱一万二千五百贯"。③ 到宁宗嘉定三年（1210）"制司欲尽收旧引，又于绍兴、惠民二监岁铸三十万贯"。④ 此乃四川南宋时期铸钱最多的年份。其后铸钱数不见于记载，估计其铸钱数比南宋初年更大为减少。

南宋时期四川铁钱铸造量减少，并且时铸时停，究其原因主要是四川铁产量不多，铸钱成本高，官府铸钱没有收益，反而亏本。南宋初年，就因"阙鼓铸本钱，遂废罢钱监"。迨至绍兴十五年（1145）四川宣抚副使郑刚中奏请置利州绍兴监岁铸10万缗以救钱引之弊。所铸铁钱"率费钱二千而去千钱云"⑤，几乎亏损百分之百。绍兴三十一年（1161）复置邛州惠民监，岁铸钱3万缗，计用本钱39700余缗，利州岁铸钱6万缗，计用本钱114000余缗⑥，同样是严重亏损，得不偿失。由于铁钱的成本大大高于铁钱的币值，又引起民间毁钱为器之风层出不穷，屡禁不止。正如淳熙六年（1179）四川总领李昌图所说："利、邛两监所铸钱，官费本钱倍于息，且鼓铸有限，而民间毁销无穷。"⑦ 在这种情形下，能够进入流通领域的铁钱自然十分有限。

南宋时期四川铸钱数量减少的另一个原因是铸造铁钱所需的原材料更为紧缺。在宋代，四川的铁矿资源并不丰富。据当代地质部门勘察，四川90％以上的铁矿资源都集中在凉山、攀枝花一带。这些地区在宋代不属于宋朝控制，自然不能利用这些铁矿资源。据《宋史·食货志》记载，全国产铁之地26州军，

---

① 《蜀中广记》卷67。
② 《玉海》卷180。
③ 《宋史》卷180《食货志》。
④ 《宋史》卷180《食货志》。
⑤ 《系年要录》卷154，绍兴十五年七月戊申。
⑥ 《系年要录》卷188，绍兴三十一年二月戊申。
⑦ 《蜀中广记》卷67。

77冶，而四川渠、合、资州居其三。除此以外，梓州通泉县有三铁冶，东关县一铁冶，资州盘石县一铁冶，荣县、资官县、广安军、泸州和万县等地也产铁。但总的说来，宋代四川的冶铁业在全国无足轻重，只能满足本地区铸币及生产、生活之用。但到南宋时期，由于川陕战争对兵器的需要增多，四川所产之铁很大部分被迫用于制造兵器，以备军队作战之需。据文献记载，南宋时，有成都、潼川、遂宁府和嘉、邛、资、渠等七州作院"日造甲"，兴元府、兴州城、大安军、仙人关等六处作院"日造神臂弓、甲皮毡"，所造兵器堆积如山，军资库里的"马弓、弩弓多至数十万，箭数百万枚"。① 由于大量铁材用于制造军器，必然要使铸造铁钱的原料匮乏。绍兴三十一年（1161）宋廷议"复嘉、邛二州鼓铸。四川安抚制置使王刚中言：嘉州无铁可用，乞令邛州以所造日额衣甲铁炭，改铸夹锡钱，而令邛州以铸铁所余铁炭、对数打造衣甲"，以解决制造军器与铸造铁钱争夺铁材的矛盾。最后朝廷决定利州铸钱由9万缗减少至3万缗，以节省原料打造军器，嘉州钱监因缺原料允许继续停废。② 既然在南宋前期铸造铁钱的原料已经相当匮乏，那么，在南宋后期，四川北部、西部、南部被蒙古军队占有，只剩下川东南平、万州少量产铁地区，主要产铁地区丧失，制造军器的铁材都无法解决，哪有铸造铁钱可言？

宋代四川铁钱面额的种类多，有小平钱、当十大钱、折二钱、折三钱和折五大钱、当百钱。其中北宋以小平钱为主，南宋以折二钱为主。铁钱的钱名也很多，不但有通宝、元宝等区别，还有年号之分；宋代皇帝改年号多，钱名也多。钱文则有楷书、行书、草书、篆书。有些铁钱背面还有"利""川"等字代表铸钱监名。钱币艺术丰富多彩，光耀夺目。

太祖开宝三年（970）在雅州百丈县铸造的"宋元通宝"，是宋朝在四川最早铸造的铁钱。

太宗太平兴国年间铸造的"太平通宝"，是宋朝最早的年号钱。淳化二年（991）御书钱式铸造的"淳化元宝"，是最早的御书钱。"淳化元宝"分大小两种，大钱是当十钱，"既而一岁才成三千余贯，众皆以为不便"③，遂罢冶铸。

---

① 《朝野杂记》甲集卷18《四川作院》。
② 《系年要录》卷188，绍兴三十一年二月戊申。
③ 《宋史》卷180《食货志》。

第十五章 铁钱的行使和纸币的产生

真宗年间，嘉、邛二州铸"景德元宝"大铁钱，以一当十，每贯重25斤8两，每枚重四钱以上，其后民熔大钱一千，作为器用，售钱二千。大中祥符七年（1014）知益州凌策言："钱轻则易赍，铁少则熔者鲜利。"①乃改景德之制，铸"祥符元宝"大铁钱，每贯重12斤10两，以一当十，并铸有小平钱、折二钱，其后又铸"天禧通宝"小铁钱。

仁宗时铸有"天圣元宝""景祐元宝""皇宋通宝""康定元宝""庆历重宝""至和重宝"。这些多为小平钱，也有大铁钱和折二钱。

图15-1 宋代四川铁钱

神宗时铸有"熙宁元宝""熙宁通宝""元丰通宝"等大小铁钱。

哲宗时铸有"元祐通宝""绍圣通宝""元符通宝"等大小铁钱。

徽宗时铸有"圣宋通宝""圣宋元宝""崇宁通宝""崇宁重宝""大观通宝""政和通宝""政和重宝""宣和通宝"。钦宗时铸有"靖康通宝"等大小铁钱。

南宋高宗时期铸有"建炎通宝""绍兴通宝"等小平钱和折二钱。

孝宗时铸有"隆兴元宝""乾道元宝""淳熙元宝""淳熙通宝"等小平钱、折二钱、折三钱。

光宗时铸有"绍熙通宝""绍熙元宝"等小平钱和折二钱。

---

① 《宋史》卷180《食货志》。

宁宗时铸有"庆元元宝""庆元通宝""嘉泰元宝""嘉泰通宝""开禧元宝""开禧通宝"等小平钱、折二钱、折三钱。嘉定时期铁钱的名称更为复杂,有元宝、通宝、重宝、之宝、万宝、永宝、全宝、正宝、洪宝、崇宝、珍宝、隆宝、安宝、至宝、新宝、真宝、兴宝等小平钱、折二钱、折三钱、折五钱。

理宗时铸有"宝庆元宝""大宋元宝""大宋通宝""绍定元宝""绍定通宝""端平元宝""端平通宝"等小平钱、折二钱、折三钱、折五钱。淳祐年间又铸"淳祐通宝"当百钱。这时蒙古军队已经攻入四川,此后就基本没有铸造铁钱了。

南宋时期,随着纸币成为流通中的主要货币和铁钱铸造量的减少,四川铁钱就主要用于小额的商品买卖和作纸币的本金,稳定纸币的币值,大额贸易基本都使用纸币。

第二节 私交子的产生

一、交子产生的历史渊源和社会条件

纸币同金属铸币的根本区别,在于纸币是没有实质价值的货币。用它代替有实质价值的铸币充当起货币的作用,无疑是一个伟大的历史奇迹。它的产生自然有其深刻的历史渊源和现实的社会经济条件,不是人们主观愿望创造出来的。

(一)虚价货币的产生是交子产生的历史渊源

本来,金属铸币充当商品交换的一般等价物,它的名义价值与实际价值完全相符,通过货币为媒介进行的交换也是等价的,所以历代王朝铸造铜钱之初都规定了铜钱的铜质标准和每枚铜钱的重量,以保证币值和货币信用的稳定。我国历史上著名的秦半两、汉五铢和唐开元通宝,开始时都是足值货币,名义价值与实质价值相符。

但是,货币作为商品交换的一般等价物,与一般商品不同,具有价值尺度、流通手段、贮藏手段、支付手段和世界货币的职能。其中,价值尺度和流通手段是它的基本职能。货币在担任流通手段的职能上,使商品交换分解为两个独

立阶段：卖的阶段（商品—货币），买的阶段（货币—商品）。这就使商家卖掉商品时最为关注的是所得铜钱作为价值尺度记号能够买到多少其他商品，而不太关心铜钱的币质和重量。这就决定了足值的良币出现之后，不足值虚价劣币就应运而生。制造虚价劣币的既有政府，也有民众。政府制造劣币是为了搜刮钱财，解决财政困难，民众制造劣币则是为了暴利。不足值的虚价劣币进入流通领域，足值良币就会被人收藏退出流通领域，或被人熔铸更多的劣币进入流通领域。这一现象长期地反复地出现，人们自然地就会联想到：既然不足值的虚价铸币能代替足值的铸币流通，为什么不能用其他材料作为铸币的符号代替足值的铸币流通呢？这正如马克思所说：这个事实"隐藏着一种可能，在货币机能上，金属铸币可以由别种材料造成的记号或象征来代替"。[1] 交子作为铁钱的符号和代表，正是受我国虚价货币长期存在的影响和启迪，而产生出来的。

（二）货币名目论为交子的产生提供了理论依据

货币产生后的很长一段历史时期内，人们对货币的起源和本质弄不清楚，于是就产生了货币名目论：认为货币是帝王创造的，而不是在商品交换中产生的；货币不具有商品的性质，而是抽象的计算单位，是服务于商品流通的符号；货币不具有内在的价值，而是国家赋予的名目价值。我国早期的货币名目论，在托名春秋时期管仲所著《管子》一书中就把在商品交换中自发地产生的货币说成是先王凭主观意志创立的。到汉代，货币名目论和国定说得到进一步发展，晁错就说："夫珠玉金银，饥不可食，寒不可衣，然而众贵之者，以上用之故也。"唐代的货币名目论和国定论者仍然十分流行。陆贽、韩愈等人都主张国家垄断铸币之权，发行虚价劣币来解决货币不足和增加财政收入。货币名目论一方面使虚价铸币合法流行，造成铸币的名义价值与实际价值分离，从实践上启发人们用纸币代替铸币；另一方面，它认为铸币是国家赋予的名目价值，又从思想上启发人们用纸币代替铸币名目。我国货币名目论的长期流行，为交子的产生提供了思想理论基础。

（三）经济和信用事业的发展为交子的产生提供了社会条件

到唐代，由于经济的发展，信用事业也有了空前的发展。在社会经济活动中存在着各种各样的信用形式，并且有了信用组织和机构。其中有借贷信用的

---

[1] 马克思：《资本论》第 1 卷，人民出版社 1975 年版，145 页。

公廨本钱；有抵押信用的质库；有保管信用的柜坊、寄附铺和商店；有办理货币汇兑信用的机构等等。

"公廨本钱"是官府以公款作本钱经营商业或贷给商人取利，充当官署公费和官吏俸禄或津贴。抵押信用是一种抵押贷款。其中最普通的是当铺的典当押款。唐代把当铺称为"质库"，典当物品的人到期偿还抵押价款，付给利息，取回典当物品。保管信用是柜坊。唐代京城收受保管商人钱物的柜坊很多，有的商民在柜坊存款往往达百贯、千贯、万贯，甚至十万贯以上。存户将钱存入柜坊之后，还可以不必自己去存取，可凭贴或其他信物令第三者去取钱物。这种贴上面书写付款数目、出贴日期、收款人姓名、出贴人姓名，具有与现代支票相似的性质，可以说是世界上最早的支票。唐代的汇兑称"飞钱"。经营汇兑信用业务的主要是官府，也有富商。当时各地方政府在京师设办事处，称进奏院。进奏院需现钱作为政务活动经费，便鼓励商人在京师把货物出卖后，将货款交给进奏院，进奏院发给一张文牒或公据作汇票。文牒或公据分成两半，一半给汇款人，另一半寄回本地官府，商人回到本地后，合券相符，就可领回汇款，这就节省或避免了商人从京师带钱回家和地方政府送钱到京师的费用、劳累和风险。其后中央政府的户部、度支、盐铁三司也办理汇兑事业。鼓励商人在京师输钱，持牒回本地政府"便换现钱"。故飞钱又称"便换"，并且在唐以后，汇兑就称便换了。

唐代的借贷、抵押典当、柜坊保管和汇兑信用，都得立字为凭，这种债务凭据就成了信用票据，到期可向债务人支取现款，特别是柜坊存款可凭由第三者支取，飞钱汇票可以异地取款，持有这些票据在一定范围内与持有铸币具有同等价值，并作为铸币的符号行使铸币的职能。

到宋代，商品经济的进一步发展，促使商业信用组织普遍进入流通领域，甚至渗透到生产领域。特别是官府还建立了榷货务，作为经营信用票据"交引"的金融机构。"交引"是宋代茶引、盐引、矾引、现钱交引等信用票据的统称。它已开始具有一定的货币性能，可以异地领取现金和实物，可以"售钱"，可以"收蓄贸易"，在一定的时期和地区内暂时地充当货币的流通和支付职能。宋代信用票据货币性能的增强，既在一定程度上缓和了因铜钱供应不足导致"钱荒"的矛盾，又促使了纸币这种信用货币的产生。总之，纸币在宋代产生不是偶然的，它是我国商品经济发展的产物，我国宋代已具备了纸币产生的社会条件。

二、交子在成都产生的原因

从宋朝文献的记载,到近现代中外学者研究交子的论著,在言及交子产生原因时,无不归之于"取于唐之飞钱"和"蜀人患铁钱之重,不可贸易,设质剂之法"。这几乎成了交子产生原因的定论。无疑,这些说法确实指出了促使交子产生的某些因素,但却不能解释清楚交子产生的本质原因。

《宋史·食货志》称"会子、交子之法,盖有取唐之飞钱",看似说明了交子产生的历史渊源,实际上飞钱只为交子产生提供了历史的借鉴,交子也并非从"飞钱"直接演变而来,而是从柜坊存款、信用票据直接演变而来的。同样,宋代蜀中铁钱太重也不是纸币产生的必然原因。贱金属铸币太重,并不一定就会产生纸币。在行使铜钱的广大地区同样存在铜钱较重不便贸易的矛盾,为什么没有产生类似交子的纸币代替铜钱呢?四川地区在汉代公孙述据蜀时期、三国蜀汉时期、五代孟蜀时期,都曾使用过铁钱,但这些时期没有产生过纸币。宋代河东、陕西以及江南、广南地区都曾一度是铜钱、铁钱兼用,也没产生出交子。世界货币发展的历史也表明,并非铁钱这种贱金属货币出现以后就要产生纸币,更多的还是金银等贵重金属铸币出现以后才产生纸币的。可见,铁钱的行使不便和纸币的产生并不存在必然的因果关系。当然,铁钱较重,不适应当时四川经济发展和商品流通的需要,激化了商品交换与货币流通的矛盾,促使了纸币的迅速产生。从这层意义上说,四川行使铁钱对交子的产生只起到催化剂和助产士的作用,四川经济的发展才是孕育交子产生的母体。

交子之所以能产生,必须是社会经济和商品交换发展水平需要纸币这种货币符号来代替铸币;必须是当时的造纸和印刷技术已能印制别人难于仿造的纸币;必须是信用票据的行使已有一定的历史,已经造就一批精通金融、货币流通的理论家、实践家,能够建立完整的行使纸币的制度,使人们乐于在商品交换中把纸币作为铸币的符号使用。离开了这三个具体条件,纸币的产生是不可想象的,而宋代四川成都恰好具备了这些条件。

北宋时期,西蜀已成为我国经济最发达地区之一。作为交子发源地的成都,商品经济更是相当繁荣。成都在经济上是农业中心、手工业中心、商业中心,又是金融中心。一些长途贩运货物的商人,财力雄厚,常到成都经营大宗买卖。而四川作为铁钱流通区,北宋政府所发交引、盐钞等信用票据主要行使于中原和东南地区，不行使四川地区，四川货币流通中的矛盾比其他经济发达地区更为尖锐，更迫切需要纸币的产生。宋代四川高度发达的造纸和印刷技术，已为印制"印文用木屋人物，铺户押字，各自隐秘题号，朱墨间错，以为私记"的纸币创造了条件。

三、私交子的产生和夭折

宋人吕祖谦说："交子之法出于民之所自为。"① 具体地说，交子是由成都交子铺商人发明的②，但交子产生的具体时间，史书缺载，只能根据一些史料进行推测。

北宋平蜀后，悉取铜钱上供，禁铜钱入两川，到太平兴国时期，四川已完全成为一个铁钱区。据《宋朝事实》记载，"小铁钱每贯重六十五斤"。淳化二年（991）宗正少卿赵安易使蜀，"见铁钱，而物价踊贵，市罗一匹，为钱二万"③，重达130斤。这样一来，街市买卖，至三五贯，即难携持。外地到成都从事大宗贸易的商人，往往把大批铁钱找个铺户暂时存放，待需用时再去提取；而收入现钱便给交子，取款时收3％的保管费的交子铺户也就应运而生。据此，我们推断，最初存款性质的交子在太宗太平兴国时期就可能已经产生了。太宗至道元年（995）至真宗景德二年（1005），民间钱益少，私以交子为市，交子作为纸币已在民间广泛流行。因此，纸币性质的交子产生大约是995年稍后的几年时间。由信用票据的交子演变为纸币性质的交子，大约花了20年左右的时间。

存款凭据的交子演变为纸币性质的交子，首先必须树立存款凭据的信用价值。交子铺户多是资金雄厚、在商业界中有较高声誉的富豪。他们为了自身利益，自然要树立商业信誉，吸引更多的存款者和存款数额，以获得更多的利润。因此，他们一方面在收入人户现钱时所填写的交子上印上木屋人物，由铺户押字，附上隐秘题号，使其难于伪造，防止冒领；另一方面又恪守信用，忠实地为存款者服务，做到随取随付。这样使交子在商业界中建立了很高的信誉。随

---

① 吕祖谦：《历代制度详说·钱币》。
② 《宋史·食货志》、章如愚《山堂群书考索》、戴埴《鼠璞》记张咏发明交子，皆误，详见《宋代四川纸币》，第44～47页。
③ 《长编纪事本末》卷11，淳化二年十一月己巳。

第十五章 铁钱的行使和纸币的产生

着存款凭据交子信用的确立,于是买卖双方为了减少用额小、数多、量重的铁钱支付大额交易的麻烦,为了减少保管铁钱的负担,为了节省每次向交子铺户存取铁钱都要缴纳3%的费用,一些商人开始直接用交子这种现金支票代替铁钱支付购买商品的费用。交子逐渐达到"无远近行用"的效果,活期存单支票性质的交子,在大宗交易中逐渐被当做货币行使,完成了支票性质的交子向纸币性质的交子演变的决定性一步。

随着交子信用价值的确立和存款数目的增多,交子铺户发现存款者不会同时在某一时刻或短期内提取现金。随时可能有人来取款,但也随时有人来存款;对取款者的支出,可以用新流入的存款来抵消。正如某段滚滚东流的江河,不断有河水流去,也不断有河水流进来,永远不会枯竭一样,交子铺户总是保存着存户成堆成堆的现款。特别是存款支票性质的交子演变为纸币性质的交子之后,经常到交子铺户提取现款的人更为减少,堆积在交子铺的现款更多。于是交子铺户发现,并不需要持有全部存款数目的现金,而只要持有其中一部分现款,就能应付存户需要的支付额。对交子铺户而言,堆积如山的银钱闲置无用是一种极大的浪费,长期经营金融业务的实践经验和商人追求利润的本性驱使交子铺户必然挪用存款从事商业贸易。于是,他们用存户的存款"收买蓄积,广置邸店屋宇、田园宝货",以追求更多的利润,以致出现资金缺口,导致持有交子的人不能兑换现金,"奸弊百出,狱讼乃多",严重扰乱了社会金融秩序,迫使官府对交子市场进行整顿。

大约在真宗祥符年间,四川官府曾对私交子进行了整顿,具体措施是:(1)打破任何人都能经营交子铺业务的惯例,将交子铺有条件地授予16户富民经营。(2)经营交子的铺户必须每年负担官府夏秋税入仓及维修糜枣堰的丁夫物料费用。(3)交子铺户必须连保负责,遵守信用,定时聚会,统一交子式样,用同一色纸印造,印文用木屋人物,铺户押字,朱墨间错,各自隐秘题号,以为私记。(4)允许人们随时到交子铺户存款,并凭交子可以随时取款;取款时不论存款时间长短,都付给交子铺户3%的利息,但存款时间最长不能超过3年,3年内必须到交子铺户兑换现款,或缴纳利息后重新存款,领取新交子。(5)交子的面额不固定,仍然是书填贯,不限多少。(6)交子可以"无远近行用",允许在市场流通。

这些整顿交子市场的措施,目的在于杜绝交子市场的欺诈行为,保护存款

第十五章 铁钱的行使和纸币的产生

者和交子铺户的正当权益。然而更为重要的意义则在于它是交子演变为纸币过程中一个重大的历史性转折。经过官府对交子市场的整顿，官府把经营发行交子之权有条件授予16户富豪，承认交子可以无远近行用，这就赋予了交子充当货币的合法性。如果说在此之前交子作为一种货币流通，因其未正式取得官方的承认和首肯，它还是一种"黑市"货币，交子交易还是一种地下交易，那么，现在它已由一种"黑市"货币变成了公开的、经官府认可的货币，交子的交易也由地下交易变成了地上的、公开的合法交易。它正式成为了官府所认可的铁钱的符号和代表，成为可以在四川流通的纸币。

官府把经营交子的业务授予16户富豪之后，自然增强了这16户富豪操作交子金融市场的权力。交子成为官府认可的货币之后，更诱发了16户富豪追求更多非法利润的邪欲。在此之前，交子铺户就已发现存款者不会同时在某一时刻内将全部存款取完，而挪用部分存款从事商业贸易。现在他们更懂得只要手中有一定数额的铁钱作备用金，满足部分存户随时兑换现钱的需要，那就无需任何人存款也可直接发行交子，投入市场从事商业贸易。于是交子铺户在经营铁钱存款时，超越原有的经营范围，兼营发行纸币的业务。"每岁丝蚕米麦将熟"，市场需要大量货币流通时，"又印交子一两番，捷如铸币"。① 显然，这种交子已不是收入人户现钱，临时填写的交子，而是由交子铺户主动发行，固定面额，与近代银行兑换券相同的信用货币。

交子铺户不准备足够的本金而滥发交子从事商业贸易，破坏了正常的金融市场。一方面，交子发行增多，铁钱数额相对减少，持有交子的人自然难于兑换现钱。另一方面，交子铺户用交子从事商业贸易，一旦经营亏本，同样使持有交子的人无法兑换现钱。在此情况下，持有交子的人聚众向交子铺户索钱，交子铺户则"关闭门户不出"，双方闹到"聚众争斗"的地步。官府只得出面干预，"差官拦约"，强制交子铺户归还现款。结果持有交子的人每贯最多仍只得七八百文，损失不小。② 鉴于私商发行经营交子的弊端日益严重，仅靠整顿交子市场秩序已不能解决问题，大中祥符末年，益州路转运使薛田"请官置交子务，以榷其出入"，以杜绝交子铺户发行交子的弊端，但是未被朝廷采纳，交子

---

① 李攸：《宋朝事实》卷15。
② 李攸：《宋朝事实》卷15。

铺户发行交子引起的弊端仍未得到解决。

天禧四年（1020），寇瑊知益州时，再次对交子市场进行干预。寇瑊干预交子市场的方针与以前整顿交子市场的方针截然不同。他采取玉石不分的政策，废交子不用，禁止交子行使。史载寇瑊到任后，一方面令交子铺户付还现款，另一方面"诱劝交子户王昌懿等，令收闭交子铺，封印卓，更不书放"，"其余外县，有交子户，并皆诉纳，将印卓毁弃讫"，并下令"今后民间，更不得似前日置交子铺"。① 至此，私交子的历史宣告结束，行使多年的纸币被寇瑊强行废止。

四、交子产生的历史意义

纸币的产生是人类文明的重大进步，是货币发展史上的重要里程碑，对推动人类社会的发展和进步起了十分重大的作用。

首先，纸币代替铸币可以节省大量的社会资财，有利于发展社会生产，提高人民的生活水平。铸币是用金属铸造的，制造铸币必须费去社会上一定数量极其有价值的材料和极其精巧的劳动。为它所花费的费用非常昂贵，而且这项费用还是非生产性的流通费用，不能为国家生产任何产品，增加社会的物质财富，来改善人民的生产生活条件。在我国历史上，因为铸造钱币的需要，国家常常规定禁铜为器，或毁器铸钱。将大量的金属材料禁止制作人民迫切需要的生产生活用具，或将人民还在使用的金属用具熔毁铸造钱币，给人民的生产生活带来很大的损失。而且铸币费时费工，耗去大量的财力人力，所铸钱币成本昂贵，入不敷出，增加了国家财政负担。可见金属铸币虽是国家资财中极有价值的一部分，但也是死资财，不能为国家生产任何产品，来增加人民的生活必需品。所以，英国古典政治经济体系的建立者亚当·斯密在1776年发表的《国民财富的性质和原因的研究》一书中就竭力主张"以纸币代替这项金银的大部分，使国家把大部分这项死资财，变成活动的资财，变做有利于国家的资财"。② 他说："以纸币代替金银币，则全部流动资本所提供的材料、食料和工具，必按所代替金银的全价值而增加。向来充作流通和分配轮毂的全部价值，

---

① 李攸：《宋朝事实》卷15。
② 《国民财富的性质和原因的研究》上卷，商务印书馆1972年版，第295页。

现在被加在本来靠它而流通的货币的价值上面。"他更具体举例说:"如果以纸币代替,流通所需要的金银量减少到原先的五分之一,那末,其余五分之四,若有大部分加在维持产业的基金内,那当然会大大增加产业的数量,因而会大大增加土地和劳动年产物的价值。"① 同亚当·斯密一样,英国古典政治经济学的完成者李嘉图也认为:"以纸币代替黄金,就是用最廉价的媒介代替最昂贵的媒介。这样,国家便可以不使任何私人受到损失,而将原先用于这一目的的黄金,全部用来交换原料、用具和食物,使用这些东西,国家财富和享受品都可得到增加。"② 总之,纸币代替铸币流通,可以节省流通费用,增加社会财富,是它所具有的强大生命力。因而无论是我国和世界其他国家,自它产生以后,就在各地通行起来。

其次,纸币与铸币相比,还有量轻、额大,更便于携带和使用等优点。铸币都具有一定的重量。而且额小,难于携带。它只适应小商品生产和交易的需要。随着社会生产的发展和交易的发达,铸币再充当商品交换的等价物就很不相适应,会阻碍商业贸易的正常进行。随着商业贸易的发展,大宗交易的频繁,只有充当铸币符号的大额纸币才能适应贸易的需要。交子久为民便,方便了人民的生活,促进了商业贸易的发展,所以宋朝成都官府终究不能依仗权力强行禁止。生产推动了商品交换,商品交换又促进了生产的发展,相辅相成。没有商业贸易的发展,人类永远只能处于闭塞的停滞的状态之中,就不会有各地区的经济交流,就不会有国内和国外市场的形成,就不会使人类进入今天的现代文明社会。而商业贸易的高度发展又必须以额大、量轻,便于携带和使用的纸币作为流通工具、流通手段,而不能用额小量重的铸币作为流通工具、流通手段。从这个意义讲,纸币是一切文明国家的商业工具。通过纸币,一切货物都能进行买卖,一切商品都能进行交换。没有纸币,就没有现代文明。这也是今天世界各国仍然普遍行使纸币的道理。

同时纸币的出现,人类开始用没有价值的纸币,代替足值货币充当流通手段、支付手段的符号,给货币理论提出了许多新问题,推动并丰富了货币理论的发展。

此外,交子印刷了各种复杂的图案,朱墨间错,开世界彩色套印的先河,

---

① 《国民财富的性质和原因的研究》上卷,商务印书馆1972年版,第272页。
② 李嘉图:《政治经济学及赋税原理》,商务印书馆1962年版,第303页。

在印刷史上也是一件重大事件。

自四川交子产生后,南宋时期,在全国都仿照四川发行纸币的办法发行纸币,使纸币在全国范围内行使,其后金国和元明清都曾使用纸币。从此,我国开始进入使用纸币的时代,并在此基础上产生了早期的纸币理论。

总之,交子的产生是货币发展史上的重要里程碑,使我国成为世界上最早发明和使用纸币的国家。这是世界文明史上的重大事件,也是我国古代文明的重要组成部分,是我国人民值得自豪的。

第三节 官交子

一、薛田发行官交子

纸币的出现是历史发展的必然规律,宋代四川交子是当时社会经济发展的产物,"自来交子之法,久为民便"。而"自住交子后,来市肆经营买卖寥索"。①废除交子,违背了社会经济发展的规律,严重阻碍了商业贸易的正常进行,不利于经济交往和社会经济发展,在蜀中引起强烈不满,也引起了朝廷的关注。仁宗天圣元年(1023)四月,寇瑊调知邓州,薛田第三次入蜀做官,由知开封府调知益州。鉴于废除交子所引起的不良后果,朝廷命薛田与益州路转运使张若谷等人共同商讨,对交子的存废问题提出处理意见。

薛田与张若谷商议后,两次向朝廷报告,说明交子之法,久为民便,废交子不用,则贸易非便。他们认为,解决交子流通中的欺诈弊端,最好的办法是废除交子铺发行之权,收之于官,由官府发行交子。他们还提出发行官交子的具体办法和措施如下:

(1) 在益州设置交子务,作为发行和收兑交子的专门机构。由知州保荐京朝一员任交子务监官,在知州领导监督下,主持交子的发行和收兑事宜。(2) 交子务招募吏人工匠,在交子务印刷交子。(3) 官交子的式样,按私交子的图案、阔狭大小,加盖益州观察使铜印和益州交子务铜印。(4) 建立官交子合同

---

① 李攸:《宋朝事实》卷15。

簿历，每张交子编上合同字号，标明面值，盖印以后由交子务监官收掌发行。凡人户用现钱请领，如数发给交子，依例扣除3％的手续纸墨费，允许在市场上代替铁钱使用。合同存根留交子务保存，待用交子兑现钱时，核对无误，随时付给现钱，注销合同簿历。（5）严禁民间伪造交子，凡检举别人伪造交子者，赏小铁钱五百贯，犯人发配使用铜钱地区服役。

由于薛田等人恢复交子行使的理由充分，发行官交子的具体措施切实可行，终于使朝廷核准了发行官交子的建议。同年十一月，宋廷下令置益州交子务。次年二月，薛田主持发行了第一批官交子。这样薛田不仅恢复了交子的行使，而且成为我国和世界上主持发行国家法定纸币的第一人，这个功绩在纸币发展史上是应充分肯定的。

薛田在天圣三年（1025）第二次发行官交子时，又创造性地制定了分界、限额、准备本钱、新旧相因的官交子发行管理制度。宋代文献对此有以下记载：

"自（天圣二年）二月为始，至三年二月终，凡为交子一百二十五万六千三百四十贯，其后每界视此数为准。"①

"天圣元年冬，始置益州交子务，每四年二界，印给一百二十五万。"②

"天圣以来，界以百二十五万六千三百四十缗为额……大凡旧岁造一界，备本钱三十六万缗、新旧相因。"③

分界、限额、准备本钱、新旧相因的官交子发行管理制度，是适应官府不待人户请领，直接主动发行交子，保证交子币值的一整套完整的相辅相成的措施。因为宋代的交子是一种早期的兑换纸币，保证交子兑换铁钱是交子成为纸币的前提。宋人称交子等纸币为"虚券""虚钱"，铜钱、铁钱等铸币为"实钱"。纸币等虚钱与铸币实钱不同，它本身没有价值，是铸币的符号，代表铸币充当流通手段和支付手段，而具有特有的使用价值。要保证交子的使用价值，就必须保证交子所代表的铸币面额能兑换同值的铸币，否则交子就无法代表铸

---

① 《楮币谱》。
② 《建炎以来朝野杂记》甲集卷16《四川钱引》条。
③ 《通考·钱币考》。

币充当流通手段和实现支付的职能，是一张废纸。分界发行，确定二年一界为交子的流通期和兑换期，既使人们在心理上树立了交子能兑现的时间期限，又杜绝了发行交子的机构利用种种借口拒绝和拖延兑现的弊端；强制界满兑现或以新换旧，又防止了交子长期流通，磨损折叠，造成票面模糊不清，滋生诈伪。参照市场的实际需要，依据一年中人户用钱请领数，确定每界的发行限额，则不致造成发行失控，防止交子的投放量超过市场的需要量，避免因滥发交子引起通货膨胀，交子贬值。每界备本钱 36 万缗，占发行总额 125 万贯的 28%，保证了官府的法偿能力。既使界满以前，某些持有交子的人能用交子兑换铁钱，实现随时兑现的诺言，维护交子的信誉；又能"贱则官出金以收之，而不使常贱，贵则官散之，以示其称提，使之势常平，而无此重彼轻之弊"①，保证交子币值的稳定。"新旧相因"，是指交子界满兑换时，可用旧交子换取新交子，这就减少了兑换铁钱的支付量，弥补了发行总量超过发行本钱的缺陷，维护了官府的法偿信誉。总之，这一系列的措施，能有效地保证作为铁钱符号的交子同铁钱一样行使流通支付的货币职能。

薛田所制定的这些政策措施，有效地杜绝了私交子的种种弊端，健全和完善了我国早期纸币发行管理制度。从此，我国早期纸币的发行管理有法可依，有章可循。

皇祐三年（1051），官交子发行 27 年后，三司使田况说："自天圣元年，薛田擘划，兴置益州交子务，至今累有臣僚，讲求利害，乞行废罢，然以行用既久，卒难改革。"② 究其原因，首先是官府不愿放弃发行纸币的既得利益。即使保持发行界额不变，只需常备 30 万贯本钱，就能发行 125 万贯交子，凭空增加 90 万贯收入，比蜀中宋初岁铸铁钱数额还多很多。加上交子界满换界时收取 3% 的纸墨手续费，流通过程中交子受水火灾害和因种种原因丧失兑换资格，交子务可依法不予偿付，发行交子的收益是极为可观的。诚如庆历七年（1047）三月知益州文彦博所说："益州交子务所用交子，岁获公利甚厚。"③ 其次，官府发行交子能减少铸造铁钱的费用，并节省金属资材。官交子代替部分铁钱流

---

① 杨冠卿：《客亭类稿》卷 9《重楮币说》。
② 李攸：《宋朝事实》卷 15。
③ 文彦博：《文潞公集》卷 14《乞诸州供钱拨充交子务》。

通一段时间之后，宋廷就在蜀中减少了铁钱的铸造额，节省了一大笔铸币开支。同时还能将铸币资材用于社会其他事业，增加社会财富，对国家对社会都是有利的。第三，由官府发行交子，当其财政拮据之时，还可挪用交子以解燃眉之急。官交子成为解决财政困难手段之一。最后，因交子的币值稳定，显示了纸币的优越性，比之铁钱，便于赍持转易，老百姓也不愿废罢交子。苏辙在元祐元年（1086）曾说："蜀中旧使交子，惟茶山交易最为浩瀚。今官自买茶，交子因此价贱。旧日蜀人利交子之轻便，一贯有卖一贯一百者，近岁止九百以上。"① 即在熙宁七年（1074）榷禁川茶以前，交子的币值比铁钱还高。榷禁蜀茶以后，茶商需要交子的数量减少，交子才开始贬值，其贬值的幅度亦不大，只在10%以内。

正是薛田制定了正确的纸币发行管理政策，成功地发行了官交子，才使我国早期纸币在宋代就根深叶茂，由四川向全国推广，并在金朝和后世得到沿袭。薛田不愧是我国和世界上发行国家纸币的鼻祖，制定发行纸币管理政策的鼻祖，最早的纸币专家。

二、交子务

嘉祐四年（1059），益州升为成都府后，益州交子务就改称"成都府交子务"。大观中改交子为"钱引"，成都府交子务又改为"成都府钱引务"。正如交子改名"钱引"后，宋人有将钱引仍称为"交子"一样，宋人亦有将钱引务沿称为"交子务"者，下文亦用"交子务"统称此机构。

交子务是在知州领导下负责具体办理官交子印刷、发行、收兑工作的部门。它无权制定纸币的发行管理政策，只是办理纸币发行管理的各项具体工作。有关纸币的发行管理政策、法令、发行数量、流通期限、收兑办法，都由知益州或知成都府的官员制定并报朝廷核准，由益州或成都府当局执行。北宋中后期，随着宋朝政府逐渐把发行交子作为一项重要的财政收入，四川交子进入陕西，流通区域扩大，交子发行数量增多，交子贬值加剧。四川交子流通中出现的种种弊端和问题，已非知成都府官员职权所能解决。有关交子发行管理的大政方针，往往由中央政府直接制定。南宋时期，为了统一集中四川地区的财力、物

---

① 《长编》卷366，元祐元年三月癸未。

第十五章 铁钱的行使和纸币的产生

力、军力抗御金朝和蒙（元）军队的进攻，宋朝在蜀中成都府路、潼川府路、利州路、夔州路四路之上设置了四川制置使司和四川都转运使司（四川总领财赋所），钱引务实际上隶属于四川制置使司和四川都转运使司，有关钱引的大政方针多由这两个机构的长官来制定。由于当时四川制置使往往同时兼任知成都府，实际上知成都府的长官仍然是领导钱引务的官员。南宋前期，蜀中印造纸币的数量尚需朝廷批准。理宗以后，蒙古军队攻入四川，四川江河残破，财政破产，靠滥发纸币支撑财政开支。"造楮之权，尽付制司。"① 四川制置司成为制定四川纸币政策、管理钱引务的领导机构。

交子务的人员结构有监官、吏人和工匠。监官是交子务的主管官，最初为一人。其后由于官交子的印刷、发行数量增多，任务加重，为加强防范、相互监督，便将监官增为二人。② 最初的监官由相当于知县级别的官员担任，其后亦有由知州调任交子务监官者。徽宗大观中就抽调知威州张持为成都府路转运判官，提举川引。③ 至于初期吏人和工匠的人数，史载不详，估计人数不会太多。到元丰元年（1078），《楮币谱》则明确记载有"掌典十人，贴书六十九人，印匠八十一人，雕匠六人，铸匠六人，杂役十二人，廪给各有差"。加上监官二人，总计交子务的人员编制达186人。其机构之庞大，不但超过了当时宋朝县级政权机构的编制，也超过了州级政权的编制。就是在今天，也是一个规模不小的机构。徽宗崇宁、大观年间，交子的发行量比神宗时期增加一二十倍，估计交子务的吏人和工匠比元丰时期还更多。

交子务还设置了抄纸场，供应印刷交子的专用纸张。交子是用楮纸印制的。楮纸细白光滑，坚韧耐久，是当时公私簿书、契券、图籍、文牒的专用纸张，也是当时印刷纸币的最佳用纸。为了保证楮纸质量，供应优质的纸币用纸，防止伪造印刷交子的楮纸，神宗熙宁年间，交子务监官戴蒙在成都南郊创设由官府直接管理的抄纸院，专门生产印制交子的楮纸，"以革伪造之弊"。"官自抄纸，皆自（戴）蒙始。"自戴蒙创设抄纸院后，抄纸院初由"交子务官兼领，后虑其行弊，以他官董其事"。自此削夺了交子务监官主管生产交子纸张的权力，

---

① 李曾伯：《可斋续稿后》卷3《救蜀楮密奏》。
② 《宋朝事实》记景祐三年（1036）置监官二员轮宿，《楮币谱》则记元丰元年（1078）增置一员。
③ 《宋史·食货志》记为张持，《通考·钱币考》记为张特。

以防止交子务监官在印制纸币过程中权力过分集中而可能出现的弊端。到南宋孝宗隆兴元年（1163），又特置一官员管理抄纸院事宜，并以城西净众寺作抄纸院官署。光宗绍熙五年（1194），又把抄纸院迁至净众寺旁。自此，纸币的印制和纸币纸张的生产完全成为两个独立的系统，异地而置，设官分治。交子务有印制交子之权，而无生产印制交子纸张之力；抄纸院有生产印制交子纸张之权，又无印制交子之力，相互牵制，以防作弊。

光宗时，抄纸院有"抄匠六十一人，杂役三十人"①，已是一个规模不小的造纸作坊。抄匠多，杂役少，可以看出抄纸院以抄纸为主。造纸时所用纸料，应是来自民间纸坊，由官府抄纸院完成最后一道抄纸工序。这是因为古代造纸工艺中，抄纸是关键性的工序，直接影响到纸张的大小、厚薄、疏密等质量。由官府完成生产纸张的最后一道关键性的抄纸工序，就可以防止用其他楮纸来伪造交子。

总之，交子务的机构相当庞大，管理和专业人员众多，内部组织健全，规章严密，相互牵制，相互监督，有一套既能保证印制、发行、兑换交子工作的正常运转，又可防止官员营私舞弊、非法印制交子的办法和措施。

三、官交子的票式

根据《楮币谱》记载，南宋绍兴、淳熙年间交子（钱引）的票式，包括了界分、发行年号（时间）、贴头五行料例印、敕字花纹印、青面花纹印、红团故事印、年限花纹印、一贯或五百故事背印和书放数额等内容，以黑、蓝、红色套色印刷。其中"贴头五行料例印"铜版，雕有"至富国财并"或"利足以生财""强本而节用""旧法行为便""事序货之源""善治立经常""化国日舒长""维币通农商""道御之而王""国以义为利"等五字格言文字，为黑色图案。"敕字花纹印"铜版是周围雕刻有"金鸡捧敕"或"庆云捧日""金花捧敕""双龙捧敕""团凤捧敕左臬右夒""九重捧敕""盘龙捧敕""龙凤捧敕""金吾捧敕"等花纹的发行交子的诏令，为黑色图案。"年限花纹印"铜版雕刻有"三耳卤龙文"或"上苑太平花""尧堦蓂荚""六入球路""千叶石榴""累累如意""百合太平花""连环万岁藤""滕金锁甲纹""缠枝金莲子"等花草器物图案，

---

① 以上引文均见《楮币谱》。

并刻有交子发行年代及使用期限、界分等文字，为黑色图案。一贯或五百故事印铜版雕刻有“吴隐之酌贪泉赋诗”“王祥孝感跃鲤飞雀”“汉循吏增秩赐金”“卜式上书献家财”“子罕辞宝”“青钱学士”等各种故事，并刻有一贯或五百票额，也为黑色图案。“青面花纹印”铜版是雕刻有“合欢万岁藤”或“攀枝百男”“蜃楼去沧海”“方圆锦地”等动植物花纹，为蓝色图案。“红团故事印”铜版雕刻有“龙龟负图书”或“孟尝还珠”“诸葛孔明羽扇指挥三军”“孟子见梁惠王”“祖逖中流击楫誓清中原”“尧舜垂衣治天下”等历史故事，为红色图案。而每界交子的图案内容又不完全相同，它与现代纸币一样，每套纸币的印版图案都略有区别。

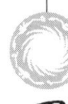

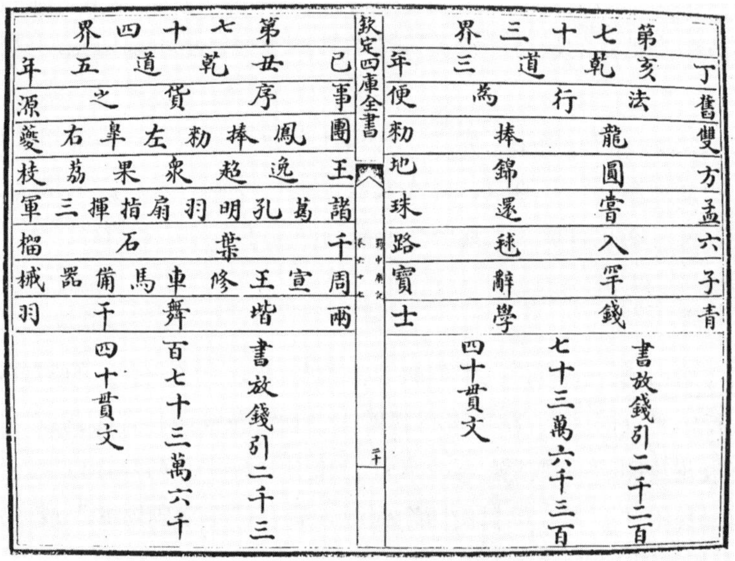
欽定四庫全書

第七十三界
丁亥乾道三年
舊法行爲便
雙龍捧勑
方圓錦地
孟嘗還珠
六入毬路
子罕辭寶
青錢學士
書放錢引二千二百
七十三萬六千三百
四十貫文

第七十四界
己丑乾道五年
事序貨之源
團鳳捧勑左阜右夔
王逸超衆果荔枝
諸葛孔明羽扇指揮三軍
千葉石榴
周宣王修車馬備器械
兩階舞干羽
書放錢引二千三
百七十三萬六千
四十貫文

图 15—2　《四库全书》所载官交子票式

总之，官交子的格式和图案，既典雅美观，又庄重严肃；不但增加了美感，难于伪造，又反映了政府纸币的法定性。交子票面的文字和图案，既继承了传统文化，又具有强烈的时代特征。五字格言中的“至富同财并”“利足以生民”“强本而节用”“维币通农商”“国以义为利”等等是宋代经济思想、财政思想、货币思想的反映。故事印中的“诸葛孔明羽扇指挥三军”“祖逖中流击楫誓清中原”“尧舜垂衣治天下”等历史故事，则是宋朝人民要求收复失地，统一中原，渴望天下太平的强烈愿望。“王祥孝感跃鲤飞雀”“卜式上书献家财”“子罕辞宝"""孟尝还珠"等历史故事,反映了对历史上优秀人物传统美德的推崇。而"双龙""金鸡""庆云""团凤""太平花"等花纹图案,则表达了人们对美好生活的向往。这些文字和图案,俨如当时政治、经济、文化思想的教科书,又酷似通俗易懂的宣传画,具有鲜明的时代特色,是当时科学文化发展的体现。由于交子开创纸币格式、图案的先河,它就成为以后历代纸币的蓝本。历代纸币的格式、图案内容,都是宋代交子格式、图案内容的继承、发展和演变,同时又具有各个时代的特色。

四、官交子的界分和发行量

界是交子的流通期和兑换期。用现在通用称呼,第一、第二、第三界交子,也可称为第一、第二、第三期交子。官交子是按两年一界发行的。① 每界发行限额1256340贯,准备本钱36万缗,新旧相因。这一发行管理制度建立后,在相当长的时期基本上被严格遵守。神宗熙宁五年(1072)开始将一界行使改为两界行使,实际是把交子的流通兑换期由两年变成四年。从哲宗后期起,又开始突破每界的发行限额。徽宗即位后,则完全破坏了交子的发行管理制度,增造无度,不备本钱,滥发交子,每界发行额超过天圣时期达20倍。现将北宋官交子每界发行数列表于后。

表15-1 北宋官交子发行量

界分	发行年代	发行额	使用期	实际流通额	票面价值	备注
第1界	天圣元年(1023)	1256340贯	2年	1256340贯	1~10贯	天圣二年发行
第2界	天圣三年(1025)	1256340贯	2年	1256340贯	1~10贯	
第3界	天圣五年(1027)	1256340贯	2年	1256340贯	1~10贯	
第4界	天圣七年(1029)	1256340贯	2年	1256340贯	1~10贯	
第5界	天圣九年(1031)	1256340贯	2年	1256340贯	1~10贯	
第6界	明道二年(1033)	1256340贯	2年	1256340贯	1~10贯	
第7界	景祐二年(1035)	1256340贯	2年	1256340贯	1~10贯	

---

① 有文献记载官交子是三年一界,部分学者也持此观点,此说不符合事实,详见《宋代四川纸币》第88~96页。

第十五章 铁钱的行使和纸币的产生

续表

界分	发行年代	发行额	使用期	实际流通额	票面价值	备注
第8界	景祐四年（1037）	1256340贯	2年	1256340贯	1～10贯	
第9界	宝元二年（1039）	1256340贯	2年	1256340贯	20%为5贯 80%为10贯	
第10界	庆历元年（1041）	1256340贯	2年	1256340贯	20%为5贯 80%为10贯	
第11界	庆历三年（1043）	1256340贯	2年	1256340贯	20%为5贯 80%为10贯	
第12界	庆历五年（1045）	1256340贯	2年	1256340贯	20%为5贯 80%为10贯	
第13界	庆历七年（1047）	1256340贯	2年	1256340贯	5贯、10贯	
第14界	皇祐元年（1049）	1256340贯	2年	1256340贯	5贯、10贯	
第15界	皇祐三年（1051）	1256340贯	2年	1256340贯	5贯、10贯	
第16界	皇祐五年（1053）	1256340贯	2年	1256340贯	5贯、10贯	
第17界	至和二年（1055）	1256340贯	2年	1256340贯	5贯、10贯	
第18界	嘉祐二年（1057）	1256340贯	2年	1256340贯	5贯、10贯	
第19界	嘉祐四年（1059）	1256340贯	2年	1256340贯	5贯、10贯	
第20界	嘉祐六年（1061）	1256340贯	2年	1256340贯	5贯、10贯	
第21界	嘉祐八年（1063）	1256340贯	2年	1256340贯	5贯、10贯	
第22界	治平二年（1065）	1256340贯	2年	1256340贯	5贯、10贯	
第23界	治平四年（1067）	1256340贯	2年	1256340贯	5贯、10贯	
第24界	熙宁二年（1069）	1256340贯	2年	1256340贯	40%为500文 60%为1贯	
第25界	熙宁四年（1071）	1256340贯	4年	2512680贯	40%为500文 60%为1贯	熙宁五年开始两界行使
第26界	熙宁六年（1073）	1256340贯	4年	2512680贯	40%为500文 60%为1贯	
第27界	熙宁八年（1075）	1256340贯	4年	2512680贯	40%为500文 60%为1贯	

续表

界分	发行年代	发行额	使用期	实际流通额	票面价值	备注
第28界	熙宁十年（1077）	1256340 贯	4年	2512680 贯	40％为 500 文 60％为 1 贯	
第29界	元丰二年（1079）	1256340 贯	4年	2512680 贯	40％为 500 文 60％为 1 贯	
第30界	元丰四年（1081）	1256340 贯	4年	2512680 贯	40％为 500 文 60％为 1 贯	
第31界	元丰六年（1083）	1256340 贯	4年	2512680 贯	40％为 500 文 60％为 1 贯	
第32界	元丰八年（1085）	1256340 贯	4年	2512680 贯	40％为 500 文 60％为 1 贯	
第33界	元祐二年（1087）	1256340 贯	4年	2512680 贯	40％为 500 文 60％为 1 贯	
第34界	元祐四年（1089）	1256340 贯	4年	2512680 贯	40％为 500 文 60％为 1 贯	
第35界	元祐六年（1091）	1256340 贯	4年	2512680 贯	40％为 500 文 60％为 1 贯	
第36界	元祐八年（1093）	1406340 贯	4年	2812680 贯	40％为 500 文 60％为 1 贯	绍圣元年增印 150000 贯
第37界	绍圣二年（1095）	1406340	4年	2812680 贯	40％为 500 文 60％为 1 贯	
第38界	绍圣四年（1097）	1886340 贯	4年	3772680 贯	40％为 500 文 60％为 1 贯	元符元年增印 480000 贯
第39界	元符二年（1099）	1886340 贯	4年	3772680 贯	40％为 500 文 60％为 1 贯	
第40界	建中靖国元年（1101）	3886340 贯	4年	7772680 贯	40％为 500 文 60％为 1 贯	崇宁元年增印 2000000 贯
第41界	崇宁二年（1103）	16321340 贯	4年	32642680 贯	40％为 500 文 60％为 1 贯	当年增印 12435000 贯

续表

界分	发行年代	发行额	使用期	实际流通额	票面价值	备注
第42界	崇宁四年（1105）	21396340 贯	4 年	42792680 贯	40%为500文 60%为1贯	当年增印 5075000 贯
第43界	大观元年（1107）	26942006 贯	4 年	53884012 贯	40%为500文 60%为1贯	当年增印 4545666 贯

此表主要依据《蜀中广记》。

从上表可以看出，在元祐六年（1091）前发行35界官交子的70年间，每界都是只发行了125万贯，只是从熙宁四年（1071）发行25界官交子时，把每界的流通期由两年改为四年，使实际流通量增加到250万贯。从当时蜀中每年铸造发行21万贯大钱（折合210万贯小钱）的情况看，交子的发行数额比铁钱的发行数额为少。从当时蜀中累计铸造、发行和社会上积存能投入流通的铁钱数额看，交子投入流通的数额比铁钱投入流通的数额更少，不足后者的1/10。货币市场维持着钱多楮少的局面，交子在货币总额中所占份额不大，并未改变交子总额大大少于铁钱总额的格局。在哲宗时期，交子贬值的幅度只在10%左右，基本上保持了币值的稳定。

官交子的严重贬值发生于徽宗时期。以徽宗、蔡京、童贯为首的统治集团，竞为奢靡，聚敛财富，竭泽而渔，几年之间就弄得国库空虚，财政吃紧。加之用兵西夏，收复湟、廓，军费增加，于是就用发行交子以实边费，解决财政开支。从徽宗即位的1101年开始，官府就视财政的需要而随意增加交子的发行数额。建中靖国元年（1101），发行第40界交子388万贯，两界行使，实际投放数达到776万贯。崇宁二年（1103）发行第41界交子1632万贯，两界行使，实际投放数达到3264万贯。崇宁四年（1105）发行第42界交子2139万贯，两界行使，实际投放数达到4278万贯。大观元年（1107）发行第43界交子2694万贯，两界行使，实际投放数达到5388万贯，比天圣时期发行量超过20倍。无限额的发行交子，使纸币急剧膨胀，不但严重破坏了货币的供求关系，而且也造成了纸币与铸币的正常比例失调，不可避免地使交子彻底贬值。正如《宋史·食货志》说："大观中不蓄本钱而增造无艺，至引一纸当钱十数。"一贯交子本应值1000文铁钱，贬值到只值几文至十文铁钱，连缴纳兑换交子时的3%

的手续费都不够,交子自然再也无法继续流通。

宋朝滥发交子,收拾无术,回天无力,只好于大观三年(1109)决定"钱引四十一界至四十三界勿收易",宣布已发行的交子全部作废,"自后止如天圣额书放",并改交子为钱引,发行新的纸币。① 流通近九十年的交子,至此寿终正寝。人民遭受巨大损失,朝廷威望也丧失殆尽。

官交子虽然由于官府无度滥发而夭折了,但它承前启后,巩固了纸币的货币地位,并且为正确处理纸币发行与财政管理之间的关系提供了实践经验。在官交子的发行过程中,产生了我国早期的纸币理论,初步完善了纸币的发行管理政策。所以尽管官交子夭折,但纸币仍然能继续发行和行使。

第四节　钱引和南宋四川纸币

一、钱引的产生

钱引是官交子因发行过多,彻底贬值,不能继续行使后,在四川发行的一种新纸币。这种新纸币的界分,仍沿袭官交子的界分,故大观三年(1109)发行的钱引不称第1界钱引,而称第44界钱引。第44界钱引发行后,北宋统治集团内部发生了重大的人事变动。同年六月,蔡京在朝野舆论的压力下罢相,这就为重建四川的纸币发行管理制度扫清了道路。次年二月,四川新津人张商英为中书侍郎。至政和元年(1111)八月罢相,出知河南府,张商英居相位一年多。在此期间,他规定钱引限额发行,缩小流通区域,重建了纸币的发行管理制度。他在每界发行限额125万贯的基础上,于大观四年(1110)"假四川提举诸司封桩钱五十万缗为成都务本"②,恢复了天圣时期准备发行本钱的制度,而且比天圣时期每界准备36万缗本钱还多14万缗,使钱引兑换现钱有了现金保证。其次,他在政和元年(1111)恢复了钱引不加限制地与铁钱同值自由流通的制度。即民户向官府缴纳各种赋税,可以全部用自己手中的钱引完纳,其

---

① 《宋史》卷181《食货志》。

② 《宋史》卷181《食货志》。

第十五章 铁钱的行使和纸币的产生

价值与铁钱相等,"并许通用"。民户用铁钱向官府购买钱引或用钱引纳税及购买官物,皆不加任何限制,听其自便。因而,在北宋晚期,四川钱引又一直按两年一界,两界并用,每界125万贯,准备本钱,按期收兑的办法发行。史称"及张商英秉政,奉诏复行旧法……自旧法之用,至今引价复平"。① 直到北宋被金朝灭亡时,文献上亦不再见钱引贬值的记载。钱引的成功发行,再次使我国早期的纸币免于夭折,这在纸币发展史上是有重大意义的。

二、钱引的界制和发行量②

南宋王朝建立后,钱引的发行量发生了根本性的变化。自川陕战争爆发以后,钱引的增印数就越来越多,发行量也就大大增加。正如《宋史》卷181《食货志》所说:"川引自张浚开宣抚,赵开为总饷,以供籴本,以给军需,增印日多,莫能禁止。"到南宋后期,蒙古军队攻入四川,山河残破,经济凋零,财源枯竭,四川地方当局更是靠滥发钱引支撑财政开支。"造楮之权,尽付制司",四川制置司得以滥发纸币。"竭两山〔川〕之楮,易海陆之珍"。③ 钱引的发行量更是居高不下,节节上升,成为毫无价值的废纸。

有关钱引的每界发行量,史籍记载中详细不一者有之,相互抵牾者有之,缺载者亦有之。不少学者虽对钱引的发行额作过深入的考证,但仍难得出精确的结论。在众多钱引发行额的记载中,《蜀中广记·楮币谱》的记载最为集中和详细。现以《蜀中广记》为主,结合其他文献记载,并参考学者们的研究成果,将钱引的界分、发行数及流通期限列表于后。

表15-2 钱引的界分、发行时间、发行数量及流通期限表

界 分	发行时间	发行数量	流通期限
第44界	大观三年(1109)	125640贯	4年
第45界	政和元年(1111)	125640贯	4年
第46界	政和三年(1113)	125640贯	4年

---

① 《宋史》卷181《食货志》。
② 南宋时期还在兴元府和关外发行过银会子,兴元发行过铁钱会子、四川总领所小会子。因发行量小,时间不长,故略而不论。详见《宋代四川纸币》第197~202页。
③ 李曾伯:《可斋续稿后》卷3《救蜀楮密奏》。

第十五章　铁钱的行使和纸币的产生

续表

界　分	发行时间	发行数量	流通期限
第47界	政和五年（1115）	125640贯	4年
第48界	政和七年（1117）	125640贯	4年
第49界	宣和元年（1119）	125640贯	4年
第50界	宣和三年（1121）	125640贯	4年
第51界	宣和五年（1123）	125640贯	4年
第52界	宣和七年（1125）	125640贯	4年
第53界	建炎元年（1127）	1886340贯	4年
第54界	建炎三年（1129）	2886340贯	4年
第55界	绍兴元年（1131）	3886340贯	4年
第56界	绍兴三年（1133）	12586340贯	4年
第57界	绍兴五年（1135）	9886340贯	4年
第58界	绍兴七年（1137）	4886340贯	4年
第59界	绍兴九年（1139）	8886340贯	4年
第60界	绍兴十一年（1141）	5886340贯	4年
第61界	绍兴十三年（1143）	5886340贯	4年
第62界	绍兴十五年（1145）	1886340贯	4年
第63界	绍兴十七年（1147）	1886340贯	4年
第64界	绍兴十九年（1149）	1886340贯	4年
第65界	绍兴二十一年（1151）	1886340贯	4年
第66界	绍兴二十三年（1153）	1886340贯	4年
第67界	绍兴二十五年（1155）	1886340贯	4年
第68界	绍兴二十七年（1157）	1886340贯	4年
第69界	绍兴二十九年（1159）	34586340贯	4年
第70界	绍兴三十一年（1161）	23736340贯	4年
第71界	隆兴元年（1163）	22736340贯	4年
第72界	乾道元年（1165）	23736340贯	4年
第73界	乾道三年（1167）	22736340贯	4年

续表

界 分	发行时间	发行数量	流通期限
第74界	乾道五年（1169）	23736340贯	4年
第75界	乾道七年（1171）	12736340贯	4年
第76界	乾道九年（1173）	23736340贯	4年
第77界	淳熙二年（1175）	22736340贯	4年
第78界	淳熙四年（1177）	22736340贯	4年
第79界	淳熙六年（1179）	22736340贯	4年
第80界	淳熙八年（1181）	22736340贯	4年
第81界	淳熙十年（1183）	22736340贯	4年
第82界	淳熙十二年（1185）	22736340贯	4年
第83界	淳熙十四年（1187）	22736340贯	6年
第84界	淳熙十六年（1189）	22736340贯	6年
第85界	绍熙二年（1191）	24636340贯	6年
第86界	绍熙四年（1193）	22736340贯	6年
第87界	庆元元年（1195）	23736340贯	6年
第88界	庆元三年（1197）	22736340贯	6年
第89界	庆元五年（1199）	22736340贯	9年
第90界	嘉泰二年（1202）	2400余万贯	6年
第91界	嘉泰四年（1204）	2900余万贯	6年
第92界	开禧二年（1206）	2400余万贯	6年
第93界	嘉定元年（1208）	1200余万贯	6年
第94界	嘉定三年（1210）	500余万贯	6年
第95界	嘉定五年（1212）	不详	6年
第96界	嘉定七年（1214）	不详	10年
第97界	嘉定九年（1216）	不详	10年
第98界	宝庆元年（1225）	不详	10年
第99界	端平元年（1234）	不详	10年
新1界	淳祐三年（1243）	63000余万贯	

续表

界　分	发行时间	发行数量	流通期限
新2界	淳祐九年（1249）	63000余万贯	
新3界	宝祐四年（1256）	不详	

说明：第95界以后钱引发行量虽不见于记载，根据当时四川财政状况估计，每界不会少于2000万贯。

从表中每界钱引的发行量中我们可以看出，自南宋绍兴末年以后，每界钱引的发行量一般都在2200万贯以上，几乎是北宋每界官交子发行125万贯的20倍。它说明钱引在宋代四川社会生活中的地位远比官交子更为重要，这是我们研究钱引时不能不注意的问题。其次，北宋崇宁二年（1103）发行第41界交子1632万贯，崇宁四年（1105）发行第42界交子2139万贯，大观元年（1107）发行第43界交子2694万贯，即官交子每界发行量超过1000万贯的情况共三界。而持续时间仅六年，官交子就因发行过多，变成废纸，无法流通。但南宋钱引在很长一段时期内每界发行都超过2000万贯，却能一直流通。这是我们研究钱引时不能不注意的第二个问题。下面我们对钱引能长期流通的原因作些探讨。

三、官府稳定钱引币值的措施

钱引之所以能长期流通，主要是因为官府采取了以下稳定钱引币值的措施。

（一）坚持分界，定期发行和收兑

南宋钱引，从建炎元年（1127）发行第53界到淳熙十二年（1185）发行第82界，基本上保持了两年一界、两界并行和两年一兑的制度。光宗绍熙二年（1191）第83界钱引到期后，虽规定展一界行使，但两年一界的制度并未改变。只是把两年一界、两界并行、流通四年的制度，改为两年一界、三界并行、流通六年的制度。即仍然坚持每两年都要发一界和兑换一界的制度。南宋四川政府宁可每界增印，甚至延长每界的流通期，也不愿更改两年一界的发行收兑制度，除了按时兑界可以收入巨额的贴头钱和水火不到钱，增加财政收入外，最主要的原因还在于钱引仍然是铁钱的兑换纸币，按时收兑才能维持钱引的信用。到期不按时收兑就会失信于民，动摇民众对钱引的信任，引起钱引严重贬值。

第十五章 铁钱的行使和纸币的产生

所以每到兑界时，四川官府都要想方设法，或用新引收兑旧引，或用官府库存财物、金银收兑旧引，或以民间应纳赋税折纳收兑旧引，甚至不惜出卖官告、度牒或增发新引收兑旧引，尽量做到按时收兑，以维持钱引的信用，稳定币值。嘉定元年（1208）应收兑到期的嘉泰二年（1202）发行的第 90 界钱引，由于经费缺乏，当年只收兑了半界，剩余半界之数允许继续行使，就使钱引贬值，每引只值 500 文。直到嘉定三年（1210），四川官府多方筹集资金，把当年到期的 91 界钱引和尚余半界的 90 界钱引全部收兑完毕，"引直遂复如故"。① 这说明如期收兑，新旧相因，是钱引币值稳定的重要保证。

（二）强化钱引的通货地位，保证钱引在一切交换领域内流通

南宋四川官员从北宋交子因流通阻滞引起贬值，导致无法行使的相互因果关系中，认识到要使钱引在社会上行使，还必须保证钱引的流通，加强钱引的通货地位。史载，南宋初年四川的理财家、总领四川财赋赵开在增发钱引的同时就规定：

> 官卖银绢，听民以钱引和铁钱买之。凡民钱当入官者，并听用引折纳，官所支出亦如之。民私用引为市，于一千并五百上许从便加抬，惟不得擅减。

这个规定通过政治和经济的手段保证了钱引在公私交易中的自由流通，并强调不得擅减其价，加强了钱引的通货地位，从而使钱引完全代替铁钱行使支付职能，能发挥其资本运动的效率。人们持有钱引可以从事商业贸易赚钱，可以投入再生产增加收入，而钱引在资本运动中也自然地维护了自身的价值。所以史载：

> 钱引法既流通，民甚为便，六年间累增印之料，总为钱引一千七百一十万缗，人亦未始厌其多也。②

---

① 《朝野杂记》乙集卷 16《四川收兑九十一界钱引本末》。
② 李焘：《赵待制开墓志铭》，《宋代蜀文辑存》卷 54。

据史料记载，赵开所制定的保证钱引流通的政策措施，一直为其后继者所遵循。庆元三年（1197）"每引钱千，民间直铁钱七百以上，而输官则一千二百八十云"。① 可见官府对保证钱引的流通是十分重视的。

（三）允许用钱引纳税，增强钱引的法偿能力

早在北宋，官府为了保证官交子的流通，就允许用交子折纳茶、盐、酒酤、关市、津梁之税。南宋初年，赵开在增发钱引时，规定"凡民钱当入官者，并听用引折纳"，实际上将用钱引缴纳的赋税种类，在原有基础上，扩大到一切赋税领域。国家的赋税实际上成了发行钱引的法偿保证金。老百姓可以用钱引纳税，这就自然地解除了钱引无法行使的顾虑。而官府规定用钱引纳税时提高钱引币值的优惠政策，又促使民间乐于接受和使用钱引。因此，只要官府能设法增加赋税收入，就不会造成钱引发行量扩大，也能避免因供大于求导致钱引贬值。国家可以通过征收赋税来回笼钱引，可以通过征收赋税和公私交易来促进和加速钱引的资本流通，可以通过征收赋税的过程中提高钱引币值来维持钱引的信用和稳定钱引币值。我们把南宋绍兴年间的钱引发行量同财政收入作一比较，就会发现在绍兴年间的一段时间里，钱引的发行量同财政的收入基本上是保持同步变化的。这种视国家赋税收入状况确定钱引发行数量的做法，自然能保证官府的法偿能力和币值的稳定。

（四）称提和回笼钱引

宋人把钱引等纸币贬值称为"折阅"，挽救折阅，提高纸币价值，稳定纸币和与金属铸币的比价称为"称提"。称提的措施和办法较多。归纳起来宋代四川官府称提钱引的办法大致有以下两种。

1. 设立"称提钱"，用铁钱称提钱引。官府为了准备一定数量的铁钱来称提钱引，决定自建炎二年（1128）起罢铸铁钱十年，"桩留鼓铸本钱，称提引价"。② 这项鼓铸铁钱的本钱，是为南宋"称提钱"的滥觞。绍兴十四年（1144），四川宣抚副使郑亨仲（刚中）乃创立专项称提钱来称提引价。"始命益、梓、利三路茶、盐、酒及租佃官田应输钱引者，每千别输三十为铸本。"③

---

① 《朝野杂记》甲集卷 16《四川钱引》。
② 《蜀中广记》卷 67。
③ 《朝野杂记》甲集卷 15《称提钱》。

绍兴十五年（1145）置利州绍兴监，每岁铸钱10万缗以救钱引。尽管称提钱数不大，但它是从赋税中附加征收的，每年都有固定来源，仍不失为稳定钱引的重要经济措施和经济保证。正如林駉所说：蜀地行楮券，官府贱时出钱以敛之，贵时出楮以散之，故"使者以藏镪为得，行者以持券为便"。"州县之折纳，四方之征商，场坊河务之课息，不责其钱，不拘其楮，是钱重楮亦重"。[①] 宋高宗在论及四川交子（钱引）的弊端时，亦非常赞成用铁钱来称提引价。他说："但官中常有百万缗，遇交子减价自买之，即无弊矣。"[②] 但是自开禧军兴，吴曦叛乱之后，四川经济日益衰退。理宗时期，蒙古军队攻入四川内地，经济残破，赋税收入减少，从赋税中附征的称提钱自然相应减少以至于枯竭。嘉定以后，四川不见铸钱的记载，设置称提钱称提钱引的制度可能随之逐步消失。

2. 用官告、度牒、金银等称提钱引。官告，即委任官吏的文书。度牒，是祠部发给僧尼道士的凭证。南宋时期，官府曾把出卖官告、度牒作为回笼钱引的一种手段。金银是贵金属，故钱引贬值时，官府亦把金银用作回笼钱引的一种手段。此外，还有以法称提。所谓以法称提者，就是可以依法用钱引缴纳赋税和向官府购买官物，并且当钱引贬值，官府也可依法提价收兑。这些都是回笼钱引、稳定币值的有力措施。

四、钱引的崩溃

自理宗宝庆三年（1227）蒙古军队偏师取金，蜀边开始受到蒙古军队的侵掠。1251年后，四川地区经过长期的反复拉锯战争，大部分地区均被蒙古军队占领。四川60余州仅存20余州。这20余州又皆荒残，多在川东夔峡落后地区，经过连年兵祸，官吏或死或散。赋税来源枯竭，财政破产，钱引也就完全丧失法偿能力。官府在财政枯竭，失去赋税来源的情况下，为了自身和对外战争的需要，又必然加大钱引的发行来维持财政开支，购买官物，掠夺民财，从而加速钱引的贬值。淳祐年间，每界钱引的发行就高达63000多万贯，用于和籴、秋籴等财政开支。这时用钱引来强制购买粮食，实际上是无偿掠夺了。钱引贬值成一张废纸。宋代四川的钱引，终于在宝祐二年（1254）走完了最后的

---

① 林駉：《古今源流至论》前集卷4《钱币》。
② 《系年要录》卷171，绍兴二十六年二月乙亥。

历程，退出了历史舞台。

在四川钱引彻底崩溃之后，官府于宝祐二年（1254）"更印银会，以一当百"，企图重建四川纸币。但银会发行之时，南宋王朝的灭亡已成定局，在这种局面下要发行银会，重建纸币制度，已是回天无术，纸上谈兵。两年之后四川就停止了银会的发行，银会成为宋代四川发行时间最短、夭折最快的纸币。银会停止发行后，南宋朝廷决定在四川发行会子。在当时四川恶劣的政治、军事、经济、财政境况下，发行不能兑换的会子，搜刮民财，其结果必然是会子贬值，无法流通。从钱引的崩溃到发行银会和四川会子的失败，我们清楚地看到，没有稳定而清廉的政治环境，没有繁荣的经济、富裕的财政作基础，要建立一种币值稳定的纸币制度是根本不可能的。同样，违背纸币发行的客观规律，企图用发行纸币、搜刮民财的方式来挽救财政危机，维持政权的稳定也是根本不可能的。

第五节　钱引的地位

一、钱引是南宋四川的主要货币

南宋四川纸币的发行量大大超过北宋时期。绍兴末年以后，每界钱引的发行量一般都维持在 2000 万贯以上，比北宋的纸币发行量几乎增加 20 倍。加之是二界或三界行使，市场上流通的纸币通常保持在 4000 万贯以上，已基本上能满足流通领域对纸币的需要。同时，铁钱铸造量减少，并且主要用做称提钱引，收兑部分纸币，稳定币值之用。流入市场的铁钱，还要设法回笼、入库，以备称提之用。加之流入民间的铁钱或被毁以牟利，或储藏以保值，实际进入流通领域的并不多。这样，人们在日常商品交换中主要用钱引来支付，钱引成为流通中的主要货币。正因为如此，南宋时期钱引的票额，一直按熙宁年间所确定的 1 贯和 500 文两种发行，不再发行 1 贯以上至 10 贯的大额纸币，以方便民间的日常交易。

南宋时期，钱引成为流通中的主要货币，还反映在四川官府已把钱引这种货币作为财政收支、库存财富的计算单位。这是北宋四川地区和南宋其他地区

第十五章　铁钱的行使和纸币的产生

从未出现过的现象。在北宋四川地区和南宋其他地区，官府的赋税收入主要是钱、粮、物三大类，作为纸币的交子只是铁钱的代用品，在财政上还未取代铁钱的货币地位，所以北宋四川和全国的赋税收入都是贯、石、匹、两、斤、束为单位来计算的。就是在南宋初期，四川的财政收支也是以铁钱货币的单位——贯（缗）来计算的。例如，绍兴七年（1137）四川都转运使李迨就说："绍兴四年所收钱物，计三千三百四十万余缗，比所支阙五十一万余缗。五年收三千六十余万缗，比所支阙一千万余缗，皆以宣抚司攒剩钱及次年所收登带通那应副。六年未见收数，计支三千二百七十六万余缗。今年所收计三千六百六十七万余缗，比所支阙一百六十一万余缗。"但是，这里所指的缗，已绝非实有铁钱的数量，而是包括钱引数量在内的。所以李迨在谈及支付川陕驻军费用时就说，仅支付"折估钱一项，每年计钱引一千三百一十七万"。当时在财政上仍用铁钱计算而不明确地用钱引计算，只不过是沿袭习惯的计算方法而已。由于"自来遇岁计有缺，即添支钱引，补助支遣"①，钱引逐年增印，库存日多，铁钱铸造逐年减少，库存日减，官府财政开支，只能主要以钱引来实现支付。故时人在记载南宋初期四川财政开支时，已开始把铁钱和钱引分别记述。如李心传记绍兴九年（1139）楼仲耀宣谕陕西，"取蜀中金四千两，银二十一万五千两，绢八千匹，钱九千缗，钱引一百万"②，就如实地反映了官府在此项财政开支中铁钱和钱引所占的份额。

到绍兴中后期，四川官员根据官府财政收支和库存货币主要是钱引而非铁钱的实际情况，开始把钱引作为货币的计算单位。例如，在财政收入上，《建炎以来系年要录》卷163，绍兴二十二年十二月癸未条记：

> 秦桧进呈：四川总领所申，诸路欠绍兴十七年以前折估籴本等，都计钱引一百二十九万余缗，米九万八千石，绫绢一万余匹。

同书卷187，绍兴三十年十一月乙未条记：

---

① 《系年要录》卷188，绍兴三十一年二月戊申。
② 《朝野杂记》乙集卷16《四川桩管钱物》。

第十五章 铁钱的行使和纸币的产生

左朝请郎知黎州冯时行言：本州税米并无正色，每石理钱引十三千。

在财政支出上，《建炎以来系年要录》卷190，绍兴三十一年五月辛丑条记：

大府少卿总领四川财赋王之望言：契勘蜀中三大将下军兵，一岁赐钱粮，绝长补短，钱引二百道，可养一端。前年三将招填一万人。及吴璘下招填二千七百九十一人，共约岁用钱引三百余万道。朝廷节次降截留钱物，共二百五万道，所缺尚多。近四月，差吴拱将带三千人往襄阳，令吴璘限一季招填，又合岁用六十余万引。财赋有限，支费日增，恐不可以持久。

又同书卷196，绍兴三十二年元月记王之望言及由四川内地买粮草运至兴州（今陕西略阳）等地时亦言：

本所于阆州籴买数内运三十四万前去，水路只五六百里，约用船脚钱引七十万道……今吴四厢官兵，一岁当用钱粮草料春冬衣赐物帛，细算钱引，计一百二万四千五百余道……

在财政库存上，《建炎以来系年要录》卷156，绍兴十七年七月癸未条记：

诏李瑑、符行中共同参酌措置减放四川科敷钱物。先是郑刚中为宣抚副使，上命刚中与总领司参酌措置。刚中言："……本司向来所入窠名钱物，今已并属总领钱粮所拘收，旧系本司桩积备边、在赡军岁计之外，其逐项窠名，岁计钱引五百八十一万五千道，如蒙取拨应付岁计，即可对减增添窠名，宽省民力。"

同书卷187，绍兴三十年十二月乙丑条记：

是日，太府少卿总领四川财赋王之望始视事。时总领所帑廪见在之数，为钱物计一千四百四十四万引，粮二百三十万石，皆有奇。而粮之桩于沿边者，为九十四万，此皆其大概也。

同书卷193，绍兴三十一年十月戊辰条亦记总领四川财赋王之望言：

> 本所库管钱引，见在万数不少……蜀中交子，祖宗时只一百二十余万道，皆有称提见钱，今节次增添钱引，凡四千一百四十七万余道，只有铁钱七十万贯。

货币是商品交换的等价物和一般财富的代表。从这个意义上讲，拥有货币就拥有财富。所以，无论是官府或民众总是常常以货币来计算其拥有的财富数量。上述资料表明四川官府财政收入、财政支出、财政库存货币都以钱引来计算，钱引在官府的货币支付中实际上已成为经常使用的最主要的货币。

既然民间交易使用的货币主要是钱引，官府财政收支的货币也主要是钱引，钱引自然地也就成为社会流通的主要货币。所以，尽管有的学者指出，北宋交子产生后，四川就进入了"钱楮兼用"的时代。但这种"钱楮兼用"的情况，在北宋和南宋时期又截然不同。北宋主要是用钱（铁钱），而南宋则主要是用楮（钱引），"钱楮兼用"在比例上发生了根本性的变化。这是我们研究宋代四川纸币产生、发展及其演变时应该予以注意的。

二、钱引是南宋四川财政和军事的重要支柱

自北宋天圣年间官府垄断纸币的发行权后，纸币就在国家财政上占有重要地位。到了南宋，纸币在财政上的地位比北宋时更为突出和重要。它具体表现在节省铸币费用，减少财政支出；收取发行费用，增加财政收入；解决财政危机，支持抗金抗蒙战争等方面。

发行纸币能节省铸币费用，减少财政支出。铸造金属货币的成本高，需要耗去大量的金属材料和财力、人力。纸币自身无价值，或者说价值甚微。宋人已经认识到制作纸币的成本很低，说"裂纸为币，符信一加，化土芥为金玉"。[①]"以数钱墨纸之资，得易天下百姓之货，印造既易，生生无穷，源源不

---

① 苏轼：《关陇游民私铸与江淮漕卒为盗之由》，《东坡续集》卷9。

竭，世人所谓神仙指瓦砾为黄金之术，亦何以过此？"① 南宋每界纸币发行量比北宋每界纸币发行量一般超出约 20 倍，自然节省了相当多的铸币费用。

北宋时期四川每年的铁钱铸造量，一般在 20 万贯左右；南宋每年的铁钱铸造量，则只有 10 万贯左右。以此推测，南宋钱引的大量发行，大约能使官府每年少铸 10 万贯铁钱。南宋铸钱费用一般都超出铸钱数一倍左右，少铸 10 万贯铁钱，实际就为官府节省铸钱费用 20 万贯左右。至于南宋宁宗嘉定以后，四川地区很少铸钱，甚至根本不铸造铁钱，主要或完全靠发行纸币来充当市场的货币，则钱引的发行，为官府节省的铸钱费用就更多了。

通过发行纸币，收取发行费用，增加财政收入，是从北宋发行官交子时就制定的政策。"自天圣立交子法，每再岁一易，人户输纸墨费三十钱。"② 即交子兑换时，按票额收取 3% 的纸墨费。这种纸墨费又称"贯头钱"或"贴头钱"。南宋绍兴初年将贯头钱由 30 文增加到 38 文。③ 大约是在绍兴九年（1139），钱引界满纳旧易新的贯头钱达 90 万缗。④ 绍兴十一年（1141）秋，又增为每贯收贯头钱 64 文，是时每界能收贯头钱 170 万贯。大约是在庆元初期，贯头钱曾一度增加到 80 文足，其后仍改为每贯征收 64 文足。到庆元四年（1198），每界所收贯头钱已达 180 万贯。⑤

钱引换界时，除有贯头钱收入外，还有"水火不到钱"的收入。所谓水火不到钱，是指到期"更易不尽"的收入。它包括在流通过程中受水火灾害损失无据再兑换的钱引；在规定限期未能前来兑换的钱引；在流通过程中损坏、残缺，票面模糊不清，由官府没收，不予兑换的钱引。这些更换不尽的钱引就成为官府发行纸币的额外收入。但这种更易不尽的钱引收入，不确定的因素很多，每界都没有一个固定的数额。据李心传《朝野杂记·钱引兑监界》记载，绍兴十一年（1141），换界时能得到水火不到钱 20 万余缗。庆元时期有人认为每界能获得几十万缗，而庆元六年（1200）实际得"水火不到钱才七万五千四百四十八缗"。

---

① 许衡：《楮币札子》，《许文正公遗书》卷 7。
② 《朝野杂记》甲集卷 16《钱引兑监界》。
③ 《蜀中广记》卷 67。
④ 《朝野杂记》甲集卷 17《四川总领所二事》。
⑤ 《朝野杂记》甲集卷 16《钱引兑监界》。

发行钱引每界收入贯头钱、水火不到钱，多达一二百万贯，在南宋四川财政收入上是一笔巨大的数目，相当于甚至超过了南宋时期四川一岁的茶叶专卖收入。故在南宋四川，钱引兑界贯头钱与酒课、盐课、茶课、经总制钱、称提钱等赋税收入同为财政收入的固定项目。① 它连同水火不到钱一并拨归总领所，以备边用，只从每界收入中取19万缗拨还成都府漕司抄纸场、钱引务作印制钱引的工墨钱。庆元四年（1198），朝廷接受丁端叔的建议，将钱引由二年收兑改为三年收兑，但因影响了总领所的收入，故在嘉泰二年（1202）又恢复了两年一兑的制度。

钱引在南宋四川财政上最主要的作用，则是缓解了财政危机和支援了川陕抗金抗蒙战争。

南宋四川财政困难，始于张浚富平之败后，四川成为南宋西北战场的防线，全部军事费用落在四川人民身上。战争开支历来是国家财政的最大负担，古今中外概莫能外。川陕战争开始以前，四川的财政收入岁约1559万贯。川陕战争开始以后，四川的财政开支花费巨大，在绍兴四年（1134）即达3394万贯，五年（1135）达4060万贯，六年（1136）达3276万贯，八年（1138）达4000万贯。② 为解决因战争而造成的财政困难，官府除增加各种赋税，"商贾农民，征率殆尽"③之外，就只有增发钱引以解燃眉之急。因此，自建炎元年（1127）将钱引每界发行定额由125万贯增加到188万贯后，从绍兴年间开始又不断突破这个发行定额，每界发行500多万贯到1000万贯不等。直到绍兴十一年（1141）宋金和议后，军费开支减少，从绍兴十五年（1145）到绍兴二十七年（1157）间又恢复为每界发行188万贯。但绍兴三十一年（1161）宋金再次爆发战争后，钱引的每界发行额又增加到2000万贯以上，并在淳熙六年（1179）正式确定每界发行2270万贯。这些增印的钱引主要用于解决军费开支，籴买军粮，少数也作临时救灾之用。因此，从这个意义上讲，南宋钱引的发行对于稳定川陕战场和渡过财政难关，具有极其重要的作用。官府既可通过用新钱引收兑旧钱引和收取贴头钱、水火不到钱，直接增加财政收入；又可通过发行钱引，

---

① 《朝野杂记》甲集卷17《四川总领所二事》。
② 参见贾大泉：《宋代四川经济述论》，四川省社会科学院出版社1995年版。
③ 《朝野杂记》甲集卷17《四川总领所二事》。

第十五章 铁钱的行使和纸币的产生

筹措资金，弥补军费的不足，渡过财政难关，维系政权的存在。不难设想，没有钱引的发行对南宋四川财政的支持，当时四川政局将是更为危急和艰难的。当然，在南宋后期，四川地区经过连年兵祸，经济残破，失去了赋税来源，钱引失去法偿能力而无法行使，这也说明在非常时期借发行钱引来渡过财政危机只能是一种权宜之计。

第十六章 两宋时期四川的赋税与财政

宋代赋税大体可分为农业的田赋税和非农业的工商税。由于社会商品经济的发展和实行传统的重农抑商政策,北宋时期四川和全国的田赋税已不占官府财政收入的主要部分,盐茶酒商等专卖工商税已超过了农业的田赋收入。这是宋代赋税结构不同于前代的一大特点。[①] 南宋前期,四川盐茶酒等税的收入更急剧增多,成为政府的主要财源。直到南宋后期,四川内部受宋蒙(元)战争的破坏,经济衰退,盐茶酒商税才所征无几,不见诸记载。

四川的财政,在北宋时期尚称富裕。南宋时期,四川成为一个相对独立的财政区,川陕抗金费用全由四川筹集,开支急剧增大。抗金战争期间,四川内郡未受战争破坏,经济继续发展,尚能独撑抗金局面。宋金和议以后,军费开支减少,四川财政蓄积亦较富裕。宋蒙战争开始以后,随着四川内郡的残破,经济全面衰退,逐渐导致了四川财政的彻底破产。

---

① 见贾大泉:《宋代赋税结构初探》,《社会科学研究》1981年第3期。

第十六章 两宋时期四川的赋税与财政

第一节 赋 税

一、赋税种类

南宋学者朱熹说："古者刻剥之法，本朝皆备。"① 宋代赋税种类繁多，大体而言可分为农业部门的农业税和非农业部门的工商税及其他杂税等两大类。

宋代四川农业部门征收的赋税，主要是两税及各种附加税。

两税 它是农业中最主要的田赋税，一般征收收获量的 1/10。两税中的秋苗缴纳粮食，夏税一般纳钱和折纳绢布等。故秋苗有支移，夏税有折变之刻剥。

头子钱 缴纳两税所收仓耗谓之头子钱。宋太祖开宝六年（973），"令川陕（峡）人户两税以上输纳钱帛，每贯收十文，每匹收十文；丝绵一两，茶一斤，秆草一束，各一文"。其钱"一半纳官，一半公用，令监司与知州、通判同支使"。②

义仓税 太祖初年规定，"诸州于各县置义仓，岁输二税，石别收一斗。民饥欲贷充种食者，县具籍申州，州长吏计口贷讫，然后奏闻"。③ 庆历元年（1041）改为上三等户每税米二斗，输一升，以备水旱。其后兴废不常，虽名为备水旱，实际被官吏移作他用。南宋时期成都府路义仓税额达 2 万余石之多。④

勘合钱 宋代田主完纳两税，需各具户钞、县钞、监钞、注钞四钞，由受纳官印记，分别由纳税人和有关官府收存为凭，因而纳税人必须向官府买钞，缴纳"钞旁钱"。其后改称"合同印记钱"或"勘合钱"。勘合钱的税额屡有变更。北宋末年规定每钞 46 文，不成贯、石、匹、两者减半，并令成都府、潼川府、利州、夔州等路将其送纳京师内藏库。南宋高宗时定每钞 30 文。孝宗乾道时二税勘合钱不以钞计算，而以贯、石、匹、两计算，每贯收 20 文。四川制置使汪应辰说：这种改变"是阳减而阴实增之也。以成都一路计之，岁入三十万，

---

① 《朱子语类》卷 110《论兵篇》。
② 《通考》卷 4《田赋考》。
③ 《宋史》卷 176《食货志》。
④ 《朝野杂记》甲集卷 15《义仓》。

第十六章 两宋时期四川的赋税与财政

今以所增为六十万，计以四路，不知几倍"。①

牛革税 宋初循后蜀旧制，牛驴死，革令输官。开宝八年（975）废除后蜀旧制，改为民租 200 石输牛革一，准钱 1500 文。

和买、和籴、对籴 和买绢帛，和籴粮草，本非赋税。但从北宋末年到南宋时期，官府不给钱而令民输绢纳粮，实际上把和买绢帛、和籴粮草变成一种苛重的赋税。南宋时期为了解决川陕驻军粮饷，四川宣抚司又科"对籴米"。对籴米是"每民户下有税产一石，则科籴一石，故谓之'对籴'焉"。② 汪应辰说：蜀中"对籴则以补州县阙乏，民输米一石，即就籴一石，或半价，或不支，且多取赢"。③ 对籴成为一种变相的附加税。

预借 预借租税，按照法令本是严加禁止的。南宋初期，宋金战争，"财赋缺乏，乃于民间预借其税，以济军用"。④ 这种预借，实际上是有借无还，成为一种加征的田赋。绍兴时期就有借及一年二年者，并且"累岁相仍"。⑤ 到孝宗时期，川蜀地区"预借之外又借焉，有借及二三年者，如邛、彭诸州，困乏尤甚"。⑥

两川畸零绢估钱 畸零绢是民户两税和和买定额中不及一匹的绢。南宋建炎三年（1129）将北宋四川 30 万匹畸零绢改为收钱以给军食。西川每匹 11 贯，东川每匹 10 贯，约 300 万缗。其后每匹纳钱价格节次减少，到宁宗时，额定畸零绢估钱 200 万缗，实收 170 万缗。⑦

两川激赏绢 建炎四年（1130）按户等新征激赏绢 33 万余匹，以助军费，本应待边事宁息即罢，但自此不减，遂为常赋。光宗绍熙末年，改为每匹收钱引 3 贯，宁宗庆元中改为每匹收钱 2 贯，共收 60 万缗。⑧

西川布估钱 南宋初年将北宋按户等和买成都府、邛州、蜀州、彭州、汉州、永康军等六郡官布 70 万匹，不给价钱，反令每匹纳钱 3000 文，共为 210

---

① 《通考》卷 4《田赋考》，《宋史》卷 174《食货志》。
② 《朝野杂记》乙集卷 16《四川宣抚司科籴米》。
③ 《宋史》卷 387《汪应辰传》。
④ 《宋会要·食货》70 之 41。
⑤ 见《宋会要·食货》70 之 45，《宋史》卷 387《汪应辰传》。
⑥ 王十朋：《除知湖州上殿札子三首》，《梅溪王先生集·奏议》卷 4。
⑦ 《朝野杂记》甲集卷 14《两川畸零绢估钱》。
⑧ 《朝野杂记》甲集卷 14《西川激赏绢》。

万缗。其后节次减少每匹布纳钱数,到宁宗时,西川布估钱共65万缗。①

非农业部门征收的赋税,主要是工商税和杂税。

商税 即商品交易税。其税率是征收商品价格2%的过税和3%的住税,比田赋为轻。然而税场林立,一种商品要多次缴纳商税。"夔州与属邑云安、巫山相去不满百里,亦有三税务"②,"还有一务而分之至十数处者,谓之'分额';一物而征至十数次者,谓之'回税'"。③成都地区的麻布就要征收麻皮、麻种、麻枝、麻绉、麻纱、麻布等六种税。④ 这种反复征税,就远比田赋为重。更恶劣的是宋代商品征收交易税的对象,很多都是不应征税的民间日用琐细物品。据《宋会要·商税杂录》记载,四川地区是牛革有税,牛骨有税,耕牛农具有税,缗钱粮斛有税,竹木柴炭有税,蔬菜水果有税,居民修建房屋、砍伐木材有税。至于各地商税场务,私置拦头,于城外乡村道路巡拦勒索村民纳税,更是公开对人民的掠夺。

矿产税 宋代矿产税率,一般为20%~30%,比田赋为重。但其产品还必须作为"课额",按官价部分或全部收买,这又增加了一重沉重的剥削。一些产量较多的矿冶,几乎全部是官营,其收益完全为官府据有。

专卖税 它包括盐税、茶税、酒税等。专卖权禁的课利,无论是官营或通商,它的税率都远比其他税率为高,且往往视国家财政需要而随时增加。故从北宋到南宋,四川的盐茶酒税收入不断增加,在四川财赋收入中占了很大比重。

契税 即典卖田宅的印契税。其征收始于开宝二年(969),庆历四年(1044)规定每贯40文,作州郡经费。南宋时期四川地区田契税率不断增加,"大率民间市田百千,则输于官者十千七百有奇。而请买契纸,贿赂吏胥之费不与"。故民间买卖田宅多隐而不税。绍兴三十一年(1161),四川总领所括契税钱赡军,得钱468万缗。⑤

免役宽剩钱 宋神宗实行募役法后,各路、州、县依当地差役事繁剧,在对乡村居民征收募役费用时,另加征20%为"免役宽剩钱",以备不时之需。

---

① 《朝野杂记》甲集卷14《西川布估钱》。
② 《宋会要·食货》17之42。
③ 《宋会要·食货》18之2。
④ 《宋会要·食货》18之22。
⑤ 《朝野杂记》甲集卷15《田契钱》。

第十六章 两宋时期四川的赋税与财政

据吕陶估计,从熙宁六年至十年(1073~1077),成都府路宽剩钱无虑五六十万贯。① 免役宽剩钱成为一种附加赋税也是国家的重要财政收入。

经总制钱 北宋末和南宋初年,为筹集军费而在原有各种旧税中附增的少许税钱,归成一个科目,称"经总制钱"。南宋初年四川经总制钱共收540万余缗,其后累有减免,到宁宗时实收90万缗,遂为永例。②

称提钱 绍兴十四年(1144),四川宣抚司将茶盐酒及租佃官田租钱,每1000加征30文为铸钱本钱,共431690贯,以其中247000贯为铸本,所余18万缗助军食,其后遂为永例。③

免行钱 神宗时减去城市行户承担官府的各种摊派,令出免行钱。宣和时曾经废除。绍兴十一年(1141)以军费需要,开始重新征收,四川共收50万缗。④

此外还有坊场钱等赋税。总之,宋代四川的赋税是名目多、税额重,官府的财政收入还有户绝田产钱、铸钱和发行纸币的收入,其财政收入远远超过了前代。

二、赋税结构

宋代非农业税基本上是征收货币,以贯作为计算单位。农业税则征收谷米、布帛、金铁、物产四类物品。其中谷米的种类有粟、稻、麦、黍、稷、菽、杂子七种,布帛的种类有罗、绫、绢、纱、绝、䌷、杂折、丝线、绵、布葛十种,金铁的种类有金、银、铁镴、铜铁钱四种,物产的种类有六畜、齿革羽毛、茶盐、竹木麻草刍菜、果药油纸薪炭漆蜡、杂物共六种。只有把农业税收入的各种物品按当时的物价折算为货币,求出全部农业税收的货币量,然后再与非农业税收的货币量加以比较,才能求出农业税和非农业税在整个赋税结构中所占的地位。

北宋时期川峡四路的农业税收入,据《通考》卷4记载熙宁十年(1077)二税现催额统计,共为2567407贯、石、匹、斤、两、束。这个不同种类简单

---

① 《宋史》卷177《食货志》。
② 《朝野杂记》甲集卷15《四川经总制钱》。
③ 《朝野杂记》甲集卷15《称提钱》。
④ 《朝野杂记》甲集卷15《免行钱》。

相加的数字，使人们无法直接求出农业税中各种物品的准确数目和农业税收的货币量。我们只能根据其他的资料间接推测农业税中各种物品的相对数量，然后把各种物品按当时物价统一折算为货币，来估计四川农业税的实际收入及其在整个赋税中所占的比重。

《通考》卷4记熙宁十年宋朝农业二税现催额共52011029贯、石、匹、斤、两、束。其中稻米斛斗共17887257石，占总数的34.4%；银60137两，占总数的0.1%；钱558519贯，占总数的10.7%；匹帛267223匹，占总数的5.1%；丝绵5850356两，占总数的11.2%；杂色3200293斤，占总数的6.2%；草16754844束，占总数的32.2%。① 如果以全国农业税中各项物品在总数中的比例来推算川峡四路农业税中各项物品所占的数量，则稻米占34.4%计，应为883188石；银占0.1%计，应为2507两；钱占10.7%计，应为274712贯；匹帛占5.1%计，应为130937匹；丝绵占11.2%计，应为287549两；杂色占6.2%计，应为159179斤；草占32.2%计，应为826705束。

熙宁九年（1076）的米价，大约是130文一斗②，1300文一石。农业二税收入稻米883188石，应为钱1148144贯。

仁宗时期的银价，大约是600~1200文一两。平均以一贯折银一两计③，银2507两，应为钱2507贯。

神宗熙宁、元丰时期的布价大约是400~450文一匹④，绢价大约是1300~1500文匹⑤，匹帛平均以一贯一匹计算，匹帛130937匹应为钱130937贯。

元丰时丝每两65文，绵每两35文。⑥ 丝绵平均每两以50文计算，287549两应为钱14379贯。

熙宁年间的柴价每束大约是30~40文。⑦ 平均按40文一束计算，草826705束应为钱33068贯。

---

① 各类物品数量，系笔者根据夏秋二税数量统计，其中杂色包括茶盐纸、木炭、羽毛、麻等物。
② 见《长编》卷279，当时盐价每斤250文，二斗米换一斤盐，故米价为130文左右一斗。
③ 《宋史》卷183《食货志》。
④ 《净德集》卷4《奉使回奏十事》。
⑤ 《净德集》卷4《奉使回奏十事》，《宋史》卷199《刑法志》。
⑥ 《宋会要·食货》38之21。
⑦ 《丹渊集》卷34《奏为免陵州井纳柴状》。

第十六章 两宋时期四川的赋税与财政

杂色包括茶、盐、铁、羽毛、木炭等物。神宗时茶价约为 30~40 文一斤[①]，熙宁九年成都的盐价 250 文一斤，梓州（今四川三台）盐价 70 文一斤[②]，元丰七年（1084）兴州（今陕西略阳）铁 30 文一斤[③]。各种杂色平均按 50 文计算，杂色收入 159179 斤，应为钱 7959 贯。

根据上述推算，神宗时期川峡四路农业实际税收如下表：

表 16-1　神宗时期川峡四路农业税收数

种类	单价	熙宁十年现催额	折钱数（贯）
米	1300 文/石	883188 石	1148144
银	1 贯/两	2507 两	2507
匹帛	1 贯/匹	130937 匹	130937
丝绵	50 文/两	287549 两	14379
杂色	50 文/斤	159179 斤	7959
钱		274712 贯	274712
草	40 文/束	826705 束	33068
合　计		2567407	1611706

即神宗时期川峡四路农业二税收入的相对量大约是 1611706 贯，而其他各项税课收入则是：酒课收入，熙宁十年为 24 万贯；盐课收入，每年为 80 万贯；茶课收入，元丰时每年近 100 万贯；商税收入，熙宁十年为 166 万余贯[④]；铸钱收入，元丰时每年约为 10 万贯。[⑤]

以上总共为 380 万贯，已超过农业税收 1611706 贯一倍多。此外还有发行纸币等巨额收入尚未计算在内。当然，农业税收的实际货币量是根据推算估计的，肯定不够准确。但农业税收共计只 256 万贯、石、匹、斤、两、束，按当时各类物品的物价折算，它的最高价值也不会超过 256 万贯，因而它在川峡四

---

① 《净德集》卷 3《奏为缴连先知彭州日，三次论奏榷买川茶不便，并条述今来利害事状》。
② 《宋会要·食货》24 之 11~12。
③ 《净德集》卷 4《奉使回奏十事》。
④ 上表列各类物品数，因系按全国二税中各类物品占总数的百分比推算而得，故各类物品相加，比总数少 2630。
⑤ 《通考》卷 9。

路赋税结构和财政收入中不占主要地位则是肯定无疑的。

南宋时期,川峡地区农业二税收入数量,文献没有记载。但南宋隐瞒土地、偷漏田税的现象比北宋更为严重,二税收入肯定大大减少。不过南宋时期四川农业税中附加的和买、和籴、科配、预借等额外剥削则较北宋大大加重,甚至某些时期超过了二税的负担,因而农业税收比北宋还是大为增加。然而,茶、盐、酒税和发行纸币等收入增加的幅度更大。两相比较,就整体而论,农业税收在官府财政收入中仍然不占主导地位。

绍兴七年(1137)五月,四川都转运使李迨就说:南宋以前,四川"上供、进奉土贡、三路纲、坑冶、课利等窠名钱物,共计一千五百九十九万,系四川旧额所管岁入数。其劝谕激赏、增敷役钱、助军头子钱、免支移脚米钱、秋税上出纳地理脚钱、盐酒增息等课名钱物,共计二千六十八万,系军兴后来所增岁入之数,今比旧额,已增过倍"。在这新增的2068万贯的税收中,"榷盐榷酒,岁入一千九十一万贯"①,占了各种新增税收的1/2以上。(而且南宋时期每当财用不足之时,又是靠大量发行纸币来弥补财政赤字的,仅赵开主管四川财政的六年中就增印纸币1710万贯之多。②)由此可推断,南宋时期四川农业税收仍不占官府赋税收入的主要部分。

在南宋后期,蒙古军队攻入四川之后,随着经济的残破,文献已无工商税和盐茶酒等专卖税的记载。这时主要是靠发纸币和无偿的和籴、科籴来维持财政开支,赋税收入就主要靠农业税了。

三、赋税结构变化的原因和影响

我国在唐代以前赋税收入主要来自农业。宋代四川官府赋税收入中农业税收退居次要地位,原在官府赋税中无足轻重的商税、专卖税等非农业税跃居主要地位,是有其深刻的经济和政治原因的。

从经济原因讲,宋代四川经济,特别是商品经济比前代更为发达,为盐茶酒商等税的迅速增加,并使其超过农业税收创造了物质前提。在元军进入四川前,四川社会经济迅速发展,盐、酒、茶、商等税就得以成倍甚至几十倍地增

---

① 《通考》卷9。
② 《系年要录》卷111。

加，使其在官府赋税收入中居主导地位；当元军进入四川，四川经济残破之时，政府的赋税收入中农业税收又占据主要地位，茶、盐、酒、商税又急剧减少退居次要地位。这充分反映了宋代四川赋税结构的变化是同社会经济特别是商品经济发展密切相连的。

从政治原因讲，宋代四川赋税结构的变化，又是国家政权"重农抑商"政策的产物。宋朝是一个封建地主阶级的国家，是维护地主阶级利益的。按亩征收田赋的主要对象是地主。佃农向地主缴纳田租，地主向国家缴纳赋税，赋税从地租中分割出来，是地租的再分配。赋税与地租的共同基础都来源于佃农的剩余劳动，地主承担赋税转缴人的作用，国家赋税是对佃农的间接剥削。但在瓜分地租的意义上，国家和地主又是处于对立地位的。当然，国家和地主争夺地租的矛盾，可以用增加地租的办法来缓和。但在地租量固定或无法增加的情况下，二者之间的矛盾就激化，更何况任何一个地主在任何时候总是希望多得到一份净租的。因此封建国家同地主阶级争夺地租的矛盾总是存在的。宋太祖为了取得地主阶级和文武大臣的支持，在政治上制定了"以忠厚养前代之子孙，以宽大养士人之正气"①的政策，对官僚和地主用恩荫、科举等办法大开其做官之门；在经济上不加田赋，不抑兼并，满足地主阶级的经济利益。赵匡胤为了集中兵权，还公开鼓励强藩武将交出兵权，"择便好田宅市之，为子孙立永远不可动之业，多置歌儿舞女，日饮酒相欢，以终其天年"。②这样就使田赋不均、土地兼并的现象从王朝建立之初就非常严重。封建地主采取隐瞒田产、诡名子户等办法逃避田赋，以致"赋租所不如者十居其七"。③尽管农田二税一般是十一而税，实际上则是"田制不立，圳亩转易，丁口隐瞒，兼并冒伪，未尝考按，故赋入之利视前代为薄"，"二十而税一者有之，三十而税一者有之"。④赵宋政权为了反对地主逃避田赋，在北宋时期多次进行过方田均税，南宋时期又曾进行过经界均税。但在地主的反对下，无论是在全国或是在四川都中途夭折，以失败告终。在田赋与日俱减，开支与日俱增的困境中，只得"度茶、盐、

---

① 王船山：《宋论》。
② 《长编》卷2。
③ 《宋史》卷173《食货志》。
④ 《宋史》卷174《食货志》。

酒税以充岁用,勿增赋敛以困黎元"。① 在这种方针的指导下,南宋初年赵开主持四川财政,就是以增加茶、盐、酒税的专卖权禁收入来解决财政困难的燃眉之急的。因此,宋代在赋税政策上农业税和工商税有所不同。一般说来,农田二税的税率是十一而税,税率较轻,而且容忍地主隐瞒田产,偷漏田赋。工商税的税率则远比二税为高,并且大都是专卖权禁、抑配勒索。故在宋代,农业虽是社会主要经济部门而征税不多,工商业虽不是社会的主要经济部门而征税特多。

因此,宋代四川非农业税收的大量增加,很大程度上是通过超经济的强制,靠权禁垄断和暴力掠夺生产者和购买者获得的,而不是按商品价值的正常税率征收的。因此,宋代四川非农业部门的税收超过农业部门的税收,既有经济发展的原因,也有封建政权缓和地主阶级瓜分地租的矛盾,向广大人民转嫁财政负担的政治原因,并且在很大程度上是"重农抑商"政策的产物。

宋代四川政府当封建社会内部商品经济刚刚较为发展之时,就以商税、专卖税等非农业税作为国家赋税的主要来源,这种赋税政策,对整个社会的经济发展是不利的。

(一)阻碍和延缓了商品经济的发展。宋代四川兴起的商品经济是封建社会内部新的生产力,商品生产者是新的生产力的代表。当时有的地主和富豪纷纷将财产投入工商业的生产和经营,不少破产的农民从穷乡僻壤走出来,或到城市、盐场、茶园、工场充当雇佣劳动者,或成为独立经营的小贩,往来于城乡。工业和商业人口的增加,促进了社会的分工和生产的发展。在经济生活中,它使农业和工业产品相互交换,扩大了国内市场。在社会生活中,它使人口相对流动,封建宗法制的社会生活受到冲击。这些都动摇了封建制度的统治根基,为资本主义生产关系的产生创造了条件。但是,专卖权禁和高额的税收政策,常常把商品生产者和经营者弄得走投无路,甚至到了倾家荡产的境地。北宋时期四川井盐业等手工作坊中兴起的雇佣劳动生产关系,因专卖权禁的税收政策,到南宋时期就夭折。宋代四川的商品经济得不到正常发展,同赋税政策的不合理有很大关系。

(二)阻碍了农业的发展。宋代四川的商品经济是在农业发展的基础上发展起来的。商品经济中的纺织业、制茶业、井盐业同农业密切结合或者是农民的

---

① 《宋史》卷179《食货志》。

家庭副业。农民靠从事这些商品生产来增加收入，改善生活，发展农业生产。工商税和专卖税的增加，一方面使农民经营副业出售的商品必须缴纳商税，另一方面又使农民买进的商品，都是国家征收过高额税收的高价商品。这就加重了农民的赋税负担，不利于农民境况的改善，并促使农民的破产，影响农业生产的发展。宋末著名史学家马端临在《文献通考·自序》中，曾明确指出重农抑商、重本抑末的害农实质：

> 善言利者则曰山海天地之藏，而豪强擅之；关市货物之聚，而商贾擅之。取之于豪强商贾，以助国家之经费，而毋专仰给于百姓之赋税，是崇本抑末之意，乃经国之远图也。自是说立，而后之加详于征榷者，莫不以借口征之不已，则并其利源夺之。官自煮盐、酤酒、采茶、铸铁以至市易之属，利源日广，利额日重。官既不能自办，而豪强商贾之徒又不可复擅。然既以立为课额，则有司者不任其亏减，于是又为均派之法。或计口而课盐钱，或望户而榷酒酤，或于民之有田者计其顷亩，令于赋税之时带纳以求及额，而征榷遍于天下矣。盖昔之榷利日取之豪强商贾之徒以优农民，及其久也，则农民不获豪强商贾之利，而代受豪强商贾之榷。

正因为专卖榷禁，加重商品经济的税收，严重坑害农民。南宋时期四川人民都把榷盐、榷酒、榷茶、和买绢帛称为蜀中大害，当时有识的官僚也把征榷称之为"衰世之法"。

（三）加速了封建国家的腐朽性寄生性。宋代增加工商业专卖税收的目的是解决冗官、冗兵、冗费引起的财政危机。这种只注意开源而不注意节流，只注意富国而不注意富民的政策，造成收税愈多，冗官、冗兵、冗费就愈多的局面。官多则架床叠屋，机构臃肿，行政效率不高，政治腐败；兵多则不精，养兵以自困，不用兵以自败；费多则制禄之厚、恩赏之多、恩荫之滥更为严重，整个统治集团日益奢侈腐朽。南宋初期四川都转运使李迨在论及四川军政腐败与财政开支的关系时就明确指出：绍兴七年（1137）四川共有官兵68449人，其中官员17007人，军兵50749人[①]，官员之数比军兵之数约一比三，军兵请给占官

[①] 官、兵数相加与总数不符，少693人。

第十六章　两宋时期四川的赋税与财政

员请给不及十分之一，"即是冗滥在官员，不在军兵"。在这6万多官兵中，又以参加战斗和不参加战斗分为"入队"和"不入队"两等。当时吴玠军"阆州屯驻官兵一万七千九百三十一人，其官员内有不入队使臣三百三十人，军兵内有不入队勇敢效用、义兵弓箭手五千八百七十八人。访闻不入队人数，除辎重大〔火〕头合破数目不多外，余尽是系名冗占之人"。不入队人数竟占军队总人数的1/3以上。这些冗兵冗官的费用开支，仅官员驿科折估钱、厨料禄粟米、赡家钱、供给钱、月犒钱、旬设钱、支粮钱、漆支绢钱、军兵坐仓折估钱、撺抢又贴射钱、添支食盐钱、盐米纸笔钱、草估钱等14项折估钱和诸帅诸将公使钱、人吏作匠请给钱等，每年就要开支钱引1316万贯之多。所以，李迨感慨地说："臣尝窃读《刘晏传》，见史臣称晏理财谓亚管、萧。是时天下岁入缗钱千二百万，而管榷居其半。今四川区区一隅之地，榷盐榷酒岁入一千九十一万，过于刘晏所榷之数多矣。并诸窠名钱，已三倍刘晏岁入之数，于大军岁计缺一百六十一万。彼以一千二百万贯赡六师恢复中原而有余，今以三千六百万贯赡一军屯驻川陕而不足。""岂计司之罪乎？"仅折估钱一项，"已用刘晏岁入之数，应付不足，此议者所以谓其支费泛滥也"。① 南宋人叶适在论述宋代税收与政治的关系时也指出："古者财愈少而愈治，今者财愈多而愈不治。"故主张去经制钱之患、折帛钱之患、和买之患、茶盐之患②，认为四患去则能收拨乱反正，民富国强之效。

总之，宋代国家执行不加田赋而增加工商专卖税收的赋税政策，引起赋税结构的变化，对于整个社会的进步和经济的发展都是不利的。

第二节　财　政

一、北宋时期四川的财政状况

北宋王朝为了加强中央集权，防止唐末五代藩镇割据的重演，在统一过程

---

① 《系年要录》卷111，绍兴七年五月壬午。
② 《水心别集》卷11《财总论二》。

中就将财权收归中央,令"诸州支度经费以外,凡金帛悉送阙下,无得占留"。诸州通判、粮料院官员在任期间,"并须躬自检阅账籍所列官物,不得但凭主吏管认文状"①,由地方长官任意支使。北宋中央还在各路设转运使调运财物。北宋平蜀以后,后蜀府库积存的大量钱物都被调运京师,四川成了北宋统一战争的财源基地。其后在整个北宋时期,四川的赋税收入又是京师军需绢帛和西北地区军费的重要来源,每年四川都要调运大批的绢帛和军需钱粮到京师和陕西地区。至道年间,宋朝规定"川陕〔峡〕钱帛,令本路转运司计度只留一年支备,其剩余数,计纲起发上京,不得占留"。而其他地区的一些州,则可留三年积蓄经费,余数上供。上供财物主要是粮、帛、银、钱。文献记载,宋朝"国初上供,随岁所入,初无定制"。其后逐渐规定了上供年额。咸平三年(1000)规定了绢绵上供年额,景德四年(1007)规定了米的上供年额,大中祥符元年(1008)规定了银的上供年额,天禧四年(1020)规定了钱的上供年额。然当时理财,"务在宽大,随时损益,非必尽取","其遗利付之州县桩管"。②熙宁以后,中央朝廷开支日益增多,上供不断增额。据《通考》卷23记宣和元年(1119)诸路上供钱物统计,全国上供钱物额共1504万余贯、匹、两,粮草不在其内。其中利州路为32518贯、匹、两,夔州路为120389贯、匹、两,成都府路为45725贯、匹、两,潼川府路为52120贯、匹、两,四路共计250744贯、匹、两。宋朝在四川征收的钱物并不太多。李心传也说,"祖宗时,蜀中上供,正赋之外,惟有三路绢纲三十万匹,布纲七十万匹,每匹为直三百文",共30万缗。"而茶盐酒皆未管榷",归地方财政。到元丰榷茶,"岁为百万市马以赴中都,而所出已三倍于祖宗之世"。③但北宋时期四川驻军不多,地方财政还是相当富裕的。

二、抗金战争时期四川的财政

北宋灭亡以后,南宋王朝为了防御金朝的进攻,在宋金边境设淮东、淮西、湖广、四川(川峡)四个防区,驻屯大军,抵抗金兵南下,并设四个总领所筹

---

① 《通考》卷23《国用一》。
② 《通考》卷23《国用一》。
③ 《朝野杂记》乙集卷16《四川桩管钱物》。

集四个防区的经费。当时四川一地的军费开支,就相当于淮东、淮南、湖广三个防区的总和。"三总领所支仅当四川一年之数"①,而且东南三总领所"军旅饥馑则乞告于朝。四川在远,钱币又不通,故无事之际,计臣得以擅取予之权,而一遇军兴,朝廷亦不问"。② 全部军费都靠四川当局筹集,四川又成为一个相对独立的财政区。

为了筹集军费,保证川陕抗金战争的需要,南宋初年四川总领财赋赵开及其后任者都不断加重赋税,以增加财政收入。这就使宋金"绍兴和议"(1141)前,四川财政收支急剧增加到空前的地步。现将"绍兴和议"(1141)前四川财政收支列表于后。

表 16-2 绍兴和议 (1141) 前四川财政收支

时　间	收入数（缗）	支出数（缗）	余缺数（缗）	材料来源
军兴前	1599 万			《宋史》卷 374《李迨传》
绍兴四年（1134）	3243 万	3394 万	缺 51 万	《宋史》卷 374《李迨传》《系年要录》卷 111
绍兴五年（1135）	3060 万	4060 万	缺 1000 万	《系年要录》卷 95
绍兴六年（1136）	不详	3276 万	不详	《系年要录》卷 111
绍兴七年（1137）	3660 万		缺 161 万	《系年要录》卷 111
绍兴八年（1138）	不详	赡军钱约 4000 万	不详	《系年要录》卷 118

绍兴七年（1137）,李迨说:"岁收钱物内有上供、进奉等窠名一千五百九十九万,系四川岁入旧额。其劝谕、激赏等项窠名钱物共二千六十八万,系军兴后来岁入所增,比旧额已过倍。""自来遇岁计有阙,即添支钱引补助。"③ 当时四川能每年提供近 4000 万缗的财政费用,比北宋增加 2000 多万缗。一方面,反映了南宋四川经济仍然相当发达,具有雄厚的财源潜力;另一方面,赋税的加重,不利于劳动人民从事再生产,给经济的发展造成困难。故赵开在筹措这笔庞大的财政费用前就指出:"蜀之民力尽矣,锱铢不可以有加矣。独榷率稍存赢余,而贪猾认为己私,共相隐匿,根穴固深,未易铲除。惟不恤怨詈,断而

---

① 《朝野杂记》甲集卷 17《淮东西湖广总领所》。
② 《朝野杂记》甲集卷 17《四川总领所二事》。
③ 《宋史》卷 374《李迨传》。

第十六章 两宋时期四川的赋税与财政

敢行,庶几可救一时之急,余是无策矣。"他在竭尽智巧增收赋税之后又指出:"蜀今公私俱困,四向无所取给,事属危急,实甚可忧。"① 李心传也说:"自建炎军兴,赵应祥榷盐酒之课,折绢布之估,科激赏之费,倍籴本之输,商贾农民,征率殆尽。"②

由于川陕战场抗金战争的胜利,四川地区未受战争破坏。在全国因战争破坏,疮痍满目的国土上,四川尚属乐土。绍兴十一年(1141),宋金订立"绍兴和议",换得了20年的和平,川陕战争也相应平息,军费开支减少为二千六百六十五万缗③,比战争期间大为减少。绍兴三十一年(1161)宋金战争再次爆发。"隆兴和议"(1164)以后,乾道四年(1168)四川宣抚使虞允文又对川陕驻军进行了整顿精简,去冒名冗占、虚受请给之徒,汰老弱不堪战守之人。"澄核兵籍,去其老弱者近万人,诸军开落诡籍者二千人"④,"减缗钱四百万"⑤。"至淳熙间,军籍视武安(吴玠)时增三之一,岁用视武安时减三之一"⑥。于是总领所能有羡余之财。同时,战争的结束又使川陕前线的汉中地区生产得以恢复发展,减轻了蜀中的军需负担。在此基础上,四川政府曾节次宽减重赋以舒民力。四川总领所每遇朝廷减放四川盐酒绢布激赏之赋,"计司所抱,多至数十万缗,少亦不下二十万缗"⑦。从高宗"绍兴和议"后到孝宗淳熙十六年(1189)的40多年中,四川节次不时蠲减的重赋主要有:

(一)绍兴十五年(1145)正月,郑刚中奏减成都府路对籴米1/3。⑧

(二)绍兴十五年(1145)七月,蠲四川转运司积贷常平米13万缗。⑨

(三)绍兴十七年(1147)九月,减四川科敷虚额钱285万缗,西川布估钱365000缗,夔路盐钱76000缗,坊场、河渡净利抽贯税钱46000余缗,两川米脚钱42万缗,并令四川宣抚司赐库贮米100万石,均减对籴。⑩

---

① 《宋代蜀文辑存》卷54《赵待制开墓志铭》。
② 《朝野杂记》甲集卷17《四川总领所二事》。
③ 《朝野杂记》甲集卷17《四川总领所二事》。
④ 《朝野杂记》甲集卷17《四川总领所二事》。
⑤ 《宋史》卷383《虞允文传》。
⑥ 《朝野杂记》甲集卷17《四川总领所二事》。
⑦ 《朝野杂记》甲集卷15《四川军粮数》。
⑧ 《宋史》卷174《食货志》。
⑨ 《宋史》卷30《高宗七》。
⑩ 《宋史》卷30《高宗七》,卷174《食货志》。

(四）绍兴二十二年（1152），四川总领所奏蠲诸路欠绍兴十七年（1147）前折估籴本等钱 129 万余缗，米 98700 余石，绫绢 14000 余匹。①

（五）绍兴二十五年（1155），减两川绢估钱 28 万缗，潼川府秋税脚钱 4 万缗，利州路科斛脚钱 12 万缗，西川米脚钱 40 万缗，盐酒重额钱 74 万缗，激赏钱 9000 余匹，合 160 余万缗。并蠲州县绍兴十九年（1149）至二十三年（1153）折估籴本等通欠 29 万缗。②

（六）绍兴二十七年（1157），减三川对籴米岁 169000 石，夔州路激赏绢 5 万匹，两川绢估钱 28 万有奇。又减韩球所增茶额 462 万余斤，茶司引息虚额钱岁 9 万余缗。③

（七）绍兴二十九年（1159），蠲四川折估籴本积欠钱 340 万缗。④

（八）乾道元年（1165），蠲四川州县虚额钱。⑤

（九）乾道三年（1167），蠲川、秦茶马两司绍兴十九年（1149）至三十二年（1162）州县侵用及民积欠 664000 余缗。⑥

（十）乾道四年（1168）五月，出度牒千道，续减四川科调；六月，诏四川宣抚增印钱引 100 万，对偿民间预借钱。蠲邛、蜀二州夏税。⑦

（十一）乾道五年（1169）三月，蠲成都府路民户岁输对籴米脚钱 35 万缗。⑧

（十二）淳熙三年（1176）六月，罢四川酒课 49 万余缗。⑨

（十三）淳熙四年（1177）五月，罢四川和籴。⑩

（十四）淳熙五年（1178）六月，减四川茶课计 15 万缗。⑪

（十五）淳熙六年（1179）正月，蠲夔州路上供金银；五月，蠲四川盐课

---

① 《宋史》卷 174《食货志》。
② 《宋史》卷 31《高宗八》，卷 174《食货志》。
③ 《宋史》卷 31《高宗八》，卷 174《食货志》。
④ 《宋史》卷 31《高宗八》，卷 174《食货志》。
⑤ 《宋史》卷 31《高宗八》，卷 174《食货志》。
⑥ 《宋史》卷 33《孝宗一》。
⑦ 《宋史》卷 174《食货志》。
⑧ 《宋史》卷 34《孝宗二》。
⑨ 《宋史》卷 34《孝宗二》。
⑩ 《宋史》卷 34《孝宗二》。
⑪ 《宋史》卷 35《孝宗三》。

10万缗；十月，再蠲四川盐课17万余缗。①

（十六）淳熙十三年（1186）四月，再蠲四川和籴军粮3年。②

（十七）淳熙十六年（1189），诏四川岁发湖、广总领所纲运1356000贯，"自明年始，与免三年"，以减四川盐酒之额，湖、广岁计由朝廷拨给。③

这些蠲减重赋的诏令，虽然贯彻得并不彻底，但毕竟减少了官府的赋税征调，减轻了对四川人民的剥削，使民力得以恢复，经济得以继续发展。因此，在南宋宁宗开禧前八十年间，四川的经济还一直是向前发展的。这个时期，四川尽管要承担宋朝西线川陕战场的全部军费，但其财用仍然相当富裕。绍兴十八年（1148），四川宣抚司、总制司"所积钱至五千余万。当此之时，蜀中号为优裕"。④乾道五年（1169），"西边积粮"近80万斛。到淳熙中，"西边乃有积粮一百一十余万斛"。⑤当时宣抚司积存的军需钱物更为可观，现将绍兴至淳熙四川宣抚司积存的钱帛数列表于后。

表16-3　绍兴至淳熙四川宣抚司积存钱帛数⑥

时　间	钱（万缗）	金（两）	银（两）	帛（匹）
绍兴十八年（1148）	5000			
绍兴三十二年（1162）	89	5300	11000	8500
乾道五年（1169）	124	8100	51000	4300
乾道八年（1172）	689	10000	51000	8100
淳熙元年（1174）	743	8200	46000	23400

总之，"绍兴和议"后，四川积存与供调拨钱物数量之巨，储军需钱粮之富，反映出南宋前期四川财政富裕，经济仍在继续发展。

三、宋蒙（元）战争时期的经济衰落和财政破产

宋蒙（元）战争是四川历史上破坏性最大的战争之一。从绍定四年（1231）

---

① 《宋史》卷35《孝宗三》。
② 《宋史》卷35《孝宗三》。
③ 《宋史》卷174《食货志》。
④ 《朝野杂记》甲集卷17《四川总领所二事》。
⑤ 《朝野杂记》甲集卷15《四川军粮数》。
⑥ 见《朝野杂记》乙集卷16《绍兴到淳熙四川宣抚司钱帛数》。

第十六章 两宋时期四川的赋税与财政

蒙古军队第一次攻入四川内地起，到1279年四川为元军全部占领止，四川经历了近50年的战争蹂躏。战争的长期性、残酷性、破坏性，在四川历史上是前所未有的。战争破坏了四川社会的和平与安宁，使劳动人民丧失了进行正常生产劳动的社会条件；战争造成大量的人民逃亡、死伤，使四川失去了发展社会经济的人力资源；战争加重了人民的负担，使人民丧失了进行再生产的经济条件。南宋前期四川高度发达的封建经济，受到严重的破坏和摧残。

南宋末年宋蒙战争对四川造成的破坏主要表现在户口锐减、经济残破和财政破产等三个方面。

蒙古部族是一个经济落后的游牧部族，掠夺财物是蒙古贵族征服各地的主要目的。因而在征服南宋、进攻四川的战争过程中，往往采取烧毁城市、杀掠居民的政策，"军将惟利剽杀，子女玉帛，悉归其家"。① 端平三年（1236）蒙古军队向四川进攻，"屠成都，焚眉州，蹂践邛、蜀、彭、简池、永康，而西川之人十丧七、八矣"。② 成都平原"横被此祸，三百年之境土自此残破，三百年之人民自此涂炭，三百年之衣冠士大夫自此污蔑"。③ 蒙古军队进攻汉州（今四川广汉），"忿而血洗焚荡，死者十余万家"。进驻眉州的蒙古军队为了勒索金银，驱蜀民列坐地上，以白刃相加，有金者免，无金者杀。④ 攻破成都的蒙古军怕"民心不归"，纵火烧杀，使"城中百姓无得免者"。⑤ 元朝史官袁桷曾说："蜀祸之惨，诚不忍言也。""蜀民就死，率五十人为一聚，以刀悉刺之。乃积其尸，至暮，疑不死，复刺之。""（宋）贺靖权成都，录城中骸骨一百四十万，城外者不计。"⑥ 元朝另一史官虞集也说："蜀人受祸惨甚，死伤殆尽，千百不存一二。"⑦ 这些记载蒙古军队屠杀四川人民的数字或许有些夸大，但蒙古军队肆意大量杀戮四川人民确是客观事实。蜀人牟子才就说："敌自丙申（1236）以来，惟知嗜杀以逞威，逃难之民，值者辄死，父母妻子，骈首就戮，膏血原野，

---

① 《元名臣事略》卷8《左丞姚文献公》。
② 吴昌裔：《论救蜀四事疏》，《宋代蜀文辑存》卷84。
③ 吴泳：《论坏蜀四证及救蜀五策札子》，《鹤林集》卷20。
④ 虞集：《史氏程夫人墓志铭》，《道园学古录》卷20。
⑤ 《昭忠录·王坚》。
⑥ 袁桷：《史母程代传》，《清容居士》卷34。
⑦ 虞集：《史氏程夫人墓志铭》，《道园学古录》卷20。

可谓惨矣。"① 吴泳曾说，在 1236 年至 1238 年间，蜀中的吴氏"宗族死者十人，亲戚死者三十二人"。②《宋史》卷 43 记淳祐元年（1241）冬，蒙古军队攻普州，知州何叔丁、判官杨仁举"两家二十余人死于难"。《宋史》卷 449《陈隆之传》记淳祐元年（1241）成都被围，四川制置使陈隆之"举家数百口皆死"。阳枋也说："蜀中辛卯（1231）以来，士大夫军民死于兵者不知几百千万。远者未暇论，姑自近者言之。辛丑（1241）西州之祸，殆不忍言。汉、嘉之屯，阵亡者众。江阳失险，泸、叙以往，穷幽极远，搜杀不遗，僵尸满野，良为寒心。"因此，他向余玠建议要"吊死恤孤"，"严责州县，多方掩埋"，行"兴灭继绝、抚孤慈幼之仁政，于以系民心，于以收军心，于以回天地鬼神之心"。③ 南宋王朝还在淳祐四年（1244）二月"出封桩库缗线各十万，命两淮、京湖、四川制司收瘗频年交兵遗骸，立为义冢"。淳祐七年（1247）六月又诏"两淮、襄、蜀及江、闽内地，曾经兵州县，遗骸暴露，感伤和气，所属有司收瘗之"。④ 这些都说明当时因战争而死亡的人数是相当多的。

蒙古军队除残酷屠杀四川人民外，还大量掳掠四川人民到陕西等地为奴。姚遂《牧庵集》记载：陕西"岐、雍民家皆蜀俘，百十为曹，相煽亡归"。陕西同州的大荔多有"川蜀之士奴于人者"。"奴民势家潘君（潘仲良）及民十余家云，皆其父祖俘自蜀中"。⑤

继蒙古军队屠杀掳掠之后，蜀军中的溃兵败将，又趁兵祸混战之机，掳掠抢杀。蜀军自吴曦之叛后，军纪荡然无存，"人人倡为百战不如一溃之说，边尘稍惊，望风奔散，掠子女，掳财帛"。⑥ 这些蜀军在蒙古军队进攻面前，"或望风退去，而奔窜于巴山；或遇敌奔溃，而冲突于内郡。有假鞑装束，而剽掠于民财；有为虏向导，而焚毁于仕族"。⑦ 他们是"寇来则散而为盗，以扰害百姓；寇去则聚而为兵，以仰食县官"⑧ 的穿着军装的强盗。时人称其"不利于

---

① 牟子才：《论救蜀急著六事疏》，《宋代蜀文辑存》卷 87。
② 吴泳：《知宁国府乞祠状》，《鹤林集》卷 24。
③ 阳枋：《上宣谕余樵隐书》，《字溪集》卷 1。
④ 《宋史》卷 43《理宗三》。
⑤ 《牧庵集》卷 24《程公神道碑》，卷 27《安西路同州儒学正潘君阡表》。
⑥ 阳枋：《上宣谕余樵隐书》，《字溪集》卷 1。
⑦ 吴昌裔：《论救蜀四事疏》，《宋代蜀文辑存》卷 84。
⑧ 李鸣复：《论一时权宜之疏》，《宋代蜀文辑存》卷 84。

御寇,而利于为寇"①,"为害甚于寇尔"②,"其患甚于外寇"。③

大兵乱离之后,宋朝在四川的贪官暴吏,又横征暴敛,大发国难财。阳枋就说:

> 又闻州县每以根括绝产为名,骚动惨于敌祸,往往寇退之后,孤孽尚存,而复奸于暴官污吏之手。孤幼既毙则邻为不宁,宗族代之受祸。故田里有内敌甚于外敌之谣,此害非一日矣……
>
> 黩货者进,廉素者黜,由是乡曲武断之夫,舟车射利之子,交错道途,沥髓剥肤,严急星火,蜀民始不堪命,而有不如敌至之言……
>
> 自军兴,各籴无虑四变,为劝谕,为科俵,为撮籴,为括籴。民日益困,财日益匮。其弊起于作奸者众,奉公者寡。只如官籴其百,则私以千言;官科其千,则私以万言。正司之下有副分分司,小分司之余有贴分司。长官饕求,群吏之邀索,西军之追捕,一司未已,一司复来,前籴未终,后籴复继。斯民至于蹈水火,经沟渎而终弗能免。公帑所入几何,而私家皆索然矣……④

经过蒙古军队外敌屠杀而劫后余生的四川人民,在蜀中溃兵败将、贪官暴吏的内部杀戮掠夺之下而死亡者又不知多少。幸存者或土著避乡井,"并携老小入山避敌"⑤,甚至逃亡到少数民族地区;或"衣冠大姓。顺流下东南至江陵"⑥,出峡谋生。高斯得就说:"自吾有兵难,襄、蜀之人,十九死于虎口。其幸而免者,率聚于荆鄂之间。四民皆穷,而士为甚。故制置使、少保孟公珙肃矜之,各即所聚而筑室以教育焉。建公安书院以收容蜀士,建南阳书院以馆襄人。"⑦ 当时,铜梁人阳枋一家为了逃避兵难,就曾先后举家避地夜郎、南

---

① 吴泳:《论蜀事四失三忧及保蜀三策札子》,《鹤林集》卷18。
② 洪咨夔:《李安国特转武节郎制》,《平斋集》卷17。
③ 吴泳:《边备札子》,《鹤林集》卷20。
④ 阳枋:《上宣谕余樵隐书》,《字溪集》卷1。
⑤ 李曾伯:《丁亥纪蜀百韵》,《可斋杂稿》卷25。
⑥ 袁桷:《许世茂墓志铭》,《清容居士》卷30。
⑦ 高斯得:《公安南阳二书院记》,《耻堂存稿》卷4。

第十六章 两宋时期四川的赋税与财政

川,甚至"蛮夷之境"。① 经过宋末半个世纪的战乱,四川地区百姓逃散迁徙,人口锐减。嘉定十六年(1223),川峡四路有259万户,到元朝统一后的至元十九年(1282),就只剩12万户了②,60年间户口减少了约95%以上③,成为四川历史上又一次户口锐减时期。④

南宋末年四川户口的锐减,使四川户口在全国户口中的比重也大幅度下降。两宋时期,四川的户数约占全国户数的10%~20%,到元代就只占全国户数的0.7%了。⑤ 四川的人口密度也由宋代嘉定十六年(1223)平均每平方公里27.2人降到元代的2.17人。⑥

在宋末四川人口锐减的过程中,由于川西成都地区经受战祸的时间长,元兵的屠杀也最为惨烈,成都府路的人口锐减的比重也最大。成都地区人口由南宋嘉定十六年的1139790户减少到元代至元二十七年(1290)的32912户⑦,减少了97%以上,从而使四川人口分布状况在元代发生了变化。成都府路的人口在宋代占四川总人口的40%~50%,到元代就只占1/4强了。这一变化反映了素称天府之国的成都地区遭受的战争破坏最为严重,也给四川经济带来深远的影响。

在造成人口锐减的同时,宋末半个世纪的战争,也使南宋前期素称富庶乐土的四川,变成了满目荒凉、经济残破之地。"昔之通都大邑,今为瓦砾之场;昔之沃壤奥区,今为膏血之野。青烟弥路,白骨成丘,哀恫贯心,疮痍满目"。"虽荒郊绝岛之间,无一处而不被沸鼎之毒"。"沃野千里,荡然无民,离居四方,靡有定所,耕畴不辟,堰务不修,秋不得收,春不得种",形成诸郡残破,公私赤立,"农业转徙不得以时耕耨,而至于无粮;以荡然虚空之事力,而当倅

---

① 阳枋:《纪年谱》,《字溪集》卷12。
② 《元史》卷12《世祖九》。
③ 宋代利州路的汉中地区,元代已划归陕西行省的兴元路。《元史·地理志》记兴元路在至元二十七年(1290)只有2149户,即便把元代兴元路的户数加入元代四川户数,元代四川户数亦比宋代嘉定十六年(1223)少约95%。
④ 四川历史上的三次人口锐减,除宋末元初外,还有由东汉时469万人减为蜀汉章武元年(221)的90万人,由明万历六年(1578)的310万人减至清初到乾隆六十一年(1644~1722)的约9万人。见谢忠梁:《二千年间四川人口概况》,《四川大学学报》1978年第3期。
⑤ 见《中国历代户口、田地、田赋统计》甲表48。
⑥ 见《中国历代户口、田地、田赋统计》甲表40和甲表50,其中嘉定十六年(1223)川峡四路每平方公里人口密度,系笔者依据表中四路数据统一计算的平均数。
⑦ 《元史·地理志》。

然飘忽之虏寇，虽百亮复生，而不能为计"的局面。① 到1268年，川峡四路60余州，仅存20余州。"所谓二十余州，又皆荒残，或一州而存一县，或一县而存一乡"②，这些残存的州县，经过连年兵祸，官吏或死或散，连官僚机构也不健全。重庆府所在地的巴县，是七八年无正官，十余年无县尉；江津县是十四五年无县尉。③ 宋末的四川政府，实际上已无力安定民心，维持正常的社会秩序和生产环境了。

在蒙古骑兵连年扫荡掳掠之下，宋末四川经济主要靠山城结寨自保，组织军民营田屯田和残存的州县三根支柱勉强维持。

山城是宋末四川抗蒙的军事据点。针对蒙古骑兵"聚如丘山，散如风雨，迅如雷电，捷如鹰鹘"④，利于平原奔驰，不利于山区冲杀的特点，当蒙古骑兵攻入四川时，各地人民就纷纷挈家筑寨，聚居到地势险要的山寨上去，耕战自保，以备兵祸。四川的府治州所，在蒙古骑兵的扫荡造成都邑尽毁的情况下，也弃平土，筑山城，以为攻防之地。这些山城多具有以下特点：依江凭河，能以水运与外界联系；坐落于险崖峭壁之上，易守难攻；山顶宽平，有水源供应，足以容纳众多的人民和军队。残存的四川州府纷纷迁至山城，设官置署，驻屯军队，而与蒙古军队抗衡。迄至1242年止，全川因山筑城已达11座，1243～1253年余玠任四川制置使期间更大规模修筑山城19座，其后至宋末又修筑山城17座，少数民族地区和川北、川东等地众多的规模较小的山城、关隘、寨堡、屯棚尚不在其内。⑤ 这些山城作为抗蒙战争中的坚壁清野政策，为百姓的居住和生计提供了保证。例如合州钓鱼城所在地钓鱼山，土地肥沃，地势险要，上通嘉陵江、涪江、渠江，下达长江。余玠筑钓鱼城之后，"城中之民，春则出屯田野，以耕以耘，秋则收粮运薪，以战以守"。⑥ 张珏经营钓鱼城，"外以兵护耕，内教民垦积粟，未再期，公私兼足"。⑦ 然而，放弃平川富庶之区，退保

---

① 吴昌裔：《论救蜀四事疏》，《宋代蜀文辑存》卷84。
② 《咸淳遗事》卷7。
③ 度正：《重庆府到任奏便民五事》，《性善堂稿》卷6。
④ 《元史》卷157《郝经传》。
⑤ 陈世松：《试论蒙古取蜀时间长达半个世纪的原因》，《蒙古定蜀史稿》，四川省社会科学院出版社1985年版，第436页。
⑥ 《钓鱼城记》，《古今图书集成·职方云典·重庆府部》。
⑦ 《宋史》卷451《张珏传》。

山城弹丸之地，虽名曰"公私兼足"，实则经济残破，衣食无源，只能借耕战自守，苟全性命而已。

营田屯田是战时组织军民耕战结合，保卫乡土的措施。自大兵乱离之后，土地荒芜，人户逃亡，嘉熙二年（1238）三月理宗就下诏："四川帅臣招集流民复业，给种与牛，优与振赡。"① 1253年牟子才也建议"四蜀近边剑、阆、巴、□，次边惟渠、蓬六郡，租赋所入无几，议者谓莫若举此六郡之民，依向来梁、洋义士法"，蠲去租赋，令自办衣装，自置军器，团结为土兵。"遇守戍则始与支给，至放散仍令耕以自养"。② 吴泳更主张在户版逃亡、荒田甚多的地方，"官为度土授田，募民请佃"，并在田野附近，"依险结坞，使居得以自固"，设置营田之官，派遣军队乘时护耕。③ 但由于战乱，耕种没有保障，官府的苛敛又重，营田的效果甚微，故咸淳三年（1267）度宗下诏书："淮、蜀、湖、襄之民所种屯田，既困重额，又困苛取，流离之余，口体不充，及遇水旱，收租不及，而催输急于星火。民何以堪？其日前旧欠并除之，复催者以违制论。"④ 在组织百姓营田的同时，蜀中还组织军队屯田，耕种自给。余玠守蜀，以军粮不继，"属嘉定俞兴开屯田于成都，蜀以富实"。⑤ 四川制置使余玠、余晦和朱禩孙都曾先后兼任过四川屯田使。当时有"四蜀田亩，尽入军屯"⑥之称。故淳祐二年（1242）九月敕曰："四川累经兵火，百姓弃业避难，官以其旷土权耕屯以给军食，及民归业，占据不还。自今凡民有契券，界至分明，析在州县屯官随即归还。其有违戾，许民越诉，重罪之。"⑦

宋代四川内地素称地狭民稠，无寸土之旷，从无营田、屯田之设。宋末营田、屯田之兴，正反映了四川经济残破的现实，靠杯水车薪，已难救燃眉之急。

残存州县多在川东夔峡经济最为落后的地区。在其他富庶地区因兵乱荒芜之后，这些地区就成为宋朝四川的经济命脉。阳枋《大宁监劝农文》就反映官府对这一地区的经济所寄予的无限关切和希望：

---

① 《宋史》卷42《理宗二》。
② 牟子才：《论救蜀急著六事疏》，《宋代蜀文辑存》卷87。
③ 《鹤林集》卷18《论蜀事四失三忧及保蜀三策札子》。
④ 《宋史》卷176《食货志》。
⑤ 《宋史》卷416《余玠传》。
⑥ 牟子才：《论救蜀急著六事疏》，《宋代蜀文辑存》卷87。
⑦ 《宋史》卷173《食货志》。

今时既急于平时,而大宁尤切于他郡。请为尔民详言不可不勉者四:他郡屡经残破,容冀免赋蠲租,大宁筑底,世号桃源,租赋不可宽假,汝民不可不勉者一也;常岁有下流之粟,可补乏阙,今回易不通,无所仰哺,尔民不可不勉者二也;石田硗确,耕凿无几,而商旅云集,流移辐辏,生者寡而食者众,尔民不可不勉者三也;山深土寒,五谷晚熟,而密迩边陲,秋风早警,尔民不可不勉者四也。尔民徒知岁仰煎盐以为衣食,而不知时异事殊。知地居险辟可保安宁,而不知长虑却顾,此太守之所甚忧也。方兹春事正殷,土脉已动,宜同尔父子合锄耨耕。寸地之未辟者辟之,毋使地利之有遗也;田畴之未易者易之,毋使地力之不尽也;妇力于蚕,毋樵彼候薪而弗烘于煁也;女勤于布,毋不绩其麻而市也。婆婆也,断断然家以务本为心,切切焉人以逐末为戒。菽麦如水火,毋资之他所而自不饥;布帛如山丘,毋仰之他人而自不寒。稽事早登,武功载缵,锻乃戈矛,砺乃锋刃,殻乃甲胄,备乃弓矢。据险守厄,以防乡井,而保妻子。此太守望尔民之至心也。①

阳枋在《夔州劝农文》中还反复劝告百姓农事宜早:

火种者亦早烧畲,水种者亦早稼泽,硗田亦早垦辟,原田亦早服耒。深耕易耨,使五谷早生;勤耨亟耘,使九谷早熟。桑早蚕,麻早缉。事育之计早图,御冬之蓄早备。早涤场、早纳稼、早输送、早盖藏、早保聚。②

大宁是宋代著名的产盐地,当地百姓唯知煮盐,不耕不织,以盐易衣食。夔州是著名的山高天宇窄,耕地绝少,刀耕火种地区。在川西、川南、川北富庶地区丧失和残破之后,夔峡地区反而成为宋末四川经济的命脉,正反映当时经济残破的严重性和现存经济的脆弱性。

四川地处内陆和西南一隅,农业是一切经济的基础,当四川的农业残破以

---

① 阳枋:《大宁监劝农文》,《字溪集》卷9。
② 《字溪集》卷9《夔州劝农文》。

后，其他经济部门也就随着衰落。1236年，蒙古军队掳掠四川之后，吴昌裔在《论救蜀四事疏》中就说：

> 自虏骑深入，根本尽竭，又非前日比矣……有人此有土，有土此有财，未有无人而有财用者也。蜀之所产者茶、盐，今道殣相望，何有乎食用之家？蜀人可仰者酒税，今商旅不行，何有乎征榷之利？①

随着战争的破坏，农业的破产，四川的茶业、盐业、酒业也相继破产。嘉熙二年（1238）宋理宗诏："四川诸州县盐酒榷额，自明年始更减免三年，其四路合发总所纲运者亦免。"② 景定三年（1262）十月诏："蠲四川制总、州县盐酒榷额。"③ 度宗咸淳元年（1265）十月又诏："减四川州县盐酒课，始自景定四年（1263）正月一日，再免征三年。"④ 这些蠲减茶盐、酒税的诏令，正是茶、盐、酒业残破的反映。其实，战争的破坏，使得民营的盐、茶、酒、商早已破产。当时尚保留这些税额的名目，只不过是为了便于向人民苛敛勒索而已。故牟子才说："商贾百货，尽笼于官。""盐酒之利，并归制司，而过数征榷之害，反甚于无事时也。以至黎、雅蕃货，彰明乌附，施、黔板木，尽入私橐，而商旅失业，怨声载道，则又人所不忍闻矣。"⑤

宋末四川被蒙古军队占领的地区，经济残破更为严重，甚至到了"无虏掠以为资，无俘获以备役"⑥ 的地步。因此，当蒙古军队放弃不拓疆土、惟利剽杀、抄掠即去的政策，决定长期占领四川之后，就只能在占领城池遍布屯田，寓兵于农，以解决军食，此后又规定"宋新附民，宜拨土地衣粮，给其牛种，仍禁边将分匿人口"⑦，令百姓归业，以恢复生产。看来令民归业的效果并不显著，至元二年（1265）闰五月又命"四川行院分兵屯田"。⑧

---

① 《宋代蜀文辑存》卷84。
② 《宋史》卷42《理宗二》。
③ 《宋史》卷45《理宗五》。
④ 《宋史》卷46《度宗》。
⑤ 《宋代蜀文辑存》卷87《论救蜀急著六事疏》。
⑥ 《元史》卷157《郝经传》。
⑦ 《元史》卷5《世祖二》。
⑧ 《元史》卷6《世祖三》。

宋末四川经济的残破，使四川在元代的经济地位急剧下降。据《元史·食货志》载：元代四川行省的税粮数仅为116574石。这个数字不但大大低于经济发达的江浙、江西行省，而且也低于陕西、云南、湖广行省，仅仅略高于甘肃和辽阳行省。四川税粮数只占全国税粮总数的0.96%，居全国倒数第3位。①宋代四川蓬勃发展起来的井盐生产，在元代则仅存"盐场十二处"，"井凡九十五眼"，分布在"成都、夔府、重庆、叙南、嘉定、顺庆、广元、潼川、绍庆等路所管州县万山之间"，其盐井数量比南宋初期的4900余井减少了98%以上。②现存盐井的产量也大为减小。如清井监在南宋"绍兴十六年（1146年）实产盐四十一万九千四百斤"③，经过宋末战争兵火之余，盐井毁坏，至元十五年（1278）兴工开淘，从"至元十八年（1281年）为始，岁认课额十二万斤"，只相当于绍兴十六年盐产量的28%。即使如此，到至元十九年（1282）仍然亏额，只得于次年关停。④所以，宋代四川人多而井盐能自给有余，元代四川人口比宋代减少95%以上，还是因为"盐井废坏，四川军民多食解盐"。⑤元代四川的酒课，在各行省中居倒数第三位，醋课居各行省倒数第二位，商税不但大大低于江浙、江南行省，而且低于江西、湖广、陕西行省，甚至比甘肃行省还少。⑥四川在宋代是全国著名的纺织中心和产茶中心，在元代也一落千丈，退居无足轻重的地位。总之，元代四川经济地位全面下降，正反映了南宋末年四川经济残破的严重程度。

蒙古军队攻入四川，引起了四川财政破产。如前所述，在蒙古军队攻入四川前，除特殊情况朝廷拨给部分度牒、银钱补贴外，宋朝西线川陕战场的全部费用都是由四川承担的。而且四川的财政收入相当富裕，除满足自身的需要而外，还能定期和不定期地给朝廷和其他地区提供大量的财政支援。但蒙古军队攻入四川后，这种情况就发生了急剧的变化。首先，战争使四川积存的大量财物不是为蒙古军队所掳掠，就是为战火所焚毁。1227年，蒙古军队大举深入，

---

① 《元史·食货志》，并参见《中国历代户口、田地、田赋统计》乙表22。
② 《元史》卷60《地理志》。
③ 《朝野杂记》甲集卷14《蜀中官盐》。
④ 《元一统志》卷5。
⑤ 《元史》卷94《食货志》。
⑥ 《元史》卷94《食货志》。

四川总领所关外五州钱粮损失达三四十万斛之多。① 1237年，蒙古军队进攻四川，"关（仙人关）之内外七十余仓，皆为灰烬"。② 其后蒙古军队深入四川内地，四川制置司、总领司的府库积存财物更是被蒙军"蚕食烧毁，无有存者"。③ "富家中户之金帛席卷于寇，都鄙郊邑之窖藏焚弃于盗，而私室之民力空"。④ 其次，长期的战争一方面使军费猛增，另一方面又使人口锐减，经济衰退，赋税来源枯竭。因而自蒙古军队攻入四川后，四川就陷入了财政破产的境地。吴昌裔在《论救蜀四事疏》中说：

> 蜀中财用之困，始于炎、兴。在赵开时岁三千三百四十二万，而所支之数乃多五十二万有奇。在李迨时增收三千六百六十七万，而终岁所出，又多一百六十二万。自是而后，入少出多，调度转急。臣尝以绍定一岁之数计之，所收二千四百九十二万余缗，已减绍兴所入之一〈千万〉，所支五千一十六万三千余引，乃过绍兴增支之半。前后总饷，率坐乏兴，每以二千五百二十四万之数仰给朝廷科降，不啻如赤子之仰哺，此蜀赋本末也。⑤

即在理宗绍定时，四川每年5000余万缗军费中，有一半都无着落，靠"朝廷为之科降度牒，增印引料，拨大宁监盐息，合茶马司羡利扶助总司"。⑥ 早在宁宗时，朝廷就岁降700万缗补助四川经费。⑦ 理宗时，朝廷曾拨荆湖米数十万石给四川。⑧ 其后，在理宗嘉熙三年（1239）、宝祐三年（1255），度宗咸淳三年（1267）都曾调拨过部分钱物支援四川。⑨ 但这时的南宋朝廷本身就处于无兵、无粮、无财、无民的自身难保的境地，支援数量都极其有限，四川的绝大部分军费还得靠自己解决。而四川由于经济的残破，作为财政来源大宗的盐、

---

① 李曾伯：《丁亥纪蜀百韵》，《可斋杂稿》卷25。
② 魏了翁：《被召除礼部尚书内引奏事第四札》，《鹤林集》卷19。
③ 吴泳：《论蜀事四失三忧及保蜀三策札子》，《鹤林集》卷18。
④ 吴昌裔：《论救蜀四事疏》，《宋代蜀文辑存》卷84。
⑤ 吴昌裔：《论救蜀四事疏》，《宋代蜀文辑存》卷84。
⑥ 吴昌裔：《论安癸仲疏》，《宋代蜀文辑存》卷85。
⑦ 李鸣复：《请出给内库钱绢助籴军粮疏》，《宋代蜀文辑存》卷82。
⑧ 吴昌裔：《论救蜀四事疏》，《宋代蜀文辑存》卷84。
⑨ 见《宋史》卷42《理宗二》、卷44《理宗四》、卷46《度宗纪》。

茶、酒、商税收，所征无几，不见诸记载，农业二税，除残存州县外，广大地区人户逃亡，版籍散失，"别无秋苗之输"。① 因此，除靠营田、屯田解决部分军食，靠滥发纸币作为财政收入外，就只能靠和籴、秋籴勉强度日了。

和籴、秋籴都是南宋强制掠夺百姓粮食的弊政。秋籴在理宗后期按人户家业钱摊派。因别无秋苗之输，已相当于二税中的秋税。"蜀饷一年调度，凡取办于秋籴者过半焉。"淳祐十一年（1251），元敷 821000 余石，实催及 511000 余石。当时民间米价大约四五百贯一石，官司支给川引 50 贯文，仅值铜钱 100 文足。宝祐二年（1254），元敷 575000 余石，实催及 322000 余石。当时民间米值七八百贯一石，官司支给川引 88 贯文，值铜钱 160 文。"使此钱尽到民户，足得偿时价十分之一。况又取赢于斛面，减克于吏手，采之众论，但白输尔"。故"名籴而实敛也"。②

滥发纸币和无偿和籴、秋籴等，都是杀鸡取卵、竭泽而渔的措施，终非长久之计，只能弄到山穷水尽的地步。到咸淳九年（1273），四川制置使朱禩孙只好用自己的月俸银万两犒师③。没过几年，坚持了半个世纪的四川抗蒙战争终于在财政彻底破产，无财、无兵，无粮的情况下以失败结束，四川于 1279 年被元军全部占领。

---

① 李曾伯：《可斋续稿后》卷 3《乞贴科四川制总司秋籴本钱疏》。
② 李曾伯：《可斋续稿后》卷 3《乞贴科四川制总司秋籴本钱奏》。
③ 《宋史》卷 46《度宗纪》。

第十七章　宋代四川学术思想的繁荣

春秋战国时期是我国学术思想发展的黄金时代。在这一时期，学术思想得到自由发展，出现了百家争鸣、百花齐放的繁荣局面，产生了诸子百家的学术思想，创造了光辉灿烂的我国古代文明。但自秦始皇焚书坑儒，汉武帝罢黜百家、独尊儒术之后，在封建文化专制主义的禁锢下，学术思想长期陷入低迷时期。直到宋代，随着儒学复兴运动和儒、释、道三家融合的兴起，我国学术思想才开始活跃起来，出现了众多的学派和不少杰出的思想家。宋代的学术思想虽然并未形成如先秦时期百家争鸣的局面，而是进入了新儒学——理学统治的时代，然而在这个过程中，宋代毕竟是秦汉以来学术思想最为繁荣的时期。四川的学术思想在宋代也步入了繁荣时期，为我们留下丰富的思想文化遗产。

第一节　陈抟和龙昌期的学术思想

一、道教思想家陈抟

陈抟（？～989）字图南，自号扶摇子，宋太宗赐号希夷先生，四川安岳崇

第十七章 宋代四川学术思想的繁荣

崇龛人①，家世不详，及长，读经史百家之言，一见成诵，悉无遗忘，颇以诗名。后唐长兴中，举进士不第，遂不求仕禄，以山水为乐，入武当山。后晋时陈抟返蜀，后又归关中。后周时陈抟已移华山，周世宗显德三年（956）召陈抟入阙，问及黄白之术，陈抟以"陛下为四海之主，当以致治为念，奈何留意黄白之事"为对，被世宗赏识，"命为谏议大夫，固辞不受"。②放还归山，赐号"白云先生"。宋太宗太平兴国初，召陈入阙，求其济世安民之术，陈抟以"远近轻重"四字相答，并解释说："远者，远招贤士；近者，近去佞臣；轻者，轻赋万民；重者，重赏三军。"深得太宗敬重。③太平兴国九年（984），陈抟再次入

图17-1 陈抟像

阙，对宰相宋琪等说："抟独善其身，不干势利。所谓方外之士也。抟居华山，已四十余年，度其年近百岁。自言经承五代离乱，幸天下太平，故来朝觐。"太宗益加礼待，遣中使送至中书。宋琪向其请教"玄默修养之道"，陈抟对曰："抟山野之人，于时无用，亦不知神仙黄白之事、吐纳养生之理，非有方术可传。假令白日冲天，亦何益于世？今圣上龙颜秀异，有天人之表，博达古今，深究治乱，真有道仁圣之主也。正君臣协心同德、兴化致治之秋，勤行修炼，无出于此。"陈抟的对答有理，对太宗颂赞得体，赢得太宗欣喜，下诏赐号"希夷先生"，赐紫衣一袭，令增葺所居华山云台观，数月后礼送归山。④陈抟得太宗殊礼相待，由是名震朝野，海内愿以"师事之者，不可胜数"。⑤

陈抟本为儒生，进士不第，始遁迹山林，与何昌一、谭峭、吕洞宾、麻衣道者等隐逸道人高僧相为师友，融儒、释、道三学说系于一身，成为博学多能之人。他的著作极丰，都具三学融合的特点。《宋史·陈抟传》说他平生"好

---

① 胡昭曦先生认为崇龛在今重庆潼南境内，应为潼南县人，见：《陈抟里籍考》，《四川文物》1986年第3期。
② 《宋史》卷457《陈抟传》。
③ 张格：《太华希夷志》。
④ 《宋史》卷457《陈抟传》。
⑤ 《太华希夷志》。

读《易》，手不释卷"。其学术成就主要集中在《易》的研究上。《周易》本是儒家"六经"之一，陈抟则是以道家思想为核心来研究易学的。他认为"《易》者，大易也，未见气也。视之不见，听之不闻，循之不得，故曰易。易者，希微玄虚凝寂之称也。及易变而为一，一变而为七，七变而为九，九复变而为一也。一者，形变之始也，清轻者上为天，重浊者下为地，冲和气者中为人。谓之易者，知阴阳之根本是有于是也。"① 这与《老子》所谓"道生一，一生二，二生三，三生万物，万物负阴而抱阳，冲气以为和"的宇宙生存论的基本精神是一致的。陈抟还认为，"学易者当于羲皇心地中驰骋，无于周、孔言语下拘挛"②，表明其蔑视周、孔权威，而要自创新说。

据李远国先生研究，陈抟的宇宙观具有朴素辩证思想，主要有三点："其一，任何事物内部都包含着矛盾，都是对立的统一体。其二，辩证地处理了运动和静止的关系，提出了运动是绝对的、永恒的，而静止只是运动的一种状态的动静观。其三，正确地解释了物质和运动的关系，认为运动的动力在物质本身之中，运动的物质产生了物质世界。"③

陈抟易学研究的成果，主要反映在他所传授的《无极图》《太极图》《先天图》《河图》《洛书》《正易心法·注》等著作中。据今学者考证，《河图》《洛书》等图，很可能是陈抟根据前人成果创新而出。如《洛书》中的四十五个黑白圆圈的出处，便是根据《乾凿度》中郑玄注文而造出的。据说陈抟"受《易》于麻衣道者，得所述《正易心法》四十二章，理极天人，历诋先儒之失，抟始为之注。及受《河图》《洛书》之诀，发《易》道之秘"。④ 黄宗炎在《太极图辩》中说"陈（抟）又得《先天图》于麻衣道者"⑤，这说明陈抟的学术思想渊源，既以道家思想为核心，又吸收了儒家的易学观念和佛教的禅定学说。

陈抟的易学著作更多地借用图式来说明易理，他也因此被称为"图书学派"的创始人。在北宋时期，借用图式来说明易理的方式非常流行，成为学术界的一大思潮。《无极图》《太极图》《先天图》《河图》《正易心法·注》等著作，成

---

① 麻衣道者：《正易心法·注》第40章。
② 《正易心法·注》第41章。
③ 李远国：《陈抟》，载贾顺先、戴大禄主编：《四川思想家》，巴蜀书社1987年版，第200页。
④ 释志磐：《佛祖统纪》卷43。
⑤ 黄宗羲、全祖望：《宋元学案》卷22。

为不少学者研究易学的依据,学术界涌现出一大批陈抟的追随者。其后陈抟易学分为三支:一是传播《先天图》的邵雍,二是传播《无极图》的周敦颐,三是传播《河图》《洛书》的刘牧。

邵雍是从图书学派分化出来的哲学家。邵雍师陈抟的《先天图》,推演宏大,创立了一套完整的象数体系,用以概括宇宙间的一切,成为宋代理学象数学派(又称"先天学派")的创立者。邵雍根据《易传》关于八卦形成的解释,掺杂道教思想,用符号、形象和数字虚构一宇宙构造图式和学说体系,以推衍解说自然和人事变化,形成他的象数学(也叫"先天学")。他认为宇宙的本原是太极,即"道"、"心"。他说:"太极不动,性也;发则神,神则数,数则象,象则器,器则变,复归于神也。"① 按照他的《先天图》循环变化,太极永恒不变,而天地万物皆有消有长,有始有终,这是以循环论来解释自然万物和人类社会的发展。这一派在邵雍死后基本失传。

周敦颐依托陈抟的《无极图》,改造成为发明理学秘奥的《太极图》,提出一个简单而有系统的宇宙构成论。他说"无极而太极","太极"一动一静,产生阴阳万物。"万物生生而变化无穷焉,惟人也得其秀而最灵。"② 圣人又模仿"太极"建立"人极","人极"即"诚","诚"是道德的最高境界。他提出的太极、理、气、性、命等成为理学的基本范畴,因而成为理学的创始人之一。

周敦颐的学说下传程颐、程颢。程颐主张学以"穷理"为主,认为"天下之物皆能穷","只是一理","一物之理即万物之理"。理"在天为命,在人为性,论其所主为心,其实只是一个道"。他还宣扬"气禀"说,认为人有"贤""愚"之分,主张"去人欲,存天理",认为寡妇再嫁是大逆不道,"饿死事极小,失节事极大",为儒教纲常辩护,成为北宋理学的奠基者。

周、程之学,同出一源。蒙文通先生考辨说:"读碧虚之注,而后知伊洛所论著,碧虚书已有之。其异其同,颇可见学术蜕变演进之迹。皆足见二程之学于碧虚渊源之相关。"③ 周、程理学深受陈抟学术思想的影响。

《河图》《洛书》的传承,是种放传李溉,李溉传许坚,许坚传范谔昌,范

---

① 邵雍:《皇极经世·观物外篇》。
② 周敦颐:《太极图说》。
③ 蒙文通:《陈碧虚与陈抟学派》,《蒙文通文集》第1卷,巴蜀书社1987年版。

谯昌传刘牧。刘牧是宋仁宗时人，范仲淹、孙复的弟子。《河图》《洛书》刚一传世，就引起了宋代学术界的高度重视，后经刘牧师徒的大力倡导，河洛之学盛行北宋，诸家蜂起，形成研究河洛的思潮。南宋理学大师朱熹撰《周易本义》，又将《河图》《洛书》和《先天图》等图列于书首，使之成为《周易》的重要组成部分。

以邵雍、周敦颐、刘牧为代表的先天、太极、河洛三大学派，虽独立发展，学术观点亦不相同，甚至大相径庭，但其学术思想都来自陈抟。陈抟的图书象数易学，道家借用图式、数字来推演道家的奥秘，儒家则借用图式、数字来演绎儒学义理，而各出新说。此足见陈抟的学术思想对宋代易学的发展，对整个宋代学术的发展和宋代理学的产生都起着十分重要的作用。

二、"异端"思想家龙昌期①

龙昌期，北宋陵州（今四川仁寿）人，字起之，号竹轩，世称武陵先生，或称君平先生。他是北宋四川重要的经学家和思想家，一生都在教读和著述中度过。他的论著丰富，达二十余种，百万余言。这些著作主要是对儒家经典进行注释，也兼及佛道百家之说。龙昌期学术研究水平甚高，"缙绅之流，靡不推服"。② 由此他先后得到韩琦、张逸、明镐、文彦博等四川地方官的荐举，被宋廷授予试国子四方助教的学职。龙昌期的学术成就，深得文彦博、范仲淹、范雍、晏殊等学者的赞许。文彦博曾向朝廷介绍说："龙昌期气正行介，学纯虑深，窥古今治忽之原，穷圣贤变通之旨，旁贯百氏，阐发微言，别注'六经'，颇有新义，高出诸儒之疏舛，洞见圣人之旨归。"③ 晏殊对龙昌期的评价也很高，他说："岷山人武陵昌期博贯诸经。"④ 龙昌期这位"名动士林，高视两蜀"的学者，尤擅长于《易》学研究与传授。早年，他曾在京师同范雍专门讨论《易》学。范仲淹说他"治《易》，深达微奥"。⑤ 其后，福州守臣陈绎还专门延

---

① 参见吴天墀：《龙昌期——被埋没了的"异端"学者》，《吴天墀文史存稿》，四川大学出版社 1998 年版。
② 刘喜海：《宋赐龙昌期敕并文潞公札子》，《金石苑》第 6 册。
③ 刘喜海：《宋赐龙昌期敕并文潞公札子》，《金石苑》第 6 册。
④ 晏殊：《答柏密范给事书》，《宋文鉴》卷 112，中华书局 1992 年版。
⑤ 范仲淹：《忠献范公墓志铭》，《范文正公集》卷 13。

请他到福州"为众人讲《易》"。① 龙昌期在学术上敢于直言不讳,被翰林学士欧阳修、知制诰刘敞等人认为是"好排斥先儒"②,"违古畔道,学非而博"③,"甚至毁訾周公"④,因而招来了封建统治者的严厉打击,人遭禁锢,学术著述被"毁弃版本",不得传之于世。⑤

对于龙昌期的学术思想,当时学术界赞誉者有之,诋毁者有之。从两种截然对立的看法,可以略窥其学术思想的特点:

一是儒学造诣极深,遍注群经。据吴天墀先生考证,龙昌期在儒学方面论著有《周易祥符注》10卷、《周易绝笔书》4卷、《春秋正论》3卷、《春秋复道论》15卷,以及《尚书注》《诗注》《礼注》《礼论》《孝经注》《论语注》等,同时还有《政书》《帝王心鉴》《炤心宝鉴》等儒家安邦治国、经世治民之书。其学术造诣,也得到文彦博、范仲淹等学者的称赞。

二是研究儒学不迷信权威,不墨守成规。对传统儒学,决不轻信盲从,不做先儒的仆从,而是突破传统思想的束缚,提出自己的独立见解,排斥先儒。甚至敢于"毁訾周公",而且依据《尚书》未述唐、虞、尧、舜以前之事,提出"六经""无皇道"的异论,而触犯学界大儒。

三是深通儒、道、佛三家之学。龙昌期的主要著作虽然集中于儒学方面,但从他所著《道德经注》《阴符经注》《八卦图》《河图》《周易绝笔书》以及《三教圆通论》等书看来,他对道家、阴阳家以及谶纬之学也深有研究。《阴符经》是讲权谋之书,属于兵家著作。而《三教圆通论》显然是主张儒、佛、道三学并重,不独尊儒学的著作,表明他在学术上兼收并蓄,视儒、佛、道地位平等。这显然与正在形成和逐渐得势的理学的要求大相径庭,终为统治者禁锢、毁弃版本,其学术思想不复为后人所知,渐被埋没。

---

① 《宋史》卷299《胡则传》。
② 王辟之:《渑水燕谈录》卷6。
③ 《宋史》卷319《刘敞传》。
④ 刘敞:《上仁宗治龙昌期学术乖僻疏》,《公是集》卷32。
⑤ 刘攽:《彭城集》卷33。

第二节 《易》学和《春秋》学的研究

一、《易》学的研究

宋代四川经学著作,据《宋代蜀人著作存佚录》一书统计,共 280 余部(不包括散见于文集、笔记、小说中有关经学的篇章)。其中《易》学专著 66 部,约占全部经学著作的 23.57%;其次为《春秋》专著,共 53 部,占总数的 20.7%;再次为《诗》《书》专著,各 24 部,各占总数的 8.57%。这些数字和比例,反映了《易》学研究在宋代四川经学研究中的突出地位。宋代四川《易》学研究,不仅硕果累累,且水平颇高,在全国名列前茅。北宋后期,学者袁滋向理学家程颐请教《易》学,程颐回答说:"《易》学在蜀耳,盍往求之?"① 其后袁滋入蜀求学,果然大有所得。有宋一代,四川《易》学研究者甚众,其中陈抟开宋代图书《易》学先河,对宋代《易》学的发展和理学的形成作出了贡献,前已述及。三苏父子的《东坡易传》是宋代四川义理《易》学的代表作,奠定了"苏氏蜀学"的哲学基础,将在"苏氏蜀学"中专门论述。现将宋代四川其余著名的《易》学研究者简介于后。

谯定,两宋之际四川涪州涪陵人,字天授,自号涪陵先生,生卒年不详。宋代四川著名学者,涪陵学派的创始人。北宋"靖康初,吕好问荐之,钦宗召为崇政殿说书,以论弗合,辞不就"。南宋高宗即位,右臣许翰又荐之。时谯仍居开封。诏开封守臣"宗泽遣诣行在。至惟阳,寓邸舍,窭甚,一中贵人偶与邻,馈之食不受,与之衣亦不受,委金而去,定袖而归之",显现出自立高操的人格精神。后因兵乱,未赴朝廷任职。"复归蜀,爱青城大面之胜,栖遁其中。蜀人指其地曰谯岩,敬定而不敢名,称之曰谯夫子"。"定后不知所终,樵夫牧童往往有见之者,世传其为仙云"。②

谯定研究儒家经典。少年时喜学佛,后转而专攻《易》学,尤以治《易》

---

① 《宋史》卷 459《谯定传》。
② 《宋史》卷 459《谯定传》。

见长。《宋史·谯定传》记，他"学《易》于郭曩氏……郭曩氏者，世家南平，始祖在汉为严君平之师，世传《易》学，盖象数之学也。定一日至沐，闻伊川程颐讲学于洛，洁衣往见，弃其学而学焉，遂得闻精义，造诣愈至，浩然而归"。宋哲宗时，程颐贬涪州，"实定之乡也，北山有岩，师友游泳其中，涪人名之曰读易洞"。于此可见谯定的业师，一是郭曩氏①，一是程颐。他是程门一大宗，四川地区得程颐理学的一位重要学者。谯定有易学专著《易传》，今已佚失。我们已难知其《易》学的详细内容，但从其师从郭曩氏、程颐，可以看出他是义理、象数兼具的《易》学学者。

谯定多年研究《易》学，造诣高深，不少学者都师从谯定学《易》。《宋史》载："定《易》学得之程颐，授之胡宪、刘勉之，而冯时行、张行成则定之余意也。"② 南宋著名史学家李心传父子兄弟，都是谯定的再传弟子，他们形成在学术界很有影响的涪陵学派。胡、刘二人都是朱熹父亲朱松的好友。朱松临终前，"嘱其子熹受学于（胡）宪与（刘）勉之、（刘）子翚"。③ 朱熹师事胡宪最久，其学术思想必有来自谯定《易》学的影响。

在四川地区，师从谯定学《易》的则有冯时行、张行成和张浚等人。

冯时行（？～1163），字当可，号缙云先生，巴县（今属重庆市）人。宣和六年（1124）进士高第，历县官。绍兴初因反对秦桧议和，丢掉官职多年，后被重新启用，官至左朝请大夫、提点成都府刑狱公事。师从谯定，"得定之余

图 17-2 朱熹在涪陵留下的《北岩题壁》

---

① 胡昭曦先生认为郭曩氏可能就是蜀人郭载。见胡昭曦、刘复生、粟品孝：《宋代蜀学研究》，巴蜀书社 1997 年版，第 79 页。
② 《宋史》卷 459《谯定传》。
③ 《宋史》卷 459《刘勉之传》《胡宪传》。

意"。著有《缙云文集》43卷（今存4卷），《易论》3卷（今佚）。朱熹曾赞其"议论伟然"，"恨不得一见其面目，而听其话言也"。① 他的《易》学思想，是重天道与人事的结合，义理与象数的结合，曾说"《易》之象在画，《易》之道在用"②，与其师谯定的《易》学观点基本相同。

张行成，字文饶，临邛（今四川邛崃）人。南宋高宗绍兴年间，由成都府路钤辖司干办公事致仕，杜门十年，研究《易》学。"著成《述衍》十八卷，以明伏羲、文王、孔子之《易》；《翼玄》十二卷，以明扬雄之《易》；《元包数总义》三卷，以明卫元嵩之《易》；《潜虚衍义》十六卷，以明司马光之《易》；《通变》四十卷，取自陈抟所传先天卦数等十四图，敷演解释，以通诸《易》之变，始若殊途，终归一致。"③ 这说明他是诸家义理、象数兼具的《易》学学者。

张浚（1097～1164），字德远，汉州绵竹（今四川绵竹）人。南宋抗金派首领之一，中兴宰相，在学术思想上也有一定造诣。他师从谯定，为程颐再传，又学于眉山苏元老，为东坡再传，具有洛学和苏学的学统。《宋史·张浚传》载：（张浚）"学邃于《易》，有《易解》及《杂说》十卷，《书》《诗》《礼》《春秋》《中庸》亦各有解，文集十卷、奏议二十卷"。可见他在学术上有相当造诣，在《易》学方面最为突出，有《紫岩易传》10卷传世。他是义理、象数兼具，又偏重于义理的《易》学学者。

南宋井研李舜臣，学《易》于冯时行，为谯定再传弟子。史称其"尤邃于《易》，尝曰：'《易》起于画，理事象数，皆因画以见，舍画而论，非《易》也。画从中起，乾坤中画为诚敬，坎离中画为诚明。'"李舜臣著有《易本传》《易解》。他的学术研究，得到士林称赞。"朱熹晚岁，每为学者称之"。④

南宋时期，四川理学非常发达，理学家着重研究的儒家经典便是《易》学。因此，四川许多理学家也就是《易》学专家。

李石对《易》学研究很重视，今存《周〈易〉互体例》《象统》各一卷，载《方舟集》卷19，后合为《方舟易说》刊行。他的《易》学思想是义理和象数

---

① 朱熹：《跋张敬夫与冯公帖》，《朱文公文集》卷84。
② 黄宗羲、全祖望：《刘李诸儒学案》，《宋元学案》卷30。
③ 张行成：《进易书状》，《宋代蜀文辑存》卷49。
④ 《宋史》卷404《李舜臣传》。

兼具。李焘对《易》学也有深入研究。他曾作《巽岩书院记》表明他的《易》学思想①，并著有《易学》五卷和《易大传杂说》一卷（均佚）。② 他还为唐代李鼎祚《周易集解》、王涯《说玄》、郭京《易举正》，宋代晁说之《古易》、章誉《太玄经注疏》《太玄发隐》、郭元亨《太玄经疏》等《易》学著作写序作跋。③ 理学家张栻，也对《易》学进行了深入的研究，著有《南轩易说》《南轩太极图解》等《易》学专著。理学家魏了翁对《易》学也有精深的研究，著有《易要义》《周易集义》《易举隅》等专著。他还积极传播并与学者讨论《易》学，在他的指导培养下，四川地区出现了不少精通《易》学的研究者。

宋代四川社会下层老百姓也有钻研《易》学的。史称，二程兄弟"游成都，见治箧箍桶者挟册，就视之则《易》也，欲拟议致诘，而箧者先曰：'若尝学此乎？'因指'未济男之穷'以发问。二程逊而问之，则曰：'三阳皆失位。'兄弟涣然有所省"④。可见，二程所见箧匠，就是一位社会地位低下的《易》学研究者。学者袁滋入蜀学《易》，"见卖酱薛翁于眉、邛间，与语，大有所得"。⑤ 另外，道士杜大可、青城董正图、费孝先等人，都以精通《易》学而闻名。

二、《春秋》学的研究

两宋时期，四川士人学习和研究《春秋》及"三传"的风气很盛。《春秋》学是四川官学、私学的必修课之一，宋人青阳梦炎说："《麟经》（《春秋》）在蜀，尤有传授。"⑥ 据统计，两宋四川学者所撰《春秋》学专著，其数量仅次于《易》学著作。这反映了四川研究《春秋》学的盛况。

这一时期，四川出现了不少著名的《春秋》学专家。如阆州鲜于侁，广安黎錞，眉州苏辙、师维藩，绵州赵鹏飞，资州李石、程公说，涪陵崔子方等人，都以治《春秋》而闻名。

《宋史》记载，鲜于侁"刻意经术"，对儒经《易》《春秋》《诗》等经典都

---

① 《宋代蜀文辑存》卷52。
② 见朱彝尊：《经义考》卷29、卷70。
③ 《宋代蜀文辑存》卷52。
④ 《宋史》卷459《谯定传》。
⑤ 《宋史》卷459《谯定传》。
⑥ 青阳梦炎：《春秋经筌序》，《宋代蜀文辑存》卷95。

很有研究。北宋著名《春秋》学大师孙复曾与鲜于侁讨论《春秋》，他对鲜于侁《春秋》的研究很是称誉，认为"今学者不能如之"。① 眉州杨文仲，"以《春秋》贡，其母喜曰：'汝家至汝，三世以是经收效矣。'"② 广安黎錞，庆历进士，以经术闻名，著有《黎氏春秋经解》。苏东坡赞黎錞治《春秋》有家法。宋英宗曾问及蜀士情况，欧阳修说："文行苏洵，经术黎錞。"③ 可见黎錞的《春秋》研究是有相当水平的。

研究《春秋》及"三传"历来就有不同的学术派别，大致在中唐以前，以《左传》解《春秋》为多。唐代赵匡、啖助、陆淳始废"传"谈"经"，"三传"被束之高阁。到了宋代，《春秋》大师孙复、刘敞等袭赵匡、啖助诸人之余波，仍弃"传"从"经"。清代学者江藩评论说："有宋诸儒之说《春秋》，皆啖、赵之子孙而已。"④ 实际上，宋代《春秋》学界也并非完全是"啖、赵之子孙"。这一时期，四川《春秋》学界既有沿袭唐人老路的，也有另辟蹊径者。北宋苏辙，自少年起便研治《春秋》，造诣颇深。他治《春秋》，"经""传"并重，与孙复诸学者大相径庭。苏辙自熙宁谪居后，用十多年撰成《颍滨春秋集传》12卷，他在该书自序中说："予少而治《春秋》，时人多师孙明复，谓孔子作《春秋》，略尽一时之事，不复信史，故尽弃'三传'，无所复取。予以为左丘明，鲁史也，孔子本所据依，以作《春秋》，故事必以丘明为本……至于孔子之所予夺，则丘明容不明尽，故当参以公、谷、啖、赵诸人。"⑤ 其学术观点平实公允，与啖、赵不同。

与苏辙同时的还有著名《春秋》学者崔子方。子方涪陵人，字彦直，号西畴居士。他尝杜门著书三十余年，撰有《春秋经解》《春秋本例》《春秋例要》等专著。崔氏治《春秋》，"经""传"并重，多从左氏，间也引用《公》《穀》，并能"推本经义，于'三传'多所纠正"。⑥ 崔子方著书之时，正值王安石废弃《春秋》之说盛行，因而其书的学术观点不得显于世。直到南宋初年，经学大家

---

① 《宋史》卷344《鲜于侁传》。
② 《宋史》卷425《杨文仲传》。
③ 嘉庆《四川通志》卷147《人物》。
④ 江藩：《国朝经师经义目录》。
⑤ 晁公武：《郡斋读书志》卷3。
⑥ 《四库全书总目》卷26。

朱震等人向朝廷推荐，其学术成就才大显于世。

在宋代四川《春秋》研究领域中，也有不少人主张以"经"治"经"，北宋绵州赵鹏飞便以此而闻名。赵鹏飞著有《春秋经筌》16卷，认为说"经"者拘泥"三传"，各护师说，多失圣人本旨。因此，应该据"经"解"经"，"学者当以无'传'明《春秋》，不可以有'传'求《春秋》"。① 赵氏的学术观点属于孙明复派。

此外，宋代四川学者还有从其他角度来研究《春秋》的。南宋四川丹棱程公说，是一位"刻意于左氏之学者"②，"平生于《春秋》一书，究之反复不厌"。③ 撰有《春秋分纪》《左氏始终》《左氏通例》《左氏比事》等著作。现存的《春秋分纪》共90卷，全书分为年表、世谱、名谱、书、周天王事、鲁事、大国世本、次国、小国、附录等卷帙，是一部研究《春秋》的工具书。该书体例较新颖，就是到了清代，这种考证与年表相结合的体例也不多见，清代学者顾栋高的名著《春秋大事表》与此书有许多相似之处。嘉祐间，江阳乡贡进士杜谔，治《春秋》有声。他撰有《春秋会义》30卷，该书收集了《释例》《繁露》《规过》等50余种著述，博采众家之说，集古今之异同，不失为后学研究学习《春秋》的一部平实可靠的工具书。宋晁公武评此书云："虽其说不皆得圣人之旨，然使后人博观古今异同之说，则于圣人之旨，或有得焉。"④ 南宋末年，眉州学者家铉翁"其学邃于《春秋》"。宋亡之后，家铉翁在河间"乃以《春秋》教授弟子"。⑤ 家铉翁著有《春秋详说》30卷。他从政治法规方面来研究《春秋》，认为"《春秋》主乎垂法，不主乎记事。其或详或略，或书或不书，大率皆抑扬予夺之所系。要当探得圣人心法所寓，然后参稽众说而求其是"。⑥ 清人评其书曰："其论平正通达，非孙复、胡安国诸人务为刻酷者所能及。"⑦

---

① 赵鹏飞：《春秋经筌·自序》。
② 《四库全书总目》卷 27。
③ 刘光祖：《临邛教授程伯刚墓志铭》，《宋代蜀文辑存》卷 70。
④ 晁公武：《郡斋读书志》卷 3。
⑤ 《宋史》卷 421《家铉翁传》。
⑥ 《四库全书总目》卷 27。
⑦ 《四库全书总目》卷 27。

第三节　包容并蓄的苏氏蜀学

苏氏蜀学是指苏洵、苏轼、苏辙父子的学术思想。在宋代学术史上，三苏父子占了极其重要的地位。《宋元学案》卷99，就以"苏氏蜀学略"为题，专章介绍了苏氏蜀学的内容。在北宋中期，苏氏蜀学"就异军突起，一方面和洛、朔旧学抗衡，一方面和江西新兴思想竞争"。① 洛学即程颐开创的宋代理学，南宋晚期发展成官方的正统学说。江西新学为王安石开创，得到了宋神宗的支持，是北宋政坛规模最大的变法运动的理论指导。朔学为司马光开创，亦曾在北宋政坛上大显身手，为"元祐更化"否定王安石的新法提供理论指导。三苏父子在政治上屡遭排挤，在北宋政坛未能大展宏图，而在文学上声名盖世。也许是三苏父子在宋代文坛上取得了无人比拟的巨大成就，而在儒学思想方面赶不上同时代程颐等人的学术声望，政治上又无王安石、司马光的显赫地位，因而人们

图17-3　眉山三苏祠

---

① 刘子健《宋代蜀文辑存·重印小引》。

往往重其文学领域的成就，轻其学术领域的造诣，苏氏蜀学长期被人忽略，不受重视。近些年来，才有愈来愈多的学者开始重视苏氏蜀学的研究①，并认识到"在宋代学术演进历程中，它与王安石的新学、二程洛学长期并峙，影响了一代又一代的学者"。②

一、苏洵的学术思想

苏氏蜀学由苏洵开创，苏轼、苏辙兄弟发展成熟。

苏洵，字明允，眉州（今四川眉山）人。生于宋真宗大中祥符二年（1009），卒于英宗治平三年（1066），终年58岁。他少年不喜读书，爱游山川，欣赏自然美景。27岁始发愤读书，其后多次应举，但屡屡名落孙山。这使他认识到科举制度拘于陈规，不容奇才绝智之人，改而从事古代思想、文化的研究，探讨治国救民之道，开始了他的学术生涯。

图17-4　苏洵像

庆历七年（1047）后，苏洵在家潜心修学，博览群书，"遂通六经、百家之说，下笔顷刻数千言"。嘉祐元年（1056），"与其二子轼、辙皆至京师，翰林学士欧阳修上其所著二十二篇。既出，士大夫争传之，一时学者竞效苏氏为文章"。③恰逢二子科举高中，"一日父子隐然名动京师，而苏氏文章遂擅天下"。④

但苏洵并未得到重用，又遭妻子病逝，父子三人只好回蜀办理丧事。丧事治完后，苏氏父子举家迁往京师。"会太常修纂建隆以来礼书"，他接受了朝廷的委任，"为霸州文安县主簿，与陈州项城令姚辟同修礼书，为《太常因革礼》一百卷。书成，方奏未报，卒"。⑤死后归葬于蜀。

---

① 胡昭曦、刘复生、粟品孝：《宋代蜀学研究》，巴蜀书社1997年版；舒大刚：《苏洵》，张维：《苏轼》，均载贾顺先、戴大禄主编：《四川思想家》，巴蜀书社1987年版。
② 《宋代蜀学研究》，巴蜀书社1997年版，第29页。
③ 《宋史》卷443《苏洵传》。
④ 欧阳修：《故霸州文安县主簿苏君墓志铭》，《欧阳文忠公集》卷34。
⑤ 《宋史》卷443《苏洵传》。

苏洵研究古代的思想文化,是为了探索治国之道。时人称其"大究'六经'、百家之说,以考质古今治乱成败"。"好为策谋","颇喜言兵"。① 所论"大抵兵谋、权利、机变之言"②,"有战国纵横之学"。③ 于此可见,苏洵的学术渊源是以儒学为本,兼收并蓄,吸收兵家、法家、纵横家等先秦诸子百家之学。欧阳修说:"其议论精于物理而善识权变,文章不为空言,而期于有用。其所撰《权书》《衡论》《机策》二十篇,辞辩宏伟,博于古而宜于今,实有用之言,非特能文之士也。"乃是"通经学古,履忠守道之士"。④ 雅州知州雷简夫更认为苏洵是"天下之奇才",可"为帝王之师"。⑤

苏洵在学术上"务一出己见,不肯蹑人故迹"⑥,而创独家之言,这主要表现在他的《六经论》上。

苏洵认为,"圣人之始作礼也",是圣人看到"人之好生也甚于逸,而恶死也甚于劳",于是告诉人们"天下无贵贱,无尊卑,无长幼,是人之相杀无已也"。于是"独为之君臣而使天下贵役贱,为之父子而使天下尊役卑,为之兄弟而使天下长役幼,蚕而后衣,耕而后食,率天下而劳之"。使人类由"相杀无已"的野蛮时代进入有制度、有规范、各得其所的文明时代。为了保证这种等级社会秩序的实现,圣人"又有术焉,以压服其心而使之肯拜其君父兄。然则,圣人者果何术也?耻之而已"。即以"耻"为术"压服其心",使人们遵守礼制。

苏洵认为,"圣人惧其道之废而天下复于乱也,然后则《易》。观天地之象以为爻,通阴阳之变以为卦,考鬼神之情以为辞。探之茫茫,索之冥冥,童而习之,白首而不得其源。故天下视圣人,如神之幽,如天之高"。人们既然把圣人当做"神",当做"天",圣人之言自然不敢违背。"故尊其人而其教亦随而尊"。"此圣人用其机权,以持天下之心,而济其道于不穷也"。所以他说:"圣人之道,得《礼》而信,得《易》而尊。信之而不可废,尊之而不敢废。"

对《乐》的作用,苏洵提出,圣人认识到音乐能熏陶人们的感情,使人从

---

① 曾巩:《苏明允哀词》,《元丰类稿》卷41。
② 苏洵:《嘉祐集附录》卷上。
③ 邵博:《邵氏闻见后录》卷14。
④ 欧阳修:《荐布衣苏洵状》,《欧阳文忠公集》卷110。
⑤ 邵博:《邵氏闻见后录》卷15。
⑥ 曾巩:《苏明允哀词》,《元丰类稿》卷41。

内心遵守礼制。"正声入乎耳,而人皆有事君、事父、事兄之心"。

至于《诗》的产生和作用,则是圣人看到"人之情又不能皆然,好色之心驱诸其中,是非不平之气攻诸其外,炎炎而生,不顾利害,趋死而后已",乃设诗教,"使人好色而无至于淫,怨尔君父兄而无至于叛"。他说:"吾观《国风》,婉娈柔媚而卒守以正,好色而不至于淫者也。《小雅》悲伤诟谇而君臣之情卒不忍去,怨而不至于叛者也。"也就是说,《诗》能从思想上维系君臣、父子、兄弟关系。

苏洵论《书》,认为读《尚书》可以了解古代风俗之变。这种"风俗之变,圣人为之也,圣人因风俗之变而用其权","权用而风俗成"。所谓"风俗之变",即历史的转型,朝代的更替;所谓"权用而风俗成",即权者,变也,变通也,权力也。圣人用权力,用法律,用政策,用制度,来巩固已经改变的风俗,实现朝代的更替。

苏洵认为,《春秋》是"夫子病天下之诸侯大夫僭天子诸侯之事,而作《春秋》"。"吾观《春秋》之法,皆周公之法,而又详内而略外,此其意,欲鲁法周公之所为"。①

在苏洵看来,《礼》是"六经"的核心,《诗》《书》《乐》《易》《春秋》五经都是为实现礼治,建立君臣、父子、兄弟之间的等级尊卑制度服务的。"六经"的各种制度是圣人根据"人之情"而制定的,正如其子苏轼所说:"夫'六经'之道,惟其近乎人情,是以久传而不废。"②"六经"的各种制度是靠"权"和"术"来实现的。"权"即法律、政策、赏罚等等权力,"术"即实现权力的方法和策略。所以苏洵公开说:"仲尼之说,纯乎经者也;吾之说,参乎权而归乎经者也。"③所谓"纯乎经者也",即孔子不懂得权变,而用停滞不变的"六经"的伦理道德来实现"六经"的治国理念。苏洵"参乎权而归乎经者也",即用权变的思想,用法家的权力、法律学说来实现"六经"的治国理念。而运用权力、法律,还必须讲究"术"的方法和策略,才能取得成功,所以他说:"苏秦、张仪,吾取其术。"④

---

① 《嘉祐集》卷6《六经论》。
② 《苏轼文集》卷2《诗论》。
③ 《嘉祐集》卷9《谏论》。
④ 《嘉祐集》卷9《谏论》。

苏洵在儒学的基础上吸收法家、纵横家的思想，解释"六经"，自然会受到以正统儒学自居的理学家们的反对。朱熹就说："看老苏的《六经论》，则是圣人全是以术欺天下也。"① 他认为苏洵大逆不道、亵渎圣人而严加斥责。这种斥责反映了理学重经轻史，对先君圣人的历史疏于考察，是对苏洵学术的误解。

无论是法家的"权"或纵横家的"术"，都是君主"圣人"的思想和行为，并不是苏洵强加在这些"圣人"身上的。我国古代的圣人，尧舜禹汤文武周公都是开国之君（周公是鲁国开国之君），只有孔子是平民圣人。② 这些开国之君没有一个不是运用"权"和"术"而成为君王的。国家是管理社会事务和对人民实行专政的组织；君王是行使国家职能的首脑，不靠权力、法律和正确的政策、策略，当不成开国之君，更不用说管理好国家事务，而成为"圣人"了。苏洵吸取法家的"权"和纵横家的"术"解释"六经"，只是揭示了历史的真相，总结了"圣人"治国的历史经验，创造性地丰富了儒学的内容，并非亵渎"圣人以术欺天下"。

此外，苏洵还修正了孔、孟把义利对立的观点，提出"利在义存，利亡义丧"，"人之好利，若水之走下"，是不能违背的客观规律。君子耻于言利，仅仅是耻于唯利是图。同时苏洵还吸收了兵家思想，提出"知理而后可以举兵，知势而后可以加兵，知节而后可以用兵"③的理势观，告诫人们必须懂得战争规律和战争形势，才能取得战争的胜利。

苏洵学术思想的特点，是以儒学为宗，又兼收并蓄吸取先秦法家、纵横家和兵家的思想。这个特点决定了苏氏蜀学必然受到以儒学正宗自居的理学家的攻击，但苏学不违犯"天条"，理学家们又无法把苏学打入"异端"的牢狱；这个特点决定了苏氏蜀学"博于古而宜于今，实有用之言"，能提出治国安邦

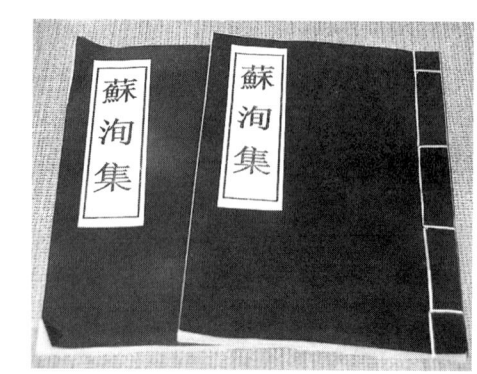

图17—5 《苏洵集》书影

---

① 朱熹：《朱子语类》卷130。
② 参见李宗吾：《我对圣人之怀疑》，《厚黑学》，今日中国出版社1998年版，第27页。
③ 《宋史》卷443《苏洵传》。

的卓越见解，得到朝野有识之士的赞同和拥护，在士大夫中有广泛的群众基础；这个特点决定了苏氏蜀学能独立成派，并成为唯一的能与理学长期对峙的学派。

二、苏轼、苏辙的学术思想

苏轼（1036～1101）字子瞻，又字和仲，号东坡居士。嘉祐二年（1057）进士及第，六年（1061）授大理评事签书凤翔节度判官厅公事，开始了他的仕宦生涯。英宗治平二年（1065）回朝转殿中丞。神宗熙宁二年（1069），王安石出任参知政事，实行变法，苏轼权开封府推官。熙宁四年（1071），苏轼因上书神宗皇帝，公开反对王安石变法，被贬为杭州通判，徙知密、徐、湖州。熙宁九年（1076），他在徐州（今江苏铜山）任上，遇黄河决口，率领军民护堤守城，保全了人民的生命财

图 17-6　苏轼像

产。元丰二年（1079）苏轼在湖州（今浙江吴兴）任上时，御史李定、舒亶、何正臣等人寻章摘句，诬陷苏轼做诗讽刺新法，诽谤朝廷，被捕入狱，酿成"乌台诗案"。出狱后，苏轼被贬为黄州团练副使，又改调汝州团练副使。元丰八年（1085）神宗死，高太后听政，召苏轼回朝，任中书舍人、翰林学士兼侍读。因反对司马光全盘否定王安石新法，被贬为知杭州。在杭州任上，他率众开湖筑堤，颇有政绩，至今仍令人缅怀，所筑之堤被称为"苏堤"。

图 17-7　杭州苏堤

第十七章 宋代四川学术思想的繁荣

司马光死后,朝廷发生蜀洛朔党争,苏轼沉浮于朝廷和地方。哲宗亲政后,御史论其讥斥先朝,出知英州,未至,贬惠州安置。在广东惠州期间,他为惠州人民做了不少好事,并写了诗文400多篇。其后又贬琼州别驾,居昌化(今海南儋县)蛮荒之地。徽宗即位,回移廉州,徙永州,遇赦还。卒于常州,时年66岁,可谓一生坎坷。他死后近70年,直到南宋孝宗时始得反平,赠太师,赐谥"文忠"。①

苏辙(1039~1112)字子由,一字同叔,号颍滨遗老。嘉祐二年(1057)与兄轼同登进士,授商州军事推官,大名推官。熙宁变法,为三司条例司检详文字,言青苗法不可行,出任河南推官等职。后因苏轼"乌台诗案"受累,责监筠州酒税。哲宗立,为秘书省校书郎,右司谏,中书舍人,翰林学士知制诰,御史中丞。元祐六年(1091)拜尚书右丞,进门下侍郎。绍圣初,落职知汝州,再责筠州居住,又责化州别驾,雷州安置,移循州。徽宗即位,徙永州、岳州,后居许州终老。南宋孝宗赐谥"文定"。②

图17-8 苏辙像

苏轼、苏辙继承其父的学术思想,以儒学为宗,并吸收先秦诸子百家和佛老思想,把苏氏蜀学推向成熟。

苏轼、苏辙在儒学上都尊重孔孟之道及其儒家经典,并继承其父的"人情说"来阐发儒家经典。苏轼认为"圣人之道,自本而观之,皆出于人情"。③ 对于礼,苏轼十分重视,认为礼"各正名分,不可乱也","君子以礼治天下,使尊者习为尊,卑者习为卑"。"礼之大意,存乎明天下之分,严君臣,笃父子,形孝弟而显仁义也"。④ 同样,苏辙亦认为礼本人情,"夫礼,沿人情,人情所安,天意必顺"。⑤ 正是从人情所安出发,苏氏蜀学既反对随时更改礼,也反对

---

① 《宋史》卷338《苏轼传》。
② 《宋史》卷339《苏辙传》。
③ 苏轼:《中庸论(中)》,《苏轼文集》卷2。
④ 苏轼:《礼以养人为本论》,《礼义信是以成德论》,《苏轼文集》卷2。
⑤ 苏辙:《历代论·王衍》,《栾城后集》卷9。

不达时变，主张礼要随时损益，不可以古而非今。

苏轼对孔孟十分崇敬，他在《应诏集》中说孔子学说"独得不废，以与天下后世，为仁义礼乐之主"，并称孟子能坚守仁义。苏轼称他治学是学孟子。苏辙也明确表示自己的学问源自孟子。这是因为二苏在政治上和文学上都与孟子心灵相通。《孟子》一书，把孔子"仁"的思想发展为"仁政"，主张建立人民安居乐业、不饥不寒的小康社会；主张"民贵君轻"，甚至对君主个人绝对权威表示否定。孟子的民本主义思想，无疑对苏氏蜀学建立一个符合人情的社会的主张产生了深刻影响。同时，孟子的文章体现了高超的辩论艺术。为了坚守仁义，把仁政思想推行天下，每当涉及他的理想和信仰的时候，孟子总是感情激越，词锋犀利，气势恢宏，如长河大浪磅礴而来，横行无阻，震荡乾坤，纵横捭阖，长篇大论，大有战国纵横家的气概。孟子理直气壮的做人和行文风格，对苏氏兄弟一身正气，直言不阿，熟于人情，明于利害，长于辩才，嬉笑怒骂，皆成文章，产生了重要影响。

苏氏兄弟在儒学上的造诣，就连集理学之大成的朱熹也不得不承认。他说："苏轼之学，上谈性命，下述政理。"①　"东坡解经，虽不甚纯，然好处亦自多。"②　朱熹认为东坡的《书传》是解得最好的。③　对苏辙的《古史》，朱熹也给予了高度的评价，认为"近世之言史者，此书为近理"；"秦汉以来，史册之言近理而可观者莫如此书"。④　朱熹还说，"苏氏学不正，而言成理"⑤，承认苏学自成体系。他的《论语集注》"亦取东坡之传"⑥，吸取了苏轼《论语说》的思想。而崇奉程朱理学的学者亦认为："苏氏之学，若去其泊且乱者，亦吾道之干城也。"⑦

苏轼兄弟除吸取儒学思想之外，还积极地吸取佛、老思想，在学术上完善了苏氏蜀学体系。对佛、老之学，两人明确指出有其存在的合理性。苏辙认为，佛学之道，"非一人之私说也，自有天地而有是道矣"。"佛老之道与吾同道"，

---

① 王梓材：《宋元学案补遗·序录》。
② 朱熹：《朱子语类》卷130。
③ 永瑢等：《东坡书传》，《四库全书总目》卷11。
④ 朱熹：《古史余论》，《朱文公文集》卷72。
⑤ 朱熹：《答汪尚书（五）》，《朱文公文集》卷30。
⑥ 王梓材：《苏氏蜀学略补遗》，《宋元学案补遗》卷99。
⑦ 王梓材：《宋元学案补遗·序录》。

因而有"不可去之理",有"不去而无害世"者。① 对老庄之学,他也持肯定的态度,认为"老子与佛法大类"。② 苏辙还著有《老子解》(即《道德经解》),吸收佛、儒思想注释《老子》。苏轼一生都在学佛,对庄子也特别敬重,认为庄子与孔子是"阳挤而阴取"③,并撰有《老子解·广成子解》。三苏父子合著《苏氏易传》,不少地方更沿袭老、庄之语。但苏氏蜀学为捍卫儒学,对佛、老出世的思想是反对的,认为"非礼法则乱",如果把佛、老"蔑君臣,废父子"之说行之于世,就会造成天下大乱。④

苏氏蜀学的特点,正如有学者所说:"一是苏学尚权谋,重人情,有经世之学的特点;二是苏学公然声言三教合一,且留有佛、老思想的明显痕迹。"⑤

三、《苏氏易传》的哲学思想

《苏氏易传》是三苏父子共同完成的。苏洵晚年作《易传》,未成而卒,嘱其二子述其事,其中苏轼用力最多,故其又称《东坡易传》或《毗陵易传》。《苏氏易传》不谈象数,专论义理,是宋代四川义理易学的代表作。这部著作构建了苏氏蜀学的哲学体系,包括了丰富的哲学内容。归纳起来,主要表现在以下几个方面⑥:

一是客观唯心主义的宇宙观。《苏氏易传》吸收老、庄哲学的"道"作为宇宙观的最高范畴。苏氏

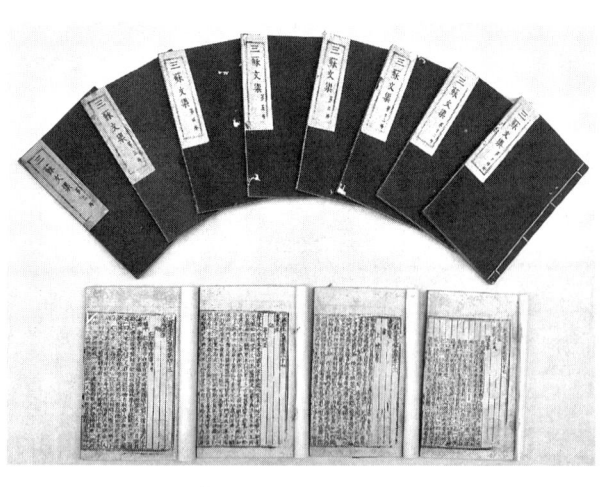

图17-9 清道光眉州刻本《三苏文集》

---

① 苏辙:《策问(二)》,《栾城三集》卷6。
② 苏辙:《颍滨遗老传》,《栾城后集》卷12。
③ 苏轼:《庄子祠堂记》,《苏轼文集》卷11。
④ 苏辙:《颍滨遗老传》,《栾城后集》卷12。
⑤ 胡昭曦等:《宋代蜀学研究》,巴蜀书社1997年版,第39页。
⑥ 参见孔繁:《苏轼〈毗陵易传〉的哲学思想》,载《中国哲学》第9辑;张维:《苏轼》,载贾顺先、戴大禄主编:《四川思想家》,巴蜀书社1988年版。

认为"道"是万物根源,一切事物都是"道"派生的,但是"道"生万物,并不是直接的,而是先生水,然后再由水构成万物。"阴阳一交而生物,其始为水,水者有无之际也,始离于无而入于有矣。"① 把水作为原始的物质元素,又流露出唯物的思想。苏氏还认为万物形成以后,就不再受"道"的支配。"万物盛衰于四时之间者也,皆其自然,莫或使之"。② 万物的发展和变化没有终极,都是自然的,不受神秘力量的支配,否认有上帝鬼神的主宰,坚持了无神论。

二是丰富的辩证法思想。这种辩证法思想,首先体现为对立统一论。苏氏说:"一阴一阳谓之道。"③ "道"是由阴和阳这对矛盾对立物构成的,矛盾对立是"道"本身所固有的,同时矛盾双方既是对立又是统一的。"阴阳缊而生物"。"刚柔变化本出于一"。④ 矛盾对立双方蕴藏在一个统一体中的斗争产生新的事物,推动事物的运动变化。"阳加阴则为水为木为土,阴加阳则为火为金。苟不相加,则虽有阴阳之资而无五行之用"。⑤ 五行就是阴和阳这种矛盾在统一体中相互斗争的产物。其次,这种辩证法思想体现为量变到质变的思想。苏氏认为事物运动变化处于两种不同形态,即"恒"变和"形"变的形态。⑥ 恒变是不显著的变化,是短时间察觉不到的量变;形变是显著的变化,是容易被人察觉的质变。再次,这种辩证法思想体现为物极必反的思想。苏氏认为矛盾斗争的双方在统一体中是可以相互转化的。"既盈则亏,天地鬼神之所以不免"。⑦ 盛和衰不是绝对对立的,不是永远不变的。在一定条件下,盛可以转化为衰,治世可以转化为乱世。所以统治者应该居安思危,太平之世才可延续下去。

三是认识论的唯物主义倾向。苏氏认为"必有所见而后知"⑧,坚持客观事实是认识的来源。同时苏氏又不停留在耳闻目睹的感性认识阶段,主张把感性认识提高到理性认识。"必有所见而后知,则圣人之所知寡矣。是故圣人之学

---

① 苏轼:《苏氏易传》卷7。
② 苏轼:《苏氏易传》卷9。
③ 苏轼:《苏氏易传》卷7。
④ 苏轼:《苏氏易传》卷7。
⑤ 苏轼:《苏氏易传》卷7。
⑥ 苏轼:《苏氏易传》卷4。
⑦ 苏轼:《苏氏易传》卷6。
⑧ 苏轼:《苏氏易传》卷7。

也，以其所见，推至其不所见。"① 根据已有知识推论出新的知识，以加深对事物本质的认识。

《朱文公易说》："东坡注《易》毕，谓人曰：'有《易》以来无此书也。'"可见苏轼对他的《易传》评价极高。毛晋在《易传》后作跋也说，"汉儒治《易》，入神要路，宋儒则未免繁衍，或流于术数，或释道互发，议论荒唐，如人眩时，五色无主也。惟东坡汇百川支流，滴滴归源而滔滔汩汩去之，百斛不能量也……自汉以来，未见此奇特。"《苏氏易传》"包含着丰富的哲学思辨"，对许多问题的阐述与程朱一派理学格格不入，所以遭到了不少理学学者的攻击，朱熹更是作《杂学辨》予以首攻，从而形成了程朱是宋学唯一正宗显学的局面。故而有今日学者主张："应当推翻朱熹的评价，而恢复蜀学（指苏氏蜀学）在哲学史上应有的地位。"② 我们相信，随着对宋学研究的深入，一定能恢复苏学在宋学中应有的地位。

四、理学家对苏氏蜀学的攻击

兼收并蓄的苏学在不少学术观点上与理学对立，使理学力图一统天下的目的受到威胁。理学家们便以儒学正宗自居，挟圣人以令诸学，对苏学展开攻击，把苏学打入"异端"。这种攻击从北宋中期延续到南宋中期，时间长达200年之久。其中有两次高潮：一次是元祐时期二程洛学对苏学的攻击，一次是南宋中期朱熹对苏学的围剿。

元祐时期理学对苏学的攻击，是程颐与苏轼、苏辙的直接对峙。这次对峙并未涉及学术思想的重大问题和邦国大计，而是由两个小小的礼节引起的。当时程颐为崇政说书，苏轼为翰林学士，而洛学和苏学的不少人物都在朝廷做官，这场学术之争便演变成洛蜀党争。

这两次小小的礼节之争，一次是司马光死后，"明堂降赦，臣僚称贺讫。两省官欲往奠司马光。是时，程颐言曰：子于是日'哭则不歌'，岂可贺赦才了，却往吊丧？坐客有难之曰：孔子言'哭则不歌'，即不言'歌则不哭'，今已贺赦了，却往吊丧，于礼何害？苏轼遂戏程颐曰：此乃枉死市叔孙通所制礼也，

---

① 苏轼：《苏氏易传》卷7。
② 孔繁：《苏轼〈毗陵易传〉的哲学思想》，载《中国哲学》第9辑。

众皆大笑。"① 另一次是程颐入朝，力图实行他的"坐讲"制度，提高讲官的地位。这套做法遭到苏学人物顾临、吕陶、孔文仲等人的反对，认为程颐是不尊君，目无皇上，已经违礼。程颐则反驳说，如果不坐讲，"讲者独立，于礼为悖"，并抨击顾临等人为"恐非以道事君之义"。② 这两次"歌则不哭"、"哭则不歌"和"坐讲"、"殿讲"之争最终演变成洛蜀党争。洛党对蜀党展开了声势浩大的攻击和迫害，不但把苏氏蜀学讥为"纵横"之学，视为"异端"，而且对蜀党人物进行人身攻击。王觌弹劾苏轼"习为轻浮，贪好权利，不通先王性命道德之意，专慕战国纵横捭阖之术"。③ 贾易论苏辙"诐言殆行，甚于蛇豕"。④ 朱光庭弹秦观"素号薄徒，恶行非一"。⑤ 这自然引起蜀党的反击，如苏辙弹朱光庭"智昏才短，心狠胆薄，不学无术，忌贤害能"，不会为文，"每月章疏，文理猥谬，士人无不掩口"。⑥ 这种以党划线的相互攻击，造成今日蜀党之人被劾罢官，明日洛党之人被弹贬官。迨至哲宗亲政，恢复王安石新法，章惇、蔡确执政，元祐党人或流放，或贬官，或夺恩，无一得免。徽宗时期，童贯、蔡京专政之后，更将元祐党人定为奸党。时人称"元祐名臣，忠义之士，为之一空，驯致靖康之祸，可胜叹哉！"⑦ 洛蜀党争在政治上造成极坏影响。

第二次理学对苏学的攻击，苏学已无人应战，只是朱熹对苏学的围剿，以清除苏学影响。南宋孝宗时期，解除党禁，洛学和苏学都得到发展。宗奉洛学的理学步入"乾（道）淳（熙）之盛"的高峰时期，而苏学也是"人传元祐之学，家有眉山之书"⑧，盛行于世。朱熹深恐苏学"流传四方，学者家传而人诵之"⑨，会造成"道衰学绝"，"乱吾之传，而失人心之正"⑩，威胁程朱理学欲图一统天下的学术地位。因此，"极不满于二苏"，"于苏氏兄弟攻击如仇"。⑪ 朱

---

① 《续资治通鉴长编》卷393，元祐三年十二月壬寅条。
② 程颢、程颐：《论经筵第三札子》，《河南程氏文集》卷6。
③ 《续资治通鉴长编》卷408，元祐三年正月丁卯条。
④ 《续资治通鉴长编》卷463，元祐六年八月己丑。
⑤ 《续资治通鉴长编》卷442，元祐五年庚寅条。
⑥ 《续资治通鉴长编》卷454，元祐六年正月丙戌条。
⑦ 《宋史》卷329《传论》。
⑧ 罗大经：《鹤林玉露》甲编卷2。
⑨ 朱熹：《答吕伯恭（五）》，《朱文公文集》卷33。
⑩ 《宋元学案》卷99《苏氏蜀学略》。
⑪ 《四库全书总目》卷140《龙川略志》，卷157《双溪集》。

熹不但抨击苏学"早拾苏、张之余绪，晚醉佛、老之糟粕"，是不"知道"之徒，把苏学打入"异端"和"杂学"之列①，更著《杂学辨》，攻击苏氏哲学基础的代表作《苏氏易传》和《老子解》，企图从理论上批倒苏学，消除影响。但朱熹对苏学的批判苍白无力。明代哲学家李卓吾则认为解《老子》者众矣，而子由独高，彻底否定了朱熹的批判。朱熹对《苏氏易传》的批判，仅仅找出19条破绽，而且还吸收了一些苏氏易学的思想。朱熹无力从理论上批倒苏学，这位集理学之大成的理学大师，只得无奈地"每与其徒言，苏氏之学，坏人心术，学校尤宜禁绝"，企图用"禁绝"来阻止苏学的流传。② 朱熹这一目的终生未能实现。从北宋中期到南宋中期，苏氏蜀学在四川学术界一直占据主导地位，并传播到辽、金。直到宁宗嘉定十三年（1220），朱熹死后20年，理学才得到官方承认，到南宋晚期理学才成为官方哲学。南宋蜀人张栻、魏了翁的理学在蜀中繁荣后，苏氏蜀学的学术思想才逐渐被人淡忘，转而专注于三苏父子在文学上的成就。

五、苏氏蜀学与程朱理学的分歧

尽管苏学在儒学思想上与程朱理学有不少共同之处，但苏学兼收并蓄，与程朱理学"道不同，不相谋"，在学术上存在巨大分歧。

程朱理学讲"去人欲，存天理"，"寡妇改嫁，饿死事小，失节事大"。苏学则重人情，存人欲，不讲天理。"去人欲，存天理"是理学维护封建伦理道德的核心思想，也是理学的最大糟粕，是阻碍社会进步的思想枷锁。理学"去人欲，存天理"的观点，除得到理学家的拥护而外，从未得到广大民众和进步思想家的认同。清代思想家戴东原就一针见血地指出：其所谓理者，同于酷吏所谓法；酷吏以法杀人，后儒以理杀人。③ 苏学重人情，主张建立一个符合人情的社会，自然不能苟同理学"去人欲，存天理"的观点。在《苏氏易传》里，苏氏公开否定天道具有伦理属性，从而否定伦理道德是天理的观点。苏轼明确指出："仁义之道，起于夫妇兄弟相爱之心，而礼法刑政之原，出于君臣上下相忌之际。

---

① 《朱熹集》卷41《答程允夫》。
② 罗大经：《鹤林玉露》甲编卷2。
③ 戴震《孟子字义疏注》。

相爱则有所不忍,相忌则有所不敢。夫不敢与不忍之心合,而后圣人之道存乎其中。"[1] 伦理道德是人情的产物,不是天理的产物。苏学认为伦理道德是人情和礼法的有机统一,主张在礼乐行政方面规范人欲,支持和保护人们追求美好生活的正当人欲,而不是"去人欲"。人欲是人类固有的客观规律,既不能"去",也不能"禁",只能正确引导。苏学与理学在"去人欲,存天理"上的对立,是对程朱理学的最大威胁,是程朱等理学家对苏氏"视之如仇"的根本原因。

理学斥纵横之学为异端,苏学则吸收纵横之术。在北宋元祐党争期间洛学对苏学的攻击和南宋中期朱熹对苏学的围剿中,就是以苏学是纵横之学而斥之为异端。纵横之学,确非儒家之学。理学家为维护其儒学的正统性,对其加以抨击,亦属自然。但纵横之学不失为处理国家关系、维护本国利益的有益之学。苏秦合纵六国以抗强秦,使秦兵不敢出关15年。张仪连横而破纵,各个击破,使秦国相继并吞六国,完成统一。其历史经验,一直备受后世重视。苏洵公开声称:"苏秦、张仪,吾取其术。"这在宋代具有极其重要的现实意义。宋朝处于我国的分裂时期,先后与辽、金、西夏、大理、蒙(元)等国对立并存,与战国时期七国并立颇有相似之处。作为政治、文化、经济先进而军力落后的宋朝,正确处理好与邻国的关系,找好自己的盟友,以共同对付威胁最大的敌人,关系宋朝的生死存亡。在这种特殊的"国际"环境下,苏秦、张仪纵横之学确实派得上用场。假如北宋王朝能有长远的战略眼光,联合辽、夏对金,而不是订立宋金海上之盟,联金灭辽,也许北宋的日子好过得多;假如南宋王朝能联合西夏、金国、大理而抗蒙,而不是联蒙而灭金,也许南宋王朝的日子好过得多。而蒙(元)军队的策略则与张仪之学异曲同工,先灭西夏,次联宋灭金,再灭大理,把南宋王朝如铁桶般包围起来,如瓮中捉鳖,灭亡南宋。理学家空谈理学的道德性命,反对纵横之学,而蒙(元)则用纵横之学灭亡南宋,真不知他们在九泉之下有何感想。

理学治学目的是求道成圣,苏学治学目的是经世致用、安邦治国。程颐说"学以致圣人之道"[2],把求道成圣看成是学者唯一的最高目的。程颐认为:"周

---

[1] 苏轼:《韩非论》,《苏轼文集》卷11。
[2] 程颢、程颐:《颜子所好何学论》,《河南程氏外书》卷8。

公殁,圣人之道不行;孟轲死,圣人之学不传。道不行,百世无善治;学不传,千载无真儒。"①朱熹也说:"邹孟氏没,而圣人之道不传。"②二程对关注国计民生颇为淡漠,对研究儒学则满怀热情,毕生都在为成为承续孔孟正宗儒学的"真儒"而奋斗。他们学习孔子招收生徒,聚众讲学,传播孔学的方法,也以讲学为手段,传播其理学。仅程颐一生讲学就达30余年,程颢仅在洛阳讲学亦达10余年,而成为理学的奠基人。故朱熹说,圣人之道失传之后,至"河南两程先生既亲见而得其传,于是其学遂行于世"。③其后宋代的理学家几乎无一不热衷于兴办书院,招收生徒,研究和传播理学,把宋代的书院变成传播理学的阵地和工具,从而使宋代理学成为门生弟子代代相传,门户森严,封闭性、排他性兼具和人数最多的学派。苏氏的治学目的则与理学迥异,不是以学道成圣为目的,而是以经世致用、安邦治国为目的。苏洵曾说:"洵著书无他长,及言兵事,论古今形势,至自比贾谊。所献《权书》,虽古人已往成败之迹,苟深晓其义,施之于今,无所不可。"④苏轼也是"独好观前世盛衰之迹,与其时风俗之变",并认为"考古以证今,盖学士大夫之职"。⑤苏辙则"自少读书,好言治乱"。⑥苏轼还针对北宋王朝的腐朽状况,写了《策略》《策别》《策断》等25篇文章,提出了一系列富国强兵的主张。三苏父子治国安邦的政治热情,远远大于他们的学术情结。苏洵是"及长,知取士之难,遂绝意于功名,而自托于学术"。⑦苏辙的《诗传》《春秋传》《古史》和《老子解》主要是在贬地筠州、许州撰成。苏轼的《易传》《论语说》和《书传》,也主要在贬地黄州和岭南、海南时写成。⑧而这些学术著作都充满了他们的治国安邦的政治思想。正因为三苏父子对经世致用、安邦治国的执著追求,所以他们都一身正气凛然。他们在学术上不惧权威。苏洵能"参乎权而归乎经",修正孔子"纯乎经"解释"六经"的观点;提出"利在义存,利亡义丧",修正孔孟义利对立的观点。他们在

---

① 程颢、程颐:《二程全书》。
② 朱熹:《朱文公文集》卷78。
③ 朱熹:《朱文公文集》卷78。
④ 苏洵:《上韩枢密书》,《嘉祐集》卷11。
⑤ 苏轼:《上韩太尉书》,《苏轼文集》卷48;《试馆职策问·两汉之政治》,《苏轼文集》卷7。
⑥ 苏辙:《自齐州回论时事非》,《栾城集》卷35。
⑦ 苏洵:《上韩丞相书》,《嘉祐集》卷13。
⑧ 《宋代蜀学研究》,第54~55页。

政治上不怕权势。苏轼既反对王安石变法不妥之处,又能不苟合司马光全部废除王安石新法,致其既不容于熙丰,又难立足于元祐,长期沉浮于朝廷和地方,多次遭受文字狱之苦,险遭灭顶之灾,晚年流放南海蛮荒之地,可谓一生坎坷,但仍著书立说,为其安邦治国的理念奋斗不息。故《宋史·苏轼传》曰:"自为举子出入侍从,必以爱君为本,忠规谠论,挺挺大节,群臣无出其右。但为小人忌恶挤排,不使安于朝廷之上。"其"器识之宏伟,议论之卓荦,文章之雄隽,政事之精明,四者皆能以特立之志为之主,而以迈往之气辅之。故意之所向,言足以达其有猷,行足以遂其有为。至于祸患之来,节义足以固其有守,皆志与气所为也"。这里所谓的"志",即治国安邦之志;所谓的"气",即人格魅力的浩然正气。

理学主张学术思想的一元化,苏学主张兼收并蓄的学术思想多元化。理学是"穷理"之学,认为"天下万物皆能穷,只是一理"。"一物之理即万物之理",这理,"在天为命,在人为性,论所主为心,其实只是一个道"。① 即天无二理,天无二道,无论是天理或人伦都包含在理学之中。为了标榜其是直承孔孟的正宗儒学,使理学成为一统天下之学,理学不但排斥先秦诸子百家之学,也排斥当代其他各派学说,成为一个封闭性、排他性的学术派别。在宋代,儒释道三家相互融合,相互吸取,求同存异,是学术思想解放的进步潮流。② 理学和苏学都大量吸取佛、老思想,并都认为儒学与佛、老思想有许多共同之处。但理学为了表明自己是纯之又纯的正宗儒学,在吸收佛、老思想的同时,却公开排斥佛、老,认为不排斥佛、老则道学不明,并害怕学习佛学"自家已化而为释氏矣"。③ 正如有学者所指出的:"他们一面反佛、道,一面又偷运佛、道思想入己说,这是当时所有理学家共同采用的手法。"④ 更为荒谬的是,理学家甚至主张拒绝学习其他知识,"不可将心滞在知识上",认为写诗作文、书画记

---

① 程颢、程颐:《河南程氏遗书》卷15、卷2上、卷18。
② 在学术界有一种较为流行的提法,认为宋代是"儒释道三教合一"。笔者认为这种说法是不确切的。首先,任何一种宗教都信仰"神",而儒学是信仰"人"(圣人),把儒学等同于宗教,失之偏颇。其次,儒释道三种文化,不但在宋代没有合而为一,直到今天这三种文化仍然是求同存异、相互吸取、鼎足而立的。
③ 程颢、程颐:《河南程氏遗书》卷15。
④ 卿希泰:《中国道教思想史纲》第2卷,四川人民出版社1985年版,第844页。

诵等等，只不过是"一才一艺，皆器矣"①，学习这些知识，会玩物丧志，妨碍求道。这就造成程朱理学除在理学上的巨大成就之外，与苏氏蜀学在其他文化方面的成就相比，就逊色得多。

苏氏蜀学以经世致用为目的，不求道成圣，因而反对"举天下同宗一说"②的学术文化的一元化，主张学术文化的多元化。苏轼主张对各种学术文化采取兼收并蓄的态度，他曾说："言各有当也。万物并育而不相害，道并行而不相悖。"③他们不但公开吸取先秦诸子百家之说，对佛、老思想更明确指出其存在的合理性，认为佛、老之书可读，只要学归于正，就不怕学佛、老。苏学主张以儒家礼乐政刑为本位，将佛、老之道纳入儒学体系。"既反对灭绝佛、老的极端行为，又反对片面推行无'礼法'的佛、老思想"。④ 对于我国的传统文化，苏学更是主张广泛学习，努力钻研。"天文、地理、音乐、律历、宫庙、服器、丧祭之法，《春秋》之所去取，刑之所禁，历代之所以废兴，与其人之所贤不肖，此学者之所宜尽力也"。⑤ 正因为这样，三苏父子不仅创立了兼收并蓄的苏氏蜀学，在学术上独树一帜，而且在文学上荣登唐宋八大家之列。以苏轼个人而论，他是宋代杰出的思想家、政治家、文学家。苏轼写诗，当之无愧地可以跻身于宋代最杰出的诗人之列；他的绘画，当之无愧可以跻身宋代优秀的画家之列；他的书法，当之无愧可以跻身于中国历史上最优秀的书法家之列；他的词，堪称登峰造极，蔚为大家。苏轼对医药学也颇有研究，撰有医药杂说及医方，有《苏沈良方》《东坡药方》传世，堪称医药学家。苏轼反对学术文化的一元化，主张学术文化的多元化，兼收并蓄，在学术文化上取得的多方面杰出成就，任何一个理学家根本无法望其项背。

六、苏氏蜀学的地位

在宋代各派学术思想的对峙和斗争中，最终以理学的胜利而告结束，并在

---

① 程颢、程颐：《河南程氏外书》卷6。
② 苏辙：《河南府进士策问》，《栾城集》卷10。
③ 宗奉苏学的北宋蜀人吕陶亦反对学术文化的一元化，认为"天下之学，安可齐之以法而必使从而所好哉"。见吕陶：《论学上》，《净德集》卷18。
④ 参见《宋代蜀学研究》第46页。
⑤ 苏轼：《盐官大悲阁记》，《苏轼文集》卷12。

南宋晚期和明、清时期成为官方的正统学说，但这并不能忽视和贬低苏氏蜀学的积极作用。

自汉武帝独尊儒术以来，儒学一直是我国的封建社会的正统学说。自然有其存在的合理性和必然性。包括理学在内的儒学，无愧是我国优秀传统文化之一。它的某些伦理道德观念和仁政思想以及以德治国的理念，直到今天仍然有借鉴作用。但我国历史发展表明，儒学在治国上仅仅是守成之学，而非创业之学。我国的汉唐盛世不是儒学的产物，秦皇、汉武、唐宗、宋祖也不是靠儒学起家的。原因就在于儒学提倡绝对的忠君思想，把整个国家民族看成是皇帝一人所私有，把君置于国家民族利益之上。绝对崇奉儒学的人，认为忠君就是忠于国家民族，叛君就是背叛国家民族。他们对英明的君主要忠，对昏庸腐朽的暴君也忠。他们之中不乏忠君爱国，抛头颅洒热血，可歌可泣的爱国之士，但更多的是对暴君俯首帖耳，最终成为昏庸腐朽暴君的应声虫、殉葬品，或洁身自好的隐匿者。而历代的开国皇帝无一不是君主的叛民，当皇帝以前无一不是儒学的叛徒。一旦这些创业皇帝，当其统治建立之后，又需要儒学的忠君思想来维持新王朝的统治，儒学也就成为封建社会的官方的正统学说，成为科举当官的学说。这是尽人皆知的历史常识。特别是理学这种新儒学，抛弃了孟子民为贵君为轻、蔑视君权、挑战君权的民本主义思想，把儒家忠君为核心的伦理思想更系统更完整地上升到"天理"的高度。从此我国进入了一个虚伪的冷冰冰的理学时代，自然地引起明清时期进步思想家的猛烈抨击和批判，引起了"五四"运动，高举科学、民主的大旗，掀起了打倒"孔家店"的浪潮。

我国是一个大国，人口多，民族多，问题多。各种矛盾错综复杂，比治理一个小国困难得多。俗话说，治病要对症下药，综合治理。世界上没有一药能治百病，也没有一种学说能治社会百病。正因为这样，历史上才有各种学派的产生，从不同的角度提出治理国家的方案和策略。儒家强调伦理道德，主张人治。但法律才是道德的底线。法律可以使坏人惧死而可能变好人。没有法律的强制惩罚，好人也会因经不起物欲的诱惑而可能蜕变为坏人。没有法律的保证，伦理道德必然苍白无力，变成欺世骗人的谎言。没有一个兼顾各种人群利益的健全而完整的法制社会，社会将无法和谐。要建立法制，我国法家学说显然派得上用场。佛学劝人为善，亦不失为稳定社会的一剂药方。道家主张无为而治，轻徭薄赋，休生养民，曾经造就了汉初文、景之治，亦不失为治国的有益之学。

第十七章 宋代四川学术思想的繁荣

墨家主张兼爱,和为贵,不失为国内的和谐与国际的和平外交的有益之学。纵横之术,不失为处理国际关系,找好盟友,对付主要的敌人,维护国家安全的有用之学。用兵打仗,兵家学说,更是必读之学。由此可见,苏氏蜀学以儒学为宗,兼收并蓄,对于经世致用、安邦定国具有重要的积极作用。我们应推翻程朱理学对苏氏蜀学的攻击,恢复苏学在宋代学术思想史上乃至中国封建社会学术思想史上应有的地位。

第四节 张栻和魏了翁的理学思想

一、张栻的理学思想

张栻(1133~1180),字敬夫,号南轩,世称南轩先生,四川绵竹县人。张栻为南宋初期抗金派领袖张浚之子。从小随父辗转各地,曾在张浚幕府"内赞密谋,外参庶务。其所综画,幕府诸人自以为不及也"。① 张浚死后,葬于潭州衡阳(今湖南长沙市),张栻遂徙居衡阳,以荫补官。乾道五年(1169),曾知严州(今浙江建德)。次年,召为吏部侍郎、兼侍讲,召对六七次,"所言大抵皆修身务学,畏天恤民,抑侥幸,屏谗谀",深得孝宗赏识。后出知袁州(今江西宜春)。淳熙元年(1174)知静江府(今广西桂林)、经略安抚广南西路,简州兵,严保伍,去弊政。淳熙五年(1178)知江陵府(今湖北江陵)。任内一日去贪吏十四人,整顿军政,严明赏罚。淳熙七年(1180)以病辞官,同年二月病逝。《宋史·张栻传》称其"为人表里洞然,勇于从义","有公辅之望"。

图17-10 张栻像

乾道元年(1165),张栻受湖南安抚使刘珙之聘,主持岳麓书院教事,奠定了湖湘学派的基础。宋代湖湘学派,以衡麓、碧泉、文定、岳麓书院为中心,

---

① 朱熹:《朱文公全集》卷89。

由著名理学家胡宏开其端。张栻主持岳麓书院教事,从学者达几千人,从而发展了湖湘学派,在理学界独树一帜。岳麓书院也成为全国最著名的书院之一。朱熹等著名的理学家均曾应邀赴岳麓书院讲学会友,更使岳麓书院和湖湘学派名声大振,闻名全国。张栻的名气亦如日东升,名声高涨。主持岳麓书院教事期间,是张栻集中精力研究学术的时期。

张栻朱熹等人交往密切,共同研究、切磋理学,友谊深厚。自从朱熹赴长沙讲学会友之后,张、朱二人书信往来不断。《宋史》称:"张栻之学,亦出程氏,既见朱熹,相与博约又大进焉。"① 黄梨州也说:"(南轩)与考亭(朱熹)相讲究,去短集长,其言语之过者,裁之归于平正。"② 这些都说明张栻在学问上曾得益于朱熹。另一方面,二人相与博约,朱熹也得益匪浅。朱熹在《答程允文》信中说:"去冬走湖湘,讲论文益不少……敬夫(张栻)所见超诸卓然,非所可及。"③ 朱熹在给曹晋叔的信中也谈到与张栻讲学所得:"相与讲明其所未闻,日有问学之益,至幸至幸!"④ 朱熹对张栻学问十分佩服。他说:"一则敬夫见识卓然不可及,从游之久,反复开益为多;一则曰敬夫学问愈高,所见卓然,议论出人表。"⑤ 张朱二人长期往返切磋辩论,进行学术交流,对南宋理学的发展与丰富,起了积极作用。此外,张栻与南宋理学家吕祖谦也曾相与论学。《宋史》称:"(吕祖谦)友张栻、朱熹,讲索益精。"⑥ 张、朱、吕三人的学术交流,大大推进了理学的发展。在其他理学家的共同努力下,北宋后期和南宋初期经过学禁打击,渐为学者淡忘之二程学说,重新成为学术界关注的对象,形成了理学史上著名的"乾(道)淳(熙)之盛"的局面。所以,宋人周密说:"伊洛之学行于世,至乾道、淳熙间盛矣。其能发明先贤旨意,溯流徂源,论著讲解,卓然自为一家者,惟广汉张氏敬夫,东莱吕氏伯恭,新安朱氏元晦而已……盖孔孟之道至伊洛而始得其传。而伊洛之学,至诸公而始无余蕴。必若是,然后可以言道学也已。"⑦ 张、朱、吕三人自成一家,在理学界鼎足而

---

① 《宋史》卷 427《道学传序》。
② 《宋元学案》卷 50《南轩学案》。
③ 朱熹:《朱文公集》卷 41。
④ 朱熹:《朱文公集》卷 42。
⑤ 《宋元学案》卷 50《南轩学案》。
⑥ 《宋史》卷 434《吕祖谦传》。
⑦ 周密:《齐东野语》卷 11《道学》。

立，被时人称为"三先生"，认为他们是南宋理学的一代宗师。

张栻自幼便从其父张浚受学，接受仁义忠孝的儒家教育。朱熹说张栻是"家传忠孝，学造精"。① 既壮又师从胡宏接受程氏理学教育。胡宏，号五峰，是二程的再传弟子，南宋初年的著名理学家，湖湘学派的创始人。《宋元学案》说："中兴诸儒所造，莫出于五峰之上。"朱熹认为张栻独得胡宏之说："敬夫说本胡氏，胡氏之说，惟敬夫独得之。"胡宏对张栻理学思想有重要影响。

张栻的宇宙观基本上是继承周敦颐和二程的观点。他推崇周敦颐的《太极图说》，以"太极"为万物的本源。他说："太极动而二气形，二气形而万物化生，人与物俱本乎此也。"② 太极的动静产生阴阳二气，二气的交感才有万物的化生，所以"太极"是宇宙万物的本源，是宇宙万物的最高主宰。同时，张栻又把"太极"与程颐的天理等同起来。程颐说："天下之物皆能穷，只是一理"；"一物之理，即万物之理"。③ 张栻则说："天理盈天地间……初无存亡增损"；"世有先后，理无古今"；"有是理，则有是事，有是物"；"夫天命之全体流行无间，贯乎古今，通乎万物者也。"④ 这个超越时空，贯通万物，不生不灭的"理"就是"太极"，即朱熹所说"太极只是一个理字"⑤，从而把"理"与"太极"等同起来，"理"亦是主宰万物的绝对精神实体。但是，张栻的宇宙又具有"心"学的倾向。他说："心也者，贯万物，统万理，而为万物之主宰也。"⑥ 他把主观精神的"心"提到了与"太极"、"理"等同的"万物主宰者"的地位。张栻的这一观点，实际上是对程颢"天者理也"和"只心便是天，尽知便知性"⑦ 思想的发挥，认为知识、真理只是内在于人心中。同时也与南宋初期哲学家陆九渊"宇宙便是吾心，吾心便是宇宙"，"天理、人理、物理均在吾心中"的"心学"有共同之处。正如今日之学者所指出的："张栻的心理融合理论实际

---

① 朱熹：《朱子语类》卷103。
② 张栻：《张宣公全集》卷11，清道光年间陈钟祥将《南轩文集》《论语解》《孟子说》合刊为《张宣公全集，亦称《南轩全集》，下简称《全集》。
③ 程颐：《遗书》卷15、卷2。
④ 张栻：《全集》卷10、5、4、21。
⑤ 朱熹：《朱子语类》卷1。
⑥ 张栻：《全集》卷12。
⑦ 程颐：《遗书》卷2。

上为客观唯心主义的理学走向主观唯心主义的心学打开了门户。"①

张栻的伦理观，同样是继承二程，认为天理是精神的本体，具有伦理的属性。他说："礼者，理也"，"天理初不外乎人事"。② 所谓"人事"主要是人与人之间的关系准则，即仁义礼智四德的伦理标准，所以张栻在人性论上主张天命之性和气质之性并存。天命之性是天理的体现，是先天的，是纯善的。他说："人之性，仁义礼智四德具焉……性中只有四者，万善皆管乎是。"③ 即人们先天就具有"仁义礼智"的伦理道德。同时，张栻又根据程颐"才禀于气，气有清浊，禀其清者为贤，禀其浊者为愚"④的"气禀"说，提出人性除天命之性之外，还有气质之性。这种气质之性有贤有愚，有善有恶。张栻认为，只讲天命不讲气质，就无法解释恶的产生，只有把二者结合起来，才能使人性论的理论趋于完备。张栻虽然承认气质之性有善有恶，但他认为"人所禀之质虽不同，然无有善恶一定不可变者"。"善学者，克服气质之偏而复天性之本"。⑤ 只要通过学习，去掉人欲，就能"克服气质之偏"，恢复天理的本善，就具有"仁义礼智"的伦理道德。而有了儒家的伦理道德，社会就会进入美好的境地。他说："夫君臣之有义，父子之有亲，夫妇之有别，长幼之有序，求其尽分而无失其性，故人伦明于上而小民亦笃于孝……此三代风化之所为美也，三代之治实万世王者之师也。"⑥ 这一认识又使他陷入复古主义的泥潭。

张栻认为，"义"是天理，"利"是私欲，是互相对立的。他说："夫善者天理之公……至于利则一己之私而已。"⑦ "无所为者天之理，义之公也；有所为者人欲，利之私也。"⑧ 这样，他就把"义"与"利"的对立同"天理"与"人欲"的对立等同起来。在此基础上，张栻还把"义"、"利"与天下"有道"与"无道"，和天下的"治"、"乱"联系起来。他说："天下有道，义明而功利之说息……各循其理而由其分，此所谓治也。若夫无道之世而功利胜而道义微，徒

---

① 刘蕴梅：《张栻》，《四川思想家》，巴蜀书社1987年版，第286页。
② 张栻：《癸巳论语解》卷2、卷7。
③ 张栻：《全集》卷18。
④ 程颢、程颐：《河南程氏遗书》卷22。
⑤ 张栻：《全集·孟子集》卷6。
⑥ 张栻：《全集·孟子集》。
⑦ 张栻：《全集·孟子集》卷7。
⑧ 张栻：《全集》卷16。

以势力相雄长而已，此所以乱也。"① 为了使天下有道而治，不至于无道而乱，自然只有去利而存义，灭人欲而存天理了。张栻的义利之辩与苏氏蜀学的义利观背道而驰，受到朱熹的高度评价，认为是"出于前哲之所以欲言而未究者"②，但却受到南宋著名思想家陈亮等人的非议。

张栻的认识论是继承二程的"知先行后"的先验论。但他却注重知行互发，提倡躬行，反对重知轻行的学风，而具有进步性。他说："近岁以来，学者又失其旨，曰：吾惟求所谓知而已。而于躬行忽焉。故其所知特出臆度之见，而无以有诸其躬，识者盖忧之。此特未知致知力行互相发之故也。"③ 他强调，离开躬行、践履是得不到真知的。他还举例说："要识路头，亲去路口寻求方得，若只端坐在室想象路，而曰：吾识之矣，则无是理。"④ 这只是一种臆度之见，不是一种真知。他说："圣门实学，贵于践履。"⑤ "君子主于行而非以言为也，故其言之所发乃其力行所至，言随之也。夫主于行而后言者为君子，则夫易于言而行不践者小人之归也。"⑥ 强调只有躬行实践才能达到圣人的境地。

张栻的政治思想，一是主张爱国爱民。张栻从小受其父张浚影响，一生以抗金收复失地为己任，具有强烈的爱国主义思想。为了取得抗金胜利，他强调要增强自身的实力，而要增强自身的实力就必须得民心。因此，他强调"民为邦本"，主张爱惜民力，关心民间疾苦，薄赋宽民。他在做地方官的十多年中，躬行践履，做了许多关心民疾、改革弊政、惩治贪官污吏的好事，为时人所尊崇。在张栻爱国思想的影响下，他的不少弟子都在孝宗、宁宗之际的抗金战争中作出了重要贡献。二是重德轻刑。张栻主张实行德治，以德礼为本，刑政为辅，即以理学思想作为治理国家的理论基础。张栻认为重德治重教化，人民就不会做出违法的事来。他说："夫人之所以至于争讼者，必有所由而然，于其本而正之，则讼可亡也。故教之以孝爱，而悖慢之讼亡矣；教之以礼逊，而倾夺之讼亡矣。以至于均田有制，民得其养，而田野之讼何自而兴？婚姻以礼，不

---

① 张栻：《全集·孟子集》卷4。
② 朱熹：《张南轩文集序》，《朱文公文集》卷76。
③ 张栻：《论语说序》，《南轩集》卷14。
④ 张栻：《全集》卷19。
⑤ 张栻：《癸巳论语解》卷4。
⑥ 张栻：《全集·论语解》卷1。

失其时，而婚姻之讼何自而兴？凡此皆使之无讼之道也。"① "如是而犹有不率焉，而后刑罚加之。"② 他提倡无讼、无刑为贵，德治是治国之本，刑政是治国之末，完全是儒家重德治轻法治的思想。三是格君心之非，主张帝王要按天理办事，不能陷入利欲之中。张栻说："君之心方且在于利欲之中，滋长蔽塞，则是非邪正莫之所适，而万事之统隳矣。故当以格其心非为先。"③ 这些政治思想都是儒家的传统治国理念。

纵观张栻一生的学术活动，他的学术思想虽有一点"心"学的倾向，但仍然是以理学为宗。他是二程理学的忠实继承者，特别是程颐理学"存天理，灭人欲"思想的忠实继承者。"存天理，灭人欲"是张栻为学的宗旨，直到他临终弥留之际，仍"口不绝吟于天理人欲之间"。④ 他对理学的发展作出了突出的贡献，对二程理学的论证和传播则起了十分重要的作用，故能在理学界与吕祖谦、朱熹齐名于当世。

张栻一生勤学，著述极丰。据学者考证，有包括经、史、子、集共23部之多。现尚存《南轩先生论语解》《南轩先生孟子说》《南轩先生汉论》《汉丞相诸葛武侯传》《河南程氏粹言》《南轩集》《南轩酬唱集》等。⑤ 张栻辞世时，年仅47岁，就有这么多的著作问世，真不愧是著述宏富的思想家。

张栻一生的学术活动均不在四川，其学未甚通于蜀。但向他求学的蜀中门人宇文绍节、陈概、范仲黼等，则把他的学术思想传回了蜀中。特别是在他死后，他的弟子在蜀中书院讲学，传播张栻的学术思想，遂使张栻学说盛行于四川，为理学在四川的发展起了重要作用。

二、魏了翁的学术思想

魏了翁（1178～1237）字华父，号鹤山，世称鹤山先生，四川蒲江人。庆元五年（1199）登进士第，历官剑南、西川节度判官。嘉泰三年（1203）奉召入朝，任学官国子正。开禧元年（1205）改秘书省正字。在政治文化中心的京

---

① 张栻：《全集·论语解》卷10。
② 张栻：《全集·论语解》卷5。
③ 张栻：《全集·孟子说》卷4。
④ 见刘蕴梅：《张栻》，《四川思想家》，巴蜀书社1987年版，第300页。
⑤ 沈治宏：《张栻著作考》，《天府新论》1992年第2期。

师，魏了翁扩大了师友交往，接触了各派学术思想，特别是与朱熹门人的交往，深深地被程朱理学所吸引，这决定了他一生对理学的研究。开禧二年（1206），魏了翁离朝外补，知嘉州府，时吴曦叛乱，蜀乱平定之后，他辞官在蒲江白鹤山下筑室建鹤山书院教授生徒。后知眉州，潼川府提点刑狱公事兼提常平等事，转运判官，知泸州主管潼川府路公事。嘉定十五年（1222）夏赴朝任兵部郎中、司封郎中兼国史院编修官、太常少卿、修注官、秘书监、起居郎。宝庆元年（1225）被诬劾，降贬靖州（今湖南靖州）居住，在靖五年多，主要从事学术著作，并建鹤山书院授徒传播理学。绍定四年（1231）复职，次年自靖返蜀，任潼川府路安抚使知泸州。端平二年（1235）奉召入朝，任权礼部尚

图 17—11 魏了翁像

书。十月同签书枢密院事督师视京湖军马。端平三年（1236）为资政殿学士知绍兴府浙东安抚使。嘉熙元年（1237）改知福州、福建安抚使，同年病卒，终年六十岁，赠太师，谥"文靖"，赐宅苏州，累赠秦国公。[①] 他一生著述甚丰，主要著作被后人收集汇编为《鹤山先生大全文集》110 卷。

魏了翁所处的时代，是南宋王朝内外交困、极端腐败的时代。外部先是金兵入侵，后是蒙古灭金，蒙古军队强敌压境。在内部，中央统治集团内部斗争激烈，政治日益腐败。先是韩侂胄擅权，制造"庆元党禁"，打击政敌；对外发动"开禧北伐"，失败被杀。后是史弥远长期专权，结党营私，统治阶级更加腐朽。在学术界，淳熙理学之盛后，程朱理学在学术界取得主流地位，同时，陆九渊的心学和反对空谈义理、而求力挽时局的浙东事功学派亦随之而起。身为朝廷中央和地方大员，又热衷于理学研究的魏了翁，他的学术思想就不能不受他的政治主张和当时的各派学术思想的影响。

魏了翁的政治思想，是建立一个符合孔孟之道的封建政治制度，消除统治集团的内部斗争，抑制腐朽的泛滥，加强南宋政权的实力，挽救南宋的生存。

---

① 《宋史》卷 437《魏了翁传》。

第一,他提出"治国之本,始于正君"①的政治主张。为此,他首先要求皇帝"贤而远色,清心而寡欲"②,把理学对民众"去人欲"要求指向皇帝,要皇帝"无奸声乱色","无淫乐慝礼"。③ 其次,他提出君臣共治天下。"今日之天下,陛下与守、令共治之矣"。④ 他认为,"宇宙,大物也,非一人所能控博"。⑤ 国家大事同样不能"以一人之好恶为用舍"⑥,而应该广开言路,听取各方面的意见,才能使朝廷对国家大事作出正确的决断。再次,他提出举贤任能,消除权臣擅国之弊,防止"故相(史弥远)钳制中外,事无大小,或用私事"⑦的局面再现。这些政治主张都是针对当时政治腐败而提出的,具有一定的进步意义。

第二,他认同重民思想,认为民是国家社稷之本。为此,他把民众提到与"天"同等地位,说:"抑不知民与天一也,安有为欺民之事而可以应天?亦安有为欺天之事而可以助民?"⑧ 他要求"在上者思利于民",并且主张"欲民之安饱,是其忠也","不思利民,是不忠也"。⑨ 这是对孟子"民贵君轻"思想的发展;是对传统的忠君思想的突破,把对封建君主的愚忠,改变为"利民"之忠,具有十分重大的进步意义。因此,他反对对农民的残酷剥削和压迫,认为农民为"盗",是贪暴之吏造成的。"民非自暴,吏诲之盗"。⑩ 他主张节用爱民,满足人民群众的基本生活需要,以得到人民的拥护,巩固国家政权。他针对贫富悬殊,两极分化,造成社会危机,提出了类似南宋农民起义"等贵贱,均贫富"口号的"贫富均而劳逸等"的主张,这在当时的士大夫中是十分可贵的。

第三,他提出量入为出的理财思想。魏了翁基于当时行贿受贿成风,贪官遍布,国家财政内耗无节,造成财政危机的局面,提出量入为出的财政计划总体设想。他说:"今赋入之数与兵数、官数,约取中道,立为经制,以十分为

① 魏了翁:《被召除授礼部尚书内引第三札》,《鹤山集》卷19。
② 魏了翁:《被召除授礼部尚书内引第三札》,《鹤山集》卷19。
③ 魏了翁:《被召除授礼部尚书内引第三札》,《鹤山集》卷19。
④ 魏了翁:《御策一道》,《鹤山集》卷103。
⑤ 魏了翁:《应诏封事》,《鹤山集》卷18。
⑥ 魏了翁:《安少保果州人祠记》,《鹤山集》卷42。
⑦ 魏了翁:《应诏封事》,《鹤山集》卷18。
⑧ 魏了翁:《乙未秋七月特班奏事》,《鹤山集》卷20。
⑨ 魏了翁:《忠于民而信神》,《春秋左传要义》卷7。
⑩ 魏了翁:《处士高君墓志铭》,《鹤山集》卷79。

率，七分为养兵及官省之费，以三分备水旱非常……计臣自今量入为出，不得更相为用，以紊经常之日，庶使盈虚可考而缓急不至无备。"① 为此，他提出改革弊政，裁减冗官和庞大的军事官僚机构，以减少国家巨额的财政和军饷开支，解决财政困难。

此外，魏了翁还主张量才授职，以提高官吏素质，遏制官场腐败加剧的趋势。同时，魏了翁还提出修内攘外以抗御外敌入侵的爱国主张。端平三年（1236），他还受命"开幕府江州，申儆将帅，调遣援师，褒死事之臣，黜退懦之将，奏边防十事"②，率军与入侵的蒙古军队作战。

总之，魏了翁的政治思想，是直指南宋王朝政治腐败，吸收传统儒学治国理政的积极因素的产物，切中时弊，值得肯定。但由于儒学自身的局限性和南宋王朝积弊太深，他的政治主张自然不能挽救南宋王朝灭亡的命运。

魏了翁作为南宋著名的理学家，时人称为"南方共宗鹤山老"，与当时另一位理学家真德秀齐名，同为理学界的领袖人物。但是魏了翁对程朱理学并非全盘接受，而是对各派学术兼收并蓄，以理学哲学为本体，又有突出的心学倾向，较重经制事功，对程朱理学进行一些修正。③

首先，他认为心是宇宙的本源，把客观唯心主义的理学改为主观唯心主义的理学。他说："心者，人之太极，而人心又为天理之太极，以主两仪，以命万物。"④ 他认为心外无物，强调心与理合一，把理安置在心中，强调人心的好坏决定人的行为好坏，人心背向决定国家的存亡。这是对程朱"去人欲，存天理"观点的重大修正。魏了翁提出"民心所向，则天理也"⑤，强调心与理融合。

其次，他反对把天理人欲绝对对立起来，认为饮食男女是人人追求的正当欲望，死亡和贫困则是人人厌恶的。他反对禁人欲，主张用人心去调节人欲。他同情寡妇改嫁，扬弃了"寡妇改嫁，饿死事小，失节是大"的观点。这与程朱理学宣扬的禁欲主义不同，而与苏氏蜀学解释"六经"的观点相似。

第三，魏了翁在认识论上主张明心致知。他认为做学问不是为了认识外部

---

① 魏了翁：《御策一道》，《鹤山集》卷103。
② 《宋史》卷437《魏了翁传》。
③ 参见蔡方鹿：《魏了翁评传》，巴蜀书社1993年版，第162~165页。
④ 魏了翁：《鹤山先生大全文集·论人主心心理之谓为天》。
⑤ 魏了翁：《达贤录序》，《鹤山集》卷52。

事物，而是为了发掘自己内心所固有的"知"和"明"。他说："人之一心，广大而精微，学问之道，所以致其知而明其明也。"① 这种认识论具有陆九渊"自识本心"的倾向。但他在治学上主张"博学、审问、慎思、明辨、笃行"② 的治学方法，反对陆九渊不读书、强调静坐、倾向禅宗的学说，而是把陆九渊的"自存本心"和朱熹的"格物致知"的方法结合起来，纠正陆学的禅化，克服朱学的繁琐。

第四，理学成为官方正统学说之后，魏了翁在继承朱熹理学以义理治国的观念的同时，又主张扬弃朱学的弊端，不盲从朱学，直接从儒家经典中寻找治国的思想理论。

第五，魏了翁的哲学思想具有辩证法思想，认为事物是矛盾对立的、变化的。他提出随着事物的变化，治国者制定政策就应权衡各种利弊，随着变通，以新事物代替旧事物，新措施代替旧措施，才能治理好国家。更为可贵的是，魏了翁提出："古今未有标立一新说，以为出治之名，而能久焉无弊者。盖天下之理生于有所矫，矫则偏，偏则弊。故名之立，弊之伏。"③ 他认为古往今来任何理论学说，都有时代的局限性，不可能恒世完满，"久焉无弊"。这是劝告人们不要盲目迷信程朱理学，也是对"天不变道也不变"和"万世师表"的否定。

魏了翁在理学上所起的最大作用，一是建立鹤山书院，收授生徒，"由是蜀人尽知义理之学"④，理学在四川得到发展和繁荣。二是他在嘉定年间在四川任职期间两次上书朝廷为周敦颐、程颢、程颐请谥。而宁宗皇帝先是经历韩侂胄擅权，后是史弥远专政，君权旁落，亟须维护绝对君权专制制度的理学思想来维系他的君权地位，终于在嘉定十三年（1220）批准了魏了翁的请求，原被禁为伪学的理学，一日升天，成为官方的正统学说。这是宋代理学史上的划时代事件，也是我国学术思想史的划时代事件。自理学被钦定为正统思想之后，它对我国此后的学术发展，都一直具有十分重要的影响。

魏了翁推崇理学为正统学说，是因为在他看来，程朱理学继承了孔孟之道的正统思想，"嗣往圣，开来哲，发天理，正人心，其于一代之理乱，万事之明

---

① 魏了翁：《鹤山先生大全文集·拙斋记》。
② 魏了翁：《鹤山先生大全文集·跋扬司理之父问辨历》。
③ 魏了翁：《鹤山先生大全文集·代南叔兄上赞政》。
④ 《宋史》卷437《魏了翁传》。

第十七章 宋代四川学术思想的繁荣

暗所关系，盍甚不浅"。① 他认为，理学定为正统思想，人人就会遵守礼义廉耻，人人都会忠君事父，社会就会由乱而治，进入太平盛世。其用心不谓不善。但是，魏了翁开错了药方，道德准则并不能完全规范和限制人的行为。自理学成为正统思想之后，贾似道长期专权，比韩侂胄、史弥远过之而无不及，政治更加腐败，加速了南宋的灭亡。这是魏了翁始料未及的。

总之，宋代是四川历史上学术思想的一个繁荣时期，也是学术文化发达的重要时期。宋代四川学术人物辈出，除了本章所涉及的思想家和学者外，吕陶、鲜于侁、李石、员兴宗、刘光祖、度正、阳枋等人都在学术研究方面作出了突出的贡献，成为当时的著名学者。而宋代四川学术繁荣的原因，主要是政治稳定、经济繁荣，外来学士的涌入和教育的发达；四川学术文化的衰落，则是因为蒙古破蜀，四川残破，经济衰败，人口十不存一，蜀士东移。

---

① 魏了翁：《鹤山先生大全文集·奏乞为周濂溪请谥》。

第十八章 西蜀史学

宋代的史学，在继承唐代史学成就的基础上，有了很大的发展。在宋代史学发展繁荣的过程中，四川的史学家起了极其重要的作用，在宋代就以"西蜀史学"闻名于世。

"西蜀史学"之名源自宋末咸淳元年（1265）七月，著名学者王应麟任著作郎时，与太常少卿汤汉邻墙而居，"朝夕讲道，言关、洛、濂、闽、江西之同异，永嘉制度、沙随《古易》、蔡氏《图书经纬》、西蜀史学，通贯精微，剖析幽渺"①，将"西蜀史学"与濂、洛、关、闽理学，江西陆氏心学，浙东制度之学相提并论，作为他们"朝夕讲道"的内容之一。这说明在宋代学术界就公认四川是史学最为发达的地区，四川的史学家成为一个独立的学派。在宋代除西蜀史学之外，还有以陈亮、叶适、吕祖谦为首的"浙东史学"。正如蒙文通先生所说："程（颐）、王（安石）之学不谈史，而浙东之儒言之。王淮言：朱熹为程学、陈同甫（亮）为苏学。《隐居通议》亦言：水心（叶适）欲合周、程、欧、苏之裂。朱子亦曰：伯恭（吕祖谦）怕人说异端异俗之非，护苏氏尤力。此见浙东史学与苏学气脉之相关。"② 这就明确指出了宋代学术界只有西蜀和浙江重视史学，而浙东史学是受四川史学的影响而发展起来的，同时浙东史学的

---

① 《宋元学案》卷85《深宁学案·附录》。
② 蒙文通：《蒙文通文集》第3卷，巴蜀书社1995年版，第415页。

第十八章 西蜀史学

成就远不能与蜀中一大批史学家的成就相提并论。

第一节 史学发展概略

一、撰修国史的成就

宋朝的修史制度比唐朝更为完善，官修史书成为朝廷的一件大事。宋廷设有起居院、时政记院、日历会要所及史馆等修史机构，修撰了大量当代史及前代史，其中尤以当代史的编修最受重视，几乎历朝都修有"起居注"、"时政记"、"日历"、"会要"、"国史"、"正史"等类书。有的还反复重修，《神宗实录》便前后修了五次。朝廷修史一般是以宰相领衔监修，没有专职的修撰，而是召集全国最有才能的史家具体编修。两宋时期，进京为官参与史书修撰的四川文人在朝廷史官中占有很大的比例。阆中人陈尧佐参与了修撰《真宗实录》和《真宗国史》；华阳人范镇曾主持《仁宗实录》的编撰；华阳人王珪曾主持或监修《仁宗实录》、仁宗、英宗两朝国史及《庆历国朝会要》的编撰；华阳人范祖禹参与修撰《神宗日历》和《神宗实录墨本》；双流人邓洵武、新津人张商英都曾参与《哲宗实录》的编撰，邓洵武还参与了修撰《神宗正史》；范祖禹之子范冲曾主持重修《神宗实录》和《哲宗实录》；成都新繁人勾涛曾主持重修《哲宗实录》和《徽宗实录》；眉州丹棱人李焘曾主持了神、哲、徽、钦《四朝国史》，增修《徽宗实录》，编修《四朝会要》和《乾道续四朝会要》；遂宁人杨济曾主持《嘉泰孝宗会要》；井研人李心传主持了高、孝、光、宁《中兴四朝国史》及太祖至宁宗《十三朝会要》的编撰，蒲江人高斯得、井研人牟子才协助李心传编撰这两部书；李焘之子李埴也曾提领《中兴四朝国史》的编撰；汶川人谢方叔编纂了《七朝武经要略》《理宗日历会要》和《理宗玉牒》等书。根据以上不完全的记载即可看出，朝廷官修史书中，几乎每一朝都有川籍官员主持或参与编纂。据不完全统计，四川人任史馆馆职者57人，任起居院修撰官职者45人，任日历纂修官者32人，共134人。

二、私修史书的成就

有宋一代,四川私修史著繁多,据《宋史·艺文志》所列史学著作统计,私修别史、杂史、史评等的四川人有 63 人,其中有不少是著名历史学家。[①] 一些大史家如范祖禹、王称、李焘、李心传等,除在官修史籍中充当重要角色外,均有自己的私家著作。这些史著风格各异,体裁不一,体现出宋代四川史学实力雄厚、百花盛开的特点。

宋代史学发达,修史风气有经世致用的特点,故当代史、通鉴类(作为统治者借鉴之用)的史著特别多,这种倾向在四川学者所编的史书中尤为明显。除以上两类之外,典章制度、史论、史评及考证性史著、专史、前代史和通史、家谱传记、地方史志等各方面的史著均有出于川籍史家之手者。

川籍史家所修当代史籍在当时影响很大,如李焘的《续资治通鉴长编》,李心传的《建炎以来系年要录》《建炎以来朝野杂记》,彭百川的《太平治迹统类》《中兴治迹统类》,王称的《东都事略》等都是当代私修史籍的代表作,也是我们今天研究宋史的必读书。

宋代治史风气与唐代相比有一个转变,就是比较重视治史的现实意义,其撰写目的是为统治者提供借鉴。四川史家修撰的这类史书数量较大,据《宋代蜀人著作存佚录》的记载即有十余种。如成都人梁成的《晋鉴》,双流人邓至的《往事龟鉴》、邓绾的《驭臣鉴古》,华阳人范祖禹的《唐鉴》等,这类史书的写作目的都是为现实服务。可惜多已亡佚,保存下来的仅范祖禹的《唐鉴》。

川籍史家对古史的研究也成果累累。如张商英的《三坟书》,苏辙的《古史》,崇庆人李繁的《战国新书》《汉唐事类》《三国捷径》,青神人杨泰之的《东汉三国志类》《南北史类》《唐五代史类》,丹棱人唐庚的《三国杂事》,张唐英的《蜀梼杌》等。其中苏辙的《古史》、唐庚的《三国杂事》、张唐英的《蜀梼杌》流传至今。

四川史家对典章制度史的研究亦不乏成果,有崇庆人张演的《职官记》,魏了翁的《正朔考》,李繁的《荒政录》《帅阃备录》,苏洵的《太常因革礼》《谥法》《六家谥法》等。其中《正朔考》《太常因革礼》《谥法》等书流传下来。

[①] 参见胡昭曦、刘复生、粟品孝:《宋代蜀学研究》,巴蜀书社 1997 年版,第 248 页。

四川史家也注意专史研究，重要的有乐山人祖觉的《僧史》、眉山人石待问的《谏史》、眉山人家安国的《元丰平蛮录》、眉山人史愿的《金人亡辽录》和王称的《西夏史略》。其中《西夏史略》保存至今。

四川史家对史评、史论及史书的校注、补正方面也有较大贡献，著述较多。据不完全统计，这类书籍有30种左右。有对司马迁《史记》、班固《汉书》的评论，有对《唐书》《五代史》的"纠谬""正误"及注释，还有对三国人物的评说，对《华阳国志》的校补等等。其中保存下来的有成都人吴缜的《新唐书纠谬》《五代史纂误》残本，眉山人史鉴的《通鉴释文》，丹棱人李壁的《校补华阳国志》等书。

四川史家在家谱传记方面的撰写有自己的特色。有对古史名人及本朝名臣的传记，如双流人费枢的《廉吏传》、张唐英的《嘉祐名臣传》，眉山人苏过的《孔门弟子列传》。也有学者撰写的家传族谱，如范祖禹之子范冲撰有《范祖禹家传》，苏洵撰有《苏氏族谱》。在南宋时，还出现了给当朝名人撰写年表的，如眉山人孙汝听的《三苏年表》。在这类书中，《廉吏传》流传下来，《三苏年表》有残本。

第二节　著名史学家及其著作

宋代四川地区出现了许多大史学家。宋代四川人在官、私修史活动中写下了大量的历史著作。据《宋史·艺文志》所列书目统计，宋代四川人所撰史籍总卷数的比例分别为：春秋类占14％，正史类占20％，别史类占6％，编年类占66％，史钞类占8％，故事类占16％，职官类占21％，传记类占8％。从这些数据足见四川史著之多。[①]四川史家的活动和著述，在巴蜀史册上写下了光辉的一页。

一、三苏的史学著作

苏洵、苏轼和苏辙三苏父子，在史学上亦有很大成就。苏洵参与修撰建隆以

---

① 参见《宋代蜀学研究》，巴蜀书社1997年版，第248页。

图 18-1 今日眉山街头的三苏父子雕像

来礼书《太常因革礼》,还修撰了《谥法》《苏氏族谱》等书。这些书至今流传。苏轼撰有《注石鼓文》《唐书辨疑》和《地理指掌图》等书,惜前二书均失,只有《地理指掌图》一卷流传下来。苏辙在史学上亦有一定地位,其撰著的《古史》60卷,流传至今。《古史》是三苏史著中最有影响的一部史学著作。《古史》有《本纪》7卷,《世家》16卷,《列传》37卷,上自伏羲、神农,下讫秦始皇。苏辙认为,司马迁的《史记》"多不得圣人之意",于是"因(司马)迁之旧,上观《诗》《书》,下考《春秋》及秦汉杂录"① 修成《古史》。其目的是"追录圣贤之遗意,以明示来世,至于得失成败之际,亦备论其故"。② 于纪、世家、列传一篇终后,以"苏子曰"发表议论,有的一篇议论长达七百余字。这些议论多为探讨成败得失的原因,表现经世致用的学风。

苏氏对《古史》自我评价过高,《史记》的成就显然远在《古史》之上。但是,我们也应该承认,《古史》对于先秦史的研究,是有一定的学术价值的。《四库全书总目》评论此书"其纠正补缀……去取之间,亦颇为不苟,存与(司马)迁书相参,固亦无不可也"。《古史》成书后,南宋晁公武、朱熹、李壁、陈振孙、马端临等诸家学者,从义理角度都有较高评价。晁公武说:"《国史》

---

① 苏辙:《古史·叙》。
② 永瑢等:《四库全书总目》卷50,中华书局1965年影印本。

第十八章　西蜀史学

讥苏氏之学皆权谋变诈，今观此书盖不然，则知子由晚节益精深云。"① 朱熹亦说："近世之言史者，惟此书为近理。""秦汉以来，史册之言近理而可观者，莫如此书。"② 但苏辙立论主要不是阐扬儒学伦理，而是发挥儒家重视民心的思想，并不完全符合理学家的学术思想，所以朱熹在赞誉《古史》的同时，又认为本末"未得其正"，议论"有所未精"。③ 朱熹后学黄震更认为《古史》未得圣人意旨，称其"凡其论赞之词，又往往显斥孟子而阴诋正学"④，较朱熹评价更低。这正反映出苏氏蜀学与程朱理学的不同之处。

二、范祖禹的史学著作

范祖禹（1041～1098），华阳（今成都）人，字淳甫，一字梦得，范镇从孙。嘉祐八年（1063）进士，曾任秘书省正字、著作佐郎、充修《神宗实录》检讨官、翰林侍讲学士兼知国史院等官职。范祖禹曾参与修撰《神宗日历》和《神宗实录墨本》。《神宗实录墨本》（即《神宗实录》）在元祐年间第一次修撰，当时司马光当政，修史者多是新法反对派。哲宗亲政之后，支持新法，重修《神宗实录》，焚毁元祐旧本。言者论范祖禹所修《实录》诋斥神宗，附会司马光变更新法，责授武安军节度副使、昭州别驾，安置永州、贺州，又徙宾州、化州而卒。⑤

范祖禹在史学上的最大成就是协助司马光编撰史学名著《资治通鉴》。熙宁三年（1070），在司马光的推荐下，范祖禹参加同修《资治通鉴》，负责唐代部分的修撰。因刘恕于元丰元年（1086）九月卒，五代未了之事，亦由范祖禹承担。范祖禹具有深厚的史学功力，是当时一流的史家，并且操行高尚，意志坚定。他相随司马光十余年，全身心投入修撰工作中，将个人得失置之度外。在整个修撰过程中，范祖禹在局时日最长，《资治通鉴》的成功包含有他的相当功劳。司马康说："此书成，盖得人焉。"⑥ 司马光选择了像范祖禹这样有才有德

---

① 晁公武：《古史》，《郡斋读书志》卷7。
② 朱熹：《古史余论》，《朱文公文集》卷72。
③ 朱熹：《古史余论》，《朱文公文集》卷72。
④ 王梓材：《苏氏蜀学略补遗》，《宋元学案补遗》卷99。
⑤ 《宋史》卷337《范祖禹传》。
⑥ 马端临：《经籍》，《文献通考》卷193。

的助手，是《资治通鉴》取得成功的一个重要保证。

在编修《资治通鉴》唐史部分的过程中，范祖禹以理学的观点，探讨唐300年间的治乱得失。此后，又从《通鉴》中选取可借鉴的史实作为大纲，附以评论，撰成《唐鉴》12卷。该书起自唐高祖，迄于唐昭宗，宋哲宗元祐元年（1086）成书。该书体例虽法《通鉴》为编年体，实则以议论为主，凡为论306篇，为帝王提供借鉴。《唐鉴》在史料价值上不甚重要，然而就作者坚持以古鉴今的史学观来说，在中国史学史上还是具有一定的影响，这也为宋代理学家效法。

除《唐鉴》外，范祖禹还撰有《仁皇政典》《史院问目》等书，他还参加了《英宗实录》的修撰工作。可惜的是，这些史籍均已亡佚。

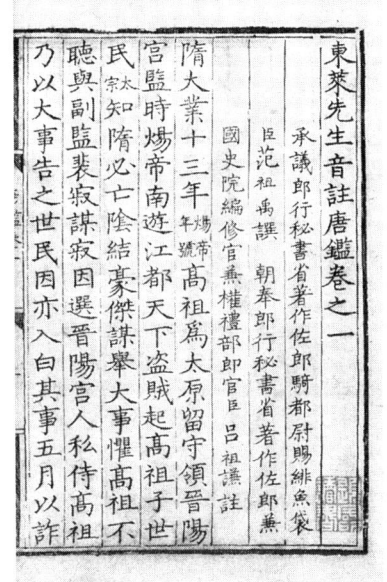

图18-2 《唐鉴》书影

三、李焘的史学著作

李焘（1115～1184），宋眉州丹棱（今四川丹棱）人，字仁甫，号巽岩，是有宋一代的著名史学家，一生著述宏富。绍兴八年（1138）进士，曾任秘书少监兼起居舍人、实录院检讨官、礼部侍郎、敷文阁学士等官职。他主持或参与了多种官修史书的编撰，私修史书的数量也颇大。乾道五年（1169），李焘以秘书少监兼国史院编修官上言，请求对"疏舛特甚"的《徽宗实录》重新刊修，并规划重修事宜，拟定《徽宗实录》元符三年（1100）正月乙卯至三月合增损事迹凡21条，国史院也详细开具了重修《徽宗实录》的事项。但该年李焘调任他职，重修工作处于停滞状态。淳熙三年（1176），孝宗召回李焘，任之以秘书监兼修国史、实录同修撰，主持重修《徽宗实录》工作。一年之后书成，除正文200卷外，还有《考异》25卷，《目录》25卷。

乾道三年（1167）八月，李焘任国史编修官，修撰《钦宗帝纪》，乾道四年二月成书。淳熙四年（1177），孝宗命李焘主持编修《四朝国史》，当年九月，

第十八章 西蜀史学

即编成《地理志》。但李焘因故被贬，不再参与此项工作，修史工作受到很大影响。乾道五年（1169）十二月，李焘接续汪大猷的工作，以秘书少监之职主持《乾道续四朝会要》（四朝为北宋神、哲、徽、钦四朝）的修撰。乾道六年（1170）五月完成编撰。该《会要》断自神宗之初，迄于靖康之末，凡60年，总300卷。淳熙十年（1183），复召李焘入朝，主持修撰国史，当时主要负责《列传》的编撰。李焘拟出了详细的规划，但是次年李焘卒，《列传》编纂未能完成。后来洪迈接续李焘的工作，该书终于在淳熙十三年（1186）十一月完成。

李焘私修史书甚多，据《宋代蜀人著作存佚录》记载，其私修史籍达20余种，有编年史、史考、史论、大事记、图经、名籍、年表、沿革、典故等多种类型。现存有《续资治通鉴长编》残本及《续宋编年》。其中，《续资治通鉴长编》（简称《长编》）在中国古代史学史上占有较为重要的地位。该书共1060卷，其中正文980卷，《举要》68卷，《修撰事目》10卷，《目录》5卷。起自宋太祖建隆元年（960），讫于宋钦宗靖康元年（1126），记载了北宋九朝史事。该书体例效法司马光《资治通鉴》，为编年体史书，在资料上广采博收，采取了实录、会要、国史、野史、笔记、碑文、行状等400余种各类书籍上的有关记载，历40年编撰而成。书成之后，自谦不敢目之以《续资治通鉴》。他说："臣今所纂集，义例悉用（司马）光所创立，皆有依凭。顾臣此书，讵可谓《续资治通鉴》？姑谓《续资治通鉴长编》可也。"①

李焘在撰写《长编》的过程中，参考了类别各异的典籍，分注考异，详引他书，保存了大量史料。因此，《长编》不仅可以用来考订《宋史》等有关史籍及文集、笔记等传写之误，还可从中辑出佚文和佚书，是研究北宋历史的最基本史籍之一。时人以李焘为"蜀中史学之首号"，其著《续资治通鉴长编》被叶适誉为"《春秋》之后，才有此书"，近人余嘉锡评价说："有宋一代史学之精，自司马光外，无如二李（李焘、李心传）者。"②

李焘除了撰写《续资治通鉴长编》，备录北宋九朝历史外，还撰有《宋政录》12卷、《宋异录》1卷、《续皇朝百官公卿表》112卷、《天禧以来御史年表》《淳熙四系录》20卷、《宋两朝名臣传》30卷、《宋名臣录》8卷、《咸平诸

---

① 李焘：《续资治通鉴长编·上续资治通鉴长编表》。
② 余嘉锡：《四库提要辨正》卷5。

臣传》1卷、《熙宁诸臣传》4卷、《赵普别传》1卷、《宋勋德传》及《本朝事始》2卷、《思陵大事记》30卷、《阜陵大事记》2卷、《记李梲等十事》1卷等有关宋代历史、人物、典故的著作。①

四、王称的史学著作

王称，字季平，眉州（今四川眉山）人。生于南宋初年，卒于庆元年间。历知龙州、直秘阁，庆元间官至吏部郎中。王称利用北宋官修五朝（太祖、太宗、真宗、仁宗、英宗）史传和四朝（神宗、哲宗、徽宗、钦宗）实录以及野史中的材料，撰成纪传体《东都事略》一书，记述了始于太祖建隆、迄于钦宗靖康的九朝史事。全书共130卷，有《本纪》12卷、《世家》5卷、《列传》105卷、附录8卷。孝宗淳熙年间，洪迈主持修《四朝国史》，奏进《东都事略》，并乞予王称推恩，于是王称以承议郎知龙州，特授直秘阁。王称卓具史识，其《东都事略》一书得到很高的评价。洪迈称其为"信而有证，可以据之"。②《四朝国史》中的《列传》部分大多依赖于《东都事略》中的材料而成。元代修《宋史》，也多资用此书。清人汪琬甚至认为，元人修《宋史》是据该书稿本。此语虽失偏颇，然从《宋史》来看，北宋九朝史实详赡而极少疏漏，这无疑是参考了先期而成的《东都事略》。

五、李心传的史学著作

李心传（1167~1244）字微之，一字伯微，号秀岩，宋隆州井研（今四川井研）人，宋代有名的史学家。他31岁时应进士不中，从此绝意仕途，闭门著书。晚年经人推荐，入朝为史馆校勘。后通判成都，不久迁著作佐郎，兼四川制置司参议官。李心传有史才，学识广博。理宗绍定四年（1231），以国史院编修官专修《中兴四朝国史》，但不久被黜，离开史职。五年后，复召回朝，以秘书监兼史馆修撰继续主持《中兴四朝国史》及《四朝实录》的修撰。嘉熙四年（1240），书未成，告老还乡。淳祐二年（1242），该书由礼部尚书高定子主持完成。在通判成都府期间的端平元年（1234），他被诏在成都修《十三朝会要》，

---

① 参见《宋代蜀学研究》，第268~269页。
② 徐松：《宋会要辑稿》崇儒5之4。

第十八章 西蜀史学

历时两年完成,这是宋代唯一的一部在京师之外辟官设局而修的《会要》。

李心传的私家史著很多,现存有《建炎以来系年要录》《建炎以来朝野杂记》《旧闻证误》等,尤以前两种最有影响。《建炎以来系年要录》系宁宗嘉定元年(1208)撰成,此书 200 卷,在时间上接续《续资治通鉴长编》,起建炎元年(1127),迄绍兴三十二年(1162),即高宗一朝事,共 36 年。其书体例仿《资治通鉴》,为编年体史书。该书以国史、日历为主,旁及稗官野史、家乘、志状、案牍、奏议、百司题名等,取材范围广,史料珍贵。《四库提要》称其"文虽繁而不病其冗,论虽歧而不病其杂"。取材精审,繁而不杂,是该书一大特色。凡遇有异同,缺疑并存,以待后来论定。对于一些重要史实,亦能据实直书,加之元人修《宋史》未能参考此书,故此书史料价值极高。《四库提要》说:"宋人私史卓然可传者,唯(王)称与李焘、李心传之书而三。"该书原刊已不存,今本是清人从《永乐大典》中辑出的。

《旧闻证误》,记北宋事较多,而及于南宋之事,则是《要录》所无,可与《要录》互相参照。

《建炎以来朝野杂记》40 卷,包括甲集 20 卷、乙集 20 卷,嘉定九年(1216)完成。该书记载南宋高、孝、光、宁四朝(1127~1224)的典章制度,凡有关以上四朝食货、礼乐、职官、科举、兵刑等制度无不具备,以类相从,其体例与《会要》相似,是一部典制文献史书。它与《建炎以来系年要录》相互补充,是研究南宋的另一部重要史籍。

六、四川其他史家及史学著作

苏易简(958~997),宋绵州盐泉(今四川绵阳东南)人,字太简。太平兴国五年(980)进士第一。曾任知制诰、翰林学士等职,淳化年间任参知政事。苏易简才思敏捷,以文章知名,曾参与修撰《咸平续修通典》。其所撰私史有《续翰林志》《圣贤事迹》等书,其中《续翰林志》流传至今。

范镇(1008~1089)华阳(今成都)人,字景仁,宋宝元元年(1038)进士,曾任集贤殿修撰、同修起居注及翰林学士兼侍读、端明殿学士等官职。嘉祐八年(1063),他与王珪、贾黯同受命撰《仁宗实录》,但于治平三年(1066)出任他职,没能参加编纂的全过程。仁宗庆历五年(1045)下诏编修《新唐书》,主要裁成者为欧阳修和宋祁。宋祁是皇祐元年(1049)为该书刊修官,欧阳修更是到至和元年（1054）八月才总理其事。而范镇从庆历五年就以馆阁校勘之职为该书的编修官，到嘉祐五年（1060）一直在局，自始至终参与了此书的修撰。他在修撰《新唐书》的过程中，起了十分重要的作用。此外，范镇还私修了《国朝事始》《北史录》《六家谥法》等书，均已亡佚。

蜀州新津张唐英、张商英兄弟二人，均有史才。张唐英著有《蜀梼杌》一书，共二卷，该书以编年叙事，所记王建、孟知祥据蜀之事迹颇为详细。该书流传至今，为研究前后蜀史的重要书籍。此外，张唐英还撰有《补撰九国志北楚书》

图 18-3　苏易简像

《唐史发潜》《仁宗君臣政要》《嘉祐名臣传》等书。其中《补撰九国志北楚书》存。张商英曾官至翰林学士知制诰、兼侍读、修国史、实录修撰、尚书右丞，为当时官修史书的重要角色。他曾编撰《神宗政典》，已佚。商英对古史也很有研究，流传于世的《三坟书》残本，一般都认为是商英伪撰。

范祖禹之子范冲也是一位有名的史家。范冲（1067~1141）字元长，绍圣进士。绍兴四年（1134）以宗正少卿兼直史馆重修《神宗实录》和《哲宗实录》，对王安石变法持否定态度，肯定了《神宗实录墨稿》的编撰。在修撰这两种《实录》的同时，他还撰成《神宗实录考异》和《哲宗实录辩诬》二书，意在"明示去取之意"与辩旧本《哲宗实录》中的诬谤之辞。除修国史书外，范冲亦修有《宰相罢拜录》《编类司马光纪闻》《范祖禹家传》《范太史遗事》等私史，这些书均已亡佚。

李焘的三个儿子也颇有史才。李壁（1159~1222）字季章，号雁湖居士，又号石林，绍熙元年（1190）进士。辑有《国朝中兴诸臣奏议》，撰有《中兴十三处战功录》《南北攻守录》等书。其中《中兴十三处战功录》存。李𡒄（1161~1238），字季允，学者称为悦斋先生。绍熙元年（1190）进士。著有《宋十朝纲要》，流传至今。另外还著有《汉官仪续补》《公侯守宰士庶通礼》等书，均佚。李𡑢，字叔崖，著有《校补华阳国志》12卷、附录1卷，今存。

彭百川，字叔融，南宋光、宁宗朝眉州丹棱（今四川丹棱）人。他一生好学，未出仕。所著纪事本末体《太平治迹统类》40卷，材料基本上取自李焘《续资治通鉴长编》，记宋太祖至宋钦宗九朝史实，于朝廷大政及诸臣事迹条分缕析，可与史传相参考。该书缺失较多，现存残本。他还著有《中兴治迹统类》，已佚。

郭允蹈，南宋光宗、宁宗朝资州（今四川资中）人。著有《蜀鉴》10卷。其中8卷记秦取南郑至宋平孟昶1200年间蜀中治乱兴衰之史，附以西南夷始末2卷。该书所述历代军事得失、地形险易较详，以地理考证最有价值，可补正史之不足，为研究四川古代史的重要史籍。

魏了翁（1178~1237），宋邛州蒲江（今四川蒲江）人，庆元进士。魏了翁一生著述甚丰，其中史学著作《古今考》20卷、《正朔考》1卷、《经史杂抄》2卷，保存至今。其弟子高斯得、牟子才亦是受朝廷重视的学者，曾协助李心传编修中兴四朝国史、实录和《十三朝会要》。

除以上所列人物外，四川籍史家著述较多的还有杨泰之、王珪、李繁等人，因其著作都已亡佚，在历史上影响不大，在此就不一一分述。

第三节 方 志

一、方志学的成就

宋代四川史学繁荣的同时，方志学也得到空前的发展。举凡舆图、疆域、山川、名胜、建置、职官、赋税、物产、乡里、人物、方技、金石、艺文、灾异，都有专门的记载。

宋代最为流行的地方志书，是属于地理志性质的，附有图画、地图的"图经"。唐宋时期的图经，按制度三年一修。当时州县虽不尽遵其制，但名郡大县一般都有数份图经，边地陋邑，或存一份。北宋真宗曾下诏全国路、府、州、军、监、县校勘增补原有图经，送报中央，后经李宗谔统一体例纂成《祥符图经》共1566卷。可惜的是，宋代四川各路的图经均已佚亡，不知其详细内容。从一些文献著录和引用判断，属于路一级的图经有《川峡路图经》30卷、《益州路图经》81卷、《利州路图经》63卷、《梓州路图经》69卷、《夔州路图经》

52卷。属于州军一级的图经有《怀安军图经》《祥符渝州图经》《祥符昌州图经》《南平军图经》《祥符合州图经》《合州图经》《合州新图经》《涪州旧图经》《涪州新图经》《涪州图经》《阆州图经》《利州图经》《祥符剑州图经》《隆州图经》《果州图经》《蓬州图经》《广安军图经》《叙州图经》《长宁图经》《云安军旧图经》《开州图经》《大宁监图经》《祥符嘉州图经》《荣州图经》《梓州旧图经》《祥符普州图经》《茂州图经》《梁山军图经》《祥符威州图经》《祥符泸州图经》等等。其中孟蜀孙遇、杨蠲在乾德初年为赵匡胤绘制的《蜀中山川形势图》，尽陈蜀中山川形势，戍守处所，道里远近，成为北宋指挥灭蜀战争的军事地图。

在修纂图经的同时，纂修方志著作也十分盛行。到南宋时期，图经更名为方志，内容更加充实。这些方志同样早已佚亡。如庆元四川制置使袁说友纂修的《成都志》，凡山川地域、生齿贡赋、古今人物、上下千百载间因革兴废，皆汇聚书中。此外还有《梁益志》《蜀江志》《涪陵志》《涪州志》《龟陵志》①《龟陵新志》《阆州志》《开江志》《蓬州志》《广安志》《长宁志》《长宁续志》《夔州志》《南浦志》《万州新志》《大宁志》《雅安志》《沈黎志》《嘉定志》《嘉定续志》《峨眉志》《新潼川志》《遂宁志》《普州志》《通川志》《临邛志》《资中志》《隆山志》《宋仁寿县志》《南宾志》《江阳志》《利州旧志》《青城山方物志》《武泰志》②《蜀人物志》等等。

除上述图经、方志之外，宋代史家还修撰了众多属于四川方志性质的著作。现存的有郭允蹈的《蜀鉴》10卷、张唐英的《蜀梼杌》2卷、勾延庆的《锦里耆旧传》4卷、宋祁的《益部方物略记》1卷等。佚亡的著作则有五代杜光庭的《续成都记》、仁显的《华阳记》，宋代张绪的《锦里耆旧续传》、赵抃的《成都古今集记》、王刚中的《续成都古今集记》、范成大的《成都古今丙记》、胡元质的《成都古今丁记》、孙汝聪的《成都古今前后记》、冯忠恕的《涪陵记》、朱涉的《阆苑记》、何求的《阆苑前记》、曹无忌的《阆苑续记》、王震的《阆苑新记》、石庆嗣的《梓潼风俗谱》、孙汝聪的《梓潼古今记》、曹叔远的《江阳谱》、宋汝愚的《剑南须知》、郭友直的《剑南广记》等等。

---

① 龟陵在涪州东。
② 武泰，今重庆彭水。

第十八章 西蜀史学

总之,"两宋之世,史学特盛,超越汉唐,蜀中史著之多,方志之富,更为特出,总宋蜀中四路图经,无虑千卷"。① 由于历史的原因,自《中国地方志联合目录》一书来看,无一部宋代四川方志传世,这给研究四川方志造成了一定的困难。虽然如此,但从当代能见到之全国性宋代总志,如乐史《太平寰宇记》、王存《元丰九域志》、欧阳忞《舆地广记》、王象之《舆地纪胜》、祝穆《方舆胜览》等,犹可考见当时四川和四川方志的一些资料和地方情况。

二、撰修方志的经验

据张国淦先生的《中国古方志考》一书,有关宋代四川方志,约 110 种。蒙文通先生说:宋代四川方志"以余之浅陋,所可考见,近二百种"。② 从这些数字来看,宋代四川修成的方志数量可观,从一些序、跋还可见当时人的一些方志理论,对于今天的修志,仍然有一定的参考价值,兹分述如下:

(一)修志者必须实地调查研究

一般的修志,采访有专人,分工负责,自是一个办法,但事关国防隘塞,主纂人不亲历其境,那是纸上谈兵。宋真宗欲观边防山川形势,于是川人绵竹杨允恭"乘使视山川形势,九月,允恭以山川、郡县、形胜,绘图以献"。③ 后来,宋真宗据此图以屯兵守边,收到了"简冗省费,以息关辅之民"的经国实效。这充分体现了方志辅治经国的特性。

(二)注意反映地方特点

成都人郑少魏,哲宗元祐年间进士。郑氏主纂《广陵志》,注意通过社会风俗特征来反映地方特点。郑少魏写扬州是"长淮之区,绵亘数千里,扬其都会也。迷楼九曲,凤池萤苑之名,甲于前代,而十里珠帘,二十四桥风月之景,尤为东南佳丽。以至春风荡城郭,满耳沸笙歌,与夫重城向夕,绛纱万户,珠翠填咽于街陌者,又天下所无也"。④ 仅仅 83 个字,把扬州的地位、历史、居民、街巷、风俗写出,把扬州呈现在读者面前,特点鲜明,文情并茂,令人神往。

---

① 蒙文通:《华西大学图书馆四川方志目录·序》,文章末尾署辛卯岁(1951 年)。
② 蒙文通:《华西大学图书馆四川方志目录·序》。
③ 张国淦:《中国古方志考》,中华书局 1962 年版,第 175 页。
④ 王象之:《舆地纪胜》37。

青神人扬参之笔下之普州（今四川安岳）："介万山间，无土地富饶之美，无舟车货利之聚，民生之艰，视中州不及远甚，独惟人物之富，甲于蜀东。"①

王子申写大宁（今重庆巫溪）："一泉之利，足以奔走四方，田赋不满六百石，借商贾以为国，一溪前陈，可濯可沿，众峰巉绝，如削如画，亦峡部之桃源也。"② 这对于读者具有极大的吸引力。这半段文章作为美妙的山水记文，于今天开发旅游资源是美妙的论证。

（三）注意方志的志义

方志之文之事，悉关地方，不在于琐琐记注，而是通过事实，寓改进发展之义。哲宗元祐元年（1086）四月十五日，临邛常安民提出："论户口则继之以教，陈风俗则终之以节，至于辨幻玉之悲，正语儿之妄，纪谭生之讥，皆要之以礼义，与夫守牧之贤，人物之美，事为之善，凡前言往行有足称者，莫不褒嘉叹异，重复演说，信乎所谓君子于言无所苟者。"③

对方志记事，事中见义。赵抃提出："神怪死生之事，不可以为教，书之何也？吾将以待天下之穷理所也。书乱臣所以戒小人，书寇盗所以警出没，书'蛮夷'所以尽制御之本末，终之以伐蜀，使万世之下，知蜀之终不可以苟窃也。其间一事一物，以酌考众书，鳌正伪谬，然后落笔。"④ 这些观点均注意阐扬志义，用宏政教。

（四）注意方志的教化激励作用

自宋以来，方志注意记述地方人物。所谓叙一方人物，激千秋之爱憎，以收激善从长之效。熙宁五年（1072），范百禄提出："至于神仙隐逸技艺术数，先贤遗宅，碑版名氏，事物种种，环谲奇诡，纤啬毕书。由秦汉以来，凡为守令荦荦有风迹者若干人，有唐迄今，知府事居多闳硕端毅之望又若干人，其行事暴于图史，不可胜述，其始至若代去之年月，序次昭然著矣。"⑤ 其意在景行芳躅，树风声而励来者。

---

① 王象之：《舆地纪胜》158。
② 王象之：《舆地纪胜》181。
③ 朱长文：《吴郡图经续记》，常安民后序。
④ 刘大谟、王元正等：嘉靖《四川总志·艺文志》卷30《序志》。
⑤ 嘉靖《四川总志·艺文志》卷30《序志》。

第十八章 西蜀史学

(五) 重视地方志如实反映民生实际

地方志有关地方行政和民生实际，必须如实反映地方情况，不能文过饰非。淳熙中，进士出身的常州人胡元质为四川制置使，他指出，"蜀久困于征输，榷酤之额虽减，监茗之课犹重"，因此提出要"利兴害去"。① 实效如何，书缺有间，但能提出问题，发人思忖，这在认识论上是有客观教益的。

事隔七年，袁说友为四川制置使兼知成都府。他说："是邦（指成都）也，昔也风土之阜繁，民生之富庶，考之志可见已。今（庆元五年，1199）闾阎无巨室，田野无饶民，商者多乏绝，耕者半转徙，公不能以裕私，下不足以供上，嗷嗷然销膏以火而不自知也，可乎哉。圣明（指宋宁宗）在上，顾忧西南，日议所以宽民输蠲估赋，培植其元气，而针砭其膏肓，是志也又将以宽大之诏，什一之制，而大书特书焉，则有俟乎后之作者。"②

(六) 重视地方志的可读性

宋人方志，切于实用，文质并举，以加强方志的可读性和文采，要使读者易读易记，入耳入心，才能使方志的人和事发挥润物无声的作用。一本好的方志，应该是"使人一读，便如身到其地，其土俗人才，城郭民人，与夫风景之美丽，名物之繁缛，历代万言之诡异，故老传记之放纷，不出户庭，皆坐而得之"。③ 这一点对于今天的修志，仍有实际教益！

(七) 整理旧志的理论与实践

宋人对于旧日的志书，注意它的版本和缺佚补辑整理，这可以李墅对《华阳国志》的整理为例。"本朝元丰（1078~1085）间，吕汲公（大防）守成都，尝刻是书（《华阳国志》），以广其传，而载记荒忽，刓缺愈多，观者莫晓所谓。予每患此久矣，假守临邛，官居有暇，益尝博访善本，以证其误，而莫之或得，因无两汉史、陈寿《蜀书》《益部耆旧传》，相互参订，以决所疑，凡一事而先后失序，本末舛迁者，则考而正之，一意而词旨重复，句读错杂者，则刊而去之，设或字误而文理明白者，则因而全之，其他旁搜远取，求通于义者，又非一端，凡此皆有明验可信不诬者，若其无所考据，则亦不敢臆决，姑阙之以俟

---

① 嘉靖《四川总志·艺文志》卷30《序志》。
② 袁说友：《成都志序》，《东塘集》卷18。
③ 袁说友：《成都志序》，《东塘集》卷18。

能者,然较以旧本之讹谬,大略十得五六矣。"① 叔庼按照这些整理旧志的理论、原则、方法和态度整理旧志,因而有今日可读的《华阳国志》! 这也是今日方志界编修新志和整理旧志可资借鉴的。

宋代四川方志著作的成就,是构成宋代四川史学繁荣的重要组成部分。

第四节 苏洵、范祖禹、张栻的史学观点

宋代思想界,各种学派林立。随着儒学复兴运动、理学的兴起和宋代史学的空前繁荣和发达,学者们纷纷把目光投向史学,甚至不是史学家的理学先生们也不得不关注史学的发展方向,力图将史学纳入他们的学术思想之中,使史学为他们的学术思想和意识形态服务。苏洵、范祖禹、张栻的史学观点就反映了不同学术派别对史学的认识和看法。

一、苏洵的经史相资的史学观

正如在《学术思想的繁荣》一章所指出的,苏氏蜀学不是一个纯粹的儒家学术派别,而是一个兼收并蓄的学术派别。反映在史学观点上,苏洵认为史学和经学(儒学)是两个独立的学科,史不能代替经,经也不能代替史。苏洵在《嘉祐集》卷9《史论》中指出了以下观点:第一,"《易》《礼》《乐》《诗》《书》,言圣人之道与法详","故曰经以道、法胜",而"事则举其略,词则务于简",甚至"经或从伪赴而书,或隐讳而不书",歪曲事实的真相。"若此者众,皆适于教而已。"其目的是适应阐发儒家思想的"道"与"法"的需要。所以,经与史书不同,"非一代之实录"。第二,经(即儒家的理论)自史中来。他以孔子为例,说"仲尼之志大……是以因史修经,卒之论其效者,必曰乱臣贼子惧","经不得史,无以证其褒贬"。没有史学所提供的历史实践和历史资料,经书是修不成的,儒家的理论是建立不起来的。苏洵对史学作用的认识,在当时是十分珍贵的卓越见解,直到今天,仍有其积极意义。第三,史书与经书不同。"史以事、词胜",表现出来就是"事既曲详,词说夸耀,所谓褒贬论赞之外无

---

① 王象之:《舆地纪胜》,李壂序。

几"。"史之一纪,一世家,一传,其间善恶得失固不可一二数,则其论赞数十百言之中,安能事为之褒贬,使天下之人动有所法如《春秋》哉?"苏洵晚年奉命纂修《太常因革礼》,就主张以史书的笔法修成内容完整、善恶俱存的著作,遭到坚持扬善去恶的大臣反对,苏洵便奏上《议修礼书状》,称:"遇事而记之,不择善恶,详其曲折,而使后世得知,而善恶自著者,是史之体也。若非存其善者而去其不善,则是制作之事而非职之所及也。"① 他的史学观点与司马光修《资治通鉴》"止欲叙国家之兴衰,著生民之休戚,使观者自择其善恶得失,以为劝戒"② 的宗旨是一致的。第四,经史相资。他说:"史为何而作?""忧小人也。""由是知史与经,皆忧小人而作,其义一也。"经书与史书都是为治理国家而作,它们之间的关系是相辅相成的辩证关系。"经不得史,无以证其褒贬,史不得经,无以酌其轻重。""史待经而正,不得史则经晦,吾故曰,体不相沿,而用实相资。"

苏洵对史学的理论认识,肯定了史学专门学科的地位,对宋代史学沿着善恶俱书的道路发展,反对理学家将史沦为理学的附庸,起了十分重要的积极作用。

二、范祖禹的义理史观

范祖禹是宋代杰出的史学家,他在史学上最大的成就是协助司马光完成了《资治通鉴》唐代部分的修撰。作为司马光的门人,他的史学观点自然深受司马光以史资治的影响。但范祖禹的学术思想与二程洛学也有不少相近之处,是北宋时期四川深受理学思想影响的学者。他说:"'六经'之书,不可不尊;孔氏之道,不可不明;至于诸子百家神仙道释,盖以备篇籍,广异闻,以示藏书之富,无所不有,本非有益治道也。"主张独著儒学而排斥其他学术思想。③ 他对二程洛学(理学)更是十分推崇。在《祭明道文》中,称程颢直承孔孟的道统。"盖自孟子没而《中庸》之学不传,后世之士不循其本而用心于末,故不可与入尧、舜之道。先生以独智自得,去圣人千有余岁,发其关键,直睹堂奥,一天

---

① 苏洵:《嘉祐集》卷 15。
② 《资治通鉴》卷 69。
③ 《长编》卷 46,元祐六年闰八月甲申条。

地之理，尽事物之变。"可谓"真学者之师"。① 同时，范祖禹作为蜀人，又深受苏学经世致用、重视古今历史、探讨成败得失思想的影响。范祖禹在政治上对洛蜀党争采取中立态度，在史学上用理学的观点探讨唐代成败得失，又与苏学经世致用的目的一致。在纂修《资治通鉴》之余，范祖禹"稽其成败之迹，析以义理"，自著《唐鉴》。《唐鉴》成为理学与苏学结合的产物。全书上起高祖，下迄昭、哀，是编年体简明唐代兴衰史，选材上偏重政治上的成败得失，或褒或贬。全书史事 322 条，5 万余字，议论 294 条，史事与议论并重。

《唐鉴》以理入史的义理史学，归纳起来主要有三个特点：一、宣扬君道、臣道。主张君为臣纲，君尽君道，正己修身，以上化下；臣尽臣道，君主有过，臣当进谏。二、强调树立纲常伦理，正名分。三、摒弃天命，提倡天理，把天理作为最高道德原则。这些特点集中、系统地反映了儒家政治、伦理和理学的思想特征。他一反人们对大唐盛世称扬备至的说法，指出"唐有天下凡三百年……三纲不立，无父子君臣之义；见利而动，不顾其亲，是以上无教化，下无廉耻"。②"唐之父子不正，而欲正万事难，难矣。"③ 他对唐朝的"明君圣主"太宗李世民大加讨伐，《唐鉴》开卷头条即书：李世民胁父起兵太原，是"陷父于罪"，而其父子臣事突厥，导致"唐世人主无正家之法，戎狄多猾夏之乱"。他对玄武门之变，李世民杀其兄太子建、齐王元吉之后，被立为皇太子，更是痛加谴责，说"建成虽无功，太子也；太宗虽有功，藩王也。太子，君之贰，父之统也，而杀之，是无君父也……太宗之罪著矣！"④

《唐鉴》"以理入史"的义理史学，受到理学家的高度称赞。在理学家眼中，《唐鉴》在史学上的地位与经学中程颐的《易传》相侔。程颐认为此书是"自三代以后无此议论"。⑤ 此后以理入史的著作相继而出，其中很大一部分是由理学家亲自撰修的，如胡寅的《读史管见》、朱熹的《通鉴纲目》、张栻的《经世纪年》等等。其实，不遵守纲常伦理，并非唐朝皇帝的特点。在封建社会，每个开国皇帝都是不遵守儒家的伦理纲常，都是前朝皇帝的叛民，否则就当不成皇

---

① 程颢、程颐：《河南程氏遗书·附录》。
② 范祖禹：《唐鉴》卷 11。
③ 范祖禹：《唐鉴》卷 11。
④ 范祖禹：《唐鉴》卷 2。
⑤ 程颢、程颐：《河南程氏外书》卷 12。

帝，无法建立新的王朝。唐以前是这样，唐以后亦是如此。以宋朝为例，赵匡胤就是以"陈桥兵变"篡夺后周政权，皇袍加身，当上皇帝，建立宋朝的。至于皇室内部，为了争夺皇位，父子相杀，兄弟相杀，亦非鲜见。宋太宗就不是太子，而是谋杀其兄，伪造遗诏当上皇帝的，故历史上有"烛影斧声"之说。因而，以理入史的《唐鉴》，并未得到史学家和广大士大夫的认同。李焘的《长编》、李心传的《建炎以来系年要录》等宋代著名史学著作，就不是按《唐鉴》的义理史学观点撰修的，而是按传统的善恶俱书、注重事实的史学观点纂修的。严格说来，《唐鉴》并不是一部真正的史学著作，而是一部"以论代史"的著作，把历史研究引入了歧途。它比《资治通鉴·唐纪》在史学上的价值低得多，是杰出的史学家范祖禹在史学著作中的败笔。这说明用儒家的意识形态来统领史学研究，是不可能取得大的成就的。

三、张栻的义利史观

张栻是南宋著名的理学家，与朱熹齐名，被时人称为"一代学者宗师"。[①]只因去世过早，37岁而卒，其学术成就逊于朱熹。他一生主要在湖南讲学，但他死后，其门人相继返蜀，传播他的理学思想，使四川理学迅速发展起来，超过苏氏蜀学在四川的影响，因而张栻又成为四川理学发展的关键人物。张栻著述丰富，主要是经部著作。史部论著仅《通鉴论笃》《经世纪年》《汉丞相诸葛武侯传》3种和《史论》24条。《通鉴论笃》3卷是按理学观点对《通鉴》议论的删节。"多则全篇，少至一二语，去取甚严。"[②]《经世纪年》2卷则是在邵雍《皇极经世书》的基础上，以"纯儒"的正统观念对传统史学中的正闰关系加以调整。[③] 这两部著作都已佚失不传。在张栻的学术思想中，义利之辨是其重要的组成部分。他在看待历史问题时，总是以理学的义利观为标准来评价历史人物的得失。这在他著的《汉丞相诸葛武侯传》1卷和《史论》24条中也表现得十分充分。

张栻的义利观，简单说来就是天理是义，人欲是利，王道是义，霸道是利。

---

① 陈亮：《与张定叟侍郎（杓）》，《陈亮集》卷21。
② 陈振孙：《直斋书录题解》。
③ 马端临：《经籍考》，《文献通考》卷193。

"无所为"是天理，是义，无所为者之政是王道政治；"有所为"是私欲，是利，有所为之政是霸道政治。存天理，去人欲，崇王道，贬霸道，就是张栻义利史观的具体表现，是他评价历史人物的具体准则。

在这种不顾成败功利的义利史观的指导下，一切求功利的历史人物都受到贬责，一切取正义的人物都受到褒美。管仲助齐桓公九合诸侯、乐毅辅燕昭王连破齐城，都因其不是辅佐名存实亡的东周王室，而被贬抑为追求功利的代表。更有甚者，温峤乃东晋名臣，曾不顾母亲反对，绝裾而去江左辅佐晋室中兴。但张栻认为温峤不过是投富贵之机，赴功名之会，即使能使晋室克复神州，一统天下，亦不足道。①

张栻最推崇的历史人物是诸葛亮。在《衡州石鼓山诸葛忠武侯祠记》中称，诸葛亮虽功业未就，中道而殒，"然其扶皇极、正人心，挽回先王仁义之风，垂之万世"，与日月同光。他为了说明诸葛亮是孟子以来唯一遵守仁义的人，而随意删砍历史事实。诸葛亮为后主写《申》《韩》《管子》《六韬》之事，备载刘备遗诏，确凿无疑，却被张栻武断删去，原因就是《管子》之类乃谋取功利之书，有损诸葛亮仁义之风。又如诸葛亮躬耕隆中时"每自比管、乐"，而张栻则认为"侯在隆中，传以管、乐自许。予谓侯盖师篡王者之佐，其步趋则然，岂与管、乐同在功利之域哉！意传者之误，故不复云"。他武断地删砍历史事实，贬抑管、乐功利之说，表影美化武侯忠义风范，连朱熹也觉得欠妥。张栻则辩解说，"予推明其本心，证以平生大节，而削史之说有近于王霸者，区区妄意，扶正息邪，而不自知其过也"。毫不掩饰地公开承认他这样做是为了贯彻理学伦理道德的主观需要。由此可见，张栻的义利史观，把史学研究引入歧途，使史学成了理学的婢女。历史的生命在于真实。张栻删砍历史事实的史学论著，自然算不上研究历史的论著。

第五节 西蜀史学的局限性

西蜀史学的局限性，主要表现在过分强调史学为政治服务和未能深刻认识

---

① 张栻：《温峤得失》，《南轩集》卷17。

第十八章 西蜀史学

史学的性质和作用两个方面。

自孔子作《春秋》，乱臣贼子惧，我国的史学就与政治紧密地联系在一起。到司马光修《资治通鉴》，史学可以资政、育人，已成为人们的共识。宋代四川史学家苏洵、范祖禹、张栻等人史学理论的共同点，都是把史学作为资政的学问。只是苏洵的史学观点是主张在经学的指导下，保持史学的独立性，特别注重经世致用，探讨古今成败得失；范祖禹则完全用理学的观点，把史学作为维护理学的伦理道德的工具；张栻则用义利史观，随意删砍历史事实，把史学引入歧途，成为理学的婢女。

史学应为政治服务，而且是当代资政的鉴戒，这是毫无疑问的。但是，史学为政治服务，并不是生搬硬套历史上的经验教训来处理当代的政治问题，而是如培根所说"读史使人明智"。用历史知识所给予我们的智慧，提出解决当代政治问题的最佳办法。苏洵、范祖禹、张栻等人过分强调史学应为政治服务，就阻碍了他们全面深刻认识史学的性质和作用。

人们创造历史，不是在空白的基石上创造历史，而是在前人已有成就的基础上创造历史。历史学就是忠实记录前人全部社会成就和自然界全部变化，把历史的真相告诉后人的学科。我们要研究政治学，就必须知道历史上政治制度的变化；我们要研究气象学，就必须知道从古至今气候的变化；我们要研究天文学，就必须知道古代天文的变化；我们要研究医学，就必须知道古代医学的成就……由此可见，历史学不是某一种社会科学和某一种自然科学的附庸，也不是仅仅为某一种社会科学和自然科学专门服务的科学。历史科学是独立于任何一门社会科学和自然科学的。历史科学是为一切社会科学和自然科学提供前人研究成果，为一切科学研究提供基石的科学。这就是历史科学的性质和作用。学习历史，才能创造历史。把历史学主要视为为政治服务或为某种意识形态服务都是欠妥的。

历史学的作用，还表现在它是检验实践是否正确的一门科学。人们常说实践是检验真理的标准，这是完全正确的。但实践又靠什么来检验呢？只有靠历史才能检验。历史孕育了真理。无论是社会科学还是自然科学，其中某些具体事物的实践，在短期内，甚至几年、几十年都很难确定是否正确，只有经过几十年甚至几百年的历史检验，才能证明是否正确。任何事件和人物都不能逃脱历史的检验。任何人伪造历史、隐瞒历史、歪曲历史真相，都是不能得逞的。

一日是非在于力,千古是非在于理。千秋功过后人评说,权力永远不能战胜真理。因此,在历史上才出现了有的人生前权力在手,祸国殃民,草菅人命,显赫一世,死后却遗臭万年;有的人生前为国为民,坎坷一世,备受迫害,蒙冤而死,死后却永垂不朽、流芳万世。所以说,历史是公正的。

第十九章 宋代四川文学艺术的繁荣

当代史学大师陈寅恪先生曾说:"华夏民族文化,历数千年之演变,造极于赵宋之世。"① 这明确说明了宋代文化十分发达。赵宋政权重文轻武,实行宽松的文化政策,雕版印刷的发展推动了文化普及,这些因素为宋代文化发展提供了客观的有利条件,使我国古代文化发展到一个高峰,宋代也成为古代文化发展的一个转折点。这一时期,在四川文学艺术发展史上,处于一个重要阶段。四川文坛异常繁荣,孕育了一大批在宋代文坛上享有盛名的文学家。可以说,四川是宋代文学艺术最发达地区之一,正如《宋史》所说:"孟氏既平,声教攸暨,文学之士,彬彬辈出焉。"② 宋人李焘也认为,本朝文物盛西川。据《四库全书》统计,所存两宋蜀人文集有30余家,《宋代蜀文辑存》一书辑录散于群书的452家蜀人遗文达2000余篇,这些都可概见宋代川蜀人文之盛。被后人列为唐宋古文八大家之列的眉山三苏,则是当时四川文学繁荣发达的一个缩影。

---

① 陈寅恪:《金明馆丛稿二编》,上海古籍出版社1980年版,第245页。
② 《宋史》卷89《地理志》。

第十九章 宋代四川文学艺术的繁荣

第一节 古文运动与散文的成就

北宋初年的文风,仍是唐末五代浮靡文风的继续,诗文大都形式华丽,内容空虚,其代表为西昆派。西昆派是由杨亿所编《西昆酬唱集》而得名,其领袖是杨亿、刘筠和钱惟演。西昆派的骈文统治宋初文坛三四十年。欧阳修说,"杨刘风采,耸动天下",可见其势力之盛。其后,学术界在批判西昆派的过程中,又产生了"太学体"。"太学体"因石介主持太学而得名。"太学体"鼓吹"道统"和文、道一元论。其为文狂谲怪异,立论偏颇,内容乖谬。正如苏轼所说,"用意过当,求深者或至迂,务奇者怪僻而不可读"。① 欧阳修也称其"巧其词以为华,张其言以为大"。② 当时,擅长这种"时文",可以中科举,得名声。在这种情况下,学习、写作古文者少若晨星。然而,这时一些具有进步倾向的知识分子特别是欧阳修不满意这种华而不实的文风,高举唐代古文运动的大旗,从理论和创作两方面向浮靡文风展开了进攻,掀起了宋代诗文革新运动。当

图 19-1 杨亿像

时,四川一些文人也积极投身这一变革。初期有苏舜钦、魏野、郑修等人,其后有三苏父子,他们在宋代古文运动中都发挥了积极作用,为实现宋代文坛文风由浮华转向朴实作出了不小的贡献。

四川能产生像苏舜钦、三苏父子这样的诗文改革家,与宋初以来形成的当地文风有关。宋初张咏治蜀时,"蜀中士子旧好古文不事举业"。③ 蜀中好古文的文风,显然与西昆派文风针锋相对。另外,蜀中士子不事举业,也就对宋初科举的"时文"不太感兴趣。苏轼在谈及家乡风俗时说:"天圣以前学者,犹袭

---

① 苏轼:《谢南省主文启·欧阳修内翰》,《东坡集》卷26。
② 欧阳修:《与乐秀才第一书》,《文忠集》卷69。
③ 江少虞:《宋朝事实类苑》卷57。

五代之弊，独吾州之士诵经学古，以西汉文词为宗师，方是时，四方指为迂阔。"① 四川地区的士人喜好古文的文风，或许正是产生诗文改革家和文学高度繁荣的原因之一。

在北宋古文复兴运动中，苏舜钦是一位重要人物。苏舜钦（1008～1048），字子美，梓州铜山（今四川中江）人，其祖父苏易简、父亲苏耆都是当时的著名学者。苏舜钦在政治上积极参加范仲淹领导的革新运动，在文学界则是宋代古文运动的积极开创者。

图 19-2 苏舜钦像

唐末五代，柔媚香艳的文风笼罩文坛，韩、柳古文运动中断，华丽空虚的骈文则东山再起。当时正是"杨亿、刘筠尚声偶之辞，天下学者靡然从之"②的时候，而苏舜钦与穆修却敢冒天下之大不韪，反对占统治地位的浮靡文风。"当天圣中，学者为文多病偶对，独舜钦与河南穆修好为古文、歌诗，一时豪俊多从之游"。③ 理论上，苏舜钦继承了韩愈"文以载道"的传统，主张言必归道义，反对空言。他在创作时总是保持严肃认真的态度，自言"每属文，不敢雕琢以害政"。④ 他的散文，不论是书表奏议，还是记叙文，都敢于反映现实，质朴、清新、平易，语言切直简要，文章雄健、奇气，如其为人。苏舜钦在古文复兴运动中起了承前启后的推动作用，他上承穆修，下启欧阳修等人。正如清人宋荦所云："子美独崛兴于举世不为之时，挽杨（亿）刘（筠）之颓波，导欧（阳修）苏（轼）之前驱，其才识尤有过人者。"⑤ 欧阳修对苏舜钦在诗文改革运动中的开拓之功，也给予了高度评价。他说："子美之齿少于予，而予学古文反在其后。天圣之间，予举进士于有司，见时学者，各以言语声偶摘裂，号为时文，以相夸尚。而子美独与其兄才翁及穆参军伯长，作为古诗杂文，时人颇非笑之，而子美不顾也。""子美为举世不为之时，其始终自守，不牵世

---

① 嘉庆《四川通志》卷 56《舆地·古迹》。
② 《宋史》卷 442《苏舜钦传》。
③ 《宋史》卷 442《苏舜钦传》。
④ 《苏舜钦集》卷 9《上三司副使段公书》。
⑤ 《苏子美文集·序》。

俗趋舍，可谓特立之士也。"①

苏舜钦一生中创作了大量的散文，包括奏议、书启、记辩、墓志、祭文、行状等。现存苏文共有七十余篇，其中不乏佳作。如：《答韩持国书》把官场黑暗揭露得淋漓尽致；《沧浪亭记》用对比手法，以自然之美反衬官场之丑。总之，其散文说理性强，抒情真挚，叙事清晰，具有雄健朴素的风格。

苏舜钦之前，有蜀人郑修者，自号金斗先生，也提倡古文，实属宋代古文运动的先声。

在欧阳修领导的诗文革新运动中，四川文人出力最多者首推眉山苏洵、苏轼、苏辙。三苏父子是因张方平的推荐至京师成为欧阳修的门人的。苏洵至京师与欧阳修认识，献其所著书，欧阳修立即向朝廷推荐。嘉祐二年（1057），苏洵二子苏轼、苏辙，同中进士高第。欧阳修十分高兴，在其后来所写《故霸州文安主簿苏君（洵）墓志铭》中说："洵书既出，而公卿士大夫争传之。其二子举进士皆在高第，亦以文学称于世。眉山在西南数千里外，一日父子隐然名动京师，而苏氏文章遂擅天下。"② 并说："读轼书不觉汗出，快哉快哉！老夫当避路，放他一头地也。可喜可喜！"③ 三苏父子都被列入"唐宋八大家"之列，这在我国古代文学史上是少见的。

苏洵（1009～1066）字明允，号老泉，著有《嘉祐集》。他的文章，重自然而轻雕饰。他深受战国纵横家的影响，特别长于政论文，行文滔滔不绝，流畅自然，雄挥豪健。所著《权书》《衡论》等篇，纵谈古时形势和治国用兵之道。《权书》中的《六国论》，评论六国破亡的事

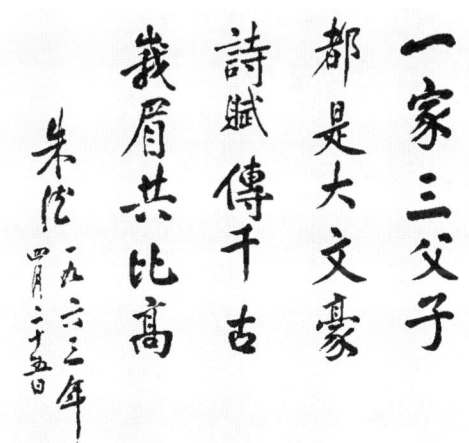

图19-3 1963年，朱德参观三苏祠的题词

---

① 欧阳修：《居士集》卷41。
② 欧阳修：《文忠集》卷34。
③ 欧阳修：《文忠集》卷34。

实,借以批评宋廷的屈辱外交政策,具有强烈的现实意义。

苏辙(1039~1112)字子由,晚号颍滨遗老。他一生著述丰富,有《栾城集》等著作。苏辙主张文章应具备"奇气",作家应"读万卷书,行万里路",广泛地接触社会,认识社会,同时还要接受大自然的陶冶。其政论文结构严谨,行文畅达简洁,语言淡雅朴实,立论稳妥,说理透彻,善于变化,委曲迂回,又能紧扣中心。他还擅长记叙文,所著《黄州快哉亭记》《武昌九曲亭记》都是传世名作。他的古文成就没有兄长苏轼大,但苏轼对其倍加推崇,曾说"子由之文实胜仆,而世俗不知,乃以为不如。其为人深,不愿人知之。其文如其为人,故其汪洋淡泊,有一唱三叹之声,而其秀杰之气终不可没"。①

苏轼(1037~1101)字子瞻,号东坡居士,苏洵长子。他是欧阳修的得意门生,文学事业的传人。欧阳修死后,他是北宋古文运动的杰出领袖。苏轼在《上梅龙图书》中说:"轼长于草野,不学时文,词语甚朴,无所藻饰。"由此足见苏轼是坚决反对浮巧轻媚丛错彩绣的文风的。同时,苏轼充分肯定了唐代韩愈"文起八代之衰,道济天下之溺"的历史功绩,大力提倡古文。当苏轼步入北宋文坛时,西昆体文风已日薄西山,而诗文革新运动所面临的主要对手是产生于其内部的"太学体"。苏轼对"太学体"进行了有力的抨击,提出了写文章要"正言之",使"人人知之矣"。②

苏轼在学术思想上兼收并蓄,融儒释道和先秦诸子百家学说为一体,不受儒家传统思想的束缚,在继承欧阳修等人的古文复兴运动成就的基础上,能够青出于蓝而胜于蓝。无论是在古文理论还是创作的各个领域,苏轼都取得了杰出的成就,使中唐以来的古文运动得以继续发展,宋代散文因而全面繁荣,风格也最终定型。

苏轼的古文理论内容丰富,具有划时代的意义。

苏轼摒弃了儒家"文""道"论的束缚。自韩愈提出了"道统""文统"后,"古文"就与儒家之道联系在一起了,文学的复古与儒学的复兴就密不可分,儒家之道成为古文运动的思想支柱。古文运动的领袖人物欧阳修也主张以"道"

---

① 苏轼:《答张文潜书》,《东坡集》卷30。
② 苏轼:《答谢民师书》,《经进东坡文集事略》卷46。

为中心，他曾对苏轼说："我所谓文，必与道俱。见利而迁，则非我徒。"① 至于道学家更是将古文作为儒家"道统"的附庸。只有苏轼才彻底超越了"文统""道统"的束缚，提倡文学性的文，语言艺术的文，主张"文理自然"的创作原则。② 他在《说文》一文中，说自己文章的风格"如万斛泉涌，不择地皆可出。在平地滔滔汩汩，虽一日千里无难。及其与山石曲折，随物赋形，而不可知也；所可知者，常行于所当行，常止于不可不止，如是而已。其他，虽吾亦不知也"。③ 苏轼的文章确如万斛泉涌，一泻千里，富于变化，任其自然，曲尽其妙，在艺术上达到了北宋古文运动的最高水平。

苏轼的论文涉及面极广，其中尤以政治论文最为突出。他写作的目的都是希望有益于当时，如他考制科时，针对北宋王朝的腐朽现状，写了《策略》《策别》《策断》等25篇文章，提出了一系列富国强兵的主张。他还有25篇《进论》，属于史论文章，其中《留侯论》《晁错论》等都能推陈出新，立论超卓，辨析毫芒。苏轼还写了一些书信、杂记、序跋、随笔、小赋等小品文。这些作品大多夹叙夹议，抒情描写错杂并用，艺术成就在政治论文之上。明代散文家袁宏道对苏轼小品文极推崇，他说："坡公之可爱者，多其小文、小说。使尽去之，而独存高文大册，岂复有坡公哉？"④ 苏轼的《石钟山记》《记承天寺夜游》《前赤壁赋》《后赤壁赋》都是脍炙人口的传世名篇。

苏轼继欧阳修之后成为北宋文坛领袖，并取得了空前成就。在"欧门"之后，宋代文坛上又形成了"苏门"。苏门有著名的"苏门四学士"和"苏门六君子"。"四学士"是指黄庭坚、秦观、张耒、晁补之。"六君子"则再加上陈师道、李荐。这些人的古文创作，都受苏轼的影响，又各具特色，并有著作传世。他们留下了大量的优秀篇章，推动了古文运动的繁荣。⑤ 苏轼为唐宋的古文运动画上了圆满的句号，其功绩是永垂不朽的。

此外，宋代四川文坛上还有一些知名学者。如华阳范镇，"以文学名世"，

---

① 《东坡后集》卷16《祭欧阳文忠公夫人文》。
② 祝尚书：《北宋古文运动发展史》，巴蜀书社1995年版，第216页。
③ 苏轼：《经进东坡文集事略》卷57。
④ 《苏长公合集》引。
⑤ 直到五四新文学运动之前，古文一直是我国散文的代表性文体。

第十九章　宋代四川文学艺术的繁荣

甚至"契丹、高丽皆传诵其文"。① 成都吕陶，其文被誉为"贾谊之文"。② 眉山任伯雨，"名与苏洵埒"。③ 华阳王珪，"其文闳侈瑰丽，自成一家"。④ 双流蹇周辅，"善属文"。⑤

第二节　诗的繁荣

有宋一代，四川诗坛十分繁荣，在全国占有重要地位。首先，四川诗坛具有广泛的群众基础，能诗歌者比比皆是。据《宋诗纪事》和《宋诗纪事补遗》统计，川籍诗人便有395人，而散见于其他书籍的有86人，共计480余人。其次，在四川诗坛上产生了一些在全国颇有影响的诗人，如北宋前期的魏野、苏舜钦，中后期的苏轼。南宋时期，著名诗人范成大、陆游等都在蜀长期生活，他们也为四川诗歌的繁荣作出了重要的贡献。

北宋开国至真宗朝的几十年里，宋诗基本沿袭唐风。以杨亿为代表的"西昆体"盛行于世。"西昆体"骨干张咏几度治蜀，与四川文人颇多接触，对四川诗坛不无影响。真宗朝蜀人魏野，是"晚唐体"的代表。魏野，字仲先，号草堂居士，"以诗著当世，显人多与之游"。⑥《宋诗纪事》录其诗13首，其诗风"固无飘逸俊迈之气，但平朴而常不事虚语尔"。⑦ 北宋古文运动先驱苏舜钦，也是当时有名的诗人，他与诗人梅尧臣齐名，时称"苏梅"。从风格上看，苏舜钦诗有"超迈横绝""奔放纵横""雄豪放肆"的特点，又具有强烈的议论化、散文化趋向，这些对宋诗风格的形成和发展产生了很大的影响。苏舜钦诗题材广泛，包括政治、咏史、写景、记游、写人、抒怀、酬唱、联句、送别、哀悼诸多方面。其政治诗成绩尤为突出，名作有《城南感怀呈永叔》《吴越大旱》《庆州败》诸篇。如《城南感怀呈永叔》，直书人民在严重灾荒下的痛苦生活，

---

① 《宋史》卷337《范镇传》。
② 《宋史》卷346《吕陶传》。
③ 《宋史》卷345《任伯雨传》。
④ 《宋史》卷312《王珪传》。
⑤ 《宋史》卷329《蹇周辅传》。
⑥ 厉鹗：《宋诗纪事》卷10，上海古籍出版社1981年版。
⑦ 厉鹗：《宋诗纪事》卷10，上海古籍出版社1981年版。

"十月七八死，当路横其尸。犬豗咋其骨，乌鸢啄其皮"，而统治阶级却"高位厌梁肉"，深刻反映了当时的阶级矛盾。苏舜钦的这些诗歌，堪称"诗史"。

在宋代诗坛上，苏轼是一位杰出的领袖人物。他出生于一个有文化修养的家庭，其祖父苏序，作诗多至千余首，其父苏洵，早有文名。苏轼自幼便开始学习写诗，并作为日常功课，一直坚持到老。苏轼对《诗经》《楚辞》，以及孔孟、老庄、陶渊明、李白、杜甫的作品都广泛学习，并重点学习李、杜的作品。家庭的熏陶、刻苦的训练和广泛的学习，为日后苏轼诗歌创作打下了坚实的基础。苏轼一生，诗歌创作甚为丰富，至今尚存约2700余首，洋洋大观，素有"苏海"之称。

苏诗继承并发展了唐诗的优良传统，将现实主义精神与浪漫主义风格相结合，在风格上具有超迈豪纵、锐意创新的特点；同时，诗文运动的成果——诗歌议论化、散文化的特点也在苏诗中得以充分展现。

苏诗题材极为广泛，几乎是无所不写。在"言必中当世之过"和"论事以讽，庶几有补于国"的创作思想指导下，苏轼创作了大批反映民间疾苦、遣责官吏贪鄙、关心国家命运的作品。如："板屋漫无瓦，岩居窄似庵。伐薪常冒险，得米不盈甔。"（《入峡》）"富人事华靡，彩绣光翻座。贫者愧不能，微挚出春磨。"（《馈岁》）又如《吴中田妇叹》，借田妇之口，写江南农民遭受秋涝、虐政双重灾难的悲惨情景："眼枯泪尽雨不尽，忍见黄穗卧青泥。茅苫一月垄上宿，天晴获稻随车归。汗流肩赪载入市，价贱乞与如糠粃。卖牛纳税拆屋炊，虑浅不及明年饥。官今要钱不要米，西北万里招羌儿。龚黄满朝人更苦，不如却作河伯妇！"在《荔枝叹》中，他控诉了唐玄宗、杨贵妃的腐化生活，并怀着"至今欲食林甫肉"的愤怒，抨击那些以人民血汗来争新买宠的当朝权贵。

苏诗中数量最多、影响最大的是抒发个人情感和歌咏自然景物的诗篇。如《江上看山》《游金山寺》《百步洪》《州海市》《新城道中》等，都是传世名篇。《游金山寺》这一类的七言长诗在李白之后很少见到，诗歌波澜壮阔，变化多端，如行云流水。诗云：

我家江水初发源，宦游直送江入海。闻道潮头一丈高，天寒尚有沙痕在。中泠南畔石盘陀，古来出没随涛波。试登绝顶望乡国，江南江北青山多。羁愁畏晚寻归楫，山僧苦留看落日。微风万顷靴纹细，断霞半空鱼尾

第十九章 宋代四川文学艺术的繁荣

赤。是时江月初生魄,二更月落天深黑。江心似有炬火明,飞焰照山栖鸟惊。怅然归卧心莫识,非鬼非人竟何物。江山如此不归山,江神见怪警我顽。我谢江神岂得已,有田不归如江水。

《饮湖上初晴后雨》,是描写西湖的千古绝唱。诗云:水光潋滟晴方好,山色空蒙雨亦奇。欲把西湖比西子,淡妆浓抹总相宜。清人陈衍说:"后二句遂成西湖定评。"① 甚至有人这样说:"要识西子,但看西湖,要识西湖,但看此诗。"②

清人赵翼《瓯北诗话》卷五,专章评论苏诗,其中有云:"以文为诗自昌黎始,至东坡益大放厥词,别开生面,成一代之大观……尤其不可及者,天生健笔一枝,爽如哀梨,快如并剪,有必达之隐,无难显之情,此所以继李杜后为一大家也,而其不如李杜处亦在此。"对苏诗的艺术成就进行了比较全面和准确的概括。苏轼主盟诗坛后,在他的率领下,形成了宋诗创作的第一次高峰。

在宋代四川诗坛上,还活跃着一批颇有作为的诗坛高手,如成都的任玠、王君礼,双流的罗处约、王琪、范镇、郭叔诒,蒲江的魏了翁,新都的梅挚,绵竹的张栻、何耕,盐亭的文同,三台的杨怡、杨谔、僧人居简,阆中的陈尧佐、鲜于侁,璧山的冯时行,简阳的张孝祥,眉山的苏辙、家定国、任希夷,丹棱的唐庚、李壁,洪雅的田锡,仁寿的韩驹等。

在宋代四川诗坛上,也留下了一些女诗人的足迹。北宋末唐暨妻陈氏,有诗二首载于《宋诗纪事》。巴县谢慧卿,有《闺余集》,现存诗一首。成都妓单氏,有赠陈抟诗。

另外,在宋代四川诗坛上,还活跃着不少流寓或宦游四川的杰出诗人。最著名的有黄庭坚、陆游和范成大。

黄庭坚字鲁直,洪州分宁(今江西修水)人。他尤擅长写诗,有所谓"点铁成金""脱胎换骨"之

图 19-4 黄庭坚像

---

① 陈衍:《宋诗精华录》卷 2。
② 陈秀明:《东坡诗话录》卷 5。

图 19-5 万州流杯池的黄庭坚手书碑文

法,即推陈出新也。其后为人所效法,形成两宋之际影响十分巨大的江西诗派。黄庭坚与张耒、晁补之、秦观同游苏轼门下,时人称之为"苏门四学士"。苏轼对黄庭坚十分欣赏,称赞其诗"超轶绝尘,独立万物之表"。[1] 绍圣元年(1094),黄庭坚因事被贬涪州别驾,黔州(今重庆彭水)安置,后又移戎州(今四川宜宾),至元符三年(1100)才离开戎州。黄庭坚在蜀六年,写了不少表现当地风光和谪居心情的诗,如《次韵李仁道晓饮锁江亭》《次韵任道食荔枝有感》等。黄庭坚所寓居的黔州开元寺,至今尚存其衣冠墓。

南宋前期,有所谓"中兴四诗人",即陆游、尤袤、杨万里和范成大。陆、范二人都在蜀宦游数年。

陆游,字务观,号放翁,越州山阴(今浙江绍兴)人。他以诗见长,"年十二能诗文"。[2] 陆游自言,"六十年间万首诗",现存有9300多首。陆诗的风格有三次明显的演变,早年务求奇巧,中年豪宕奔放,晚年闲适恬淡。[3] 陆诗题材广泛,但其中最突出的部分,是反映忧国忧民情怀的爱国诗歌。乾道六年(1170),陆游入蜀任夔州通判。乾道八年(1172),他从茂州到南郑,亲临抗金前线。此后,

图 19-6 陆游像

---

[1] 《宋史》卷444《黄庭坚传》。
[2] 《宋史》卷395《陆游传》。
[3] 刘大杰:《中国文学发展史》中册,上海古籍出版社1992年版,第692~693页。

第十九章　宋代四川文学艺术的繁荣

图 19-7　崇州罨画池，陆游在蜀州任官时，留下不少吟咏罨画池美景的诗篇

他先后在成都、蜀州、嘉州、荣州等地任职。到淳熙五年（1178），他才离开成都。陆游在蜀八年，亲临抗金前线，饱览蜀地风光，凭吊了李白、杜甫诸伟大诗人的遗迹，领悟了"诗家三昧"。这段时光是陆游诗歌成熟的关键时期，为了纪念这段有意义的生活，他将自己的诗集命名为《剑南诗稿》。四川人民为纪念这位伟大的爱国诗人，也在崇州修建了规模宏大的陆公祠。

图 19-8　崇州罨画池内陆游祠　　　　　图 19-9　崇州街头陆游塑像

范成大，字致能，自号石湖居士，吴郡（今江苏苏州）人。范诗在风格上

"追溯苏、黄遗法,而约以婉峭,自为一家"。①范诗题材广,其最引人注目的诗有两类。其一是抒发抗金爱国感情和反映阶级矛盾的作品,其二是他的田园诗。后人对范成大的田园诗给予了很高的评价,认为范诗能"网开一面",在文学史上占有一席之地。范成大于淳熙元年(1174)十月被任命为四川制置使,次年到成都。淳熙四年(1177)离开成都。他在蜀两年多,与陆游交往甚密,以诗唱和,留下不少诗篇。

陆游、范成大在川的活动,为四川诗坛注入了新的活力,繁荣了四川的诗歌文化。巴蜀大地的壮丽山河、名胜古迹、田园风光,抗金前线的金戈铁马,也为他们的创作提供了丰富的源泉。

图19-10 范成大像

第三节 词的繁荣

人们常言"唐诗宋词",将两者相提并论,足见宋词在中国文学史上的崇高地位。宋代四川词坛,乃是当时文艺百花园中最为繁荣之处。这一时期,四川出现了不少著名的词人。纵观四川词文化的发展史,宋代四川词文化处于极显著的地位,它繁盛于唐末五代,为元明清所不及。据姜方锬《蜀词人评传》统计,唐及五代,四川词人共有29人,元、明、清三代有40余人,而宋代则有50余家。这一纵向比较,可从侧面反映宋代四川词坛的繁荣局面。伟大文学家苏东坡在古代社会词文化的发展史上,引领风气之先,成就巨大,可以说是前无古人,后无来者。

北宋初年,词创作基本承袭五代余波,婉丽词风,弥漫一时,多为小调。直到柳永开始大量创作慢词长调,才为宋词的发展开辟了广阔的空间。在这七八十年间,就连欧阳修这一古文运动的领袖人物,也致力于短章小令轻丽之词,

---

① 《四库全书总目》卷60。

难离花间范围。宋初几十年间，四川词坛也同全国其他地区词坛一样，难以摆脱花间词风的影响。宋朝初期，四川词坛较为冷落，今所见词人不过苏易简、苏舜钦、陈尧佐、王琪数人而已。他们都不是专门写词，因而作品传世甚少，上乘之作更不多见。今存苏易简词一阕，是他奉诏而作；苏舜钦词仅存《水调歌头·沧浪亭》一阕。总之，宋朝前期四川词坛人少，作品少，在社会上影响不太大。直到苏东坡词作问世，四川词坛才勃发生机，旧貌换新颜。

图19-11 眉山三苏祠内的苏轼塑像

苏轼是宋代最伟大的文学家，他多才多艺，词作仅是其文学作品中的一部分，用力不多，然而却取得了丰硕的成果，仅流传于今的词就有300余首。正如宋人王灼所说："东坡先生非心醉于音律者，偶而作歌，指出向上一路，新天下耳目，弄笔者始知自振。"①

苏轼以前的词，是以婉约为宗，描写的内容狭窄，只讲究艳靡，故词被称为"艳科"。苏轼打破"词为艳科"之名，把古文运动的革新精神带入词的创作中，改变了晚唐五代词家的婉约词风，创立了豪放飘逸的风格，成为词家豪放派的开创者，为宋词的发展开辟了一条崭新的道路。苏轼词的内容，不拘于"闺怨""离恨"之情，而抒写壮烈怀抱。他的描写不只是锤炼优美的婉约的词句，而以"诗句"入词，以"赋句"入词，甚至以"文句"入词，使词体得到大解放。胡寅在《酒边词序》里对苏词风格及成就有如此评语："眉山苏氏，一洗绮罗香泽之态，摆脱绸缪宛转之度，使人登高望远，举首高歌，而逸怀浩气，超乎尘垢之外，于是'花间'为皂隶，而耆卿为舆台矣。"苏词《水调歌头·丙

---

① 王灼：《碧鸡漫志》。

辰中秋》和《念奴娇·赤壁怀古》是千古绝唱的名篇,最能体现苏词的风格,现录之如下:

明月几时有?把酒问青天。不知天上宫阙,今夕是何年?我欲乘风归去,又恐琼楼玉宇,高处不胜寒。起舞弄清影,何似在人间?转朱阁,低绮户,照无眠。不应有恨,何事长向别时圆?人有悲欢离合,月有阴晴圆缺,此事古难全。但愿人长久,千里共婵娟。(《水调歌头·丙辰中秋》)

《苕溪渔隐丛话》说:"中秋词自东坡《水调歌头》一出,余词尽废。"

大江东去,浪淘尽千古风流人物。故垒西边,人道是三国周郎赤壁。乱石穿空,惊涛拍岸,卷起千堆雪。江山如画,一时多少豪杰。

遥想公瑾当年,小乔初嫁了,雄姿英发,羽扇纶巾,谈笑间樯橹灰飞烟灭。故国神游,多情应笑我,早生华发。人生如梦,一尊还酹江月。(《念奴娇·赤壁怀古》)

柳永是宋仁宗朝著名词人,他在宋词发展史上起过十分重要的作用。有宋人认为,柳、苏词风迥然不同,一个是缠绵婉约,一个是豪放粗犷。宋代流传着这样一个故事:苏东坡幕僚中有位善于唱歌的人,一次苏东坡问他,"我词比柳词何如?"对曰:"柳郎中词只好十七八岁女孩儿,执红牙拍板唱'杨柳岸,晓风残月';学士词须关西大汉,执铁板唱'大江东去'。"① 好一个幕僚,

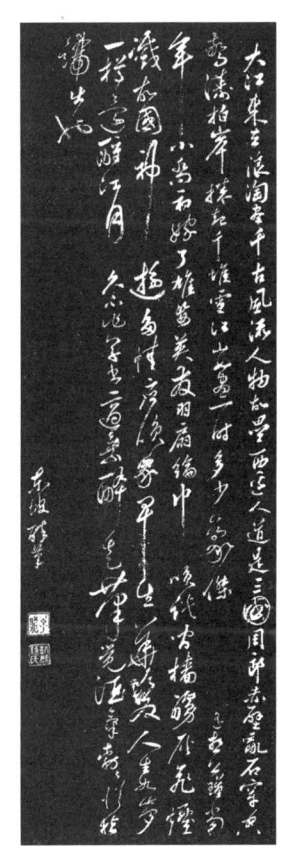

图 19-12 《念奴娇·赤壁怀古》拓片

---

① 俞文豹:《吹剑续录》。

用生动诙谐形象的言词，指出了柳苏二人不同的词风和艺术境界。此后，铜将军铁琵琶唱大江东去，便成了苏词风格的艺术形象。其实，这个评论并不准确。苏轼的词有豪放的，也有极温婉的。例如他的《蝶恋花》：

花褪残红青杏小，燕子飞时，绿水人家绕。枝上柳绵吹又少，天涯何处无芳草？墙里秋千墙外道，墙外行人，墙里佳人笑。笑渐不闻声渐悄，多情却被无情恼！

像这类小词，苏轼往往是冲口而出，无穷清新，其缠绵并不在柳词之下，同样适于十七八岁女孩儿执红牙拍板唱。由于苏轼有超人的灵气仙才，在长词里面更能奔纵放肆，句有尽而意不穷，故其长词特别受到人们的称赞。

在苏轼笔下，无论什么题材，都可以用词来表现。如《江城子·密州出猎》，直抒了作者保家卫国的豪情壮志；《江城子·乙卯正月二十日记梦》，寄托了对亡人的悼念；《浣溪沙·徐门石潭谢雨》，描写农村初夏风光。这类题材的词，以前是不多见的。

苏词对后世影响很大，南宋著名词人张孝祥、陆游、辛弃疾、陈亮、刘过、刘克庄诸家，都沿着苏词开辟的路子，取得了很大的成就。我们可以毫不夸张地说，正是苏轼对词的革新创造，和他在词学上

图 19—13　《东坡先生合集》

的伟大成就，以及在苏轼影响下产生的一大批杰出的词人，才使词这种文学体裁在宋代发展繁荣到顶峰，与唐诗并驾齐驱，在我国文学史上有了"唐诗宋词"之称。从这个意义上讲，苏轼词的成就远比他的诗的成就更为伟大。

南宋时期，四川词坛还出现了一些较有影响的词人，如陈与义、张孝祥等。

陈与义，字去非，自号简斋居士，其先青城人，南渡后徙居建业，绍兴中为参知政事。陈氏有词集一卷，其中最著名的是《临江仙》，其词"意境超越，

格调绝高"。①

张孝祥，字安国，号于湖居士，简州人，后徙居历阳乌江（今安徽和县）。有《于湖词》3卷，收词185首。张孝祥词学苏轼，以雄丽著称。其代表作有《六州歌头·长淮望断》和《念奴娇·过洞庭》，前者表现了作者希望收复失地的爱国热情，后者则体现了作者的艺术风格。

程垓，字正伯，眉山人，有《书舟词》1卷。其词凄婉绵丽，代表作有《酷相思》《四代好》《折红英》3首。杨升庵《词品》云："正伯之《酷相思》《四代好》《折红英》俱佳，故盛以词名。"②

魏了翁有《鹤山长短句》3卷，存词188首，皆寿词。杨升庵评魏词说："宋代寿词，无有过之者。"③然而，寿词连篇累牍，内容单调，空泛无味，毫无生命力。尽管如此，魏词也代表了宋代四川词作的一个方面。

文及翁，字时学，号本心，绵州人，南宋末年词人。其代表作有《贺新郎·西湖》，词云：

> 一勺西湖水。渡江来，百年歌舞，百年酣醉。回首洛阳花世界，烟渺黍离之地。更不复、新亭堕泪。簇乐红妆摇画艇，问中流、击楫何人是？千古恨，几时洗？余生自负澄清志。更有谁，磻溪未遇，傅岩未起。国事如今谁倚仗？衣带一江而已。便都道，江神堪恃。借问孤山林处士，但掉头，笑指梅花蕊。天下事，可知矣。

该词具有深刻的现实意义，对当朝统治者偏安江南、尽情享乐进行了无情的揭露，表现了爱国知识分子忧国忧民的情感。

在宋代四川词坛上，也有为数不少的女词人。据《蜀词人评传》统计，共有十余位。她们多生活在社会最底层，或妓或妾。其词风大多婉约缠绵，内容以描写离愁别恨为主。宋人周密说："蜀娼类能文，盖薛涛之遗风也。"④现录蜀妓词《鹊桥仙》一首，以见其风貌：

---

① 姜方锬：《蜀词人评传》，成都古籍书店1984年影印本。
② 姜方锬：《蜀词人评传》。
③ 姜方锬：《蜀词人评传》。
④ 周密：《蜀娼词》，《齐东野语》卷11。

说盟说誓,说情说意,动便春愁满纸。多应念得《脱空经》,是那个先生教底?不茶不饭,不言不语,一味供他憔悴。相思已是不曾闲,又那得功夫咒你!

第四节 绘画的成就

北宋建立后,为绘画艺术的进一步发展创造了必要的条件。北宋统治者为了满足其精神生活的需要,比较重视绘画艺术,并仿照西蜀和南唐画院制度,成立了京师画院,在全国各地网罗名画家。后蜀灭亡后,四川的许多名画家也被宋廷"请"到京师,为赵宋宫廷服务。各地名画家云集京师,有利于绘画艺术的互相交流,有利于培养新生力量,再加之政府的重视和提倡,我国古代绘画的各种技法和绘画理论在宋代都日益成熟,从而使宋代绘画艺术达到了一个新的高峰。

北宋时期,四川的绘画艺术无论在四川历史上,还是在全国历史上都占有极其重要的地位。四川画坛人才济济,据邓椿的《画继》和夏文彦的《图绘宝鉴》统计,两宋四川著名画家有70人,其中北宋65人、南宋5人,身跨两朝的黄筌等人和众多的民间画工还不在其中。这些画家,大体可分为专业画家和文人画家两类。从绘画题材来看,亦可大体分为释道人物画和花鸟山水画两大类。①

一、释道人物画

宋代四川画坛承五代余波,释道人物画仍然是最盛行的题材,这种情况在北宋后期才发生了变化。当时最著名的释道人物画家有石恪、勾龙爽、孙知微、高文进、赵元长、王道真、童仁益、道士李八师、邓隐、刘铨、僧元霭、李石择、道宏、祖鉴、智平、李休、李蕃、刘国用、杨杰等人。其中以石恪、孙知微、高文进最为杰出。

---

① 有关宋代四川的绘画,参见贾大泉:《宋代四川绘画》,《四川文物》1986年第2期。

石恪，字子专，五代宋初成都人。他始以张南本为师，才数年便超过了他的老师。后蜀灭亡后，石恪到开封，受命为相国寺作壁画。其后，宋政府准备授以石恪画院之职，但他决意不受，坚请还蜀。石恪的晚年，是在四川家乡度过的。石恪长于人物画，其作品多为故事画或释道人物画。石恪在画技上勇于探索，务求新奇，不落窠臼。他画"人物诡形殊状，惟面部手足用画法，衣纹皆粗笔成之"①，可说是减笔画的始祖。石恪作画的特点是笔墨纵逸，不专规矩，并且"多为古僻人物，诡形殊状，以蔑辱豪右，西州人患之"。② 因此他的画受到后人很高的评价，说他是"画鬼奇怪，笔画劲利，前无古人，后无来者"。③ 据《宣和画谱》记载，北宋末年御府所藏石恪画还有21幅，但到今天，已很难见到其作品了。著名文学家苏轼、黄山谷都有诗文歌咏石恪的作品，可见他在当时是很有影响的画家。

高文进，四川成都人，其祖父高道兴、父亲高从遇都是五代四川著名的释道人物画家。高文进继承家学，工画佛道。他作画"笔力快健，施色鲜润"。④ 后蜀亡后，高文进到开封入翰林画院，深得宋太宗的赏识，从祗候迁升待诏，与高益齐名，时人称为"小高待诏"，他先后为相国寺、玉清昭应宫等寺观作壁画。高文进的画在宋初极受推重，被誉为"翰林画工之宗"。⑤ 高文进的长子高怀节，工画佛道人物，颇有父风，次子高怀宝，工画花鸟、草虫、蔬果，他们同为画院祗候。高氏一门四代，皆以画显。

孙知微，字太古，眉州彭山人。他善画释道、山水。他创作道释尊像，多住在山观寺院，不茹荤饮酒，精心率意虚静思。蜀中寺观，尤多其作品。据《宣和画谱》记载，到北宋末，御府尚藏其作品37幅。孙知微画法放逸，不蹈袭前人笔墨畦畛，深得时人称誉。文人画家文同对孙画评价是"卓哉青城笔，妙绝冠天下"。⑥ 苏轼对孙知微画水特别欣赏，颇加赞誉，认为"知微既死，笔法中绝五十余年"。⑦ 在他死后100多年，范成大到四川做官，还在灌县的伏龙

---

① 夏文彦：《图绘宝鉴》卷3。
② 刘道醇：《圣朝名画评》卷1。
③ 赵希鹄：《洞天清禄集》。
④ 刘道醇：《圣朝名画评》卷1。
⑤ 黄庭坚：《豫章黄先生文集》卷27。
⑥ 文同：《丹渊集》卷3。
⑦ 苏轼：《东坡集》卷23。

观、青城山丈人观见到他作的壁画,并大加赞赏。

勾龙爽,神宗时为图画院祗候,工画佛道人物,又好画故事人物,"尤善婴孩,得其态度"。① 勾龙爽作画"笔力飘逸,多从质野"②,亦一代奇笔。其传世作品有《西域民乐图卷》《青绿山水图》《团扇》(今藏美国密西根大学美术馆)等。

二、花鸟画和山水画

在两宋四川画坛上,花鸟画和山水画的创作也十分流行。五代末北宋初,蜀中绘花鸟画最著名者首推黄筌父子,他们是当时花鸟画两大流派之一的创始人。入宋以后,黄筌病逝,其子黄居寀成为北宋宫廷画坛的盟主。

黄居寀,字伯鸾,黄筌季子。居寀能世其家,"作花竹翎毛,妙得天真,写怪石山景,往过其父远甚"。③ 居寀的画一上市,见者皆争售之,唯恐其后。居寀一生,创作甚丰,到北宋末年,御府仍藏其画330余幅,这些画以名花珍禽为主。黄居寀的画艺,深得宋朝皇帝的赏识,他被授予翰林待诏、朝请大夫、寺丞、上柱国赐紫金鱼袋。宋廷还委派他搜访名画,诠定品目。从北宋初年以来,画院以黄氏父子的画法作为准绳,"较艺者视黄氏体制为优劣去取"④,使五代时期在画坛上与黄氏齐名的徐熙画派遭到排斥,逐渐衰落。甚至连徐熙的孙子徐崇嗣兄弟也只得改变家风,去迎合黄氏画法,才能在京师画院占有一席之地。黄氏画艺垄断官府画坛,几乎达一个世纪之久。直到神宗朝著名画家崔白、崔悫在京师画院任职后,宫廷画院花鸟画的风格和画法才发生变化。

除黄氏父子外,北宋前期广汉人赵昌也是一位著名的花鸟画家。赵昌初师滕昌祐,不久他的画艺超过了老师。赵昌以画花果名重一时。他特别注意写生,据说"每晨朝露下时,绕栏槛谛玩,手中调彩色写之,自号写生赵昌"。⑤ 赵昌的画长于传色,被人誉为"旷世无双"。⑥ 赵昌一生,创作丰富,宣和末,御府

---

① 《图绘宝鉴》卷3。
② 《圣朝名画评》卷1。
③ 夏文彦:《图绘宝鉴》卷3。
④ 佚名:《宣和画谱》卷17。
⑤ 范镇:《东斋记事》卷4。
⑥ 《图画见闻志》卷4。

尚藏其154幅作品。赵昌在北宋享有盛誉,苏轼将他与唐代著名画家边鸾、江南画家徐熙相提并论,"边鸾雀写生,赵昌花传神","何须夸落墨,独赏江南工"。① 强至甚至认为赵昌画树是"前后无人昌独步"。②

两宋时期,四川花鸟山水画的画家甚多。除以上所提,还有黄居宝,工画松竹花雀湖石,宣和间御府藏其画41幅;王友,工画花果;宋永锡,善画竹木禽鸟鱼蟹;邱余庆,善画花禽,兼长虫草;刘赞,工画花鸟龙水;蒲永昌,善画水;僧人觉心、智源、智永善画山水;僧人法常,善画山水、人物、禽兽、龙虎、花鸟、松竹、梅兰。

三、文人画及绘画理论

在宋代之前,绘画是画师的专业,一般文人士大夫往往不屑一顾。到了宋代,这种情形有所变化,一些文人士大夫摈弃旧习,积极参加绘画活动,从而形成了所谓的文人画派,丰富了绘画理论。

文人画家与专业画师不同。文人画家有深厚的文化素质,绘画只是他们仕宦生活的业余爱好,他们绘画的原因是"诗不能尽,溢而为书,变而为画"。③ 文人画家认为诗歌、书法、绘画三者一脉相通,可以把诗歌中抒写不尽的情怀志趣,表现在绘画里,解决文章翰墨所不及。因此,文人画家便把诗歌中的托物言志与借物抒情,变成用绘画来托物言志与借物抒怀。他们在讲究形似的基础上更讲究神似,以达到托物言志、借物抒怀的目的。四川的文同、苏轼,便是著名的文人画家,他们同时又是文人画的倡导者、鼓吹者和文人画理论的创造者。

文同(1018~1079)字与可,梓州永泰(今四川盐亭)人,进士及第,历任知陵州、洋州,元丰初知湖州,未到任而卒,故后世以"文湖州"称之。他多才多艺,著有《丹渊集》传世。苏轼称他有诗、辞、书、画四绝。他怀才不遇,宏图难展,"意有所不适,而无以遣之,故一发于墨竹"。④ 因为竹是"虚

---

① 苏轼:《东坡集》卷16。
② 强至:《祠部集》卷3。
③ 张世南:《游宦纪闻》卷5。
④ 苏轼:《东坡题跋》卷5。

心异众草,劲节逾凡木"①,象征人品的高洁。他"朝与竹乎为游,暮与竹乎为朋,饮食乎竹间,偃息乎竹阴"②,对竹的生长规律了如指掌,提出了"画竹必先得成竹于胸中"③的见解。文同画竹,与一般画工不同,他是借画竹来寄寓他的君子感情。

苏轼在《书晁补之所藏与可画竹三首》中写道:"与可画竹时,见竹不见人。岂独不见人,嗒然遗其身。其身与竹化,无穷出清新。"④ 这里的"身与竹化",就是思想感情与竹化,亦即文同所说"竹如我,我如竹"。画竹即画出自己的心胸象外之意,流露笔下。

文同以写竹而名天下,取得很大成就。相传画墨竹始于唐代,五代时有李坡、黄筌等人能画墨竹,宋代也有一些人画墨竹,但是,文同的墨竹一问世,便超过前代和当代诸家,被人誉为"杲日升堂,爝火俱熄,黄钟一振,瓦釜失声"。⑤ 文同的墨竹真迹流传至今,多数人公认的不过三四件而已。绢本《墨竹》图轴和纸本《墨竹》单页在台湾;苏轼枯木竹石、文同墨竹合卷,藏上海博物馆。又中国国家博物馆所藏《文同倒垂竹大立轴》,有人研究认为,也应是文同真迹。⑥

苏轼是北宋文坛的领袖,他的诗词、文章、书法都有很高成就。他喜爱绘画,向文同学画,"尽得与可(即文同)之法",能自成一体,是一个很有成就的画家。他画墨竹,观察到竹从笋

图 19—14 文同《墨竹图》

---

① 郭若虚:《图画见闻志》卷3。
② 苏辙:《栾城集》卷17。
③ 文同:《净因院画记》。
④ 苏轼:《东坡集》卷16。
⑤ 李衎:《竹谱详录》。
⑥ 见陈高华编:《宋辽金画家史料》,文物出版社1984年版。

中长出，竹节在幼芽时已形成，然后从笋中脱出长大长高，以至于剑拔十寻。因而在画竹时，不逐节分画，而是自下而上，一笔画成，然后点缀成节，作成竹林甚精，令人十分惊奇。苏轼更善作枯木怪石，"所作枯木，枝干虬屈无端倪，石皴亦奇怪，如其胸中盘郁"①，轰动了整个画坛。苏轼对绘画艺术的突出贡献，是提了一整套绘画理论，对推动北宋绘画发展起了积极作用，在北宋绘画史上占有重要地位。

苏轼强调绘画必须刻苦学习，掌握绘画技巧。他叙述文同教他掌握画竹的要领说："予不能然也，而心识其所以然。夫既心识其所以然而不能然者，内外不一，心手不相应，不学之过也。"② 他还指出："有道而不艺，则物虽物形于心，不形于手。"③ 只掌握绘画的理论，而不掌握绘画技艺，就创作不出好的作品。关于绘画技巧，苏轼认为不但要绘出客体的"常形"，而且要绘出客体的"常理"，即事物的客观规律。他说，有些事物如人、禽、宫室、器用是有常形的，有些事物如山、石、竹、木、水波、烟云则是没有固定的形状，或形状是变化无常的。不管是有形的事物，或无形的事物，都有规律可循。绘画尤其要掌握事物的常理，即它的规律和本质。常形画错了，只是局部形象的毛病；常理画错了，则整个作品都报废了。他认为文同把竹子的生、死、曲、瘦、茂以及根、茎、节、芽的发生发展的规律都掌握到了，懂得了画竹的常理，画出的竹子就能千变万化，各处其当，合乎天造，满足心意。

苏轼在绘画风格上强调"神似"，反对片面追求"形似"，为绘画艺术开辟了新的途径。他认为文是无形的画，画是有形的文，二者异途同趋，皆能传生写似，为世之所珍贵。"论画以形似，见与儿童邻；赋诗必此诗，定非知诗人。"④ 画应该是无声之诗，诗是有声之画。他特别欣赏王维诗中有画，画中有诗。绘画要画出诗的境界、诗的意境美，情意交融，所以，苏轼提倡诗情画意，文学与绘画结合，在画里饱含作者的感情。苏轼本人绘画，就是借物寓意抒情。他一生好发议论，关心政治，被卷入当时党派之争，屡遭贬逐。所画枯木怪石，就是寄寓他的遭遇和感情。米芾看了苏轼所作《枯木竹石图》，就说其画"如其

---

① 邓椿：《画继》卷3。
② 苏轼：《东坡集》卷32。
③ 苏轼：《东坡集》卷23。
④ 苏轼：《东坡集》卷16。

图 19—15　苏轼《枯木竹石图》

胸中盘郁"①，是在发牢骚。由于苏轼提倡诗画结合，更鼓吹文人习画，使不少士大夫对绘画产生了兴趣，这对北宋中期大批文人画家的兴起又起到了推动作用。

四、画学著作

宋代四川画坛的繁荣，促进了画学著述的兴旺，据统计，宋代四川共有五部画学著作。它们是中江县苏耆的《书画记》，眉山石康伯的《画苑》、勾龙爽的《名画记》，江夏黄休复的《益州名画录》和双流邓椿的《画继》。其中，《益州名画录》是一部地方性画史，它记载了从唐朝乾元初至宋初 200 多年间，四川地区著名画家及其作品的情况。作者黄休复在书中以逸、神、妙、能四格对画家进行品评，并逐一阐明了逸、神、妙、能四格的具体含意，这为我们提供了研究唐宋评论绘画的艺术标准的丰富资料。《画继》是继《图画见闻志》之后的画史，书中记载了从北宋熙宁七年（1074）至乾道三年（1167）94 年间有关绘画的见闻。全书 10 卷，分别介绍了上至帝王，下至平民百姓 219 名画家的情况，并分别予以评论。《画继》作者邓椿，是文人画的积极鼓吹者，在《画继》一书中，他极力推崇文人画，贬低画工画，特辟"轩冕才贤"子目，将苏轼、李公麟、米芾等文人画家名列前茅。邓椿在绘画理论上提出，"画者，文之极也"。他提倡"高雅"，强调"神似""传神"，认为传神才能"曲尽其态"，"故画法以气韵生动为第一"。邓椿的这些主张，对南宋文人画家的兴起和以后绘画

---

① 米芾：《画史》。

发展的趋向，都产生了深刻的影响。

第五节 书法的成就

宋初书坛十分寂寥，正如欧阳修所云："自唐末干戈之乱，儒学文章扫地而尽。宋兴百年之间，雄文硕儒比肩而出，独字学久而不振，未能比踪唐之人。"① 宋高宗在概述宋初书家时也说："本朝承五季之乱，无复字画所称，至太宗皇帝，始搜罗法书，备尽求访。当时李建中形瘦健，始得时誉，犹恨无秀异。"② 到宋代苏轼、米芾、黄庭坚、蔡襄四大书法家面世，才形成了宋代书法自己的风格。正如清人王澍所说，"唐以前书风骨内敛，宋以后书风骨外拓"，即所谓"唐人尚法，宋人尚趣"。③

宋初四川书坛，先有李建中，名重当时，其后苏轼，独树一帜，他们都是宋代书法发展史上的关键人物。

李建中（945~1013）字得中，其先京兆（今陕西西安）人，五代时迁居四川。李建中在太平兴国八年（983）举进士，其后官至工部郎中。建中曾三掌西京留司，故时人称之为李西台。他是宋徽宗称誉的宋初著名书法家。欧阳修也说："五代之际有杨少师，建隆之后称李西台，二人者笔法不同，而书名皆为一时之绝。"④《宋史》记载："建中善书札，行笔尤工，多构新体，草、隶、篆、籀、八分亦妙，人多摹习，争取以为楷法。"⑤ 就连宋代大书法家苏轼在青年时期练习书法，也以李建中为楷模。李建中书法的特点是"典重温润，盛德若愚"。⑥ 书法家黄庭坚说："西台出群拔萃，肥而不剩肉，如世间美女，丰肌而神气秀者。"⑦ 李建中的字帖现存有《土母帖》《同年帖》《贵宅帖》《齐古帖》等。

---

① 欧阳修：《六一题跋》。
② 赵构：《翰墨志》。
③ 王伯敏：《中国美术通史》第 4 卷，山东美术出版社 1988 年版，第 190 页。
④ 欧阳修：《六一题跋》。
⑤ 《宋史》卷 441《李建中传》。
⑥ 王伯敏：《中国美术通史》第 4 卷，山东美术出版社 1988 年版，第 195 页。
⑦ 马宗霍：《书林藻鉴》，文物出版社 2003 年版。

第十九章 宋代四川文学艺术的繁荣

图 19-16 李建中《土母帖》

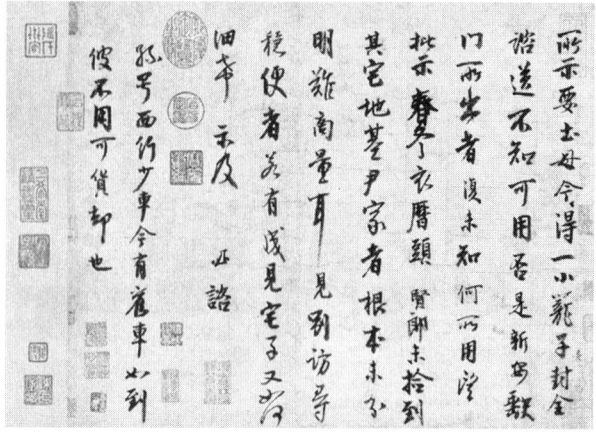

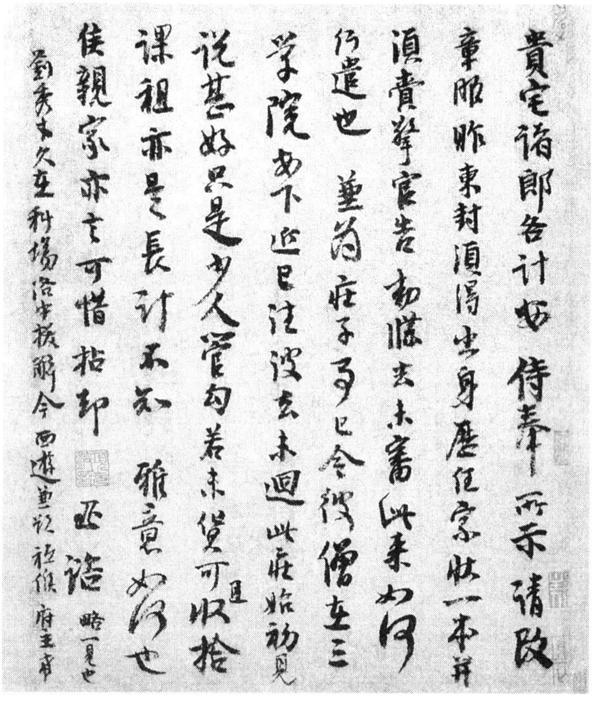

图 19-17 李建中《贵宅帖》

除李建中外，宋初四川擅长书法的还有王著、勾中正、陈尧叟兄弟、梁鼎、张维、苏舜钦等人。

王著，字知微，成都人。太宗朝为翰林侍书，任职于御书院。《宋史》称：

"著善攻书,笔记甚媚,颇有家法。"① 时人称其书为"小王体""院体",学写诰敕之人,多效法之,连宋太宗也曾向王著请教书法。淳化三年(992),太宗将内府所藏自汉至唐的真迹连同南唐的《升元帖》,令王著临榻摹刻,成《淳化秘阁法帖》10卷。后来称宋代刻帖,往往以此为代表。当代和后世书家对王著的书法褒贬俱有。黄山谷说:"王著极善用笔,若使胸中有书数千卷,不随世碌碌,则书不病。"②《书史会要》云:"王著笔法圆劲,不减徐浩,少令韵胜,其所书《乐毅论》学虞永兴,可抗行也。"③ 这些评论指出了王书的优点,也指出了王书缺乏韵气的不足之处。

苏舜钦是北宋著名的文学家,也擅长书法。《宋史》称他"善草书,每酣酒落笔,争为人所传"。④ 文徵明说:"子美字画出于颜鲁公、徐季海之间,而端劲沈著,得于颜公为多。"⑤ 苏舜钦于草书最服膺怀素,今传《怀素自叙帖》前六行,为苏舜钦补书。宋人评论苏舜钦的草书,将其列为妙品。北宋末年,御府尚藏苏舜钦行书《吴中诗草》《游山草》《学馆卧病》《梦归》等诗,草书《雉带箭》等诗。苏舜钦之兄苏舜元,《宋史》亦称其"尤善草书,舜钦不能及"。⑥ 刘克庄对二苏的草书十分赞赏,给予很高的评价:"二苏草圣,独步本朝。"⑦

北宋前期,阆中陈氏三兄弟书法亦皆有名于时,其中陈尧佐书法最著名。尧佐字希元,进士出身,仁宗朝曾任枢密副使、参知政事等职,卒后谥"文惠"。《宋史》称其"善古隶八分,为方丈字,笔力端劲,老犹不衰"。⑧ 其书法特点是点画肥重,笔力劲健。正如《宋朝事实类苑》所云:"陈文惠公善八分书,变古之法,自成一家,虽点画肥重,笔力劲健,能为文字,谓之堆墨八分。"⑨ 其兄尧叟,善草隶,备受真宗推崇。大中祥符年间祀汾阴,真宗沿途创作了一些诗歌,于是"诏写途中御制歌诗刻石"。⑩ 其弟尧咨,史称其"工隶书"。

---

① 《宋史》卷296《王著传》。
② 祝嘉:《书学史》第12章,成都古籍书店1984年版。
③ 陶宗仪:《书史会要》。
④ 《宋史》卷442《苏舜钦传》。
⑤ 马宗霍:《书林藻鉴》,文物出版社2003年版。
⑥ 《宋史》卷442《苏舜钦传》。
⑦ 刘克庄:《后村题跋》。
⑧ 《宋史》卷284《陈尧佐传》。
⑨ 江少虞:《宋朝事实类苑》卷52。
⑩ 《宋史》卷284《陈尧叟传》。

又有蜀人张维者,"尤善王书,(张)维得怀素之骨,世鲜能及之"。① 北宋中期的文同,善"篆、隶、行、草、飞白"。② 苏东坡称文同的草书,"落笔如风,初不经意"。③

北宋中期,宋代书法艺术走出低谷,产生了代表当时风貌的苏轼、蔡襄、黄庭坚和米芾四大书法家。苏轼在书法艺术上所取得的成就,代表了宋代书法艺术的最高水平。他自幼便开始练习书法,老而不倦。早年学习二王,中年学颜真卿、杨凝式、徐浩,晚年借鉴李邕,能广取博收,集众家之长,自成一体。《七颂堂识小录》记载:"坡公尝钞书,一书为一体。"这正是他广泛学习和勤于实践的写照。宋代书法家黄庭坚对苏轼的书法渊源及成就作过比较全面的评价,他说:"东坡道人少学《兰亭》,故其书姿媚似徐季海,至酒酣放浪,意忘工拙,字特瘦劲,乃似柳诚悬。中岁喜学颜鲁公、杨风子书,其合处不减李北海。至于笔圆而韵胜,挟以文章妙天下、忠义贯日月之气,本朝善书,自当推为第一。"④ 苏轼著名墨迹有《天际乌云帖》《赤壁赋》《寒食诗帖》《桤木诗帖》《祭黄几道文》《答谢民师论文帖》等。在这些名作上,多有当时或后代书家的评语,称赞苏轼书法的艺术特色及成绩。黄庭坚跋《寒食诗帖》云:"此书兼颜鲁公、杨少师、李西台笔意。"明娄坚跋《答谢民师论文帖》:"坡公书肉丰而骨劲,态浓而意淡,藏巧于拙,特为纯古。"王世贞称赞《洞庭春色赋》《中山松醪赋》云:"不惟古雅胜,且姿态百出,而结构紧密,无一笔失操纵,当是眉山最上乘。"⑤ 董其昌跋《赤壁赋》:"东坡先生此赋,楚《骚》之一变;此书,《兰亭》之一变也,宋人文字,俱以此为极则。"

---

① 江少虞:《宋朝事实类苑》卷50。
② 《宋史》卷443《文同传》。
③ 苏轼:《东坡题跋》。
④ 黄庭坚:《山谷题跋》。
⑤ 孙岳颁等:《佩文斋书画谱》。

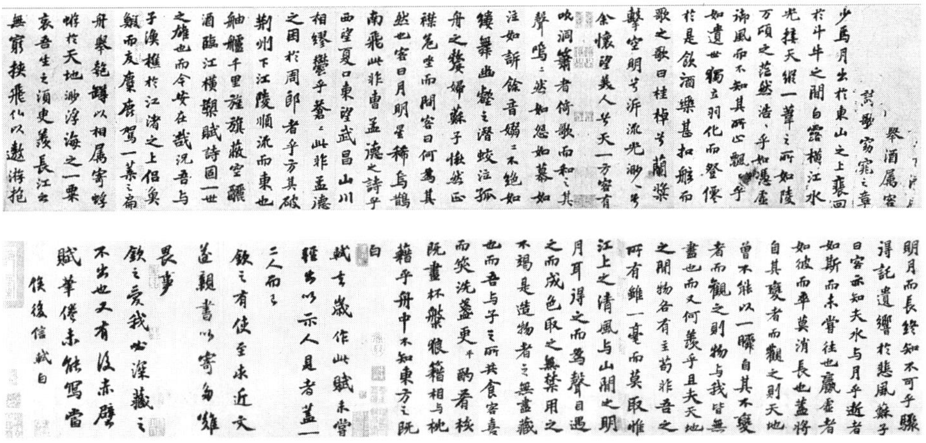

第十九章 宋代四川文学艺术的繁荣

图 19—18　苏轼《赤壁赋》

图 19—19　苏轼《洞庭春色赋》

苏轼长期从事书法创作，因而在书法理论上也有一些独到的见解。他自诩："我虽不善书，晓书莫如我。"首先，他主张书法应重自然情趣，即所谓"天真烂熳是吾师"。其二，重创新。他说，吾"书虽不甚佳，然自出新意，不践古人是一快也"，并主张"出新意于法度之中"。其三，重学识修养，尤重人品。他在《书唐氏六家书后》云："古之论书者，兼论其平生，苟非其人，虽工不贵也……世之小人书，字虽工，而其精神终有睢盱侧媚之态，不知人情随想，而见如韩子所谓窃斧者乎？抑真尔也，然至使人见其书而犹憎之，则其人可知矣。"又说："作字之法识浅、见狭、学不足三者终不能灵妙。"

苏轼而后，宋代四川书坛唯眉山苏过，新津张商英，成都李时雍、徐琰，绵竹蒲云，南宋邛州魏了翁等善书，其成就远逊于苏轼。

· 499 ·

第十九章 宋代四川文学艺术的繁荣

第六节 音乐、舞蹈与戏剧的发展

一、音乐与舞蹈

两宋时期，四川地区城市繁荣，促进了都市文化的发达，音乐艺术得以迅速发展。一方面，都市成为民间音乐艺术的汇集中心，各类音乐艺术人才可以互相学习与交流，促进了音乐艺术的发展。另一方面，音乐艺术深受都市各阶层民众的欢迎，拥有了众多的受众，获得了更加广阔的发展天地。

（一）官府燕乐和私家伎乐

两宋时期，四川地方官府每年岁时节令、送往迎来、新官上任、旧官离职，照例要举行宴会。每次宴会上，都有歌舞音乐之类的表演。元费著《岁华纪丽谱》记载，成都俗好娱乐，凡太守岁时宴集，"倡优鼓吹，出入拥导，四方奇技幻怪百变，序进于前"。当时仅成都岁时节令官府宴会就不下几十次。庆历年间，文彦博知成都府，受成都喜行乐风气的感染，经常举行宴会行乐。此事传到宋廷，引起了宋朝中央的重视，派御史何某进行调查。何氏入川后，文彦博即安排在汉州（今四川广汉）举行宴乐，令擅长歌舞的营伎杨某即席演出。杨某的出色表演博得何御史的赞扬，赋诗云：蜀国佳人号细腰，东台御史惜妖娆。从今唤作杨台柳，舞尽春风万万条。数日后，文彦博又在成都"大作乐以燕何"，并将杨某从汉州调至成都参加宴乐表演。① 蜀中官僚士大夫及商贾富豪，为了能不受时间和地点限制，随时观赏文艺表演，满足个人某些特殊文艺爱好，蓄养家伎乐工成为时尚。苏轼家中便"有歌舞伎数人"。② 宋子京知成都时，"多内宠，后庭曳绮罗者甚众"。③ 宋初李顺起义之后，宋廷规定入蜀当官不得带家人，但却允许官吏置姬属。蜀守张咏曾带头置婢，于是下属官员都纷纷效法蓄伎置姬。苏东坡诗注上有这样一个故事，"一贫士，家惟一瓮，夜则守之以

---

① 吴曾：《能改斋漫录》卷5。
② 《中国妓女生活史》引《轩渠录》，第191页。
③ 《宋人轶事汇编》卷7，中华书局1981年版。

寝。一夕心念苟得富贵，当以钱若干营田宅，蓄声伎"。①

（二）民间音乐歌舞活动

音乐艺术来源于生产斗争，产生于广大劳动民众。长期以来，劳动人民都在不断地创作反映他们生产、生活的文艺作品，并用音乐艺术来为他们的生产和生活服务。据苏轼记载，他的家乡到了秋后，农民们买酒肉，祀田祖，作乐饮酒醉饱而去，年年如此。范成大《离堆诗》有"春作伐鼓"的记载，称农民在农耕时，常伴以鼓乐。两宋时期，蜀民在祭祀活动中，更是多以歌舞相随。如巴州祭祀严将军，"岁月追祀而歌舞之"。② 西川蜀民每年结社祭祀灌口二郎神，也是"铙鼓箫吹"，热闹非凡。③ 特别是在祭祖先、悼亡灵的祭祀活动中，宗教音乐占据主导地位。因为"坛外法事，字字皆以拔度为本，诚非细事。况是施主追悼之际，惨戚装怀，讴歌词曲，尤为不便"④，需宗教音乐，才符合庄严肃穆的场面。

四川民间音乐活动首推成都最为繁富。《宋史》记载："蜀俗奢侈，好游荡，民无赢余，悉市酒肉为声伎乐。"⑤成都二月初二踏青节，老百姓与地方官同游锦江，是"伎乐数船，歌唱前导"。⑥ 三月游城东海云寺，太守出郊，建高旆，鸣筝箫鼓，以主民乐。四月游浣花，"箫鼓弦歌之声，喧哄而作"。⑦ 老百姓出游者，在两岸搭起彩棚，"每彩舟到，有歌舞者，则钩帘以观，赏以金帛"。⑧ 张咏《悼蜀诗》说："蜀国富且庶，风俗矜浮薄。奢僭积珠贝，狂佚务娱乐。虹桥吐飞泉，烟柳闭朱阁。烛影逐星沉，歌声和月落。斗鸡破百万，呼卢纵大噱。游女白玉珰，骄马黄金络。酒肆夜不扃，花市春渐作。"⑨ 宋人李良臣也说，成都西南大都会，"层楼复阁，荡摩乎半空，绮縠昼容，弦索夜声，倡优歌舞，娥媌靡曼"。⑩ 在成都的富春坊、新南市、大西市、金马坊、碧鸡坊等处，多有秦

---

① 丁传靖：《宋人轶事汇编》卷20。
② 宗泽：《宗泽集》卷3。
③ 《宋朝事实类苑》卷23。
④ 吕太古：《道门通教必用集》卷3。
⑤ 《宋史》卷257《吴元载传》。
⑥ 《宋朝事实类苑》卷62。
⑦ 任正一：《游浣花记》，《宋代蜀文辑存》卷99。
⑧ 庄绰：《鸡肋篇》卷上。
⑨ 王文才：《成都城坊考》，巴蜀书社1986年版，第82页。
⑩ 李良臣：《铃辖厅东园记》，《宋代蜀文辑存》卷35。

楼楚馆、茶楼酒肆，每日轻歌曼舞，吹拉弹唱不绝于耳。《清波杂志》记载："成都富春坊，群倡所聚。"① 成都碧鸡坊的歌馆酒肆，"皆有声伎，日置酒相乐"，当日这里的盛况是"满城钱痴买娉婷，风卷画楼丝竹声"，"新翻歌舞劝飞觥"，游客们则是"日日醉踏碧鸡三井道"。② 成都的大慈寺，本是佛家圣地，但到宋代，这里商业繁荣，成了市民娱乐的公共场所。宋人张溥记载，成都大慈寺"倡优杂戏之类，坌然其中，以游观之多，而知一方之乐"。③

二、戏剧

两宋时期，四川地区大凡官府宴会、岁时节令，在一些公共娱乐场所都有戏剧表演。成都每年立春时，都举行"班春"活动。在立春前一日，官府便准备"旗旌金鼓，俳优侏儒百伎之戏，迎所谓芒儿土牛"。④ 成都西园每年春时的戏剧比赛，最引人注目。《鸡肋篇》记载："初开园日，酒坊两户各求优人之善者，较艺于府会。以骰子置于合子中撼之，谓之'撼雷'。自旦至暮，唯杂戏一色。坐于阅武场，环庭皆府官宅看棚。棚外始作高凳，庶民男左女右，立于其上如山。每诨一笑，须筵中哄堂，众庶皆噱者，始以青红小旗各插于垫上为记。至晚，较旗多者为胜。若上下不同笑者，不以为数也。"⑤ 西园杂戏演出粗具后世戏场的规模，既有舞台，又有观众席，观众如山，可见深得成都市民喜爱。

宋代四川流行的杂戏，有类前代的参军戏，内容以滑稽、讽刺的题材为主，具有很强的斗争性。蜀中俳优在杂戏演出中，多能涉猎经史，借古讽今，在当时是很出名的。正如宋人岳珂所说："蜀伶多能文，俳语率杂以经史，凡制帅幕府之醵集，多用之。"⑥宋人周密也说："蜀优尤能涉猎古今，援引经史，以佐口吻资笑谈。"⑦ 南宋时，成都杂戏演员袁三以擅长讥讽而著名。《齐东野语》载："有袁三者，名尤著。有从官姓袁者制蜀，颇乏廉声。群优四人，分主酒色财气，各夸其好尚之乐，而余者互讥笑之。至袁优，则曰：'吾所好者财也。'因

---

① 周辉：《清波杂志》卷8。
② 王灼：《碧鸡漫志·序》。
③ 嘉庆《四川通志》卷38《舆地·寺观》。
④ 何耕：《录二叟语》，《宋代蜀文辑存》卷59。
⑤ 庄绰：《鸡肋篇》卷上。
⑥ 岳珂：《桯史》卷13。
⑦ 周密：《齐东野语》卷13。

极言财之美利，众亦讥诮之不已。徐以手自指曰：'任你讥笑，其如袁丈好此何？'"① 又如南宋嘉定年间，吴畏斋帅成都，从行者多选人，而选人改官，多靠钻营。在一次宴会上，蜀伶数人装扮成孔子及弟子，用《论语》中的言词对寡廉鲜耻的选官进行了热嘲冷讽。在封建社会中，俳优们借古讽今，抨击时弊，寓褒贬于谈笑中，敢言人所不敢言，是值得称道的。

第七节 石刻艺术的繁荣

我国石刻历史悠久，魏晋以前以大同云冈、河南龙门石刻最为有名，唐以后北方石刻衰落。随着唐宋以后四川经济文化日益发达，石刻逐渐兴起。宋代四川的石刻艺术，便是我国北方石刻艺术衰落之后，在南方兴起的石刻艺术明珠，在文字、艺术、宗教史上都有重要价值。

一、大足佛教石刻

大足石刻，始于唐末，历五代至宋最为发达，形成与云冈、龙门鼎足而立的石刻艺术宝藏。而大足石刻的造诣则远远超过了前人。我国的石刻艺术在魏晋时多受外来影响，到龙门石刻才逐渐形成了中国的风格，而大足石刻更是以简练的写实手法，为中国石刻艺术增添了新的光彩，成为石刻宝库中的一颗明珠，其造诣远远超越了前人，这一时期甚至被学者称为"大足石刻时代"。

大足石刻，至今还留下唐、宋、明、清石窟75处，其中唐宋石窟36处，星罗棋布，分布全县各地，共有5万多身造像、10万余字的铭文。② 其中以宝顶、北山保存最为完好，规模宏大，有"唐宋石刻艺术博物馆"之称。

（一）北山佛教石刻

北山摩崖造像，位于距大足县北2公里的北山上，以宋代石刻为主，还有部分唐末和五代石刻。宋代石刻更加接近生活，所造人物个性鲜明，体态优美，

---

① 周密：《齐东野语》卷13。
② 参见重庆大足石刻艺术博物馆、重庆市社会科学院大足石刻艺术研究所编《大足石刻铭文录概述》，重庆出版社1999年版。

比例匀称，穿戴华丽，深刻地体现了中国人的审美观，艺术造诣甚高，在艺术造型上更有民族特色。其中数珠手观音，形象美丽，面含娇羞，神态妩媚，身材苗条，低头浅笑，体态轻盈，肌肤柔和，头饰花冠，腰系围裙，神情潇洒，静中有动，两眼平视，好似一个妙龄女郎在情人面前感到羞涩，尽量忍笑，含情脉脉，温柔娴雅，惹人爱怜，被称为"媚态观音"，令观者流连忘返。这座精美的观音像，是我国宋代佛教造像世俗化的典型代表作品，被誉为"大足石刻之冠"。

石窟中普贤菩萨像，以中国妇女形态为依据，脸部圆润清秀，头略前倾，目光向下，抿嘴欲笑，显得十分文静温柔。位于普贤对面的文殊菩萨像，是佛门中博学广闻、象征智慧的菩萨，为男性造像。其形体壮实，显得精力充沛，性格开朗。

北山石刻除丰富的佛教石刻外，还有珍贵的碑刻。一是北宋杰出的史学家范祖禹书写的《古文孝经碑》，全文1819字，现存1617字。《孝经》有"今文"与"古文"两种版本。"今文"多为18章，"古文"为22章。唐代的石刻《孝经》和清代的"石经"、宋代绍兴府学谢景初书写的《孝经》、明代人书写的《孝经》，皆为18章"今文"本。只有北山佛湾所刻才是22章《古文孝经》，享有"寰宇间仅此一刻"的赞誉。该碑刻文献价值甚高，是研究中国儒家思想的重要资料。二是范祖禹撰写的《赵懿简公神道碑》。赵懿简公名赵瞻，陕西周至人，曾任签书枢密院事。

图 19-20　数珠观音

图 19-21　普贤菩萨像

第十九章 宋代四川文学艺术的繁荣

图19-22 文殊菩萨像

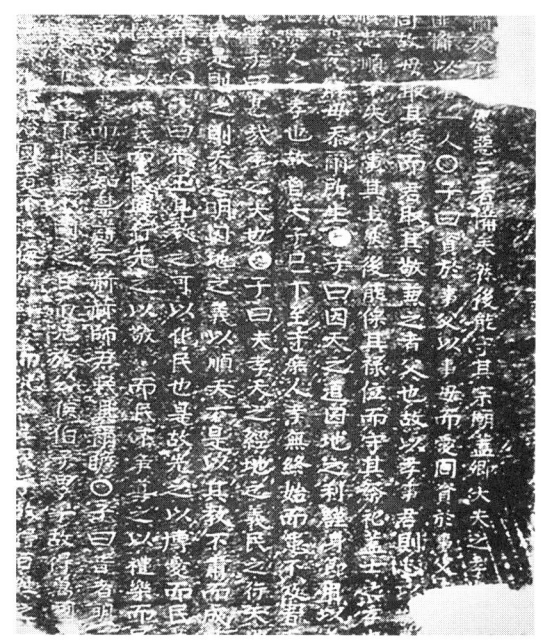

图19-23 《古文孝经碑》拓片

此碑主要内容是对赵瞻歌功颂德，书写者为北宋四大书法家之一的蔡襄。此碑具有极高的书法艺术价值。

(二) 宝顶佛教石刻

宝顶石刻造像，为赵智凤主持建造于南宋淳熙六年到淳祐九年（1179～1249），历时70年。赵智凤是大足县米粮里乡人，南宋密宗传人。宝顶山的摩崖造像，是一座规模宏大内容完备的密宗道场。这个密宗道场以大、小佛湾为主体。民间有"上朝峨眉，下朝宝顶"的民谣，可见其影响极大。

宝顶山全部摩崖造像皆经过周密选材，精心布

图19-24 宝顶大佛湾南岩东端的华严三圣龛

局，前后衔接，图文对应，内在逻辑性强，注重哲理演绎，把佛教的人生观、世界观、认识论、修持方法与儒家的伦理、理学的心性融为一体，显示了宋代儒释道三种文化融合的思想特色，佛教艺术也从内容到形式都中国化了。

大佛湾又称"广大宝楼阁"，系禳灾祈福、供广大信众活动的俗讲道场。大佛湾是利用了一个"V"形的天然山谷，先把山谷两岸开凿成50米高的悬崖峭壁，然后在长达500米的崖壁上有计划地雕造摩崖人像。大佛湾大小造像共万余躯，大体可分为30个大的组群。此处全部摩崖造像，都是有计划、有组织、有系统的造像。每幅造像上下左右层次分明，由若干组画构成整图。无数的佛经小故事，合成为全经。各龛窟之间联系紧密，构思严谨，前后衔接，宛如一幅图文并茂的连环图画。内容有佛涅槃经变、佛本生经变、佛报恩经变和父母恩重经变、阿弥陀佛西方净土经变、地狱变以及象征佛家"调伏心性"的牧牛道场等。数以千计的造像，题材、内容、名称及表现形式各异，毫无重复凌乱之感。

图19-25　大佛湾释迦涅槃像

第18号"观无量寿佛经变像"，全像宽约20米，立像为阿弥陀佛（即无量寿佛）。立像之下，雕出极乐世界七宝楼阁等天堂净土景象。作者以造像和缩写经文劝导人们信奉佛教，以期死后进入西方极乐世界。第20号"地狱变"，是规模最大的经变组雕，顶高13.80米，全像宽19.40米。全图主像为地藏。最上面为十方诸神，中间为十殿阎王，他们正在审查人们的"业"，以判定所应下的地狱。最下面为地狱变像，分别是刀山、汤镬、寒冰、锯解、饿鬼、铁床、拔舌、剑树、毒蛇等十几种地狱可怕的惨相。又刻了人世生活中饮酒、食肉等情景与地狱作对照，以劝导人们皈依佛法。在地狱变像上方，又雕一养鸡女放生像，作为免下地狱的榜样。第18号"天堂"与第20号"地狱"像相邻，形成鲜明的对照，这是作者用对比手法，劝导人们皈依佛教。第21号"柳本尊行化道场"，全图宽24.80米，内容为柳本尊通过十炼修道成佛，这是劝导人们信奉密宗的道场。第15号"父母恩重经变"，以父母养育子女的种种辛劳的生动情景，告诫人们不孝要受下地狱的惩罚。第17号"大方便佛报恩经变"，则以释迦牟尼作为行孝的榜样。两相对照，提倡孝道。第30号"牧牛道场"，全图依山势雕造，长27米，共分10组，每一组为一牛一牧童。牧牛有的在田间昂首狂奔，有的在溪边饮水，有的卧地休息，形象逼真生动。牧童们则随牛的动作姿态各异，有的休息，有的唱歌，有的嬉戏。作者欲通过牧牛图来比喻修行禅观、锻炼思想的过程。"牧牛道场"虽为佛教说教造像，但它却生动地展现了当地人民的生活情景，具有浓厚的乡土气息。

图19—26 地狱变 截膝地狱

图19—27 养鸡女放生像

大佛湾造像，以通俗易懂的生活场景，把超人间的佛经内容用石刻艺术表现出来，富有浓厚的生活气息。造像反映的生活内容极为广阔，刻有各阶层的代表人物，有民间生活中的典型故事，有日常生活中的各种工具，有宫廷殿宇和庶民住房，人物穿戴的各种短衣、长服、鞋帽、珠珞、簪环等也栩栩如生。

第十九章 宋代四川文学艺术的繁荣

图 19-28 父母恩重经变（局部）

图 19-29 牧牛道场（局部）

图 19-30 宝顶山吹笛女

宝顶造像产生于我国石窟艺术已见衰落的宋代，其规模浩大，艺术上能独树一帜，代表了我国宋代石窟艺术的最高水平，这反映了外来的佛教已经完全改造成了中国化的佛教。由于我国内地石窟造像，均非造成于一时，故无系统可言，就连希腊、罗马、埃及、印度等国的著名石窟，也没有像宝顶山这样完整、统一规划的独特造像，故宝顶造像实为国内外独一无二的作品。

二、安岳佛教石刻

安岳石刻是以佛教为主的雕刻艺

图 19-31 富有浓厚生活气息的大足石刻

术，始于南北朝时期，全盛期为唐中叶至宋初。属于宋代的佛教石刻，以圆觉洞、毗卢洞最为著名。

圆觉洞在安岳县城东南约2公里，共有石刻像1993尊，创刻于北宋，以刻有"十二圆觉"而得名。洞左侧刻净瓶观音，高7米，背靠斑斓佛光，足踏莲台，手执净瓶，仿佛欲将瓶中甘露遍洒人间。洞右边的阿弥陀佛高7米，一对杏眼略显娇羞之情，手执的莲花蕾重达百斤。雕刻者利用力学原理，镂空了手与花蕾、花枝的空间，巧妙地将花蕾、花枝的重量承受于袈裟之上，历经千年不坠。

圆觉洞石刻飞天（飞天是释迦牟尼侍女）更是安岳石刻中一朵奇葩。五尊飞天，或托藕捧花，或布洒花雨，或翩翩起舞，使静止的佛龛洋溢出天衣飞扬、满壁风动的意境。无论是平驰、斜趋、仰升，还是俯降，都如同游鱼戏水、飞鸟当空，给人留下难忘的印象。

毗卢洞在今安岳东47公里的石羊区。它由毗卢道场、观音堂、千佛洞、幽居洞4处石窟群组成，共有造像446尊，碑刻32处，是五代至北宋时期川中密宗造像的主要道场。

观音堂的紫竹观音，因背倚紫竹林而得名。造像设计奇绝：一是身体并非全系浮雕，右手臂、荷叶、莲花，甚至五指和细小中带，皆取镂空雕技；二是注重自然采光，无论从哪个角度都能获得强烈的审美效果；三是注重美学与力学的和谐，所坐的莲台与足踏的莲蕊间镂出了大量的空间，再以肩搭的帔巾相连接，既减轻巨石的重力，又给人以和谐的美感；四是身躯的侧坐和跷脚，突破了观音刻像一律正襟危坐的宗教仪轨。因其造型极其优美，而被人们誉为东方的"阿芙洛蒂德"。

毗卢道场是以柳本尊十劫行化图和

图19-32 安岳紫竹观音

"十炼"全文为主的石刻造像。"炼"是密宗宣传苦练修行的教义,即炼掉人体的某些器官。每一种修炼的内容和方法,炼者旁边都凿文字加以解说。而炼者的神情无一雷同,或和颜悦色,或宁静淡泊,或兴致勃勃,或微笑坦然,或对语,或互诉。尽管修炼宛如劫难,却丝毫不见痛苦之状。①

除大足、安岳石刻外,宋代四川还有多处著名摩崖大佛造像。如荣县大佛,建造于北宋神宗、哲宗时期,佛像高达 36.67 米,是我国仅次于乐山大佛的石刻大佛。合川大佛、南部大佛、威远大佛等,造像高度也都在 10 米以上。

三、道教石刻

有宋一代,是我国道教发展的重要时期。这一时期,四川地区的道教仍然十分活跃,以道教为题材的石刻艺术,盛于前代。宋代的道教石窟,主要集中在四川一带,分布于四川的安岳、大足和江油等地,其中尤以大足石窟最为突出。大足境内的宋代道教石窟,主要集中在南山、石门山和舒成岩、石篆山,妙高山等处也有一些。南山和舒成岩主要是道教造像,其他几处则是儒、释、道三家杂陈。

南山,又名广华山,位于大足县城东北方向 2.5 公里处。南山现存的第 5 号"三清古洞"和第 4 号"后土三圣母像"可以确定为宋代石窟。三清古洞是南山规模最大的一个洞,大约开凿于南宋绍兴年间,洞高 3.91 米,宽 5.08 米,深 5.58 米。洞内正中凿直连窟顶的方柱,全龛造像可分为两层,上层主像为玉清(元始天尊)、上清(灵宝天尊)、太清(道德天尊)三像。三像坐高 0.5 米,均面南,各盘膝坐于一束腰矩形台上。三像均头戴莲花形束发冠,身着道袍。左右两龛壁上的上下层分别为"四辅"及王妃侍者像。"四辅"是昊天金阙至尊上帝、中天紫微北极大帝、勾陈上宫天皇上帝和后土皇祇。② 中心柱左壁上开二龛,上龛为"天尊巡游图",下龛为"春龙起蛰图"。在洞的左、右、后壁上,雕有 360 尊应感天尊像。全像列为六层,皆为立式。各像高 0.46 米,其姿态各异,冠服不同。三清古洞规模宏大,内容丰富,造像众多,是国内少见的道教

---

① 安岳石刻内容,参见汪毅《安岳石刻举世闻名》一文,载肖宗第主编:《巴蜀名胜古迹导游解说词精选》。

② 王家祐:《道教论稿》,巴蜀书社 1987 年版,第 56 页。

石窟。第4号"后土三圣母像",大约开凿于南宋绍兴年间,龛高3.15米,宽2.75米,深1.63米,主像为"注生后土圣母",面西偏南,端坐于双背四龙头靠椅上,坐高1.09米。圣母头戴凤冠,身着华服。主像左右侧各有一圣母,头戴孔雀金钗,身着华服,坐于单背二龙头靠椅上,坐高1.05米。龛内还刻有侍女、武士、九天送生夫人等神像。

石门山位于大足县东南方向20公里处。此处造像释道二教均有,道教造像共六窟,全部为宋代凿造。这里规模最大的是第10号三皇洞,窟高3.01米,宽3.90米,深7.80米。三皇洞的顶壁及右壁在清代已崩坍。该龛主像为三皇,面南,端坐于双龙头靠背椅上。天皇居中,地皇及人皇居其两侧。三皇均戴平顶高方冠,身着宽袖大袍。三皇像两侧左右壁前,各立一护法神像。窟左壁造像,可分为上下两层,第一层为28位天人像,各像高0.50米,第二层为6尊立像,皆高1.94米。另外五龛分别是"玉皇大帝龛""独脚五通大帝""诃利帝母像""炳灵公夫妇龛"和"山王地母龛"。

舒成岩,古名云从岩,又名半边庙,位于大足县城北偏西10公里处。此处现存五龛造像,分别是"淑明皇后像龛""东岳大帝龛""紫微大帝龛""三清像龛"和"玉皇大帝龛",全部属于道教神系。它们大多凿造于南宋绍兴年间。第5号"玉皇大帝龛",高1.86米,宽2.30米,深1.40米。主像为玉皇大帝,面西偏南,端坐于双钩云头靠椅上。玉皇头戴冕旒,面带微笑,身着对襟宽袖长袍。全岩造像共13躯,用时仅13天,速度之快,令人惊叹。舒成岩造像中,以紫微、玉皇、东岳三龛的造像最佳。这三龛造像雕工圆熟,衣纹转折自然,冠冕衣饰质感很强,效果如同泥塑。①

位于大足县城西南方向约38公里的妙高山,主要是佛教造像,但有一窟为释、道、儒共处一窟造像,大约开凿于南宋绍兴年间,作者为文仲璋、文珀、文珠。窟高3.14米,宽2.80米,深3.22米。主像为释迦牟尼佛,面北,结跏趺坐于莲座上;窟左壁中坐老君;窟右壁,孔子坐四方台上。孔子头戴冕旒,身着宽袖大袍,双手持笏。此像风格略似北方造像,衣纹运用平面压缩法,多块面,线条锋利,但形象略嫌呆板,表情生硬。释、道、儒并处一龛的出现,反映了在宋代佛教文化、道教文化和儒家文化相互融合,求同存异的多元化思

---

① 王伯敏:《中国美术通史》第4卷,山东美术出版社1988年版,第305页。

第十九章 宋代四川文学艺术的繁荣

图19-33 大足舒成岩玉皇大帝龛

想已为宗教界和世俗民众所认同。

石篆山，位于大足县城西南20公里，此处造像，儒释道三家杂陈。属于道教的有第8号"老君像"。该龛开凿于北宋元丰六年（1083），主像为老君，头戴莲花束发冠，脸圆长，身着翻圆领袖大袍。第6号为"孔子及十哲像"，为岳阳处士文惟简于北宋元祐三年（1088）开凿。主像为孔子，面方稍长，发向顶拢，头扎束发软巾，身着翻边圆领叙襟宽袖长袍，左手放膝上，右手握一羽扇置于胸前。孔子两侧，各排列五弟子。此像在造型上无特色，艺术上缺少石刻艺术应有的厚度和力度，失之纤弱。但以石窟形式表现孔子和十哲，很难见到。因此，此造像仍然是十分有价值的。

在大足宝顶大佛湾也有道教摩崖造像，如第1号"十二生肖神"，第11号"玉皇及四御臣""王母娘娘及八容女"。

除大足而外，四川安岳和江油也有宋代道教雕刻。安岳赤云乡般若洞内有夫子、老君像及"嘉祐四年"的刻字，城郊圆觉洞有女神像龛。江油天仓山太乙洞有道教神像多尊，值得一提的还有窦圌山道教星辰车转轮藏上有木雕道像百余身。

第二十章 两宋时期四川学校和科举的发展

两宋时期，随着四川社会经济的发展和社会的安定，四川的文教事业有了长足的发展，官学、私学和书院蓬勃兴起，培育出一个庞大的士大夫阶层。在宋代，四川文人中举入仕之多，达到空前绝后的程度。

第一节 学 校

两宋时期，四川地区的文教事业摆脱五代的衰落局面，进入繁荣的发展时期。在这个过程中，各类学校起了关键的作用。当时的教育机构大体可以分成三类，即官学、私学和书院。这三类教育机构在教学内容、教学目的、教学设施等方面都有一些差异，从而形成了宋代四川文教事业多元化的局面。另外，家庭教育也是四川地区文教活动的一个较重要的组成部分，其作用在儿童启蒙教育阶段尤为突出。四川文教事业的发达，为四川的文化繁荣奠定了深厚的基础，为封建统治提供了大量的有较高文化素质的人才。

一、官学

宋初，由于政治、经济等方面的原因，朝廷对兴建地方官学，并不十分重视。当时四川地区的官学，主要是由地方官员在前代学校旧址上加以恢复和修整,数量有限。宋真宗时期,社会较安定,经济有了较大的发展,在这一背景下,兴学的风气逐渐盛行。到宋仁宗时,终于形成了宋代有名的"庆历兴学"运动。正如《安岳县修学记》所载:"国朝自庆历以来,致意于学,其教养之法备矣。"① 在这次兴学运动中,就连四川地区一些文化落后的州县,如夔州、富顺监、渠州、戎州、峨眉等地,也办起了官学。其后,宋朝熙宁、崇宁再次兴学,四川又有一些州县,如罗江、射洪、永泰、合江、邻水、阆州等地,又创办了官学。经过这一系列兴学运动,四川地区的官学大大发展起来,时人称:"虽遐陬荒裔,罔不遍焉。"②

宋代沿袭唐制,凡修官学处皆置孔庙,因而学校又被称为"庙学"。据粗略统计,宋代四川建立庙学的地方共有95处,在南宋四川244个州县中,42%的州县已设置学校,其中包括保留的前代所建学校。但是,宋代四川各地的文教发展极不平衡,一般来说,经济发达地区学校设置多,生员较多;经济落后地区,学校设置时间晚,学校少,生员贫乏。当时成都府路16州61县,有学校42处,覆盖面积达54%强;潼川府路15州54县,有学校34所,覆盖面积达49%;利州路在今四川境内6州30县,有学校11所,覆盖面积仅及30%;夔州路在今四川境内(包括重庆市)12州30县,有学校8处,覆盖面积只有19%。学校在四路分布极不平衡,正与四路经济发展不平衡相吻合。经济落后的夔州路,学校大多建置较晚,许多州县甚至一直未建学校。"当天下学者翕然向劝之时,此邦之人尚不识书",直到庆历之后,才"人渐知读书"。③ 射洪县也是由于土瘠民贫,经济落后,人们无力经营学校教育。当地居民教育子弟不过是"力耕获,畏法令"而已,对读书人"辄相聚讥笑",认为他们是些游惰之人。④

宋代四川官学,建置制度一般都比较规范。首先,在官学中都设有孔庙,作为地方官员和学校师生祭祀孔子先贤的场所。当时四川许多官学,都是因庙而立,如成都府学、合州汉初县学、双流县学都是扩充孔庙而成。在"庆历兴

---

① 唐文若:《安岳县修学记》,《宋代蜀文辑存》卷50。
② 李焘:《贡院记》,《宋代蜀文辑存》卷52。
③ 蒲宗孟:《重修至圣文宣王庙》,《宋代蜀文辑存》卷19。
④ 嘉庆《四川通志》卷78《学校·艺文》。

学"运动中,宋廷对新建官学有明确规定:"郡国皆立学,学必有孔子庙。"①孔庙成为官学的一个有机组成部分。其次,官学一般都设有讲堂、学习室、藏书室、饭堂、宿舍。这些设施就连偏远的夔州府学也样样具备,所谓"横经有堂,肆业有舍,藏书有阁,膳馐有所"。②大观四年(1110),盐亭县学兴建,也是"新殿宇,严行圣也","新稽古阁,于此乎藏书也,新崇术堂,于此乎讲道也,为甍府,以待职事也,为甍斋,以处生徒也"。③另外,在四川一些官学里,还为前代或当代的著名学者或兴学者立有祠堂。如中江县学建有周濂溪祠堂,成都府学设有文翁祠堂。

图 20-1 文翁石室旧址（今成都市石室中学）

宋代官学的日常经费,一般都是由政府拨给公田收租来解决。北宋仁宗时规定,州郡立学,赐学田5~10顷。熙宁年间,规定为10顷。但是到南宋,四川许多地方官学经费经常入不敷出,有的学校甚至因经费短缺而难以维持,如黔江县"旧有学,学者不减旁近,郡不以教养为急,故散居郊野"。④连成都府学也是"一岁之入不周于用"⑤,经常四处求援。教育经费短缺,一般由当地政府自行解决。如成都府学,南宋初张焘"括隐田以廪之"⑥,但仍然不足。孝宗

---

① 王赏:《郫县犀浦镇修文宣王庙记》,《宋代蜀文辑存》卷34。
② 嘉庆《四川通志》卷78《学校·艺文》。
③ 刘千之:《盐亭县修学记》,《宋代蜀文辑存》卷32。
④ 嘉庆《四川通志》卷78《学校·艺文》。
⑤ 梁介:《增赡学田记》,《宋代蜀文辑存》卷60。
⑥ 李石:《左右生图记》,《宋代蜀文辑存》卷62。

时,蜀帅沈介多方筹措,得田1549亩,屋6区,拨与学校,作为日常经费来源。① 清溪且规定,居民入山采笋,需纳税钱,作为州学经费,而潼川郡守则是"开盐泉以养士"。② 另外,也有一些热心于教育事业者捐资助学。如魏城县徐邑侯捐钱"一千九百缗,买中田一顷而置之学","凡学之缮葺,士之廪给,皆于此取办"。③ 潼川地方官刘某,"捐钱四千缗,置田以助公养"。④

宋代四川官学在创办、迁徙、维修时,费用较大,一般都是临时筹集,其经费主要来源于下面几个方面:其一,完全由官府出资。如淳熙年间,剑州修庙学,"一毫不取于民,而庙成矣"。⑤ 绍兴年间,黔江县修整庙学,经费开支"无一扰于民"。⑥ 其二,官民共同出资。崇宁年间,新繁重修庙学,士民"皆踊跃顾奋,献地输财,惟恐居后。既营,民皆裹粮荷插以供役事"。⑦ 庙学建成,"以楹计凡六百有奇,役工二万","用钱八百万,而县官所给十有二"。⑧ 其三,私人共同出资筹办。治平年间,合州汉初县重兴庙学,"进士冯元崇率邑之儒衣冠者,各办材甓、工徒之费",其后,县尉冉和又"以俸给二十万为彩绘之用"。⑨ 华阳县学破败,庆历间乃"衷群士财,因而新之"。⑩ 庆历中,郫县移建庙学,亦由学者们"相与合财"经营。其四,私人独资创建。皇祐年间,温江县庙学破败,县官任某有感于"财用不可取于公,不可夺于民","乃因禄之度己之用,饬材备艺,修旧起新"。⑪

北宋前期,朝廷对地方官学管理未能形成制度,师资力量和管理都由当地自行解决。如宋真宗时,彭乘知普州,兴建学校,召其子弟为生员,彭乘亲任学校教师,"教育之"。⑫ 龚鼎臣知渠州时,兴学建孔庙,亲自为学生"日讲说,

---

① 梁介:《增赡学田记》,《宋代蜀文辑存》卷60。
② 唐文若:《安岳县修学记》,《宋代蜀文辑存》卷50。
③ 范子进:《魏城徐邑侯捐置学田记》,《宋代蜀文辑存》卷78。
④ 任炎佐:《重修潼川孔庙碑》,《宋代蜀文辑存》卷78。
⑤ 嘉庆《四川通志》卷79《学校·书院》。
⑥ 嘉庆《四川通志》卷78《学校·艺文》。
⑦ 吴兹:《新繁县学记》,《宋代蜀文辑存》卷99。
⑧ 吴兹:《新繁县学记》,《宋代蜀文辑存》卷99。
⑨ 张唐英:《汉初学记》,《宋代蜀文辑存》卷13。
⑩ 张俞:《华阳县学馆记》,《宋代蜀文辑存》卷24。
⑪ 张俞:《温江县宣圣庙记》,《宋代蜀文辑存》卷24。
⑫ 《宋史》卷298《彭乘传》。

立课肄法"①，也是自任其师。到庆历兴学时，朝廷才下诏，"州若县皆立学，本道使者选属官为教授，三年而代；选于吏员不足，取于乡里宿学有道业者"②，明确下达了地方官学设立学官的规定。此时正值蒋堂治蜀，他应诏兴修成都府学，"选属官以教诸生"③，设立学官。同时，蒋堂也参加学校的管理与教学，在"听政余闲，日与生员讲肄道艺，躬亲课式考核"。④ 从庆历以后，州学以教授为学官，其职责是以经术、行义训导、考核学生，执行学规。元丰元年（1078），全国诸路州府学共设学官 53 员，其中四川设置 6 名，"成都府路眉州、成都各一员，梓州路梓州、普州各一员，利州路利州一员，夔州路夔州一员"。⑤ 当时四川大部分官学没有学官。就是在神宗朝，梁子中知永川县，建立学校，仍是"延他郡文学之士为师"。⑥ 直到元祐年间，设置学官的学校才普遍增多，连地处边夷的威、茂、泸州都设立了学官。⑦ 但到南宋初期，由于战争等原因，四川"州县学官多不存在"。⑧ 绍兴十年（1140）朝廷又下诏令："复置四川诸州学官员。"⑨ 此后，四川州县学官时置时罢时兴，无一定制。

宋代四川官学在建制上大体一致，但规模不一。一般州府学规模较大，生员众多；边远地区学校少，学生少。成都府学在四川是首屈一指的大学校，据载，崇宁时有屋 300 楹，南宋时经扩建，合新旧屋共 585 楹。因而蜀人自称是"举天下郡国所无有"⑩，"郡国之学，最盛于成都"。⑪ 从蒋堂庆历兴学起，成都府学生员"常有五六百员"⑫，熙宁年间，也保持这一数量。北宋末，生员降至 150 余人。南宋绍兴时，成都府学成为四川的教育中心，"诸生东至荆夔，西极

---

① 《宋史》卷 374《龚鼎臣传》。
② 《长编》卷 147，庆历四年三月乙亥。
③ 《长编》卷 153，庆历四年十二月甲辰。
④ 吴师孟：《清阴馆记》，《宋代蜀文辑存》卷 14。
⑤ 《文献通考》卷 46《学校》。
⑥ 李降：《梁子中墓志铭》，《宋代蜀文辑存》卷 40。
⑦ 《宋会要辑稿》选举 17 之 2，《泸县志》卷四。
⑧ 史绳祖：《文庙五臣封爵札子跋》，《宋代蜀文辑存》卷 92。
⑨ 《系年要录》卷 133。
⑩ 杨辅：《重修创府学记》，《宋代蜀文辑存》卷 67。
⑪ 《朝野杂记》甲集卷 13。
⑫ 吴师孟：《清阴馆记》，《宋代蜀文辑存》卷 14。

梁泮,坌集庑下"①,学生达 800 余人②,盛极一时。据载,普州官学也很发达,南宋时,"肄业泮水者,每千有余人"。③而一般县学规模较小,有屋不过百十来楹,尤其是边远地区的官学,生员十分缺乏。据宋人记载,魏城县学自政和年间增筑后,由于"邑之士既寡且贫,隶于学者不数人"。

宋代官学教学内容以经学为主,课程安排全国大体一致。从建隆至熙宁初,主要经学教材是《诗》《书》《易》《春秋》《左传》《穀梁传》《公羊传》《礼记》《周礼》《仪礼》、孔颖达《五经正义》、徐彦《公羊传疏》、杨士勋《穀梁传疏》、贾公彦《周礼注疏》《仪礼注疏》。从熙宁至元丰,经学教材减去了《春秋》《左传》《公羊传》等书,增加了《论语》《孟子》和王安石的《三经新义》《易义》《礼记要义》《论语解》《字说》,王雱的《孟子义》等书。元祐时期,恢复了熙丰时期取消的经籍,也保留了王安石的部分著作。绍圣至徽宗末年,所用教材与熙丰时期相同。从重和至宣和,又增加了《黄帝内经》、徽宗《御注道德经》《御注南华真经》等书。南宋建炎至开禧,主要采用熙宁以前所用经籍,道家之书被取消。嘉定以后,除保留原有的经籍外,增加了朱熹、周敦颐、张载、程颐等人的理学著作。官学所设课程,从建隆至庆历,主要是经术,庆历至熙宁初,另设诗赋和论策,熙丰时期,取消诗赋,另增法律。元祐时期,恢复熙丰以前旧制,重和至宣和时期,增设道经。南宋时,恢复旧制,开设经术、诗赋和论策。

二、私学

两宋时期,四川私学十分发达,成为文化教育的一个重要组成部分,特别是在儿童启蒙教育和学术研究方面,发挥了官学不能发挥的作用。宋代四川私学,形式多样,纷繁复杂。既有乡间士大夫们创办的比较正规的乡校,也有靠束脩度日的乡先生设立的村学;既有达官贵人为私家子弟办的私塾学馆,也有寻常百姓的家庭教学。宋代私学成绩斐然,颇受后人称赞。马端临说:宋兴之初,"是时未有州县之学,先有乡党之学,盖州县之学有司奉诏所建也。故或作

---

① 冯时行:《修成都府学记》,《宋代蜀文辑存》卷 46。
② 李石:《左右生图记》,《宋代蜀文辑存》卷 62。
③ 嘉庆《四川通志》卷 36《舆地·祠庙》。

或辍，不免具文。乡党之学，贤士大夫留意斯文者所建也。故前规后随，皆务兴起"。① 马氏对官、私学的褒贬，入木三分。

私学是宋代四川儿童启蒙教育的主要阵地。在宋代，儿童的启蒙教育主要是由家庭教育、门馆或乡校来完成。家庭教育，即父母兄长进行的启蒙教育，"凡民之生七八岁，父兄必授之以学"。② 如大文豪苏轼，幼年便是"母程氏亲授以书"。③ 苏轼的母亲程氏、成都范祖尧母赵氏、双流宇文邦彦妻黎氏都有文化，她们所学知识，是由家庭教育来完成的。门馆是达官贵人或富豪人家聘请教师设置学馆，主要培养自家子弟，也吸收其他子弟的私人学校。北宋眉山吴某，"刻意教其子，不爱金钱，聚书聘士，与其子居，筑金箱浩之盘中，为屋百楹"。④ 汉州雒县王氏，丈夫死后，望子成龙，儿子稍大，便请名儒训导。新津人杨希仲，"未第时馆于成都富家"。⑤ 南宋人陈㮚，也是久处永川赵熙门馆。⑥ 这类门馆私学，封闭性很强，又受家庭经济条件限制，不可能得到普遍发展，在宋代四川教育史上没有发挥多大的作用。乡校是遍及城乡的私人学校，它吸收附近的儿童入学，一般规模不大，以寺观、民房作校舍。无论家庭、门馆和乡校的启蒙教育，都是以识字为主，以经籍为主要课业，老师"每日起，分授群儿经，口诵数遍不倦"⑦，使儿童能识字并粗通一些经义，为以后的学习奠定基础。

成人私学与儿童启蒙乡校有很大区别。这类私学的教师，一般都是有相当水平并热心于教育事业的学者，他们中有在职官员，有致仕官僚，有出身世家的学者名流和穷途潦倒的读书人，甚至还有看破红尘的出家人。而学生则是有一定文化基础的成年人。这类私学的教学目的之一是提高学生的文化水平，讲求学问。在宋代史籍中，有不少关于这类私学的记载。如南充人何涉，"所至多建学馆，劝诲诸生，从之游者甚众"。⑧ 双流邓琛，"以经学诱进后生，群聚至

---

① 《文献通考》卷46《学校》。
② 嘉庆《四川通志》卷42《舆地·寺观》。
③ 《宋史》卷338《苏轼传》。
④ 嘉庆《四川通志》卷19《舆地·山川》。
⑤ 嘉庆《四川通志》卷163《人物·行谊》。
⑥ 陈昂：《隐士赵熙墓志铭》，《宋代蜀文辑存》卷79。
⑦ 叶梦得：《避暑录话》。
⑧ 《宋史》卷432《何涉传》。

数百人"。① 合州度正在活乐乡立孔庙，建乡校，"使士之向学者始有所依归"。② 天圣间，资州进士宋太和在本州育材山"讲说经术"③，闻名遐迩。成都杨审之建四老堂，以经学"讲授诸生，四方从学者不下数百人"。④ 这类私学教师的讲学，往往带有学术研究的性质，并为科举服务。如在成都杨氏所办的四老堂里，"四方从学者不下数百人，每榜计偕登第者甚众"。⑤

三、书院

我国书院起于唐代。北宋时期，书院普遍兴起，到南宋，书院有了很大的发展，确立了书院制度。

书院作为一种教育组织，它与官府创建的从中央到地方的州学、县学等官学组织不同。官学由官府创建，经费来源于国家财政，教师由官府任命，课程设置和教学内容由官府规定，办学宗旨主要是培养国家各级官员。书院虽有官办的，但多为私办。它的教学内容虽然也与官学有一些相同之处，具有为官府培养科举人才的作用，但它主要是研究和传播学术的场所，是探讨学术的论坛、阵地。因而，书院是一种新兴的、特殊的教育组织。

随着道教的发展，佛教的传入，给思想文化输入新的血液。到宋代，形成新的儒学风气，不特敢于怀疑经传，而且还要议经改经。有学者开始反对盲从迷信，提倡怀疑深思，挑战权威。这种"离经叛道"的学术研究自然不能在官府学校开展，其异端思想也不能为官方所容许，议经改经的学术研究只能在民间进行。于是，私人讲学之风兴起，适应私人讲学场所的书院也就应运而生。宋代新的儒学——理学的出现不仅与书院的讲学活动密不可分，并且还在书院的讲学活动中得到不断发展。

宋代四川书院，北宋创建的不多，南宋时最为发达，主要有如下一些：

修文书院，在洪雅修文山，北宋太平兴国年间建。⑥

---

① 嘉庆《四川通志》卷144《人物》。
② 嘉庆《四川通志》卷58《舆地·金石》。
③ 《宋会要辑稿》《选举》之34。
④ 郭印：《浣花四老堂记》，《宋代蜀文辑存》卷39。
⑤ 郭印：《浣花四老堂记》，《宋代蜀文辑存》卷39。
⑥ 嘉庆《四川通志》卷79《学校·书院》。

果山书院，在蓬州（今四川蓬安）州治南嘉陵江岸，北宋端拱年间，守臣王旦建。①

岳阳书院，在普州安岳县南门龙泉山麓，北宋仁宗初年知州彭乘建。②

东台书院，在梓州盐亭县西南20里，北宋仁宗皇祐元年（1049）任伯俦读书处。③

太元书院，在梓州盐亭县东北40里，北宋仁宗皇祐元年（1049）文同读书处。④

柳沟书院，在富顺县东北90里，北宋中期李文渊建。⑤

东馆书院，在眉州城西75里东馆镇，南宋绍兴初东馆乡士创建。⑥

巽崖书院，在眉州丹棱县治北15里，南宋绍兴间李焘建。⑦

栅头书院，在眉州丹棱县40里，南宋绍兴五至八年（1135～1138）间，县令冯时行创建。⑧

云山书院，在潼州府治南郪县（今四川三台）之南山，县人杨子谟（1153～1226）南宋时创建。⑨

静晖书院，在夔州府治后，南宋孝宗时（1163～1189）王十朋知夔州时创建。⑩

龙门书院，在泸州江安县治东龙门山，南宋乾道中泸州隐士吕伯佑讲学处。⑪

蟠龙书院，在宜宾县西北100里处越溪上，南宋龙图阁学士陈（程）公许读书处。⑫

---

① 嘉庆《四川通志》卷79《学校·书院》。
② 《宋史》卷298《彭乘传》，光绪《潼州府志》卷14《学校志》。
③ 《大明一统志》卷71，《舆地纪胜》卷154《潼川府》。
④ 嘉庆《四川通志》卷79《学校志》。
⑤ 嘉庆《四川通志》卷79《学校·书院》。
⑥ 《大明一统志》卷71；胡昭曦：《四川书院史》，巴蜀书社2000年版，第10页。
⑦ 嘉庆《四川通志》卷79《学校·书院》。
⑧ 嘉庆《四川通志》卷79《学校·书院》。
⑨ 胡昭曦：《四川书院史》，第11页。
⑩ 嘉庆《四川通志》卷79《二江诸儒学案》。
⑪ 嘉庆《四川通志》卷79《学校·书院》。
⑫ 嘉庆《四川通志》卷79《学校·书院》。

五峰书院，在泸州城北五峰山麓，南宋庆元中知州杨汝明建。①

同人书院，在夹江县城中，南宋嘉定时高定子创建。②

穆清书院，在泸州州治南，南宋理宗绍定六年至端平三年（1233～1236）之间，魏了翁创建。③

鹤山书院，在邛州蒲江县隈支山（今名玉芝山，在蒲江县城鹤山镇），宋宁宗嘉定三年（1210）魏了翁建，宋理宗御书"鹤山书院"。④

北岩书院，在涪州州治大江北岸，南宋宁宗嘉定十年（1217）知州范仲创建。⑤

凤山书院，在大宁监（今重庆巫溪），南宋绍定二年（1229）前后设置。⑥

山阴书院，在长宁军（今重庆长宁），绍定二年（1229）前后设置。⑦

濂溪书院，在合州（今重庆合川），"旧在瑞应山侧，宋嘉祐间濂溪（周敦颐）判合，后人为建书院，任逢有记"。⑧

玉渊书院，在黎州（今四川汉源）城内，南宋开禧初知县薛绂创建。⑨

宏文书院，在咸淳府龙渠县（今重庆万州东南），宋度宗咸淳初知咸淳府福庆创建。⑩

少陵书院，在夔州府东西瀼草堂。⑪ 建置时间不详。

此外，据胡昭曦《四川书院史》修订本记载，宋代书院还有张九宗书院，建置不详。沧江书院，在成都，建于宁宗时。云庄书院，在眉州，建于嘉定四年（1211）。江阳书院，在泸州，建于嘉定八年（1215）。北园书院，在眉州，建于宝庆二年（1226）。

---

① 嘉庆《四川通志》卷79《学校·书院》。
② 嘉庆《四川通志》，《宋史》卷409《高定子传》。
③ 嘉庆《四川通志》卷79云："泸州鹤山书院……宋开禧中知泸州，魏了翁建。"《四川书院史》考证泸州鹤山书院最早的名称是穆清书院，今采此说。
④ 嘉庆《四川通志》卷79《鹤山集》卷41。
⑤ 《访舆胜览》卷6。
⑥ 《四川书院史》，第14页。
⑦ 《四川书院史》，第15页。
⑧ 万历《合州志》卷2。任逢为孝宗淳熙年间进士，眉州人，则濂溪书院的建立时间当不迟于宋孝宗淳熙年间。
⑨ 《四川书院史》，第15页。
⑩ 《四川书院史》，第15页。
⑪ 嘉庆《四川通志》卷79《学校·书院》。

这些书院，有的是在士大夫读书所在地的基础上创建的，有的是官员或学者为传播儒学思想而创建。因而大多数的书院存在的时间不长，大都是设办官员、士人离开或去世后，他所创办的书院就宣告结束。但也有几所存在较久，"如岳阳书院，仁宗初年始建，庆元二年（1196）修葺，历时约150年；云山书院自孝宗淳熙年间至理宗宝庆二年，历时30余年；沧江书院自宁宗至理宗宝庆二年，历时约20年"。① 其中还有少数书院的名称在元明清三代继续存在。它们经过重建、改建或地址迁移，与宋代书院维系着承继关系。

南宋四川地区的书院中，以涪州北岩书院、夹江同人书院、黎州玉渊书院和邛州蒲江书院最为著名。南宋四川书院的作用主要表现在三方面：其一，传播儒家文化和私家学术观点。如著名理学家魏了翁创办鹤山书院，"开门授徒，士争负笈从之。由是蜀人尽知义理之学"②。潼川杨子谟致仕还乡，"讲学于云山书院，与诸生敷陈《论》《孟》《学》《庸》大义"。③ 虞刚简主持成都沧江书院，常请著名学者到书院讲学。薛绂在黎州创建玉渊书院，其目的便是讲学。其二，祭祀儒学先圣先贤。合州的濂溪书院，祭祀理学创始人周敦颐。高定子在夹江创同人书院，修六先生祠，纪念著名理学大师。绍兴年间眉州东馆乡士大夫创办东馆书院，春秋释奠孔子。其三，藏书。如蒲江鹤山书院，藏书达10万卷，比宋初崇文院的国家藏书8万卷还多。

在宋代四川教育史上，书院有着极其重要的地位。书院的教育目的摆脱了专为科举服务的狭隘约束，使教育者和受教育者在儒学的领域内能更为广泛、更为自由地研究学问，讲求身心修养。宋代各个学派的学说，如二程、朱熹的理学都能在四川书院传播，这就大大促进了四川与外地的学术交流。宋代四川书院的教育，不但为宋朝输送了大批的科举人才和官员，也为四川培养了一大批著名学者，对学术的发展和繁荣起了重要的作用。

宋代四川书院，包括其他地区书院的一大特点，就是作为研究儒学的阵地存在，而不是多元化地研究先秦诸子百家思想的场所。书院成为理学思想最重要的传播场所。因而包括四川书院在内的宋代书院最主要的历史作用，就是使

---

① 《四川书院史》，第29页。
② 《宋史》卷437《魏了翁传》。
③ 《宋元学案》卷72《二江诸儒学案》。

理学得到传播、发展和繁荣壮大,使它由民间的儒学,最后在南宋宁宗时期,经四川理学大师魏了翁的努力倡导成为官学,在文化思想上取得统治地位。

第二节 科 举

宋代的科举制度基本沿袭唐制,并在唐代基础上更加完善,科举规模也进一步扩大。有宋一代,科举大体实行解试、省试和殿试的三级考试制度。所谓解试,即地方官考试举人,将其合格者贡给朝廷,宋代解试包括州试和漕试。省试,即礼部试,又称为南省试,是由尚书礼部主持科举试考,其合格者参加殿试。殿试,又称御试、廷试,是举人入仕的最高级考试,殿试完毕,由皇帝主持唱名仪式。北宋时,四川举子也参加这种三级考试。南宋时期,全国仍然实行解试、省试和殿试的三级考试制度,省试和殿试由中央主持。远离中央的四川,则实行两级考试,即解试和类省试。类省试是由四川地区代行中央省试的考试,即将中央礼部的省试下放给四川主持。类省试是南宋四川科举考试的一大特点,也是对四川举子的关照。

南宋初年朝廷规定,诸路州军考试时间并限八月五日锁院,而四川则六月前锁院。绍兴二十四年(1154),宋廷规定各地州试并用中秋日,为了给四川举子提供充分时间参加中央的省试和殿试,四川州试"则用季春"。① 后来,又屡有改动,或二月,或正月,比其他地区提早半年。类省试则在解试年的八月举行,亦比中央南省试提前半年。

南宋四川的解试,主要由州试和漕试组成。州试的对象是一般的读书人,一般是在本州设立贡院进行考试,但一些偏远州军,考生不足百人,不能设立贡院,往往在他州附试。如在隆兴前,万州考生都到夔州附试,隆兴元年(1163),由于考生众多,经申请在本州设立了贡院。州试还设有解试官,从漕司选差。同时设有监试一员,由通判幕职官在法不预考校者担任。州试合格举人,可参加省试或类省试。漕试是为了防止现任高级官员营私舞弊、针对现任官吏子弟及其亲戚子弟而设立的,由转运司主持。漕试设有正式院和别院,别

---

① 《宋史》卷156《选举志》。

院试"举子与试官之有妨嫌者也"。① 四川四路漕试,其试法大体同州试。漕试合格人,可参加类省试或省试。

解试是三级考试的第一关口,只有通过解试,才有望进入下一轮考试。因此,解额的多少,至关重要,颇为时人关注。南宋时期,四川普遍存在着举子多而解额少的情况。当时"四川诸州赴试举人,最多去处有四五年〔千〕人,最少处亦不下千余人"。② 李焘也说:"成都九邑,士来应有司之试者,数逾五千。"③ 考生之多,可以概见。按当时规定,"以终场百人以上,取放一人"④,即大约1%的录取率。绍兴二十八年(1158)增加四川泸州、眉州等18州解额,便是以1%的录取率来确定的。⑤ 但是,各州解额一经确定,便难以增加。如简州(今四川简阳)先以"应举七百九十八人,立额取放七名"。⑥ 后因州县政区变化,仅保留6名解额。淳熙四年(1177),简州解发就试终场1202人,但仍只取6名,录取率仅0.49%。因而一些州县因一两个解额争论不休。隆兴初,隆州(今四川仁寿)因政区变化,要求朝廷从成都和简州各拨归一个解额。淳熙年间,简州又要求朝廷从隆州拨回"侵取简州解额一名"。⑦ 州试的解额有限,而考生日增,形成了僧多粥少的状况。与州试相比,漕试解额则大为宽松。据李心传记载,绍兴二十三年(1153),"成都路漕司就试者三千余人,解四百四十人,潼川路漕司就试者一千余人,解三百人"。⑧ 这年成都路漕试录取率达14.66%,潼川路漕试录取率达30%,远远超过州试录取率。成都府和潼川府漕试举子之多,录取之滥,遭到时人的猛烈抨击。因此,朝廷对此作了限制性的规定:成都路以83人、潼川路以80人为定额。⑨ 当时四川四路漕试录取率也极不均衡,夔、利路漕试,"解不过三数人而已"。⑩ 绍熙年间,成都转运判官王溉认为,成都、潼川两路漕试解额仍太优裕,向朝廷报请各路保存10名,宋

---

① 《宋会要辑稿》选举6之24。
② 《宋会要辑稿》选举16之19。
③ 李焘:《贡院记》,《宋代蜀文辑存》卷52。
④ 《系年要录》卷180,绍兴二十八年八月乙未。
⑤ 《宋会要辑稿》选举16之19。
⑥ 《宋会要辑稿》选举16之22。
⑦ 《宋会要辑稿》选举16之19。
⑧ 《系年要录》卷102,绍兴六年六月甲子。
⑨ 《朝野杂记》甲集卷13。
⑩ 《朝野杂记》甲集卷13。

廷于是以 20 人为定额，并令将剩余解额拨与所辖州军。其后，制置使邱宗卿复请每路只保存 12 个名额，并得到朝廷同意。①

通过解试的举子，便可参加中央的省试或四川的类省试。类省试是四川地方政府替代中央省试在四川举行的考试，具有同省试一样的权威性，始于南宋初年。建炎初，由于宋金交战，南宋朝廷令"诸道提刑司选官，即漕司所在州类试"。② 四川四路也当分别于漕司所在州类试。如建炎初，成都就曾类试成都府路各州进士。绍兴三年（1133），罢诸道类省试。次年，又恢复川、陕类省试，并规定四川四路举子集中在成都类试。其后又规定，类省试事务属宣抚使，考试地点在宣抚司所在州。所以，南宋四川类省试有时在阆州，有时在利州，有时在兴元府，但仍以在成都的时候居多。淳熙四年（1177），时已罢去宣抚使，类省试由制置使主持。

南宋初规定，省试以 14 人取 1 名。四川类省试的录取率，亦以此为据。隆兴后，南省试以 17 人取 1 名，淳熙十年（1183），四川类省试以 16 人取 1 名，稍优于南省试。南宋初，陕西士人和四川士人共同参加川陕类省试，但由于"陕西士人学术久荒，拙于为文"，"不能中程"，因而在绍兴九年（1139），宋廷令"川陕分类试额"，从此作为定制。③ 这一措施有利于陕西流落在蜀的举子参加科举。

四川类省试在管理方面，设有监试、考试、点校试卷等官员。这些官员，最初完全由宣抚司差派。绍兴元年（1131），宋廷令宣抚使张浚于"逐路帅臣转运提刑内选差有出身之人"④ 管理川陕类省试。绍兴四年（1134），又进一步作出规定，"令宣抚司于置司州军置试院，选差有出身清强现任转运使副或提点刑狱官充监试，于逐路现任京朝官内选差有出身曾任馆职学官或有文学官充考试官"。⑤ 实际上，还是由地方自选官吏，管理类省试。对此，朝野议论纷纷。绍兴二十九年（1159），宋廷规定，四川类省试的监试、考试官以及类省试别试院的监试、考试官由朝廷选派，余官仍由制置司精加选差，加强了中央对四川地

---

① 《朝野杂记》甲集卷 13。
② 《朝野杂记》甲集卷 13。
③ 《系年要录》卷 133，绍兴九年十二月乙丑。
④ 《宋会要辑稿》选举 4 之 24。
⑤ 《宋会要辑稿》选举 4 之 24。

区考试的管理。这种制度一直延续到宋末。

南宋初年，四川类省试合格者受到朝廷的优待。绍兴五年（1135）下规定："川陕类省试合格第一名，依殿试第三名例推恩，余并赐同进士出身。"① 绍兴八年（1138），皇帝引见礼部试合格人，并将其与四川类省试合格人参定为五等，这样一来，四川类省试的规格便与殿试相差无几了。由于南宋政府对四川类省试的优待政策，又由于赴京参加殿试的行役之苦，四川类试合格人很少到京参加殿试。绍兴十八年（1148），宋廷降低类省试规格，将类省试第一名的赐进士及第降为赐进士出身，其余的赐同进士出身，"自是无有不赴御试者"。只有在皇帝不亲策的年份，四川类省试合格人才"恩数如旧"。②

南宋四川类省试，还包括四川的特奏名试。所谓特奏名，即举人年高而屡经省试或殿试落第者，遇殿试时，许由礼部贡院另立名册奏上，参加附试。南宋时，由于四川特奏名举人道远赴殿试不及之故，宋廷于绍兴五年（1135）下诏："特奏名人令宣抚司置院差官试时务策一道。"③ 将特奏名试也下放给四川地方举行。特奏名试的监试考试官，先是由四川地方选差，到绍兴三十年（1160），便改由朝廷选差。南宋初，特奏名合格人待遇十分优厚。如绍兴二年（1132），四川特奏名试合格人158人，分别赐进士出身、同进士出身、同学究出身、登仕郎、京府助教等。到乾道元年（1165），分为"五等推恩"，第一等第一名赐学究出身，第二名至本等末补将仕郎，第二等至第四等赐下州文学，第五等赐诸州助教。特奏名试不仅考试简单，而且录取率非常之高。大约在宋宁宗以前，特奏名为2人取1人，后来改为3人取1人。嘉庆《四川通志》记载，南宋四川特奏名进士便有180余人之多。

四川类省试还包括武举考试。《宋史》记载，南宋四川武举始于孝宗乾道八年（1172）。武举实行四级考试，即大比试、转运司试、类省试和殿试。宋廷参照四川文士解额后规定，武举大比试名额为42人，转运司试名额21人，类省试名额为6人，合格人可参加殿试。宋廷还规定，四川武举的解试和类省试，"并如文科"。④ 庆元五年（1199），湖北、京西等路，也参照四川武举法考试

---

① 《系年要录》卷94，绍兴五年十月戊午。
② 《朝野杂记》甲集卷13。
③ 《续资治通鉴》卷116，绍兴五年九月戊午。
④ 《宋史》卷157《选举志》。

武生。

南宋初，恢复对学官的考试制度，其后屡废屡兴。宋宁宗嘉泰元年（1201），四川类省试开始附试学官。参试者须是有出身人，遇类省试年份，具所业赴制置司陈乞，由制置司委派有出身的通判或教授考核。

宋代四川科举及第因时因地而盛衰不一。从时间上看，两宋四川及第人共3992名，北宋录取1413人，占总数的35.4%，南宋录取2579名，占总数的64.6%，南宋及第较北宋为多。从地域上看，成都府路两宋及第1771人，占总数的44.36%；潼川府路及第1916人，占总数的48%；利州路及第194人，占总数的4.86%；夔州路及第120人，占总数的3%。成都府路和潼川府路的科举及第，在宋代四川四路中最多。在科举及第最多的地区，其内部情况也差别很大。如成都府路共辖16州，其中成都府共及第689人，占该路总数的38.9%；眉州及第599人，占总数的33.8%；崇庆府及第24人，占总数的1.35%；彭州及第6人，占总数的0.33%；绵州及第55人，占总数的3.1%；汉州及第37人，占总数的2.08%；嘉定府及第75人，占总数的4.23%；邛州及第38人，占总数的2.14%；简州及第12人，占总数的0.67%；雅州及第8人，占总数的0.45%；茂州及第1人，占总数的0.05%；威州及第2人，占总数的0.11%；永康军及第2人，占总数的0.11%；仙井监及第209人，占总数的11.80%；石泉军及第14人，占总数的0.79%；黎州无及第者。成都府和眉州共及第1288人，在成都府路名列榜首，在全川也名列前茅。而四川的一些边远州县，到了南宋才有人及第，如南溪县，开禧初才有登第者，乡人谓之"破天荒"。大宁监，南宋淳熙年间才有进士。黎州终宋也无一人及第。各地科举及第差别之大，主要是各地经济发展和学校发展不平衡所决定的。

宋代四川科举经历了一个由萧条到繁荣的发展过程。北宋初年，蜀中士大夫虽读书好学，但多以静退相高，淡泊名利，读书的目的为修身守道而已。因此，不事举业反而成为时尚。到太平兴国二年（977），四川合江李羲载及第，这才打破了蜀中无进士的沉寂局面。在宋太宗、真宗两朝，四川的士大夫仍然是"不事举业，迨十五年，无一预解名者"。[①] 宋朝为了团结、笼络蜀中士大夫，促其积极参加科举入仕做官，采取了一系列鼓励蜀中士人参加科举考试的

---

① 江少虞：《宋朝事实类苑》卷57。

措施：一、针对四川举子到京师应考在经济上和交通上面临的困难，宋廷开宝二年（969）诏令，四川等地，"自今发遣举人，往来并给券"①，"自初起程以至还乡费皆公家"。② 从此，一直到南宋时期，四川举人愿赴京师、行在省试或殿试，都发给馆券，由官府供给沿途食宿费用。二、对未能如期赶到京师应考的川籍士人，另加照顾，准予应试。庆历二年（1042）下诏："川广合该解发及诸处解举人，虑地远到阙稽迟，令贡院如未引试日前续次到者，并收试。"③ 三、对四川举子解试解额数量从宽优待。大中祥符七年（1014）下诏："益州举人自今荐送定名外，别解三人。以其远方多学者，故优之。"④ 天禧四年（1020）下诏："自今川峡广南诸州依前定条制解合格举人外，更有艺业可举者，并许发解"⑤，即"勿拘定额"。⑥ 天圣七年（1029）又诏："川峡四路于解发额外，各添人数，益州添四人，梓州添二人，不及三人者并为三人。"嘉祐五年（1060），礼部贡院又报请朝廷，增加四川进士解额，"益、眉、陵、绵、汉、嘉、邛州、永康军共三十三人，遂、资、果、普、合、昌州、广安军共二十人，渝州、云安军共三人"。⑦ 宋廷一系列有利于四川举子的措施，促进了四川科举业的发展。景德元年（1004），经过张咏等治蜀官员的"敦勉就举"，"李畋与同门生张及、张逵诣州请解"。⑧ 次年，李畋等3人皆登科，"士由是知劝"。⑨ 天圣年间，眉州"（苏）涣以进士得官西归，父老纵观以为荣，教其子孙皆法苏氏"。⑩ 正如田况在皇祐中所说："益州自太平兴国以来，登进士第者接踵而出，天圣景祐中其数益倍，到庆历六年（1046），一榜得十八人，皇祐元年（1049）得二十四人。"⑪ 到了宋仁宗朝，出现了四川士大夫热心参加科举的局面。

两宋四川的科举业，在深厚的文化基础上，呈现出空前的繁荣。据嘉庆

---

① 《长编》卷10，开宝二年十月丁亥。
② 王栐：《燕翼诒谋录》卷1。
③ 《宋会要辑稿》选举3之22。
④ 《长编》卷83，秋七月庚子。
⑤ 《宋会要辑稿》选举3之22。
⑥ 《宋史》卷8《真宗本纪》。
⑦ 《宋会要辑稿》选举15之15。
⑧ 《宋朝事实类苑》卷57。
⑨ 《宋史》卷293《张咏传》。
⑩ 嘉庆《四川通志》卷250《人物》。
⑪ 嘉庆《四川通志》卷78《学校·艺文》。

《四川通志》统计，两宋四川参加科举考试被录取者，高达 3992 人。又据同书统计，唐及五代四川及第者共 72 人，元代 622 人，明代 1305 人。宋代四川及第者超过唐代和五代，也为元明所不及。从绝对数字来看，唐、前后蜀、元、明四川及第者总和，也仅及宋代四川及第人数的一半。在四川古代科举史上，宋代占有特别突出的地位。

第二十一章 宋代四川科技的发展

随着经济、文化、教育事业的发展，宋代四川的科学技术在不少领域也取得惊人的成就，不少科学技术远远走在当时世界的前列，为人类社会的发展作出了重要贡献。

第一节 天文历法与地学

一、天文历法

宋代对天文历法的研究较重视。《宋史》卷48记载："太宗之世，召天下技术有能明天文者，试隶天司台；匿不以闻者，罪论死。既而张思训、韩显符以推步进。"

张思训，巴中（治今绵阳市涪江东岸）人，是北宋著名的天文学家。他原为司天监学生，因成功改进浑天仪，被宋廷任命为司天浑仪丞。太平兴国四年（979），张思训将他设计的浑天仪献给宋廷，宋太宗命工匠造于禁中，逾年而成。张思训对天文学的重要贡献，正是对浑天仪进行了重大革新。首先，张思训对浑天仪的动力作了改进。浑天仪过去是"运转以水"，到了冬天，便"凝冻迟涩，遂为疏略，寒暑无准"。① 这对于定节气、造历的准确性都有很大的影响。张思训改用"水银代之，则无差失"。② 因为水银的内聚力很强，特别是在空气中具有保持稳定的性能，用它代替水作浑天仪的动力，保证了浑天仪一年四季正常运行，为报时、定节气、制历的准确性提供了技术保障。其次，张思训还对浑天仪的机械计时器进行了较大的改进。过去的水运浑天仪上装有擒纵器，指挥两个木人按时自动，一个每刻击鼓，一个每辰敲钟。张思训将击鼓的木人改为19个，并把报时和击钟鼓分为两个系统，即"七值神，左摇铃，右扣钟，中击鼓，以定刻数，每一昼夜周而复始。又以木为十二神，各值一时，至其时则自执辰牌，循环而出，随刻数以定昼夜短长"。③ 张思训所造浑天仪与唐代旧仪比较，更为巧捷，"成于自然，尤为精妙"。为此，宋廷"诏置于文明殿东鼓楼下。其制：起楼高丈余，机隐于内，规天矩地"。④ 张思训是宋初一位杰出的天文历法家，他对浑天仪的动力和机械的改进，具有承前启后的作用，为我国古代最先进的浑仪——"苏颂浑仪"的诞生，创造了条件。

南宋初，资州（今四川资中）张大槻依照唐制，创造了"捷法盖天图"。据《玉海》卷1"绍兴盖天图"条记："绍兴七年六月八日，四川帅司进资州翠文洞隐士张大槻用唐制创捷法盖天图新式"。这种新式"捷法盖天图"能够"坐观天道，备上圣乙夜清览，行军幕中候验，不劳仰观，陈于几案，覆视乎上，乾象虽远，如在目前"。它是一种观察星辰的捷法，在当时具有实用价值。

宋代是我国古代天文学大发展时期，仅在北宋真宗大中祥符三年至徽宗崇宁五年（1010～1106）约百年之间，便进行过五次大规模的恒星位置观测工作。其中第四次观测结果被绘制成星图，并保存至今，绘图人便是四川学者黄裳。

黄裳（1146～1194）字文叔，号兼山，隆庆府普城（今四川剑阁）人，乾道五年（1169）进士，是一位杰出的天文学家。黄裳任嘉王府翊善（即教师）时，为了帮助嘉王学习，于绍熙元年（1190）绘制了《天文图》《地理图》《太极图》等八幅图。又"尝制浑天仪、舆地图，侑以诗章。欲王观象则知进学，

---

① 《宋史》卷48《天文志》。
② 《宋史》卷48《天文志》。
③ 《宋史》卷48《天文志》。
④ 《宋史》卷48《天文志》。

如天运之不息，披图则思祖宗境土半陷异域而未归"。①

《天文图》所绘制的便是北宋第四次观测恒星的结果。大约在淳祐七年（1247），由王致远经手，将《天文图》摹刻于苏州文庙的石碑上，这便是闻名世界的苏州石刻《天文图》。《天文图》长8尺，宽2.5尺，图分为两部分，上半部绘制星图，下半部是说明文字。星图上共刻有1430颗星。全图以北极为中心，绘有三个同心圆，分别代表北极、南极恒隐圈和赤道，28条辐射线表示28宿距度，还有黄道和银河。图下附说明文字41行，

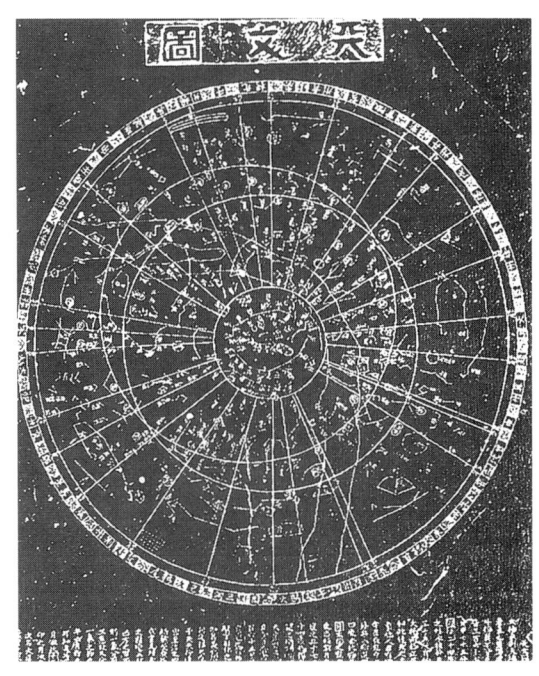

图 21-1 黄裳《天文图》

每行各刻51字，对宋代天文知识作了简单介绍。黄裳《天文图》是宋代天文学发达的标志之一，受到当今世界科学家和科学史研究者的高度重视，已被译成英、法、德、俄、日等国文字。英国科学家李约瑟对《天文图》给予了高度评价，他说："欧洲在文艺复兴以前可以和中国天文图制图传统相提并论的东西，可以说很少，甚至简直没有。"②

此外，新津人张唐英也精通天文，著有《大象星经》《乾象星经》和《大象列星图》。资州人李石继晋张华《博物志》而作的《续博物志》，共10卷。第一卷便是张华未涉及的有关天象的内容。

二、地学

在古代，天文与地理是一对孪生兄弟，有"上识天文，下识地理"之说。

---

① 《宋史》卷393《黄裳传》。
② 李约瑟：《中国科学技术史》第4卷，科学出版社1975年版，第20章。

第二十一章 宋代四川科技的发展

两宋时期，四川的地学也比较发达，地学研究者众多，地学著述丰富。地学著述中，以黄裳的《地理图》最著名。

黄裳《地理图》现存于苏州市博物馆，长约2米，宽1米，1247年上石，王致远为之作跋。图上山脉呈层峦叠嶂之形，具有立体感，地名用阳文加方框，水名用阴文加圆框，各路名用阳文，整个画面具有图画特色。黄裳《地理图》不失为宋代一幅较好的地图。

另一著名地图《九域守令图》，是宣和三年（1121）在四川荣县上石的。图长宽各1米多，绘宋全境疆域及州府。图中山东半岛和海南岛等的形状比南宋上石的图更为准确。从图上水系来看，四川地区的水系比较详细。其作者不详，但可能是四川人，或十分熟悉四川地理的人。

以图经或图志形式编写地理书，在两宋时期十分盛行。宋初曾多次修撰天下图经和诸道图经。后来，图经中的文字不断增加，图逐渐退居次要地位。到了南宋，图与文字常被分开，于是图经便改名"志"。有关两宋四川地区所撰各种"图经"或"志"书的地理书，详见本书第十八章《方志》一节，在此不赘述。

图21-2 黄裳《地理图》

第二节 医药学

有宋一代，四川的医药学相当发达，其主要表现为：医林高手众多，名医辈出；医药著述丰富，很多医药著述的成就，居于世界前列。

一、著名医家

宋代四川著名的医生有李鉤、史堪、杨子建、谭仁显、单骧、王朴、张立德子、巢谷、虞庶、唐慎微、石藏用、庞安常、皇甫坦、史崧等人。其中尤以单骧、史堪、李鉤、皇甫坦、石藏用、唐慎微等人最为杰出。

唐慎微，字审元，蜀州人，元祐年间移居成都，北宋著名的医生和药物学家。唐慎微医术高明，"治病百不失一"。① 元祐年间，成都大族宇文虚中的父亲得了"风毒"之病，唐慎微"疗之如神"。慎微还预言宇文氏某年某月会旧病复发，于是留下药方以备急需。后来果如慎微所言，宇文氏到期旧病复发，但服用慎微的药后很快便痊愈了。唐慎微不仅医术高明，而且医德也值得称道，他为人治病，"不以贵贱，有所召必往，寒暑雨雪不避"。② 后来，唐慎微将他的医术传给他的两个儿子和女婿，他们都成了成都的名医。

史堪，字载之，北宋眉山人，约生于元丰年间，政和间进士及第，官至郡守，著名医家。史堪精通医理，有丰富的临床经验，为人治病，审症精切，不过三四服药便解决问题。有一次，北宋某宰相便秘，经不少名医治疗，均不见效，后由史堪治疗，药到病除。

单骧，生活于北宋中期。他曾举进士不第，弃儒从医。其学本《难经》《素问》，能"别出新意，往往巧发奇中"。③ 嘉祐年间，宋仁宗得了重病，曾召单骧等名医入侍。终因仁宗病情严重，治疗无效，单骧因此而坐废数年。但由于单骧医术高明，又被朝廷起用，任命为朝官。单骧对人体内部结构多有研究，治平年间，他与苏辙讨论人体的五脏六腑，并指出了前人的某些错谬。

石藏用，著名医师。史称石藏用"以医术游都城，其名甚著"。④ 石藏用处方特点是好用"暖药"。当时有陈承者，亦以医显，而陈氏好用"凉药"。于是，都城流传着这样的俗语："藏用担头三斗火，陈承箧里一盘冰。"⑤ 形象地描绘了二人不同的医风。

---

① 宇文虚中：《重修政和本草跋》，《宋代蜀文辑存》卷36。
② 宇文虚中：《重修政和本草跋》，《宋代蜀文辑存》卷36。
③ 苏轼：《东城志林》卷3。
④ 方勺：《泊宅编》卷5。
⑤ 方勺：《泊宅编》卷5。

第二十一章 宋代四川科技的发展

皇甫坦，两宋之际四川夹江人，他精于医术，行医民间，信奉道教，并将道教理论用于治病养生。南宋高宗赵构的母亲显仁皇后患眼疾，国医无法医治，乃颁诏天下求良医。"临安（今浙江杭州）守臣张称以坦闻"。皇甫坦应召入宫为太后治病，立即见效。"帝喜，厚赐之，一无所受。"高宗召见，问其"何以治身，坦曰：'心无为则身安，人主无为则天下治'"。他用道家清静无为的思想指出养生治国之道，得到高宗的赞许。"令持香祷青城山。还，复召问以长生久视之术，坦曰：'先禁诸欲，勿令放逸。丹经万卷，不如守一。'"高宗深为叹服，御书"清静"二字以名其庵，且"绘其像于禁中"①，以赞誉皇甫坦的医术医德。皇甫坦一生行医民间，淡名利，轻财帛。晚年隐居道教圣地青城山，绍熙年间去世，葬于青城山上清宫左侧，今青城山老殿尚存其墓碑。

李锅，北宋巴西（今四川绵阳）人。史称其精通医术。据说，他为人治病，"无贫富疗治不少，靳活几千人"②，医术医德甚高，不失为一代名医。

二、主要医药学著作

北宋时期，官府对医学较为重视，多次组织重修药典的工作。开宝六年（973），朝廷令刘翰、马志等人编成《开宝新详定本草》20卷。次年（974）集贤院修撰王佑等重新校勘，编成《开宝重定本草》21卷。嘉祐二年（1057）又令掌禹锡、林亿等人在《开宝重定本草》的基础上，经三年努力，编成《嘉祐补注神农本草》（亦称《嘉祐本草》）21卷。在掌禹锡编写《嘉祐本草》的过程中，嘉祐三年（1058），朝廷诏令各府、州、县，征集药物标本，在此基础上苏颂于嘉祐六年（1061）编成《图经本草》（亦称《本草图经》）20卷，目录1卷。在官方重视编写药典的推动下，两宋时期四川的医家学者亦积极投身医药学著作的撰著之中。据统计，两宋时期四川私家个人撰写的医药学著作达十四五部之多。这些著述可分为药物学和医学两大类，现择其要者简介于后。

（一）药物学方面的著作

1. 陈承的《重广补注神农本草并图经》

陈承，四川阆中人，宋真宗时宰相、太子太师陈尧佐曾孙。幼年丧父，随

---

① 《宋史》卷462《皇甫坦传》。
② 《李仲侯墓志铭》，《宋代蜀文辑存》卷33。

母移居江淮间。少好学,尤喜于医,通诸家之说,长期在杭州居住和行医。好用凉药,临症多奇效,与其时四川喜用热药名医石藏用齐名。元祐间编成《重广补注神农本草并图经》凡 23 卷。此书是由《嘉祐本草》和《本草图经》二书合而为一编写而成,同时,增添了一些有关药物来源、品质鉴别、采收栽培等内容。其特点是图文对照,方便阅读,开创了本草史上正文与图说合一的先例,为后世不少本草著作,包括李时珍的《本草纲目》所沿用。元祐七年(1092)本书初刊后不胫而走,远销海外。该书现已失传,唯唐慎微《证类本草》中尚可见到 44 条佚文。① 大观间,陈承官至将仕郎、措置药局、检校方书,并参与校订《太平惠民和剂局方》。

2. 唐慎微的《证类本草》

唐慎微长期潜心于药物方剂的研究,悉心搜集药物方剂资料。史称其为"士人治病,不取一钱,但以名方秘箓为请",因而人们"每于经史诸书中得一药名,一方论,必录以告"。② 故《证类本草》除收录了宋以前各家医药名著的方剂外,还收集了《经史外传》《佛书道藏》等书中的有关医药资料。仅据该书卷首"所出经史方书"统计,引用的各种书籍就有 246 种之多。而且对引用资料,均一一注明原始出处,采用原文照录,对考察研究宋以前佚亡的医药著作尤为珍贵。从宋至今,无论对宋以前佚亡的医药文献的辑复,还是对宋以前医药事迹的研究,该书都是不可缺少的工具书。

唐慎微经过多年的搜集整理,于宋神宗元丰五年至六年(1082~1083)编成药物学巨著《经史证类备急本草》(简称《证类本草》)。其后,唐慎微继续修改书稿,"并补充了《传家秘宝方》(1085 年)、《沈括良方》(1086 年)、《古今录验养生必用方》(1098)等同时代人的著作,大约在绍圣五年至大观二年(1098~1108),才将《证类本草》最后定稿"。③

大观二年(1108),《证类本草》由官方刊印颁行全国,定名为《大观经史证类备急本草》(简称《大观本草》),共 32 卷。政和六年(1116)再经修订,定名为《政和新修经史证类本草》(简称《政和本草》),官版刊行。现存《政和

---

① 宇文虚中:《重修政和本草跋》,《宋代蜀文辑存》卷 36。
② 《重修政和本草跋》,《宋代蜀文辑存》卷 36。
③ 赵立勋主编:《四川中医药史话》,电子科技大学出版社 1993 年版,第 113 页。

本草》，共30卷，60余万字。《政和本草》不仅合并了宋代掌禹锡《嘉祐本草》和苏颂《图经本草》的内容，又新增药物476种，使载药总数达1588种，集宋以前药物成就之大成。该书对药物形态、真伪、炮制和具体用法等知识，汇为一体，使我国本草学从此更具有药物学的性质。书中各药物均附药图，并首创"药后附方"体例，共辑单验方3000多首，方论1000多首，为后世保存了丰富的民间方药经验。同时，它还保存了宋以前和北宋珍贵的本草文献，如《神农本草》《本草经集注》《炮炙论》《新修本草》《蜀本草》《开宝本草》《嘉祐本草》等，原书均已散佚，独赖《政和本草》保存诸书部分内容。

《证类本草》详尽总结了前人本草学成果，实用价值很大，故一问世就受到朝廷和医药界重视，很快流传到四川以外地区，甚至日本、朝鲜等地，为推动我国及世界医学事业的发展起了重大作用。

《证类本草》对后世影响甚大。它问世后，历朝重新刊印的版本达50种以上，几乎取代了其他各家本草，处于"独尊"地位。直到5个世纪以后，明代李时珍《本草纲目》于1593年刊出，《证类本草》才逐渐为后者所代替。而李时珍的《本草纲目》正是以《证类本草》为蓝本。故李时珍说："使诸家本草及各药方，垂之千古不致没者，皆其功也。"[1] 英国学者李约瑟说："十二三世纪的《大观经史证类本草》的某些版本，要比十五和十六世纪早期欧洲植物学著作高明得多。"[2] 于此可见，唐氏《证类本草》在我国药学方面的成就是十分巨大的。同时，"本草"是以植物为主的中国传统药物，《证类本草》也称得上是一部较为完备的药用植物志。可以说，唐慎微的《证类本草》是宋代中国科学发展走在世界前列的重要标志之一。

此外，南宋华阳人王俣撰有《本草单方》35卷，铜梁人阳枋撰有《本草集方》。

（二）医药著作

1. 杨子建的《十产论》

杨子建，字康侯，号退修，北宋眉山青神人，著名的医师。杨子建擅长著述，著有《杨子护命方》、《通神论》和《十产论》等著作。《十产论》成书于北宋元符年间，是我国第一部较详细的助产学专著。

---

[1] 李时珍：《本草纲目》卷1。
[2] 《中国科学技术史》第1卷《总论》。

在我国封建社会里，由于妇女社会地位低下，加之封建伦理道德观念的束缚，妇女病的治疗十分棘手。南宋医学家陈自明就曾感慨地说：妇女病"比之男子，十倍难疗"。① 妇产科作为中医的一个分支学科，不少中医学家仍在这一领域中奋斗不息，不断钻研，取得了辉煌成就。唐代四川成都医家昝殷在大中年间就写成了我国第一部妇产科专著《产宝》，共3卷，分12论。到宋代，妇产科学得到进一步发展，已从中医内科学中分离出来，形成独立的专门学科。在宋朝的太医局设有九科，产科就是其中之一，这无疑对产科的发展起了促进作用。杨子建的《十产论》就是在这样的时代背景下产生的。如果说昝殷的《产宝》为我国古代中医妇产科奠定了基础，那么杨子建专论异常分娩的《十产论》，则是在这个基础上建起了我国古代中医妇产科学的大厦。

至今尚存的《十产论》重点对"异常分娩"作了详细的论述，将顺产和异常分娩分为正产、伤产、催产、冻产、热产、横产、倒产、偏产、碍产、坐产、盘肠产等11个问题进行研究。书中对正产外的10种难产的病因、症状和助产方法作了科学的论述。如在论述"伤产"的原因时指出："伤产是因产妇脐腹疼痛，儿身方才一转，却被产妇用力一逼，使儿错路，忽横忽倒，不能正身，皆产妇用力不当所致。"尤其可贵的是，《十产论》对横产（肩式产）、倒产（足产式）、偏产（额产式）、碍产（脐带绊肩）等难产的转胎技术操作手法已有具体而科学的论述。如在论"横产"的转正方法时说："儿先露手，或先露臂，此由产母未当用力而用之过也。儿身未顺，用力一逼，遂致身横不能下。当令产母安然仰卧，后令看生之人，先推儿手令入直下，渐渐逼身，以中指摩其肩推而正之，或以指攀其耳而正之。须是产母仰卧，然后推而直上，徐徐正之，候其身正，煎催药一盏吃了，方可用力，令儿生下。"正如林森荣所指出的："世界医学史上异常胎位转位术，一般认为是16世纪法国医生阿姆布露斯·巴累（1517～1590）所创。但从《十产论》所载转胎手法来看，我国在这方面的成就则要领先西欧近500年。"② 杨子建的《十产论》无疑是宋代中国科技发展走在世界前列的又一标志。

2. 史堪的《史载之方》

---

① 陈自明：《妇人良方·求子方论》。
② 赵立勋：《四川中医药史话》，第67页。

史堪所著《史载之方》分上下两卷，立方论32门，各门均有医论。他治病药不求其异，炮炙制剂，皆依法度，审证精确，三四服即愈。若逾时无效，必重新审订处方，以免拘泥一法以误人命。他在《为医总论》中说："善为医者，一病之生，必先考其根源，定其传授，审其刑魁，分其冷热寒温，辨其上下内外，有真有邪，有虚有实……举必万。"并告诫医者切勿随意投药，贻误人命。《四库全书总目》指出："所作《为医总论》，阐发甚明。各推其因证主治之法，精核无疑，较之空谈医理者固有别焉。"该书的编写方法是"随证论脉，按方施药"，共载药方107个。《史载之方》问世后，临床效果明显，被时人称为医学的指南，因此又名《指南方》。清代医学家周学海评论该书说："随证论脉，条分缕析，独辟新思，启发后学，功在脉经脉诀之上。"①

3. 苏轼的《苏沈良方》

苏轼博学多才，对医学也颇有研究，曾撰有医药杂说及医方，后人将其一部分与沈括《存中良方》合并，称之为《苏沈良方》。现存《苏沈良方》共8卷。清人评价说："此书以经效之方而集于博通物理者之手，固宜非他方所能及矣。"②另外，还有明清人编辑苏轼的两部医疗卫生书籍，即《吴文定公手抄东坡药方》和《东坡养生集》。

此外，两宋蜀人还有一些比较著名的医学著作，如虞庶的《注难经》，阳枋的《类编钱氏小儿方证》，史松的《黄帝内经素问灵枢略》《黄帝素问灵枢集注》，陈尧叟的《集验方》，魏了翁的《学医随笔》和佚名氏的《胎息诀》等书。

两宋时期，四川许多边远州县迷信鬼神而不愿求医的现象十分严重，其中尤以川东地区特别突出。这些地区的居民普遍认为："五气相诊或致疠疫之苦，率以为天时被是疾，非医药所能攻。"他们有病则听命于巫觋，拒绝问医用药。其结果往往是"死者，未尝不十八九"的可悲局面。③针对这种情况，宋廷和四川官吏采取了两方面的措施，一是惩罚巫觋，一是教以医药。如太平兴国年间，李惟清为涪陵尉，针对当地居民疾病不疗、听命于巫的陋习，严惩大巫，"然后教以医药，稍变其风俗"。④周谌通判戎州，当地"俗不知医，病者以祈

---

① 周学海：《评注史载之方序》。
② 《四库全书总目》卷103。
③ 陈梦雷、蒋廷锡等：《古今图书集成·博物汇编艺术典》第538卷。
④ 《续资治通鉴长编》卷24，太平兴国八年十二月。

禳巫觋为事”，于是周谌“取古方刻石教之，禁为巫者，自是人始用医药”。[①]又如曹颖叔（一作颍叔）徙夔州转运判官，“夔、峡尚淫祠，人有疾，不事医而专事神，颖叔悉禁绝之，乃教以医药”。[②] 龚鼎臣知渠州，他专门撰文劝诫当地百姓去巫就医。官府也在大中祥符八年（1015），赐予戎州、泸州、富顺监《圣惠方》。

第三节　算学等科技著作和其他科技成就

一、算学

宋元时期我国的各门科学技术中，数学发展尤为突出。宋元数学在中国古代以筹算为主要计算工具的传统数学的发展过程中，取得了极其辉煌的成就。这一时期产生了所谓“宋元四大数学家”，其中首推秦九韶。

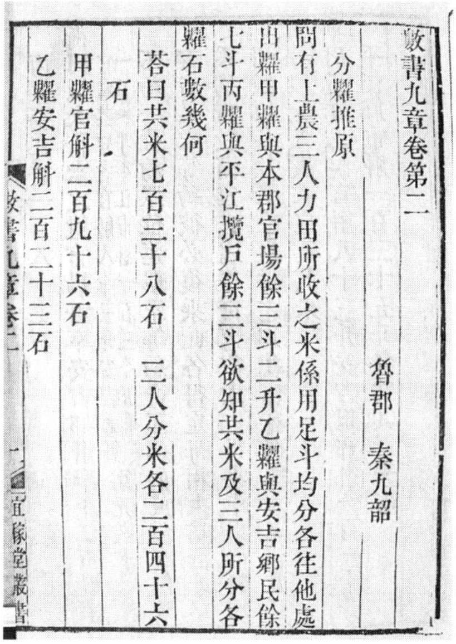

數書九章卷第二
魯郡　秦九韶
分糶推原
問有上農三人力田所收之米係用足斗均分各往他處
出糶甲糶與本郡官場餘三斗二升乙糶與安吉鄉民餘
七斗丙糶與平江攬戶餘三斗欲知共米及三人所分各
糶石數幾何
荅曰共米七百三十八石　三人分米各二百四十六
石
甲糶官斛二百九十六石
乙糶安吉斛二百二十三石
數書九章卷二
宜稼堂叢書

图 21—3　《数书九章》书影

秦九韶（1202～1261），字道古，普州安岳人。他的父亲秦季槱曾任秘书少监兼国史院编修。秦九韶早年随父从官，因得读国家馆藏书籍。他还向隐士学习数学。史称秦九韶“性极机巧，星象、音律、算术以及营造等事，无不精究”。[③] 1247 年，他完成了数学名著《数书九章》（又名《数学九章》）。《四库全书总目》第 107 卷对其内容作了“提要”。

“一曰大衍，以奇零求总数为九类之纲。”即一次同余式组问题。

① 《宋史》卷 300《周谌传》。
② 《宋史》卷 304《曹颖叔传》。
③ 阮元：《畴人传》。

"二曰天时，以步气朔暑影及五星伏见。"有关天文、历法和雨、雪量等问题。

"三曰田域，以堆方圆幂积。"有关田地面积问题。

"四曰测望，以推高深广远。"有关勾股、重差和其他测量问题。

"五曰赋役，以均租税力役。"有关田赋、户税问题。

"六曰钱谷，以权轻重出入。"有关征购米粮和仓库问题。

"七曰营建，以度土功。"有关建筑施工问题。

"八曰军旅，以定行阵。"有关军营布置和军需供应问题。

"九曰市易，以治交易。"有关商品交易和利息计算问题。

全书9类共81题，每类用9个例题来说明各种算法，每题有说明解题方法的"术"和演算步骤的"草"，皆以问答的形式或作图加以说明。

《数书九章》涉及的范围广泛并结合实际的需要，解决了许多实用性的问题。对此，四库馆臣作了高度评价，指出："宋代诸儒，尚虚谈而薄实用。数虽圣门六艺之一，亦鄙之不言。即有谈数学者，亦不过推演河洛之奇偶，于人事无关。故乐屡争而不决，历亦每变而愈舛。岂非算术不明，惟恁臆断之故欤？……九韶当宋末造，独起而明绝学。"

秦九韶在数学上的卓越成就，集中体现在如下三个方面：

一是"大衍求一术"，即一次同余式，这是现代数论中著名的"剩余定理"问题。它是对公元4世纪我国数学著作《孙子算经》中"物不知数"题和我国古代历法推算上的"上元积年"①的总结和发展。"大衍求一术"是中国古代数学的杰出成就，在西方，直到18世纪中期和19世纪初，数学家欧拉和高斯才对一般的一次同余组求解问题进行了详细的研究，得到了与"大衍求一术"相同的结果。但这已是500年以后的事了。至今西方数学史著作中，这一解法被称为"中国剩余理"，显示了秦九韶在世界数学史上的崇高地位。

二是求高次方程的解法。我国古代把解方程式的步骤称为"开方术"。北宋数学家贾宪展示了"开方作法本源图"，首次解开了开平方、开立方的新法，称为"增乘开方法"。秦九韶把增乘开方法的原则贯彻到底，发展到二次方程、三次方程、

---

① 我国古代历算学家把历法的起初时间称为"上元"，到编历年所累积的时间叫"上元积年"。而上元积年的推算，正需要求一组一次同余式。

四次方程和十次方程，把我国的高次方程数值解法推进到一个新阶段。在西方，直到 1819 年，英国数学家霍纳才提出了类似的方法，但比秦九韶晚了 500 年。这是秦九韶在数学上的又一杰出贡献，也是我国数学史上的一大重要成果。

三是在我国最早使用“零”这个特殊数字。四库全书馆臣就指出：“而以零数推总数，足以尽奇偶和较之变，至为精妙。苟得其意而用之，凡诸法所不能得者，皆随所用而无不通。后元郭守敬用之于弧矢，李冶用之于勾股方圆，欧逻巴新法易其名曰借根方，用之于九章作腺，其源实开自九韶。亦可谓有功于算术者矣。”

著名的美国科学家萨尔顿在他的《科学史引论》中说：“秦九韶在中华民族中，是他时代以至一切时期最伟大的数学家之一。”[①] 秦九韶在数学上的成就，再次表明宋代四川的科技发展远远走在当时世界的前列。

二、其他科技著作

两宋时期，四川的科技著作较多，除上面提到的而外，比较重要的还有：

苏易简的《文房四谱》。该书共 5 卷，包括《笔谱》2 卷，《砚谱》《墨谱》《纸谱》各 1 卷。该书在体例上仿欧阳询的《艺文类聚》，专视一器一物，辑成一谱。各谱体例大致相同，即首叙事，次制作，三杂说，四辞赋。“叙事”重在说明定义、沿革，兼及产地；“制作”重在介绍研制技术；“杂说”叙述有关典故；“辞赋”汇集有关诗文。该书搜采详博，比较系统完整地汇集整理了北宋以前有关笔、墨、纸、砚生产发展的历史和制作技术，并介绍了其他一些自然科学知识。宋人已很重视此书，将其收藏于秘阁。

文房四譜卷第四　翰林學士蘇　易簡　集
紙譜三
一之叙事　二之造
三之雜說　四之辭賦
一之叙事
周禮有史官掌邦國大事書於策小事簡牘而
已而古又用札釋名云札者櫛也如櫛之比編
之也亦策之類也漢興已有幡紙代簡而未通

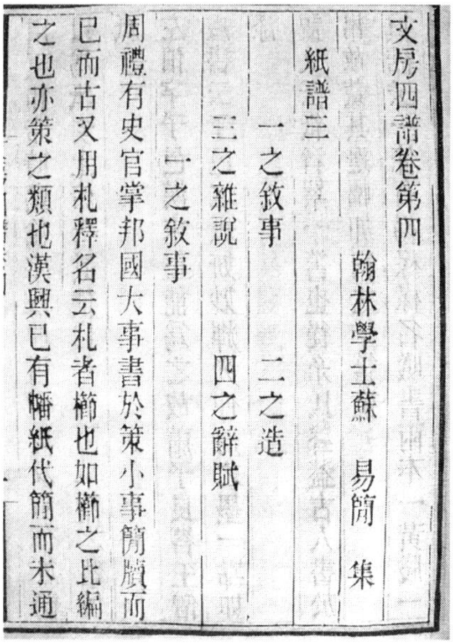

图 21—4　《文房四谱》书影

田锡的《曲本草》。这是我国现存唯

① 参见《宋代蜀学研究》第 393 页。

——部介绍曲酒的专著。全书1卷，分别介绍了15种曲酒的配曲、制造工艺和曲酒的性能。该书反映了我国宋代制曲酿酒的技术水平，充实和丰富了我国古代化学、酿造学和药物学的内容。

杨天惠的《彰明附子记》。该书分别记载了有关附子栽种、管理、采集、加工以及鉴别品类等知识，是研究四川药物的一篇重要资料。

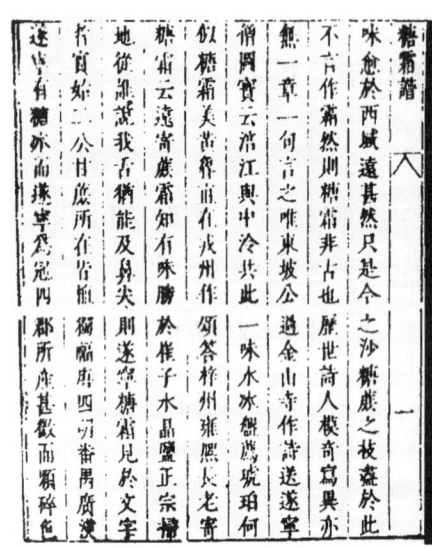

图21-5 《彰明附子记》书影　　图21-6 《糖霜谱》书影

王灼的《糖霜谱》。该书是根据遂宁冰糖生产情况而撰写的。书中总结了甘蔗栽培法和糖霜的制造方法，是我国首部制糖技术著作。

李石的《续博物志》。该书是南宋初年资州人李石撰写的一部综合性科技著作。全书共10卷，分别介绍了从上古到北宋年间的科学技术430余项，包括天文、地理、农学、动物、植物、矿物、物理、化学、建筑、机械、冶炼、数学、度量衡、货币、酿酒、煮盐、造纸、制笺、制茶、食品加工、手工工艺、造粉制胭脂、医药卫生、人体生理、文具、科学专著等方面的内容，并对文字、文物、考古、音乐、围棋、体育典故等方面都有介绍。《续博物志》在内容的深度和广度上都大大超《博物志》，它是我国古代不可多得的综合性科技著作。

三、铸造和建筑技术

宋代四川铸造业的最大成就，是峨眉山万年寺铜铸佛像。它是我国现存最

第二十一章 宋代四川科技的发展

图 21-7 窦圌山云岩寺

大的古代铜像，也是我国现存最大的古代金属铸件之一，被列为全国重点文物保护单位。本书第十三章第六节《矿冶和铸造》已作了简要介绍，不赘述。

宋代四川木建筑技术的成就，首推江油市窦圌山云岩寺内的"飞天藏殿"。飞天藏殿除前殿为清代建筑外，余皆为宋代建筑，建于淳熙庚子（1180）年。殿面阔三间 16.55 米，进深亦是三间 16.91 米。飞天藏在飞天殿内，是窦圌山精华所在。飞天藏是根据宋代李仲民《营造法式》的小木转轮经藏建造的，是我国现存极少的宋代木质建筑之一。飞天藏中立大圆柱，柱下端固定在地坑中名"寿山佛海"的藏经上，上包在梁架之中，圆柱上架木枋，构成八棱八方四层的巨型木塔。藏身高 10.3 米，直

图 21-8 窦圌山宋代飞天藏

径7.2米,可由人推转运。飞天藏除按一般转轮经藏的形制建造外,上部还有精美的天宫楼阁,下檐平座处斗拱密促,结构复杂,制作异常精巧。阑额、镂空牙帐,附阶檐柱上的沥粉彩绘,典雅富丽。其叶板上的木雕花卉,上下檐及八面板壁上的木雕人像,风格细腻、恬挚、朴实、生动,极富表现力。原有道教人像204尊,现存71尊,是难得的宋代木雕作品,具有很高的文物价值、科学价值、艺术价值。

第二十二章　两宋时期四川的宗教与民俗

两宋时期，四川的道教和佛教都得到进一步发展，寺院道观林立，信徒众多，宗教学说更加充实，宗教内容更加完备而丰富多彩。四川的民俗民情极富地方特色，在四川内部亦有差异，颇具巴蜀遗风。

第一节　宗　教

一、道教

（一）道教的发展

宋朝皇帝崇道，始于太宗。真宗和徽宗是历史上两个著名的崇道皇帝。因此，宋朝也成为继唐代之后，我国道教的又一个大发展时期。四川许多道士都受到官府的器重。宋太宗曾召见陈抟，赐号"希夷先生"，徽宗时又赐其宅为"钦真"。双流道士章詧被赐号"冲退处士"，成都道士魏汉津被赐号"虚和冲显宝应先生"，邛州张四郎被封为"灵应真人"，等等。一些道教神仙和宫观亦被朝廷赐封或赐名。太宗时，四川梓潼神以其"淳化年间助平王均、李顺"，被封

第二十二章 两宋时期四川的宗教与民俗

图 22-1 今日供奉梓潼神的七曲山大庙

为"英显王"。① 中江县真武将军庙"因邑之灾祥旱涝，有祷必应"，被朝廷赐名"真灵观"。② 泸州龙马潭，仁宗时"屡旱，祷亦屡应"，于是封神为"嘉泽昭灵善利侯"，建冲虚观事之。③

在宋代，崇奉道教的士大夫增加，使道教神仙的思想从出世向入世逐渐转化，封建统治思想向儒释道并重转化。在徽宗时期，道家著作还一度成为官学授课内容之一。因此，宋代四川出家的很多道士都不追求修炼成仙，而是研究道家治国安民之术。五代宋初四川道士陈抟就"读经史百家之言，一见成诵，悉无遗忘"。④ 周世宗、宋太宗多次召见陈抟，问及神仙黄白修养之事、飞升之道。他都回答自己不知道神仙黄白之事，也没有什么方术可传，并说当皇帝的应该注意国家大事，不当留意黄白之事。南宋青城山上官道人也认为："为国家致太平，与长生不死，皆非常人所能，然且当守国使不乱，以待奇才之出，卫生使不夭，以须异人之至，不乱不夭，皆不待异术，惟谨而已。"⑤ 青城山道士安世通在吴曦叛变降金时，还献书成都帅臣杨辅，建议他把生死成败置之度外，

---

① 《梓潼仪书》第 85 《忠显仪》。
② 嘉庆《四川通志》卷 42 《舆地·寺观》。
③ 嘉庆《四川通志》卷 43 《舆地·寺观》。
④ 《宋史》卷 457 《陈抟传》。
⑤ 陆游：《老学庵笔记》卷 1。

"散金发粟，鼓集忠义，闭剑门，檄夔、梓，兴仗义之师"①，讨伐吴曦，以安蜀民。一些官僚士大夫崇奉道教，则主要是认为"老佛同一源，出山便异流"②，道教与佛教可以并行不悖。苏轼指出："道家者流，本于黄帝、老子，其道以清静无为为宗，以虚明应物为用，以慈俭不争为行，合于《周易》何思何虑、《论语》仁者静寿之说。"③ 四川官员、士大夫亦多与道士交往密切，讨论道学、修炼之术。以苏轼为代表的儒家人物，更是公开主张融合佛道，从而形成了与洛朔学相对峙的蜀学派。在社会上甚至出现了佛道互助的情景。靖康年间，遂宁善男杨正卿修造石像观音成，"合郭僧道，崇赞佛乘"。④ 在大足石刻造像中有合释迦、老君、孔子于一龛，三教平等，同受时人敬奉。这些现象推动了宋代四川地区儒家文化、道家文化、佛家文化思想的广泛流行。

民间崇奉道教，主要是相信道教诸神能祈福禳灾。所以下层百姓崇奉道教更为普遍。在成都地区每年三月上巳日，成都人倾城至学射山通真观求神，从道士受秘箓。眉山地区有所谓张仙者，谓能辟邪，又可让人得子，民间多绘其像，虔敬祀之。南宋时盐亭县习儒者多，而登科者少，老百姓便认为是无道观所致，于是大家合资创办道观。

由于两宋时期，上至皇帝、官僚，下至百姓，都崇奉道教，道教在四川地区得到进一步的发展。成都的玉局观，青城山的上清宫、常道观都是著名的道教圣地。这些道观同佛教寺观一样，都占有大量田产，许多道士成为地方上很有势力的人物，死后往往被皇帝册封为真人。出家为道士的人也日益增多，据天禧五年（1021）官方统计，四川的道士多达4653人。

（二）道教神系和道家诸派

道教信仰中的神仙体系纷繁复杂，随时代的变迁，神仙体系也随之变化。宋代四川地区的道教神仙信仰，主要流行以"三清四御"为核心的神仙体系。"三清"指元始天君、太上道君和太上老君，他们是最高神。"四御"由玉皇、紫微、勾陈和后土组成，他们是"三清"的辅佐。这种信仰在大足石刻中有充分的反映。大足石刻中有两处"三清"组像，一为舒成岩"三清"像龛，一为

---

① 《宋史》卷459《安世通传》。
② 苏辙：《和迟田舍杂诗九首》，《栾城集》卷4。
③ 邵博：《邵氏闻见后录》。
④ 嘉庆《四川通志》卷42《舆地·寺观》。

南山"三清"古洞,均为南宋凿造。南山"三清"古洞造像,内容最为丰富,内刻道教造像400余躯,其中以《天尊巡游图》场面最为宏大,形象生动,构成了以"三清""四御"为主的造像群。

由于宋代道教形成了庞杂的神仙体系,除"三清四御"之外,道教的其他神仙亦被四川地区的道徒崇奉,如文昌帝君、雷神等,甚至北宋治蜀名臣张咏死后,亦被蜀民画像于成都天庆观,建大斋会,事之如生,岁岁不绝。

两宋时期,四川道家盛行道法派(天师道)和炼养派(金丹道)两派。两派对道教的发展都有重要影响。

在宋代,四川道法派十分活跃,有的道士甚至深得朝廷宠信。如四川道士刘若拙,宋初为左街道录,曾奉朝命主持考试京师道士学业。每遇水旱灾,皇帝"必召于禁中,设坛场致祷,其法信精审,上甚重之"。① 南宋时,有绵州道士邓山房,因其"斋科精严,际遇理、度两朝"②。南宋灭亡之际,谢皇后还请他作法,以图救亡,由此可见朝廷对他的信任。

道法派在四川民间的活动也相当活跃。道法诸派是以符箓祈禳、消灾却祸、呼风唤雨、治病除瘟、度亡济世为职事,汉魏以来,一直是道教的主流派。宋时神霄、清微等道法派的许多重要人物都在四川学法传法。北宋末,神霄派的创始人之一南丰道士王文卿就曾在四川青城山传法。一方面,神霄派称宋徽宗是"神霄玉清王者,上帝之长子,主南方,号长生大帝君"③,迎合了宋徽宗以道教神化自己的需要,因而徽宗改名"教主道君皇帝",积极支持神霄派。另一方面,神霄派又称其符法出于元始天尊之子高上神霄玉真王,神霄雷法能预知天数,善祷雨降妖,百姓对其深信不疑,于是很快便风行海内。当时的名道士萨守坚"见侍宸(王文卿)于青城山,而尽得神秘"④,成为此派的重要人物。深得徽宗宠信的道士林灵素,也曾"至蜀,从赵升道人数载,赵卒,得其书,秘藏之,由是善妖术,辅以五雷法"。⑤ 据说,兴文县的杨道录,也"能召雷役

---

① 《长编》卷13。
② 陶宗仪:《说郛》卷19。
③ 《宋史》卷462《林灵素传》。
④ 虞集:《道园学古录》卷25。
⑤ 赵与时:《宾退录》卷1。

鬼神"。南宋时，有邛州道士张碧云，"行雷法，四川有名，鬼神望而畏之"。①

创始于唐末的清微派两宋时在四川也广为传播。清微派称其符法出于清徽天元始天尊，其符箓与神霄符箓一样，以雷法为主，而名目甚多。此派的第七代宗师朱洞元是成都府人，第九代宗师南毕道是眉山人，第八代宗师李少微与朱洞元、南毕道皆隐于青城山。青城山一度曾为清微派的中心。此派在宋理宗朝很受重视，南毕道的弟子黄舜申以"擅雷法"闻名京师，理宗曾召见他，并书"雷困真人"四字赐之。

五代两宋四川道法派道士斋醮用乐，很具地方特色。五代张若海《玄坛刊误论》卷17载，当时修斋是"广陈杂乐，巴歌渝舞，悉参其间"。又据南宋西蜀道士吕太古的记载，道教坛外法事，要"讴歌词曲"。② 道士斋醮用乐，当时除四川外，其他地方已难以见到。

道教炼养派在五代宋初发生了重大变化，依靠"服食炼养"以求"长生成仙"的"外丹说"逐渐衰落，而以玄深哲理为依据、以人身精气神为"药物"的"内丹成仙说"趁势而起，并成为炼养术中的显学。

内丹修炼历来非常神秘，往往依赖师传，师徒相承必有其源。据载，五代两宋时期，四川内丹以钟离权、吕洞宾一系为主流。南宋末李简易的《玉溪子丹经指要》卷首载《混元仙派图》，列出了钟吕系从上古至南宋末的传承系谱，称第一代为钟离权，所传第二代有吕洞宾、王老真人、陈抟等，其中吕洞宾最有名。第三代为吕洞宾所传者，有曹国舅、麻衣道者、何昌一、刘海蟾。第四代中的麻衣道者传陈抟，何昌一传谭峭。第五代中最重要的人物是五代宋初融通道家、儒家、佛家学说的道教思想家、四川安岳人陈抟。陈抟淹通三教，多所师法。史称吕洞宾与陈抟同隐华山，传授《无极图》给陈抟。其后，麻衣道者又传授《先天图》与陈抟。陈抟居住在四川时，曾向邛州天庆观道士何昌一学"锁鼻术"（一种内丹法），与谭峭互为师友。陈抟下传弟子有张乖崖、张无梦、付林、李之才、涂定祥、王衮、种放、贾得升等人。其中张无梦最著名，宋真宗曾召见他。元明间张三丰"隐仙"派，也称源出陈抟。陈抟著有《无极图》、《指玄篇》、《易龙图》等书，系统阐发内丹理论。一些专家认为，陈抟的

---

① 《湖海新闻夷坚续志·后集》卷1。
② 吕太古：《道门通教必用集》卷3。

内丹学理论，对张伯端南宗一系和后来王喆的全真派，都产生过影响。

道教南宗祖师张伯端是天台（今浙江会稽）人。治平中，张伯端从桂林来成都，熙宁二年（1069），在成都遇见刘海蟾，刘授与他金液还丹之诀，自此悟道，作内丹专著《悟真篇》，宣传内丹理论。《悟真篇》问世后，道教修仙理论开始专主内丹，斥外丹黄白为旁门左道。张伯端的内丹学，以禅道结合、先命后性为特征，与陈抟先性后命异辙。宋朝金丹派南宗影响最大者为开山祖张伯端、第二祖石泰、第三祖薛道光、第四祖陈楠、第五祖白玉蟾，也称"南宗五祖"。其中第三祖薛道光为四川阆中人，他著有《还丹复命篇》、《丹髓歌》等内丹著作。第五祖白玉蟾曾在四川峨眉山隐修过，其遗迹至今犹存。

南宋许明道《还丹秘诀养赤子神方》载，两宋四川还有张天罡内丹派，其传承系谱为张天罡传彭梦邌，彭传肖应叟，肖传许明道，许传林元鼎。其中张、彭为蜀人。有学者认为，此派或与彭晓、何昌一等有渊源关系。此派主张性命双修，以先天精气神炼就金丹。其丹法最近南宋的石泰和薛道光。张天罡派的内丹术对符箓派有很大影响，促成了符箓派的改革。南宋理宗朝上清宫道士肖应叟嗣张天罡一系内丹，撰写了《元始无量度人上品妙经内义》，以内丹来解释《度人经》，把内丹引入上清派传统教义，因而发展、丰富了上清派教理。

此外，宋代蜀中还有一些不明师承的内丹修炼者。如夔州王道成，遇异人传内丹诀。又如临淄皇甫垣，入蜀隐居峨眉山，遇异人授以道术及内外丹诀。

外丹派在两宋时期，虽已日益衰落，但四川仍在继续流传。《吴船录》记载，南宋时后汉阴长生的炼丹法还在蜀中流传，知石泉军章某还保存有这种阴丹。在成都药市上，也有道士出售丹药。

道士们除修炼内外丹外，还利用其他方法来强健身体。当时流行辟谷法，谓不食五谷和肉类，而食用一些药物就能长生不老，飞升成仙。史称陈抟最善此道，曾服气辟谷 20 年。眉山苏辙曾患肺病，久医无效，后来练"道士服气法"而痊愈。据说内江有朱真人，最擅长吐纳之术。

道家除了从事道法及炼养外，还进行诸如看相算命、卖符货丹、看病售药之类的活动。北宋太平兴国初，成都人侯莫陈利用"卖药京师，言黄白事以惑人"。[①] 北宋中期，绵竹道士杨士昌通晓星历骨色，及作轨革卦影，通晓黄白术。

---

① 《宋史》卷 470《侯莫陈利用传》。

(三) 道藏的收藏与整理

两宋四川道教发达，还表现在道教典籍的整理和收藏方面。宋真宗时，崇道之风日盛，宋廷命张君房编成《大宋天宫宝藏》，共4565卷，录成七藏，赐予天下宫观。不知何故，独四川未得。因此在嘉祐初，成都府道士姚若谷诸人四方奔走，收集到2000余卷，但差之甚多。英宗治平年间，应成都知府请求，朝廷将建隆观所藏官本赐予四川，共500帙，4500卷。从此，四川才有了一部完整的道藏。道士姚若谷诸人又拟建五藏，分别藏于成都的天庆观、郫县的崇道观、青城山的丈人观、梓州飞鸟县的洞灵观和绵州的洪德观。另外，据《道藏源流考》载，宋代梓州天庆观、资中龙洞观、绵州彰明县崇仙观等处，均藏有道经。

二、佛教

(一) 佛教的中国化

进入宋代，不少士大夫都精通佛学，喜与僧人交往。苏轼曾说："吴越多名僧，与予善者常十九。"① 朱熹表面排佛，暗地吸收佛教思想，程朱理学就是外儒内佛。南宋孝宗在《原道论》中就主张儒、释、道三家调和，并对韩愈的《原道》进行反驳。道教也主张融合，全真教开山祖师王重阳就以儒家的《孝经》、道教的《道德经》、佛教的《般若经》为三家学说的基础。在宋代，形成了儒、释、道三种文化相互吸取、相互融合、求同存异、鼎足而立的局面。特别是佛教中国化的完成，表明了中华民族不但善于吸收外国文化，也善于改造外国文化，使之适合中国国情的需要，做到"洋为中用"。而佛教的中国化，又使佛教得到官方支持和民众的崇信。宋以后，我国再也没有发生排佛、毁佛的事件。儒、释、道三种文化相互融合，求同存异，鼎立并存，反映了中华民族在文化上是一个海纳百川、兼容并蓄的民族。

(二) 官府对佛教的保护与扶助政策

宋朝建立后，一反前代后周的排佛政策，对佛教实行适当的保护。宋太祖即位的建隆元年（960），便度童行8000人，停止废毁寺院。其后宋代各帝，对佛教的保护政策大体未变。两宋时期，四川地方官府对佛教同样也持保护政策。

---

① 《东坡志林》卷2。

1. 设置管理机构

入宋之后,四川地方官府仍设立"僧司",由僧人任职,管理四川佛教事务。宋廷还在四川益、绵、汉、眉、彭、邛、陵七州设坛度僧,便利出家人。

2. 礼遇著名僧人,崇奉佛教圣地

宋时,四川名僧茂贞、宝印、继业、德严、克勤等多次受到宋朝皇帝的召见,而川籍僧人受朝廷封号更是不胜枚举,寺院赐名额的也为数众多。同时,宋廷还每年遣中使到峨眉祷祠,以表对佛教的虔敬之心。宋代四川地方官对名僧也甚为尊重。如张咏治蜀时,礼遇名僧慈云长老,还与僚属们听长老讲经说法,称赞长老为活佛。慈云长老去世后,张咏还舍俸作塔安葬他。南宋名僧克勤,"自张浚以下,皆尊礼之"。①

3. 经济上的扶助

宋初,太宗赐峨眉山僧茂真黄金数千两,让他振兴峨眉五山六寺。嘉祐年间,峨眉白水寺兴建藏经楼,也由朝廷遣人承办。政和年间,成都大慈寺改建,由宋廷拨款。成都大慈寺的400亩田,是宋初张咏所拨。同时,官府对一些寺院田租实行优待政策,如咸平年间,就免除了峨眉山普贤寺的田租。②

四川城乡各阶层民众对佛教的经济支持更是非常积极。寺院的修建费用和寺院的田产,主要来源于信徒的捐赠。宋代成都正法院的8000亩田地,即由田钦全所施舍。阆州香城宫500罗汉堂修建费用,由成都巨族大家所施舍。成都昭觉寺的重要经济来源是"舟航大贾输流水之钱,山泽豪族舍金穴之利"。③ 如果没有这些经济支持,两宋四川的佛教是不可能兴盛的。

(三) 佛教的发达

由于官方的扶助和群众的支持,两宋时期四川佛教得到进一步的发展,成为势力最大的宗教。当时四川佛教的兴盛,主要反映在以下几个方面:

其一,僧尼人数众多。据载,宋初李顺曾"饭城(成都)中僧数千人以祈福"。④ 宋真宗天禧时,全国共有僧尼39.7万人,四川有5.6万人⑤,占全国僧

---

① 《系年要录》卷100。
② 《长编》卷52,咸平七年七月庚子。
③ 《重修昭觉寺记》,《宋代蜀文辑存》卷4。
④ 陆游:《老学庵笔记》卷9。
⑤ 《宋会要辑稿》道释1之13。

尼总数的 14.1%。宋至和元年（1054）规定，乾元节度僧尼，四川与两浙、江南、福建、淮南等路一样，限"僧百人度一人，尼五十人度一人"，而"京师及他路僧尼率五十人度一人"。① 可见四川亦属僧尼特多的地区之一。僧尼人数众多，从一个方面反映了四川佛教的兴盛。

其二，寺院众多，寺院经济雄厚。两宋时期，佛教寺院遍布全川，其中尤以成都府路为盛。苏辙说："成都西南大都会也，佛寺最盛。"② 成都昭觉寺、正法寺、圣寿寺，峨眉山的普贤寺、华藏寺、乾明寺，乐山的凌云寺，云顶山的大中祥符寺，都江堰市的迎祥寺、马祖寺等都是当时著名的佛教寺院。宋初，成都大慈寺长老谈及寺院建筑时说："今之佛宫，凌云之阁，万木之殿，回廊四合，台榭相连，万瓦鳞鳞，轩牖金碧，虽世之王公大人之居，不能敌此也。"③ 宋真宗时，以黄金 3000 两赐峨眉山普贤寺供增修用度。也是在真宗时，成都昭觉寺重修，将旧殿宇百间扩建为 300 余间，并建正殿，塑金释迦像一

图 22-2　峨眉山万年寺（宋时称普贤寺）普贤殿

图 22-3　乐山凌云山

---

① 《长编》卷 176，至和二年二月戊午。
② 苏辙：《大圣慈寺大悲圆通阁记》，《栾城集·拾遗》。
③ 刘斧：《青琐高议》前集卷 2。

第二十二章 两宋时期四川的宗教与民俗

图 22—4 成都昭觉寺大雄宝殿

躯。政和间,改建成都大慈寺的超悟院,凡为屋千楹。成都以外其他地区修建寺院的规模和用费也十分惊人。金堂庆善院"为舍五百楹",修千手千眼大悲菩萨阁,"檀施倾数州,共用钱至一千万"。① 当时许多寺观都拥有相当的财产。宋初成都正法院的田产"东起成都之会,又折而南属之华阳升仙,又西尽会仁,少北起学射,绕而北合于成都万岁","可为田万亩以上"。② 成都万寿寺拥有"成都县文学乡负郭水田七顷,华阳县金城坊赁院一所"③。成都昭觉寺"有常住沃土三百廛,涤场敛秸,岁入千耦"。④ 因此,当时一些著名僧侣都富甲一方,如成都圣兴寺文爽和尚"自发私囊千六百缗,造外舍十有四间"。⑤

其三,佛教文化艺术发达。宋初,宋廷对四川佛经十分关注,平蜀后即"诏四川转运使沈义伦于成都写金银字《金刚经》,传置阙下"。⑥ 开宝四年(971),又遣张从信到成都雕《大藏经》,到太宗太平兴国八年(983)完成,共13万版。这是我国佛教史上第一部官刻藏经,通称《开宝藏》。这一刻本成为以后官私刻本的样版,甚至后来的《高丽藏》和《契丹藏》也都是模仿该书而

---

① 嘉庆《四川通志》卷38《舆地·寺观》。
② 杨天惠:《正法院常住田记》,《宋代蜀文辑存》卷26。
③ 嘉庆《四川通志》卷38《舆地·寺观》。
④ 李畋:《重修昭觉寺记》,《宋代蜀文辑存》卷4。
⑤ 李大临:《圣兴寺护净门屋记》,《宋代蜀文辑存》卷19。
⑥ 《长编》卷7,乾德四年六月丁未。

成。《开宝藏》雕刻完成，不仅是四川佛教文化史上的一件大事，而且也是中国佛教文化史上的一件大事。从此，四川的佛教经典更为丰富。宋太宗时，曾派人到峨眉山普贤寺修藏经楼。宋康定年间，合州（今重庆合川）北崖定林禅院修藏经楼，藏有《大藏经》50余函。

两宋四川地区还出现了一批文化造诣颇高的僧侣。宋初峨眉山继业三藏，博学多闻，曾到印度取经，将西域行程分记于《涅槃经》每卷之后，就当时而言，这些记载也是"世所罕见"、不可多得的重要资料。蜀僧惟凤、怀古，皆以诗名于世，是宋代著名的九僧之一。潼川府天宁寺禅师，善于词章。他将佛家禅理融于文学作品中，其《牧牛词》云："咄，这牛儿身强力健，几人能解牵骑。为贪原上绿草嫩离离，只管寻芳逐翠，奔驰后不顾，倾危争知道。山遥水远，回首到家迟。牧童今有智，长绳牢把，短杖高提，入泥入水，终是不生疲。直待心调步稳，青松下，孤笛横吹。当归去，人牛不见，正是月明时。"① 时人谓"以禅语为词，意句圆美，无出此右"。②

两宋四川，许多寺院的周边地区也成为传播世俗文化和娱乐、商业贸易场所。宋代成都大慈寺，"商列贾次，茶炉药榜，蓬占筵专，倡优杂戏之类，垒然其中，以游观之多而知一方之乐"。③ 成都风俗以每年三月十一日游览海云寺，地方官府出面参与，以主民乐。当时，许多寺院还是我国文化精品的保藏之所。宋人李之纯说，天下保存唐画最多的地方要数成都，而成都首推大慈寺。他在成都七年，常与朋友入寺观画，

图22-5 今日大慈寺寺门

---

① 嘉庆《四川通志》卷168《人物·仙释》。
② 嘉庆《四川通志》卷168《人物·仙释》。
③ 嘉庆《四川通志》卷38《舆地·寺观》。

而所观者未及保存的半数。寺院也是文人读书作诗绘画的绝好去处。如眉州栖云寺，苏轼少时便常在其中读书；眉州华藏寺，上有东坡读书台；文人画家文同，也喜欢在寺院里绘画。佛教文化与世俗文化互相影响，相互渗透，于此可见一斑。

在两宋四川佛教史上，僧侣们四处游学成为一代风尚。宋初，中天竺摩伽陀国僧法天来川游学。宋太宗时，从印度取经归来的耀州人氏继业三藏大师也来峨眉山弘扬佛法，并在此定居。与此同时，川籍僧侣也大量外出求学或讲学。当时，江南为禅纳渊薮，因而"蜀僧出关，必走浙江"。[1]川籍僧重显、五祖法演、克勤、清远、真慈、安民、士珪、别峰等人，都曾远走江南各地。僧侣间游学交流，有利于佛教文化的传播。

其四，佛学著作丰富。据《四川通志·宗教志》记载统计，宋代四川有佛学著作者达32人，共47部之多。其中绝大部分为著名僧侣所作，也有像张商英这样的官僚士大夫撰写的佛学著作。这些佛学著作大大地丰富了佛教文化。

两宋四川佛教文化上，绘画和石刻艺术尤其引人注目，这在前面篇章已经论及，不再赘述。

（四）禅宗与密宗

隋唐是中国佛教宗派鼎立、百家争鸣的时代。进入五代两宋，这种繁荣局面一去不复返，唯禅宗势力和影响最大。五代两宋的禅宗，是由唐末南岳、青原二系演化而来，有"五宗七家"之说。五宗指沩仰宗、临济宗、曹洞宗、云门宗和法眼宗。临济宗义玄的六传弟子石霜楚圆门下又演化出杨岐方会和黄龙慧南两个支派，同"五宗"合称为"五宗七家"。当时，四川主要流行禅宗，"五宗七家"各派均有弟子在蜀传法，有的在四川，甚至在全国佛教界都产生过不小的影响。禅宗诸派中，以临济宗在蜀的势力最大。史称，五代及宋初，四川"佛教惟讲席律坛为尚，盖人以为无等等法矣，而未始知有祖道之高"。[2]后来临济宗黄龙派的川籍真觉胜禅师从黄檗归蜀，在成都昭觉寺传法，才改变了这种只重"讲席律坛"的风气。

临济宗方会派法演及其弟子在宋代禅林中颇有影响。法演，俗姓邓，绵州

---

[1] 陆游：《入蜀记》卷1。
[2] 杨天惠：《长松长老显禅师录序》，《宋代蜀文辑存》卷26。

巴西人，少年出家，先在成都学习《唯识》《百法》，后来属意于禅，游方各地，历时15年，最后得法于白云守端。因为他较长时间居住在蕲州的五祖山，所以禅宗史上就称他为"五祖法演"。法演自认能够"绍先圣之遗踪，称提祖令，为后学之模范，建立宗风"。① 时人也称他能"中兴临济法道"，是"天下第一等宗师"。② 崇宁三年（1104），法演卒。法演弟子以"三佛"最著名，"三佛"即佛鉴慧懃、佛眼清远、佛果克勤。"三佛"中清远、克勤是四川人。清远是临邛李氏子，出家后曾多年追随法演，法演传以衣钵。他曾出主舒州龙门、和州褒禅等寺院，宣和二年（1120）卒。克勤（1063~1135）字无著，俗姓骆，彭州崇宁（今四川彭州）人，先于成都等地学经问法，后依止法演，活动于川、湘、鄂地区。徽宗政和末年，奉旨移住金陵蒋山。宣和中，诏住京都天宁寺，徽宗赐号"圆悟禅师"。其后又返蜀，住成都昭觉寺。南宋绍兴五年（1135）病死。克勤弟子径山宗杲、虎丘绍隆都是当时的名僧。

此外，禅宗的其他派别在蜀也十分活跃。如云门宗的雪窦重显禅师，曾在成都昭觉寺传法。四川佛教圣地峨眉山也有曹洞宗、沩仰宗的寺院。

宋代禅家在思想方法上有了一个较大的变化，即出现了文字禅。川籍僧人重显和克勤对这种风气的形成，起了重要作用。首开此风的是汾阳善昭，他收集古人语句100条，每条各用偈颂来陈述，称为"颂古"，这种体裁就是文字禅。其后，云门宗的川籍僧人雪窦重显也作了颂古100条，将其发扬光大。《禅林宝训》下说："颂始自汾阳，暨雪窦宏其音，显其旨，汪汪不可涯。"再后，临济宗川籍僧人克勤又以雪窦的材料为基础，著有《碧岩录》。此书是"评唱"雪窦重显《颂古百则》的，是一部禅宗式的注释书。《碧岩录》问世，使宋代禅风发生了很大变化，一般有文化的禅师纷纷走上了这一道路，克勤也成为声名超乎同辈的一代名僧。

入宋以后，密教仍受到宋廷的认可与扶助。熙宁年间，成都有"持瑜伽教贾文"者，朝廷赐其院额为寿圣院。据载，南宋密教首领赵智凤于高宗绍兴二十九年（1159）生于大足米粮里，年幼出家。淳熙初年，到广汉弥牟学习密教，尊柳本尊为师。其后，赵智凤回大足弘扬密教，其德洽远近，莫不归依。赵智

---

① 赜藏主：《次住海会语录》，《古尊宿语录》卷20。
② 释晓莹：《罗湖野录》卷2。

凤又尽其毕生精力,创建了著名的大足石刻密宗道场,使大足成为南宋四川地区密教的中心,以致后来有这样的说法:上朝峨眉,下朝宝顶。现存于大足小佛湾的经目塔,系宋代建造,塔正面开一圆龛,中坐赵智凤,两侧刻有"六代祖师传密印,十方诸佛露家风,大愿弘持入性海,虚名委弃若埃尘。本者根本,尊者至尊"诸字,据此,似可认为赵智凤是柳本尊创密教以来的第六代宗师,并取得密宗本尊(教主)地位。宋代四川大足密教影响深远,据清人记载,宝顶山寺历代香火最盛。

除禅宗、密宗外,佛教其他宗派也有在蜀传法。如政和二年(1112),四川地方官府在成都大慈寺"建超悟、宣梵、严净三刹,使学禅者居超悟,学律者居宣梵,学讲者居严净"。①

第二节 风　俗

两宋时期,由于历史原因、地理差异和经济、文化方面发展的不平衡,四川的风俗习惯虽大体相同,但各地亦有差异。正如宋人所说:"大抵自西川至东川,风土已不同,至峡路益陋矣"。② 综观全局,五代两宋四川风俗具有如下特点:

一、以成都为中心的川西地区居民喜游乐

《宋史》称"蜀俗奢侈,好游荡,民无赢余,悉市酒肉为声伎乐"。③ 李焘也说:"蜀人喜游观。"实际上,好游乐的风俗主要流行于富庶发达的成都地区。当时,成都游赏之盛甲于西蜀,岁时节令,太守主民乐,倡优鼓吹,奇技幻怪,无所不有,士女栉比,扶老携幼,沿道嬉游,盛况空前。

正月初一,成都居民持小彩幡游安福寺塔。正月二、三日上坟扫墓,知府亦出城置会。正月五日,成都五门蚕市。所谓"蚕市",即合交易与游乐为一的

---

① 郭印:《超悟院记》,《宋代蜀文辑存》卷39。
② 范成大:《吴船录》卷1。
③ 《宋史》卷257《吴元载传》。

集会。范成大诗文有"丝管相随看蚕市",正是蚕市游乐的具体写照(西川地区蚕市举行日期各地不一,或二月,或三月,一地也可举行多次)。正月上元节灯会,三夕不闭城门,时以昭觉寺灯火最盛。

二月二日,踏青节。先前,成都居民散在四郊游乐,后来由官府出面组织,集中于万里桥一带,时人称之为"小游江"。这天,还在宝历寺前办蚕市,纵民交易游乐。八日,于城内举办药市,居民游览贸易。

三月三日,游学射山。这天,"两蜀主人,如以戒令,约不赴而有诛责者,奔走会其上,诣通真观祷其神,从道士受秘箓以归"。"此山之会最盛,太守与其属,倾城以出,钟鼓旗旆,绵二十里无少缺。都城士女,被珠贝,服缯锦,藻绘岩麓,映照原野,浩如翻江,铧如凝霞,上下立列,穷极繁丽,徜徉徙倚,直暮而入"。①九日,出观街药市。二十一日,出游城东海云寺,妇女摸石于池中,以占求子之祥。这天,海云寺一带,"飞盖蔽山野,欢讴嬉笑之声,虽田野间如市井"。②二十七日,游大西门睿圣夫人庙前蚕市。寒食节,官府设酒于近郊,祭鬼物无依者,居民则出郊扫墓奠祭先人。天禧年间,官府开西楼亭榭,供人游览参观。此后,"每岁寒食开园张乐,酒垆、花市、茶房、食肆过于蚕市"。③后来,从二月初即开园,纵民游玩,逾月而止。

四月十九日,游浣花溪。这天,地方官员与成都居民倾城皆出,先至梵安寺谒浣花夫人祠,登舟观看诸军骑射,然后由倡乐前导,沿河至百花潭观水嬉竞渡。官舫民舶乘流上下,或幕帘水滨,以事

图 22-6 浣花溪今貌

---

① 文同:《学射山仙祠记》,见《成都城坊考》。
② 曹学佺:《蜀中名胜记》卷2。
③ 费著:《岁华纪丽谱》。

游赏。从开年宴游，此为最盛。田况有诗记其盛况："浣花溪上春风后，节物正宜行乐时。十里绮罗青盖密，万家歌吹绿杨垂。画船迭鼓临芳溆，彩阁凌波泛羽卮。霞景渐曛归棹促，满城欢醉待旌旗。"①

五月五日，游大慈寺。此日，寺外"医人鬻艾，道人卖符，朱丝彩缕，长命辟灾之物，筒饭角黍，莫不咸在"。②

六月初伏、中伏、末伏，地方官员至江渎庙避暑。

七月七日，乞巧节，官府晚宴大慈寺，观锦江夜市。

八月十五日，中秋节。

九月九日，药市，以大慈寺和玉局观最盛，"四远皆集，其药物多，品甚众"。③ 官府专门在药市里建"幕帘棚屋，以事游观"。④ 药市每次举行二至三天。

除成都外，其他一些州县也流行喜好游乐的风俗。郫县上元办灯会，"纵民游观，凡三夕"。⑤ 上元节时，陵州（今四川仁寿）乡下居民，扶老携幼进城游乐。每年春季，蜀中许多州县都要举办蚕市、药市，纵民交易和游乐，或举办与蚕事有关的娱乐庆祝活动。如眉山每年二月蚕市，"鬻蚕器于市，因作乐纵观之"。⑥ 甚至村镇也有蚕市，居民"聚为欢乐"。⑦ 蓬州（今四川仪陇）城南开元寺，"有五如来殿，为一郡之最，元宵灯会最盛，山谷之民毕出。太守为华严会以领略游人者五日，号为蚕丛之胜"。⑧ 渠州流江县南三十里有一山，每年正月七日，"乡人携鼓笛酒食登山娱乐以祈蚕事，故曰'乐山'"。⑨ 又"巴俗元宵三夜，儿童皆唱巴音彻晓，谓之唤蚕丛"。⑩ 蚕市活动，往往又是青年男女相聚欢乐之时。正如《宋史》所载，"洪雅春时为蚕丛祠，娼与邑少年期，因蚕丛具酒

---

① 曹学佺：《蜀中名胜记》卷2。
② 费著：《岁华纪丽谱》。
③ 江少虞：《宋朝事实类苑》卷59。
④ 费著：《岁华纪丽谱》。
⑤ 《宋史》卷298《司马池传》。
⑥ 《四川通志》卷56《舆地·古迹》。
⑦ 《四川通志》卷56《舆地·古迹》。
⑧ 王象之：《舆地纪胜》卷188。
⑨ 王象之：《舆地纪胜》卷162。
⑩ 曹学佺：《蜀中广记》卷58。

邀娥"①，相聚为乐。

二、巫觋信仰

四川地区的巫觋信仰源远流长，五代两宋时期，仍然十分流行。北宋时期，四川许多地方盛行白衣巫师的活动，对宋朝在蜀的统治造成威胁，宋廷曾屡下诏令禁止。宋太宗太平兴国六年（981），"禁西川诸州白衣巫师"。② 真宗朝，又下令禁止兴、剑、利等州及三泉县白衣师邪法。

史称"巴俗尚鬼"，"惟巫言是用"。③《宋史》上说："涪陵之民尤尚鬼俗。"④ 实际上，宋代四川许多地方都流行尚鬼信巫的风俗。在夔州路及一些边远州军，人们凡遇天灾人祸、病痛疾苦，都求救于鬼神，而巫觋是沟通人和鬼之间的桥梁，因而尚鬼就必然信巫，惟巫言是用。在夔峡地区，还流行集体祭鬼的活动。时人记载："夔峡之人，岁正月十百为曹，设牲酒于田间，已而众操兵大噪，谓之'养乌鬼'。长老言：地近乌蛮战场，多与人为厉，用以禳之。"⑤ 祭鬼时，还流行杀人祭鬼的陋俗。这些活动，往往由大巫倡导和主持。北宋初年，宋廷就下令严行禁止，并采取措施惩治巫师，捣毁淫祠，但收效不大。到南宋初年，杀人祭鬼的陋俗不但没有根除，反而有扩大蔓延之势，宋廷不得不三令五申严加禁止，但仍然收效甚微。尚鬼信巫的风俗，终宋之世未能改变。

此外，宋代四川还流行"班春"和赘婿等风俗。班春是每年立春前一日，乡民塑土牛献给地方官府。立春日，官民先祭祀，然后纵民磔牛，居民争夺土牛泥，带回家中放置在农器或蚕具上，认为可得丰收。此外，还流行赘婿风俗。赘婿是贫家子弟弃亲入赘富家，使其能继承岳父财产。这一风俗造成贫家女至老不得嫁的社会问题，因而遭到官府的禁止。

三、修庙建祠遍及全蜀

宋人记载说："凡守之贤者，蜀人必为建祠或绘其像，天下名镇未是有

---

① 《宋史》卷460《郝节娥传》。
② 《宋史》卷4《太宗本纪》。
③ 《宋史》卷456《侯可传》。
④ 《宋史》卷89《地理志》。
⑤ 邵博：《邵氏闻见后录》卷19。

也。"① 蜀人修庙建祠堂，一种是追祀前朝名贤，一种是为当代人歌功颂德。如春秋末的孔子，汉代的文翁，三国蜀汉的孔明、张飞、关羽等，蜀民都为他们建有祠堂或庙宇，长期供奉。甚至一些名不见经传的古人，只要对蜀民施有少许惠政，也受到当地居民的长期供奉祭祀。又如汉末巴郡太守严颜，去世后几百年间，巴人仍岁月追祀而歌舞之，宋时当地居民还为他重修庙堂。蜀人为当代人绘像、修祠堂建庙宇，则更为普遍。宋初，张咏治蜀有声，当时蜀中吏民已悄悄绘其图像供奉在家中，后来又为他修祠堂。江西莫侯治郫三年有佳政，人民画像祀之。范纯礼知遂州，免民苛役，当地人民绘其像于庐，名曰"范公庵"。赵汝廪知涪州，劝农兴学，当地人为他立生祠。甚至非官僚但有德于民者，仍被蜀民建祠追祀。北宋蓬溪李洪，在灾年捐资救活了十万家人，县人便建丰泽庙祭祀他。

四、民间俗神信仰成风

五代两宋时期，信仰俗神是四川广大民众日常生活不可或缺的组成部分。这些神灵，有的属于全国性的神，更多的则是地方神。有的被道家吸收，成为道家之神。这些神灵，大多有悠久的历史传说，宋人信仰他们，多为沿袭旧俗。以下诸神最受宋代四川民众崇奉。

大江之神。古人认为，长江发源于四川岷江，秦并天下，即在蜀地立江水祠。到了汉代，长江为四渎之首，每年都要祭祀。隋唐以来，成都建有江渎庙，五代变乱，祭江渎于扬州。入宋之后，宋廷派人重修庙堂，恢复在成都祭祀的旧制，使之又成为全国性的神灵。宋康定年间，封江渎为广源王。南宋初，又加封为昭灵孚应威烈广源王。

梓潼神。传说梓潼神姓张名亚子，战死后，蜀人为他立庙于梓潼县，唐时封为"济顺王"。入宋之后，据说梓潼神曾帮助宋军平定王均、李顺之乱，因而被宋廷封为"英显王"，后来又被道家吸收，视为文昌司禄帝君，梓潼神便成了全国性的神了。传说梓潼神神通广大，受到四川民众的普遍信仰，许多州县都有他的庙宇。又因梓潼专司士大夫禄命，一些官僚士大夫还将他供奉于家。据

---

① 张缙：《南康郡王庙记》，《宋代蜀文辑存》卷 65。

《桯史》记载，吴曦家历来事奉梓潼神，自吴玠、吴璘以来，有事必祷，有祷必验。①

蚕丛神。传说远古时候，蚕丛为蜀侯，后又称蜀王，他教蜀民蚕桑，作金蚕数千头，每年岁首，家给一蚕，蚕民所养蚕必定繁孳。蚕丛神作为古蜀国帝王，又是蜀中养蚕的鼻祖，长期受到蜀民的信奉，是四川重要的地方神之一。宋代四川郫县等地，还重修丛帝庙，祭祀蚕丛。四川许多地方每春置蚕市，这与蚕丛神信仰有密切关系。

盐井玉女神。传说汉代张道陵在今仁寿县地得到玉女神的指点，找到了盐井。后人便在盐井旁立玉女祠，供奉玉女神。五代时，王建曾见玉女于盐井，玉女告诉王建："若当为吾国土地主。"② 此后，王建果真当上了皇帝。王建即位当年，便遣使祭祀盐井玉女之神。传说玉女无夫，因此古代每年祭祀玉女，便取一少年男子投入盐井。到了宋代，四川地区仍多次发生杀人祭盐井的事件。

灌口神。秦李冰和他的儿子二郎，战国末领导蜀民治理水患，有功于蜀民，被奉为灌口神。宋时，"蜀民岁为社，祠灌口神"。③ 李冰在两蜀时，被封为大安王，后又被封为应圣灵感王。宋开宝五年（972），诏为其修庙，七年（974），改封为广济王，岁一祀。南宋范成大在《离堆诗序》中说，蜀民每年在灌县离堆大搞纪念李冰父子的祭赛活动，仅杀羊就有四五万只。④

三使者神。此神宋代流行于四川雅安、汉嘉、戎、泸、巴、峡等沿江地区。传说此神能致人祸福，民甚畏之，每每以卮酒祭祠。

合州壁山神。当地乡民甚惧之，祭必以太牢，不然将遭灾祸。州里每年用于祭祀之物，不知其数。

巴蔓子神。宋时在忠州（今重庆忠县）为此神立永顺祠。每年三月上旬，当地居民准备"千钧蜡"祠之。三月七日，太守以豕帛致祭。

东岳神。东岳为五岳之首，其神为历代统治者所崇奉。宋代四川民间也普遍信仰东岳神，当时上自省城都会，下至偏方小聚都有东岳庙。蜀民认为，岁无凶祸，家无夭札，皆此神所赐。凡有雨旸疾病之类的灾祸，祷之必应。因此，

---

① 岳珂：《桯史》卷3。
② 《十国春秋》卷35《前蜀本纪》。
③ 《续资治通鉴长编》卷109。
④ 《蜀中名胜记》卷26。

其庙貌比其他神庙更为雄丽。

劈海揭帝神。宋时此神有庙在洪雅，据说其神力颇灵验，嘉、眉、邛、雅诸州士民迎湫祈赛，日以千计。

天公。天帝信仰自古有之，唐宋时期，四川各地民众于高山顶或洁地建天公坛，遇水旱灾害必祷之。

此外，诸如嘉陵江神、梓潼百神、城隍神、大禹、金马碧鸡神、青衣神、田神等神灵，都普遍受到蜀民的敬重。

大事年表

907年　唐天祐四年　后梁开平元年

四月　朱温篡唐，国号梁。唐亡。我国进入五代十国时期。

九月　王建在成都称帝，国号大蜀，史称"前蜀"。

918年　前蜀武成十年

六月　王建病故，其子王衍继位，史称"后主"。

925年　前蜀咸康元年　后唐同光三年

十一月　后唐灭前蜀，命孟知祥为西川节度副大使。

934年　后蜀明德元年　后唐应顺元年

元月　孟知祥在成都称帝，国号"蜀"，史称"后蜀"。

七月　孟知祥病死，子孟昶即位，史称"后蜀后主"。

938年　后蜀广政元年

孟昶命毋昭裔督选刻楷书《石经》共10种，史称"广政石经"。

960年　后蜀广政二十三年　后周显德七年　北宋建隆元年

元月　赵匡胤灭后周，建立宋朝，史称"北宋"。

965年　后蜀广政二十八年　北宋乾德三年

元月　北宋灭后蜀，四川归宋版图。

三月　后蜀士兵不堪北宋平蜀将领欺压，拥全师雄在绵州反宋，称"兴蜀大王"，众至10万，占据川西、川南及川东广大地区，至966年才被宋朝全部镇压下去。

1971 年　北宋开宝四年

宋太祖命张从信到成都监雕《大藏经》，刻版 13 万余块，983 年竣工运至京师印刷。

993 年　北宋淳化四年

二月　王小波在青城县领导农民起义，提出"均贫富"口号，攻克川西州县。十二月，王小波牺牲，起义军推李顺为领袖，于次年正月克成都，建"大蜀"政权，改元"应运"，占领四川数十州县，历时 3 年余，至 996 年被宋朝平定。

1000 年　北宋咸平三年

元月　益州戍卒拥王均发动兵变，占成都，建"大蜀"政权。同年被宋军平定。

1001 年　北宋咸平四年

宋朝在蜀地设益州路、梓州路、利州路、夔州路，简称"川峡四路"。四川得名始于此。

1023 年　北宋天圣元年

宋朝设益州交子务，次年二月正式发行官交子。交子是世界上最早的纸币，至迟在王小波、李顺起义后已在成都流行。交子原由交子铺户发行，至此将发行权收归国家。

1074　北宋熙宁七年

宋朝在蜀地榷茶，设茶马司，运蜀茶至熙、河易马，正式开始了我国的官营茶马贸易。

1083 年　北宋元丰六年

蜀人唐慎微修成药学巨著《经史证类备急本草》。此书后经多次修订、刊印，大观时修订名曰《大观本草》，政和时修订名曰《政和本草》。

1107 年　北宋大观元年

改交子为钱引。

1127 年　南宋建炎元年

金朝灭北宋。赵构在商丘即位，是为高宗，史称"南宋"。

1129 年　南宋建炎三年

南宋设四川宣抚司,张浚为川陕宣抚处置使,统管四川四路军民财政。置官设署总管四川四路政事自此始。并设总领所(后改为四川都转运司),以赵开为总领四川财赋。赵开在任期时,大变茶、盐、酒法,增加财政收入,解决了川陕抗金经费。

1130年　南宋建炎四年

九月　川陕宣抚处置使、绵竹人张浚调集陕西五路宋军共40万人,在陕西轻率地向金军发动富平之战,全军覆没,五路皆失,张浚逃至阆中。部将吴玠、吴璘兄弟率残兵退守宝鸡西南的和尚原,控扼金兵入蜀。从此四川处于抗金前线。1132年,张浚亦因富平之败被罢职。

1131年　南宋绍兴元年

金军数万多次进攻和尚原,被吴玠大败,全军陷没,统帅宗弼中箭逃走。

1134年　南宋绍兴四年

二至三月　金军统帅宗弼率10万众攻陕西凤县与略阳交界处的仙人关,再次被吴玠、吴璘打败,从此金军不敢大举攻蜀。

1199年　南宋庆元五年

成都府转运判官兼提举学事蒲叔献集雕工140人,镂版《太平御览》。

1206年　南宋开禧二年

南宋宰相韩侂胄发动"开禧北伐"。四川宣抚副使吴曦阴结金人谋叛,于1207年正月正式将关外四州献金朝,在兴州称蜀王,传檄四川称臣于金,四川宣抚使陈松逃离四川,不少官吏挂印而去,全蜀大震。三月,监兴州仓杨巨源、兴州中军正将李好义联络义士诛杀吴曦,吴曦称王47天即被平定。宋朝任命安丙为四川宣抚副使,安丙为贪功蒙上,诬杀杨巨源、李好义。忠义之士,闻者流涕。

1219年　南宋嘉定十二年

三月　兴元军士张福、莫简领导"红巾队"反宋,随后攻破利州、梁州、遂宁府、普州,至七月被宋军平定。

1227年　南宋宝庆三年

四月　成吉思汗遣游击偏师取金和西夏,蒙军入宋境探道,攻克利州路管辖的阶州。七月,成吉思汗病死,蒙古军北撤,是为宋、蒙第一次武装冲突。

1231年　南宋绍定四年

蒙古军"假道灭金",逾大散关,破凤州,屠洋州,围兴元,分兵西进,沿嘉陵江而南至今阆中县西而还。

1234年　南宋端平元年

元月　宋、蒙联合攻破蔡州,灭金。

1235年　南宋端平二年

蒙古军分兵三路侵宋。西路军由阔端攻四川,关外五州相继陷没。次年,阔端率50万大军破武休关、阳平关,入汉中,进四川,破成都。四川制置使兼知成都府丁黼战死。凡破四路州府数十,残其七八,全蜀54州俱陷破,独夔州一路及泸、果、合数州仅存。随后蒙古军退,而全蜀残破,经常受到蒙古军侵掠。

1240年　南宋嘉熙四年

宋朝任孟珙为四川宣抚使兼知夔州,四川制置使陈隆之筑城成都,四川制置副使彭公雅筑重庆城,加强四川防务。

1241年　南宋淳祐元年

蒙古军再次大举攻蜀,破成都,四川制置使陈隆之被俘遇害。南宋被迫将四川首府迁重庆。

1242年　南宋淳祐二年

南宋任余玠为四川安抚制置使,主持四川防务。余玠在任期间,整饬军政,恢复经济,建立山城防御体系,多次击败蒙古军队进犯,史称"余玠治蜀"。

1246年　南宋淳祐六年

蒙古军筑利州城,且耕且守,使蜀土不可再复。

1257年　南宋宝祐五年

蒙古军筑成都城,确立对成都的统治。

1258年　南宋宝祐六年

4月　蒙哥汗领兵4万,分路取蜀,于年底受阻于合川钓鱼城。守将王坚击退蒙古军,蒙哥汗病死军中,蒙古军被迫北撤,史称"钓鱼城之战"。

1279年　南宋祥兴二年　元朝至元十六年

元军灭亡南宋。四川元军攻下重庆,四川制置使张珏被俘,川东诸城寨相继被元军平定,四川为元朝统一。

后　记

重修《四川通史》第四卷是在1993年四川大学出版社出版的《四川通史》第四册的基础上重写的。这次重写本着"真实是史学的生命"的要求，按照既是一部学术著作，又是一部考四川历史兴衰之迹、总结历史经验、服务现实、提高干部执政能力的历史著作的原则重写的。本卷在写作过程中，注意将五代和两宋四川历史与整个四川历史的发展进行纵向比较，与宋代全国历史甚至当时世界历史的发展作横向比较，以便使读者了解五代和两宋四川历史发展在整个四川历史发展中的地位和作用，四川地区在宋代历史发展中及当时世界历史发展中的地位和作用。因此，在内容上作了较大的补充，由原书的33万字增加到60余万字；由原书的14章增加到22章，并增加插图。在结构上也作了适当调整，主要是把前后蜀和宋代四川的历史分别独立撰写，以便读者能更清晰地了解前后蜀割据政权和宋代四川的历史。

本书的撰写提纲承蒙胡昭曦、石衍丰、赵宗诚诸位先生提出宝贵修改意见，特别是胡昭曦先生审阅了全书初稿，提出了许多宝贵的修改意见。四川省社会科学院历史所助理研究员尉艳芝同志参与了校对和图片收集工作。

最后，还需特别说明的是，原书11~14章文化、宗教部分是由周原孙先生撰写的。这次重写因周原孙先生的工作调动，离开了四川省社会科学院，无暇再担任重写工作，只得由我在他撰写的基础上进行改写和重写。这种改写和重写并不能代替他对本书所付出的辛勤劳动和贡献。因此，在作者署名上我曾多

后 记

次要求署上他的大名,但他都以未曾参加重写工作为由多次谢绝。他这种高贵的学术品质,令我钦佩,也使我决意行使主编的"权力",署上他的大名。这是事实,这是历史。不如此,则我将成为侵占别人劳动成果的人,于心有愧,非我为人处世的人格也。

贾 大 泉

2006 年 9 月 23 日于四川省社会科学院